YINGKE® 盈科

盈科全国业务指导委员会系列丛书

汽车销售行业
合规经营及法律风控实务
全流程指南

盈科律师事务所 / 编
陈吕文　张　靖 / 著

FULL PROCESS GUIDE FOR
COMPLIANCE MANAGEMENT AND LEGAL RISK CONTROL PRACTICES
IN THE AUTOMOTIVE SALES INDUSTRY

法律出版社 LAW PRESS · CHINA
北京

图书在版编目(CIP)数据

汽车销售行业合规经营及法律风控实务全流程指南 / 盈科律师事务所编；陈吕文，张靖著. -- 北京：法律出版社，2024

ISBN 978-7-5197-8629-8

Ⅰ. ①汽… Ⅱ. ①盈… ②陈… ③张… Ⅲ. ①汽车—市场营销—法规—中国—指南 Ⅳ. ①D922.294-62

中国国家版本馆 CIP 数据核字（2023）第 238972 号

汽车销售行业合规经营及法律风控实务全流程指南
QICHE XIAOSHOU HANGYE HEGUI JINGYING JI FALÜ FENGKONG SHIWU QUAN LIUCHENG ZHINAN

盈科律师事务所 编
陈吕文 张 靖 著

策划编辑 朱海波
责任编辑 朱海波 杨雨晴
装帧设计 汪奇峰 臧晓飞

出版发行 法律出版社
编辑统筹 法律应用出版分社
责任校对 蒋 橙
责任印制 刘晓伟
经 销 新华书店

开本 710 毫米×1000 毫米 1/16
印张 55.25 **字数** 880 千
版本 2024 年 1 月第 1 版
印次 2024 年 1 月第 1 次印刷
印刷 三河市兴达印务有限公司

地址：北京市丰台区莲花池西里 7 号（100073）
网址：www.lawpress.com.cn
投稿邮箱：info@lawpress.com.cn
举报盗版邮箱：jbwq@lawpress.com.cn

销售电话：010-83938349
客服电话：010-83938350
咨询电话：010-63939796

书号：ISBN 978-7-5197-8629-8
定价：198.00 元

凡购买本社图书，如有印装错误，我社负责退换。电话：010-83938349

盈科全国业务指导委员会系列丛书编委会

总 主 编 李 华

出版统筹 郭 琪 丁 萌 张思媛 张静彤

本书编著者

陈吕文 张 靖 著

编著支持 何思凡 李梓欣 黎梓欣 刘芊雨

YINGKE® 盈科

序　一

2023年8月25日，工业和信息化部、财政部、交通运输部、商务部、海关总署、金融监管总局、国家能源局等七部门联合印发《汽车行业稳增长工作方案(2023—2024年)》，坚持加快构建新发展格局，从供需两端发力，以高质量供给创造有效需求，推动汽车行业稳定增长，支撑工业经济平稳健康运行。

近年来，随着新能源汽车产业的快速发展，传统燃油汽车的产销面临着前所未有的变局。同时，国家出台一系列针对汽车产销的法律法规以及政策文件。面对法律法规与监管环境的变化，汽车经销商有必要在法律层面进行事前策略规划、风险规避以及制定事中、事后应对措施，采取最优的合规经营方案，尽可能降低或避免不必要的风险和损失，从而保障企业的持续稳健发展。

由陈吕文律师和张靖律师领衔的Y-auto法律服务团队，长期专注耕耘汽车行业法律风险管理领域，在汽车行业法律政策研究方面和法律实务领域有着独特的理解和丰富的实战经验。在《汽车销售行业合规经营及法律风控实务全流程指南》一书中，作者系统性地剖析了汽车销售中涉及的组织性与行为性法律实务问题，涵盖众多新兴与棘手问题，为汽车经销商合规经营提供了整体性的解决方案。

除了贴合一般汽车经销运营中的业务范围进行“手术刀式”法律分析外，本书还对运营中涉及的经营用地问题、税务问题和反垄断风险等较少被讨论的话题进行深入分析并为企业提供合规方案。

本书写作思路融合规范理解、实务分析、应对措施和风险管控等方面，内容上还对前沿问题作出自己的思考和对行业的反思，精彩之处值得细细阅读和发现。着眼于实务需要，本书对汽车销售行业的一系列法律问题延展分析并切实回应企业的合规与风险管理需求，对于汽车销售企业乃至行业的健康发展有重要的指导意义。

（张怀岭）

德国柏林洪堡大学法学博士、

西南财经大学法学院副教授、硕士生导师

2023 年 10 月 31 日

序　二

一、写作背景

1886 年 1 月 29 日，卡尔·本茨向德国专利局申请汽车发明专利，同年 11 月 2 日，专利局正式批准发布。1886 年 1 月 29 日被公认为世界汽车诞生日。

据此，世界上第一辆汽车的发明人是德国人卡尔·本茨，而世界上第一条汽车生产线的发明人，则是美国人亨利·福特。亨利·福特首创世界上第一条大规模流水作业生产线，为现代发达的汽车工业生产奠定了基础。

汽车流水线降低了汽车价格，极大地推动了汽车的普及。亨利·福特发明的物美价廉的 T 型车，一举打开了新兴的汽车业市场，为美国迅速步入汽车时代作出了贡献。

100 多年来，随着汽车技术不断革新与发展，汽车产业是全球经济的重要组成部分，其发展对于国民经济、就业、社会稳定和国家安全等方面都具有重要的影响。

在我国，汽车产业是国民经济的重要支柱产业，产业链长、关联度高、带动性强，发挥着工业经济稳增长的"压舱石"作用。当前，国际不稳定不确定因素增多，国内需求收缩、供给冲击、预期减弱三重压力仍然存在，行业稳增长任务较为艰巨。

2023 年 8 月 25 日，为努力实现汽车行业经济发展主要预期目标，工业和信息化部等七部门联合印发《汽车行业稳增长工作方案（2023—2024 年）》，其中明确目标："2023 年，汽车行业运行保持稳中向好发展态势，力争实现全年汽车销量 2700 万辆左右，同比增长约 3%，其中新能源汽车销量 900 万辆左右，同比增长约 30%；汽车制造业增加值同比增长 5% 左右。2024 年，汽车行业运行保持在合理区间，产业发展质量效益进一步提升。"

在整个汽车产业链中，相应企业可划分为上、中、下游企业。其中，原材料和零部件厂商作为汽车产业的上游企业，主要为汽车配件生产及整车组装提供各类原材料和配套零部件；整车厂作为汽车产业的中游企业，主要负责汽车产品的设计、研发、制造和品牌打造；而汽车销售企业作为汽车产业链的下游企业，主要负责新车销售及为消费者提供售后服务。

近年来，随着新能源汽车的快速发展，传统燃油汽车的产销面临着巨大的挑战，汽车经销行业进入战略转型变革时期，传统汽车经销模式亦面临着各种风险挑战，从而导致了在上层建筑的法律关系随之变化。各种针对汽车销售的法律规范或者政策文件出台，使汽车销售企业在法律层面进行策略规划、风险规避和应对措施上，也需要及时更新采取最优方案，减少不必要的损失，保证企业的持续稳定发展。

汽车经销处于我国汽车行业产业长链条中的一个重要环节，承接上游主机厂的产品、零部件和品牌，衔接下游各种细分服务如售后、改装、贷款和增值服务等，本身在经营过程中也会涉及与消费者、行政机关、公安部门等相关方的交涉。因此，汽车经销在法律关系上呈现主体繁多复杂、维权周期长的特点。

在法律规范层面，虽然已经出台各种法律、法规或者政策性文件，但是多为零散规定散见于各种文件，缺乏系统性见解，同时也具备一定的理解难度，而汽车销售企业的精力不应被过度分散脱离产品营销的核心。

关于针对汽车销售企业合规经营及法律风险防范方面较为系统和法律实务类的专业书籍，根据笔者多方检索和了解，目前市面上尚处于空白。目前市面上出版的关于汽车行业法律类的书籍，主要是针对汽车行业方面法律法规的汇编，或针对汽车行业较为理论性、学术性的编著。

笔者团队长期参与在汽车行业的法律实务中，面对各种纠纷和风险管理事件，深感汽车销售行业在企业合规和风险管控事务方面欠缺的遗憾，及认为必须从创立到运营直至结束各环节和层面寻求法律规范补缺和引导的重要性和必要性。

因此，笔者希望能从司法实践的角度出发，以律师法律实务的视角，为广大汽车销售企业提供一套较为系统、全面的合规经营及法律风险防控建议和方案。

二、本书宗旨

为广大汽车销售企业的合规经营及法律风险实务防控，提供全流程合规解决方案。

笔者作为在汽车行业政策法律研究方面和法律实务领域有丰富经验的从业

人员，多次为国内知名汽车企业集团提供法律合规建议，担任了诸多涉及汽车生产、汽车销售、汽车售后、汽车金融服务、汽车商业运营等方面的常年法律顾问、专项法律顾问，及经手多起各类仲裁诉讼和商务合作，由此结合对新出台的法律规范文件的理解和实践场景案例分析写下本书，期望可以为汽车销售企业带来具备高度可操作性的合规建议。

此外，汽车经销行业由于产品技术更新迭代导致企业的经营实践活动并不能被法律法规完全涵摄，以 2017 年新《汽车销售管理办法》为代表的政策文件的出台，难以适应市场需求的汽车销售传统体制亟待改革，各种经营困境和已有的利益樊篱需要在新文件和规定下寻找解决的方式，汽车销售企业需要与时俱进及时补充相关法律信息，更新对企业运营风险管理的认知，借此环境变革寻求发展新模式，扣好持续发展和长远计划的第一颗纽扣。

本书立足汽车经销行业，由汽车经销模式概念和品牌授权介绍引出，帮助梳理清晰当下汽车经销的发展现状和趋势，对主要的法律风险点作统领性的概述。紧接着从汽车销售企业的设立运作、经营用地、新车配件采购、汽车展览和广告、新车销售、汽车售前检查和质量承诺、售后服务等与销售直接关联环节对汽车经销运营进行法律风险规避指示，同时结合汽车行业多样化业态及热点如车主俱乐部、网约车和二手车经营、撤网和退网等风险管理主题进行了全流程多方面的法律分析和建议，尽可能囊括了汽车销售企业涉及的各个风险层面，提供了实务角度的专业见解和操作指南。

其中，鉴于汽车经销运营部分的核心地位，结合汽车销售、PDI 管理、汽车“三包”、售后服务、汽车广告、汽车展览、车主活动等领域纠纷频发，本书用更多笔墨进行重点介绍并分析其中可能存在的法律风险及应对措施。

笔者在阐述具体法律问题时，会结合近年来具有代表性的案例进行解析说明，充分了解审判机关对于相关问题形成的审判观点的原因，其中不乏行业内有重要影响的经典案例，对于法院的审判观点和法律规范条文也进行了系统的归纳整理，有助于企业主体从整体把握经营中的潜在风险，审时度势，更好地维护企业的合法权益。

在本书的最后一章(第二十三章)，笔者就汽车销售运营中各种环节或场景提供了相应的合同协议范本、声明函件模板和表格表单，基本涵盖汽车销售企业日常经营运作。当然，在使用时，要结合各汽车销售企业自身的实际进行修订、完善再使用。

在本书中可以看到，笔者从法律实务的角度将汽车销售中各种细节和新兴问题进行剖析，并提供可行的建议，这其中的工作量和思考离不开长久耕耘该法律领域从业者的精细经验和毫无保留的分享心态。

本书撰写的初衷，纯粹是为弥补目前国内针对汽车销售企业日常合规经营及法律风险防控方面的法律实务类专业书籍的空白，旨在为广大汽车销售企业提供一套切实可行的合规风险防控方案。

在本书撰写过程中涉及的一些法官、专家学者、律师界同行等领域专家或专业人士的司法判例裁判观点、法律建议、意见或措施方案，由于时间仓促，在本书中可能无法一一提及或明释，于此一并表示衷心感谢与支持，欢迎各位行业大咖多多交流和探讨，共同为中国法治建设进步而努力。

三、本书愿景：强化汽车销售企业合规意识，规范日常合规行为，预防和化解日常合规风险

本书主要从汽车销售企业合规经营的角度重点分析、阐述汽车销售企业在日常经营过程中对风险的预见、分析、识别，进而采取相应的风险预防和应对措施。

"合规"一词是舶来品，它起源于西方，译自英文"Compliance"，最早在美国的金融领域被提出，并作为一项监管措施广泛适用于20世纪的美国会计和金融领域。基于合规措施在金融领域显示的效果，美国认识到了合规措施对企业监督管理的重要性，继而将合规扩展到了其他领域。

2006年10月20日，原中国银监会颁布了《商业银行合规风险管理指引》，合规管理率先在我国金融企业开展起来。

2022年10月1日，作为国内第一部企业合规管理的制度文件，国务院国资委颁布的《中央企业合规管理办法》正式施行。

2023年8月10日，深圳市市场监督管理局正式发布《企业合规管理体系》(DB4403/T 350—2023)，为深圳企业建立合规管理体系提供了全面系统的指引。该《企业合规管理体系》是全国第一部企业合规地方标准，将适用于深圳市各类型、规模、性质和行业的企业，并于2023年9月1日开始实施。

近年来，我国企业合规经营意识逐步提升，建设有效的企业合规体系也逐渐成为许多企业的重要需求。特别是2018年滴滴顺风车乘客遇害事件、滴滴出行美国上市数据合规问题、大量P2P公司暴雷事件,以及多年来企业及其企业家在生产经营活动中层出不穷出现的刑事案件,引起了国家和社会各界的高度重视,广大企业(尤其是中小企业)对合规管理的期盼和需求也日益突出。

什么是企业合规?《中央企业合规管理办法》第三条第一款规定:“本办法所称合规,是指企业经营管理行为和员工履职行为符合国家法律法规、监管规定、行业准则和国际条约、规则,以及公司章程、相关规章制度等要求。”

什么是合规风险?《中央企业合规管理办法》第三条第二款规定:“本办法所称合规风险,是指企业及其员工在经营管理过程中因违规行为引发法律责任、造成经济或者声誉损失以及其他负面影响的可能性。”

什么是合规管理?《中央企业合规管理办法》第三条第三款规定:“合规管理是指企业以有效防控合规风险为目的,以提升依法合规经营管理水平为导向,以企业经营管理行为和员工履职行为为对象,开展的包括建立合规制度、完善运行机制、培育合规文化、强化监督问责等有组织、有计划的管理活动。”

《中华人民共和国公司法》第五条“公司从事经营活动,必须遵守法律、行政法规,遵守社会公德、商业道德,诚实守信,接受政府和社会公众的监督,承担社会责任”的规定,也体现了国内法对企业合规的要求。

企业进行合规管理的必要性和价值在于:

(一)企业合规管理体系是商业趋利性与法律边界的调和,是在法律框架内追求商业利益的辩证统一;

(二)完备有效的合规管理体系,可以使企业得到法律的优待、客户的认可及市场的青睐;

(三)完备有效的合规管理体系,可以降低、屏蔽或消除合作商带来的各种风险;

(四)完备有效的合规管理体系,可以切割企业与员工之间的责任,避免或降低由于员工本人行为导致需要公司承担责任的可能;

(五)完备有效的合规管理体系,可以捋顺、清理历史遗留问题或风险;

(六)完备有效的合规管理体系,可以豁免企业可能承担行政刑事责任。

鉴于此,我们结合汽车销售企业行业特点、突出问题及常见多发法律纠纷,在本书最后附录部分,特别推出了一项合规专项法律服务产品:**《汽车销售行业合规管理专项法律服务产品》**。

该法律服务产品内容涵盖了汽车销售合规、汽车售后合规、汽车市场活动合规、汽车销售三大水平业务合规、汽车广告宣传推广合规、厂家规约合规、企业内反舞弊、劳资关系合规、汽车租赁(融资租赁)合规、公司治理合规、政府监管合规等方面。

在实务操作中,我们已为多家汽车零部件制造类企业及汽车4S店量身定制法律解决方案,针对包括但不限于企业劳动合规审查、专项稽查、民事刑事应对措施等问题提供法律专项服务,成功帮助企业解决问题,并避免后续合规风险的发生。

笔者专注耕耘汽车行业法律风险管理领域多年,将长年以来积累的实践经验和应对策略编撰成书,以期能引起广大的汽车销售企业对行业内日常合规经营、法律风险防范和管理的重视,为汽车企业在当下汽车行业变革的加速期稳定发展保驾护航。

四、感谢

在本书的撰写过程中,非常感谢法学界行业大咖、汽车行业专家、盈科总部领导、律所相关领导、同事及前公司领导、广大汽车销售企业、汽车配件制造商等客户的专业指导和工作支持。

在这里,要感谢德国柏林洪堡大学法学博士、西南财经大学法学院副教授及硕士生导师张怀岭老师的专业指导;要感谢中山大学法学院经济法教授、博士生导师杨小强老师的循循教诲;要感谢佛山市汽车行业协会会长、一汽大众佛山分公司总经理王伟先生,感谢一汽大众佛山工厂为佛山及整个汽车行业做出的巨大贡献;要感谢广东省汽车流通协会会长严斐女士、广东省汽车流通协会副秘书长许利军女士、广东省汽车流通协会副秘书长汪卓霖先生、广州市汽车服务业协会秘书长王晓丹女士(原广东省汽车流通协会秘书长)、佛山市南海区汽车行业协会会长雷越宁先生、佛山市汽车行业协会、佛山市南海区汽车行业协会执行副会长黄招柳女士、佛山市汽车流通协会秘书长张辉平先生等汽车行业专家在过去多年中对笔者在汽车行业领域的支持和指点;更要感谢盈科律师事务所给予的宝贵资源,感谢盈科广州党委书记牟晋军律师给予笔者的律师行业指引,及盈科佛山执行主任杨健清、公司法律事务部主任蔡凌波在书籍撰写、申报等方面给予的大力协调与支持;还要感谢在多年日常法律服务过程中,各大品牌汽车销售企业及其各部门、各层级无数次对接、访谈的各位高管及各部门负责人给予的宝贵建议或意见。

此外，特别要感谢的是为本书的完成而挑灯奋战的 Y-auto 法律服务团队的每一位小伙伴，除了本书撰写的核心成员，还包括律师助理何思凡、李梓欣、黎梓欣及中国政法大学法学兼行政管理双学位在读生刘芊雨小师妹（2023 年 10 月喜闻芊雨已成功保研法大硕士研究生，甚感欣喜及诚挚祝贺）等。

最后，把最真挚的感谢致以广东时利和汽车实业集团有限公司董事长徐桥华先生、常务副总经理彭新强先生、邹红先生、李玉平女士及本田汽车用品（广东）有限公司副总经理米世波先生，他们是笔者加入汽车行业及汽车法律行业的人生导师。尤其是彭新强常务副总，彭总作为笔者加入律师汽车法律行业之后的知心大哥和挚友，一直对我们 Y-auto 法律服务团队给予莫大的鼓励和支持。

“合抱之木，生于毫末；就曾之台，起于垒土；千里之行，始于足下。”企业合规经营及风险防控，需要从基础从细节做起，建立健全法律风险防范体系。

本书虽力求为汽车销售企业呈现更多的企业合规风险管理及法律风险应对建议，但鉴于个人能力、专业水平有限，才疏学浅，加之成书仓促，难免有疏漏失误之处，恳请众方家、读者多有包涵及不吝批评指正。

（陈吕文/张靖律师团队）

写于北京市盈科（佛山）律师事务所

2023 年 10 月 31 日

中国 · 佛山

目录

第一章　汽车销售行业

第一节　汽车4S店与汽车销售

一、汽车4S店概述

汽车4S店全称为汽车销售服务4S店(Automobile Sales Servicshop 4S),是一种集整车销售(Sale)、零配件(Sparepart)、售后服务(Service)、信息反馈(Survey)“四位一体”的汽车经销商。

汽车4S店拥有统一的外观形象,现代化的设备管理、高度职业化的服务、响应迅速的维修服务和充足的零配件供应,这种汽车销售服务区别于以往传统销售模式的服务,可以使用户得到更好的服务体验,从而对品牌产生信赖感,有利于培养稳固的客户群体。

汽车4S店模式的核心含义是为客户提供汽车终身服务解决方案,是汽车生产厂家(又叫主机厂或整车厂)为了满足客户日益成熟的消费心理和市场竞争的激励下的产物,相较于传统的代理销售,更侧重于提供服务和解决方案,从仅提供销售转变为以提供解决方案和服务为核心竞争力的行业销售服务模式。

不同于一般的授权经营,汽车4S店与汽车生产厂家的合作关系更为密切。汽车4S店采用授权经销商的模式,汽车经销商承担建店成本,汽车生产厂家借助汽车经销商销售汽车,这种模式可以分担汽车生产厂家的资金压力,也可以将库存压力转移到经销商处。在整个汽车产业链中,整车厂占据主导地位,通过授权和返利政策对汽车经销商进行管理,具有较强的话语权。

在整个汽车产业链中,原材料和零部件厂商作为汽车产业的上游企业,主要为汽车配件生产及整车组装提供各类原材料和配套零部件;整车厂作为汽车产业的中游企业,主要负责汽车产品的设计、研发、制造和品牌打造;而汽车销售企业作为汽车产业链的下游企业，主要负责新车销售及为消费者提供售后服务。

二、汽车4S店发展历史

1998年，广汽本田首次从国外将汽车4S店引入中国，并销售出第一台雅阁汽车，开创了中国“四位一体”即“4S”汽车销售服务模式之先河，随后上海通用别克、一汽大众等汽车品牌专卖店也开始打造布局自己的品牌4S店。

由于4S店的独特优势，4S店规模开始逐渐壮大，各大汽车品牌基本上都拥有了自己的4S店，到2010年，10年间各大品牌在中国的一、二、三线城市基本已经完成了布局。2010年之后，4S店逐步开始向四、五线城市渗透，并开始逐步拓展业务领域，涉及维修保养、二手车回收、融资租赁以及信息服务等。

4S店经历了发展的红利期后，问题也开始逐步显现，4S店因为成本大、风险高、服务僵化而饱受争议，加上随着消费观念和信息获取渠道的变化，汽车流通模式开始多样化，出现了直营模式、代理制，4S店面对新的变化如何改变战略，规范经营的同时升级商业模式，是4S店必须解决的问题。

三、汽车4S店的特点

（一）品牌专卖制

4S店的渠道模式主要是从厂商到4S店最终到用户，每个4S店的经营区域都有明确的限制和划分，厂商对4S店有严格的合作管理要求，对店面装修、运营管理、员工管理等有统一的管理措施。

（二）投资成本高、投资回报期长

汽车4S店投资成本一般包括土地和店面建设两部分。按不同经销品牌层次分为高、中、低三个层次，不同层次的建店级别也有不同的面积和资金要求，以广汽本田为例，建筑面积和投资资金如表1-1所示。

表 1－1① 广汽本田 4S 店建设标准

建店级别	建设标准		固定资产最低投入/万元
	理想展厅临界面宽/米（未含功能通道）	理想建筑面积/平方米	
A	36	5800	1500
B	33	5400	1300
C	30	4400	1200
D	27	3400	1000
E	24	2600	700
F	24	1500	350
G	24	1000	250

流动资金根据申请者建店级别不同有异，参考额度为 800 万～1000 万元，最终审批城市的建店级别由广汽本田根据该城市经济水平及汽车市场发展认定，申请者愿意按照广汽本田汽车有限公司认定的级别建成 4S 店。

（三）汽车厂家高度控制

由于目前 4S 店的日常经营活动均实行计算机系统管理，大部分汽车生产厂家会通过远程互联网监控 4S 店的经营活动，包括：新车采购、售后服务、零配件管控；汽车厂家高度控制价格，整车价格、零配件供应、售后服务价格一般由汽车生产厂家严格控制。

第二节　汽车销售行业发展现状

汽车经济是国民经济的支柱产业，汽车产业链长、关联度高、消费拉动大。中国汽车工业协会公布的统计数据显示，2021 年，中国汽车类零售额超过 4 万亿元，达到 4.4 万亿元，同比增长 7.6%，占全国社会消费品零售总额的 9.9%。尽管汽车行业受疫情多点散发多地频发、芯片的结构性短缺问题等诸多不利因

① 参见人和岛：《广汽本田品牌经销商招募计划，邀您加入》，载微信公众号"GZASA 广州市汽车服务业协会"2020 年 8 月 30 日，https://mp.weixin.qq.com/s/LJj6wlW9E9ScH6sfGEqSkQ。

素冲击，但在车辆购置税减半等一系列国家政策的有效拉动下，中国汽车市场在逆境下整体复苏向好，实现正增长，我国汽车产销总量已经连续14年稳居全球第一。

2023年1月12日，中国汽车工业协会发布了2022年汽车产业产销数据。从全年发展来看，2022年，汽车产销分别完成2702.1万辆和2686.4万辆，同比增长3.4%和2.1%，全年实现小幅增长。中国汽车工业协会预计2023年汽车市场将继续呈现稳中向好发展态势，呈现3%左右增长。但是，在汽车行业稳步向好的情况下，汽车4S店的状况却并不乐观。

一、受2022年新冠疫情和消费低迷影响，经销商面临生存挑战

尽管车辆购置税减半政策促进了汽车消费，对乘用车的终端消费起到非常重要的作用，有效刺激了市场增长，有效缓解了经销商的经营压力，但受疫情及疫情管控影响，经销商展厅和售后客流下滑，集客成本增加，新车销售和售后业务明显收缩，成本费用居高不下，影响了经销商的盈利状况。中国汽车流通协会数据调查显示，仅有29.7%的经销商实现盈利。

由于2022年疫情影响，疫情封控区域内大部分4S店无法正常营业，多地车展延期举办，销售节奏被打乱，2022年全国各地汽车4S店大部分处于亏损中。近几年由于疫情、经济不景气、新能源汽车冲击、库存积压、行业价格战、新车销量下降，汽车4S店面临巨大的生存压力。

中国汽车流通协会发布的《2022年全国汽车经销商生存状况调查报告》显示，2022年完成年度销量目标的经销商，占比低于两成，而处于亏损状态的经销商已将近一半，经销商对汽车厂家的满意度降至10年来最低水平。

二、库存压力长期超过荣枯线，汽车流通不景气

经销商库存预警指数是库存滞留资金/流通资金，以50%为荣枯线，2015年以来我国经销商库存预警指数平均值为57.0%，长期位于荣枯线以上，意味着库存压力长期较大。2023年3月31日，中国汽车流通协会发布的最新一期中国汽车经销商库存预警指数调查如图1-1所示，2023年3月中国汽车经销商库存

预警指数为 62.4%,同比下降 1.2 个百分点,环比上升 4.3 个百分点,库存预警指数位于荣枯线之上,汽车流通行业处于不景气区间。

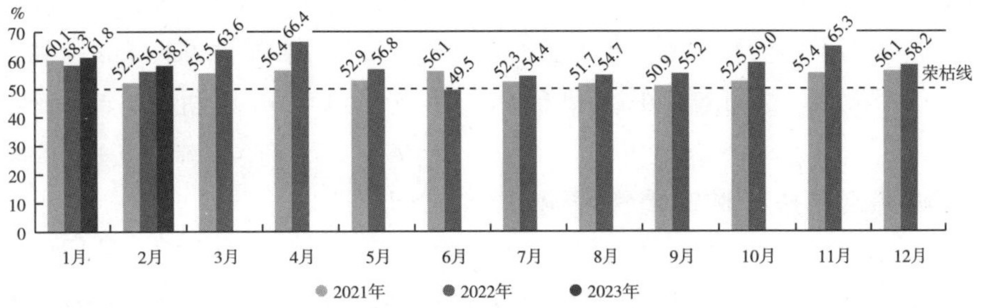

图 1-1 中国汽车经销商库存预警指数

三、品牌优化,汽车消费结构变化

中国汽车流通协会数据显示,从 2021 年百强经销商的品牌结构看,豪华汽车品牌占比达到 38%。百强经销商累计 4S 店的总数在上年 5800 多家的基础上,通过并购和新店开业又增加了 284 家,总数超过了 6000 家。而在新增的 284 家店面中,有 52% 为豪华汽车品牌,15% 为新能源汽车品牌,体现当下汽车市场的消费偏好的变化,豪华汽车品牌和新能源汽车品牌为消费新热点。

第三节 汽车销售行业发展趋势

一、中国经销商盈利来源已经由新车零售逐步过渡到后市场服务

汽车后市场指 4S 店销售出汽车以后,围绕着汽车使用过程的所有服务,包括维修、保养、改装等。汽车后市场大体上可分为七大行业:汽保行业;汽车金融行业;汽车 IT 行业;汽车养护行业(汽车精品、用品、美容、快修及改装行);汽车维修及配件行业;汽车文化及汽车运动行业;二手车及汽车租赁行业。

我国汽车经销商的盈利来源主要是二手车出售、金融保险、新车销售、养护维修。中国汽车流通协会发布 2022 年全国汽车经销商生存状况调查数据显示,

2022 年经销商整体利润结构为新车 19.7%，售后 49%，金融保险 18.2%，二手车 3.1%，其他 10.1%。根据欧赛斯公司预测，未来经销商新车销售和养护维修的利润占比有望下降至 50%，金融保险（融资租赁 + 佣金代理）的利润贡献有望达到 30%，二手车的利润贡献有望达到 20%。在新车销售利润上涨有限且利润占比小的情况下，稳固的汽车后市场服务才是未来汽车 4S 店利润增长的核心。

二、新能源汽车成为汽车销售行业新的增长点

《新能源汽车产业发展规划（2021—2035 年）》提出，到 2025 年，纯电动乘用车新车平均电耗降至每一百公里 12 千瓦时，新能源汽车新车销售量达到汽车新车销售总量的 20% 左右，高度自动驾驶汽车实现限定区域和特定场景商业化应用。2022 年 2 月 18 日，国家发展改革委、工业和信息化部、财政部等十二部门联合发布《关于印发促进工业经济平稳增长的若干政策的通知》，指出继续实施新能源汽车购置补贴、充电设施奖补、车船税减免优惠政策。

2021 年新能源汽车全年累计销量 352.1 万辆，2022 年新能源汽车全年累计销量达 688.7 万辆，同比增长 93.4%，市场占有率提升至 25.6%，高于上年 12.1 个百分点，全球销量占比超过 60%。我国新能源汽车市场已进入规模化发展阶段，需求将持续释放。在国家规划和政策激励下，再加上自身驱动的能力，新能源汽车市场稳步增强。预计今后新能源汽车销量仍将快速增长，成为支撑汽车 4S 店利润不可忽视的增长点和新动能。

2023 年 9 月 1 日，工业和信息化部等七部门联合印发《汽车行业稳增长工作方案（2023—2024 年）》，其中明确了主要目标：“2023 年，汽车行业运行保持稳中向好发展态势，力争实现全年汽车销量 2700 万辆左右，同比增长约 3%，其中新能源汽车销量 900 万辆左右，同比增长约 30%；汽车制造业增加值同比增长 5% 左右。2024 年，汽车行业运行保持在合理区间，产业发展质量效益进一步提升。”

在工作举措方面提出几项内容。

第一项：“支持扩大新能源汽车消费。落实好现有新能源汽车车船税、车辆购置税等优惠政策，抓好新能源汽车补助资金清算审核工作，积极扩大新能源汽车个人消费比例。组织开展公共领域车辆全面电动化先行区试点工作，加快城

市公交、出租、环卫、邮政快递、城市物流配送等领域新能源汽车推广应用，研究探索推广区域货运重卡零排放试点，进一步提升公共领域车辆电动化水平。组织开展新能源汽车下乡活动，鼓励企业开发更多先进适用车型，充分挖掘农村地区消费潜力。鼓励开展新能源汽车换电模式应用，推动新能源汽车与能源深度融合发展。深入推进燃料电池汽车示范，稳步提升燃料电池汽车应用规模。”

第七项：“完善基础设施建设与运营。落实《关于进一步构建高质量充电基础设施体系的指导意见》，优化配套环境。鼓励各地科学预测新能源汽车充电需求，做好城市及周边县乡村公共充电网络布局规划，推动充电设施布局建设、配套电网扩容改造有序开展。鼓励大功率充电、智能有序充电、‘光储充放’一体站等新技术推广应用，提升充电服务保障能力。引导地方对高速公路、乡镇等保障型充电基础设施的补贴支持，加大行业扶持力度。鼓励地方加快氢能基础设施建设，推动中远途、中重型燃料电池商用车示范应用。”

三、数字化营销逐步发展

当前汽车市场已经开始发生转变，从增量市场逐渐转化为存量市场，且汽车4S店线下投放广告拓客成本越来越高，跟进周期长转化低，客户流失严重，稳定性低，使得汽车4S店开始逐步转变策略，进行数字化营销变革。

对于汽车4S店，用户运营是重要的切入点和机会点，当前的汽车营销正在通过各种技术打通数据壁垒，融通多元数据、实现用户全景洞察，通过构建数据中台、私域数据库等方式整合用户、营销和销售的数据，更全面地了解用户，实现营销效果的先验和策略指导，同时优化资源配置。①

四、智能网联汽车加速投放

智能网联汽车是以车辆为主体，融合现代通信和网络技术，最终可替代人来操作的新一代汽车，目前我国出台了一系列政策如表1－2所示，鼓励和推动智

① 参见艾瑞：《2022年中国汽车行业数字化营销白皮书》，载微信公众号“艾瑞咨询”2023年2月25日，https://mp.weixin.qq.com/s/Ug9ha_nDejZ7NWUlFXVCFg。

能网联汽车产业快速稳健发展。

表 1-2 中国智能网联汽车行业最新政策汇总①

发布日期	政策名称	主要内容
2023 年 3 月	《智能汽车基础地图标准体系建设指南(2023 版)》	加强智能汽车基础地图标准规范的顶层设计,推动地理信息在自动驾驶产业的安全应用。建立智能汽车基础地图标准体系动态更新工作机制,为推进智能汽车基础地图技术创新应用和智能汽车产业健康发展提供持续有力保障
2022 年 11 月	《关于开展智能网联汽车准入和上路通行试点工作的通知》(征求意见稿)	工业和信息化部、公安部将遴选符合条件的道路机动车辆生产企业和具备量产条件的搭载自动驾驶功能的智能网联汽车,开展准入试点,明确试点工作中的试点内容和试点主体申报条件及试点组织实施过程中的具体细则及责任划分
2022 年 8 月	《科技部关于支持建设新一代人工智能示范应用场景的通知》	针对自动驾驶从特定道路向常规道路进一步拓展需求,运用车端与路端传感器融合的高准确环境感知与超视距信息共享、车路云一体化的协同决策与控制等关键技术,开展交叉路口、环岛、匝道等复杂行车条件下自动驾驶场景示范应用,推动高速公路无人物流高级别自动驾驶汽车、智能网联公交车、自主代客泊车等场景发展
2022 年 8 月	《关于做好智能网联汽车高精度地图应用试点有关工作的通知》	在北京、上海、广州、深圳、杭州、重庆六个城市开展智能网联汽车高精度地图应用试点
2022 年 8 月	《自动驾驶汽车运输安全服务指南(试行)》(征求意见稿)	在保障运输安全的前提下,鼓励在封闭式快速公交系统等场景使用自动驾驶汽车从事城市公共汽(电)车客运经营活动

① 参见中商情报网:《2023 年中国智能网联汽车行业最新政策汇总一览》,载百家号网站 2023 年 6 月 29 日,https://baijiahao.baidu.com/s?id=1769989312403140129&wfr=spider&for=pc。

续表

发布日期	政策名称	主要内容
2022 年 4 月	《关于开展汽车软件在线升级备案的通知》	进一步规范汽车软件在线升级(OTA 升级),对获得道路机动车辆生产准入许可的汽车整车生产企业及其生产的具备 OTA 升级功能的汽车整车产品和实施的 OTA 升级活动,应进行备案。申请主体应是汽车整车生产企业
2022 年 2 月	《关于试行汽车安全沙盒监管制度的通告》	作为传统监管方式的有益补充,汽车安全沙盒监管变被动监管为主动监管,有利于更早地将前沿技术引发的质量安全问题纳入监管范围,提高应急处置能力,防范和化解重大风险,保护消费者合法权益,同时有利于鼓励企业技术创新,倡导最佳安全设计实践
2022 年 2 月	《车联网网络安全和数据安全标准体系建设指南》	提出到 2025 年,形成较为完善的车联网网络安全和数据安全标准体系
2022 年 2 月	《车联网网络安全和数据安全标准体系建设指南》	聚集车联网终端与设施网络安全、网联通信安全、数据安全、应用服务安全、安全保障与支撑等重点领域,着力增加基础通用、共性技术、试验方法、典型应用等产业急需标准的有效供给,覆盖车联网网络安全、数据安全的关键领域和关键环节。到 2023 年年底,初步构建起车联网网络安全和数据安全标准体系。重点研究基础共性、终端与设施网络安全、网联通信安全、数据安全、应用服务安全、安全保障与支撑等标准,完成 50 项以上急需标准的研制
2022 年 1 月	《“十四五”现代流通体系建设规划》	加大北斗卫星导航系统推广,提高车路协同信息服务能力,探索发展自动驾驶货运服务
2021 年 12 月	《“十四五”数字经济发展规划》	推动智能计算中心有序发展,打造智能算力、通用算法和开发平台一体化的新型智能基础设施,面向政务服务、智慧城市、智能制造、自动驾驶,语言智能等重点新兴领域,提供体系化的人工智能服务

续表

发布日期	政策名称	主要内容
2021 年 12 月	《"十四五"现代综合交通运输体系发展规划》	稳妥发展自动驾驶和车路协同等出行服务,鼓励自动驾驶在港口、物流园区等限定区域测试应用,推动发展智能公交、智慧停车、智慧安检等、加强智能网联汽车、自动驾驶、车路协同、船舶自主航行、船岸协同等领域技术研发
2021 年 9 月	《物联网新型基础设施建设三年行动计划(2021—2023 年)》	打造车联网(智能网联汽车)协同服务综合监测平台,加快智慧停车管理、自动驾驶等应用场景建设,推动城市交通基础设施、交通载运工具、环境网联化和协同化发展
2021 年 8 月	《关于科技创新驱动加快建设交通强国的意见》	开发新一代智能交通系统,促进自动驾驶、智能航运等加快应用
2021 年 7 月	《智能网联汽车道路测试与示范应用管理规范(试行)》	推动汽车智能化、网联化技术应用和产业发展,规范智能网联汽车自动驾驶功能测试与应用示范
2021 年 4 月	《智能网联汽车生产企业及产品准入管理指南(试行)》(征求意见稿)	规定了 L3、L4 级自动驾驶企业及产品的准入纲领性要求,行业准入门槛很高,企业及产品准入成本将更高
2020 年 7 月	《国家车联网产业标准体系建设指南(智能交通相关)》(征求意见稿)	到 2022 年年底,制(修)订智能交通基础设施、辅助驾驶等领域的智能交通相关标准 20 项以上,初步构建支撑车联网应用和产业发展的标准体系,到 2025 年,制(修)订智能管理和服务、车路协同等领域智能交通关键标准 20 项以上,系统形成能够支撑车联网应用和产业发展的标准体系
2021 年 2 月	《国家综合立体交通网规划纲要》	加强智能化载运工具和关键专用装备研发,推进智能网联汽车(智能汽车、自动驾驶、车路协同)、智能化通用航空器应用

续表

发布日期	政策名称	主要内容
2020 年 2 月	《智能汽车创新发展战略》	到 2025 年,中国标准智能汽车的技术创新、产业生态、基础设施、法规标准、产品监督和网络安全体系将基本形成,能够实现有条件自动驾驶的智能汽车达到规模化生产,实现高度自动驾驶的智能汽车在特定环境下市场化应用,智能交通系统和智慧城市相关设施建设取得积极进展,车用无线通信网络(LTE-V2X 等)实现区域覆盖。新一代车用无线通信网络(5G-V2X)在部分城市、高速公路逐步开展应用,高精度时空基准服务网络实现全覆盖
2021 年 2 月	《国家综合立体交通网规划纲要》	建设融合感知平台,推动智能网联车与现代数字城市协同发展
2021 年 1 月	《关于服务构建新发展格局的指导意见》	推进自动驾驶、智能航运、高速磁悬浮技术研发与试点示范工作
2020 年 11 月	《智能网联汽车技术路线图 2.0》	将整车研究分为乘用车、货运车辆、客运车辆,在城市道路、城郊道路、高速公路和特定四种场景下进行研究,分别制定了阶段发展目标和里程碑
2020 年 8 月	《车联网路侧设施设置指南》	关于路侧设施的团体标准正式落地,明确规定了基于 C-V2X 的车联网道路交通环境下车联网路侧设施的设置,进一步促进路侧和云端设备标准的统一
2020 年 8 月	《关于推动交通运输领域新型基础设施建设的指导意见》	明确指出要让泛在感知设施在交通运输行业深度覆盖
2020 年 4 月	《2020 年智能网联汽车标准化工作要点》	推动智能网联汽车的标准体系与产业需求对接,完善标准体系建设和实施评估机制。推动通用类标准、汽车智能化标准的制定。深化与国际标准法规的协调,加强与国外组织的交流合作
2021 年 8 月	《汽车驾驶自动化分级》	根据国家标准化委员会下达的国家标准制(修)订计划,工业和信息化部根据自动驾驶中执行动态驾驶任务的角色分配和有无设计运行条件的限制,将汽车驾驶自动化功能分为 0 ~ 5 级

续表

发布日期	政策名称	主要内容
2020 年 2 月	《智能汽车创新发展战略》	到 2025 年，中国标准智能汽车的技术创新、产业生态、基础设施、法规标准、产品监管和网络安全体系基本形成

根据《智能网联汽车技术路线图 2.0》规划，我国预计 2025 年 L2&L3 级自动驾驶新车渗透率达 50%。到 2025 年，我国 PA 级、CA 级（交通拥堵、高速公路有条件自动驾驶）智能网联汽车销量占汽车总销量超过 50%，C-V2X 终端的新车装配率将达到 50%；到 2030 年，我国 HA 级自动驾驶（高速公路高度自动驾驶）实现规模化应用，2035 年以后 FA 级自动驾驶（完全自动驾驶）乘用车开始应用。

据 Canalys 数据，2020 年第四季度全球 L2 级及 L2 级以上自动驾驶车辆销量为 345.9 万辆，美国销量为 120 辆（智能汽车渗透率达 30%）、中国销量为 83.2 万辆（智能汽车渗透率达 12%）。

第四节　汽车销售行业主要法律风险及合规关注重点

据公安部统计，2022 年全国机动车保有量达 4.17 亿辆，较 2021 年增加了 1.15 亿辆，同比增长 38%，其中新能源汽车保有量达 1310 万辆，占汽车总保有量的 4.1%。

随着汽车保有量的快速增长，伴随着更多销售模式的兴起、消费者维权意识的增强以及国家监管政策的趋严，整车销售市场面临着供给受阻、需求转弱的双重压力，汽车销售合规、汽车售后合规、汽车市场活动合规、企业内反舞弊合规、反垄断及反不正当竞争合规、宣传推广合规以及劳资关系合规等日益成为经销商发展中不可回避的问题。

结合上述问题，我们认为，汽车销售行业的痛点、法律风险及需要重点关注的合规问题主要包括以下十二方面的内容。

一、汽车销售合规

《消费者权益保护法》、《汽车销售管理办法》以及《家用汽车产品修理更换退货责任规定》对汽车消费者权益保护提出了更多的保障措施，经销商主动维护客户权益并未成为行业的共识，很多经销商在内部管理中对此方面仍有欠缺，尤其是消费者与经销商在汽车销售环节的汽车质量问题、汽车销售欺诈（如销售人员价格承诺、价格欺诈行为）问题上仍存在较大的利益博弈。

除了汽车销售环节的客户关系处理，还有其他售后及相关服务的车主关系处理。

为此，我们将重点关注以下问题的合规：

1. 销售、售后合同签订及履行；

2. 质量问题的处理应对；

3. 车主投诉时媒体曝光的应对；

4. 汽车试驾前要审核驾驶资质并留存资质证明文件，并且签署相应的免责说明文件；

5. 合同签订格式条款的，应请律师完善格式条款内容，并且向顾客说明条款内容，对另行补充或者手写内容需审慎填写；

6. 完善汽车交付前的检验操作流程，并形成书面文件（可作为员工考核文件，也可在发生争议时作为证据使用，明确责任人员等）；

7. 发生纠纷后应积极面对，按照法律法规规定合理合法迅速处理，防止损失进一步扩大。

二、汽车售后合规

汽车售后或从事机动车维修经营业务的经营者主要存在以下问题：

1. 未按规定进行备案或不符合国家标准《汽车维修业开业条件》（GB/T 16739—2014）以及超范围经营；

2. 机动车维修经营者承修已报废的机动车、拼装机动车或者擅自改装机动车（包含但不限于未经批准擅自改装注册车辆车身颜色、悬架、排气系统以及响管、货车车厢栏板、弹簧板、悬浮轴、可伸缩结构、外廓尺寸等)；

3. 机动车维修经营者使用假冒伪劣配件维修机动车以及签发虚假机动车维修竣工出厂合格证；

4. 机动车维修经营者未按规定公布收费项目、工时定额和工时单价等损害消费者权益；

5. 机动车维修经营者未按规定处理经营过程中产生的废气、废水、废机油、废轮胎、废铅蓄电池等废弃物；

6. 机动车维修经营者未按规定执行机动车维修质量保证期制度或未按照有关技术规范进行维修作业；

7. 机动车维修经营者未按规定建立机动车维修档案并实行档案电子化管理。

为此,我们将重点关注以下问题的合规：

1. 售后维修备案专项审查；

2. 汽车售后维修管理制度；

3. 售后合同及相关文件,包括售后服务合同(维修合同)、接车单、汽车维修委托书、售后结算单、维修试车确认函、代用车辆使用协议、汽车救援服务协议、汽车延保合同等；

4. 废气、废水、噪声及危险废物处理问题等；

5. 其他售后及相关服务的车主关系处理的预案与风险应对。

三、汽车市场活动合规

汽车经销商通过展厅或外展活动进行营销、促销,涉及活动执行、展会合作、展位租赁、展位搭建、展台设计布置、展车摆放、展会宣传推广等内容。

在此模块中,我们将重点关注以下问题的合规：

1. 汽车活动策划执行；

2. 汽车展会合作；

3. 汽车展位搭建及安全；

4. 汽车户外广告合作；

5. 汽车广告制作安装；

6. 车主活动风险与安全;

7. 车辆定制改装等。

四、汽车按揭、保险及上牌合规

汽车经销商的衍生业务包括汽车按揭、汽车保险、汽车上牌等服务。

汽车按揭服务涉及的金融服务费、汽车保险捆绑销售、保险返佣及汽车上牌合规与风险等问题,都已成为重点关注的对象。

在此模块中,我们将重点关注以下问题的合规:

1. 金融服务特定资质以及对外宣传的方式;

2. 金融业务开展中的商业贿赂问题;

3. 金融服务费的收取;

4. 联合客户伪造或提供虚假贷款按揭材料问题;

5. 汽车保险捆绑销售、反商业贿赂、保险返佣问题;

6. 汽车上牌风险及防范;

7. 基于汽车金融风险预估不足导致的贷款连带责任问题。

五、汽车租赁(融资租赁)及网约车合规

汽车经销商在经营汽车销售、汽车售后等主营业务的同时,兼营汽车经营性租赁、汽车融资租赁等业务,并通过与汽车厂家及其他第三方合作(包括网约车平台、汽车租赁公司等)开展网约车业务。

在此模块中,我们将重点关注以下问题的合规:

1. 经营性汽车租赁;

2. 汽车融资租赁(直租);

3. 汽车融资租赁(回租);

4. 汽车融资租赁意向确认;

5. 汽车融资租赁申请程序;

6. 租赁物(汽车)交接及后续动态监管;

7. 租金支付与催收;

8. 车辆抵押；

9. 不可撤销担保；

10. 从汽车租赁公司角度关注网约车平台、网约车租赁公司、聚合平台以及司机等相关主体的法律关系与风险防范。

六、宣传推广合规

作为汽车经营者，包括汽车生产商、汽车经销商等，在日常生产经营过程中，为了实现盈利目的，都需要以不同的方式对自己的产品或服务做广告宣传。伴随着整个社会维权意识的增强，字体侵权、图片侵权、肖像侵权、文案侵权等侵权现象越来越成为汽车宣传领域不可忽视的问题。

作为消费者，我们平时在今日头条、微信朋友圈等网络媒体平台，也经常看到诸如含有“零首付购车”“不花一分钱就能把车开走”“综合续航 1080 公里”等宣传广告，这些广告的形式、内容是否违法，是否存在虚假宣传、夸大宣传？在日常的对外广告宣传活动中，有关汽车经营者因发布诸如此类的广告行为而遭到高额罚款的案例屡见不鲜。

随着宣传新媒体的兴起，如官方网站、微博、微信、抖音、其他应用软件，甚至朋友圈等媒介上的商品介绍、企业介绍、微信公众号上的推文、网络宣传软文以及发送客户的广告类短信，均属于广告，亦非法外之地。发布虚假广告，发布违反基本准则、一般准则或者禁止发布的广告，贬低他人商品或服务的广告，未经同意或者请求向他人发送广告，违法利用互联网发布广告等广告违法行为，将可能面临被要求承担民事责任、遭受行政处罚的处境，将很大程度上影响企业的声誉。除此之外，违法广告构成犯罪的，还可能面临被刑事处罚的风险。

在此模块中，我们将重点关注以下问题的合规：

1. 商标使用合规；

2. 知识产权使用合规；

3. 广告宣传文案形式内容合规。

七、厂家规约合规

由于汽车经销商往往是代理销售一个或多个品牌汽车，而经销商的展业行为从某种程度上就代表了某个汽车品牌的形象，汽车品牌方出于维护品牌、维系市场的考虑，会对汽车经销商的提出一些要求和规定。鉴于此，作为经销商而言，则应当充分了解品牌方的要求以及原理，并且对相关的规约作出合理的应对。

在此模块中，我们将重点关注以下问题的合规：

1. 与汽车厂家签订汽车经销协议的最大利益的争取；

2. 在汽车厂家背书下的合规经营；

3. 涉及汽车经销商产生与消费者（客户）的纠纷，善于借助厂家进行三方博弈，通过证据的收集与固定确定最终责任方。

八、反垄断及反不正当竞争合规

近年来，我国反垄断执法机构相继查处一系列汽车业垄断案件，被查处的车企不仅在经济、声誉、信用等多方面遭受巨大损失，也反映出车企自身在反垄断合规方面存在诸多不足。2020 年 9 月 11 日国务院反垄断委员会正式发布《经营者反垄断合规指南》，对反垄断行为进行了规制。

在此模块中，我们将重点关注以下问题的合规：

1. 规制价格垄断行为。重点关注同城经销商间的价格垄断行为（包括二级网点价格协议等）。

2. 规制纵向垄断行为。重点关注汽车售后市场的竞争情况及售后配件、售后维修工时、转售价格等具体问题。

3. 商业秘密的保护与汽车经销商之间的不正当竞争行为。

九、企业内反舞弊合规

汽车销售行业员工舞弊问题较为突出，如 4S 店整车销售、售后维修、财务、采购、市场等环节都可能发生舞弊事件，形式多种多样，包括侵占公司资产、诈骗客户资金、虚假做账、偷税漏税、采购舞弊、贩卖客户信息、私刻伪造公司印章等情况。

员工舞弊行为一般涉及的罪名为职务侵占罪、挪用资金罪、非国家工作人员受贿罪、对非国家工作人员行贿罪等。《2021 年度中国企业员工舞弊犯罪司法裁判大数据报告》显示,2021 年,全国舞弊案件查处 2245 例、涉案人员 2459 名、总案值达到 48 亿元、平均案值 228 万元。其中,职务侵占罪的案件数量最多,共计 1517 件;挪用资金罪的涉及金额最高,达到 28.06 亿元。2459 名涉案人员的平均年龄为 37.86 岁,其中 31 岁至 40 岁的中青年人数最多,占比将近 50%;涉案人员的平均入职年限为 3 年 10 个月,入职年限 4 年以内的涉案人员占比高达 66.67%。

上述舞弊案件的背后,企业均存在法律意识薄弱、制度不健全、监督不到位、执行不彻底等企业管理问题。

在此模块中,我们将重点关注以下问题的合规:

1. 提前识别和防控舞弊风险;
2. 建立企业内反舞弊的合规机制和制度;
3. 公司内部反舞弊的培训和宣传;
4. 建立舞弊事件发生后的证据固定、事件调查与案件处置机制。

十、劳资关系合规

汽车经销商(尤其是经销商集团)门店众多,管理层级较多,用工模式较为多元(通常涉及售前、售中、售后等几个环节),薪资结构较为复杂等特点,劳资纠纷为风险高发领域。

在此模块中,我们将重点关注以下问题的合规:

1. 员工招聘;
2. 员工录用;
3. 劳动合同签订、履行、变更、解除;
4. 薪酬制度;
5. 福利制度;
6. 企业规章制度的制定、实施;
7. 员工管理过程相关配套辅助文件。

十一、公司治理合规

汽车经销商通常都是以公司化管理的形式进行经营,公司经营必然会涉及公司治理的问题,如股东结构问题、股东会决议规则、董事的选聘以及董事会的决议规则问题等。在汽车经销行业发展过程中,不乏存在部分主体股东出资不实、抽逃出资、股东之间纠纷不断、企业股东间的权利争夺等问题,如何构建一个稳定且富有激励性的股权结构,也应成为经销商投资者必须要去关注的一个话题。

在此模块中,我们将重点关注以下问题的合规:

1. 公司章程拟定;
2. 公司出资;
3. 公司股东间关系;
4. 股权架构设计与股权激励;
5. 公司控制权与决策权;
6. 股权代持(隐名股东);
7. 董监高任免;
8. 董监高勤勉尽职义务;
9. 股权转让;
10. 股东间纠纷导致公司陷入僵局的应对;
11. 公司印章管理及风险应对;
12. 公司解散清算。

十二、政府监管合规

汽车经销商要知悉当地的政策,既包括奖励、鼓励政策,也包括惩罚和禁止性政策,更谨防经营过程中的违法违规行为被监管机构处罚,以及强化与当地汽车行业协会的互助、协作与融合。

在此模块中,我们将重点关注以下问题的合规:

1. 违章建筑强拆问题;

2. 涉及虚假宣传、违规宣传的汽车广告宣传问题；
3. 汽车维修环节涉及的废水、废气排放以及噪声扰民等环保问题；
4. 虚开发票以及通过员工个人账户收取车款涉及的偷税漏税等问题；
5. 对突发重大汽车维权事件预案、应对及公关处理；
6. 特殊员工、特殊劳动争议处理；
7. 融资租赁及网约车监管问题；
8. 汽车行业协会关系协作与融合。

第二章　汽车销售模式

第一节　汽车品牌授权

一、品牌授权

品牌授权，是指授权者将自己所有或拥有的商标、品牌、徽标、肖像、字符、短语或设计等以合同的形式授予被授权者使用，被授权者按合同约定的条件和方式从事某种经营活动，并按照合同约定的方式向授权者支付相应的费用。

上述某种经营活动，通常是指被授权者使用授权者授予的商标或品牌，从事某种产品的研发、设计、生产、销售或者提供某种服务经营活动，同时授权者给予被授权者统一的经营场地、店面设计、施工、人员培训、物资采购、经营管理、资源、商务政策等方面的指导与支持。

对于被授权者而言，通过专业化的品牌授权途径，购买一个被消费者所认知的知名品牌，凭借该品牌的知名度和良好的市场口碑、品牌形象、经营理念，能够以较低的成本、较快的速度、较低的风险，使自身产品进入市场并被市场接受，从而可以使企业及产品快速地走向成功。

品牌授权的经营范围非常广泛，包括玩具、服装、运动、电子游戏、食品、文具、文化、娱乐、影视类产品、名人形象等领域，授权产品种类的开发也越来越丰富。

其中，汽车品牌销售授权，就是众多品牌授权内容的重要组成部分。

二、汽车品牌授权

2005 年 4 月 1 日，商务部和国家发改委及工商总局等正式颁布实施《汽车品牌销售管理实施办法》（已废止）。

根据《汽车品牌销售管理实施办法》第三条的规定："汽车品牌销售，是指汽车供应商或经其授权的汽车品牌经销商，使用统一的店铺名称、标识、商标等从事汽车经营活动的行为。

汽车供应商是指为汽车品牌经销商提供汽车资源的企业，包括汽车生产企业、汽车总经销商。

汽车品牌经销商是指经汽车供应商授权、按汽车品牌销售方式从事汽车销售和服务活动的企业。

汽车总经销商是指经境内外汽车生产企业授权、在境内建立汽车品牌销售和服务网络，从事汽车分销活动的企业。"

汽车品牌销售，其核心在于品牌授权。围绕品牌授权这一核心，汽车供应商（包括生产企业和汽车总经销商）通过达成牌授权经营合作，双方签订品牌授权经营合同，授权汽车经销商在一定的区域从事特定品牌汽车的销售活动。其目的是通过对汽车供应商营销体系的统一运营和控制管理，从而实现规模效应和品牌效应。作为对"汽车品牌授权销售"的全面理解，汽车品牌授权经营作为一种"汽车经营活动"，包括汽车销售和售后服务内容。

根据汽车品牌销售的定义，结合《汽车品牌销售管理实施办法》的相关规定，汽车品牌销售的基本运作模式如下：

1. 拟从事品牌汽车销售的企业，取得汽车供应商的汽车销售品牌授权，之后由汽车供应商统一到国家工商行政管理总局备案；

2. 经过国家及地方两级工商行政管理机关审核后，由国家工商行政管理总局公布品牌汽车经销商名单，各地工商行政管理机关根据公布的品牌汽车经销商名单，对其营业执照的经营范围进行变更，统一核定为取得授权的"某某品牌汽车销售"；

3. 汽车品牌经销商与汽车供应商签署《授权经营合同》，双方按照《授权经营合同》的约定使用统一的店铺名称、标识、商标，在一定的区域从事特定品牌汽车经营活动。

根据《汽车品牌销售管理实施办法》规定，要成为某一汽车品牌的汽车经销商，须先得到汽车厂家授权，在通过工商注册获得经营资格。汽车总经销商和品牌经销商设立从事汽车品牌销售活动的非法人主体，也需获得汽车厂家的授权。

但由于汽车厂家绝对的主导和控制优势，汽车经销商的行动受到厂家诸多牵扯。《汽车品牌销售管理实施办法》自 2005 年颁布实施以来，在业内广受诟病，争议的焦点集中在销售方式。

《汽车品牌销售管理实施办法》赋予了汽车厂家对销售的高度控制权，形成了汽车厂家的强势或垄断地位。在汽车经销商和汽车厂家法律关系，缺乏平等对话，使本来已处于弱势地位的汽车销售企业更加弱化。而对于汽车经销商而言，失去销售网络控制权，就等于失去了话语权。

《汽车品牌销售管理实施办法》的初衷是为了规范和强化汽车进口、销售等经营行为，解决汽车产品在销售和售后过程中存在的一些问题，同时强化中国在进口车市场的话语权。但事与愿违，汽车厂家与汽车经销商之间本应受市场调节的厂商关系，变成了汽车厂商全权做主的主导关系。汽车 4S 店虽是法律上具有独立法人资格的实体，但严重依赖汽车厂家，由汽车经销商承担高额成本一手打造的汽车经销网络，控制权却牢牢掌控在汽车厂家手中。

随着我国汽车市场的快速发展及经销模式的变化，《汽车品牌销售管理实施办法》已逐步从实施初期对汽车经销的促进与规范作用转变成阻碍作用。

2014 年 7 月 31 日，国家工商行政管理总局发布了一则《工商总局关于停止实施汽车总经销商和汽车品牌授权经销商备案工作的公告》（工商市字〔2014〕145 号），内容包括：

1. 工商总局自 2014 年 8 月 20 日起，不再接收汽车供应商报送的备案材料。对已接收材料中符合备案条件的汽车总经销商和汽车品牌授权经销商名单，将在 9 月最后一批备案名单中公布。

2. 停止实施备案工作后，从事汽车品牌销售的汽车经销商（含总经销商），按照工商登记管理相关规定办理，其营业执照经营范围统一登记为“汽车销售”。根据工商总局公布的备案名单文件，已将营业执照经营范围登记为“××品牌汽车销售”的汽车总经销商和汽车品牌授权经销商，可以申请变更登记为“汽车销售”。

3. 工商行政管理机关将依法强化对汽车经营行为的监管，维护消费者的合法权益和公平竞争的市场秩序。

【案例01】后疫情时代,主机车与汽车经销商,还能好好相亲相爱吗?

【案例来源】面对主机厂的强势地位,汽车经销商该何去何从?——以捷豹路虎(中国)投资有限公司与常州A汽车销售服务有限公司争议纠纷为例①

【基本案情】

常州A汽车销售服务有限公司(以下简称常州A)正常状态下捷豹路虎(中国)投资有限公司[以下简称捷豹路虎(中国)]库存为40辆左右,最高时曾高达85辆。因疫情影响和庞大的建店规模,2020年亏损753万元,2021年亏损205万元,裁员(10%)赔偿47.5万元。常州A于2022年6月9日向捷豹路虎(中国)申请拟缩小规模、改按新标准建店被拒。2022年10月19日该公司在确保厂家车品形象展示情形下,再次提出改造或按捷豹路虎(中国)3.0新标准搬迁升级的请求,2022年11月21日捷豹路虎(中国)网发部与该公司沟通,强令其在12月15日前将展厅恢复原貌,否则取消授权。无奈之下该公司向江苏省汽车流通协会提请协调妥善化解困境的诉求。

江苏省汽车流通协会维护会员企业合法正当权益,五次发函捷豹路虎(中国)沟通协调均被予以生冷回拒。2023年3月17日,捷豹路虎(中国)以及相关公司已经给常州A发出了终止授权协议的函件,函件丝毫未涉及常州A公司被取消授权后面临的困境及损失如何处置与补偿。2023年5月26日捷豹路虎(中国)在向江苏省汽车流通协会的回复函中表示,常州A的行为违反了双方的经销协议,破坏了彼此合作的信任基础。

【裁判结果】

江苏省汽车流通协会认为,捷豹路虎(中国)2023年5月26日的回函没有谈及授权书有无违反商务部《汽车销售管理办法》第二十四条第六项的规定。江苏省汽车流通协会简单梳理授权书发现,其中多款规定与《汽车销售管理办

① 参见省汽协秘书处:《后疫情形势下供应商更应该与经销商风雨同舟——以捷豹路虎(中国)与常州路捷争议纠纷为例》,载微信公众号"江苏省汽车流通协会"2023年6月14日,https://mp.weixin.qq.com/s/T-oFM4Rl2c7iETMM1gDyGw。

法》相悖,如限定经营场所面积,对经销商经销场所外立面、使用面积调整没有任何商量的余地,设定车辆售价的最低建议价等。综上所述,江苏省汽车流通协会认为常州A向捷豹路虎(中国)申请拟缩小规模、改按新标准建店的诉求是合理的,而捷豹路虎(中国)给常州A的授权书实际上处于上游强势地位,捷豹路虎(中国)不顾经销商正当诉求拒绝常州A申请诉求和发警告函的依据、理由不充分,且有悖于《汽车销售管理办法》第二十四条第六项的规定。

【律师分析】

《汽车销售管理办法》第二十四条第六项规定:供应商可以要求经销商为本企业品牌汽车设立单独展区,满足经营需要和维护品牌形象的基本功能,但不得对经销商实施限定不合理经营场所面积、建筑物结构以及有偿设计单位、建筑材料、通用设备以及办公设施的品牌或者供应商的行为。常州A根据自身经营情况对4S店缩小规模、改按新标准建店,并保证调整后的展厅可保持捷豹路虎(中国)要求的约定数量的展厅车及试驾车组合,标识完整,不影响正常经营,该行为可认为是正常的经营调整,而捷豹路虎(中国)拒绝常州A的申请并以取消授权为条件强制要求常州A保持原有店面场地的行为显然违反了《汽车销售管理办法》第二十四条第六项的规定。

《汽车销售管理办法》积极调整供应商和销售商之间的关系,列出的多项"不得"禁止性规定对供应商的权利进行限缩,避免对销售主体进行过多的干预和控制。本案中,常州A在面临经济环境下行、亏损裁员的压力下,向捷豹路虎(中国)申请缩小规模建店,符合行业的惯例,具有合理性。同时根据《汽车销售管理办法》规定,供应商不得限定不合理的经营场地面积、建筑物结构。捷豹路虎(中国)无视销售商的建店诉求明显干预门店建设的面积和结构,单方面取消授权,给销售商后续开店经营带来阻碍,此举有违契约精神。经销合同中的当事人无论是经销商还是供应商都应享有平等地位,双方当事人不得将自己的意志强加于另一方,而捷豹路虎(中国)没有丝毫通融,忽视销售商被取消授权后的损失的做法正是典型的反面例子。

一国内著名品牌华东事业部负责人认为,他们对建立良好的生产商与经销商合作关系持以下态度:品牌秉持共商共谋、共创共赢的理念;与经销商共同协商所在地域的经营目标,围绕目标共同谋划城市、省份的策略打法;在施策时,坚持品牌份额与经销商盈利统筹兼顾,共同商定市场应对举措。一方面,品牌方主动支持阶段性经营困难的经销商通过试驾车灵活配置、融资优化、人员配置合理优化等多举措降低经营成本,鼓励经销商通过降级降型渡过难关;另一方面,品牌方积极与经销商一起主动寻找经营突破口,开拓大用户、二手车等价值链业务,多举措提升售后效率及产值,积极协同经销商共同参与当地政府的促消费活动。品牌方始终坚持问题导向、结果导向,直面终端问题,通过高频的经销商互动、一线调研了解真实的市场态势和经销商经营状态。

【律师建议】

1. 汽车经销商在与品牌方签订经销协议时可能会遇到多种条款限制,要合理评估各类条款限制可能带来的风险,加强法律风险防范,审慎选择品牌合作。

2. 汽车品牌方在供销链上占据强势地位,但也应遵守国家法律法规的相关规定,充分理解与经销商的平等的合作关系,及时回应合作方的合理诉求,调整修订适应新形势的商务政策。在不影响品牌形象展示与售后服务质量的前提下,对经营场地面积等问题本着有利发展合作双赢的原则作出妥善处理。

3. 对于销售商而言,积极调整与品牌方之间的关系,将公平互利互惠的原则贯彻到一起制定经营目标和地区策略上。面对品牌方不合理的"顺者昌逆者亡"强势的惯性思维,谨慎选择合作伙伴或可以在协议中对具体事项进行约定,对于供应商不合理的要求可以依照法律规定维护自身合法权益。

【法律规定】

《汽车销售管理办法》

第二十二条　未违反合同约定被供应商解除授权的,经销商有权要求供应商按不低于双方认可的第三方评估机构的评估价格收购其销售、检测和维修等设施设备,并回购相关库存车辆和配件。

第二十四条　供应商可以要求经销商为本企业品牌汽车设立单独展区,满足经营需要和维护品牌形象的基本功能,但不得对经销商实施下列行为:

(一)要求同时具备销售、售后服务等功能;

(二)规定整车、配件库存品种或数量,或者规定汽车销售数量,但双方在签署授权合同或合同延期时就上述内容书面达成一致的除外;

(三)限制经营其他供应商商品;

(四)限制为其他供应商的汽车提供配件及其他售后服务;

(五)要求承担以汽车供应商名义实施的广告、车展等宣传推广费用,或者限定广告宣传方式和媒体；

（六）限定不合理的经营场地面积、建筑物结构以及有偿设计单位、建筑单位、建筑材料、通用设备以及办公设施的品牌或者供应商；

（七）搭售未订购的汽车、配件及其他商品；

（八）干涉经销商人力资源和财务管理以及其他属于经销商自主经营范围内的活动；

（九）限制本企业汽车产品经销商之间相互转售。

第二节　汽车经销

2017年4月5日，商务部正式公布《汽车销售管理办法》，并于2017年7月1日起正式实施，这意味着自2005年开始实施12年之久的《汽车品牌销售管理实施办法》将同时废止，原有的总经销制度被取代。

此次新《汽车销售管理办法》的出台带来重大的变化，废止过去汽车销售品牌授权单一体制，体现了国家在汽车领域推动供给侧结构改革的风向，对汽车销售市场方方面面的规制作出重要突破，这对于我国汽车销售行业下一阶段的转型发展具有导向作用。包括外资汽车供应商在内的整个汽车流通行业在新《汽车销售管理办法》的调整下产生巨大变动，汽车销售行业从业者需要更新法律法规知识，保障企业自身合法权益。下文将具体阐述新《汽车销售管理办法》区别于旧规定在内容和影响上的变化。

一、授权销售与非授权销售模式并行

《汽车销售管理办法》允许授权销售和非授权销售两种模式并行。根据原有的《汽车品牌销售管理实施办法》的规定，汽车的销售必须获得汽车供应商的授权，供应商决定了成为品牌经销商的各种条件，涉足经销商的具体经营事务。而《汽车销售管理办法》则明确允许授权销售和非授权销售两种模式并存，从而使授权销售和非授权销售能够在同等的制度下进行竞争。该新模式不仅有助于改善汽车供应商和经销商之间失衡的地位处境，还有利于激活汽车市场活力。

需要注意的是,不强制汽车品牌授权经营并不意味着取消品牌授权经销。《汽车品牌销售管理实施办法》是将“品牌授权”作为从事汽车销售的入门条件,《汽车销售管理办法》则是取消该入门条件,允许非授权的经销商正常经营。正因为两种模式并存,《汽车销售管理办法》不意味着汽车供应商需要完全放弃品牌授权的经营模式,相信在一定时期内品牌授权经营仍然将是汽车市场的主流。但非授权经销的力量的后起之势不容忽视,如汽车超市、汽车奥特莱斯以及汽车电商等。

二、多品牌经营

《汽车销售管理办法》还打破了以往排斥多品牌经营模式的局面。对比已经废止的《汽车品牌销售管理实施办法》规定,汽车品牌经销商必须在经营场所的突出位置设置汽车供应商授权使用的店铺名称、标识、商标等,并不得以任何形式从事非授权品牌汽车的经营。而《汽车销售管理办法》明确要求,供应商可以要求经销商为本企业品牌汽车设立单独展区,满足经营需要和维护品牌形象的基本功能,但不得限制经销商经营其他供应商的商品。也就是说,汽车供应商可以要求经销商为其销售品牌的汽车设置单独展区来满足基本的宣传功能,但不得要求经销商只经营一个品牌。当然有关单独展区的界定方法将可能成为下一步争议的焦点之一。

三、销售和售后服务功能拆分

在已经废止的《汽车品牌销售管理实施办法》的框架下,品牌授权经销模式将汽车销售、零配件供应以及维修服务等功能全部捆绑在一起,通过4S店完成新车销售和售后服务。从而将只能从事部分服务功能的经营者排除在市场之外,且经销商为了满足上述要求,通常前期需要花费巨大的投资,这不仅导致4S店经销商“负重前行”,也造成汽车行业竞争不足从而“故步自封”。《汽车销售管理办法》明确提出供应商将不得强制要求经销商必须同时具备销售、售后服务等功能。这意味着仅具备部分服务功能的经营者将有更多的机会参与市场竞争,尤其有关零部件销售和汽车售后维修方面,随着规制放开,汽车4S门店经销商可能在售后服务环节面临更大的竞争和挑战。

四、平行进口车获得合法地位

平行进口车是指从海外市场购买引入中国市场销售的汽车。而《汽车销售管理办法》在汽车生产企业和总经销商的基础上增加了将该类汽车引进国内市场的主体即“从境外进口汽车的经营者”,从境外进口汽车的经营者也包括平行进口商。上述条款从制度上给予了平行进口车合法的地位,为平行进口车销售提供了一条正规的道路。同时结合《汽车销售管理办法》要求汽车供应商不得限制经销商为其他供应商的汽车提供配件及其他售后服务的条款,平行进口车的维修受限的局面也可能得以缓解。当然《汽车销售管理办法》也同时要求平行进口商以书面形式向消费者作出提醒和说明,并书面告知向消费者承担相关责任的主体。

五、加强对供应商的行为限制,平衡供应商和经销商利益

为打破过往汽车厂商强势控制,销售商依附经营的失衡局面,重新平衡市场主体各方利益,《汽车销售管理办法》加强了对供应商行为的限制,具体如下。

(一)授权期限

对经销商的最短授权期限规定为“授权期限(不含店铺建设期)一般每次不低于3年,首次授权期限一般不低于5年。双方协商一致的,可以提前解除授权合同”。但是对于一般情形和例外情况的详细规定有待结合后续相关配套文件的理解。

(二)供应商的回购义务

对于经销商未违反合同约定被供应商解除授权的,经销商有权要求供应商按不低于双方认可的第三方评估机构的评估价格收购其销售、检测和维修等设施设备,并回购相关库存车辆和配件。

(三)禁止对经销商的各种限制行为

供应商可要求经销商对本企业品牌汽车设立单独展区,但不得对经销商实施以下行为:

1. 要求同时具备销售、售后服务等功能(要求建设全功能的4S店);

2. 规定整车、配件库存品种或数量,或者规定汽车销售数量,但双方在签署授权合同或合同延期时就上述内容书面达成一致的除外;

3. 限制经营其他供应商商品;

4. 限制为其他供应商的汽车提供配件及其他售后服务;

5. 要求承担以汽车供应商名义实施的广告、车展等宣传推广费用,或者限定广告宣传方式和媒体;

6. 限定不合理的经营场地面积、建筑物结构以及有偿设计单位、建筑单位、建筑材料、通用设备以及办公设施的品牌或者供应商;

7. 搭售未订购的汽车、汽车配件及其他商品;

8. 干涉经销商人力资源和财务管理以及其他属于经销商自主经营范围内的活动;

9. 限制本企业汽车产品经销商之间相互转售。

作为《汽车销售管理办法》的第二十四条,该条款是非常重要的核心条款,对该条款的理解与应用将在很大程度上影响供应商及经销商之间的交易内容。

(四)商务政策的公平、公正、透明原则

商务政策具有时效性和地区性,供应商应当及时向经销商明确商务政策的主要内容,对于临时性商务政策,应当提前以双方约定的方式告知,对于被解除授权的经销商,应当维护经销商在授权期间应有的权益,不得拒绝或延迟支付销售返利。

六、售后服务配件的分类制度

《汽车销售管理办法》规定供应商不得限制配件生产商(进口产品为进口商)的销售对象,不得限制经销商、售后服务商转售配件。对于消费者而言,除了"三包"、召回等由供应商承担费用时使用的配件和服务外,供应商、经销商不得对消费者的配件和售后服务的提供者进行限定或指定。

此外,《汽车销售管理办法》规定将配件分为四类,即原厂配件、质量相当配件、再制造件、回用件,向消费者销售或者提供原厂配件以外的其他配件时,经销商、售后服务商销售应当明示生产商(进口产品为进口商)、生产日期、适配车型等信息,并予以提醒和说明。

七、加强对消费者权益的保护

《汽车销售管理办法》进一步加大了对消费者权益的保护。

1.《汽车销售管理办法》强调汽车供应商、经销商、售后服务商的告知与提醒义务,包括对于未经授权销售的汽车、平行进口汽车、汽车及配件价格与服务费标准、售后服务政策与服务规范等相关信息的提醒和告知义务。

2.《汽车销售管理办法》要求供应商、经销商不得限定消费者的户籍所在地,不得强制消费者购买保险或者强制为其提供代办车辆注册登记等服务,不得对消费者限定服务供应商。

3.《汽车销售管理办法》要求供应商、经销商建立健全消费者投诉制度,明确受理消费者投诉的具体部门和人员,并向消费者明示投诉渠道。投诉的受理、转交以及处理情况应当自收到投诉之日起7个工作日内通知投诉的消费者。

4.《汽车销售管理办法》要求经销商建立销售汽车、用户等信息档案,信息档案保存期不得少于10年;在授权合同终止30日内,经销商应当将客户、车辆资料和维修历史记录移交给供应商,并应当及时通知消费者。

5.《汽车销售管理办法》要求供应商及时向社会公布停产或者停止销售的车型,并保证其后至少10年的配件供应以及相应的售后服务。

八、加强监管和处罚

(一)信息备案义务

供应商、经销商应当自取得营业执照之日起90日内通过国务院商务主管部门全国汽车流通信息管理系统备案基本信息。供应商、经销商备案的基本信息发生变更的,应当自信息变更之日起30日内完成信息更新。需要注意的是,2017年7月1日以前已设立的供应商、经销商,应当自2017年7月1日起90日内备案基本信息。此外,供应商、经销商还应当按照规定向全国汽车流通信息管理系统报送汽车销售数量、种类等信息。

（二）录入统一信用档案

《汽车销售管理办法》要求县级以上地方商务主管部门应当会同有关部门建立企业信用记录，纳入全国统一的信用信息共享交换平台。对供应商、经销商有关违法违规行为依法作出处理决定的，应当录入信用档案，并及时向社会公布。《汽车销售管理办法》作为商务部公布的部门规章，从行政处罚的力度来看，最高只有3万元的罚款，对企业来说并不是很高的金额，但是如果因违反《汽车销售管理办法》被商务部处罚，该处罚记入企业的信用档案，并向社会公布的话，有可能对企业的品牌形象造成不良影响，进而影响汽车的销售，这是比行政处罚金额更严重的后果。

（三）《汽车销售管理办法》中的罚则

《汽车销售管理办法》还针对各种违反行为，规定了具体的处罚措施，如责令改正、警告以及最高3万元罚款。对于县级以上商务主管部门的工作人员在汽车销售及其相关服务活动监督管理工作中滥用职权、玩忽职守、徇私舞弊的，依法给予处分；构成犯罪的，依法追究刑事责任。

国家鼓励发展共享型、节约型、社会化的汽车销售和售后服务网络，加快城乡一体的汽车销售和售后服务网络建设，加强新能源汽车销售和售后服务网络建设，推动汽车流通模式创新。汽车销售商和其他行业从业者都将从此次《汽车销售管理办法》的出台中受益，该办法进一步规范现有的汽车销售环境，明确各主体的权利和义务，促进汽车销售环节和售后中各种纠纷的解决。

在实务中，取得汽车品牌授权是4S门店展开经销业务的第一步，意味着该门店在特定区域内对该品牌汽车的销售依照品牌方指定价格、销售流程进行以及得到后续车辆维修所需的技术支持，具有一定的官方属性和背书，享有更好的信誉和经营优势。作为汽车经销商而言，如何约定与品牌方的经销授权协议，尤其在发生权利义务主体变更的情况时，双方在金钱给付义务上多有发生争议。对此在合同中明确约定对特别情况的处理方法，有利于规避后续的法律风险。

【案例02】汽车经销协议权利义务的承接，是否需要事先征得债务人同意？

【案例来源】贵州A汽车销售服务有限公司、B集团有限责任公司、湖南C汽车股份有限公司合同纠纷案[湖南省高级人民法院(2017)湘民终761号民事判决书]

【基本案情】

B集团有限责任公司(以下简称B集团)与贵州A汽车销售服务有限公司(以下简称A公司)长期存在经销合作往来。2012年，B集团(甲方)与A公司(乙方)在长沙市签订了《C汽车2012年4S协议》。2013年，B集团再次与A公司签订《C汽车2013年经销协议》，协议内容基本与《C汽车2012年4S协议》一致，协议有效期至2013年11月30日止。A公司出具了保证书。

2013年12月25日，湖南C汽车股份有限公司(以下简称C公司)取得营业执照，承继B集团C品牌汽车销售的权利和义务。

2014年2月，C公司(甲方)与A公司(乙方)在长沙签订了《C汽车2014年经销协议》，约定A公司经销C汽车品牌产品，A公司出具了保证书。该协议中包含的《C汽车2013年商务管理办法》《C汽车2014商务管理办法》中约定，“一、价格按市场指导价，市场指导价指B集团对外公布的统一零售价。结算：原则上是现款现货，先款后货，全款提车，但对于新发展的经销商以享受铺车政策之日起一年内，可实行30%的铺货政策。在一年内公司协助办理三方授信，如一年以后未达成三方授信的，可延期三个月，三个月后不再享受此政策。如未按期回款，则取消铺车政策”。上述合同签订后，A公司依据协议支付了20万元保证金，自2012年8月1日至2014年，A公司共计收到1120台车辆，其中退货100台。

B集团和C公司于2014年1月3日向各经销商发出《关于变更C汽车收款账户的函》，内容为：根据公司业务发展和整体规划的需要，B集团设立了控股子公司C公司，负责C汽车的开发和销售业务。从2014年1月开始B集团将不再针对经销商直接销售C汽车，C汽车销售业务转移至C公司经营。并从2014年1月1日起C汽车车款收款账户变更。由于B集团涉及C汽车的债权债务已交至C公司,经销商2013年12月31日以前的欠款也归还至C汽车公司账户。

B集团、C公司认为,其与A公司签订的协议中的商务管理办法中约定了两种付款方式,一种是先款后货,另一种是铺货政策。由于A公司的法定代表人及其近亲属都是B集团的老员工,所以对A公司一直按照新经销商对待,享受铺货政策。根据此商务管理办法和商务政策,A公司是铺货赊销,应当向C公司支付剩余价款,因此B集团要求A公司向C公司支付剩余未支付价款。而A公司以双方经销合同已经约定采取先款后货的价款支付方式为由,认为双方无须对合同期间的销售款项进行繁杂的结算,C公司向A公司发车就代表价款结清或有富余,因此认为全部价款已经结算支付完成。B集团、C公司因此向法院提起诉讼,要求A公司偿还合同欠款及欠款利息。

A公司对一审判决结果不服,同时认为,其与B集团原有经销协议中不仅约定了买卖事项,还约定了车辆维修、协助处理事故、产品召回等义务。上述义务不会随着B集团与C公司的业务转移而转移,而且合同权利义务一并转移需要得到A公司的同意,不能仅以通知代替,所以B集团与C公司共同起诉A公司没有事实依据,因此提起上诉。

【裁判结果】

一审法院认为:B集团与A公司签订的《C汽车2012年4S协议》、《C汽车2013年经销协议》、《C汽车2014年经销协议》及其附件《C汽车2013年商务管理办法》、《C汽车2014商务管理办法》、《C汽车2013年商务政策》和《C汽车2014年商务政策》等是双方的真实意思表示,内容未违反法律、行政法规的强制性规定,均应认定为合法有效,双方当事人均应按照合同约定全面履行自己的合同义务,并据此判决A公司向B集团、C公司支付剩余货款及利息。

二审法院认为:虽然双方签订的经销协议、商务管理办法及商务政策,约定了先款后车和铺货政策两种交易方式。但是从DMS整车销售管理系统显示的车款往来明细,以及通过对《商品车运输交接单》、增值税发票和A公司的付款凭证进行比对,均显示在A公司仅支付部分车款的情况下,B集团和C公司即向A公司发车。当实际交易方式与合同约定方式不一致时,应当以实际交易方式为准。何况,无论采取哪种交易方式,都存在货款结算的问题。现B集团和C

公司提供了《商品车运输交接单》、增值税发票、DMS系统数据等一系列证据证明A公司存在未付货款，A公司若认为货款已结清，应当提交货款支付凭证等证据，但从A公司提供的证据来看，恰恰证明A公司尚存在货款缺口，在此情况下，A公司仅以发车为由主张货款已经结清，没有事实和法律依据，法院不予支持。

由于广汽B湖南公司已于2016年8月注销，B集团和C公司在一审时已经提交了广汽B湖南公司的母公司广汽B股份有限公司出具的声明，证明广汽B湖南公司系受B集团委托交付合同项下车辆，A公司支付该车款后广汽B股份有限公司不再向A公司主张合同项下车款。而B扬子公司系B集团的分公司，并非工商注册登记的独立公司，总公司B集团委托其履行交车义务，符合法律规定。B集团2014年1月将《关于变更C汽车收款账户的函》通知到A公司后，A公司即从C公司接收车辆，并向C公司支付货款，表明A公司已经同意了对方主体的变更并按照变更后的主体进行实际履行。

综上所述，二审法院判决驳回A公司的上诉请求并维持一审判决。

【律师分析】

从本案来看，B集团与A公司签订的汽车经销协议中确有规定权利义务的相关条款，当B集团将汽车销售业务转移至C公司经营时，B集团向各经销商发出《关于变更C汽车收款账户的函》，明确向A公司通知了供应商主体发生的变更，A公司接到通知后并未提出异议或反对等意思表示，之后也按照该函通知内容从C公司接收车辆，并向C公司支付货款，表明A公司已经同意了供销商主体的变更。据此分析，当汽车供应商主体发生变更时，原来双方签订的汽车经销协议约定的权利义务向第三方转移时，供销商应当告知经销商并获得经销商的同意，若经销商有明确拒绝的意思表示，则原来双方签订的汽车经销协议约定的权利义务仍需由原供应商承担。

此外，值得注意的是，无论是供应商还是销售商的变更，对于消费者的售后处理仍然需要重视，不能只关注双方之间的争议和利益诉求而将售后等涉及消费者合法权益的责任置之不顾。主体的变更不能逃避对产品责任的追究，因此在经销商和供应商的经销协议之间就售后责任问题进行明显损害消费者权益或者一方责任畸重的不公平划分违背了《家用汽车产品修理更换退货责任规定》第四条“三包”责任的规定，当然无效。结合当下不少曾经盛极一时的汽车品牌退出中国,各种售后交接,车辆管理的问题会越发突出,供应商和销售商之间的关系的疏远或者断联直接影响到消费者售后问题的处理。因此,汽车经销商除了在经销协议中明确与供应商的交货条款外,也要明确"三包"责任。

【律师建议】

1. 汽车经销商在与汽车供应商签订汽车经销协议时,应当特别注意和明确双方的权利义务。当供应商主体发生变更、原经销协议中规定的权利义务关系向第三方转移时,需要获得经销商的同意。如果汽车经销商不同意该经销协议的变更,则需要做出明确拒绝的意思表示,以此避免原经销协议中规定的权利义务关系向第三方转移后带来的不利影响。

2. 此外,汽车经销商与汽车供应商之间的经销交易方式在实际中往往实行更加优惠和便捷的铺货政策,对于经销商而言需要谨慎遵守合同约定的付款期限和数量以此确保优惠政策能够长期有效地实行下去,保持在销售渠道和销售能力上的竞争优势。

3. 就签订经销协议的角度而言,汽车经销商应对变相捆绑的条款审慎抉择,以条款的形式将经销商自主制定采购目标和库存的权利和以销定产的原则确定下来。

【法律规定】

《汽车销售管理办法》

第二十三条　供应商发生变更时,应当妥善处理相关事宜,确保经销商和消费者的合法权益。

经销商不再经营供应商产品的,应当将客户、车辆资料和维修历史记录在授权合同终止后30日内移交给供应商,不得实施有损于供应商品牌形象的行为;家用汽车产品经销商不再经营供应商产品时,应当及时通知消费者,在供应商的配合下变更承担"三包"责任的经销商。供应商、承担"三包"责任的经销商应当保证为消费者继续提供相应的售后服务。

第三节　新能源汽车时代的销售模式

传统汽车时代,汽车销售主要依靠汽车经销商在全国目标城市的郊区设立

4S 店进行销售。这种方式对于经销商来说获客成本高,对于用户来说购买体验差。

相比传统燃油车来说,以纯电动车为代表的新能源车发生了颠覆性变化。由于新能源车辆本身属性发生了变化,使得对其的销售行为发生了变化。新能源汽车时代,用户和主机厂对经销商 4S 店的依赖程度大大降低。目前,新能源汽车的营销已经在从传统的销售链体系向价值链体系过渡,而营销模式的创新将成为影响未来国内新能源汽车发展的重要因素。

进入新能源汽车时代后,汽车销售方式最直观的就变化是由经销商代销转为主机厂直销。当前在新能源汽车的销售领域,存在三种主流模式。①

(一)品牌与用户体验优先的直营模式

特斯拉通过线上销售平台和线下体验门店销售车辆,颠覆了传统的经销商模式。直营模式给特斯拉带来了两个竞争优势:通过核心商圈的门店快速触达核心消费群体,并形成品牌效应;线上获得用户数据更快、更丰富。蔚来通过建立 NIOHOUSE 和优化直营店选址的方式加强了在直营模式下的品牌形象和用户体验。

直营模式的缺点是需要持续获取充足订单,否则可能刺激订单,并且价格变动频繁。

(二)兼顾效率与成本的混合模式

中国品牌采用混合模式将直营形象和用户体验与经销商相结合。混合模式中,形象店和体验中心店由品牌直营,便利渠道交给经销商经营。

混合模式的优点是整车厂对销售渠道控制能力强,价格管理能力强。经销商相对传统 4S 店采用轻资产运营模式,可以开设多模式门店。缺点是混合模式引入经销商也会带来渠道间争夺用户和管理成本增加等问题。小鹏和问界是混合模式的典型代表,华为与赛力斯合作形成了三类门店。

(三)亟待创新变革的 4S 店经销模式

传统 4S 店的经销商面临新的销售模式的挑战,特别是在新能源汽车和纯电车销售方面。传统 4S 店选址偏远,不利于用户触达,同时需要考虑维修保养车

---

① 参见《汽车营销:一图看懂新能源车销售模式》,载微信公众号“车联新生态”2023 年 7 月 10 日,https://mp.weixin.qq.com/s/L0FqxwT4fMrd3q1iW9LE_A。

间的需求。一些经销商进入商超开拓客户,但商超的客群与4S店的客群不同,不符合购车意愿。

纯电车的保养项目较少、收费低,对长期依赖保养维修业务盈利的经销商价值不高,经销商的销售动力较弱。虽然经销商模式在新能源车销售方面存在问题,但在过去的20年中,经销商模式对中国汽车产业的发展起到了重要推动作用。

目前在中国,许多国内汽车制造商都采用了这种模式,如比亚迪、吉利、广汽等。

20多年来,我们见证了中国汽车市场的巨大发展和汽车销售模式的不断改变。本书主要内容是关于汽车销售行业合规经营及法律风控实务全流程分析和介绍。

汽车销售是一个大概念,关于汽车销售及模式,本书涵盖的汽车销售模式和范围,包括主机厂向汽车经销商的批量新车销售、主机厂直接向终端客户新车零售、汽车经销商向终端消费者新车零售、汽车经销商向二级网点或大客户批量新车销售、二级网点或汽贸公司向终端消费者新车零售,既包括线上销售,也包括线下销售,以及包括二手车市场的各种经营和销售等,销售的车型包括传统的燃油汽车,也包括近年来异军突起的新能源汽车等。

在过去20多年的中国汽车市场发展过程中,由于汽车经销商与主机厂的合作关系最为密切,同时目前也暂时还是中国新车销售市场的主力销售力量,本书将以汽车经销商作为汽车销售的行业代表,贯穿于本书始末,以点带面,相关内容基本适用于整个汽车销售、汽车售后、汽车"三包"、汽车召回、汽车租赁等汽车领域和板块。

【案例03】新能源汽车销售商与主机厂达成退网协议解除买卖合同时,可否主张返还入网保证金及其利息?

【案例来源】山东A新能源汽车有限公司与丽江B汽车销售有限公司买卖合同纠纷案[山东省潍坊市中级人民法院(2022)鲁07民终8508号民事判决书]

【基本案情】

原告(被上诉人):丽江B汽车销售有限公司(以下简称B公司),住所地云南省丽江市古城区祥和街道玉雪大道369号。

被告(上诉人):山东A新能源汽车有限公司(以下简称A汽车公司),住所地山东省昌乐县朱刘比德文路2号16幢。

一审时,B公司向一审法院起诉请求:

1. 判令A汽车公司立即返还B公司新能源车入网保证金100,000元;

2. 判令A汽车公司立即返还B公司购车款514,200元;

3. 判令A汽车公司分别以上述两项义务为基准,按全国银行间同业拆借中心公布的贷款市场报价利率向B公司支付自2022年4月4日起至实际给付日止的利息;

4. 判令A汽车公司承担本案的诉讼费、保全费。

一审法院认定事实:

2021年7月,当事人之间达成合作意向,B公司作为A汽车公司的销售服务商。2021年7月27日,B公司向A汽车公司支付了新能源车入网保证金10万元。2021年8月9日,B公司分两笔共向A汽车公司支付提车款100万元。2021年10月14日,B公司向A汽车公司转账支付车款12,000元,B公司共向A汽车公司支付车款1,012,000元。后A汽车公司共向B公司发货14台车辆,合计金额497,800元。A汽车公司未发货车辆金额合计514,200元。B公司于2022年3月14日向A汽车公司提出“退网申明”,B公司自愿退出A汽车公司高速新能源汽车经销网络,于2022年4月4日按A汽车公司要求再行快递提交退款申请材料。

关于B公司请求的A汽车公司返还新能源车入网保证金10万元的诉讼请求,A汽车公司辩称因B公司已退网,为保证已售车辆的售后问题处理,按照行业惯例,需预留部分保证金,预留保证金1万元事宜,A汽车公司已与B公司沟通,B公司对此并不认可。

A汽车公司不服一审判决,提起上诉:

1. 撤销一审判决,依法改判驳回被上诉人要求支付保证金及购车款合计614,200元的逾期付款利息(6438.86元)的主张;

2. 一、二审诉讼费用由被上诉人承担。

事实和理由:一审法院认定事实不清,双方自2022年5月6日之后仍一直在沟通重新确认退还车款的问题,因此上诉人不应承担逾期付款利息。

【裁判结果】

一审判决：

1. A 汽车公司于本判决生效后 10 日内返还丽江 B 公司新能源车入网保证金及购车款共计 614,200 元及利息（以 614,200 元为基数，自 2022 年 5 月 6 日起至实际给付日止，按全国银行间同业拆借中心公布的贷款市场报价利率计算）；

2. 驳回 B 公司的其他诉讼请求。

二审判决：

一审判决认定事实清楚，适用法律正确，应予维持。

【律师分析】

本案焦点是新能源汽车经销商退网时能否主张返还入网保证金。

首先，在买卖合同效力问题上，当事人之间通过微信聊天这种有形的电子数据交换的方式达成合作意向，B 公司加入 A 汽车公司的新能源汽车网，A 汽车公司向 B 公司供应车辆，视为双方订立书面形式的买卖合同，该合同系双方当事人的真实意思表示，内容不违反法律、行政法规的强制性规定，合同合法有效。

其次，本案中品牌方主张根据行业惯例以跟进售后处理为由需要预留部分保证金，只退还部分保证金，同时扣除未达标的款项，法院对此不予支持。根据《民法典》第五百六十六条的规定，“合同解除后，尚未履行的，终止履行；已经履行的，根据履行情况和合同性质，当事人可以请求恢复原状或者采取其他补救措施，并有权请求赔偿损失”，由于合同已经解除，双方的权利义务终止，A 汽车公司应将 10 万元保证金返还给 B 公司。即使品牌方要求根据双方约定扣除个别款项，但是由于没有证据予以证明存在未达到销售政策或未维护品牌口碑的事实，其主张不能得到支持。

在逾期还款利息认定问题上，由于品牌方在确认协商解除合同后并没有及时履行返还款项的义务，给销售商造成资金困难和巨大的经营压力，销售商得以主张逾期利息，品牌方应当支付资金占用利息。

【律师建议】

结合本案情况，新能源汽车行业依然以传统经销模式由销售商和品牌方签订买卖合同、经销协议，从品牌方进货为主，二者密切关联。

新能源汽车给汽车市场带来了重大的刺激，引发了行业销售模式的变革或尝试，如主机厂在全国各地建立新车交付中心，由主机厂直接向终端消费者进行新车交付、针对网约车市场的批量新车销售等，但是目前的主流销售模式仍然需要依靠强势的品牌方。

结合本案情况，从汽车经销商合规经营及风险防范的角度出发，我们的建议如下：

1. 在实践中，行为人在合同签署过程中，需要对逾期付款后的违约责任进行具体约定。经销商在面对强势的品牌方协商解除合同时，应厘清涉及的各种款项并催促及时退还，在无约定逾期利息计算方式时，对于品牌方的迟延退款可以主张相应的逾期利息，利息的计算根据双方是否有约定而有所不同。

根据《最高人民法院关于审理买卖合同纠纷案件适用法律问题的解释》第十八条的规定，买卖合同没有约定逾期付款违约金或者该违约金的计算方法，出卖人以买受人违约为由主张赔偿逾期付款损失，违约行为发生在 2019 年 8 月 19 日之前的，人民法院可以中国人民银行同期同类人民币贷款基准利率为基础，参照逾期罚息利率标准计算；违约行为发生在 2019 年 8 月 20 日之后的，人民法院可以违约行为发生时中国人民银行授权全国银行间同业拆借中心公布的一年期贷款市场报价利率（LPR）标准为基础，加计 30% ~50% 计算逾期付款损失。本案中一审法院以全国银行间同业拆借中心公布的贷款市场报价利率计算逾期利息。本案中的违约行为发生在 2019 年 8 月 20 日之后，应适用违约行为发生时中国人民银行授权全国银行间同业拆借中心公布的一年期贷款市场报价利率。

2. 经销商在签订经销协议时，应对保证金等包括扣除事由、核算方式、退还期限、时间、方式等作出明确约定，避免出现品牌方一改过往经销模式，适用“新零售”等销售渠道而对传统经销商带来巨大的冲击，造成传统经销商被动退网而自身合法权益无法得到保障等情形。结合当下“新零售”概念在汽车市场的发展和不少品牌方转型采取去 4S 店化的模式，承担巨额开店成本和库存压力的传统经销商无法承受冲击进而退网，而品牌方却迟迟不予处理的案例，销售商应对保证金款项及其逾期利息事先作出约定，在协商和诉讼中保障自身合法权益。

3. 在新能源汽车快速发展时代背景下，对于品牌方后续不执行汽车上市计划，无法兑现招商时的蓝图和补贴或者彻底改变品牌的销售模式政策的，建议多个汽车销售商联合进行集体维权，在前期通过发送律师函等对品牌方的消极处理进行督促。

【法律规定】

《民法典》

第五百零九条　当事人应当按照约定全面履行自己的义务。

当事人应当遵循诚信原则,根据合同的性质、目的和交易习惯履行通知、协助、保密等义务。当事人在履行合同过程中,应当避免浪费资源、污染环境和破坏生态。

第五百六十二条　当事人协商一致,可以解除合同。

当事人可以约定一方解除合同的事由。解除合同的事由发生时,解除权人可以解除合同。

第五百六十六条　合同解除后,尚未履行的,终止履行;已经履行的,根据履行情况和合同性质,当事人可以请求恢复原状或者采取其他补救措施,并有权请求赔偿损失。

合同因违约解除的,解除权人可以请求违约方承担违约责任,但是当事人另有约定的除外。

主合同解除后,担保人对债务人应当承担的民事责任仍应当承担担保责任,但是担保合同另有约定的除外。

第三章　公司设立、运作及风险防控

第一节　设立公司(以有限公司为例)

一、公司的形式

2023 年 12 月 29 日,第十四届全国人民代表大会常务委员会第七次会议修订通过了《中华人民共和国公司法》,并自 2024 年 7 月 1 日起施行。

公司是最重要的市场主体,公司法是社会主义市场经济制度的基础性法律。我国现行公司法于 1993 年制定,2023 年正值公司法颁布 30 周年。1999 年、2004 年对公司法个别条款进行了修改,2005 年进行了全面修订,2013 年、2018 年对公司资本制度相关问题作了两次修改。

公司法的制定和修改,与我国社会主义市场经济体制的建立和完善密切相关,对于建立健全现代企业制度,促进社会主义市场经济持续健康发展,发挥了重要作用。①

那么,设立公司运营 4S 店,是采用有限责任公司的形式,还是股份有限公司的形式?在回答此问题之前,我们且梳理一下有限责任公司和股份有限公司的区别。

(一)人合性与资合性

有限责任公司与股份有限公司的根本区别体现在资合性与人合性。

有限责任公司兼具资合性和人合性,介于股份有限公司和合伙企业之间,更体现股东之间具有较强的信任依赖性。而股份有限公司则是典型的资合性组织,股份有限公司资本划分为等额股份,并通过发行股票筹集资本,股东以其认

---

①　最高人民法院司法案例研究院:《〈公司法〉修订解读及法律全文》,载微信公众号"最高人民法院司法案例研究院",2024 年 1 月 2 日,https://mp. weixin. qq. com/s/bIGKTrtiVlSj-Ek7a20P8w。

购的股份有限公司的股份为限承担责任。

(二)《公司法》中有限责任公司与股份有限公司的区别

我们根据2018年《公司法》及2023年《公司法》的规定,整理有限责任公司与股份有限公司的区别,详见下表(表3-1,表内规定以2023年《公司法》为主,若2018年《公司法》的规定与前者不一致,我们进行了备注)。

表3-1 有限责任公司与股份有限公司

比较项目	有限责任公司	股份有限公司
股东(发起人)人数	由一个以上五十个以下股东出资设立。	一人以上二百人以下为发起人,其中应当有半数以上的发起人在中华人民共和国境内有住所。 【注:2018年公司法规定为:有二人以上二百人以下为发起人,其中须有**半数以上**的发起人在中国境内有住所。】
注册资本	有限责任公司的注册资本为在公司登记机关登记的全体股东认缴的出资额。全体股东认缴的出资额由股东按照公司章程的规定自公司成立之日起五年内缴足。 股东应当按期足额缴纳公司章程规定的各自所认缴的出资额。 【注:2018年公司法未有5年内缴足认缴出资的规定】	股份有限公司的注册资本为在公司登记机关登记的已发行股份的股本总额。在发起人认购的股份缴足前,不得向他人募集股份。 以发起设立方式设立股份有限公司的,发起人应当认足公司章程规定的公司设立时应发行的股份。 【注:2018年公司法中募集方式设立:注册资本为在公司登记机关登记的实收股本总额。
股东(发起人)未足额出资的责任	股东以货币出资的,应当将货币出资足额存入有限责任公司在银行开设的账户;以非货币财产出资的,应当依法办理其财产权的转移手续。 股东未按期足额缴纳出资的,除应当向公司足额缴纳外,还应当对给公司造成的损失承担赔偿责任。 【注:2018年公司法相关规定为:股东不按照规定缴纳出资的,除应当向公司足额缴纳外,还应当向已按期足额缴纳出资的股东承担违约责任。】	股份有限公司成立后,发起人未按照公司章程的规定缴足出资的,应当补缴;其他发起人承担连带责任。

续表

比较项目	有限责任公司	股份有限公司
股东查阅权利范围	股东有权查阅、复制公司章程、股东名册、股东会会议记录、董事会会议决议、监事会会议决议和财务会计报告。 股东可以要求查阅公司会计账簿、会计凭证。股东要求查阅公司会计账簿、会计凭证的,应当向公司提出书面请求,说明目的。公司有合理根据认为股东查阅会计账簿、会计凭证有不正当目的,可能损害公司合法利益的,可以拒绝提供查阅,并应当自股东提出书面请求之日起十五日内书面答复股东并说明理由。公司拒绝提供查阅的,股东可以向人民法院提起诉讼。 股东查阅前款规定的材料,可以委托会计师事务所、律师事务所等中介机构进行。 股东及其委托的会计师事务所、律师事务所等中介机构查阅、复制有关材料,应当遵守有关保护国家秘密、商业秘密、个人隐私、个人信息等法律、行政法规的规定。 股东要求查阅、复制公司全资子公司相关材料的,适用前四款的规定。 【注:相较于2018年公司法,新公司法增加了查阅和复制股东名册和会计凭证,以及全资子公司的相关材料;同时在查阅方法中,赋予了股东委托第三方中介机构的权利。】	股东有权查阅、复制公司章程、股东名册、股东会会议记录、董事会会议决议、监事会会议决议、财务会计报告,对公司的经营提出建议或者质询。 连续一百八十日以上单独或者合计持有公司百分之三以上股份的股东要求查阅公司的会计账簿、会计凭证的,适用本法第五十七条第二款、第三款、第四款的规定。公司章程对持股比例有较低规定的,从其规定。 股东要求查阅、复制公司全资子公司相关材料的,适用前两款的规定。 上市公司股东查阅、复制相关材料的,应当遵守《中华人民共和国证券法》等法律、行政法规的规定。 【注:相较于2018年公司法,新公司法新增股份有限公司股东查阅公司会计账簿、会计凭证的准用规则以及条件;新增股份公司股东对全资子公司相关材料享有查阅、复制权的规定;新增上市公司股东查阅、复制权的引致规定】
股份种类	—	公司的资本划分为股份。公司的全部股份,根据公司章程的规定择一采用面额股或者无面额股。采用面额股的,每一股的金额相等。 公司可以根据公司章程的规定将已发行的面额股全部转换为无面额股或者将无面额股全部转换为面额股。 采用无面额股的,应当将发行股份所得股款的二分之一以上计入注册资本。 【新公司法较2018年公司法增加了股份种类】

续表

比较项目	有限责任公司	股份有限公司
分红	公司弥补亏损和提取公积金后所余税后利润,有限责任公司按照股东实缴的出资比例分配利润,全体股东约定不按照出资比例分配利润的除外;	股份有限公司按照股东所持有的股份比例分配利润,公司章程另有规定的除外。 【注:新公司允许公司章程对此的自由约定】
股东会	股东会行使下列职权: (一)选举和更换董事、监事,决定有关董事、监事的报酬事项; (二)审议批准董事会的报告; (三)审议批准监事会的报告; (四)审议批准公司的利润分配方案和弥补亏损方案; (五)对公司增加或者减少注册资本作出决议; (六)对发行公司债券作出决议; (七)对公司合并、分立、解散、清算或者变更公司形式作出决议; (八)修改公司章程; (九)公司章程规定的其他职权。 股东会可以授权董事会对发行公司债券作出决议。 对以上事项股东以书面形式一致表示同意的,可以不召开股东会会议,直接作出决定,并由全体股东在决定文件上签名或者盖章。 【注:新公司法删除股东会“决定公司的经营方针和投资计划”“审议批准公司的年度财务预算、决算方案”两项职权;新增股东会可授权董事会对发行公司债券作出决议】	有限责任公司股东会职权的规定,适用于股份有限公司股东会。 【注:2018 年公司法由全体股东组成的权力机构名称为“股东大会”; 另,“对前款所列事项股东以书面形式一致表示同意的,可以不召开股东会会议,直接作出决定,并由全体股东在决定文件上签名、盖章。”不适用于股份有限公司。】
股东(大)会会议	定期会议应当依照公司章程的规定按时召开。代表 1/10 以上表决权的股东,1/3 以上的董事或监事会或者不设监事会的公司的监事提议召开临时会议的,应当召开临时会议。	股东会应当每年召开一次年会。有下列情形之一的,应当在两个月内**召开临时股东大会**:(一)董事人数不足本法规定人数或者公司章程所定人数的三分之二时;(二)公司未弥补的亏损达实收股本总额 1/3 时;(三)单独或者合计持有公司百分之十以上股份的股东请求时;(四)董事会认为必要时;(五)监事会提议召开时;(六)公司章程规定的其他情形。

续表

比较项目	有限责任公司	股份有限公司
股东会会议时间	召开股东会会议，应当于会议召开十五日前通知全体股东；但是，公司章程另有规定或者全体股东另有约定的除外。	召开股东会会议，应当将会议召开的时间、地点和审议的事项于会议召开二十日前通知各股东；临时股东会应当于会议召开十五日前通知各股东；
股东会表决程序	股东会作出决议，应当经代表过半数表决权的股东通过。 股东会作出修改公司章程、增加或者减少注册资本的决议，以及公司合并、分立、解散或者变更公司形式的决议，应当经代表三分之二以上表决权的股东通过。	股东出席股东会会议，所持每一股份有一表决权，类别股股东除外。公司持有的本公司股份没有表决权。 股东会作出决议，应当经出席会议的股东所持表决权过半数通过。 股东会作出修改公司章程、增加或者减少注册资本的决议，以及公司合并、分立、解散或者变更公司形式的决议，应当经出席会议的股东所持表决权的三分之二以上通过。 【注：新公司法新增了类别股东的表决权】
董事会成员人数	有限责任公司董事会成员为三人以上，其成员中可以有公司职工代表。职工人数三百人以上的有限责任公司，除依法设监事会并有公司职工代表的外，其董事会成员中应当有公司职工代表。董事会中的职工代表由公司职工通过职工代表大会、职工大会或者其他形式民主选举产生。	
董事会议事方式、表决方式	董事会的议事方式和表决程序，除本法有规定的外，由公司章程规定。	董事会每年度至少召开两次会议，每次会议应当于会议召开十日前通知全体董事和监事。代表 1/10 以上表决权的股东、1/3 以上董事或者监事会，可以提议召开董事会临时会议。董事长应当自接到提议后十日内，召集和主持董事会会议。董事会召开临时会议，可以另定召集董事会的通知方式和通知时限。 董事会会议应有**过半数**的董事出席方可举行。董事会作出决议，必须经全体董事的**过半数**通过。

续表

比较项目	有限责任公司	股份有限公司
董事会中的审计委员会	有限责任公司可以按照公司章程的规定在董事会中设置由董事组成的审计委员会,行使本法规定的监事会的职权,不设监事会或者监事。公司董事会成员中的职工代表可以成为审计委员会成员。	股份有限公司可以按照公司章程的规定在董事会中设置由董事组成的审计委员会,行使本法规定的监事会的职权,不设监事会或者监事。 审计委员会成员为三名以上,过半数成员不得在公司担任除董事以外的其他职务,且不得与公司存在任何可能影响其独立客观判断的关系。公司董事会成员中的职工代表可以成为审计委员会成员。 审计委员会作出决议,应当经审计委员会成员的过半数通过。
监事会设置	监事会成员为三人以上。监事会成员应当包括股东代表和适当比例的公司职工代表,其中职工代表的比例不得低于三分之一,具体比例由公司章程规定。 规模较小或者股东人数较少的有限责任公司,可以不设监事会,设一名监事,行使本法规定的监事会的职权;经全体股东一致同意,也可以不设监事。 【注:2018 年公司法规定监事会及监事为常设机构,可设 1-2 名监事】	监事会成员为三人以上。监事会成员应当包括股东代表和适当比例的公司职工代表,其中职工代表的比例不得低于三分之一,具体比例由公司章程规定。 规模较小或者股东人数较少的股份有限公司,可以不设监事会,设一名监事,行使本法规定的监事会的职权。 【注:2018 年公司法规定股份有限公司设不少于三人】
股权(份)转让	有限责任公司的股东之间可以相互转让其全部或者部分股权。 股东向股东以外的人转让股权的,应当将股权转让的数量、价格、支付方式和期限等事项书面通知其他股东,其他股东在同等条件下有优先购买权。股东自接到书面通知之日起三十日内未答复的,视为放弃优先购买权。两个以上股东行使优先购买权的,协商确定各自的购买比例;协商不成的,按照转让时各自的出资比例行使优先购买权。 公司章程对股权转让另有规定的,从其规定。 【注:2018 年公司法关于股东对外转让股权的规定如下:向股东以外的人转让股权应当经其他股东**过半数**同意。	股份有限公司的股东持有的股份可以向其他股东转让,也可以向股东以外的人转让;公司章程对股份转让有限制的,其转让按照公司章程的规定进行。股东转让其股份,应当在依法设立的证券交易场所进行或者按照国务院规定的其他方式进行。

续表

比较项目	有限责任公司	股份有限公司
	股东应就其股权转让事项书面通知其他股东征求同意,其他股东自接到书面通知之日起满三十日未答复的,视为同意转让。其他股东半数以上不同意转让的,不同意的股东应当购买该转让的股权;不购买的,视为同意转让。	
锁定期	—	公司公开发行股份前已发行的股份,自公司股票在证券交易所上市交易之日起一年内不得转让。法律、行政法规或者国务院证券监督管理机构对上市公司的股东、实际控制人转让其所持有的本公司股份另有规定的,从其规定。 公司董事、监事、高级管理人员应当向公司申报所持有的本公司的股份及其变动情况,在就任时确定的任职期间每年转让的股份不得超过其所持有本公司股份总数的百分之二十五;所持本公司股份自公司股票上市交易之日起一年内不得转让。上述人员离职后半年内,不得转让其所持有的本公司股份。公司章程可以对公司董事、监事、高级管理人员转让其所持有的本公司股份作出其他限制性规定。
异议股东请求公司回购股权(份)	有下列情形之一的,对股东会该项决议投反对票的股东可以请求公司按照合理的价格收购其股权: (一)公司连续五年不向股东分配利润,而公司该五年连续盈利,并且符合本法规定的分配利润条件; (二)公司合并、分立、转让主要财产; (三)公司章程规定的营业期限届满或者章程规定的其他解散事由出现,股东会通过决议修改章程使公司存续。 公司的控股股东滥用股东权利,严重损害公司或者其他股东利益的,其他股东有权请求公司按照合理的价格收购其股权。	有下列情形之一的,对股东会该项决议投反对票的股东可以请求公司按照合理的价格收购其股份,公开发行股份的公司除外: (一)公司连续五年不向股东分配利润,而公司该五年连续盈利,并且符合本法规定的分配利润条件; (二)公司转让主要财产; (三)公司章程规定的营业期限届满或者章程规定的其他解散事由出现,股东会通过决议修改章程使公司存续。

续表

比较项目	有限责任公司	股份有限公司
公司回购股权/份		公司不得收购本公司股份。但是,有下列情形之一的除外: (一)减少公司注册资本; (二)与持有本公司股份的其他公司合并; (三)将股份用于员工持股计划或者股权激励; (四)股东因对股东会作出的公司合并、分立决议持异议,要求公司收购其股份; (五)将股份用于转换公司发行的可转换为股票的公司债券; (六)上市公司为维护公司价值及股东权益所必需。

综上,有限责任公司相较于股份有限公司的规定更具灵活性,有限责任公司的模式,在通常情况下更适合初创企业和一般的4S店经营。故在本书中,我们以有限责任公司为基础进行重点论述。

二、有限公司的出资方式

(一)公司出资分类

根据2023年《公司法》第四十八[①]条的规定,股东可以用货币出资,也可以用实物、知识产权、土地使用权、股权、债权等可以用货币估价并可以依法转让的非货币财产作价出资;但是,法律、行政法规规定不得作为出资的财产除外。

对作为出资的非货币财产应当评估作价,核实财产,不得高估或者低估作价。法律、行政法规对评估作价有规定的,从其规定。

一般情况下,该条第一款"货币"仅界定为现金及银行存款,除此以外的财产为非货币资产。

---

① 2018年《公司法》出资的规定见第二十七条。相较于旧法,新法明确了"股权、债权"可作为非货币财产作价出资。

公司出资分类如图 3－1[①] 所示。

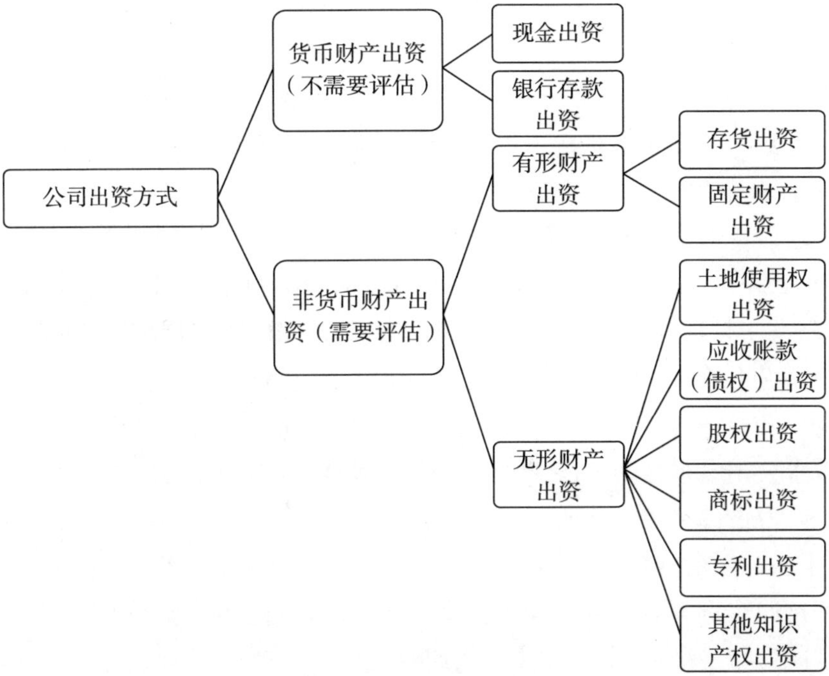

图 3－1　公司出资方式

股东履行出资责任的关键是“按期”“足额”。“按期”是指股东认缴注册资本后，应当按照工商登记的期限或公司章程的出资时限缴付出资。关于“足额”，货币出资和非货币出资需关注的点各有不同。如是货币出资，货币需按照章程约定足额实缴至公司所开设的银行账户。

如是非货币出资，应符合以下形式要件：

（1）应当进行评估作价，核实财产，不得高估或者低估作价。如评估确定的实际价额显著低于公司章程所定价额，可能被认定出资人未依法全面履行出资义务。

（2）非货币财产必须可以依法转让。例如，股东不得以设定担保的财产等作价出资。同时，鉴于前述瑕疵可以进行补正，出于尽快解决纠纷的考虑，在司法实践中，如出资义务方未能在法院指定的合理期间内办理相关解除权利负担

① 参见雷霆：《公司并购重组原理、实务及疑难问题诠释》，中国法制出版社 2014 年版，第 16 页。

手续,法院才会认定出资人未依法全面履行出资义务。

(3)应当依法办理财产权的转让手续。如果公司没有实际占有出资人财产,则公司产生的利益与该等财产并没有关系,所以出资人不得享有实际交付之前的股东权利。

(4)法律、行政法规规定不得作为出资的资产除外。

(二)出资的违约责任

1. 注册资本是否越大越好

根据2018年《公司法》规定,注册资本没有法定强制认缴期限,也不再需要验资报告,于是社会上出现了大量注册资本巨大,但实缴能力不足的公司,虽然表面看来实力雄厚,殊不知认缴制下公司股东的出资义务只是按照章程规定迟延缴付,而不是永久免除。在公司经营发生了重大变化时,公司包括债权人完全可以要求公司股东缴纳出资,即出资的加速到期,以用于清偿公司债务。

《企业破产法》第三十五条和《最高人民法院关于适用〈中华人民共和国公司法〉若干问题的规定(二)》第二十二条第一款已有明确规定,在公司破产和解散时适用股东出资加速到期,对于一般的诉讼及执行案件,参考上海市第一中级人民法院发布的《股东出资加速到期纠纷案件的审理思路和裁判要点》[①],债权人仍可通过以下途径主张股东出资加速到期,股东出资加速到期纠纷案件的审理思路和裁判要点如图3-2所示。

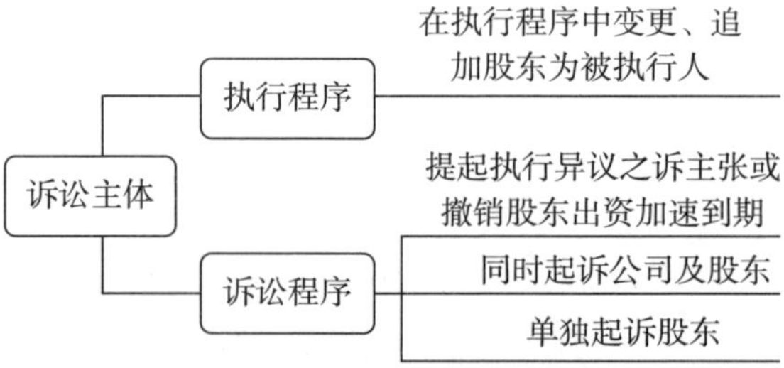

图3-2 诉讼主体的检查要点

2023年《公司法》新一轮修订,直接对股东认缴出资的实缴期限、股东未按期出资的追缴、违约责任、股东失权以及公司不能清偿到期债务股东出资的加速

① 参见《股东出资加速到期纠纷案件的审理思路和裁判要点 | 类案裁判方法》,载微信公众号"上海一中法院"2022年3月14日,https://mp.weixin.qq.com/s/lFqBd_JYNzrnYY4WMFiR-A。

到期等进行了规定。其中，第五十四条规定："公司不能清偿到期债务的，公司或者已到期债权的债权人有权要求已认缴出资但未届出资期限的股东提前缴纳出资。"

公司的注册资本应是多少？我们认为应量力而为，但是股东对于公司的投资，可以不再囿于注册资本。我们建议，通过制订出资使用计划以及适时修订资金使用计划，采用资本公积、股东借款、股东担保融资等方式，解决资金问题。

2. 资金使用计划

此处资金使用计划是指公司为了保持正常运营所需的资产投入计划。资金作为公司运营的血液，如上一章节所列举的注册资本，进而包括资本公积，并进一步包括股东借款、股东担保。

无论是注册资本、资本公积还是股东借款，均可作为资金使用计划的直接来源，若前述均不能满足，则可以约定对外借款，由股东提供担保。

3. 股东出资义务的履行

(1) 出资义务履行的形式要求

此外，无论是货币出资，还是非货币出资，应当注意的是，出资义务还需要注意履行义务注意形式要求。

重庆市高级人民法院(2014)渝高法民终字第00008号民事判决书中明确了以下观点：

①股东向公司履行出资义务，应当在公司会计账簿上明确注明；

②目标公司自认或者其他股东对某一股东履行出资义务的自认，不一定构成法律上对履行出资义务的自认；

③股权受让人是否支付股权转让价款系另一法律关系，不影响原股东补缴出资责任的承担；

④股权转让人无权要求股权受让人向目标公司履行出资义务(股权受让人构成抽逃出资的除外)。

(2) 出资义务不因股权转让而免除

在市场上，有许多4S店经营公司的股权系由转让而来，但在实践中，许多原股东在转让过程中未完成注册资本的实缴。是否转让后实缴的出资义务就随之转移，万事大吉？

并非如此。

《最高人民法院关于民事执行中变更、追加当事人若干问题的规定》第十七条规定，作为被执行人的营利法人，财产不足以清偿生效法律文书确定的债务，申请执行人申请变更、追加未缴纳或未足额缴纳出资的股东、出资人或依《公司法》规定对该出资承担连带责任的发起人为被执行人，在尚未缴纳出资的范围内依法承担责任的，人民法院应予支持。

另据该规定第十九条的规定，作为被执行人的公司，财产不足以清偿生效法律文书确定的债务，其股东未依法履行出资义务即转让股权，申请执行人申请变更、追加该原股东或依《公司法》规定对该出资承担连带责任的发起人为被执行人，在未依法出资的范围内承担责任的，人民法院应予支持。

公司以其独立的全部财产对公司债务承担责任，该财产也包括认缴制下未届出资期限的注册资本。当公司对外支付不能时，未届出资期限的股东应向公司履行出资义务，该出资义务不因股权转让而免除。公司股东在认缴出资期限未届至即转让股权，应视为其以行为明确表示不再履行未届的出资义务，属于未依法履行出资义务即转让股权的情形，依申请执行人申请，应追加其为被执行人。

2023 年《公司法》第八十八条第一款规定，股东转让已认缴出资但未届出资期限的股权的，由受让人承担缴纳该出资的义务；受让人未按期足额缴纳出资的，转让人对受让人未按期缴纳的出资承担补充责任。根据前述规定，新《公司法》规定了转让未届出资期限股权的，应由受让人承担出资义务，转让人需对受让人未按期缴纳出资的部分承担补充责任。

2023 年《公司法》第八十八条第二款规定，未按照公司章程规定的出资日期缴纳出资或者作为出资的非货币财产的实际价额显著低于所认缴的出资额的股东转让股权的，转让人与受让人在出资不足的范围内承担连带责任；受让人不知道且不应当知道存在上述情形的，由转让人承担责任。前述为针对非货币财产实际价额显著低于所认缴的出资额的股东转让股权责任的承担，原则由转让人与受让人在出资不足的范围内承担连带责任，但如果受让人能证明其不知道且不应当知道存在前述情形的，则由转让人承担责任。

因此，为保护自身后续不受追究，在股权转让前，可考虑将拟转让的标的股权进行足额实缴。

(3)出资违约责任

与之相应的是股东出资违约,即股东未按期、足额出资。

根据《公司法》第二十八条,结合《最高人民法院关于适用〈中华人民共和国公司法〉若干问题的规定(三)》第十三条,股东出资违约情形包括两种:一是未履行出资义务,二是未全面履行出资义务。其中,未履行出资义务包括货币未足额出资及非货币财产未转移财产权这两种情形;而未全面履行出资义务是指股东出资不实这一情形,即非货币财产出资时对出资财产做虚假高估。

①对公司其他股东承担的责任

股东出资违约的,应当向已按期足额缴纳出资的其他股东承担违约责任。守约股东可以依据合作协议、公司章程的相关规定要求出资违约的股东承担违约责任。违约责任的计算方式以章程或者股东协议的约定为准,若章程或者股东协议未予约定或约定不明,则其他股东可参照公式计算违约金额:违约股东逾期出资额×违约金费率(可参照同期 LPR)×逾期天数。

②对公司承担的责任

股东出资违约的,应当向公司依法全面履行出资义务,补足出资。

《公司法》(2023 年修订)第四十九条规定,"股东未按期足额缴纳出资的,除应当向公司足额缴纳外,还应当对给公司造成的损失承担赔偿责任。"

③对公司债务人承担的责任

违约股东应在未出资本息范围内对公司债务不能清偿的部分承担补充赔偿责任。但是,在资本认缴制下,股东享有期限利益,未届出资期限的股东在未出资范围内对公司不能清偿的债务原则上不承担补充赔偿责任,除非有以下情形:一是公司作为被执行人的案件,人民法院穷尽执行措施无财产可供执行,已具备破产原因,但不申请破产的;二是在公司债务产生后,公司股东(大)会决议或以其他方式延长股东出资期限的。

新《公司法》实施后,法律直接规定"公司不能清偿到期债务的,公司或者已到期债权的债权人有权要求已认缴出资但未届出资期限的股东提前缴纳出资。"显然,对未实缴股东的提前缴纳出资的触发时点有了更严格的要求。

④公司其他股东、董事承担的责任

《公司法》(2023 年修订)第五十条规定:"有限责任公司设立时,股东未按照公司章程规定实际缴纳出资,或者实际出资的非货币财产的实际价额显著低于所认缴的出资额的,设立时的其他股东与该股东在出资不足的范围内承担连带责任。”

但是,其他股东承担责任后,可以向被告股东追偿。

同时,《公司法》(2023 年修订)对股东逾期出资的催告、违约股东失权及董事责任作了相关规定。

《公司法》(2023 年修订)第五十一条规定,有限责任公司成立后,董事会应当对股东的出资情况进行核查,发现股东未按期足额缴纳公司章程规定的出资的,应当由公司向该股东发出书面催缴书,催缴出资。未及时履行前款规定的义务,给公司造成损失的,负有责任的董事应当承担赔偿责任。

根据上述规定,新公司法增赋予董事会催缴职权,增强董事会对公司的资本话语权,合理控制公司不能清偿到期债务的风险,维持公司清偿能力,提升了解决出资认缴难题的有效性,同时亦保障了债权人到期债权的顺利实现。

《公司法》(2023 年修订)第五十二条规定,股东未按照公司章程规定的出资日期缴纳出资,公司依照前条第一款规定发出书面催缴书催缴出资的,可以载明缴纳出资的宽限期;宽限期自公司发出催缴书之日起,不得少于六十日。宽限期届满,股东仍未履行出资义务的,公司经董事会决议可以向该股东发出失权通知,通知应当以书面形式发出。自通知发出之日起,该股东丧失其未缴纳出资的股权。

依照前款规定丧失的股权应当依法转让,或者相应减少注册资本并注销该股权;六个月内未转让或者注销的,由公司其他股东按照其出资比例足额缴纳相应出资。股东对失权有异议的,应当自接到失权通知之日起三十日内,向人民法院提起诉讼。

根据上述规定,鉴于有限责任公司封闭程度较高,为督促股东及时缴纳出资,保护公司和其他利害关系人利益,需要对在出资承诺方面违约的股东构建合理退出机制。同时,鉴于股东失权对于股东、其他股东和公司的权益都具有直接的影响,为防止公司股东失权制度被滥用,新《公司法》赋予了违法宣告失权的股东相应的法律救济途径,股东可以根据新《公司法》第五十二条第三款规定,通过提起确认之诉(确认股东身份存续)主张失权的无效。

4. 公司章程或者股东会决议可以对股东逾期出资的违约责任作出规定

例如,最高人民法院在(2015)民二终字第 248 号民事判决中认为:

(1)根据合同约定,A 公司出资额为 1400 万元,在 2007 年 10 月 23 日前完成出资义务,并明确“任何一方未按合同约定依期如数提交出资额时,每逾期一日,违约方应向另一方支付出资额的 1‰违约金。如逾期三个月仍未提交的,另两方有权解除合同”。但根据公司章程和股东会纪要的约定,股东会纪要第九条中仅明确“凡逾期出资的,应加付银行利息”。

(2)公司章程和股东会纪要已对合同中约定股东出资方式、出资时限及违约责任等进行了变更,股东的出资方式、出资时限及逾期出资的违约责任,应以变更后的合同来认定。A 公司未按照公司章程和股东会纪要中的规定履行出资义务,相关民事责任的承担也应依公司章程和股东会纪要来确认。故 B 公司要求 A 公司按照合同的约定向其支付违约金,法院不予支持。

【案例 04】公司没钱付清车款,可以向公司的股东追索吗?

【案例来源】广州 A 汽车租赁有限公司与广州 B 汽车销售服务有限公司买卖合同纠纷案[广东省广州市天河区人民法院(2020)粤 0106 民初 11001 号民事判决书]

【基本案情】

广州 A 汽车租赁有限公司(以下简称 A 公司)于 2016 年 1 月与广州 B 汽车销售服务有限公司(以下简称 B 公司)签订《新车销售合约》,约定 A 公司向 B 公司购买 20 辆广汽传祺电动汽车,合计总价为人民币 280 万元,车辆于 2016 年 3 月完成交付,A 公司于车辆交付前共付款 215 万元。但对剩余车款,经 B 公司多次以多种方式(包括电话、微信、书面函件等)进行催告,截至 2020 年 3 月,A 公司尚有车款 65 万元未向 B 公司支付。

经多次协商无果,B 公司向法院起诉,将 A 公司与 C 公司(C 公司为 A 公司的母公司,100% 控股 A 公司)同时列为被告,要求二者共同承担清偿责任。

【案件结果】

开庭前调解结案(由法院根据双方达成的调解方案制作民事调解书):

1. 支付车款 65 万元和 2 万元利息,首笔款先付 20 万元,剩余平均分 11 个月付,每月 25 日前支付一次,直至支付完毕;

2. 任何一期逾期不付款的,B公司均可向法院申请强制执行,要求一次性支付完毕剩余款项。

【律师分析】

1. 本案实施经过

(1)经多次协商无果,B公司拟通过法律途径进行追索剩余车款,但B公司了解到,A公司因经营不善,已经亏损严重,濒临停业一年多,当年购买的这批车辆,也可能已经处理完毕,如果B公司起诉,可能最终的结果是赢了官司,但无法追回车款。

(2)后B公司经过调查了解,A公司的股东为C公司,A公司为C公司的全资控股子公司(100%),即A公司为一人有限责任公司。而根据进一步的调查与了解,C公司有在实际经营,且C公司除投资A公司之外,还有投资其他公司,故C公司很有可能具有足够的清偿能力。

(3)根据《公司法》的相关规定,一人有限责任公司无法证明自己的财产独立于投资股东的财产的,投资公司需对被投资的独资公司的债务承担连带清偿责任。因此,B公司向法院起诉,将A公司与C公司同时列为被告,要求二者共同承担清偿责任。同时,拟对两个公司的银行账户、名下车辆及C公司对外投资的股权向法院申请财产保全。

(4)由于C公司处于正常经营状态,该公司正在对外开展的业务与合作伙伴,对公司的征信、信用、信誉等方面比较看重,而如果本案通过判决方式结案,且A公司与C公司拒不履行判决内容,不仅在公开的网络能查询得到A公司与C公司的诉讼案件记录,而且将有可能被列入失信名单,被限制高消费等,这是A公司与C公司不想看到的结果,尤其是正在正常经营中的C公司。因此,C公司在开庭前就妥协了。

(5)在开庭的前几天,A公司与C公司主动找B公司,希望能够通过和解或调解的方式处理。对此,B公司当然也很乐意,既快捷省事,又不伤和气,双方就和解方案进行了大致沟通。

(6)在开庭当天,双方庭前达成一致调解方案:

①分11个月付,每月25日前支付一次,直至支付完毕。

②任何一期逾期不付款的,B公司均可向法院申请强制执行,要求一次性支付完毕剩余款项。

以上方案,由法院根据相关内容制作了民事调解书,民事调解书与生效的民事判决书具有同样的法律强制执行力性质。A 公司与 C 公司不按照民事调解书确认内容履行的,B 公司可以直接向法院申请强制执行。

本案的处理方式及处理结案,可以说是相当漂亮。从最初的看不到希望,到最终找到突破口,成功逆转,借力打力,不战而胜。

2. 一人有限责任公司的法律风险

(1)本案胜诉的关键在于抓住了一人有限责任公司股东的连带责任,一人有限责任公司股东的清偿能力及一人有限责任公司股东的征信、信用、信誉等方面可能会对其正常经营构成的影响。

(2)《公司法》(2018 修正)第六十三条规定,一人有限责任公司的股东不能证明公司财产独立于股东自己的财产的,应当对公司债务承担连带责任。本条是关于一人有限责任公司的股东在特定情况下对公司债务承担连带责任的规定。

《公司法》(2023 年修订)第二十三条规定,公司股东滥用公司法人独立地位和股东有限责任,逃避债务,严重损害公司债权人利益的,应当对公司债务承担连带责任。

股东利用其控制的两个以上公司实施前款规定行为的,各公司应当对任一公司的债务承担连带责任。

只有一个股东的公司,股东不能证明公司财产独立于股东自己的财产的,应当对公司债务承担连带责任。

一般情况下,有限责任公司的股东是以其对公司的出资额为限对公司的债务承担责任。但对于只有一个股东的有限责任公司,由于其股东的单一性,缺少其他非一人有限责任公司所具有的内部相互制约,公司财产与股东财产非常容易发生混同。因此法律规定,在这种情况下,如公司股东不能证明公司财产独立于股东自己的财产,该股东应对公司债务承担连带责任。

3. 新公司法语境下股东与公司债务的连带责任

《公司法》(2023 年修订)第二十三条还规定了控股公司之间的横向连带责任,即股东滥用法人独立地位及其有限责任逃避债务的,也应承担连带责任。因此,股东与其投资公司之间,关联公司之间应对债务承担连带责任。

【律师建议】

1. 对于公司的股东的数量，我们建议，最好是2个或2个以上，尽管其中一位股东占股很小。这一点对于一些小微型、初创型企业非常重要。

2. 股东之间的身份，"夫妻档"则有可能被认定为实质上的一人有限责任公司，双方有可能对公司的债务一并承担连带清偿责任。

3. 如确实需要以夫妻作为股东成立公司，在设立公司时，必须向工商部门提交分割财产的证明或协议。[参考案例：最高人民法院（2020）最高法民申1515号民事裁定书]

4. 此外，应当特别注意的是，在新公司法语境下，再次对股东滥用法人独立地位逃避债务具象化，因此，不进行公司的规范运作，保持财产之间的独立，将有可能被刺破法人面纱，即股东应承担连带责任。

【法律规定】

1.《公司法》(2018年修正)

第二十条　公司股东应当遵守法律、行政法规和公司章程，依法行使股东权利，不得滥用股东权利损害公司或者其他股东的利益；不得滥用公司法人独立地位和股东有限责任损害公司债权人的利益。

公司股东滥用股东权利给公司或者其他股东造成损失的，应当依法承担赔偿责任。

公司股东滥用公司法人独立地位和股东有限责任，逃避债务，严重损害公司债权人利益的，应当对公司债务承担连带责任。

第六十三条　一人有限责任公司的股东不能证明公司财产独立于股东自己的财产的，应当对公司债务承担连带责任。

2.《公司法》(2023年修订)

第二十三条　公司股东滥用公司法人独立地位和股东有限责任，逃避债务，严重损害公司债权人利益的，应当对公司债务承担连带责任。

股东利用其控制的两个以上公司实施前款规定行为的，各公司应当对任一公司的债务承担连带责任。

只有一个股东的公司，股东不能证明公司财产独立于股东自己的财产的，应当对公司债务承担连带责任。

3.《公司登记管理若干问题的规定》(已失效)

第二十三条　家庭成员共同出资设立有限责任公司,必须以各自拥有的财产作为注册资本,并各自承担相应的责任,登记时需要提交财产分割的书面证明或协议。

(三)股东债权与其他股权的优先清偿

企业破产清算时债权与股权的清偿应当按照债权优先于股权的顺序进行。当企业破产清算时,该企业的债权与股权的清偿优先顺序为一般债务、次级债务、优先股、普通股。

第二节　创业合伙人

一、创业合伙人的选择原则

创业过程中合伙人不可或缺,合伙人的选择,应充分考虑资金、管理、营销和技术类的合伙人,在股权架构上可以考虑引入多种股东。但无论是在公司发展的哪个阶段,我们都建议遵循以下原则:

1. 核心人物具有决定性的话语权;

2. 每位股东(无论是直接持股还是间接持股)向公司提供的资源互为补充,若涉及员工激励,则建议采用遴选机制;

3. 股东之间相互信任、相互依托,背靠背,对工作全身心投入;

4. 股东权责边界相对清晰;

5. 动态调整机制,即对股东进入和退出明确约定。

二、创业合伙人股权设置原则

创业合伙人的股权设置和安排,我们建议考虑以下因素:

1. 防火墙设置,使用持股平台(有限公司或有限合伙)尽量减少新股东对实体公司经营管理的直接干预。同样地,对员工进行股权激励时,也设置为员工通过有限合伙间接持有公司股权,享有公司分红。

2. 强化实际控制人对公司的控制权。可以充分使用有限合伙中执行事务合伙人的权利,扩大对公司的控制。

3. 有利于对员工实施股权激励,如上所述,通过设立有限合伙的持股平台,并在其上设置进入和退出机制。

4. 有利于在财富传承过程中保持公司稳定。[①]

我们曾为一家4S店设计的股权架构如图3-3所示。

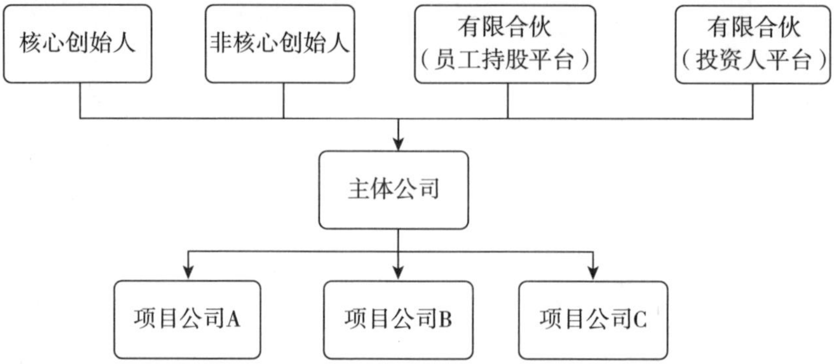

图3-3 股权架构

在上述公司,员工激励体现在几个层次:

(1)员工间接持股——用于集团高管;

(2)项目公司的分红激励——用于店总及主要销售人员;

(3)一般员工的业绩奖励。

三、公司股权架构设计问题及建议

公司股权架构的设计涉及股东的利润收入,而股东的利润收入和出资比例相关。在实务中,出资比例=分红比例=表决权比例。但考虑到现实情况,公司良好的周转并非仅依靠资金,还需要其他生产要素,比如技术、管理和经营,对公司来说都是不可或缺的,因此在分配股东股权比例、表决权比例和分红比例时要

① 参见盈科律师事务所编,陈辉、文婧著:《卓越合伙人:股权设计与激励》,法律出版社2021版,第14~16页。

参考生产要素的多样性。

这就产生另一个问题，法律是否允许公司不根据出资比例进行股权的设计？根据《公司法》（2023 年修订）①第二百一十条“公司弥补亏损和提取公积金后所余税后利润，有限责任公司按照股东实缴的出资比例分配利润，全体股东约定不按照出资比例分配利润的除外；股份有限公司按照股东所持有的股份比例分配利润，公司章程另有规定的除外。”及第六十五条②“股东会会议由股东按照出资比例行使表决权；但是，公司章程另有规定的除外”的规定，公司治理尊重公司内部的意思自治，对于例外的情形都可以规定在章程中，给股权架构的设计给予了尊重和方便。

【案例05】汽车经销商对员工实施股权激励，收取股权激励保证金合法吗？

【案例来源】袁 A、聊城市 B 汽车销售服务有限公司劳动争议［山东省聊城市东昌府区人民法院（2022）鲁 1502 民初 645 号民事判决书］

【基本案情】

袁 A 向法院提出诉讼请求：

1. 依法判决被告向原告支付 2021 年 6 月、7 月、8 月的工资共计 16,044.07 元，即同意仲裁裁决的数额；

2. 被告向原告支付违法解除劳动合同经济赔偿金 229,537.84 元；

3. 依法判决被告向原告支付未休年休假工资 11,726.62 元；

4. 依法判决被告向原告返还保证金 40,000 元及相应的分红 4000 元；

5. 本案诉讼费用由被告承担。

事实和理由：

原告于 2018 年 10 月入职聊城市 B 汽车销售服务有限公司（以下简称 B 公司），任服务总监职位，双方签有劳动合同。双方劳动关系存续期间，原

① 《公司法》（2018 年修正）第三十四条有类似约定：股东按照实缴的出资比例分取红利，公司新增资本时，股东有权优先按照实缴的出资比例认缴出资。但是，全体股东约定不按照出资比例分取红利或者并不按照出资比例优先认缴出资。

② 相同规定见《公司法》（2018 年修正）第四十二条。

告依约完成工作任务,但被告未依法按约及时足额向其支付劳动报酬,至今仍拖欠原告2021年6月、7月、8月的工资未支付。

基于此,原告于2021年8月17日向被告邮寄解除劳动合同通知书,被告于次日签收。原告认为,被告未及时足额支付劳动报酬,原告依法提出解除,被告应向原告支付经济补偿。原告自2018年10月入职以来,被告一直未安排带薪年休假,原告在被告B公司及其所在集团公司累计工作已达10年以上,被告依法应向原告支付未休带薪年休假工资。

2019年12月25日,被告在双方劳动关系存续期间向原告收取保证金,现双方劳动合同已经解除,被告依法应予以返还。

B公司辩称:

原告所述解除合同的原因不属实,真实原因是,原告工作期间存在利用职务便利侵占公司财产的行为,被告根据其所在集团对于所有所属公司颁布的员工奖惩办法对员工作出处理决定,决定当日向原告送达劳动合同解除通知书,解除的理由是违反《劳动合同法》第三十九条、《劳动法》第二十五条,被告解除合同的理由是原告违反《劳动合同法》及《劳动法》的相关规定,所以不存在违法解除的事项。

原告主张经济赔偿金没有事实根据及法律依据。被告未支付6月、7月、8月工资是因为原告有职务侵占行为,需要集团调查核实,故对其相应工资作出延迟支付决定。原告所要求的工资标准和年休假计算基数有误。

原告所请求退还的保证金4万元,是原、被告双方签订了合伙人股权激励计划,该计划第七条第二项明确约定了激励的有效期,在有效期内激励对象不得提前退出,有效期结束后退还本金,所以退还保证金的条件不成立。

对于原告提出的分红问题因其未向被告主动主张过,原告也未与被告进行过离职交接所以该部分请求应当在交接之后据实结算。

【裁判结果】

法院查明事实:

被告B公司应支付原告2021年6月、7月、8月工资共计16,044.07元,至今未支付。原告2020年月平均工资为7647.06元,2021年月平均工资为8587.82元。原告解除劳动合同前12个月的平均工资为8197.78元。

2019年12月25日B公司收取袁A 40,000元,作为袁A获授干股的保证金。2019 年 12 月 27 日 B 公司与袁 A 签订《干股授予协议书》,袁 A 获授干股若干。2020 年度袁 A 应得分红 2000 元,B 公司至今未给付。在本案审理中 B 公司同意并已给付原告。原告主张 2021 年分红 2000 元,B 公司不予认可,原告未提交充分证据证明自己的主张。

上述事实,有当事人陈述、书证等证据证明,法院予以确认。

法院认为:

关于原告的第一项诉讼请求,原、被告对仲裁裁决均没有异议,法院予以确认。

关于原告的第二项诉讼请求,原告利用职务之便侵占公司利益,严重违反公司规章制度,被告解除与原告的劳动合同并无不当。原告要求被告支付赔偿金,法院不予支持。

关于原告的第三项诉讼请求,原告对仲裁机构的计算标准没有异议,认为 2020 年未休年休假应按 10 天计算。法院认为,原告系以袁 A 名义提起本案诉讼,原告以袁 C 名义的工作年限法院不予认定,原告主张 2020 年未休年休假应按 10 天计算,法院不予支持。

关于第四项诉讼请求,《劳动合同法》第九条规定:"用人单位招用劳动者,不得扣押劳动者的居民身份证和其他证件,不得要求劳动者提供担保或者以其他名义向劳动者收取财物。"故原告要求被告返还保证金 40,000 元的诉讼请求,于法有据应予支持。被告同意给付原告 2020 年的分红 2000 元,法院予以确认。原告要求被告给付 2021 年的分红 2000 元证据不足不予支持。

综上所述,判决如下:

1. B 公司于本判决生效之日起 10 日内支付袁 A 2021 年 6 月至 8 月工资 16,044.07 元;

2. B 公司于本判决生效之日起 10 日内支付袁 A 2020 年、2021 年 1 月至 8 月未休年休假工资差额 8210.72 元;

3. B 公司于本判决生效之日起 10 日内返还袁 A 保证金 40,000 元、给付袁 A 2020 年的分红 2000 元;

4. 驳回袁 A 的其他诉讼请求。

【律师分析】

本案中争议事项之一是涉及员工股权激励保证金的退还问题。

保证金是公司实施股权激励计划中常被应用于激励股权流转机制中约束退出或离职的方式之一，被告主张《干股授予协议书》系合同关系，应在合同意思自治的原则下根据约定不予退还。而原告则主张基于双方的劳动关系已经解除，该保证金属于劳动报酬性质的款项理应退还。

对此，该法院倾向于认定为受劳动法所调整，保证金受到《劳动合同法》第九条中"用人单位招用劳动者，不得扣押劳动者的居民身份证和其他证件，不得要求劳动者提供担保或者以其他名义向劳动者收取财物"约束，被告应退还获授干股的保证金。但是，这只是个别法院的观点，在因股权激励而缴纳的保证金问题上，存在归属劳动争议和普通合同纠纷的争议。

在实务中，多数情况会被法院认定为普通合同纠纷按照一般的约定和法律规定处理。① 因为股权激励的客体是股票期权而非劳动给付，若在涉案的股权授予协议认定时同时具有劳动人事关系和普通投资合同法律关系竞合，法院会就保证金之外的离职时间合并扣除罚款等争议另行诉诸劳动争议这一解决途径。

因此，公司在制订股权激励计划时，对于保证金相关细节条款应明确规定，无论法院以何种基础关系作出审判，在发生争议时会对员工的离职起到约束作用，保障公司合法权益。

但是需要注意的是，股权激励保证金终究不是最优解决方式，公司期望的捆绑效果难以得到法院的支持，无论是劳动争议和合同纠纷，都存在退还的风险，公司还需从别处调整股权激励体制，加强员工的向心力。

对于汽车经销商公司而言，为了缓解薪酬压力和促进员工动力实施股权激励计划，应制定明确的激励股权机制和签订协议，涵盖被激励的对象的退出、分红、股东权利行使等细节。在发生争议时，应就该协议的合同关系提出主张或反驳，避免给法院留下劳动依附关系的印象。

【律师建议】

结合本案情况，针对员工股权激励问题，我们建议如下：

1. 明确预定被激励股权的流转机制，对于不同情形下退出的价格约定需明

---

① 参见李默菡：《股权激励纠纷法律关系的认定——万得信息技术股份有限公司、陆某诉王某股权转让纠纷案》，载最高人民法院中国应用法学研究所编：《人民法院案例选》（2022 年第 9 辑），人民法院出版社 2022 年版。

确。避免后续执行过程中,出现无法被涵盖的退出情形和在某一情形下退出未约定价格的情况。

2. 对于员工离职问题,可以在相关的激励股权协议或者管理办法中通过约定补偿金的方式对员工离职问题进行约束。由于许多股权激励计划与员工劳动关系是否存续密切关联,设置补偿金属于股权激励内部调整,相比保证金更容易得到法院支持。

3. 注意规避股权激励收益被认定为劳动报酬的风险。股权激励收益的实现途径主要是股东分红或股权转让的收益等,是不确定的资本收益,即使在薪酬结构中占小部分比例,但是不影响性质认定。但是,法院在具体认定时,还会考虑激励机制和内容是否有变相克扣工资侵害劳动者的情形。

【法律规定】

1.《劳动法》

第二十五条　劳动者有下列情形之一的,用人单位可以解除劳动合同:

(一)在试用期间被证明不符合录用条件的;

(二)严重违反劳动纪律或者用人单位规章制度的;

(三)严重失职,营私舞弊,对用人单位利益造成重大损害的;

(四)被依法追究刑事责任的。

第五十条　工资应当以货币形式按月支付给劳动者本人。不得克扣或者无故拖欠劳动者的工资。

2.《劳动合同法》

第九条　用人单位招用劳动者,不得扣押劳动者的居民身份证和其他证件,不得要求劳动者提供担保或者以其他名义向劳动者收取财物。

第三十九条　劳动者有下列情形之一的,用人单位可以解除劳动合同:

(一)在试用期间被证明不符合录用条件的;

(二)严重违反用人单位的规章制度的;

(三)严重失职,营私舞弊,给用人单位造成重大损害的;

(四)劳动者同时与其他用人单位建立劳动关系,对完成本单位的工作任务造成严重影响,或者经用人单位提出,拒不改正的;

(五)因本法第二十六条第一款第一项规定的情形致使劳动合同无效的;

(六)被依法追究刑事责任的。

3.《职工带薪年休假条例》

第三条　职工累计工作已满1年不满10年的，年休假5天；已满10年不满20年的，年休假10天；已满20年的，年休假15天。

国家法定休假日、休息日不计入年休假的假期。

第三节　股东权益

一、股东资格确认

股东资格的确认是股东行使股东权利的基础，股东享有公司分红，以及对重大事项进行决策的权利，前提是其具有股东身份。

实践中，经常发生公司股权转让等情形，有限责任公司股权的取得和转让规则是为保障人合性的基础，取得和转让的自由有所限缩，也使得某些情形下的股权变得难以确认，但往往只有股东才能享有股东权利。

因此，确认股东资格是首要解决的问题。

（一）股东资格的取得

股东资格的取得按照取得时间以及原因进行区分，可以分为原始取得和继受取得。原始取得是指在公司创办时或者认购公司时首次发行的股份取得成为股东的方式，原始取得的股东也称为原始股东。继受取得是指通过转让取得、继承取得、赠与取得和公司合并等方式取得股份成为股东的方式，继受取得的股东称为继受股东。

（二）股东资格的认定

《公司法》并未对股东资格的认定作明确规定，司法实践中，对股东资格认定的标准形成不同的观点。在形式上，公司股东的登记、公司章程和股东名册的记载需要到公司登记机关进行登记，但形式登记只对外产生效力，法律以不干涉公司治理为原则。因此，在公司内部的股东资格，需要依据形式登记结合实质的特征去判断，在解决问题上，《最高人民法院关于适用〈中华人民共和国公司法〉若干问题的规定（三）》对某些具体问题作了明确规定。

在形式要件方面，通过公司章程的确认、公司登记机关注册或变更登记公示、股东名册的记载确认等方式，均对股东身份具有一定的确定效力。值得注意的是，2023 年修订的《公司法》对出资证明书、股东名册的查询有了更进一步的规定，从内部形式确认上增加了佐证方式。

《公司法》（2023 年修订）第五十五条规定，有限责任公司成立后，应当向股东签发出资证明书，记载下列事项：

（一）公司名称；

（二）公司成立日期；

（三）公司注册资本；

（四）股东的姓名或者名称、认缴和实缴的出资额、出资方式和出资日期；

（五）出资证明书的编号和核发日期。

出资证明书由法定代表人签名，并由公司盖章。

《公司法》（2023 年修订）第五十六条规定，有限责任公司应当置备股东名册，记载下列事项：

（一）股东的姓名或者名称及住所；

（二）股东认缴和实缴的出资额、出资方式和出资日期；

（三）出资证明书编号；

（四）取得和丧失股东资格的日期。

记载于股东名册的股东，可以依股东名册主张行使股东权利。

在实质要件方面，有以下两种情形：

一是依法出资、认缴或依法继受取得。由于我国公司法实行认缴制，对于是否实际出资不影响股东资格，但未实际出资的股东公司可对其行使抗辩权。《最高人民法院关于适用〈中华人民共和国公司法〉若干问题的规定（三）》第二十二条规定，当事人之间对股权归属发生争议，一方请求人民法院确认其享有股权的，应当证明以下事实之一：（1）已经依法向公司出资或者认缴出资，且不违反法律法规强制性规定；（2）已经受让或者以其他形式继受公司股权，且不违反法律法规强制性规定。

二是已经实际享有股东权利。对于股东权利来说，是公司确认其股东身份后的结果，不具备股东资格不享有权利，对于公司来说，赋予股东权利即间接承认其有股东资格。

二、股东权利和行使

《公司法》第四条规定："公司股东依法享有资产收益、参与重大决策和选择管理者等权利。"

具体股东权利及行使主要包括：

1. 出席或委托代理人出席股东会并行使表决权。

2. 依《公司法》及公司章程的规定转让出资或股份。

3. 股东知情权。包括有权查阅、复制公司章程、股东会会议记录、董事会会议决议、监事会会议决议和财务会计报告。股东无法行使知情权时可以向人民法院起诉，请求查阅或者复制公司特定文件材料。

4. 利润分配权。为了保障公司的持续运营和公司债权人利益，公司分红前应当先提取法定公积金，法定公积金不能弥补上一年度公司亏损的，要先用当年利润弥补亏损后提取公积金，再按所剩利润进行分配。

关于分红的比例，一般按照股东实缴的出资比例进行分红，而并非按照认缴的出资比例进行分红，但同时为了保障公司的自治，法律规定了全体股东可以约定不按照出资比例进行分红。

5. 股权优先受让权。有限责任公司为确保其人合性，对于股东股权的转让，股东在同等条件下可以享有优先购买权。同时规定了两个或两个以上的股东同时行使优先购买权的分配。但是，公司章程另有规定的除外。因此，在实践中，基于公司的人合性，股东可以在章程中对股权转让作特别约定。

6. 股权优先认购权。《公司法》明确规定了对认缴出资的方式可以约定，无须按照实缴比例进行出资。

7. 股东诉权。在公司治理期间，股东权利受到侵害时，我国法律赋予股东在某些情形下可以向法院起诉，当股东会召集程序或内容违反法律法规或者规章时，股东也可以提起诉讼。

【案例06】公司破产时，对于未如实出资的股东，其对公司享有的普通债权与其他普通债权人，是否处于同等受偿顺位？

【案例来源】巫溪县A置业有限公司与陈B普通破产债权确认纠纷案[重庆市第二中级人民法院(2021)渝02民终612号民事判决书]

【基本案情】

巫溪县A置业有限公司(以下简称巫溪A公司)由诸暨F公司、刘C、许D、赵E发起设立并于2014年7月23日完成注册登记。2017年10月13日，巫溪A公司召开股东会并形成决议：诸暨F公司所持有的股权全部转让给股东赵E。2017年10月15日，陈B与赵E签订《股权转让协议》约定：陈B将持有的巫溪A公司30%的股权(认缴注册资本1100万元，实缴注册资本170万元)作价170万元转让给赵E。同日，赵E还受让许D 10%的股权。后赵E召集全体股东陈B、许D，召开临时股东会议，就内部转让股权等事宜形成决议：股权变更后赵E独自持有公司股权100%，公司章程作相应修改，共同协助办理工商变更登记。2017年10月18日，巫溪A公司出具担保书，内容为“巫溪县A置业有限公司同意对陈B与赵E股权转让款170万元及违约金作抵押担保。巫溪县A置业有限公司用已建的商铺900平方米抵押给陈B……在赵E未依约还清陈B股权转让款之前，巫溪县A置业公司不得销售或再次抵押已经抵押给陈B的前述商铺，在赵E依约归还陈B全部欠款及违约金后，陈B再将抵押商铺交付给巫溪县A置业公司”。该担保财产至今未办理抵押登记手续。2018年5月29日，赵E死亡。

2020年3月25日，一审法院作出(2019)渝0238破申2号民事裁定，裁定受理重庆G公司对巫溪A公司的破产重整申请。因赵E没有按期支付股权转让款170万元，陈B于2019年11月5日向巫溪A公司预重整管理人申报债权，申报债权金额170万元。在第一次债权人会议中，巫溪A公司管理人认为刘C、陈B的1500万元出资未缴纳，该债权申报在破产重整债权审查中未得到管理人确认。陈B因此提起诉讼。

【裁判结果】

一审法院认为，因巫溪A公司提供担保的财产系在建工程，根据《物权法》（已失效）第一百八十七条（现为《民法典》第四百零二条）的规定，以正在建筑的建筑物作抵押的，应当办理抵押登记。因未办理抵押权登记，抵押权未设立。陈B主张的抵押权未能设立，但巫溪A公司应以抵押担保财产价值为限承担赔偿责任，即陈B在巫溪A公司享有破产债权。

二审法院认为，本案中，陈B存有侵害普通债权人利益的过错，即陈B在作为巫溪A公司股东时未全面履行出资义务便转让股权。因陈B未按期足额缴纳出资，严重降低巫溪A公司的偿债能力，危及其他债权人的合法权益。从诚信义务角度而言，陈B作为巫溪A公司的时任股东，未履行如实出资的义务，若允许陈B就其对巫溪A公司的债权与其他普通债权人处于同等受偿顺位，与《公司法》对于出资不实股东科以的法律责任相悖，会导致对其他普通债权人不公平的结果。故陈B因未履行或未全面履行出资义务而对公司负有债务，其债权在未履行或未全面履行出资义务的部分应确定为劣后债权，安排在其他普通债权之后受偿。

【律师分析】

本案是司法实践中适用"深石原则"的典型体现。

深石原则，又称衡平居次原则，为了保障公司债权人的正当利益免受股东或实际控制人利用其控制公司的便利进行侵害，根据控制股东是否有不公平行为，决定其债权与同一顺位的其他债权人一起获得清偿抑或应当将其劣后清偿的一种制度。深石原则目前在我国没有明确的法律规定，但在司法实践中被广泛运用。

本案适用深石原则，确认股东债权劣后的构成要件如下：

1. 责任主体要件

深石原则适用主体为未履行出资义务的公司股东。

本案中，陈B作为巫溪A公司的时任股东未全面履行出资义务，陈B未全面履行出资义务便转让股权，导致公司注册资本与实际资本不一致。

2. 权利客体要件

深石原则适用的权利客体要件为出资不实的股东对公司享有的合法债权，且该债权与公司外部债权人均为普通债权，而非优先权。

本案中，陈B因巫溪A公司提供担保的财产系在建工程，根据《民法典》第四百零二条的规定，正在建筑的建筑物抵押的，应当办理登记。因未办理抵押权登记，抵押权未设立。陈B在巫溪A公司享有破产债权而非财产担保的优先债权或其他债权。

3. 行为结果要件

股东有出资不实等影响公司清偿能力的行为，且该行为损害了外部债权人的利益。陈B在作为巫溪A公司股东时未全面履行出资义务便转让股权。因陈B未按期足额缴纳出资，严重降低巫溪A公司的偿债能力，危及其他债权人的合法权益。

【律师建议】

结合本案实际情况，从公司及股东、债权人、破产管理人的角度，建议分别如下：

1. 作为公司，应规范经营，并及时敦促股东按照法律及公司章程规定及时足额履行注资义务；作为股东，在享有股东权益、行使股东权利的同时，也应依法依约履行股东出资等义务。

2. 作为债权人，在申报债权的过程中若发现债务人的股东或实际控制人也向管理人申报了债权，应及时向管理人了解、核实，并关注股东是否存在滥用公司人格、公司注册资本极低、存在不合理关联交易、股东出资是否存在瑕疵等情况。如发现相关情形，应立即向管理人提出异议，要求管理人核查债权的真实性，并要求将股东的债权确定为劣后债权最后清偿。若管理人对该种合理的请求置之不理，债权人可依法提起债权确认之诉，以维护自己及全体债权人的利益。

3. 作为管理人，在债权确认过程中，务必重点关注控股股东及其关联方所申报的债权，在控股股东存在上述不当行为时，管理人可大胆适用深石原则，确认股东的债权为劣后债权。

【法律规定】

1.《公司法》(2018年修正)

第十六条　公司向其他企业投资或者为他人提供担保，依照公司章程的规定，由董事会或者股东会、股东大会决议；公司章程对投资或者担保的总额及单项投资或者担保的数额有限额规定的，不得超过规定的限额。

公司为公司股东或者实际控制人提供担保的，必须经股东会或者股东大会决议。

前款规定的股东或者受前款规定的实际控制人支配的股东，不得参加前款规定事项的表决。该项表决由出席会议的其他股东所持表决权的过半数通过。

2.《公司法》(2023 年修订)

第十四条　公司可以向其他企业投资。

法律规定公司不得成为对所投资企业的债务承担连带责任的出资人的，从其规定。

第十五条　公司向其他企业投资或者为他人提供担保，按照公司章程的规定，由董事会或者股东会决议；公司章程对投资或者担保的总额及单项投资或者担保的数额有限额规定的，不得超过规定的限额。

公司为公司股东或者实际控制人提供担保的，应当经股东会决议。

前款规定的股东或者受前款规定的实际控制人支配的股东，不得参加前款规定事项的表决。该项表决由出席会议的其他股东所持表决权的过半数通过。

3.《全国法院破产审判工作会议纪要》

39. 协调审理的法律后果。协调审理不消灭关联企业成员之间的债权债务关系，不对关联企业成员的财产进行合并，各关联企业成员的债权人仍以该企业成员财产为限依法获得清偿。但关联企业成员之间不当利用关联关系形成的债权，应当劣后于其他普通债权顺序清偿，且该劣后债权人不得就其他关联企业成员提供的特定财产优先受偿。

4.《最高人民法院关于适用〈中华人民共和国企业破产法〉若干问题的规定(二)》

第四十六条　债务人的股东主张以下列债务与债务人对其负有的债务抵销，债务人管理人提出异议的，人民法院应予支持：

(一)债务人股东因欠缴债务人的出资或者抽逃出资对债务人所负的债务；

(二)债务人股东滥用股东权利或者关联关系损害公司利益对债务人所负的债务。

5.《重庆高级人民法院关于审理破产案件法律适用问题的解答》

5. 具有以下情形之一的，可以将公司股东或实际控制人对公司债权确定为劣后债权，安排在普通债权之后受偿：

(一)公司股东因未履行或未全面履行出资义务、抽逃出资而对公司负有债务,其债权在未履行或未全面履行出资义务、抽逃出资范围内的部分;

(二)公司注册资本明显不足以负担公司正常运作,公司运作依靠向股东或实际控制人负债筹集,股东或实际控制人因此而对公司形成的债权;

(三)公司控股股东或实际控制人为了自身利益,与公司之间因不公平交易而产生的债权。

公司股东或实际控制人在前述情形下形成的劣后债权,不得行使别除权、抵消权。

三、股权代持

(一)股权代持概述

在有限责任公司中,股东出资获得股权,在享受股东权利的同时,也需要在其出资范围内承担有限责任。出于某种目的的考虑,有些股东选择隐名投资,只负责出钱,做显名股东的背后实际投资人。

因此,在实践中,会出现出资的股东并非实际登记在公司股东名册的股东,登记在册的股东并非实际出资人。我们将实际出资的称为实际出资人,登记在册并未实际出资的称为名义股东,这种投资方式称为隐名投资,也叫股权代持。

(二)股权代持协议

在股权代持的情形下,实际投资者为保障自己的合法权益,会与名义股东签署代持股协议,双方通过股权代持协议确定存在股权代持的事实。

值得注意的是,《公司法》(2023 年修订)规定,上市公司应当依法披露股东、实际控制人的信息,相关信息应当真实、准确、完整;禁止违反法律、行政法规的规定代持上市公司股票。

《最高人民法院关于适用〈中华人民共和国公司法〉若干问题的规定(三)》第二十四条规定,有限责任公司的实际出资人与名义出资人订立合同,约定由实际出资人出资并享有投资权益,以名义出资人为名义股东,实际出资人与名义股东对该合同效力发生争议的,如无法律规定的无效情形,人民法院应当认定该合同有效。

在股权代持协议中,双方也可以约定隐名股东显名化的条款,但双方协议的约定不能对抗公司章程。

《最高人民法院关于适用〈中华人民共和国公司法〉若干问题的规定(三)》第二十四条规定:“实际出资人未经公司其他股东半数以上同意,请求公司变更股东、签发出资证明书、记载于股东名册、记载于公司章程并办理公司登记机关登记的,人民法院不予支持。”

因此,对于有限公司的隐名股东显名化条件,需要有合法有效的股权代持协议或者事实上存在股权代持,同时满足实际出资再加上其他半数以上股东同意,或其他过半数股东知道实际出资人实际出资的事实且对其实际行使股东权利未曾提出过异议。考虑到日后的显名,实际投资人要与名义股东签订合法的股权代持协议,同时保留出资证明和相关信息。

(三)实际股东的股东身份确认

在实践中,经常发生名义股东行使了实际出资人的股东权利,实际出资人请求确认其股东身份的问题。股东身份可以享有股东权利,实际股东和显名股东的权利义务应明确在股权代持协议中,在实践中,对于发生纠纷请求确认股东身份时,并非通过形式登记或实际出资来简单区分。

根据相关司法解释规定,实际出资人能够提起股东资格确认之诉的证明条件为:(1)已经依法向公司出资或认缴出资,且不违反法律法规强制性规定;(2)已经受让或者以其他形式继受公司股权,且不违反法律法规强制性规定。

该司法解释保障了实际出资的股东向法院提起诉讼的权利,但需要提供有关的证据。在司法审判中,对于公司内部关系的纠纷,司法实践中仅对双方的合同进行审查,不过多干涉公司内部治理。在双方协议合法的基础上,以保护实际出资人为审判标准。

《最高人民法院关于适用〈中华人民共和国公司法〉若干问题的规定(三)》第二十四条规定的实际出资人与名义股东因投资权益的归属发生争议,实际出资人以其实际履行了出资义务为由向名义股东主张权利的,人民法院应予支持。名义股东以公司股东名册记载、公司登记机关登记为由否认实际出资人权利的,人民法院不予支持。

当名义股东行使其记载在他名义下的股东权利,如股权转让、质押或者其他方式处分时,会涉及善意第三人。对于第三人来说,登记记载的信息是第三人能获取的信用信息,对于公司内部的关系第三人是不知情的。在此种情况下,司法解释认为应该以物权无权处分和善意取得制度处理。

名义股东将登记于其名下的股权转让、质押或者以其他方式处分，实际出资人以其对于股权享有实际权利为由，请求认定处分股权行为无效的，人民法院可以参照《民法典》第三百一十一条的规定处理；名义股东处分股权造成实际出资人损失，实际出资人请求名义股东承担赔偿责任的，人民法院应予支持。

【案例07】在股权代持情形下，需要证明什么事实，才能有效认定享有股东权利？

【案例来源】郭A、德州B汽车销售服务有限公司等股东资格确认纠纷案［山东省平原县人民法院（2022）鲁1426民初1247号民事判决书］

【基本案情】

郭A向法院提出诉讼请求：

1. 依法确认原告为德州B汽车销售服务有限公司（以下简称B公司）股东，享有现登记于第三人杨某名下股权，持股比例为100%；

2. 诉讼费依法由被告承担。

事实和理由：

郭A于2014年实际出资设立B公司，并与第三人马某东、李某达成协议，以二人作为该公司名义股东，持股比例为马某东持股30%、李某持股70%。

2016年，湖北C汽车销售有限公司（以下简称C公司）达成《借款合同》，由郭A分别向其借款700万元和500万元，合计1200万元，由郭A以B公司及名下土地、厂房用于抵押。随后，C公司要求郭A协助将B公司股权及法定代表人全部变更为其公司人员杨某。变更完成后，至今，郭A与C公司产生纠纷，C公司否认B公司及名下土地、厂房的实际控制人为郭A，郭A遂起诉。

郭A认为，郭A是B公司实际出资人、实际控制人、隐名股东，该公司设立符合法律规定。虽然郭A与案外人C公司有经济纠纷，但是并不能否认B公司的实际控制人以及所有财产的所有人或使用权人为郭A。

【裁判结果】

法院查明：

法院经审理认定事实如下：2014 年 5 月 6 日，股东发起人李某、马某东成立 B 公司，并办理工商登记。李某认缴资本金 560 万元，股权占比 70%；马某东认缴资本金 240 万元，股权占比 30%。法定代表人为李某。

2016 年 3 月 1 日，李某、马某东作为甲方，杨某作为乙方，郭 A 作为丙方，签订股权转让三方协议，该协议约定：甲方将持有 B 公司 100% 股权转让给乙方，乙方同意受让甲方 100% 股权并变更法定代表人……丙方同意在 2021 年年底收购乙方股权并作关联变更，乙方同意在 2021 年年底前将股权变更给丙方。2016 年 3 月 1 日，B 公司股东会作出决议，李某、马某东分别将 560 万元股权及 240 万元股权转让给杨某，李某、马某东在股东会决议上签字。同日，B 公司股东决定，任命杨某为公司执行董事及法定代表人，任职期间为 2016 年 3 月 1 日至 2019 年 3 月 1 日，李某为公司监事，公司类型由有限公司（自然人投资或控股）变更为有限公司（自然人独资），股东杨某签字。2016 年 3 月 2 日，B 公司变更股权登记信息，将股东由马某东、李某变更为杨某，持股比例 100%；法定代表人由李某变更为杨某，职务为执行董事兼经理，李某为监事。

2019 年 8 月 26 日，郭 A 向杨某、C 公司出具承诺函，称因本人经营困难，自愿放弃收购杨某所持有的 B 公司的全部股权。

法院认为：

本案系股东资格确认纠纷。本案争议焦点为杨某名下股权是否归原告所有。根据 B 公司股权变更信息，杨某名下股权系由李某、马某东转让所得，因原告主张李某、马某东名下股权系代持其所有，故原李某、马某东名下股权的归属问题系本案的审理基础。

根据《最高人民法院关于适用〈中华人民共和国公司法〉若干问题的规定（三）》第二十二条的规定，当事人之间对股权归属发生争议，一方请求人民法院确认其享有股权的，应当证明以下事实之一：（1）已经依法向公司出资或者认缴出资，且不违反法律法规强制性规定；（2）已经受让或者以其他形式继受公司股权，且不违反法律法规强制性规定。

首先，B 公司股东发起人为李某、马某东，二人持股比例为 100%，根据二人陈述，其均主张原名下 B 公司股权系代持原告所有，原告对此表示同意，被告对此不予认可。

法院认为，李某、马某东主张二人系名义股东，但并未提交其与郭A之间的股权代持协议。B公司的工商登记中股东及历史变更信息中均未显示原告姓名。另，二人虽均表示郭A作为实际控制人管理公司，但未提交书面证据，原告亦未提交其作为股东行使权利和义务的证据。

其次，原告主张郭A以借款对公司进行了实际出资，但根据(2020)鄂0106民初1543号民事判决书认定的事实，涉案借款均打入了郭A个人账户，并未显示与B公司的关联性，原告提交的证据无法证明其向B公司进行了出资。

最后，根据被告B公司提交的股权三方协议及承诺函，虽原、被告及杨某之间曾就收购股份达成协议，但郭A于2019年8月26日作出承诺，放弃了收购股份。

综合上述分析，原告提交的证据不足以证明原李某、马某东名下股权归其所有，故原告要求确认其为B公司股东的诉讼请求，法院依法不予支持。

裁判结果：

驳回原告郭A的诉讼请求。

【律师分析】

本案的焦点问题是股权归属，即股权归属于被告还是原告，但是被告股权从第三人中受让，焦点问题解决以涉案股权归属于代持股第三人抑或原告为基础。所以，问题的核心在于法院在证据认定环节中，审查重点是代持股协议中隐名股东是否达到显名化的条件。

本案中，原告在举证中提供的借款合同和判决书均与其为隐名股东没有关联性，后也未能提供股权代持协议证明其是实际控制人行使股东权利和业务。此外，根据三方协议，原告曾作出放弃收购股份的承诺，原告与第三人之间的代持股关系不被认定，而被告已经通过合法方式从第三人处受让股权成为公司的股东。

从该案例中可以得出，隐名股东在代持股关系中潜在无法显名化以致丧失股东权利的风险。根据《最高人民法院关于适用〈中华人民共和国公司法〉若干问题的规定(三)》第二十四条的规定，实际出资人或隐名股东显名化：首先，在签订代持股协议时，隐名股东需要确保就代持事项形成合意；其次，实际出资人认缴出资或实际出资(非必要条件)；最后，公司其他股东半数以上同意实际出资人显名。

对此,就以上要件的证明则聚焦到双方是否存在代持股协议及其效力如何、隐名股东是否实际出资和如何认定公司过半数以上股东同意。

根据“谁主张,谁举证”的原则,隐名股东作为主张存在股权代持关系一方需要对该事实承担的举证责任,在无书面代持股协议的情形下,通过证明实际出资、参与管理分红等其他方面提供证据。

此外,根据《全国法院民商事审判工作会议纪要》第二十八条“实际出资人能够提供证据证明有限责任公司过半数的其他股东知道其实际出资的事实,且对其实际行使股东权利未曾提出异议的,对实际出资人提出的登记为公司股东的请求,人民法院依法予以支持”的规定,对上述其他股东半数以上同意方能显名的进一步解释,也是隐名股东可以尝试证明的方向之一。

隐名股东利用股权代持协议实现利益追求规避风险,但最终难免需要通过显名化来更好维护其作为股东的合法权益。因此,对于显名化这一关键程序需要格外注意。除此之外,还可能存在代持股权被采取保全措施、强制执行此类风险。另外还有代持股权被名义股东的配偶进行分割或者是要求继承等风险。

【律师建议】

结合案例情况及以上分析,对于作为代持情形下的隐名股东,从风险防范的角度出发,我们建议:

1. 签订完整的代持股协议,确保股权代持协议的有效性

形成书面的代持股协议,对股权代持的时间、权限、股东权利行使方式、违约责任等作出具体约定,且确保股权代持协议的有效性。同时,隐名股东注意保留其向名义股东支付出资的支付记录,备注款项用途。

2. 为取得股东资格,签订股权代持协议时取得公司其他股东的同意

为避免无法主张成为显名股东,可以在最初签订股权代持协议时取得其他股东的同意,并在代持协议上签字确认,日后可成为其他股东同意的依据。若无法取得其他股东同意,要求名义股东签署表决权委托协议,保障隐名股东表决权的行使,保留其行使股东权利的证明或认可为股东身份的记录。

3. 设立股权质押担保

在股权代持协议签订过程中,根据实际情况,将名义股东的代持股份办理质押担保,确保名义股东无法擅自将实际出资人的股权向第三方出卖转让或者担保。即使由于某些客观原因,如法院继承分割或者执行变卖股权,实际出资人可

以利用质押权,优化获得股权的处理权。

4. 排除名义股东的财产权

排除名义股东的财产权可以防止名义股东行使股权所有权,如果名义股东出现离婚分割或者意外死亡等情况,而名义股东所代持的一部分股权是实际出资人的,不能作为共同财产或者遗产进行分割,这样可以避免名义股东损害实际出资人的股权,从而保障了实际出资人的财产所有权。

5. 由名义股东配偶出具承诺函

为更加有效地防止代持股权在名义股东解除婚姻关系时被其配偶分割部分或全部股权,隐名股东可事先要求名义股东配偶出具书面承诺,表明其知晓名义股东代持股权的事实,并认可该代持股权不属于名义股东或夫妻共同财产,在婚姻关系解除时不对代持股权主张权利。

6. 提前签订股权转让协议

为防止名义股东在隐名股东终止股权代持关系时拒不配合办理股权转让事宜的风险,隐名股东可事先与名义股东签订股权转让协议等文件,以为其收回股权、显名化提供方便。

【法律规定】

《最高人民法院关于适用〈中华人民共和国公司法〉若干问题的规定(三)》

第二十二条　当事人之间对股权归属发生争议,一方请求人民法院确认其享有股权的,应当证明以下事实之一:

(一)已经依法向公司出资或者认缴出资,且不违反法律法规强制性规定;

(二)已经受让或者以其他形式继受公司股权,且不违反法律法规强制性规定。

第四节　公司治理

一、三会一层

公司法人治理结构是公司制的核心,要明确股东会、董事会、监事会和经理层的职责,形成各负其责、协调运转、有效制衡的公司法人治理结构。

（一）股东会

股东会是公司的权力机构，由公司的全体股东组成。

《公司法》（2023 年修订）①列举了股东会的职权，包括选举和更换董事、监事，决定有关董事、监事的报酬事项；审议批准董事会的报告；审议批准监事会的报告；审议批准公司的利润分配方案和弥补亏损方案、对公司增加或者减少注册资本作出决议、对发行公司债券作出决议、修改公司章程等，同时股东会可以授权董事会对发行公司债券作出决议。

对上述事项股东以书面形式一致表示同意的，可以不召开股东会会议，直接作出决定，并由全体股东在决定文件上签名、盖章。

对上述事项作出决定需要召开股东会会议，首次股东会议由出资最多的股东召集和主持，日常的股东会议由董事会召集，董事长主持。召开股东会议应在召开会议前的 15 日通知全体股东，除公司章程规定的除外。

股东会上，股东对会议事项进行表决行使的是股东表决权，股东表决权的一般原则为一股一票和资本多数决。在有限责任公司中，按照出资比例行使表决权，但是公司章程另有规定的除外。

1. 关于股东会决议

股东会决议体现了股东会的意思表示，按照表决事项的重要程度可分为普通决议和特别决议。

普通决议是除特别决议以外的决议事项，只需要在股东会上获得简单多数决就可以通过决议，在有限责任公司中，需要全体股东过半数同意即可，在股份有限公司需要代表出席会议股东过半数同意即可。

特别决议是指股东会上表决特别决议需要获得绝对多数决才可通过，特别决议事项包括修改公司章程、增加或者减少注册资本的决议，以及公司合并、分立、解散或者变更公司形式的决议。

2. 关于股东会决议的效力

《公司法》（2023 年修订）第二十五条②规定，公司股东会或董事会的决议内容违反法律、行政法规的无效。

---

① 比较《公司法》（2018 年修正），新公司法删除股东会"决定公司的经营方针和投资计划""审议批准公司的年度财务预算、决算方案"两项职权；新增股东会可授权董事会对发行公司债券作出决议。

② 《公司法》（2018 年修正）的相关规定见第二十二条。

公司股东会、董事会的会议召集程序、表决方式违反法律、行政法规或者公司章程,或者决议内容违反公司章程的,股东自决议作出之日起六十日内,可以请求人民法院撤销。但是,股东会、董事会的会议召集程序或者表决方式仅有轻微瑕疵,对决议未产生实质影响的除外。

未被通知参加股东会会议的股东自知道或者应当知道股东会决议作出之日起六十日内,可以请求人民法院撤销;自决议作出之日起一年内没有行使撤销权的,撤销权消灭。

根据以上规定,股东会决议需要严格遵循法律法规以及规章的规定召集、召开及表决,在程序和内容上都需要合法。如果股东会决议违反法律法规,则决议无效;如果股东会决议在程序或内容上存在瑕疵,比如召开程序、表决方式、内容违反公司章程有重大瑕疵的,根据实际情况,可主张确认决议不成立、无效或撤销决议。

(二)董事会

董事会是指由股东会选举产生的集体业务执行机关与经营意思决定机关,董事会对股东会负责。

《公司法》(2023 年修订)①规定,有限责任公司董事会成员人数规定在 3 人以上,有限责任公司董事会成员为三人以上,其成员中可以有公司职工代表。职工人数三百人以上的有限责任公司,除依法设监事会并有公司职工代表的外,其董事会成员中应当有公司职工代表。董事会中的职工代表由公司职工通过职工代表大会、职工大会或者其他形式民主选举产生。

根据《公司法》(2023 年修订)②六十七条规定,有限责任公司董事会的职责包括:召集股东会会议,并向股东会报告工作;执行股东会的决议;决定公司的经营计划和投资方案;制订公司的利润分配方案和弥补亏损方案;制订公司增加或者减少注册资本以及发行公司债券的方案;制订公司合并、分立、解散或者变更公司形式的方案;决定公司内部管理机构的设置;决定聘任或者解聘公司经理及其报酬事项,并根据经理的提名决定聘任或者解聘公司副经理、财务负责人及其报酬事项;制定公司的基本管理制度;公司章程规定或者股东会授予的其他职

---

① 《公司法》(2018 年修正)规定有限责任公司的董事会人数为 3－13 人。

② 比较《公司法》(2018 年修订),新公司法删除"制定公司的年度财务预算方案、决算方案的职权";新增股东会可授予董事会其他职权;明确公司章程对董事会权力的限制不得对抗善意相对人。

权。此外,公司章程对董事会职权的限制不得对抗善意相对人。

(三)监事会

监事会由股东会选举的监事以及由公司职工民主选举的监事组成。

我国对于监事的人数规定,《公司法》(2023 年修订)①规定,规模较小或者股东人数较少的有限责任公司,可以不设监事会,设一名监事,行使本法规定的监事会的职权;经全体股东一致同意,也可以不设监事。监事会应当包括股东代表和适当比例的公司职工代表,其中职工代表的比例不得低于 1/3,具体比例由公司章程规定。监事会中的职工代表由公司职工通过职工代表大会、职工大会或者其他形式民主选举产生。

此外,相较于旧法,《公司法》(2023 年修订)第六十九条规定了单层结构,即有限责任公司可以按照公司章程的规定在董事会中设置由董事组成的审计委员会,行使本法规定的监事会的职权,不设监事会或者监事。公司董事会成员中的职工代表可以成为审计委员会成员。

监事(监事会)的职权包括检查公司财务,对董事、高级管理人员执行公司职务的行为进行监督,对违反法律、行政法规、公司章程或者股东会决议的董事、高级管理人员提出罢免的建议,当董事、高级管理人员的行为损害公司的利益时,要求董事、高级管理人员予以纠正,向股东会会议提出提案,依法对董事、高级管理人员提起诉讼等。

为发挥监事会或者监事的职权,公司的董事、高级管理人员不得兼任监事。

(四)经理层

经理是指由董事会聘任、负责组织日常经营管理活动的公司常设辅助业务执行机关。

二、董监高任职资格和义务

(一)董监高任职资格

董监高,作为公司管理架构的上层,包括董事、监事、高级管理人员。其中,高级管理人员是指公司的经理、副经理、财务负责人,上市公司董事会秘书和公

① 《公司法》(2018 年修正)规定有限责任公司的监事会成员不得少于三人。

司章程规定的其他人员。

对于董监高的任职资格的规定，方式有两种：一种是正向设置门槛，对于董监高需要满足条件；另一种是反向设置门槛，满足条件的人不能任职董监高。我国选择的是反向设置门槛，给予公司更高的自由度。

我国《公司法》（2023 年修订）第一百七十八条①规定，有下列情形之一的，不得担任公司的董事、监事、高级管理人员：

（1）无民事行为能力或者限制民事行为能力；

（2）因贪污、贿赂、侵占财产、挪用财产或者破坏社会主义市场经济秩序，被判处刑罚，或者因犯罪被剥夺政治权利，执行期满未逾五年，被宣告缓刑的，自缓刑考验期满之日起未逾二年；

（3）担任破产清算的公司、企业的董事或者厂长、经理，对该公司、企业的破产负有个人责任的，自该公司、企业破产清算完结之日起未逾三年；

（4）担任因违法被吊销营业执照、责令关闭的公司、企业的法定代表人，并负有个人责任的，自该公司、企业被吊销营业执照、责令关闭之日起未逾三年；

（5）个人因所负数额较大债务到期未清偿被人民法院列为失信被执行人。

违反前款规定选举、委派董事、监事或者聘任高级管理人员的，该选举、委派或者聘任无效。

（二）董监高的义务

董监高对公司负有忠实义务和勤勉义务。

忠实义务要求董监高对公司要忠厚和诚实，在日常工作中以及在出现公司危机时，能尽自己最大的能力维护、守护公司的合法权益。勤勉义务是指在工作

---

① 《公司法》（2018 年修正）相应规定见第一百四十六条：

（一）无民事行为能力或者限制民事行为能力；

（二）因贪污、贿赂、侵占财产、挪用财产或者破坏社会主义市场经济秩序，被判处刑罚，执行期满未逾五年，或者因犯罪被剥夺政治权利，执行期满未逾五年；

（三）担任破产清算的公司、企业的董事或者厂长、经理，对该公司、企业的破产负有个人责任的，自该公司、企业破产清算完结之日起未逾三年；

（四）担任因违法被吊销营业执照、责令关闭的公司、企业的法定代表人，并负有个人责任的，自该公司、企业被吊销营业执照之日起未逾三年；

（五）个人所负数额较大的债务到期未清偿。

公司违反前款规定选举、委派董事、监事或者聘任高级管理人员的，该选举、委派或者聘任无效。董事、监事、高级管理人员在任职期间出现本条第一款所列情形的，公司应当解除其职务。

中兢兢业业，对待工作认真负责。

（三）法定代表人

法定代表人是指依照法律或法人组织章程规定，代表法人行使职权的负责人，其对内处于公司管理核心的地位，对外代表公司，以公司的名义对外实施行为是公司的行为，该行为的法律后果由公司承担。

《公司法》（2023 年修订）第十条①规定，公司的法定代表人按照公司章程的规定，由代表公司执行公司事务的董事或者经理担任。担任法定代表人的董事或者经理辞任的，视为同时辞去法定代表人。法定代表人辞任的，公司应当在法定代表人辞任之日起三十日内确定新的法定代表人。

《民法典》第六十二条规定，法定代表人因执行职务造成他人损害的，由法人承担民事责任。法人承担民事责任后，依照法律或者法人章程的规定，可以向有过错的法定代表人追偿。

《公司法》（2023 年修订）第十一条规定："法定代表人以公司名义从事的民事活动，其法律后果由公司承受。公司章程或者股东会对法定代表人职权的限制，不得对抗善意相对人。法定代表人因执行职务造成他人损害的，由公司承担民事责任。公司承担民事责任后，依照法律或者公司章程的规定，可以向有过错的法定代表人追偿。"

【案例 08】挂名法定代表人，该如何进行法律风险防范？

【案例来源】黄 A 与天脉聚源 C（北京）有限公司等请求变更公司登记纠纷案［北京市第四中级人民法院（2022）京 04 民初 129 号民事判决书］

【基本案情】

天脉聚源 C（北京）有限公司（以下简称 C 公司）于 2014 年 5 月 15 日成立，系有限责任公司（法人独资），股东为 D 公司（持股 100%）。D 公司成立于 2008 年 7 月 16 日，伍 B 任法定代表人、执行董事、经理。截至 2017

① 《公司法》（2018 年修正）相应规定见第十三条：公司法定代表人依照公司章程的规定，由董事长、执行董事或者经理担任，并依法登记。公司法定代表人变更，应当办理变更登记。

年9月21日前C公司工商登记的公司经理、执行董事、法定代表人均为伍B,2017年9月21日C公司工商登记的经理、执行董事、法定代表人变更为黄A且至今未再变更。C公司于2019年5月24日将原名称变更为现名称。根据C公司章程,D公司系C公司唯一股东。C公司章程第八条规定,股东是公司的权力机关,有权行使委派和更换由非职工代表担任的执行董事的职权。第九条规定,公司不设董事会,设执行董事一名,由股东委派产生,执行董事任期3年,任期届满,可连选连任。第十一条规定,公司设经理一名,由执行董事决定聘用或解聘。第十四条规定,执行董事为公司的法定代表人,由股东委派产生,任期3年,任期届满,可连选连任。2017年9月8日C公司通过股东会决议,内容为:同意免去伍B执行董事职务;同意委派黄A为执行董事,股东D公司在股东会决议上盖章。

2021年6月20日,D公司(甲方)、伍B(乙方)、黄A(丙方)三方签订备忘录,写明:C公司,为D公司100%拥有的下属公司。C公司的实际业务运营、公司内部管理、员工聘用等由公司唯一的股东D公司和实际控制人伍B实际管理和运营,与该公司法定代表人黄A无关,黄A仅作为C公司名义上的法定代表人和名义执行董事,未领取C公司的报酬,未参与C公司实际管理。黄A与C公司以往和以后的债权债务无关。另外,现经过三方协商同意,自该备忘录签署之后3个月之内,甲方和乙方按照《公司法》和C公司的公司章程,指定新的人选接替黄A出任公司法定代表人和执行董事之职务。备忘录由D公司加盖公章,伍B签名。

黄A 2014年1月至2022年10月的北京市社会保险个人权益记录显示,黄A 2017年2月至2020年11月任职于天脉聚源(北京)E有限公司;2020年12月至2021年2月任职于D公司。C公司从未为黄A缴纳过社保。

2020年11月12日因执行申请人刘某某申请执行C公司非涉外仲裁裁决一案,C公司未按执行通知书指定的期间履行生效法律文书确定的给付义务,黄A作为C公司法定代表人被采取限制高消费措施;2021年2月19日因执行申请人任某某申请执行C公司劳动争议一案,C公司未按执行通知书指定的期间履行生效法律文书确定的给付义务,黄A作为C公司法定代表人被采取限制高消费措施;2021年5月13日因执行申请人陈某申请执行C公司劳动争议一案,C公司未按执行通知书指定的期间履行生效法律文书确定的给付义务,黄A作为C公司法定代表人被采取限制高消费措施;2021年9月15日因执行申请人F公司申请执行C公司买卖合同纠纷一案,C公司未按执行通知书指定的期间履行生效法律文书确定的给付义务,黄A作为C公司法定代表人被采取限制高消费措施。2020年12月7日,黄A作为C公司法定代表人支付以C公司作为被执行人的(2020)京0101执6193号案件的执行款项5万元。

另查,C公司股东未就委任新的执行董事、经理以接替黄A形成决议。

【裁判结果】

判决如下:

1. C公司于本判决生效之日起30日内为黄A办理公司法定代表人、执行董事、经理变更登记;

2. 驳回黄A的其他诉讼请求。

【律师分析】

本案焦点主要集中在原告黄A是否为名义法定代表人和名义执行董事。

C公司、伍B、D公司无正当理由拒不到庭参加诉讼,放弃了答辩和举证的权利,因此根据黄A提交的备忘录可以证明,黄A系C公司名义法定代表人和名义执行董事,不领取报酬,亦未参与公司实际管理,黄A可以认定为C公司名义法定代表人和名义执行董事。

结合D公司在2021年6月20日备忘录中承诺自该备忘录签署之后3个月之内,指定新的人选接替黄A出任公司法定代表人和执行董事之职务,即D公司在备忘录中作出3个月之内终止对黄A执行董事职务委任的意思表示。

根据《公司法》第十三条和公司章程的规定,黄A的委任已经终止,其已不具备担任公司法定代表人的资格。相应地,黄A亦无权聘任自身为经理,且其已在诉讼中作出不再担任公司经理的意思表示。

根据《公司法》第七条第二款、第三款的规定,C公司系办理公司法定代表人、执行董事、经理工商变更登记的主体,黄A个人不具有办理变更登记的主体资格,C公司不进行变更登记,导致黄A在内部授权已经终止后依旧对外登记公示为公司的法定代表人,使得其在C公司相关诉讼中被限制高消费并承担公司债务,给黄A的生活造成不利影响。原告黄A已然无法通过其他途径获得救济,故请求 C 公司办理工商变更登记的诉求应予支持。

结合上述案例和其他案例,挂名法定代表人需要承担多方面的法律风险,需要谨慎确定担任,并在签署相关文件时做好风险排查。

挂名法定代表人主要面临的法律风险包括:

1. 民事责任风险

挂名法定代表人根据内部约定,与公司形成挂名关系,一般情况下并不参与企业的经营决策,也不具备法定代表人的权力,但是对外登记为法定代表人,需要承担公司经营管理不善的风险责任。一旦公司实际控制人利用公司或者法定代表人的名义签订担保合同或承担重大债务,则挂名法定代表人会面临沉重的债务及被列入失信执行人员的风险。

此外,法定代表人还需承担企业在破产清算中的法定义务。根据《企业破产法》第十五条的规定,债务人的有关人员承担下列义务:(1)妥善保管其占有和管理的财产、印章和账簿、文书等资料;(2)根据人民法院、管理人的要求进行工作,并如实回答询问;(3)列席债权人会议并如实回答债权人的询问;(4)未经人民法院许可,不得离开住所地;(5)不得新任其他企业的董事、监事、高级管理人员。

以上所称有关人员,是指企业的法定代表人,作为公司法定代表人不配合破产清算的法定义务造成公司财产状况不明无法履行清算职责,给债权人造成损害的,需要承担赔偿责任。

2. 行政责任风险

根据《最高人民法院关于限制被执行人高消费及有关消费的若干规定》第三条的规定,被执行人为单位的,被采取限制消费措施后,被执行人及包括法定代表人的相关人员将受到"乘坐交通工具时,不得选择飞机、列车软卧、轮船二等以上舱位""不得购买非经营必需车辆""子女不得就读高收费私立学校"等九项消费限制。本案例中挂名法定代表人原告被采取限制高消费措施严重影响正常生活。

3. 刑事责任风险

公司单位涉及重大责任事故罪、金融诈骗罪、虚开增值税专用发票罪、骗取贷款罪时,法定代表人由于并不知情情况下签署了相关文件,有可能被认定参与或者主导公司的违法犯罪,因此被判处刑罚,留下刑事案件记录。

【律师建议】

结合上述案例,关于名义法定代表人的法律风险防范,我们建议:

1.关注公司经营状况,谨慎签署担任挂名法定代表人的协议

挂名法定代表人与公司签订的相关协议属于内部约定,对外无法对抗第三人。因此,在签署相关文件前,需要对公司的经营状况进行详细的调查,并在挂名协议中明确挂名事实,增加相应的免责条款。

2.发现公司经营异常,应及时沟通及采取有效措施退出公司辞去职务

对外,可以将卸任法定代表人的意思表示通过发函件或者登报告知的方式告知公司和关联企业,向工商登记部门提出变更申请;对内,以书面函件方式明确要求股东和实际控制人召开股东会议,就卸任法定代表人职务事宜作出表决,并督促公司尽快办理变更登记手续。

3.在平时沟通过程中,注意收集和保存挂名事实相关的证明资料

例如,微信聊天记录、往来函件、电子邮件等,以便在后续经协商无法调解,公司不肯变更法定代表人时,通过向法院提起诉讼的方式要求法定代表人变更登记。

当作为法定代表人的被委任主体与公司不存在实质性关联,其实际已不具备对内管理公司、对外代表公司的基本能力和实质条件,此时强迫相关自然人继续担任公司的法定代表人,既使其承受持续的潜在法律风险,也不便于公司的正常经营管理,亦不利于保护公司债权人利益。故当公司内部的该项治理机制失范且被委托主体穷尽救济途径而无法维护其权益时,便有了司法介入的必要性,应当赋予其诉讼的权利,此时涤除公司法定代表人登记纠纷应具有可诉性,法院应据此予以受理并依法作出相关判决。①

此外,根据《公司法》(2023年修订)规定,担任法定代表人的董事或者经理辞任的,视为同时辞去法定代表人。法定代表人辞任的,公司应当在法定代表人辞任之日起三十日内确定新的法定代表人。我国法律实行单一法定代表人制,一般认为法人的正职行政负责人为其唯一的法定代表人。相比《公司法》(2018年修正),《公司法》(2023年修订)优化了法律条文的表述,文义表示更加科学

① 山东省高级人民法院:《公司的挂名法定代表人可否通过诉讼涤除工商登记》,载微信公众号"山东高法",https://mp.weixin.qq.com/s/4w6DSpodD6iyxxlDGSC4UQ。

精简，扩大了法定代表人的选任范围，概括性规定"由代表公司执行公司事务的董事或经理"担任法定代表人，同时也是对挂靠的、非实质履行公司职务的法定代表人实践操作方式的一种否定。

【法律规定】

1.《公司法》(2018 年修正)

第七条　依法设立的公司，由公司登记机关发给公司营业执照。公司营业执照签发日期为公司成立日期。

公司营业执照应当载明公司的名称、住所、注册资本、经营范围、法定代表人姓名等事项。

公司营业执照记载的事项发生变更的，公司应当依法办理变更登记，由公司登记机关换发营业执照。

第十三条　公司法定代表人依照公司章程的规定，由董事长、执行董事或者经理担任，并依法登记。公司法定代表人变更，应当办理变更登记。

2.《公司法》(2023 年修订)

第十条　公司的法定代表人按照公司章程的规定，由代表公司执行公司事务的董事或者经理担任。

担任法定代表人的董事或者经理辞任的，视为同时辞去法定代表人。

法定代表人辞任的，公司应当在法定代表人辞任之日起三十日内确定新的法定代表人。

第十一条　法定代表人以公司名义从事的民事活动，其法律后果由公司承受。

公司章程或者股东会对法定代表人职权的限制，不得对抗善意相对人。

法定代表人因执行职务造成他人损害的，由公司承担民事责任。公司承担民事责任后，依照法律或者公司章程的规定，可以向有过错的法定代表人追偿。

第五节 公司章程

一、公司章程概述

公司章程是指用来约束公司、股东及公司经营管理人员的内部自治规则,以书面的形式记载,并体现了全体股东意志的文件。

公司章程具有法定性、公开性、自治性等特征。公司章程的法定性可以体现在章程法律地位法定、内容法定、程序法定和效力法定;公司章程的公开性是指公司章程的内容需要面向广大投资者以及公司债权人在内的社会公众公开。另外,公司章程规定的是股东意志的体现,属于公司管理的行为规范,有别于法律对公司的强制性规定,体现了公司章程的自治性,这就是法律赋予公司章程的自治权。

二、公司章程与投资协议

投资协议是指公司股东在出资投资公司时,公司与股东之间签订的关于权利义务的文件。投资协议主要关于投资数额以及分红内容上作有关规定,其本质上属于股东与公司或者股东与股东之间签署的投资合同,受《民法典》合同编的规范和调整,主要约束的是签署合同的当事人。

值得注意的是,2023 年新修订的《公司法》第四十三条规定,“有限责任公司设立时的股东可以签订设立协议,明确各自在公司设立过程中的权利和义务”。也即,股东间的合作协议亦有了公司法上的意义。

公司章程则是公司全体股东对公司内部组织关系和经营行为自制规则的意思表示,受《公司法》的规范和调整,公司章程对公司股东、公司经营管理人都具有约束力。

1. 公司章程与投资协议有冲突如何适用

公司章程和投资协议在法律性质、法律效力等方面都具有较大的区别。在实践中,通常情况下,股东之间在进行业务合作时,均会先签署一份投资协议,同时在此基础上，结合工商登记机构对公司章程的内容与格式要求，再进一步签署一份公司章程，甚至会签署两份不同的公司章程，一份是内部章程，一份是办理工商登记手续用的备案章程。

2. 在这种情况下，如公司章程和投资协议约定不一致时应该如何适用

首先，在不涉及对外关系上，以最新约定的条款为准。如果冲突条款均涉及对内的法律关系，无论是投资协议还是公司章程，均属于股东的意思表示，且都属于公司内部的自治，以新成立条款为准。

其次，在涉及公司外部主体关系上，适用公司章程。公司章程是具有公开性的，但投资协议是不具有公开性的，对于公司对外关系，公司章程具有对外效力。因此，调整外部关系以公司章程为准。

三、制定公司章程应注意的问题

（一）避免与《公司法》相关规定相违背

公司章程不能与《公司法》强制性规范相冲突，比如《公司法》（2023 年修订）第七十条规定，董事任期由公司章程规定，但每届任期不得超过 3 年。这条规定前款是非强制性规范，后部分是强制性规范，公司章程可以自由规定董事任期，但不能违反强制性规范，任期不能超过 3 年。

（二）公司章程应注意法律的授权性空白

《公司法》将公司内部权利义务的分配权交由公司，公司应注意法律的授权性空白，以免造成无规则可遵循的情况。

另外，《公司法》作为私法，最大限度尊重民事主体的意思自治。比如：《公司法》第四十二条规定，股东会会议由股东按照出资比例行使表决权；但是，公司章程另有规定的除外。鉴于此，我们提请需要格外注意，可以由公司章程进行除外规定的条款，合理地设计法律允许章程例外的条款，合理运用条款来平衡公司股东之间的权利义务关系。

（三）公司章程的稳定性和可变性

公司章程不宜频繁变动，对公司的治理规范不宜经常性改变。因此，在公司章程条款设计时，内容要具备全局性、完整性、稳定性及预见性，在考虑内容稳定性的同时，也要考虑公司章程的可变性，考虑到市场以及未来前景的发展，留有

可变空间和发展的未来。

【案例09】同一公司，两份不同章程，仅备案一份，哪份章程有效？

【案例来源】朱A等六股东诉南宁市L运输有限责任公司、第三人南宁市G运输有限公司等公司决议撤销纠纷案［广西壮族自治区南宁市中级人民法院（2014）南市民二终字第339号民事判决书］

【基本案情】

2004年6月5日，朱A、刘B、朱C、陈D、苏E、胡F（原告六股东）和南宁市G运输有限公司（以下简称G公司）、刘H、许I、李J、刘K（第三人）与南宁市L运输有限责任公司（以下简称L公司）签订一份《组建某运输有限责任公司协议书》，协商作为出资股东共同组建L公司（被告公司）。各方在该协议第三条约定："1. 出资方式除G公司以土地使用权作为出资方式外，其他的为货币方式出资……"并于同日召开首次股东大会讨论通过《运输公司章程》（以下简称6.5章程），该章程第四章第七条规定："公司总股本为1千万股，按面值1元1股；其中土地使用权身份股605.7万股，股东有所有权和分配权，放弃表决权；普通股股东现金出资认购394.3万股，股东有所有权、分配权和表决权。""股东享有如下权利：参加或委托代表参加股东会并根据出资份额享有表决权（身份股股东除外）……公司登记事项以公司登记机关核定的为准。"

2004年6月8日，朱A、刘B、朱C、陈D、苏E、胡F、刘H、许I、李J、刘K、G公司未召开股东会，另行签署一份《L公司章程》（以下简称6.8章程）进行L公司登记。6.8章程规定："股东会议由股东按照出资比例行使表决权。"随后该章程在工商部门进行了备案登记。

后公司召开股东大会按照6.8章程规定的表决权行使方式作出决议，部分股东认为6.8章程应仅用作登记，实际应按6.5章程行使表决权，因此对该次决议的表决方式有异议并诉至法院。朱A等原告认为G公司对股东会决议已经放弃表决权，其赞成票不能计入统计票数，该股东会决议不符合章程规定，未达到L公司章程关于公司更换董事应由代表全部有表决权股份的1/2以上股东通过的规定为由向法院提起诉讼，请求判令撤销该次股东会决议。

【裁判结果】

法院认为，L公司在工商备案的6.8章程规定“股东会议由股东按照出资比例行使表决权”，而L公司的6.5章程则规定“土地使用权身份股605.7万股，股东有所有权和分配权，放弃表决权；普通股股东现金出资认购394.3万股，股东有所有权、分配权和表决权”，两者不相一致。朱A和G公司在内的所有股东在两个版本的章程上均签名盖章，而6.8章程的签订时间在后，且6.5章程亦规定“公司登记事项以公司登记机关核定的为准”，故6.8章程为L公司各股东最终合意的结果，是当事人的真实意思表示，不违反法律、行政法规的规定，亦未损害他人的利益，应属有效。根据6.8章程，G公司出资605.7万元，占注册资本的比例为60.57%，享有根据出资份额行使表决权的股东权利。

L公司2012年8月28日的股东会决议是对更换董事事项作出的普通决议，G公司、刘H、许I在该决议上投赞成票，综合该三股东在L公司分别持有60.57%、3%、1%的股份，计算通过的表决权比率达到64.57%，代表1/2以上表决权的股东通过，该股东会会议的表决方式未违反法律、行政法规或者L公司章程的规定，故朱A等原告要求撤销L公司于2012年8月28日作出的股东会决议的诉讼请求，不予支持。

【律师分析】

公司对章程的自主事项有自主约定的权利，但是，至今我国仍有公司登记部门不接受投资者另行制定的公司章程，我们认为这是违背《公司法》立法之意的。为了避免体现真实意思表示的公司章程无法订立，有些公司订立了内外有别的章程。

根据《公司法》“股东会会议由股东按照出资比例行使表决权；但是，公司章程另有规定的除外”的规定，出资与表决权可以适度分离，股东表决权如何行使可归于公司自治权。

全体股东经过法定程序修改公司章程，自股东达成修改公司章程的合意后即发生法律效力，工商登记并非公司章程的生效要件。当存在多份公司章程，但没有明确不同章程存在不同约定应以哪一份章程为准时，通常以最后签署的公司章程为准。

在本案中,两份公司章程关于股东表决权的规定不相一致,但所有股东均在两个版本的公司章程上签名、盖章,均为股东真实的意思表示。而6.8 章程的签订时间在后,且6.5 章程亦规定"公司登记事项以公司登记机关核定的为准",故6.8 章程为L公司各股东最终合意的结果,是当事人的真实意思表示,不违反法律和行政法规的规定,亦未损害他人的利益,应属有效。因而,股东根据6.8 章程行使表决权而作出的股东会会议决议有效。

公司内部发生公司治理纠纷的以股东的真实意思表示为准,在不违背强制性法律的规定下,除了本案出现的情形,股东还可以约定内外章程约定不一致时,以内部章程约定为准。

另外,在不违反强制性法律规定的前提下,股东之间还可以通过其他合议进一步明确各自的权利与义务,甚至是否定公司章程的约定,即股东之间的公司内部纠纷以股东内部签订的其他协议约定为准。

【律师建议】

结合本案情况,对于公司内部章程与公司备案章程,我们作出以下提醒和建议:

1. 公司的表决权与股权可进行分离,此为股东可以自由处置的两种权利,公司章程中约定的相关内容合法有效。内部章程往往对股东的实际出资比例、实际表决权、实际分红权、经营管理权、增资认购、股权回购、退出机制等重要内容作了特别约定。因此,作为投资者,在签署相关章程等文件之前,应特别留意内部章程相关的特别约定内容。

2. 如果出现内部公司章程与备案章程约定不同的情况,股东应特别注意章程形成的时间及具体内容。如股东内部之间按照真实意愿达成一份内部章程,提交时却为了备案需要另行起草一份章程,股东间应对该备案章程作出明确约定:备案章程仅为公司登记需要,对内则非股东间真实意思表示,应以内部章程为准(建议明确内部章程前述时间、编号等信息,以便明确区分不同的章程版本)。

同时,作为投资方,应当注意保留股东之间决议的证据,在发生争议的时候,可以作为判断哪个版本具有法律优先效力的重要依据。

但是,应该注意的是,当涉及股东以外的第三人发生纠纷时,由于登记的公司章程具有对外公示效力,所以应当以工商部门登记的公司章程为准。各股东根据备案章程对外承担责任之后，可以根据内部章程的约定进行内部追偿。

【法律规定】

1.《公司法》(2018年修正)

第四十二条　股东会会议由股东按照出资比例行使表决权；但是，公司章程另有规定的除外。

第四十三条　股东会的议事方式和表决程序，除本法有规定的外，由公司章程规定。

股东会会议作出修改公司章程、增加或者减少注册资本的决议，以及公司合并、分立、解散或者变更公司形式的决议，必须经代表三分之二以上表决权的股东通过。

2.《公司法》(2023年修订)

第四十三条　有限责任公司设立时的股东可以签订设立协议，明确各自在公司设立过程中的权利和义务。

第六十五条　股东会会议由股东按照出资比例行使表决权；但是，公司章程另有规定的除外。

第六十六条　股东会的议事方式和表决程序，除本法有规定的外，由公司章程规定。

股东会作出决议，应当经代表过半数表决权的股东通过。

股东会作出修改公司章程、增加或者减少注册资本的决议，以及公司合并、分立、解散或者变更公司形式的决议，应当经代表三分之二以上表决权的股东通过。

第四章　经营用地及风险防控

第一节　项目用地来源

一、用地购买

汽车经销商在拟定建店规划时，首要任务是确定店面的位置，解决4S店用地问题。目前对于大型商业服务用地，尤其倚重地段的流量和规模效应，对于汽车经销商而言，售前试驾服务和售后维修服务需要另外附加交通便捷的成片土地要求，因此在考虑合适用地时需要限制更少的用地。

汽车经销商获得土地使用权的来源主要包括购买和租赁两种方式，具体包括国有土地的出让、转让、租赁及农村集体土地的租赁。实务中也存在二者融合的案例，如坐落在广东省佛山市南海区华南汽车城的全国首个"国有+集体""出让+出租""住宅+商业""产业+产业社区"的项目——时代爱车小镇，该项目通过整合国有和集体的土地资源，为项目落地、完整的配套产业建设提供可能。时代中国公司于2019年12月底以14.22亿元竞得7万平方米住宅土地及以15亿元承租190,483.62平方米的集体建设用地使用权，[①]旨在打造集汽车研发、制造、销售、服务、文化于一体的特色小镇。

根据《土地管理法》和《城镇国有土地使用权出让和转让暂行条例》等相关规定，土地所有权属于全民所有和劳动群众集体所有，国有土地和农民集体所有的土地，可以依法确定给相关公司、企业、其他组织和个人进行土地开发、利用、经营。国有土地使用权出让则是国家将国有土地使用权在一定年限内出让给土地使用者，由土地使用者向国家支付土地使用权出让金的行为。

---

① 《重构汽车流通模式，时代爱车小镇引领产业升级》，载百度账号"21世纪商业评论"2022年8月9日，https://baijiahao.baidu.com/s?id=1740687949559618499&wfr=spider&for=pc。

国有土地使用权的出让、转让是4S店项目用地的重要取得方式。通过出让、转让方式取得的项目用地，包括地上建筑物及其附属设施，一般情况下取得的手续、流程均比较规范，产权、用途也比较清晰，发生争议的概率较小。

二、用地租赁

4S店项目用地的另一个重要来源就是农村集体土地租赁。以时代爱车小镇项目为例，该项目是广东省佛山市南海区桂城街道的重点村级工业园改造项目之一，位于叠北社区。时代爱车小镇的建造，不仅提升了桂城街道的城市品质和功能，也为当地村民带来了实实在在的经济好处。据了解，经过改造后，村集体的土地收益提升至每平方米20多元，为改造前的4倍多。政府在推进村改项目时，充分尊重村民意愿，采取多种方式进行土地整理和利益分配，如土地置换、股权合作、现金补偿等，使村民既能享受到改造后的优质生活环境，又能分享到改造后的经济增值。同时，桂城街道还通过设立村级集体经济发展基金、建立村级集体经济组织等方式，促进村级集体经济发展，增强村民的获得感和幸福感。[①]

农民集体所有的土地是村集体所有的，由农村集体经济组织或者村民委员会经营、管理。同时，按照土地用途，将土地分为农用地、建设用地和未利用地。相比国有土地使用权，通常情况下，农村集体土地在产权、用途等方面没有国有土地使用权那么清晰、规范，因此在实践中也属于争议或纠纷高发的领域。

农村集体土地租赁中经营性建设用地是乡村发展的重要一环，但就集体土地租赁期限问题一直没有专门作出明确的法律规定，实践中主要适用《民法典》中关于一般租赁合同最高20年租赁期限的规定，导致很多与农村集体经济组织签订的土地租赁合同超过20年的部分无效，承租人也因此承受合同部分无效、被迫拆迁地上建筑物和变更地址的财产损失风险。

本章节重点分析涉及集体土地、建筑租赁可能涉及的相关问题、风险及防范，详见本章第二节内容。

---

① 参见南海桂城微信编辑部：《已拆26.5万 m^2！贡献超100亿GDP！桂城范例→》，载微信公众号"南海桂城"2023年8月15日，https://mp.weixin.qq.com/s/lxMSglfQxKb7LPRrm0k6Gg。

关于村集体建设性用地的租赁期限能否突破20年的问题,以下通过广东省的一则典型案例进行分析与说明。

【案例10】集体经营性建设用地租赁期限超过20年,《土地租赁合同》是否有效?

【案例来源】广州A建设开发有限公司与广州市B经济合作社租赁合同纠纷案[广东省广州市中级人民法院(2021)粤01民终2012号民事判决书]

【基本案情】

上诉人广州A建设开发有限公司(以下简称A公司)因与被上诉人广州市B经济合作社(以下简称B合作社)土地租赁合同纠纷一案,不服广东省广州市黄埔区人民法院(2019)粤0112民初5887号民事判决,提起上诉。二审法院于2020年4月20日作出(2020)粤01民终4847号民事裁定,撤销广东省广州市黄埔区人民法院(2019)粤0112民初5887号民事判决,驳回B合作社的起诉。B合作社不服二审法院(2020)粤01民终4847号民事裁定,向广东省高级人民法院申请再审。广东省高级人民法院于2020年7月22日作出(2020)粤民申6534号民事裁定,指令广东省广州市中级人民法院再审本案。

事实认定:

2004年7月15日,广州C公司(甲方)、B合作社(乙方)、增城市D村民委员会(丙方)签订《留地返租协议书》,约定:

1. 根据《合作开发永和经济区协议书》的约定,B合作社的自留地暂定30亩(以下简称"涉案土地")。具体位置在村庄置换地北侧,见自留地红线图。如乙方与开发区的置换地协议及拆迁协议书不能签订,则将乙方自留地位置调整至B合作社与明旺公司地块之间。最后面积以双方核定为准。

2. 为照顾B合作社的利益,甲方同意作出如下承诺:(1)甲方负责B合作社的自留地30亩(合20,000平方米)的招商工作。在合同生效半年后,甲方未招商成功,则由甲方承租该地块,租金为每年每平方米18元,考虑物价上涨因素，租金在现在的基础上每10年递增10%，即从第二个10年起，租金为每年每平方米19.8元，从第三个10年起，租金为每年每平方米21.78元。从2005年1月13日起按上述租金标准及递增条件租用此土地。在此期间，如甲方对该地块招商成功，且租金高于每年每平方米18元，则由甲方、乙方和用地单位三方调整本协议租金单价。(2)如甲方租用此土地，甲方须在每年12月31日前付清当年的租金给乙方。但在租用期最后一年的租金须提前在5月31日前付清当年的租金，租赁土地所发生的税金由甲方负责。乙方用三联收据到甲方收取土地租金。如超过3个月未付租金，乙方有权收回土地的使用权，因此引起的损失和责任由甲方负责。

3.为保证乙方利益的实现，乙方必须做好如下的工作：同意按该地块的现貌出租，出租期限为30年。租赁期间该地块的使用权归甲方所有，乙方不得以任何理由收回该地块或转作其他用途。租赁土地所发生的其他费用及法律责任，由租用方负责，租用期满后地块上的不动产和土地使用权归属乙方。协议一式六份，各方各执两份，自各方授权代表签字并加盖公章后生效。该协议还约定了其他事项，丙方增城市D村民委员会负责监督此协议的执行，未涉及丙方的其他权利义务。

广州C公司后进行更名，并于2019年5月22日再次更名为A公司。

广州市国土资源和房屋管理局萝岗区分局于2010年3月23日向B合作社作出穗萝国房[2010]16号《同意B合作社使用土地通知书》，将位于永和经济区面积为29,698平方米的土地(合44.547亩)划给B合作社作为自留地，同时要求B合作社按区规划部门的要求使用。双方确认涉案土地包括在上述自留地范围内。

A公司在庭审中表示其于2009年招商成功，并于同年9月28日与广州E房地产发展有限公司(以下简称E公司)签订合作合同；在招商成功之前，租金由A公司向B合作社支付，招商成功后，E公司将租金支付给A公司，再由A公司向B合作社支付；E公司拖欠租金后，亦是由A公司向B合作社支付租金。双方确认E公司未与B合作社签订土地租赁合同。

【裁判结果】

判决如下：

1.撤销广东省广州市黄埔区人民法院(2019)粤0112民初5887号民事

判决；

2. 驳回被上诉人 B 合作社的诉讼请求。

【律师分析】

本案例涉及了本章主题中讨论的农村集体用地在对外租赁时就租赁合同约定租赁期限的问题，而且经历了一审、二审、再审，可见在实务中法院对于集体土地租赁合同期限的观点存在分歧，承租人需要在签订租赁合同时谨慎约定期限。

本案的争议点是《留地返租协议书》中租赁期限条款的效力问题。

首先，可以确定的是，B 合作社内部对于集体用地对外租赁经过了民主议定程序。其次，合同中其他条款并没有违反法律强制性规定，合法有效。

合同中争议的租赁期限矛盾集中在应该适用《合同法》（已失效）第二百一十四条（现为《民法典》第七百零五条）中“租赁期限不得超过二十年，超过二十年的，超过部分无效”的规定（合同签订时间是 2004 年），或是适用《土地管理法》第六十三条第四款和《城镇国有土地使用权出让和转让暂行条例》第十二条中集体用地租赁不同用途对应的不同最高年限的规定。

一审法院采取了第一种观点，认为涉案集体土地租赁合同 30 年的租赁期限违反了《合同法》（已失效）法律强制性规定，超过部分被判定无效。该观点在全国许多法院甚至最高人民法院被采纳，主要原因是《土地管理法》规定集体经营性建设用地的出租最高年限参照同类用途的国有建设用地执行，具体办法由国务院制定。而目前国务院并没有就该事项出台具体办法，法院则倾向于依据《合同法》（已失效）对所有合同一概而论适用 20 年的最高期限。

但根据《土地管理法》第六十三条第四款关于集体土地租赁的规范，立法已经明确了集体土地租赁具有特殊性，具体办法由国务院部门规章进行确定，在没有部门规章明确禁止且没有违反《土地管理法》的情况下，对于约定超过 20 年的租赁期限应当认定其民事法律行为有效。而《土地管理法》作为特别法同时涉案合同标的是集体土地的应该优先适用。

至于本案中 30 年的租赁期限是否符合相应的最高年限，则需要参照同类用途的国有建设用地执行。结合国务院 2020 年修订的《城镇国有土地使用权出让和转让暂行条例》，对国有土地有偿使用的用途和年限作出具体规定，其中土地使用权出让用于工业的可以约定期限不超过 50 年，商业、旅游娱乐用途则不超过 40 年。

此外,原国土资源部于 1999 年 7 月 27 日颁布的《规范国有土地租赁若干意见》第四条规定:国有土地租赁可以根据具体情况实行短期租赁和长期租赁。对需要进行地上建筑物、构筑物建设后长期使用的土地,应实行长期租赁,具体租赁期限由租赁合同约定,但最长租赁期限不得超过法律规定的同类用途土地出让最高年期。广东省人民政府 2005 年 5 月 17 日通过的《广东省集体建设用地使用权流转管理办法》第十三条第二款规定:“集体建设用地使用权出让、出租的最高年限,不得超过同类用途国有土地使用权出让的最高年限。”以上规定都再一次强调了集体土地出让、出租的特殊性。

本案中涉案土地为集体经营性工业建设用地,所以参照上述工业用地国有土地使用权出让的最高年限,最高租赁年限可为 50 年,案涉的《留地返租协议书》约定租赁年限为 30 年,没有违反上述关于集体经营性建设用地租赁期限应参照同类用途国有土地使用权出让的最高年限确定的规定,应为合法有效。

作为汽车销售企业,在选址时不可避免涉及土地出让和租赁的问题,尤其计划在广东省或者珠三角地区建店,土地市场化配置更活跃,以及地方土地流转政策更加灵活,在发生集体土地租赁纠纷时,需要格外注意对广东省内土地政策和规定的了解,在签合同前对集体土地的流转基本规定有详细认识。

【律师建议】

对于超过 20 年的租赁期限一旦被法院判定无效,承租人将会面临前期资金投入损失,以及后续不可预估的潜在不利结果。承租人在选定农村集体用地作为门店地址时,需要在以下几个方面注意:

1. 合同约定租赁期限时谨慎作出超过 20 年的约定

根据数据调查,对于判决集体土地租赁超过 20 年有效的法院集中在广东省佛山市和广州市,在 54 个有效案件中,判决集体土地租赁超过 20 年有效的案件共 4 个,审理法院均为广州市中级人民法院。承租人若从长远利益出发计划约定 20 年以上的租赁期限,但是超出上述管辖地方的案件,需要注意有被认定为租赁期间超出 20 年的部分无效的风险。

2. 明确条款和强化约定

尽量按照《民法典》的规定明确租赁期限,若因实际情况确需超过 20 年的租赁期限,建议在合同中明确约定承租人的优先承租权及合同超过法定租赁期限后的处理方式、违约责任等条款,如可以采用先签订 20 年租赁合同并于期满前续签期限的方式进行约定或者同时签订1～20年和21～25年的合同。且在合同履行过程中要根据实际情况的变化及时签订补充协议,保障当事人权益。

3. 程序合法

承租方需要确定村民会议就土地租赁形成决议,可要求附上决议文件,保证决议程序没有瑕疵,避免后续决议无效影响合同效力带来的损失。

4. 及时保存证据

尤其是双方签订合同的背景、合同履行期间的书面往来材料等,以充分说明合同突破20年租赁期限的必要性,为合法维权做准备。

【法律规定】

1.《民法典》

第三百六十一条　集体所有的土地作为建设用地的,应当依照土地管理的法律规定办理。

2.《土地管理法》

第六十三条　土地利用总体规划、城乡规划确定为工业、商业等经营性用途,并经依法登记的集体经营性建设用地,土地所有权人可以通过出让、出租等方式交由单位或者个人使用,并应当签订书面合同,载明土地界址、面积、动工期限、使用期限、土地用途、规划条件和双方其他权利义务。

前款规定的集体经营性建设用地出让、出租等,应当经本集体经济组织成员的村民会议三分之二以上成员或者三分之二以上村民代表的同意。

通过出让等方式取得的集体经营性建设用地使用权可以转让、互换、出资、赠与或者抵押,但法律、行政法规另有规定或者土地所有权人、土地使用权人签订的书面合同另有约定的除外。

集体经营性建设用地的出租,集体建设用地使用权的出让及其最高年限、转让、互换、出资、赠与、抵押等,参照同类用途的国有建设用地执行。具体办法由国务院制定。

3.《城镇国有土地使用权出让和转让暂行条例》

第十二条　土地使用权出让最高年限按下列用途确定:

(一)居住用地七十年;

(二)工业用地五十年;

(三)教育、科技、文化、卫生、体育用地五十年;

（四）商业、旅游、娱乐用地四十年；

（五）综合或者其他用地五十年。

第二节　涉及集体用地不动产租赁的相关问题

对比国有土地出让，农村集体土地流转设计问题更加复杂，法律规定和土地政策更加模糊和多变。尤其在珠三角地区城郊农村集体土地价值逐年上升，汽车销售商在租赁农村集体用地时发生法律争议的概率会更高。

农村集体土地是指农村和城市郊区的土地，除由法律规定属于国家所有的以外，属于农民集体所有。农民集体所有的土地依法属于村农民集体所有的，由村集体经济组织或者村民委员会经营、管理。其中，本章涉及的主要是集体土地中的集体经营性建设用地在出租时发生的法律问题以及值得承租方注意的法律风险。

一、土地用途问题

农村集体土地根据《土地管理法》可以分为三种用途类型，分别是农用地、建设用地和未利用地。其中集体建设用地规模受到控制约束，只有经过国土空间规划确定为工业、商业等经营性用途，且已依法办理土地所有权登记的，土地所有权人才可以通过出租等方式交由单位或个人有偿使用。

而汽车销售商用地属于商业服务性质用途，只能在非农用地和未利用地上进行开发，同时在开发过程中需要严格依照人民政府就拟出租的集体建设用地规划条件上的土地界址、面积、用途和强度。若超出土地用途进行开发，则会产生导致合同无效的风险。

根据《土地管理法》第二十五条的规定，经批准的土地利用总体规划的修改，须经原批准机关批准；未经批准，不得改变土地利用总体规划确定的土地用途。承租方超越土地用途使用土地的行为会在诉讼中被视作违反的效力性强制规范而导致租赁合同无效。

汽车销售商在签订租赁合同前应审查用地的用途类型，取得权属方就土地用途证明的文件。考虑到农村集体土地在权属和用途规划上不似国有土地明确,极有可能由于历史遗留问题而发生错误,所以在协议中就后续用途更改作出具体约定,若发生不可归责于承租方的情况时出租方需要作出相应的补偿。

【案例11】租赁农用地用作汽车销售、汽车维修服务等非农建设,《土地租赁合同》是否有效?

【案例来源】张A与B村经济合作社租赁合同纠纷案[广东省广州市中级人民法院(2010)穗中法民五终字第3156号、广东省高级人民法院(2014)粤高法民二申字第623号民事裁定书]

【基本案情】

2004年10月21日,B村经济合作社与张A签订《土地租赁合同》,约定由B村经济合作社将该村土名为火场堆的地块出租给张A作为汽车销售、汽车维修服务、汽车配件经营、二层楼的办公、员工生活场所及仓库之用,合同期限为30年。2005年6月7日,B村村民委员会向有关部门申请办理涉案土地转为建设用地的审批手续,并提交申请报告和《关于建设临时厂房、仓库整治环境用地的申请》,得到同意批复。2008年8月1日,B村经济合作社向张A发出声明,以张A不按照合同约定,将涉案火场堆地块用作售卖沙石、钢材等为由,决定与张A终止合同收回土地,不再收取任何人代交的租金。后B村经济合作社提起诉讼请求确认张A与B村经济合作社签订的《土地租赁合同》有效,并要求张A退还土地。

【裁判结果】

一审法院认为,首先,张A提供的同意书中确存在52人签名同意的情况,结合证人林某某关于以家庭户为单位签署同意的情况,可以推定签订涉案《土地租赁合同》时曾经征得B村经济合作社部分社员的同意。但是因为无证据显示涉案《土地租赁合同》经有关部门批准,故涉案《土地租赁合同》在签订程序上不符合法律规定。其次,《土地租赁合同》明确约定,B村经济合作社将涉案火场堆地块出租给被告张A用作汽车销售、汽车维修服务、汽车配件经营、二层楼的办公、员工生活场所及仓库等。而涉案火场堆地块未办理农用地转用手续以及村经济发展留用地的报批手续,亦未办理建设用地规划许可手续。根据《土地管理法》第十一条第二款、第四十四条的规定，B 村经济合作社将涉案火场堆地块出租给张 A 用作汽车销售、汽车维修服务、汽车配件经营、二层楼的办公、员工生活场所及仓库等情形，明显违反了法律强制性规定，该《土地租赁合同》无效。

二审法院认为，涉案火场堆地块在 2006 年的土地利用现状为农用地，涉讼《土地租赁合同》系于 2004 年 10 月 21 日所签订，涉讼火场堆地块在租赁合同签订之时属于农用地，而《土地租赁合同》约定的土地使用用途为汽车销售、汽车维修服务、汽车配件经营、二层楼的办公、员工生活场所及仓库等非农建设，显然改变了涉案火场堆地块的使用性质。根据广州市国土资源和房屋管理局白云区分局及广州市规划局的复函，涉案火场堆地块未办理农用地转用手续以及村经济发展留用地的报批手续，亦无办理建设用地规划许可等手续，且有关国土管理部门在 2007 年还责令用地单位对涉讼地块进行复绿，上诉人张 A 至今未能提供涉案土地已办理农用地转用手续、村经济发展留用地的报批手续以及建设用地规划许可等手续，故涉案《土地租赁合同》违反了《土地管理法》第四十四条的有关规定，依照《合同法》(已失效)第五十二条第五项(现为《民法典》第一百四十八条至一百五十二条)的规定，涉案《土地租赁合同》因违反法律、行政法规的强制性规定，应属无效。

【律师分析】

集体土地分为三大类：农用地(包括耕地、林地、草地、农田水利用地、养殖水面等)、建设用地(包括宅基地、公共设施用地和经营性用地)以及未利用地。

对于集体土地上的农用地来说，根据《农村土地承包法》的规定，未经依法批准不得将承包地用于非农建设。而根据我国《土地管理法》的相关规定，农用地转变为建设用地需要经过严格的审批手续，没有经过上面的手续变更，农用地是不能转为建设用地的。

据此，在本案中涉案土地原为集体土地的农用地，而签订的土地租赁合同中约定为汽车销售等非农建设用途，且该土地农用地的使用性质改变并未经过相关部门审批，该土地租赁合同违反了法律的强制性规定，因此无效。

【律师建议】

1. 农用地受到国家重点保护，尤其是其中的耕地，对此租赁方在选址时需要进行详细的当地土地调查，把握租赁土地原有的性质，在设计规划中充分利用现有建设用地，考虑需要变更用途所涉及的行政审批程序，由于各省市具体执行存在差异，应充分咨询当地相关主管部门了解当地集体用地的具体规定，避免占用农田耕地或者遗漏变更审批程序带来的纠纷。

可以参照此核查思路进行核查，如图 4－1 所示。

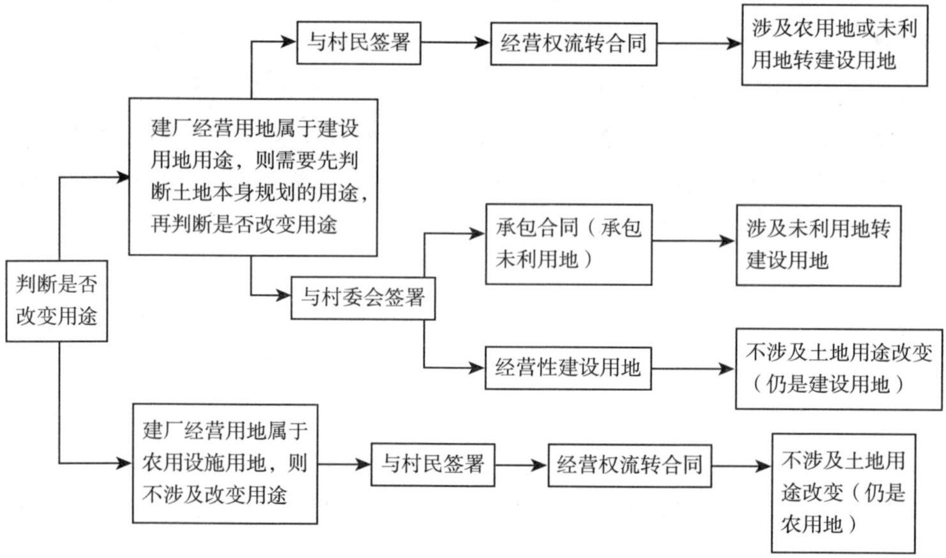

图 4－1 核查思路

2. 我国实行严格的土地用途管制制度，当事人在签订租赁合同之前应当注意确认土地的使用性质和建设用途，如果租赁农用地用于非农建设，则应向有关部门提出农用地转为建设用地的申请。在没有上述手续变更土地的使用性质和建设用途的前提下，租赁农用土地用于非农建设的，租赁合同会因违反法律的效力性强制性规范而无效，造成双方的损失。

3. 此外，即使已经申请农用地转建设用地，主管部门已经在审核中，租赁方仍然不能在未得到批准前先行动工建设，否则有可能被查处，建筑物有被拆除的风险，租赁方企业也有可能被处罚款。

4. 租赁方企业租赁临时使用集体农用土地，需要与该集体土地的村集体经济组织签订合同而不能直接与村民签订。

【法律规定】

1.《民法典》

第一百五十三条　违反法律、行政法规的强制性规定的民事法律行为无效。但是，该强制性规定不导致该民事法律行为无效的除外。

2.《土地管理法》

第四条　国家实行土地用途管制制度。

国家编制土地利用总体规划，规定土地用途，将土地分为农用地、建设用地和未利用地。严格限制农用地转为建设用地，控制建设用地总量，对耕地实行特殊保护。

前款所称农用地是指直接用于农业生产的土地，包括耕地、林地、草地、农田水利用地、养殖水面等；建设用地是指建造建筑物、构筑物的土地，包括城乡住宅和公共设施用地、工矿用地、交通水利设施用地、旅游用地、军事设施用地等；未利用地是指农用地和建设用地以外的土地。

使用土地的单位和个人必须严格按照土地利用总体规划确定的用途使用土地。

第四十四条　建设占用土地，涉及农用地转为建设用地的，应当办理农用地转用审批手续。

永久基本农田转为建设用地的，由国务院批准。

在土地利用总体规划确定的城市和村庄、集镇建设用地规模范围内，为实施该规划而将永久基本农田以外的农用地转为建设用地的，按土地利用年度计划分批次按照国务院规定由原批准土地利用总体规划的机关或者其授权的机关批准。在已批准的农用地转用范围内，具体建设项目用地可以由市、县人民政府批准。

第六十三条　土地利用总体规划、城乡规划确定为工业、商业等经营性用途，并经依法登记的集体经营性建设用地，土地所有权人可以通过出让、出租等方式交由单位或者个人使用，并应当签订书面合同，载明土地界址、面积、动工期限、使用期限、土地用途、规划条件和双方其他权利义务。

前款规定的集体经营性建设用地出让、出租等，应当经本集体经济组织成员的村民会议三分之二以上成员或者三分之二以上村民代表的同意。

通过出让等方式取得的集体经营性建设用地使用权可以转让、互换、出资、赠与或者抵押，但法律、行政法规另有规定或者土地所有权人、土地使用权人签订的书面合同另有约定的除外。

集体经营性建设用地的出租，集体建设用地使用权的出让及其最高年限、转让、互换、出资、赠与、抵押等，参照同类用途的国有建设用地执行。具体办法由国务院制定。

二、村民表决问题

农村集体经济组织对农村集体建设用地对外租赁的决议进行表决。该程序是法律规定的强制性效力规定，未经民主议定程序签订的承包合同无效。对于在租赁合同中约定了履行民主议定程序，而承租人也已经尽到审查义务的，当发生因没有履行村民表决等程序瑕疵而影响合同履行时，在认定租赁合同效力上，若农村集体经济组织无证据能够推翻合同中约定的事实，实务中法院并不会当然判定合同为无效。

村民对集体土地使用权对外租赁的事项，根据《土地管理法》第六十三条的规定，应当签订书面合同，载明土地界址、面积、动工期限、使用期限、土地用途、规划条件和双方其他权利义务。前款规定的集体经营性建设用地出让、出租等，应当经本集体经济组织成员的村民会议 2/3 以上成员或者 2/3 以上村民代表的同意。

然后，根据《土地管理法实施条例》第四十条的规定，土地所有权人应当依据规划条件、产业准入和生态环境保护要求等，编制集体经营性建设用地出让、出租等方案，并依照《土地管理法》第六十三条的规定，由本集体经济组织形成书面意见，在出让、出租前不少于 10 个工作日报市、县人民政府。市、县人民政府认为该方案不符合规划条件或者产业准入和生态环境保护要求等的，应当在收到方案后 5 个工作日内提出修改意见。土地所有权人应当按照市、县人民政府的意见进行修改。

村集体土地租赁关乎村民全体的核心利益，是农村土地入市的重要一部分，一旦发生纠纷，企业往往会陷入不利的局面。同时，由于农村问题的牵扯人数众多和规定的复杂性，除了租赁合同被认定无效带来的风险还有滋生村民骚扰影响正常经营活动的情形，即使合同没有被法院认定无效，部分村民仍然会采取其他极端方式阻挠承租人企业的生产经营来表达诉求。因此,在签订租赁合同的同时,应要求对方提交土地租赁中村民表决决议通过的文件和在合同中对村民小组内部决议程序瑕疵的合同效力问题作出约定,最大限度地减少村民小组内部决议问题给合同履行带来的不稳定性。

三、网上平台交易问题

广东省佛山市农村集体资产、资源、资金“三资”平台网上交易的产生源自佛山市集体资产总量庞大、资产交易活跃的背景。农村集体“三资”体量大,但是传统网上申请、线下交易,交易方式传统落后,存在监管漏洞,容易造成串标和围标等违法行为。网上交易系统的上线运行不仅有利于维护公平交易市场规则,提高了交易透明度和公正性,还能提高交易效率,扩大辐射范围,使交易能够吸引更多投资者参与,推动集体资产的市场价值最大化。以佛山市南海区农村集体资产管理网上交易系统为例,佛山市农村集体“三资”智慧云平台上线后,按照市级统筹、区级交易的模式,将农村集体资产全部集中到统一交易平台上来,实现集体资产从交易意向申请、村级申报、镇级审核、交易信息发布、成交结果公告全流程管理。竞投人可以足不出户便实现获取信息、报名交易、缴纳竞投保证金、进场交易等步骤,极大降低了竞投人的交通成本、时间成本和资金成本。

结合佛山市南海区在集体建设用地使用权流转上的规定,根据《佛山市南海区集体建设用地使用权流转实施办法》(南府〔2014〕72 号)的规定,村(居)集体经济组织出让、出租集体建设用地使用权,应按照《佛山市南海区农村集体资产管理交易办法》等规定进行公开交易。特殊情况可以采取协议出让、出租的,须报经镇人民政府(街道办事处)审批同意。

农村集体资产必须通过佛山市南海区集体资产管理交易平台进行交易,交易的方式主要有两种,分别是以公开竞价为原则和以公开协商交易为补充。《佛山市南海区农村集体资产交易管理办法》(南府〔2021〕142 号)中,明确规定农村集体资产交易原则上采用公开竞投的方式。若需采用公开协商方式交易的,须报镇(街道)农村集体资产交易立项审核联席会议审批同意,经农村集体经济组织表决通过后实施。

交易的一般程序是:

1. 交易立项申请。农村集体经济组织向镇(街道)农业农村办提出交易立项申请。

2. 立项审核。镇(街道)农业农村办根据交易资产情况提交镇(街道)农村集体资产交易立项审核联席会议进行审核。

3. 方案表决。立项申请审核通过后,农村集体经济组织按规定对资产交易方案进行民主表决。

4. 交易申请。交易方案经民主表决通过,农村集体经济组织向镇(街道)农业农村办提出交易申请,经审批通过后将交易材料转到相应的交易服务机构。

5. 交易信息发布。对受理进入交易服务机构的交易项目的交易信息,农村集体经济组织在交易标的物现场及村(居)务公开栏、社务公开栏发布交易信息。进入区、镇(街道)级交易的,还须在政府门户网站上发布交易信息。

6. 组织交易。交易服务机构按规定组织交易。

7. 交易结果确认与公示。在政府门户网站、村(居)务公开栏、社务公开栏和标的物现场公示交易结果。

8. 合同签订。交易双方签订合同。

9. 资料归档及录入。村(居)集体资产管理办公室自交易完成之日起 5 个工作日内将交易项目资料整理归档并登记录入资产管理交易系统。

四、村民滋扰问题

由于许多汽车经销商选择租赁农村集体建设用地作为门店位置,经常会出现村民因店铺欠租维权直接围堵 4S 门店或者组织村民到门店闹事影响正常经营的事情。承租者在面临资金断链或者厂商退网等情况时,租赁租金往往无法及时支付,由此会因触犯《民法典》相关规定,存在合同被解除以及承担违约金的风险。

但同时也存在村民无理干扰承租人的正常经营活动。2016 年,河北省保定市徐水区的二三十名村民为索要土地赔偿,冲进某汽车品牌的 4S 门店施工工地阻止工人施工。有关部门和人员多次出面调解劝阻,部分村民仍然我行我素一意孤行,致使保定市某集团有限公司 20 余天无法正常施工。最终,河北省保定市徐水区人民法院审理认为,徐水区某村部分村民以施工占地未予补偿为由,聚集二三十人扰乱企业正常施工20余天，并给企业造成一定经济损失，且情节严重。其中被告人平某某、邵某某、常某某积极参与，其行为侵犯了正常的社会管理秩序，已构成聚众扰乱社会秩序罪。

因此，汽车销售商或者其他企业除了履行如期足额交付租金的义务外，对资金短缺无法及时支付的情形应尽早与农村集体经济组织展开协商会谈，安抚村集体经济组织的疑虑，争取宽限缴纳时间，形成纸质的延迟支付租金的同意书。

若是遇到极端的村民滋扰阻碍的情形，可以请求当地警方的协调和帮助。若是双方之间存在争议事项长期无法协商解决，而村民滋扰也长期发生严重影响经营，应尽早就争议事项提起诉讼，化解纠纷避免影响后续经营。

五、征收问题

土地征地拆迁经常遇到经营性房屋的征收补偿，承租人作为实际土地使用人并不属于农村集体经济组织成员，但在征收土地时能否取得补偿以及如何取得的问题与承租企业的利益密切相连。

查找承租人在土地征收过程中获得征收补偿的权利在法律规定上的表述，《民法典》第三百二十七条规定：因不动产或者动产被征收、征用致使用益物权消灭或者影响用益物权行使的，用益物权人有权依据本法第二百四十三条、第二百四十五条的规定获得相应补偿。承租人的建设用地使用权作为其中一项因征收而受影响的权利，无疑能在补偿中争取属于自身的权益。被征收人的补偿类型，根据《国有土地上房屋征收与补偿条例》第十七条的规定，主要包括三类，分别是：(1)被征收房屋价值的补偿；(2)因征收房屋造成的搬迁、临时安置的补偿；(3)因征收房屋造成的停产停业损失的补偿。此外，市、县级人民政府应当制定补助和奖励办法，对被征收人给予补助和奖励。

但在实际情况下，土地征收补偿方案中一般不会涉及集体土地上的经营性房屋承租人，承租人在土地征收补偿中的法律地位不甚明确，结合《土地管理法实施条例》第三十二条(2021年修订) 规定："省、自治区、直辖市应当制定公布区片综合地价，确定征收农用地的土地补偿费、安置补助费标准，并制定土地补偿费、安置补助费分配办法。地上附着物和青苗等的补偿费用，归其所有权人所有。"集体土地征收涉及房屋补偿安置的，补偿安置的对象是房屋所有权人，并不包括房屋的承租人。可见,在国家层面的立法中,并未明确将承租人纳入征收补偿法律关系之中,但是承租人却实实在在地面临土地被征收后的各种现实风险和困境,首先是租赁土地上的构筑物被拆除的损失,其次是因征用而终止租赁协议进行搬迁的搬迁费用,然后还有承租人的生产经营停顿期间停产停业的损失。

此外,实务中承租人的合法权益被忽略的情形会更为复杂,如A公司租赁B村集体土地,以B村集体企业的名义翻建了房屋并将房屋所有权登记在B名下。合同约定建筑物所有权归出资的承租方所有。几年后该场地被纳入征收范围,承租方企业因无享有租赁土地上的建筑物产权而在征收补偿过程中对被拆迁的建筑难以进行救济。对此,承租方企业作为房屋实际建造人根据《民法典》第二百三十一条"因合法建造、拆除房屋等事实行为设立或者消灭物权的,自事实行为成就时发生效力"的规定,企业在建造该房屋时便原始取得该建筑所有权。再之,《民法典》第三百五十二条规定,建设用地使用权人建造的建筑物、构筑物及其附属设施的所有权属于建设用地使用权人,但是有相反证据证明的除外。承租方对于地上建筑物的所有权依据房随地走的原则,应归属于建设用地使用权人。由此,承租人即土地使用权人对于地上建筑物的所有权和在征收中成为被征收人的资格是根据物权规则来确定,无论合同约定。[①] 若是符合这种情况,承租人作为被征收对象有权利参与征收的赔偿协商,充分保障自身的合法权益。

同时,还需要注意另外一种情况,仅对地上建筑物建造出资并承租的企业则不是被征收人,而是征收补偿中的利益相关主体,尽管承租方与出租方合同约定建筑物所有权归属承租方,但是这仅能成为承租方后续向出租方追索不当得利等的债权依据,只能向合同相对人追偿。对此,承租人在协议合同期间,可以协商就未来土地征收拆迁等情况可以向承租人承担补偿费用、费用计算方式等。

六、不动产产权证涉及租赁合同效力问题

根据《城乡规划法》的相关规定,未取得建设工程规划许可证或者未按照建

① 参见武顺华:《中联观点丨租赁集体土地建房的产权与征收问题探讨》,载微信公众号"中联律师"2021年3月24日,https://mp.weixin.qq.com/s/CV_49H8eclB0U4UTMBNa5Q。

设工程规划许可证的规定进行建设的建筑、房屋、构筑物，属于违章建筑，县级以上地方人民政府城乡规划主管部门有权要求限期拆除，没收实物或违法收入，并处罚款。

根据《最高人民法院关于审理城镇房屋租赁合同纠纷案件具体应用法律若干问题的解释》的相关规定，出租人就未取得建设工程规划许可证或者未按照建设工程规划许可证的规定建设的房屋，与承租人订立的租赁合同无效。但在一审法庭辩论终结前取得建设工程规划许可证或者经主管部门批准建设的，人民法院应当认定有效。

根据《消防法》的相关规定，依法应当进行消防验收的建设工程，未经消防验收或者消防验收不合格的，禁止投入使用；其他建设工程经依法抽查不合格的，应当停止使用。

根据《商品房屋租赁管理办法》的规定，有下列情形之一的房屋不得出租：(1)属于违法建筑的；(2)不符合安全、防灾等工程建设强制性标准的；(3)违反规定改变房屋使用性质的；(4)法律、法规规定禁止出租的其他情形。

根据以上规定，没有办理土地或建筑的产权证，并不必然导致租赁合同无效。虽然未取得产权证，对于已办理了合法的报建手续，房屋已经建成并经工程质量验收和消防验收合格，具备交付使用条件的，租赁合同依然可认定有效。

人民法院在审理房屋租赁合同案件时，针对租赁合同是否有效的问题，并非完全根据租赁房屋是否有产权证这一标准来判断，而是将重点放在该房屋是否已经办理建设工程规划许可证这一方面。如果租赁房屋已经办理了建设工程规划许可证，那么即便在该房屋没有产权证的情况下，租赁合同仍然有可能被认定为有效。

另外，在司法实践中，法院确认合同效力，都应当以全国人大及其常委会制定的法律和国务院制定的行政法规为依据，不得以地方性法规、行政规章为依据。而《城市房屋权属登记管理办法》与《城市房屋租赁管理办法》为行政规章，不能作为确认合同无效的依据。

对于汽车经销商而言，在确定对土地、建筑进行租赁之前，必须对不动产的权属进行核查确认，对于没有不动产产权证明的，需要对不动产的手续，包括建设工程规划许可证、工程质量验收及消防验收等手续进行核查确认，否则租赁合同可能存在被认定为无效的风险。

七、不动产抵押权对租赁合同影响问题

(一)先租后抵

《民法典》第四百零五条规定,抵押权设立前,抵押财产已经出租并转移占有的,原租赁关系不受该抵押权的影响。这涉及"抵押不破租赁"原则的适用问题。所谓"抵押不破租赁",指的是出租人将财产出租并转移占有后,又用该财产设定抵押权时,原租赁关系不受抵押权的影响。

《物权法》(已失效)第一百九十条规定,订立抵押合同前抵押财产已出租的,原租赁关系不受该抵押权的影响。抵押权设立后抵押财产出租的,该租赁关系不得对抗已登记的抵押权。

根据《物权法》(已失效)第一百九十条的规定,对抗租赁权仅需订立抵押合同,但实际上,抵押合同的订立并不意味着抵押权的设立。相比《物权法》(已失效)第一百九十条规定,《民法典》第四百零五条规定在坚持"抵押不破租赁"原则的基础上,明确了抵押对抗租赁权时须已经设立抵押权,而并非仅仅"订立抵押合同"。

(二)先抵后租

上述"抵押不破租赁"针对的是租赁权设立在先的情形,而在租赁权设立在后,在先的不动产抵押权已经设立或者动产抵押已经办理登记的情况下,抵押权均可以对抗租赁权。

根据《最高人民法院关于审理城镇房屋租赁合同纠纷案件具体应用法律若干问题的解释》第十四条"租赁房屋在承租人按照租赁合同占有期限内发生所有权变动,承租人请求房屋受让人继续履行原租赁合同的,人民法院应予支持。但租赁房屋具有下列情形或者当事人另有约定的除外:(一)房屋在出租前已设立抵押权,因抵押权人实现抵押权发生所有权变动的……"的规定,当抵押权人要求实现抵押权时,未来产权发生变动,租赁权无法对抗抵押权,租赁合同可能存在无法继续履行的风险。

在司法实践中,在判断和处理同一标的物上并存的租赁权和抵押权冲突时,应以前述两种权利设立的时间先后为标准和遵循。也就是说,同一标的物上抵押权设立前,抵押财产已经出租并交付给承租人占有使用,因抵押权人实现抵押

权导致标的物所有权变动的，原租赁关系不受影响，承租人有权继续占有并使用该标的物。反之，如果租赁关系于抵押权设立后形成，或者承租人未能举证证明在抵押权设立时其已合法占有使用标的物，抵押权人行使权利导致标的物权属变动的，承租人的租赁权则不能对抗该权利变动。

因此，作为汽车经销商而言，在确定对土地、建筑进行租赁之前，必须对不动产的权利限制状况进行核查，确认租赁物在承租期前是否存在在先抵押权。如存在在先抵押权的，应尽可能事先与抵押权人沟通，并征得抵押权在行使抵押权时，确认租赁关系不受抵押权的影响，确认经营的持续稳定性。

在签订的相关租赁合同中，建议明确以下两点：

1. 如租赁的不动产出现所有权人变更或使用权利限制的情况，出租方应当主动向所有权人及相关方（债权人）阐明出租方和转租方的合同关系，并确保承租方在租赁期限内对租赁物持续、正常、合法、有效使用。

2. 在租赁期限内，因出租方原因导致租赁合同范围内房产建筑被查封、处置、拍卖的（包括解散公司的情形），出租方应提前书面通知承租方，并将租赁合同的继续履行作为房产所有权转移的条件，承租方有权自行向法院、拍卖公司等机构申报权利，出租方并应积极协助。出租方房产建筑资产转移的，出租方保证租赁合同项下的权利义务也随之转移，且不因转移影响承租方权益，否则，因此造成承租方损失的，由出租方赔偿。若出租方将解散公司，应于清算组成立之日起 3 日内通知承租方，承租方可就因租赁合同解除导致的损失申报债权；如承租方选择不进行债权申报，出租方须保证承租方不会因公司解散清算涉及租赁合同范围内厂房、土地产权的转移而影响承租方任何权益，并且保证租赁合同范围内不动产受让方或继承者继续承接租赁合同下出租方的权利义务。

八、原有建筑的加建、改建、报建手续问题

汽车经销商向村集体经济组织等单位承租场地之后，有些场地已有上盖建筑。该等上盖建筑一般存在以下问题：（1）上盖建筑一般历史久远，当时的报建手续并不完善，报建手续或资料缺失；（2）上盖建筑可能存在使用安全隐患，需要重建或加固处理；（3）上盖建筑并不能满足汽车厂家的设计要求，或建筑面积、布局无法满足汽车经销商的实际使用要求，需要对原有建筑进行改建、扩建。

按照相关规定和监管要求，禁止擅自改变房屋和附属设施用途，禁止安装设施、设备影响房屋结构安全，禁止非法加建、改建、扩建房屋，如擅自增加层数、开挖、扩建地下室、在屋面违章搭建等，这些均为违反《城乡规划法》《土地管理法》等关于建设许可相关规定擅自改建、扩建、搭建的建筑物、构筑物等设施的行为。

《土地管理法》第六十五条规定，在土地利用总体规划制定前已建的不符合土地利用总体规划确定的用途的建筑物、构筑物，不得重建、扩建。本条规定体现了法不溯及既往的法治原则。根据本条的规定，在土地利用总体规划制定前已建的建筑物、构筑物，虽然不符合后来制定的土地利用总体规划，只能对其改建、扩建进行限制，不能作为违法建筑予以拆除。

但在通常情况下，由于原有建筑普遍存在报建手续或资料不完善等问题，加上这类改建、扩建、搭建后可以补办规划手续的可能性非常小，如在原有建筑的基础上进行改建、扩建、搭建，被认定为违法建筑的可能性很大，可能面临强拆的风险。

《土地管理法实施条例》第五十三条规定，违反《土地管理法》第六十五条的规定，对建筑物、构筑物进行重建、扩建的，由县级以上人民政府自然资源主管部门责令限期拆除；逾期不拆除的，由作出行政决定的机关依法申请人民法院强制执行。本条是关于违反规划重建、扩建法律责任的规定。

因此，作为汽车经销商而言，鉴于在通常情况下均需要根据汽车厂家要求对承租的房屋建筑进行改建或扩建，因此需要在承租之前对租赁物的现状、产权状况、报建手续等信息进行确认，及对承租之后可能进行的改建、扩建等事项的必要性、可行性、合法合规性进行核实与确认。

九、原有建筑的加建、改建涉及的租赁相关问题

汽车经销商作为场地或建筑的承租人，应当按照约定的方法或者租赁物的性质使用租赁物，如果其擅自变动房屋建筑主体和承重结构或者扩建，出租人可以要求其在合理期限内予以恢复原状，如果其不予以恢复的，出租人可以请求解除合同并要求赔偿损失。

另外，承租人为了房屋的美观，可以进行一定的装饰装修，但应当征得出租人的同意，否则可能面临不利的法律后果。根据相关规定，承租人未经出租人同

意装饰装修或者扩建产生的费用，由承租人负担。出租人请求承租人恢复原状或者赔偿损失的，人民法院应予支持。

另外，关于房屋改建、扩建或装饰装修费用的负担，承租人经出租人同意改建、扩建，双方对改建、扩建费用的处理，有约定按照约定处理，没有约定的，人民法院一般按照以下方式处理：(1)办理合法报建手续的，改建、扩建造价费用由出租人负担；(2)未办理合法报建手续的，改建、扩建造价费用由双方按照过错分担。

承租人经出租人同意装饰装修，租赁期间届满时，承租人请求出租人补偿符合装饰装修费用的，不予支持，但当事人另有约定的除外。

因此，作为汽车经销商而言，如在承租之后涉及对房屋建筑进行改建、扩建，需要事先与出租方协商，征得出租方的书面同意，并在租赁合同中明确各方的权利、义务及责任，包括在承租期间可能涉及的配合协助、关系协调及征收补偿等问题。

同时，对于在汽车经销商作为承租方的租赁环节，汽车经销商需要留意租赁合同的相对方角色是出租方还是转租方，如果是转租方，可能涉及多重出租、转租的问题，在就房屋建筑进行改建、扩建问题，征求或确认相关方同意意见时，必须确保均征得上手每一个流转环节出租方和转租方的书面同意。

【案例12】汽车经销商扩建店面，没有履行报建手续，是否属于违章建筑？

【案例来源】B汽车销售服务有限公司因未履行报建手续进行扩建4S店被行政处罚案［大庆A技术产业开发区自然资源与建设管理局庆A自建罚字〔2021〕第GH20210001号行政处罚决定书］

【基本案情】

B汽车销售服务有限公司在未取得建设工程规划许可证的前提下，于2009年8月10日在大庆A区安萨路南侧、新兴东街7号4S店原有合法产权二层建筑以上扩建了3~5层汽车库、机房层等建筑物。

【处罚结果】

大庆A技术产业开发区自然资源与建设管理局认定，B汽车销售服务有限公司未取得建设工程规划许可证进行扩建4S店的行为违反了《城乡规划法》第四十条第一款的规定。依据《城乡规划法》第六十四条、《黑龙江省城乡规划条例》第五十三条、住房和城乡建设部《关于规范城乡规划行政处罚裁量权的指导意见》第五条第一款第三项和《黑龙江省住房和城乡建设系统行政处罚裁量基准》的规定，决定处罚内容如下：(1)责令限期15日内改正，完善各项报建材料，具备规划报批条件；(2)处以建设工程造价5%的罚款即299,960元人民币。

【律师分析】

从法律含义上讲，违章建筑，或称违法建筑，并无直接的法律定义，而是通过规定合法建筑物的报建程序和要求，判定所有未按照该程序和要求报建的建筑物，均为违法建筑。

具体类型包括以下几种：

1. 未取得建设用地规划许可证、建筑工程施工许可证自行进行建设的建筑物、构筑物(包括临时建筑)；

2. 未按照建设用地规划许可证、建筑工程施工许可证许可的内容和范围建设的建筑物和构筑物(包括临时建筑)；

3. 未按照土地利用总体规划确定的用途使用土地，擅自在该土地上建筑的建筑物和构筑物；

4. 在土地利用总体规划中确定不能建设的地方修建建筑物和构筑物。

B汽车销售服务有限公司扩建的汽车库、机房层等建筑物未取得建设工程规划许可证，属于违章建筑，但情节较轻，因此在缴纳罚款以外，可在取得建设工程规划许可证后继续建设。

【律师建议】

汽车经销商在对店面进行扩建前，应当先注意了解店面扩建的相关法律规定和相关许可手续，首先应当向有关部门提交相关材料申请办理建设工程规划许可证，取得建设工程规划许可证后方可进行建设。未取得建设工程规划许可证或者未按照建设工程规划许可证的规定进行建设的扩建行为，将受到停止建设、罚款、限期拆除、没收实物或者违法收入等行政处罚，可能导致自身财产利益受损和品牌商誉受损。

企业需要定期对门店内部建筑结构进行排查，若有扩建计划需要根据当地的报建规定进行申请，同时需要检查门店的消防、环保手续是否及时办理，避免主管部门突击调查时被责令停产停业整顿的风险。

同时若汽车销售门店仅仅存在轻微违法建设的情形,对具体施工时未完全按照建设工程规划许可证许可的范围进行施工或实际建设面积略大于批准建设面积等情形,汽车销售商可以通过采取改正措施消除对原有规划的影响。如及时申请补办相关手续,变为合法建筑,正常办理产权证;若主管部门或者行政主管部门已经查处,收到了责令限期整改或预拆除通知,可以通过申请听证的方式,对该门店可以"采取改正措施消除影响"情节轻微等情形的相关证据进行举证,在听证会中进行陈述、申辩;若是遇到"以拆违代拆迁"的极端情形,可以向上级行政机关申请行政复议,或向人民法院提起行政诉讼。

【法律规定】

《城乡规划法》

第四十条　在城市、镇规划区内进行建筑物、构筑物、道路、管线和其他工程建设的,建设单位或者个人应当向城市、县人民政府城乡规划主管部门或者省、自治区、直辖市人民政府确定的镇人民政府申请办理建设工程规划许可证。

申请办理建设工程规划许可证,应当提交使用土地的有关证明文件、建设工程设计方案等材料。需要建设单位编制修建性详细规划的建设项目,还应当提交修建性详细规划。对符合控制性详细规划和规划条件的,由城市、县人民政府城乡规划主管部门或者省、自治区、直辖市人民政府确定的镇人民政府核发建设工程规划许可证。

城市、县人民政府城乡规划主管部门或者省、自治区、直辖市人民政府确定的镇人民政府应当依法将经审定的修建性详细规划、建设工程设计方案的总平面图予以公布。

第六十四条　未取得建设工程规划许可证或者未按照建设工程规划许可证的规定进行建设的,由县级以上地方人民政府城乡规划主管部门责令停止建设;尚可采取改正措施消除对规划实施的影响的,限期改正,处建设工程造价百分之五以上百分之十以下的罚款;无法采取改正措施消除影响的,限期拆除,不能拆除的,没收实物或者违法收入,可以并处建设工程造价百分之十以下的罚款。

第五章　新车、配件采购与反垄断风险防范

第一节　新车采购与反垄断

一、采购流程

（一）整车物流与运输

随着汽车行业的快速发展，整车物流作为连接销售和制造商之间的最后一个环节变得至关重要，而整车物流体系化的管理也逐渐成为各大主机厂优先考虑降低成本以及提高效率的重中之重。

整车物流是指将生产下线的商品车从整车厂运往经销商或最终客户的过程，业务流程如图 5－1 所示。从执行层面来讲，整车物流可以分为仓储管理和运输管理，包含了车辆的下线检验、接车、入库，库内车辆维护、挑车、装载、发运以及最终交付的整个链条。

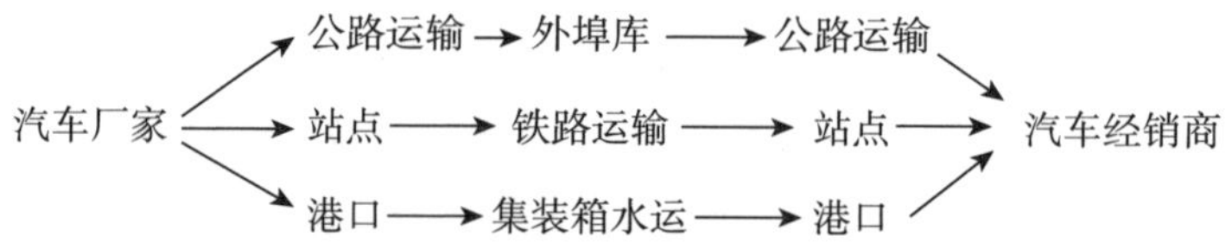

图 5－1　整车物流运输业务流程

由于运输线路的变化，总装厂、仓库、港口、中转站、经销商构成的地理网络结构不同以及网络上相邻两个节点之间不同运输手段和运输目的，使厂家（或运输商）采用不同的运输手段和运输线路来完成交付，由此也带来了整车物流在执行过程中的多样性。

（二）交付与索赔

1. 关于车辆交付地点

（1）双方对交付地点有约定的，按约定地点交付

《民法典》第六百零三条第一款规定，出卖人应当按照约定的地点交付标的物。

《民法典》第六百零七条第一款规定，出卖人按照约定将标的物运送至买受人指定地点并交付给承运人后，标的物毁损、灭失的风险由买受人承担。

上述法条规定了出卖人应当按照约定的地点交付标的物。约定在哪里交付，哪里就是交付地点；同时规定了标的物的风险“自交付时起转移”。

（2）双方对车辆交付地点没有约定的，双方可就地点进行事后达成补充协议

《民法典》第五百一十条规定，合同生效后，当事人就质量、价款或者报酬、履行地点等内容没有约定或者约定不明确的，可以协议补充；不能达成补充协议的，按照合同相关条款或者交易习惯确定。

当事人没有约定交付地点或者约定不明确的，依照《民法典》第五百一十条的规定，进行补充协商，按照协商确定的交付地点为交付地点。

（3）双方对车辆交付地点没有约定的，又没有就交付地点进行事后补充一致意见的，按照法律规定适用规则确定

标的物需要运输的，出卖人应当将标的物交付给第一承运人以运送给买受人。在主机厂与汽车经销商的整车发货过程中，由于主机厂均是收到汽车经销商的全部车款之后才安排发车的，主机厂与汽车经销商签订的车辆采购合同一般约定车辆的交付地点为主机厂仓储物流仓库或第一港口、码头，车辆的所有权在主机车将车辆交付给第一承运人之后转移给汽车经销商。

标的物不需要运输，出卖人和买受人订立合同时知道标的物在某一地点的，出卖人应当在该地点交付标的物；不知道标的物在某一地点的，应当在出卖人订立合同时的营业地交付标的物。

《最高人民法院关于适用〈中华人民共和国民事诉讼法〉的解释》第十八条规定，合同约定履行地点的，以约定的履行地点为合同履行地。合同对履行地点没有约定或者约定不明确，争议标的为给付货币的，接收货币一方所在地为合同履行地；交付不动产的，不动产所在地为合同履行地；其他标的，履行义务一方所在地为合同履行地。即时结清的合同，交易行为地为合同履行地。

合同没有实际履行,当事人双方住所地都不在合同约定的履行地的,由被告住所地人民法院管辖。

2. 关于车辆风险转移

(1)交付即转移

《民法典》第六百零四条规定,标的物毁损、灭失的风险,在标的物交付之前由出卖人承担,交付之后由买受人承担,但是法律另有规定或者当事人另有约定的除外。

《民法典》第六百零九条规定,出卖人按照约定未交付有关标的物的单证和资料的,不影响标的物毁损、灭失风险的转移。

除法律规定和当事人约定外,标的物毁损、灭失的风险与标的物交付规则相统一,标的物在交付之前发生意外灭失风险的,风险由出卖人承担;标的物在交付之后发生意外灭失风险的,风险由买受人承担。

(2)运输中的标的物风险转移

《民法典》第六百零六条规定,出卖人出卖交由承运人运输的在途标的物,除当事人另有约定外,毁损、灭失的风险自合同成立时起由买受人承担。

当买卖的标的物为在途标的物时,除当事人另有约定外,毁损、灭失的风险自合同成立时起由买受人承担。

出卖人将已经享有所有权的标的物交由承运人运输,处于运输中,在此期间,出卖人与买受人签订买卖合同,将该标的物的所有权出卖给买受人的情形,这种情形称为路货买卖。

例如,日本雷克萨斯生产厂家在日本将50辆雷克萨斯车装上开往广州的轮船,最终的实际买家尚未确认。在运输途中,广州某雷克萨斯汽车经销商刚好有需求并下订该批车辆。按照指示交付的规则,自该合同成立之时,就完成了指示交付,标的物的所有权发生转移。因此,该买卖合同的标的物发生毁损、灭失的风险,自该买卖合同成立时起,由广州某雷克萨斯汽车经销商承担后果。当然,如果汽车生产商在订立合同时已经知道或者应当知道货物已经遗失或者损坏,而又不将这一事实告知汽车经销商,则这种遗失或者损坏后果应当由汽车生产商承担。

(3)买受人负有及时收取标的物的义务

《民法典》第六百零八条规定,出卖人按照约定或者依据本法第六百零三条第二款第二项的规定将标的物置于交付地点,买受人违反约定没有收取的,标的物毁损、灭失的风险自违反约定时起由买受人承担。

当事人对买卖合同的标的物交付地点没有约定或者约定不明确，交付的标的物又不需要运输的，如果出卖人和买受人订立合同时知道标的物在某一地点，出卖人应当在该地点交付标的物；不知道标的物在某一地点，应当在出卖人订立合同时的营业地交付标的物。出卖人将标的物放置在订立合同知道标的物在某一地点的或者不知道标的物在某一地点而放置在出卖人订立合同的营业地的，都是符合法律规定的交付行为，这就是在特定地点交付标的物。出卖人将标的物置于上述两个交付地点之一，就完成了交付，发生标的物的所有权移转，同时也发生了标的物意外灭失风险负担的转移。

如果买受人违反约定没有及时收取已经交付的标的物，则自买受人违反约定之日起，标的物的毁损、灭失风险转移给买受人，由买受人承受标的物毁损、灭失后果。

关于主机厂交付的车辆风险转移时点，如上所述，主机厂与汽车经销商签订的车辆采购合同一般约定车辆的交付地点为主机厂仓储物流仓库或第一港口、码头，车辆的所有权与毁损灭失的风险均在主机车将车辆交付给第一承运人之后转移给汽车经销商。

3. 关于车辆索赔

如上所述，主机厂交付的车辆所有权与毁损灭失的风险均在主机车将车辆交付给第一承运人之后转移给汽车经销商。主机厂在将车辆交付给第一承运人时，即协助汽车经销商购买足额的财产保险，以防范车辆在运输途中可能遭受的各种风险。在车辆运输过程中，万一发生车辆毁损灭失的情形，主机厂将协助汽车经销商向承运人及保险公司进行索赔。

【案例13】运输过程货物毁损灭失赔偿责任应由谁承担？

【案例来源】上海A物流有限公司、郝C与上海B物流有限公司运输合同纠纷案[上海市第二中级人民法院(2020)沪02民终6165号民事判决书]

【基本案情】

2015年11月27日，上海B物流有限公司(以下简称B公司)与上海A

物流有限公司(以下简称A公司)签订《运输合同》,由A公司承运B公司托运的奔驰商品车,并对运输起止地、运输费用、运输时间、责任承担等进行了约定。2015年11月28日,B公司将其托运的奔驰商品车交给A公司。2015年11月30日,案外人迟某某在A公司处的停车场内将B公司托运的上述车辆焚毁,迟某某因犯故意毁坏财物罪,被上海市嘉定区人民法院判处有期徒刑5年6个月,至今未对B公司、A公司进行过赔偿。2015年12月16日,被焚毁商品车的原订购人新疆E汽车销售服务有限公司出具说明,陈述因上海D国际物流有限公司(以下简称D公司)已向其支付赔偿款151.1万元,关于该商品车的一切相关权益转让给D公司。2015年12月25日,B公司与D公司就商品车被焚毁事宜达成协议,约定由B公司承担被焚毁商品车的全部费用,并就该费用的具体构成及支付进行了明确。后D公司将被焚毁商品车的相关权益转让给B公司。2016年7月起,B公司就本案被焚毁商品车的赔付已多次向保险公司起诉,至今未获判决支持。2017年11月27日,B公司曾通过EMS向A公司发送索赔函,要求A公司赔偿被焚毁商品车损失,无果。后上海B公司就赔偿问题提起诉讼。

【裁判结果】

一审法院认为,根据法律规定,承运人应当在约定期间或者合理期间内将货物安全运输到约定地点,但A公司接收B公司的托运商品车后,在运输过程中商品车被焚毁,致不能交付B公司托运的货物,A公司的行为显属违约。郝C系A公司的唯一股东,现无证据证明A公司的财产独立于其财产,故其应当对A公司的债务承担连带清偿责任。鉴于涉案商品车系因案外人的犯罪行为导致毁损灭失,A公司履行赔偿义务后可向案外人另行主张。据此,一审法院判决,A公司支付B公司商品车赔偿款151.1万元;郝C对A公司对B公司所负债务承担连带清偿责任。

二审法院认为,虽然《运输合同》中手书添加了“备注:商品车保险由甲方(B公司)负责承保”字样,但该字样下方的第二条第二款又约定了“A公司在运输过程中如发生交通事故、被盗、被抢等事件时,A公司应及时报告B公司,并根据B公司指令及时进行处理,因此产生的一切经济损失及法律责任均由A公司承担……”的内容,可见投保事宜并不免除A公司在前述事项下法律责任的承担。因涉案车辆被烧毁属于上述条款约定的事件,故按约定所发生的经济损失应由 A 公司承担。结合 B 公司已多次向保险公司索赔未果,涉案车辆已被烧毁且 A 公司未能举证证明仍有残值等事实,一审法院参照 B 公司根据机动车销售发票赔偿案外人的金额确定 A 公司的赔偿额,理据充分,二审法院予以认同。据此,二审法院判决驳回上诉,维持原判。

【律师分析】

《合同法》(已失效)第三百一十一条(现为《民法典》第八百三十二条)规定:"承运人对运输过程中货物的毁损、灭失承担损害赔偿责任,但承运人证明货物的毁损、灭失是因不可抗力、货物本身的自然性质或者合理损耗以及托运人、收货人的过错造成的,不承担损害赔偿责任。"由此可见,承运人对于运输过程中货物的损毁、灭失承担的是严格责任原则。换言之,除非承运人有证据证明货物的毁损、灭失是因不可抗力、货物本身的自然性质或者合理损耗以及托运人、收货人的过错等免责事由的存在造成的,否则无论承运人自身是否存在过错,只要货物在运输过程中损毁、灭失的,承运人就应当依法承担损害赔偿责任。

本案中 B 公司托运商品车的毁损、灭失是因案外人的犯罪行为所致,并非因不可抗力、货物本身的自然性质或者合理损耗以及托运人、收货人的过错造成,故 A 公司作为承运人应当承担赔偿责任。

【律师建议】

1. 汽车运输损害如何赔偿

在委托汽车运输货物过程中造成货物损坏的,可以要求承运的运输公司赔偿所造成的货物损失。

对于货物损失额,如果在托运时有保价,则应根据保价赔偿相应的货物损失;也可根据托运方与实际货物接收方相应的合同价格、销售发票等来确定货物损失;如果没有办法提供直接的货物损失依据,也可以在诉讼中委托物价部门对货物损失进行估价。

2. 货物运输损害赔偿的注意事项

(1)要确认货物损害的事实、时间、价值等。

(2)看是否有运输合同、托运签收单、货物明细,如有,看运输合同、托运签收单等是否有约定,有约定则依据约定赔偿;如无,则托运人需要另行举证证明托运事实及货物价值,以及注意托运单中或背面是否有托运合同、最高赔付约定及是否签字认可。

(3)看是否由保险公司承保,有则走保险理赔。

(4)一般商业货运公司与邮政货运有区别,《邮政法》规定了邮政最高赔付标准,但一般商业货运虽说有的在托运合同中约定了最高赔付标准,但适用的主要是《民法典》,在托运人有足够证据证明托运货物价值远大于最高赔付标准时,则可主张实际损失价值。依据司法实践,不乏得到法院支持的案例。

(5)如是货物买卖过程中的托运,则需注意货物风险转移时间、运费的承担主体等。

(6)承运人除应当在运输过程中尽到谨慎义务、要求托运人为托运货物投保或者自己投保货物运输险之外,还应当注意搜集、保存、固定有关免责事由的证据材料,以减少自己的赔偿风险。

【法律规定】

《民法典》

第八百三十二条　承运人对运输过程中货物的毁损、灭失承担赔偿责任。但是,承运人证明货物的毁损、灭失是因不可抗力、货物本身的自然性质或者合理损耗以及托运人、收货人的过错造成的,不承担赔偿责任。

第八百三十三条　货物的毁损、灭失的赔偿额,当事人有约定的,按照其约定;没有约定或者约定不明确,依据本法第五百一十条的规定仍不能确定的,按照交付或者应当交付时货物到达地的市场价格计算。法律、行政法规对赔偿额的计算方法和赔偿限额另有规定的,依照其规定。

第八百三十四条　两个以上承运人以同一运输方式联运的,与托运人订立合同的承运人应当对全程运输承担责任;损失发生在某一运输区段的,与托运人订立合同的承运人和该区段的承运人承担连带责任。

(三)汽车融资贷款

汽车经销商向品牌厂家采购新车,如果现金不足,可以向商业银行、农村合作银行、农村信用社及获准经营汽车贷款业务的非银行金融机构进行贷款。根据中国人民银行发布并于2018年1月1日实施的《汽车贷款管理办法》,经销商汽车贷款,是指贷款人向汽车经销商发放的用于采购车辆、零配件的贷款。经销商汽车贷款的贷款期限不得超过一年。汽车经销商作为借款人申请经销商汽车贷款,还应具备汽车生产商出具的代理销售汽车证明、资产负债率不超过80%

以及经销商、经销商高级管理人员及经销商代为受理贷款申请的客户无重大违约或信用不良记录等条件。

在汽车整车销售领域，还有一种常用的融资途径就是向汽车金融公司贷款。汽车经销商由于自己资金短缺，一般采用向厂家推荐的汽车金融公司短期融资，该类汽车金融公司一般都与厂家有密切关系，通过向汽车金融公司融资，完成汽车经销商向汽车厂家整车车款的支付。

二、汽车销售市场垄断行为

（一）整车销售市场主体关系和地位

汽车经销商对汽车生产商依附性极大，汽车经销商在销售汽车过程中，业绩好坏很大程度上会受到相应汽车品牌的市场影响力、经营理念、消费者喜好程度等因素影响。在整个汽车产业链中，毫不夸张地说，汽车生产商与汽车经销商实质上属于上下隶属关系，汽车生产商对汽车经销商有绝对的控制力，包括对整车销售价格的控制和垄断。

整车销售市场的销售价格一般通过汽车经销商与汽车生产商签订的纵向垄断协议，或纵向合作协议中的纵向垄断条款进行约定。

《反垄断法》第十六条规定："本法所称垄断协议，是指排除、限制竞争的协议、决定或者其他协同行为。"

《反垄断法》第十七条规定："禁止具有竞争关系的经营者达成下列垄断协议：（一）固定或者变更商品价格；（二）限制商品的生产数量或者销售数量；（三）分割销售市场或者原材料采购市场；（四）限制购买新技术、新设备或者限制开发新技术、新产品；（五）联合抵制交易；（六）国务院反垄断执法机构认定的其他垄断协议。"

在汽车行业，自 2014 年起，在过去多年的业务合作中，汽车经销商与汽车生产商签订的汽车品牌授权合同或汽车经销商协议，或在日常业务开展过程中通过电话、书面通知、内部会议、备忘录等形式，实施一系列涉嫌违反以上《反垄断法》规定的行为，且不乏被反垄断调查和处罚的案例。

（二）整车销售市场垄断行为表现

汽车生产商对整车销售价格的控制和垄断主要表现如下：

1. 转售价格维持

具体表现为汽车生产商直接固定或限定经销商的转售价、固定经销商利润，限制给客户的最高折扣、限定转售价格波动幅度等。

这样的操作可以统一、稳定整车市场的销售价，激励汽车经销商为消费者提供更好的服务，但最终也会导致整车销售市场缺乏市场竞争力及损害消费者利益。

2. 搭售行为

搭售行为实质上是一种纵向限制或排斥竞争的行为。

《反垄断法》第二十二条规定，“禁止具有市场支配地位的经营者从事下列滥用市场支配地位的行为：

（一）以不公平的高价销售商品或者以不公平的低价购买商品；

（二）没有正当理由，以低于成本的价格销售商品；

（三）没有正当理由，拒绝与交易相对人进行交易；

（四）没有正当理由，限定交易相对人只能与其进行交易或者只能与其指定的经营者进行交易；

（五）没有正当理由搭售商品，或者在交易时附加其他不合理的交易条件；

（六）没有正当理由，对条件相同的交易相对人在交易价格等交易条件上实行差别待遇；

（七）国务院反垄断执法机构认定的其他滥用市场支配地位的行为。

具有市场支配地位的经营者不得利用数据和算法、技术以及平台规则等从事前款规定的滥用市场支配地位的行为。

本法所称市场支配地位，是指经营者在相关市场内具有能够控制商品价格、数量或者其他交易条件，或者能够阻碍、影响其他经营者进入相关市场能力的市场地位”。

《汽车销售管理办法》第二十四条规定，“供应商可以要求经销商为本企业品牌汽车设立单独展区，满足经营需要和维护品牌形象的基本功能，但不得对经销商实施下列行为：

（一）要求同时具备销售、售后服务等功能；

（二）规定整车、配件库存品种或数量，或者规定汽车销售数量，但双方在签署授权合同或合同延期时就上述内容书面达成一致的除外；

(三)限制经营其他供应商商品;

(四)限制为其他供应商的汽车提供配件及其他售后服务;

(五)要求承担以汽车供应商名义实施的广告、车展等宣传推广费用,或者限定广告宣传方式和媒体;

(六)限定不合理的经营场地面积、建筑物结构以及有偿设计单位、建筑单位、建筑材料、通用设备以及办公设施的品牌或者供应商;

(七)搭售未订购的汽车、配件及其他商品;

(八)干涉经销商人力资源和财务管理以及其他属于经销商自主经营范围内的活动;

(九)限制本企业汽车产品经销商之间相互转售"。

上述《反垄断法》第二十二条第一款第五项及《汽车销售管理办法》第二十四条第七项均明确规定了相关搭售行为为法律法规所禁止的行为。

在我国汽车行业销售相关环节,一般存在以下四类搭售行为:

(1)搭售滞销车型

例如,汽车生产商向汽车经销商提供汽车产品时,会将一些滞销车型搭配热销车型捆绑销售给汽车经销商。

(2)搭售原厂配件

例如,汽车生产商向汽车经销商供应新车时,强制搭售原厂配件。

(3)搭售金融服务

例如,汽车生产商向汽车经销商提供汽车产品时,要求汽车经销商通过其指定的汽车金融公司贷款支付整车车款,如不是通过汽车经销商指定的汽车金融公司融资支付车款,汽车经销商可能无法获得车源。

(4)搭售售后维修服务

如汽车生产商向汽车经销商提供汽车产品,不仅可以指定汽车经销商只能向其采购汽车售后配件,而且还可以强制附上指定的售后维修服务,这也进一步导致汽车经销商在向消费者进行新车销售时,强制向汽车消费者搭售售后维修服务,构成恶性连锁反应。

以上汽车生产商的搭售行为,均为汽车生产商滥用其市场支地位实施的行为,也是《反垄断法》《汽车销售管理办法》明确禁止的行为。

3. 区域划分限制

在我国多年以来的汽车销售市场实践中，整车生产商一般以地级市行政区域为单位，通常会对销售商销售区域(地区)的划分进行限制销售，并且会在汽车经销商协议中约定相应的违约责任，如违反将会遭受汽车生产商的严厉处罚。

例如，佛山市的汽车经销商只能面向佛山市的消费者进行新车销售，如整车生产商发现汽车经销商在整车销售过程中有跨区域销售行为，如向广州市区域进行销售，则很有可能被汽车生产商采取取消授权、停止供货等一系列惩罚措施。

这种人为设定的禁止跨区销售行为，严重限制了整车销售市场的充分自由竞争，削弱了汽车的品牌内竞争。

关于汽车行业反垄断执法实践的相关案例及分析，详见本章第二节第三部分内容。

三、压库与库存车

(一)压库

“压库”是积压库存的简称，大多用于销售汽车、钢铁等产品的生产厂家与经销商之间。正常而言，压库是经销商为了自身利润而进行的周期性库存调节的自发行为。

但在汽车行业，“压库”如此臭名昭著却又屡见不鲜。汽车生产商通过自身市场地位的优势，对经销商实施压库行为，强制性要求经销商提货，或通过返点等商务政策诱导经销商囤积超出自身合理水平的库存。

根据汽车行业数据统计的规则，中国汽车工业协会发布的销量数据来源于各企业上报的批发数，而并非真正由消费者在市场上实际购买的终端零售数据。汽车生产商为了完成当年的计划销售量，降低生产库存，通过计划分解，向各大经销商分配提车任务。这样一来，就会在汽车行业的销量数据与市场当期零售销量之间有一个库存差。

库存最大的问题就是占用大量资金。中国企业融资成本一直居高不下，支撑高库存需要大量资金，按期偿还银行贷款成了压倒经销商的最后一根稻草。为了及时清库存，回流资金，经销商不得不降价甩卖，这也是目前经销商卖新车不赚钱的重要因素之一。

(二)库存车

在汽车销售行业,有一个名词,叫“库存车”。

什么叫“库存车”?首先,在仓库存放时间过长的汽车称为库存车。那么库存多久算是“存放时间过长”?法律上并没有一个明确的界定。比较主流的观点认为,库存车是特指库存时间超过6个月还没有销售出去的汽车。

有人甚至细分:新车的车龄按月统计,大多数汽车都是出厂后3个月内的新车;3~6个月的车辆称为准新车;而出厂6个月以上的车辆为库存车;停放超过1年未售出的车辆称为旧车。

为什么要区分库存车与非库存车?主要是因为汽车(如普通燃油车)的零部件数量众多,不同零部件其耐用性和质保期不同。对于汽车易损零部件,如刹车片、刹车盘、轮胎、皮带、火花塞、汽油滤清器、机油滤清器、空气滤清器、空调滤清器、雨刮器、密封条等,质保期一般在6个月到2年不等。

由于库存车停放或仓储的时间较长,部分易损件在静态停放时也会存在不同程度的损耗或老化。库存车因为缺乏保养,内部的很多油液都已经变质,买回去要正常使用需要将这些油液全部替换掉,而且很多零部件,尤其是塑胶材质的零部件,在长时间不用或不保养中,会老化变硬,甚至有开裂的情况。

因此,消费者在新车对比选择与决定购买时,是否属于库存车,在一定程度上会影响消费者的购车判断与决策。

(三)库存车处理需注意的问题

库存车一般为比较滞销的车型,但总得处理。处理库存车的主要方式包括:

1. 内部消化。是指汽车经销商将汽车低价销售给内部员工。这样汽车经销商能尽快回笼资金,员工又能得到购车实惠,互惠双赢。但这种处理方式,由于需要打折,故而利润非常低,甚至亏损。

2. 卖给二手车市场。二手车市场体量大且处理快,库存车就算质量再不好,也比使用几年的二手车质量好。所以汽车经销商只要以二手车的价格将库存车卖给二手车市场,就很容易大批量消化。二手车商是内行人,这种处理方式通常也需要打折,利润也非常低,甚至亏损。

3. 库存车当新车卖。这种方式主要用于库存车不多的时候。如果库存车比较多,达到了两位数甚至是三位数,那这些库存车就要尽量处理了。但如果库存车只有个位数,一些不太道德的汽车经销商就会将库存车混在新车中卖。毕竟大多数购车消费者都不太懂车,这些汽车经销商的销售顾问多说几句就能糊弄。从利润上看,将库存车当成新车卖是利润最高的方法。

上述处理方式,第一种与第二种方式的购买对象均为内部员工或内行人,对车辆的质量情况及价格等方面均非常清楚,相互欺瞒不了,故只要双方达成交易,一般不存在太大风险。

但如果是第三种处理方式,如果汽车经销商再将库存车当新车卖,故意隐瞒了车辆的一些重要信息或质量瑕疵,则极易引发纠纷。一旦汽车经销商故意卖库存车的事情曝光,这不仅可能会破坏汽车经销商的信誉,对今后的汽车销售造成不良的影响,甚至有可能构成欺诈,需要承担"退一赔三"的法律后果。

【案例14】库存车销售时未提醒客户轮胎的生产时间为4年前,构成重大误解吗?

【案例来源】邝A与广州市B汽车销售服务有限公司买卖合同纠纷案[广东省广州市中级人民法院(2020)粤01民终19630号民事判决书]

【基本案情】

邝A于2018年8月与广州B汽车销售服务有限公司(以下简称B公司)签订购车合同,约定邝A向B公司购买广汽某型号汽车一辆,双方于2018年9月10日完成了车款支付及车辆交付。2018年7月,邝A以B公司在销售车辆时隐瞒了车辆及轮胎的出厂时间(车辆出厂时间为2016年3月,轮胎制造时间为2014年4月),诱使作出购买车辆的错误意思表示,构成重大误解,向法院起诉要求撤销合同并退还车款。

【法院判决】

一审法院认为,车辆的出厂日期在一定程度上会影响买方的购买意愿,B公司应当在销售前向买方作出明确告知,但已过合同可撤销的一年除斥期间,故驳回其诉讼请求。

二审法院认为,即便因对涉案车辆的出厂日期产生重大误解而请求撤销合同,但已超出法定的一年除斥期间;轮胎的生产日期不足以对消费者是否购买整辆车造成重大的实质性影响，故不构成重大事项。因此，维持原审判决，驳回邝A的上诉。

【律师分析】

1. 关于该案原告的诉求与事实理由方面

(1)该案原告邝A的诉求不清，逻辑混乱。在一审的起诉状中，其提出的诉求和主张的事实理由，刚开始的诉求是以欺诈为由，要求"退一赔三"，但在事实与理由方面，又以存在重大误解为由，要求退回车款，前后相互矛盾。

(2)对于合同的效力问题方面，原告是主张合同无效，或是主张合同可撤销，还是主张要解除合同，没有明确的指向。后来在法庭质询及被告的反驳、抗辩的压力下，原告当庭变更诉讼请求，将理由"欺诈"变更为"重大误解"，将"退一赔三"变更为"退还车辆"，但原告对合同的效力问题及处理方式，还是没有明晰。正常而言，如以"重大误解"为由，首先是主张"撤销合同"，进一步基于合同撤销后(合同自始无效)要求返还财产、恢复原状、赔偿损失等。

2. 关于重大误解的认定方面

(1)案涉车辆的出厂日期：对于案涉车辆的出厂日期是否存在重大误解，一审法院给予了确认，认为"案涉车辆的出厂日期超出了邝A对购买汽车的一般预期，邝A在此情况下签订案涉合同属于因重大误解订立，案涉合同属于可撤销合同"。但二审法院对于案涉车辆的出厂日期是否存在重大误解，没有给出明确的认定意见，但认为即便因对涉案车辆的出厂日期产生重大误解而请求撤销合同，但鉴于原告最迟于2018年9月已经知道涉案车辆的出厂日期，其于2019年11月才提出撤销合同的请求，明显超出法定的一年除斥期间。

(2)案涉汽车轮胎的生产日期：轮胎的生产日期不足以对消费者是否购买整辆车造成重大的实质性影响，故对轮胎生产日期的误解并不构成重大事项。"汽车有别于一般的商品，其出厂日期有可能影响车辆的使用寿命及使用效果。但就轮胎而言，其属于易损耗的零部件，具有一定的使用期限，而且轮胎的价值与整辆车的价值相比，所占比重不大，该轮胎的生产日期不足以对消费者是否购买整辆车造成重大的实质性影响。故对轮胎生产日期的误解并不构成重大事项，足以造成涉案合同可被撤销[注：轮胎属于易损耗零件，并非家用汽车产品主要零部件，轮胎的保质期一般为6个月/10,000KM(以先到者为准)。不同品牌车辆、不同车型相对应的易损耗零件的名称、种类等信息，一般会在汽车的三包手册中明确]。”

3. 关于该案的法律适用方面

(1)对于该案所述的基于“重大误解”而行使撤销权的除斥期间，法院是按照一年的期间进行认定，显然是直接适用《合同法》(已失效)的相关规定。

(2)对于因“重大误解”而行使撤销权的除斥期间，按照《合同法》(已失效)的规定是一年，但是按照《民法总则》(已失效)第一百五十二条的规定，“重大误解的当事人自知道或者应当知道撤销事由之日起三个月内没有行使撤销权”的，撤销权消灭，该规定与《民法典》的第一百五十二条相关规定一致。根据案件审理时的现行有效法律及法律的适用原则，该案对因“重大误解”行使撤销权适用的法律应该是《民法总则》(已失效)规定的“三个月”，而非《合同法》(已失效)规定的“一年”。故个人认为，该案在此问题上，法院适用法律是有误的，但不影响案件的最终结果。

【律师建议】

1. 作为4S店，首先要做好日常经营管理中的法律风险防范，而一份设计合理、内容完善的新车销售合同范本，对4S店的法律风险防范至关重要。就该案而言，该4S店作为格式版本使用的《新车销售合约》，内容合理、全面，且具有可操作性，并将在新车销售环节可能涉及的、出现的情况或问题尽可能地在合同内容中进行设计和考虑，对之后发生的问题或风险起到很好的防御作用。例如，该《新车销售合约》所附的销售服务条款载明(包括但不限于以下)：

(1)交车前，买方有权检查汽车，并在接收车辆时签署及交回新车接收文件；

(2)买方一经在车辆交接表或其他交车文件上签字，即被视为此车已通过买方验收合格，买方已完全接纳此车且无任何异议；

(3)买方确认，即使存在以下情形(如有)，卖方交付的车辆视同为符合本合约约定的全新车辆，买方不得因此以交付的车辆为非新车，或以卖方存在隐瞒、欺诈或其他理由向卖方索赔：

可能发生在该车辆销售前的，但对该车辆的质量、性能等方面不产生实质性影响的其他任何行为(如有)；买方确认，其在按照本合约约定接收车辆前，已结合上述情形对车辆进行全面的、细致的检查与验收，并确认该车辆符合本合约约定的新车标准，同意按照本合约的约定接纳此车而无任何异议。

2. 在车辆交付时，要明晰所交接的文件、物品等，包括发票、钥匙、合格证或进口证明书、商检单、说明书、保修手册、三包手册、随车物品（包括千斤顶、工具包等）以及其他双方约定的赠送物品或服务等，列一份清单明细双方签字，一式两份双方各执一份（但从4S店风险管理的角度，如客户没有异议的话，可由客户签字，4S店单方存档即可）。

3. 对于某些文件或手册，基于汽车厂家或4S店本身管理或报备的需要，或基于"三包"或售后的相关事项或内容需要单独书面告知客户，或需要客户另行书面确认的，还需要客户单独签字确认并回收相关回执。只有把相关工作做全、做足，并及时保管好相关的书面证据，才能更好地对未来可能发生的风险进行应对与防范。

【法律规定】

《民法典》

第一百四十七条　基于重大误解实施的民事法律行为，行为人有权请求人民法院或者仲裁机构予以撤销。

第一百五十二条　有下列情形之一的，撤销权消灭：

（一）当事人自知道或者应当知道撤销事由之日起一年内、重大误解的当事人自知道或者应当知道撤销事由之日起九十日内没有行使撤销权。

……

（三）当事人知道撤销事由后明确表示或者以自己的行为明确表示放弃撤销权。

四、新车仓储问题

（一）新车售前管理

在汽车行业，汽车生产商通过自身市场地位的优势，对经销商实施压库行为，强制性要求经销商提货，或通过返点等商务政策诱导经销商囤积超出自身合理水平的库存。供大于求导致汽车经销商一时间提车数量远大于市场消化的数量，就必然会导致一部分待售车辆的停放和管理问题。

在实践中，汽车经销商对待售新车的停放，有的将车辆停放在4S店所属的空地上，有的另行在其他地方租赁专门的停车场进行新车停放，有的停放在露天场地,有的停放在室内。

新车在停放待售期间,可能会出现各种风险,导致新车受损,或存在某些疵瑕。比如:停放在室外的车辆经过风吹、暴晒、雨淋,可能会对车身油漆造成损伤;天空的飞鸟拉屎掉到车上,导致车身污迹,且导致需要进行瑕疵修复;车辆停放期间,可能有老鼠等小动物钻进发动机搞破坏;新车售前移动过程,可能会导致刮碰瑕疵;更有可能,如果发生突然的洪水、大暴雨,导致新车浸水,新车在没有销售出去之前就变成了泡水车,就会给经销商造成惨重的损失;等等。

由于新车售前存在以上各种的风险,导致车辆售前会存在各种瑕疵,这就要求汽车经销商必须加强新车的日常安全管理,包括停放场地的选择、新车日常的维护和监管、车辆移动过程的操作规范等。

如在新车售前的某些原因导致车辆存在瑕疵,并在售前进行了修复,那么在新车销售环节,建议向消费者如实书面告知。如达成车辆交易,需要消费者对车辆瑕疵问题进行书面确认,并对该车辆瑕疵问题给予认可与接受,避免日后消费者以重大误解为由要求解除购车合同及退车退款,甚至有可能以欺诈为由,要求汽车经销商“退一赔三”等,这样就得不偿失了。

(二)新车泡水

每年5月开始,夏季到来,汛期也如期而至。尤其是南方地区,已经进入“龙舟水”时节(5月21日至6月20日),容易发生持续性、极端性强降水。2020年5月22日,第一波“龙舟水”给广东地区带来一场大暴雨,1小时全省最大降水量达167.8毫米,刷新广东历史纪录。强降水带来大面积积水,致使很多停靠路边、地下车库的汽车不幸被水淹,损失惨重。在一些积水较深的地区,积水几近没过轿车的车顶,有车辆甚至顺着水流在水面上漂浮。

据不完全统计,这波暴雨导致十几万辆小车被水淹,各汽车4S店、修理厂几乎“爆棚”,面对突然暴增的泡水车,4S店和修理厂都忙不过来,保险公司也忙着处理赔付。这次大暴雨,除了私家车,汽车厂商及汽车经销商的新车也在暴雨中受损,位于广州市增城区的广汽本田二工厂的新车库存场地的新车也遭遇淹水之灾,数百上千辆新车浸泡在积水里,场面非常“壮观”,看了让人心疼不已。除了心疼之外,大多消费者更关心的是这批泡水后的车辆会如何处理?担心这些车是否会流入市场?对此,广汽本田回复称,“22日因为受到广州暴雨影响,造成了少量车辆受损,目前正在统计当中,后续这批车辆是不会进入销售渠道的。

这些车辆后期修复后满足条件的，将内部使用”。

在我们接触到汽车行业实务案例中，新车泡水事件屡见不鲜。我们接触过的汽车经销商发生的汽车泡水事件，有些是发生在4S店经营场所的车辆泡水，有些是发生在专门停车场地的车辆泡水。这些大批量的车辆泡水，给汽车经销商造成了重大经济损失，并在公司信誉、商誉等方面也造成了一定的不良影响。

关于待售新车停放、安全管理及风险防范方面，我们于此作出以下提醒和建议：

1. 停放场地选择

新车停放的场地一定要选择地势相对比较高、排水系统比较完善的、排泄功能良好的地址，切忌选择洼地，或出现大暴雨时可能出现排水道堵塞，甚至出现洪水倒灌的情况。

停车场地要远离水库、河道、湖海等水域，停车场要做好一定的防洪、防风、防冰雹等措施。能选择室内的，就不要选择室外，能选择高层停车楼的，就不要选择地下停车库。

2. 场地租赁合同内容

停车场地通常以租赁的形式取得，汽车经销商作为承租方，需要在场地租赁合同中约定出租方一定的场地安全保障义务和责任，并敦促出租方采取一定的安全防范措施来保障场地的车辆停放安全，并约定一定的违约责任。

3. 汽车财产保险投保

在新车待售期间，车辆的所有权属于汽车经销商，一旦发生车辆的毁损灭失，后果将由经销商承担。为规避或转移风险，汽车经销商应及时对新车进行投保，将相关风险转嫁到保险公司。对新车投保，一般也是汽车生产商对汽车经销商的要求，因为待售新车受损及处理，对汽车生产商也会造成一定的影响。

新车投保，从本质上，其属于一种财产保险。

待售新车投保时，需要注意以下问题：

(1)投保保额要足够。新车投保时，要确认投保的保额足够覆盖车辆的总价值，否则可能会造成在理赔环节理赔额度不够的问题，这样的投保就失去了保险的意义。在实践操作中，有的汽车经销商为了节省保费，或由于疏忽大意等原因，或为了应付汽车生产商投保的要求，仅在形式上对车辆进行了一定的投保，而对具体的投保额度比较随意，因此导致的风险较大。

(2)投保地址要确认清楚。很多汽车经销商的待售新车停放地址并不是在4S店工商登记注册的地址,而是在其他地方另行租赁的场地,但在投保时没有留意投保单记载的投保地址,直接以4S店工商登记注册的地址作为投保地址。由于投保车辆实际停放、仓储的地址与投保单记载的投保地址不一致,这样如发生车辆受损时,可能保险公司就会以"投保车辆实际停放、仓储的地址与投保单记载的投保地址不一致"为由拒赔。

(3)留意保险合同或保单的免责条款。在投保时,作为投保人,汽车经销商一定要留意保险公司提供的保单、保险合同中的内容或条款,尤其是针对天气方面(如台风、暴雨、冰雹、地震等不可抗力因素)的条款,有些保险公司将其作为免责情形,这时需及时与保险公司进行协商修改。

4.汽车保险理赔

待售新车发生受损情况时,要在第一时间联系保险公司,要求保险公司安排人员前来登记、调查,并做好相关调查记录、笔录,并敦促保险公司及时做好保险赔付相关工作。

【案例15】保单填写地址(注册地址)与财产实际存放地址(出险地址)不一致,保险公司是否可以拒赔?

【案例来源】漯河市A家电有限责任公司与中国B财产保险股份有限公司财产保险合同纠纷案[河南省漯河市郾城区人民法院(2010)郾民初字第01637号民事判决书、河南省漯河市中级人民法院(2011)漯民一终字第197号民事判决书、河南省高级人民法院(2013)豫法立二民申字第2557号民事判决书]

【基本案情】

原告漯河市A家电有限责任公司(以下简称A家电公司)诉称:2008年11月25日,原告购买被告的恒利达企业综合保险,交纳保险费4760元,保险责任自2008年11月25日至2009年11月25日,保险金额140万元人民币,免赔偿额每次事故500元。2009年11月13日20时,原告租用的位于泰山路的漯河市C有限公司(以下简称C公司)仓库发生火灾,致使原告库存的家电及配件烧毁,价值122.28万元。火灾发生后,原告及时通知了被告,被告也及时到现场进行了勘查,漯河市源汇区公安消防大队进行了火灾事故认定,原告不存在故意或重大过失。被告应依保险合同及保险条款给予理赔,但从发生事故至今不予理赔。被告的行为已违反了《保险法》及保险合同的规定,请求法院依法判令被告给付保险金 122.44 万元及利息。庭审中,原告的诉讼请求数额变更为 122.28 万元及利息。

被告中国 B 财产保险股份有限公司(以下简称 B 财险公司)辩称:2008年 11 月 25 日,被告与原告签订了恒利达企业综合保险合同,合同约定原告在被告处投保恒利达企业综合保险 14 份,交纳保费 4760 元,合同约定 14份保险承保限额为 140 万元,保险期间自 2008 年 11 月 25 日起至 2009 年11 月 25 日止,被保险财产所在地为河南省漯河市郾城区辽河花园西区。2009 年 11 月 13 日,C 公司院内仓库发生火灾,原告以其在该处存有货物为由向被告提出保险赔偿要求,被告经过比对保险合同约定财产地址发现,事故发生地在源汇区泰山路,并非保险合同约定地点郾城区辽河花园,因此被告不应承担赔偿责任,请求依法驳回原告的诉讼请求。

【裁判结果】

一审法院认为,原告 A 家电公司在被告 B 财险公司投保的恒利达企业综合保险属实,由被告 B 财险公司为原告出具的恒利达企业保险单及原告的保险交费发票在卷佐证,一审法院予以确认。

1. 关于被保险财产地址为公司住所地,仓库所在地发生火灾,是否应该赔偿的问题

《合同法》(已失效)第四十一条(现为《民法典》第四百九十八条)规定:"对格式条款的理解发生争议的,应当按照通常理解予以解释,对格式条款有两种以上解释的,应当作出不利于提供格式条款一方的解释。格式条款和非格式条款不一致的,应当采用非格式条款。"《公司法》第十条规定,"公司以其主要办事机构所在地为住所",公司的主要办事机构所在地,是指执行公司的业务活动,决定和处理公司事务的法人机构所在地,住所是公司章程的必要记载事项,具有公示效力,如公司有多个办事机构,住所是指主要办事机构所在地。本案中保险财产地址虽然记载的是漯河市郾城区辽河花园西区,该地址只是其主要办事机构所在地。原告 A 家电公司交保险费 4760 元,保险金额 140 万元,其目的是为仓库的物品投保,一旦发生意外使其财产损失及风险降低到最低程度,况且辽河花

园西区只是公司的住所地，其门面房只有展品及样机，由此可以认定被告B财险公司应对公司的全部资产（含仓库）承担保险责任，本案投保地址与发生保险事故的地址不一致应该作出不利于提供格式合同一方即B财险公司的解释，即B财险公司应该承担赔偿责任。另外证人B财险公司的工作人员王D证言也证明投保的财产含仓库财产，因王D是B财险公司的工作人员，其对公司不利的证言的证明力效力高于其他证据的效力，由此足以认定原告投保的财产含公司仓库的财产。A家电公司仓库失火后，被告B财险公司应该赔偿。所以被告辩称投保地址与发生保险事故不一致不予赔偿的理由不成立，一审法院不予支持。

2. 关于赔偿数额应该如何确定的问题

保险事故发生后，B财险公司、A家电公司、C公司对现场进行了清理，这由C公司的证明及赵F的证言在卷佐证，一审法院予以确认。况且B财险公司还发出通知同意崔G对毁损商品进行清理，崔G的行为对B财险公司产生效力。根据一审法院查明的事实，B财险公司、A家电公司、C公司三方登记的受损标的清单总价值为122.28万元，真实可信，一审法院予以认定。该赔偿数额不超过保险金额140万元，所以被告B财险公司应予以赔偿。另外，保险合同还约定每次事故免赔500元，扣除此数额后，被告B财险公司应赔偿原告保险金122.23万元。

一审判决结果如下：

1. 被告B财险公司应于本判决生效后5日内赔偿原告A家电公司保险金共计122.23万元。

2. 驳回原告A家电公司的其他诉讼请求。

二审法院认为：该案争议焦点是发生保险事故的财产是否属双方保险合同约定的被保险财产的范围。

关于证人王D的身份问题。证人陈E出庭证明B财险公司允许寿险代理人王D代理财险业务，是其指导王D办理的该笔财产保险业务，王D已提取了该笔保费的佣金，王D也陈述其从A家电公司收取保费后交给B财险公司，王D在该笔保险业务中，不仅收有代理费，还参与保险业务，王D的行为不符合介绍人的身份，明显是B财险公司的代理人的行为。因王D是B财险公司的保险代理人，王D证明："……有次我去A家电买浴霸，因门店没有货，需到漯河泰山路仓库提货，我去到泰山路仓库后，看到仓库很大，存放了很多货，我便给他们介绍团险、财险，让他们投保……”“……我给陈E说是保仓库，陈E说要提供门面房，要不不保仓库。”以上，足以认定A家电公司投保的财产地址是泰山路仓库，A家电公司已履行了如实告知义务。泰山路仓库是A家电公司的仓库，有A家电公司与C公司的租房协议为证。

A家电公司出具保单上显示被保险财产地址是漯河市郾城区辽河花园西区的原因。A家电公司投保的恒利达企业综合险第一条明确规定，凡有固定场所、工商注册、登记手续齐全的企业均可向本公司投保此保险。王D和陈E的录音均证明只有仓库不能参加投保，所以A家电公司向B财险公司提交了自己的营业执照。陈E出庭证明，A家电公司投保单是B财险公司的内勤填的，内勤是按投保人的营业执照填写的投保单。而投保单上的投保须知第五条明确规定，投保单由投保人自己填写，由业务员填写投保单无效。B财险公司的工作人员是保险专业人员，代客户填写投保单，该投保单上填写的被保险财产地址应为无效，应以A家电公司实际投保的泰山路仓库地址为准。2010年1月4日，A家电公司找陈E理赔，并录有其谈话内容，陈E对该录音资料认可。陈E陈述：“……当时说是保仓库，保单上不显示仓库地址和被保险人地址两个都得录入，录入时只录入被保险人营业执照上的地址，根本没录入仓库地址那一块，出单子也不是咱们出的单子，是我把资料拿到沙北那一块专门有一个出财产险单子的内勤他们出的，我从来没问过。”陈E的录音资料证明了自己明确知道A家电公司投保的是仓库，是因只有仓库不准投保，B财险公司的内勤自己填写的投保单和保险单，造成了将保险财产地址错录，保险单上的保险地址不是投保人A家电公司的真实意思，保险单地址应为无效。

二审法院判决驳回B财险公司的上诉申请，维持原判。

再审法院裁定驳回B财险公司的再审申请。

【律师分析】

在财产保险业务实际操作中，基于保险合同订立不规范、当事人对于自身权利任性处分、投保时不专业、保险知识不精通等原因，保险地址和出险地址不一致的情形非常常见。

1. 在财产保险合同中，一般认为保险合同载明的投保地址即为投保财产存放的地址。但是司法实践中，经常出现保险地址约定不清或事故发生地与保单记载地址不一致等情形。在此情况下，需要结合实际具体判断事故发生地的财产损失究竟是否属于保险人的承保范围。

2. 当保险地址约定不清或事故发生地与保单记载地址不一致时，在司法实践中，法院一般会结合保险合同订立时投保人真实的投保意图进行判断。对于事故发生地与保单记载地址不一致的情形，在投保单等保险文件明确记载了保险地址且保险人可以提供投保人盖章的投保单原件情况下，法院通常会支持保险公司以此作为拒赔的抗辩理由。

3. 在保险合同存续期间，保险地址发生变更属于保险合同的重大变更，保险地址发生变更往往导致保险标的的危险程度发生变化。在此情况下，法院通常认为，被保险人负有及时通知保险人的义务，否则对于变更后的地址发生的保险事故，保险人有权拒赔。

【律师建议】

财产保险合同的订立属于商事行为的范畴，合同双方应当谨慎地作出自己风险管理的决定。我们认为，地址不一致的情形是可以避免的，也应该尽可能地避免。

从企业合规经营及法律风险防范的角度，我们建议：

1. 在投保沟通过程中，双方之间的电话、微信、短信、邮件等沟通内容，往往是确认实际投保地址等信息或内容的重要载体和重要证据，必须保存保管好。

在投保财产保险时，在签订保险合同或投保单之前，投保人和保险人往往就投保标的、数量、价值、地址等信息通过电话、微信、短信、邮件等方式进行沟通与确认。

在司法实践中，如双方对保险标的物的地址发生争议，法院通常结合原、被告在签订财产保险合同前电话、微信、短信、邮件等沟通内容来判定双方的真实意思表示，进一步来确定双方约定的保险标的物地址。

针对投保地址与发生保险事故的地址不一致的问题，法院通常作出不利于提供格式合同一方（保险公司）的解释。但是解释时，同样需结合投保时的具体情况，以及结合原、被告在签订财产保险合同前的沟通内容来确认投保时双方的真实投保意图。

2. 在签订保险合同或对投保单进行确认时，对保险合同或投保单中的主要内容，包括投保地址、免责条款等，应当结合实际仔细核对，发现与事实不符的，应及时修改或修正。

一般情况下,在保险合同或投保单的“投保人声明”一栏,内容主要包括投保人确认各项内容填写属实、投保人确认保险人以对保险条款进行介绍对于免责条款等内容作明确说明、投保人接受全部内容并自愿投保本保险等。如投保人对此进行盖章确认后,法院往往认定投保人对于保险地址等内容或信息完全知晓,并给予接受和认可,从而支持保险公司的拒赔抗辩。

3. 投保财产存放地址发生变更的,投标人应按照合同约定及时通知保险人。财产保险合同关系中,在保险合同存续期间,保险地址发生变更属于保险合同的重大变更,保险地址发生变更的情况将导致保险标的的危险程度发生变化。根据《保险法》的相关规定,被保险人应当按照合同约定及时通知保险人。从财产保险合同的设计看,因为地址是确定保险标的的要素之一,地址不符将直接导致保险标的范围的排除。被保险人不履行通知义务的,保险人对于变更后的地址发生的保险事故不承担赔偿责任。

【法律规定】

1.《民法典》

第一百四十二条 有相对人的意思表示的解释,应当按照所使用的词句,结合相关条款、行为的性质和目的、习惯以及诚信原则,确定意思表示的含义。

第四百六十六条 当事人对合同条款的理解有争议的,应当依据本法第一百四十二条第一款的规定,确定争议条款的含义。

合同文本采用两种以上文字订立并约定具有同等效力的,对各文本使用的词句推定具有相同含义。各文本使用的词句不一致的,应当根据合同的相关条款、性质、目的以及诚信原则等予以解释。

第四百九十八条 对格式条款的理解发生争议的,应当按照通常理解予以解释。对格式条款有两种以上解释的,应当作出不利于提供格式条款一方的解释。格式条款和非格式条款不一致的,应当采用非格式条款。

2.《保险法》

第十二条第四款 财产保险是以财产及其有关利益为保险标的的保险。

第十六条第一款 订立保险合同,保险人就保险标的或者被保险人的有关情况提出询问的,投保人应当如实告知。

第十七条第二款 对保险合同中免除保险人责任的条款,保险人在订立合同时应当在投保单、保险单或者其他保险凭证上作出足以引起投保人注意的提示，并对该条款的内容以书面或者口头形式向投保人作出明确说明；未作提示或者明确说明的，该条款不产生效力。

第二十条第二款　变更保险合同的，应当由保险人在保险单或者其他保险凭证上批注或者附贴批单，或者由投保人和保险人订立变更的书面协议。

第三十条　采用保险人提供的格式条款订立的保险合同，保险人与投保人、被保险人或者受益人对合同条款有争议的，应当按照通常理解予以解释。对合同条款有两种以上解释的，人民法院或者仲裁机构应当作出有利于被保险人和受益人的解释。

第五十二条　在合同有效期内，保险标的的危险程度显著增加的，被保险人应当按照合同约定及时通知保险人，保险人可以按照合同约定增加保险费或者解除合同。保险人解除合同的，应当将已收取的保险费，按照合同约定扣除自保险责任开始之日起至合同解除之日止应收的部分后，退还投保人。

被保险人未履行前款规定的通知义务的，因保险标的的危险程度显著增加而发生的保险事故，保险人不承担赔偿保险金的责任。

（三）泡水车辆修复与再售

每逢暴雨，都会有水泡车流入市场。全水泡车质量风险极大，即使翻修过，依然会留下安全隐患，线路进水造成不可控的故障，后期使用中车辆问题频发，因此建议报废处理，正规的车商和二手车交易平台是不会出售此类水泡车的，但还有不少车商视其为“香饽饽”，虽然风险极高，但利润也非常大。有二手车商把水泡车修整过后按照非事故车来销售，隐瞒泡水的实情，卖给不知情的消费者，获取巨额利润，由于收车价格压得很低，卖车时却按照普通二手车销售，如果是豪车，卖一台可能都要赚上 10 万元。

作为汽车经销商，如果不幸有批量待售新车遭遇洪水泡浸，应该怎么处理？从合法合规及风险防范的角度，作以下处理。

1. 对车辆分级处理

根据车辆泡浸的时间、高度划分等级，参考如下：

（1）水淹等级一：积水刚刚没至车辆底盘，车辆地板可能会受潮，但是大量进水的可能性较低，同时对车内电气设备的影响较小。

(2)水淹等级二:积水没过车轮一半,此时由于车辆的不完全密封性,车内会开始进水,对于车身较低的轿车,车内的水位可能会影响车辆座椅的调节电机以及加热通风等电器部件。

(3)水淹等级三:积水几乎完全没过轮胎,此时车内的水位将会将车辆座椅的坐垫、中央扶手区完全淹没,同时影响大量的电气设备。

(4)水淹等级四:积水没至发动机舱盖,此时车内的水位上升至车辆仪表台,同时车辆大灯、发动机舱内的发动机进气管开始进水。

(5)水淹等级五:积水完全没过发动机舱盖,此刻几乎所有的车内电器设备都将受到积水的影响。

(6)水淹等级六:积水没过车顶,车辆顶棚、天窗模块将受到影响,车内各部件将无一幸免。

根据不同的泡浸的时间、高度对车辆质量进行评估,对于受损程度轻微,可以通过修复正常使用的车辆,可以进行合理修复之后再销售。对于受损程度严重,即使通过修复还是可能存在重大安全隐患的车辆,应该依法报废处理,或用作其他非驾驶动态使用,如仅用作静态展示。

2. 媒体危机与公关

车辆浸水事件发生后,消息很快就会传播。有人就会担心或质疑,某汽车经销商这么多泡水车,会不会修复之后当新车卖给客户?这些泡水车的质量如何保障?如果我到那家汽车4S店购车,买到的会不会就是泡水车?这无疑会对汽车经销商的商誉、信誉产生一定的质疑,甚至会对该汽车经销商或经销商集团的整体新车销售均会造成一定负面的、消极的影响。

面对市场及消费者的疑问或担心,汽车经销商有必要采取一定的措施及作出必要的回应:

(1)对外发布声明澄清情况。如对外发布声明,说明本次车辆遭遇水浸的基本情况,及公司采取的一些处理措施、方案,保证该批车辆处置方式合法合规,去向、流向清晰明确,消除市场和消费者的顾虑或疑虑,保证消费者正常的购车消费信赖和信心。

(2)及时制止网络不实言论。对网络的一些不实信息,甚至是同行竞争者不怀好意地恶意造谣或中伤,及时表明立场和态度,警告潜在的侵权人,及时制止不当言论,以避免不当言行给公司商誉、信誉造成进一步的损害。

3. 对泡水车辆再售处理

根据车辆泡浸的时间、高度等级划分及分类处理后，对于可以保证质量没有问题，可以进行驾驶用途的车辆，建议在经销商或经销商集团内部消化，可当作对内部员工的一种福利，不再对外流向市场。如 2020 年 5 月，广汽本田因为受到广州暴雨影响造成了少量车辆受损，广汽本田对外声明的做法是，后续这批车辆是不会进入销售渠道的，这些车辆后期修复后满足条件的，将内部使用。

内部员工消化，实质上也是一种销售或处理方式，一个重要的前提和保证：车辆质量安全保证。汽车经销商首先通过对车辆进行质量评估及维修之后，自己有信心保证车辆是能够正常、安全使用的，是不存在严重安全隐患的。

对泡水车辆的再售处理，从汽车经销商风险防范角度，建议如下：

(1)对涉水车辆进行全面、彻底的检修，从技术层面确保车辆修复后，不存在严重的安全使用隐患。

(2)针对涉水车辆的处理，制定专门的处理方案，说明车辆的来源、背景、基本情况、特别售价、特别售后、特别提醒、特别告知等。

(3)起草完善相应的销售合同，并将每辆车的浸水情况、修复情况通过文字、图片方式进行书面明确与告知，及作为合同的相应附件由购车员工进行书面确认。

(4)制定特定的告知和免责声明。

例如，参考以下范本：

“关于本次所购车辆，乙方(购车员工)特此作出如下声明：

①乙方确认，乙方所选择购买的该车辆，完全是乙方根据自身情况，自主决定选择购买，不存在任何胁迫、重大误解或乘人之危等情形，全部为乙方本人的真实意思表示。

②乙方已清楚了解、充分知悉其所购买的车辆与一般的新车有别，已全面了解该车辆的来源、车辆所经历的特殊受损事件、车辆所进行的修复情况，车辆修复完毕的状态，即使甲方尽其所能，穷尽一切资源和力量，亦不能保证该车辆能完全达到受损之前的状态、性能等(事实在客观上也是无法达到的)。乙方确认，甲方对该车辆的相关优惠让利主要是基于前述原因。

③乙方清楚与确认，在该车辆交付之前，甲方已尽其所能完成对该车辆的修复且已向乙方明示车辆现修复的现状，但甲方并不能保证完全排除该车辆依然

可能存在某种或某些问题、隐患或瑕疵，乙方同意自行承担由于该种或这些可能存在的问题、隐患或瑕疵可能导致的后果。

④乙方确认，对于其所购买的该车辆，其同意按照本协议第三条的约定享受三包服务政策。乙方于此再次确认，基于其所购车辆所经历的特殊受损事件，甲方对汽车厂家是否会对乙方所购车辆提供三包服务不负任何义务、责任，及不作任何担保或保证，乙方不得以国家汽车三包规定（《家用汽车产品修理更换退货责任规定》等），或汽车厂家三包政策向甲方主张汽车三包服务的任何权利。”

但需要提醒的是，如果涉水车辆经过修复之后，仍然存在严重的安全性能隐患，可能会对购车者的人身安全造成重大威胁或隐患的，这种免除汽车经销商责任的免责声明可能无效。

【案例16】买到“水淹车”，可否主张“退一赔三”？

【案例来源】A公司与B公司买卖合同纠纷案[①]

【基本案情】

2020年，原告A公司为供其公司总经理出行（购车用途为公司公务使用）而向被告B公司购买黑色奔驰S系小轿车一辆并签订了《车辆销售协议》，A公司将购车款60余万元直接支付给与B公司关联的C公司。

车辆使用中，A公司以案涉车辆多次出现不同程度严重故障，与B公司协商维修无果，造成车辆故障一直未能解决为由，对该车自行委托鉴定，结果鉴定发现该车辆竟为“水淹车”。

A公司认为B公司和C公司未如实向其告知车辆实际状况及提供检测报告，其行为已构成欺诈，根据《消费者权益保护法》，应得到3倍赔偿，故将二公司诉至法院，同时也诉请撤销与B公司签订的《车辆销售协议》、二被告共同退还购车款、支付鉴定费及其他经济损失。

审理过程中，B公司对案涉车辆是否经过水淹维修的事实有异议，申请重新鉴定。法院对该车进行委托鉴定，鉴定意见为存在水淹维修情况，水淹

---

① 雁小宣：《以案说法丨买到二手“水淹车”　退一赔三能否适用》，载微信公众号“雁塔法院”2022年9月26日，https://mp.weixin.qq.com/s/CXM25EJd3bJrXu6qt-wiSQ。

维修时间在A公司购车之前。

【裁判结果】

法院认为,根据《消费者权益保护法》第二条的规定,消费者为生活需要而购买、使用商品,其权益受本法保护。本案中原告系公司法人,其购买案涉车辆亦系公司公务使用,并非为生活消费需要购买使用商品,故原告不具备消费者的身份,原告关于3倍赔偿的主张依法不予支持。

案涉车辆经鉴定存在水淹维修情况,二被告作为二手车经销公司,应对其出售的二手车辆的状况进行有效核实并将核实信息告知交易相对人,而本案被告未履行审慎核实义务,未对案涉车辆进行有效核实,致案涉车辆销售显失公平,原告亦无法实现其合同目的,二被告存在过错,现原告主张撤销《车辆销售协议》,符合法律规定,依法予以支持。

根据法律规定,合同被撤销后,因该合同取得的财产,应当予以返还,有过错的一方应当赔偿对方因此所受到的损失。故原告已支付的购车款,二被告应当予以退还,同时赔偿原告为案涉车辆支出的车辆改装费用及为查明案件事实支出的鉴定评估费。

本案经公开开庭审理后,依法作出一审判决:

1. 撤销《车辆销售协议》及所涉三方之间的买卖合同关系;

2. 二被告向原告退还购车款,并赔偿原告车辆改装损失、鉴定费;

3. 二被告在履行完毕上述义务后收回车辆,并办理车辆转移登记手续,原告予以协助。

后A公司不服提起上诉,二审审理后,判决驳回上诉,维持原判。

【律师分析】

二手车交易已经成为汽车销售的重要组成部分,但其中仍有诸多不规范之处,包括在汽车产品宣传、车辆检验、合同签订等环节。因故意隐瞒或虚假宣传构成消费欺诈主张三倍赔偿已成为二手车交易常见的纠纷类型,一定程度映射出繁荣的二手车交易背后隐藏的二手车市场管理不规范、二手车经销商经营不诚信等问题,一旦遇到这种情形,要及时通过法律途径来维护自己的合法权益。

在本案中:

1. A公司向B公司购买案涉车辆,双方在汽车买卖合同中约定"保证车辆无水淹",B公司负有保证涉案车辆为非"泡水车"的义务。之后在用车过程中,案涉车辆多次出现不同程度严重故障,后A公司自行委托鉴定,结果鉴定发现该车辆竟为"水淹车"。B公司作为专业的二手车行经营者,具有或理应具有二手车买卖的专业知识或常识,具有识别案涉车辆是否为"泡水车"的专业能力和经验,其在购进涉案车辆时,负有就涉案车辆是否为"泡水车"进行检验或调查的责任,无论B公司是否存在主观恶意,均负有保证涉案车辆为非"泡水车"的义务。因此,法院认定,B公司在与A公司的交易中存在欺诈行为。

2. 由于A公司并非《消费者权益保护法》第二条规定的"为生活需要而购买、使用商品"的消费者,因此A公司无权要求被告B公司承担购车款3倍的赔偿责任。但由于B公司存在欺诈行为,A公司对汽车买卖合同享有撤销权,并有权要求B公司退还购车款。

3. 需要注意的是,撤销权的行使期限为一年,该一年的时间为除斥期间,且不存在中断或中止的情形。一旦在消费过程中发现受到欺诈,在与销售者协商无果时,要及时通过法律途径维护自己的合法权益,自知道或是应当知道撤销事由之日起一年内要及时行使撤销权。如果在一年之内没有行使该权利,则视为当事人放弃了自己的撤销权,法院或仲裁机构将不再支持其行使撤销的权利。

【律师建议】

在日常购物消费中,尤其是购买价值金额较大的产品时,需要仔细审查核实所购产品的质量状况。否则,一旦交易成功,后期因质量问题所造成的损失可能难以得到全部赔偿。

结合本案的情况及涉及的问题,我们建议:

1. 作为汽车产品消费者

首先,应通过正规的渠道购置车辆,认真审核商家的营业资质情况,在交易时要查看所选购车辆的行驶证、合格证等资料是否完备、有效,同时还应通过机动车登记部门提前核验车辆是否存在查封、抵押等情形。

其次,在验车环节,除了关注车辆品牌、外观、颜色、内饰等外在情况,更需要关注车辆的使用、修理、事故、检验等情况,要主动询问车辆是否有剐蹭、维修、事故等基本情况,要求销售者提供车况检测报告、出险记录、维修记录等材料。在怀疑所购车辆发生过重大事故或进行过重大维修的情况下,要求销售方予以明确的书面答复,必要时找专业检测机构进行检测,保留好相关材料,谨慎决定。

最后,在签订合同环节,需特别留意关于质量保证、损失赔偿等方面的条款,如备注承诺“非水泡车”及相应违约责任承担问题。

2. 作为汽车产品销售者

首先,应当审慎对待所出售二手车的基本情况,尽其所能查询该车辆的基本情况。

其次,对掌握到的车辆情况,在出售车辆时向购车者如实告知,如有条件可提供书面证明,以确保自己尽到相应的告知义务。

【法律规定】

1.《民法典》

第一百四十八条 一方以欺诈手段,使对方在违背真实意思的情况下实施的民事法律行为,受欺诈方有权请求人民法院或者仲裁机构予以撤销。

第一百五十二条 有下列情形之一的,撤销权消灭:

(一)当事人自知道或者应当知道撤销事由之日起一年内、重大误解的当事人自知道或者应当知道撤销事由之日起九十日内没有行使撤销权;

(二)当事人受胁迫,自胁迫行为终止之日起一年内没有行使撤销权;

(三)当事人知道撤销事由后明确表示或者以自己的行为表明放弃撤销权。

当事人自民事法律行为发生之日起五年内没有行使撤销权的,撤销权消灭。

第一百五十七条 民事法律行为无效、被撤销或者确定不发生效力后,行为人因该行为取得的财产,应当予以返还;不能返还或者没有必要返还的,应当折价补偿。有过错的一方应当赔偿对方由此所受到的损失;各方都有过错的,应当各自承担相应的责任。法律另有规定的,依照其规定。

2.《消费者权益保护法》

第二条 消费者为生活消费需要购买、使用商品或者接受服务,其权益受本法保护;本法未作规定的,受其他有关法律、法规保护。

第五十五条 经营者提供商品或者服务有欺诈行为的,应当按照消费者的要求增加赔偿其受到的损失,增加赔偿的金额为消费者购买商品的价款或者接受服务的费用的三倍;增加赔偿的金额不足五百元的,为五百元。法律另有规定的,依照其规定。

经营者明知商品或者服务存在缺陷,仍然向消费者提供,造成消费者或者其他受害人死亡或者健康严重损害的,受害人有权要求经营者依照本法第四十九条、第五十一条等法律规定赔偿损失,并有权要求所受损失二倍以下的惩罚性赔偿。

3.《二手车流通管理办法》

第十四条　二手车卖方应当向买方提供车辆的使用、修理、事故、检验以及是否办理抵押登记、交纳税费、报废期等真实情况和信息。买方购买的车辆如因卖方隐瞒和欺诈不能办理转移登记，卖方应当无条件接受退车，并退还购车款等费用。

第二节　原厂配件采购与反垄断

一、原厂配件

（一）汽车配件

根据《国务院反垄断委员会关于汽车业的反垄断指南》第二条第九款规定，汽车配件，按用途、品牌、供应渠道与质量等标准分类，包括初装零部件、双标件、售后配件、原厂配件、同质配件等。

1. 初装零部件，是指用于生产组装新车的零部件。

2. 双标件，是指同时标有汽车制造商和配件制造商商标、标识和零件代码的初装零部件和售后配件。

3. 售后配件，是指安装于汽车、用来替换该汽车初装零部件的产品，包括汽车所必需的润滑剂等，但不包括燃料。

4. 原厂配件，是指汽车供应商或者汽车供应商指定的第三方所提供的，使用汽车供应商品牌或汽车供应商指定品牌，按照汽车初装零部件规格和产品标准制造的售后配件。

5. 同质配件，又称质量相当配件，是指质量不低于汽车初装零部件的售后配件，但不包括原厂配件。

在汽车售后服务环节，消费者宁愿花费更高的费用，选择将汽车送到汽车经销商处进行维修，就是对原厂配件产品质量及服务的信赖和肯定。

（二）原厂配件

原厂配件是由整车生产厂商授权认可，生产的配件符合原车质量制造标准进行量产的汽车零部件。根据《国务院反垄断委员会关于汽车业的反垄断指南》第二条第九款规定的定义,原厂配件是指汽车供应商或者汽车供应商指定的第三方所提供的,使用汽车供应商品牌或汽车供应商指定品牌,按照汽车初装零部件规格和产品标准制造的售后配件。因为原厂配件设计和品质是经过了车厂检验的,与整车的匹配程度最好,所以是最优选择。

我们选择原厂配件时,可以从以下三个方面进行甄别:

1. 原厂包装

原厂配件都是有整车生产厂家的包装,包装上印有汽车的品牌 LOGO 和汉字,如果没有生产厂家的包装,或者包装是其他品牌,基本可以断定不是纯正的原厂配件。

2. 原厂标签

原厂配件外包装或者配件上都贴原厂的标签,标签的信息包含了厂家品牌、配件编号、供应厂商编号、适配车型等信息。如果厂家带有防伪码的信息,可以扫码防伪验证。

3. 产品价格

原厂在生产出厂厂家已经完成了配件成本核算,规定了终端的配件销售价格,如果购买的配件价格远低于市场价格,基本上可以判定不属于纯正的原厂配件。

二、原厂配件市场

(一)汽车配件市场垄断行为

类似在整车销售环节可能存在的垄断行为,在汽车原厂配件供应与销售环节,也往往涉及价格垄断的行为,具体表现为对转售价格的维持,包括维持最高转售价格和维持最低转售价格两种类型。一般也是通过汽车经销商与汽车生产商签订的纵向垄断协议,或纵向合作协议中的纵向垄断条款进行约定。

在汽车原厂配件供应和销售环节涉及垄断的行为,还有一种非价格型垄断,即不依靠价格来体现垄断行为的一种方式,主要包括排他性交易、选择性交易及市场份额的划分等。

常见的排他性交易包括排他供应、排他购买。

排他供应包括汽车厂家要求配件供应商排他最优惠供应、汽车厂家利用知识产权限制供应、汽车厂家限制汽车经销商对外销售配件等情形。

排他购买包括汽车厂家限制汽车经销商外采配件、汽车厂家排除对使用非原厂配件汽车质量担保责任等情形。

(二)汽车售后维修服务市场垄断行为

提到汽车配件及汽车配件市场,必然绕不开汽车售后维修服务市场。

目前,我国的售后维修服务商主要包括以4S店为主的授权维修服务商和独立的汽车维修厂两种。二者的核心竞争力在于是否能取得原厂配件和维修技术信息。现实中,汽车生产商不会向独立的汽车维修厂提供原厂配件,也不会向其提供相关的维修技术信息。这种技术封锁行为是我国汽车售后服务市场长期存在的垄断行为。

汽车售后维修服务市场垄断的表现包括:

1. 维修技术封锁

汽车售后市场反垄断规制的关键是规制配件和维修技术信息垄断行为,确保配件与维修技术信息的可获得性。汽车维修和保养离不开技术信息,专业的4S店利用维修技术信息这一优势,可以为消费者提供更安全更高质量的维修服务,而特定的品牌或者型号的车辆,需要的是适用于该品牌或者型号配套服务,消费者因此不惜花费更高的维修费去4S店对车辆进行维修保养。

2. 搭售行为

在汽车维修过程中涉及的搭售行为主要表现为必须使用该维修商提供的配件产品与其他售后服务,这种售后维修搭售行为在汽车行业已是司空见惯。

(三)反垄断豁免

经营者之间达成相关协议,并不一定就是《反垄断法》所禁止的垄断协议。

《反垄断法》第二十条规定:"经营者能够证明所达成的协议属于下列情形之一的,不适用本法第十七条、第十八条第一款、第十九条的规定:(一)为改进技术、研究开发新产品的;(二)为提高产品质量、降低成本、增进效率,统一产品规格、标准或者实行专业化分工的;(三)为提高中小经营者经营效率,增强中小经营者竞争力的;(四)为实现节约能源、保护环境、救灾救助等社会公共利益的;(五)因经济不景气,为缓解销售量严重下降或者生产明显过剩的;(六)为保障对外贸易和对外经济合作中的正当利益的;(七)法律和国务院规定的其他情形。属于前款第一项至第五项情形,不适用本法第十七条、第十八条第一款、第十九条规定的,经营者还应当证明所达成的协议不会严重限制相关市场的竞争,并且能够使消费者分享由此产生的利益。"

因此,对于《反垄断法》第十七条禁止的横向垄断协议,第十八条禁止的纵向垄断协议,根据《反垄断法》第二十条的规定,如经营者主张协议不适用《反垄断法》第十七条或第十八条:首先,需要证明协议属于第二十条第一款列出的情形之一。其次,除"为保障对外贸易和对外经济合作中的正当利益的"和"法律和国务院规定的其他情形"外,经营者须通过证明协议不会严重限制相关市场的竞争,并且能够使消费者分享由此产生的利益进行免责。

三、汽车行业反垄断执法实践

(一)汽车行业反垄断调查与处罚案例

1. 丰田汽车(2019 年)

执法调查显示,2015 年 6 月至 2018 年 2 月,丰田汽车通过召开经销商会议、巡店、微信通知等方式,要求江苏省内经销商在互联网平台销售雷克萨斯品牌汽车时,统一按照各车型建议零售价进行报价,经销商不得擅自降低网络报价。2016 年至 2018 年 3 月,通过召开地区协力会、微信通知等方式限制经销商销售雷克萨斯重点车型最低转售价格。丰田汽车通过多项管理措施实施了上述价格控制。

丰田汽车统一经销商网络报价、限定经销商转售商品最低价格的行为,违反了《反垄断法》。2019 年 12 月,江苏省反垄断执法机构依法责令丰田汽车停止违法行为,并处以罚款 87,613,059.48 元。

2. 长安福特(2019 年)

执法公告内容显示,自 2013 年以来,长安福特在重庆区域内制定价格表、签订价格自律协议,要求经销商遵守在车展期间的最低价格和网络最低报价。执法部门认为该行为违反了《反垄断法》关于"固定向第三人转售商品的价格""限定向第三人转售商品的最低价格"等相关禁止性规定,剥夺了下游经销商的定价自主权,排除、限制了品牌内的竞争,并实际削弱了品牌间的竞争,损害了相关市场的公平竞争和消费者的合法利益。

据此，执法部门对长安福特处以上一年度重庆地区销售额4%的罚款，计人民币1.6亿元。

3. 上汽通用(2016年)

执法公告内容显示，上汽通用自2014年起相关车系上市后，实施了一系列违法违规行为：(1)对凯迪拉克SRX终端零售价格作出约定，并限定最高优惠上限，要求上海地区各店按公告价格执行；(2)对雪佛兰指导价、基本毛利、建议促销现金折让成本等作出固定；(3)对别克建议零售价、建议网络报价折让、建议展厅折让、建议折让方式提出要求；(4)向区域经理及经销商转发第三方神秘客调研结果，提出控价要求；(5)通过上网了解限价执行情况，制作价格信息监控日报；(6)对违规经销商发布违规处罚通告、扣除销售返利、口头要求调价等。

执法部门认为，上汽通用的一系列行为违反了《反垄断法》关于"固定向第三人转售商品的价格、限定向第三人转售商品的最低价格"等相关禁止性规定，处上一年度相关销售额4%的罚款，计人民币2亿元。

4. 奔驰与多家江苏经销商(2015年)

执法公告内容显示，奔驰公司与江苏省内经销商达成并实施了限定E级、S级整车及部分配件最低转售价格的协议。奔驰苏州经销商自2010年11月起，南京、无锡两地经销商自2014年1月起，在奔驰公司组织下多次召开区域会议，达成并实施了固定部分配件价格的协议。

执法部门对奔驰公司处以上一年度相关市场销售额7%的罚款，计人民币3.5亿元；对在奔驰公司组织下达成并实施垄断协议的经销商处以上一年度相关市场销售额1%的罚款。

5. 日本汽车零部件12家企业(2014年)

2000年1月至2010年2月，日立、电装、爱三、三菱电机、三叶、矢崎、古河、住友8家日本汽车零部件生产企业互相协商价格。经价格协商的零部件用于本田、丰田、日产、铃木、福特等品牌的20多种车型。截至2013年年底相关零部件订单仍在供货。2000年至2011年6月，不二越、精工、捷太格特、NTN 4家轴承生产企业在中国境内销售轴承时，依据共同协商的价格或互相交换的涨价信息，实施涨价行为。

2014年9月，国家发改委发布对包括三菱电机、古河电气、日本精工等在内的12家日本汽车零部件企业的处罚决定书，对他们在华存在的价格垄断行为给予处罚,处罚金额共计12.345亿元。

其中,对电装株式会社罚款1.5056亿元、爱三工业株式会社罚款2976万元、三菱电机株式会社罚款4488万元、三叶株式会社罚款4072万元、矢崎总业株式会社罚款2.4108亿元、古河电气工业株式会社罚款3456万元、住友电气工业株式会社罚款2.904亿元、日本精工株式会社罚款1.7492亿元、NTN株式会社罚款1.1916亿元、捷太格特株式会社罚款1.0936亿元。

国家发改委表示,多年来上述10家日本零部件企业,存在多次达成并实施价格垄断协议,或直接协商产品涨价等价格垄断行为,违法情节严重,因此给予上述公司中国境内涉案产品销售额10%的罚款,但是,依据各个公司主动报告达成价格垄断协议有关情况并提供重要证据的程度,分别给予了不同程度的处罚减轻。

此外,虽然日立汽车系统有限公司和不二越株式会社也存在严重的价格垄断行为,也将对其给予处罚,但是由于他们主动报告达成价格垄断协议有关情况并提供重要证据,且停止了违法行为,因此国家发改委决定对上述两家企业免于处罚。

(二)汽车行业反垄断处罚案例评析

2014年以来,我国反垄断执法机构相继查处一系列汽车业垄断案件,既涉及竞争者之间的横向垄断协议行为,也涉及制造商和经销商之间的纵向垄断协议行为,累计罚款近26亿元,对规范汽车业市场竞争秩序、增强企业反垄断合规意识、推动我国汽车市场转型升级和增加消费者福利发挥了重要作用,在国内外引起较大反响。

为了给经营者提供明确指引,有效预防和制止汽车业的垄断行为,降低行政执法和经营者合规成本,根据《反垄断法》的规定,国务院反垄断委员会于2019年1月制定出台了《关于汽车业的反垄断指南》。2022年6月,在总结执法经验和借鉴其他国家成熟做法的基础上,《反垄断法》进行了进一步的修订。

2014年以来反垄断调查和处罚案例如表5-1所示。违反《反垄断法》并实际被进行行政处罚的违法行为主要包括两种:

表 5－1　近年来汽车业相关反垄断处罚案例一览表

序号	处罚时间	当事人	处罚机关	主要垄断行为	罚款
1	2019 年 12 月	丰田汽车	江苏省市场监管局	纵向垄断协议（固定转售价格、限定最低转售价格）	处上一年度销售额 2% 的罚款，计人民币 8761 万元
2	2019 年 6 月	长安福特	市场监管总局	纵向垄断协议（限定最低转售价格）	处上一年度销售额 4% 的罚款，计人民币 1.628 亿元
3	2016 年 12 月	上汽通用	上海市物价局	纵向垄断协议（限定最低转售价格）	处上一年度销售额 4% 的罚款，计人民币 2.01 亿元
4	2015 年 9 月	东风日产	广东省发改委	纵向垄断协议（固定转售价格）	处上一年度销售额 3% 的罚款，计人民币 1.233 亿元
5		广州地区 17 家经销商		横向垄断协议（固定或变更商品价格、分割销售市场、联合抵制交易）	处上一年度销售额 2% ~ 4% 的罚款，共计人民币 1912 万元
6	2015 年 4 月	奔驰	江苏省物价局	纵向垄断协议（限定最低转售价格）	处上一年度销售额 7% 的罚款，计人民币 3.57 亿元
7		南京、无锡、苏州三地奔驰经销商		横向垄断协议（固定或变更商品价格）	处上一年度销售额 1% 的罚款，共计人民币 786.9 万元
8	2014 年 9 月	克莱斯勒	上海市物价局	纵向垄断协议（固定转售价格、限定最低转售价格）	处上一年度销售额 3% 的罚款，计人民币 3168.20 万元
9		3 家经销商		横向垄断协议（固定或变更商品价格）	处上一年度销售额 4% ~ 6% 的罚款，共计人民币 214.21 万元

续表

序号	处罚时间	当事人	处罚机关	主要垄断行为	罚款
10	2014 年 9 月	奥迪	湖北省物价局	纵向垄断协议（固定转售价格、限定最低转售价格）	处上一年度相关市场销售额 6% 的罚款，计人民币 2.4858 亿元
11		湖北省 8 家奥迪经销商		横向垄断协议（固定或变更商品价格）	处上一年度销售额 1% ~ 2% 的罚款，共计人民币 2996 万元
12	2014 年 9 月	三菱电机、古河电气、日本精工等 12 家日本汽车零部件企业	国家发改委	横向垄断协议（固定或变更商品价格）	处上一年度销售额 4% ~ 8% 的罚款，共计人民币 12.354 亿元
13	2014 年 8 月	湖北省 4 家宝马经销商	湖北省物价局	横向垄断协议（固定或变更商品价格）	被处以罚款共计人民币 162.67 万元

1. 纵向垄断协议行为

纵向垄断协议行为在汽车行业的主要表现有直接形式，也有间接形式。直接方式主要体现在汽车生产商在经销商协议中直接规定汽车经销商的转售价格，或在商务政策、通知中使用强制性语言；或采取间接限制的形式，如固定经销商的利润率和折扣水平。

但需要注意的是，如果经销商协议中只是规定了建议零售价，但没有设立执行机制或违反执行机制的法律后果，则一般不构成《反垄断法》第十八条所规定的“固定”或“限定”价格的垄断协议。

纵向垄断协议中的执行机制包括对限价实施情况进行监控，对偏离价格限制（包括偏离建议价）的经销商采用扣除返点、资源分配冻结等惩罚性措施，或对遵守价格限制予以奖励、给予匹配更多更优的资源或支持等。

2. 横向垄断协议行为

在处罚案例中，纵向垄断协议行为主要体现在奔驰公司通过纵向垄断协议限定经销商的最低转售价格的同时，组织其特定区域的奔驰经销商达成了《反垄断法》第十七条所禁止的固定价格协议。同汽车品牌经销商，甚至不同汽车品牌经销商之间彼此均是竞争者，达成并实施了《反垄断法》第十七条禁止的协议。

与新车销售市场相比，汽车售后市场包括配件经销市场与维修市场，由于存在锁定效应和兼容性因素，经营者之间形成的排除、限制竞争的协议、决定或者其他协同行为带来的反竞争效果更为突出。

日立、电装、爱三、三菱电机、三叶、矢崎、古河、住友等8家日本汽车零部件生产企业相互之间进行双边或多边会谈，互相协商价格，多次达成订单报价协议并予以实施，价格协商涉及中国市场并获得订单的产品包括起动机、交流发电机、节气阀体、线束等13种，经价格协商的零部件用于本田、丰田、日产、铃木、福特等品牌的20多种车型，以及不二越、精工、捷太格特、NTN等4家轴承生产企业组织讨论亚洲地区及中国市场的轴承涨价方针、涨价时机和幅度，交流涨价实施情况等，均是针对配件经销市场典型的横向垄断协议行为。

在涉及汽车行业反垄断调查和认定过程中，执法机关重点关注汽车品牌是否具有市场支配地位，以评估汽车品牌限制、排斥竞争的效果。

第六章　新车销售及风险防控

第一节　要约与承诺

新车销售环节是汽车经销商经营活动的重要环节。汽车销售涉及谈判、签约等环节和内容。

《民法典》第四百六十九条规定:“当事人订立合同,可以采用书面形式、口头形式或者其他形式。书面形式是合同书、信件、电报、电传、传真等可以有形地表现所载内容的形式。以电子数据交换、电子邮件等方式能够有形地表现所载内容,并可以随时调取查用的数据电文,视为书面形式。”

《民法典》第四百七十一条规定:“当事人订立合同,可以采取要约、承诺方式或者其他方式。”

根据以上规定,要约、承诺均是订立合同的一种方式,在汽车销售环节,也涉及要约、承诺等问题。

一、什么是要约与承诺

什么是要约?根据《民法典》第四百七十二条的规定,要约是希望与他人订立合同的意思表示。该意思表示应当符合两个条件:一是内容具体确定;二是表明经受要约人承诺,要约人即受该意思表示约束。

什么是承诺?根据《民法典》第四百七十九条的规定,承诺是受要约人同意要约的意思表示。第四百八十条规定,承诺应当以通知的方式作出;但是,根据交易习惯或者要约表明可以通过行为作出承诺的除外。

那么,要约与承诺在汽车销售活动中是如何体现和运用的呢?

举个例子:广东省佛山市南海区某奥迪汽车4S店销售顾问欧某与潜在客户陈某就奥迪 A6L 45 TFSI 臻选雅致型这一款车沟通了很长一段时间,陈某对该车型已经很了解，试乘试驾之后对该车型的整体表现也非常满意，但基于价格原因（包牌价 418，800 万元），一直没有作出购买决定。

恰逢周末是端午节，又是 6 月年中促销冲量，厂家与该奥迪汽车 4S 店联合大搞促销优惠活动，陈某之前看中的那款车辆在原来价格的基础上可以再优惠 1 万元，且额外赠送一个价值 3000 元的双门小米牌电冰箱，如果分期按揭购车，车价还可以在优惠 1 万元的基础上再优惠 1 万元。随即销售顾问欧某将此促销信息发给了陈某，并向陈某详解本次购车优惠政策，表示机不可失，陈某在端午节当天到店交款即可提车。

以上案例，销售顾问欧某对陈某就奥迪 A6L 45 TFSI 臻选雅致型车辆的价格作出了非常明确具体的意思表示，并且表示陈某在端午节当天到店交款即可提车，表明了只要经受要约人（陈某）承诺，要约人（奥迪汽车 4S 店）即受该意思表示约束。

如果陈某为本次促销优惠的价格心动，端午节那天到店按照销售顾问所述的价格付款，即视为作出了承诺，双方就购车达成合意，汽车买卖合同关系成立并生效，该奥迪汽车 4S 店负有按照其销售顾问所述的汽车品牌、配置、价格等信息向陈某交付奥迪 A6L 45 TFSI 臻选雅致型汽车一辆，且是包牌、包税、包保险等一切费用和手续的落地价，还需额外赠送一个价值 3000 元的双门小米牌电冰箱。

【案例 17】销售顾问通过微信向客户发送了《车辆订购协议》，《车辆订购协议》即对 4S 店产生法律约束力吗？

【案例来源】马 A 与威海市 B 汽车销售有限公司等买卖合同案［山东省威海经济技术开发区人民法院（2022）鲁 1092 民初 1575 号民事判决书］

【基本案情】

马 A 向本院提出诉讼请求：

1. 威海市 B 汽车销售有限公司（以下简称 B 公司）向原告返还预存活动券款 100 元及定金 2000 元；

2. B 公司向原告支付三倍赔偿款 6300 元，C 销售公司对此承担连带赔偿责任；

3. B 公司支付律师服务费 3000 元，C 销售公司对此承担连带赔偿责任；

4. 被告支付本案诉讼费。

事实和理由：

原告欲从 B 公司处购买比亚迪·元 plus510 旗舰版汽车，于 2022 年 5 月 29 日交付了 100 元预存活动券款。B 公司的夏某称“6 月份不一定能够提到车，但是 7 月份肯定能够提车”，原告基于 7 月能提车的承诺于 2022 年 5 月 31 日按照 B 公司的要求转了 2000 元订金。随后夏某提供了购车协议，协议文本中没有约定交车日期，原告提出异议，夏某仍口头宣称 7 月底之前一定可以交车。原告一再要求将提车日期写进协议，夏某又称“领导说订单太多了，7 月份肯定交不了车”。原告因此拒绝签订合同，要求全额退款。夏某称可以退还订金及活动券款，最晚 3 日之内退还，原告按照要求提供了全部信息，约定时间未收到任何退款。之后原告多次联系并投诉至 C 销售公司厂家客服，依然没有接到 B 公司及 C 销售公司的任何回复及退款。

原告认为，《消费者权益保护法》第五十五条第一款及《欺诈消费者行为处罚办法》（已失效）第三条关于欺诈消费者行为的规定，B 公司的行为构成欺诈型销售及侵占消费者预付款的行为。C 销售公司作为厂商不能及时处理投诉并督促 B 公司退款，致使原告利益受损也应承担连带赔偿责任。

B 公司答辩称：

1. 原告交纳的定金依法无须退还。原告与 B 公司已于 2022 年 5 月 31 日就原告所购车辆的车型、颜色、价格、定金等主要条款达成一致，原告也依约交纳了定金 2000 元，车辆买卖合同依法成立，不能因为疫情无法在书面合同上签字就对合同效力产生怀疑。合同成立后，任何一方无权擅自变更或解除。

2. B 公司没有欺诈原告。原告到 B 公司购车时就知道是期车而不是现车，所以 B 公司无法明确具体哪一天交车，只能告诉原告大约 7 月底，合同中写的是预提时间以实际到车为准。原告对上述情况明知并认可，并交纳了定金 2000 元，其仅因为 2022 年 7 月底前交车不写在合同上就单方要求解除合同，进而要求三倍赔偿，于法无据。2022 年 8 月 3 日车辆到店，B 公司立即通知原告提车，原告拒绝提车，是原告违约。整个过程中，B 公司没有任何欺诈原告的言行，不应支付三倍赔偿。

C 销售公司答辩称：

1. C 销售公司并非本案适格被告。本案系买卖合同纠纷，原告系与 B 公司签订买卖合同，而非与 C 销售公司签订，C 销售公司既非合同当事人，也不是车辆的生产厂家，与案涉买卖合同无任何利害关系。

2. 本案中不存在消费欺诈行为。原告与 B 公司签订的《车辆订购协议》中约定交付时间以实际到车为准，即在合同签订时，原告就已知晓其所订购的车辆没有库存，需要厂家发货。B 公司不存在有意隐瞒事实、导致原告产生错误认识，进而签订买卖合同的行为，因此不符合欺诈行为的构成要件，不属于消费欺诈行为。

综上，请求依法驳回原告的全部诉讼请求。

【裁判结果】

法院经审理认定事实如下：

2022 年 5 月 29 日，原告向 B 公司转账 100 元，转账目的为“预存活动券”。

2022 年 5 月 31 日上午，原告向 B 公司转账 2000 元，备注“元 PLUS 订金（马 A）”。转账后，原告告知了 B 公司销售人员夏某，双方沟通了赠品的情况。当日下午，夏某将 B 公司盖章的《车辆订购协议》拍照发给了原告，协议中载明订购人马 A 的信息、车辆价格 15.78 万元、定金 2000 元、预提时间为以实际提车到车为准等，并约定了赠品及享受交 100 抵 1000 元保养代金券。夏某向原告发信息称“请您确认车型颜色价格定金等相关内容。因疫情封城合同未签字，现在请您回复‘确认’，则该定购合同生效”。原告询问“上午说的送我的五百元代金券不写吗？”“再一个提车时间能不能写上 7 月底之前？”夏某回复“你放心就行，只要没有疫情影响，肯定能提”，原告再次要求写上交车时间 7 月底，夏某回复“你放心就行，肯定能提，提不了你找我就行”。原告未回复“同意”。

2022 年 8 月 3 日，B 公司打电话通知原告可以提车，原告未提车。

法院认为：当事人订立合同可以采取要约、承诺方式或者其他方式。

本案中，2022 年 5 月 31 日原告与 B 公司就购车事宜进行了协商，原告支付了 2000 元，备注“订金”而非“定金”，故不能认定此时双方之间的合同已经成立。2022 年 5 月 31 日下午,B 公司销售人员夏某将合同拍照发送给原告,并告知原告回复同意后合同即生效,该行为系发出要约。被告收到要约后未作出承诺,该合同并未成立。合同的解除以合同成立并生效为前提,案涉合同并未成立,故原告要求解除合同,法院不予支持。原告与 B 公司对提车时间不能达成一致,最终未签订合同,原告要求 B 公司退还已收取的活动券款 100 元及订金 2000 元,理由正当,法院予以支持。原告与 B 公司之间未签订合同,本案不存在 B 公司有意隐瞒事实导致原告在违背真实意思情况下实施民事法律行为的事实,B 公司未构成欺诈,对于原告要求三倍赔偿款的诉讼请求,法院不予支持。

原告与 B 公司之间并无关于发生诉讼后律师服务费如何负担的约定,原告要求 B 公司承担其为本案诉讼支付的律师服务费,理由不当,法院不予支持。

C 销售公司与原告、与 B 公司之间不存在合同关系,原告要求 C 销售公司对 B 公司的上述债务承担连带清偿责任,于法无据,法院不予支持。

综上所述,判决如下:

1. 被告 B 公司于本判决生效之日起 10 日内退还原告马 A 款项 2100 元,可付至马 A 银行账户;

2. 驳回原告马 A 要求被告 B 公司支付三倍赔偿款 6300 元的诉讼请求;

3. 驳回原告马 A 要求被告 B 公司支付律师服务费 3000 元的诉讼请求;

4. 驳回原告马 A 要求 C 销售公司对 B 公司的上述债务承担连带清偿责任的诉讼请求。

【律师分析】

本案主要问题为汽车销售过程中,销售顾问作为汽车经销商的工作人员,其与客户就购买订金支付、车型选购、车辆交付及购车合同签订等事宜沟通过程中涉及的法律法规规定的要约、承诺、合同效力等方面问题。

根据《民法典》的相关规定,当事人可以采取要约、承诺方式或者其他方式订立合同,要约是希望与他人订立合同的意思表示,承诺是受要约人同意要约的意思表示。以对话方式作出的意思表示,相对人知道其内容时生效;以非对话方式作出的意思表示,到达相对人时生效。

本案中:

1. 原告支付了 2000 元,备注"订金"而非"定金",不能认定此时双方之间的合同已经成立,可以理解为双方达成了初步购车意向。但如果 2000 元为"定金”性质的，则双方就购车事宜达成了定金合同，定金合同属于担保合同。

在此情况下，如原告违约，则其不能向被告主张返还2000元定金；如被告违约，则原告可向被告主张双倍返还定金，合计4000元。

2. B公司销售人员夏某将《车辆订购协议》拍照发送给原告，并告知原告回复同意后合同即生效，该行为系发出要约，即B公司销售人员夏某将《车辆订购协议》拍照发送给原告，目的是希望与原告订立合同，原告回复同意后，《车辆订购协议》即生效。但原告收到被告的要约后，并未向被告作出承诺，因此案涉《车辆订购协议》并未成立，更没有生效。

3. 合同的解除以合同成立并生效为前提，由于案涉《车辆订购协议》并未成立和生效，故不存在原告要求解除合同的问题。

4. 原告与B公司对提车时间不能达成一致，双方最终未签订《车辆订购协议》，原告要求B公司退还已收取的活动券款100元及订金2000元，理由正当。

5. 由于原告与B公司之间未签订《车辆订购协议》，本案不存在B公司有意隐瞒事实导致原告在违背真实意思情况下实施民事法律行为的事实，B公司未构成欺诈。因此，对于原告要求三倍赔偿款的诉讼请求，法院不予支持。

【律师建议】

结合本案实际情况，从汽车经销商合规及风险防范的角度，我们建议：

1. 由于订立合同可以采取要约、承诺方式或者其他方式，包括口头、录音、微信等方式，只要相关形式、内容符合要约、承诺的要件，双方就可能成立合同甚至合同生效，直接对客户和汽车经销商均有法律约束力。因此，销售顾问在日常汽车销售活动过程中，谨慎通过口头或微信等非正式方式向客户作出任何承诺，否则可能会给汽车经销商带来不利后果。

2. 汽车经销商在日常管理过程中，应加强和规范对员工行为及对外销售话术的内容和演练，加强合同法律法规知识培训，强化法律风险防范意识。

3. 在新车销售合约内容和条款的起草、设计方面，明确涉及汽车销售及相关内容，以汽车经销商和客户最终签订的《新车销售合约》内容为主，之前所进行的相关沟通、磋商等内容，不对双方产生法律约束力。

【法律规定】

《民法典》

第一百三十七条　以对话方式作出的意思表示，相对人知道其内容时生效。

以非对话方式作出的意思表示，到达相对人时生效。以非对话方式作出的采用数据电文形式的意思表示，相对人指定特定系统接收数据电文的，该数据电文进入该特定系统时生效；未指定特定系统的，相对人知道或者应当知道该数据电文进入其系统时生效。当事人对采用数据电文形式的意思表示的生效时间另有约定的，按照其约定。

第四百七十一条　当事人订立合同，可以采取要约、承诺方式或者其他方式。

第四百七十二条　要约是希望与他人订立合同的意思表示，该意思表示应当符合下列条件：

（一）内容具体确定；

（二）表明经受要约人承诺，要约人即受该意思表示约束。

第四百七十九条　承诺是受要约人同意要约的意思表示。

第四百八十一条　承诺应当在要约确定的期限内到达要约人。

要约没有确定承诺期限的，承诺应当依照下列规定到达：

（一）要约以对话方式作出的，应当即时作出承诺；

（二）要约以非对话方式作出的，承诺应当在合理期限内到达。

第四百八十四条　以通知方式作出的承诺，生效的时间适用本法第一百三十七条的规定。

承诺不需要通知的，根据交易习惯或者要约的要求作出承诺的行为时生效。

第四百八十八条　承诺的内容应当与要约的内容一致。受要约人对要约的内容作出实质性变更的，为新要约。有关合同标的、数量、质量、价款或者报酬、履行期限、履行地点和方式、违约责任和解决争议方法等的变更，是对要约内容的实质性变更。

第五百八十六条　当事人可以约定一方向对方给付定金作为债权的担保。定金合同自实际交付定金时成立。

定金的数额由当事人约定；但是，不得超过主合同标的额的百分之二十，超过部分不产生定金的效力。实际交付的定金数额多于或者少于约定数额的，视为变更约定的定金数额。

第五百八十七条　债务人履行债务的，定金应当抵作价款或者收回。给付定金的一方不履行债务或者履行债务不符合约定，致使不能实现合同目的的，无权请求返还定金；收受定金的一方不履行债务或者履行债务不符合约定，致使不能实现合同目的的，应当双倍返还定金。

二、要约邀请

《民法典》第四百七十三条规定："要约邀请是希望他人向自己发出要约的表示。拍卖公告、招标公告、招股说明书、债券募集办法、基金招募说明书、商业广告和宣传、寄送的价目表等为要约邀请。商业广告和宣传的内容符合要约条件的，构成要约。"

汽车广告是商业广告的一种形式，在汽车销售环节，汽车商业广告和宣传是必不可少的。汽车商业广告和宣传，包括汽车生产商所做的汽车商业广告和宣传，例如每当一款新车上市时，汽车生产商一般会通过各大媒体进行广告宣传和推广，也包括汽车经销商在汽车销售环节发布的各种关于汽车促销活动或优惠政策的电视、电台或媒体报纸广告。

一般的汽车商业广告和宣传并不能构成一个要约，但也不排除有些内容确定的汽车商业广告和宣传构成要约。根据《民法典》第四百七十二条的规定，一项意思表示构成要约，应当符合"内容具体确定"及"表明经受要约人承诺，要约人即受该意思表示约束"两个条件。

而认定一则汽车商业广告或者商业宣传是否符合要约的条件，需要根据实际情况进行判断。

举个例子：某广汽本田 4S 店需要处理一批库存车，为加快处理速度，在广东卫视电视台发布了一则汽车广告称："我公司现有广本某车型某配置的汽车 50 辆，每辆价格人民币 98,000 元（包牌落地一口价），在 2023 年 9 月 30 日前保证现车供应，欲购从速。"该则汽车广告的内容具体确定，"在 2023 年 9 月 30 日前保证现车供应"的内容可能会被认定为其表明了一经承诺即受拘束的意思，从而被视为要约。

该则广告发布后，如消费者刘某于 2023 年 8 月 25 日带上车款来到该 4S 店，要求按照广告上所说的价格购买一辆广本某车型某配置的汽车，则该 4S 店必须按照该价格向消费者刘某出售一辆广本某车型某配置的汽车，并且是 98,000 元包牌落地。如该 4S 店不能履行交车义务，则构成违约，需要向消费者刘某承担不能交车的违约责任；消费者刘某可以主张要求该4S店继续履行合同，继续按照广告内容完成交车义务。如因此给消费者刘某造成损失，刘某还可以要求该4S店承担赔偿责任。

第二节 签　约

一、格式合同

《民法典》第四百九十六条第一款规定，格式条款是当事人为了重复使用而预先拟定，并在订立合同时未与对方协商的条款。

从字面理解，格式条款应当具备以下特征：

1. 格式条款是“为了重复使用”。需要注意的是，法条的表述系“为了”重复使用，格式条款实际是否重复使用多次并非考量的重点。而实践中，在认定是否属于格式条款时，也几乎不会考量格式条款提供方是否实际多次重复使用。值得一提的是，如果合同条款是面向社会不特定公众，合同相对方具有广泛性和不确定性，通常可以理解为合同条款是为了重复使用。

2. 格式条款是预先拟定的，即合同条款在合同签订前已经拟定。

3. 格式条款系未经合同缔约方协商的条款，即格式条款具有“不可协商性”。此乃格式条款的核心要素、本质特征。实践中，也多是从此角度对是否属于格式条款作出认定。

汽车经销商提供的销售合同版本一般是提前拟定印刷好的，为了和不特定的购车者反复、重复签订使用，并在签订时不再与客户对具体条款进行协商修改（合同签订主体信息、车辆信息、价款及保险等差异化信息除外），因此通常被认定为格式合同。

二、新车销售合约签订流程与细节

当商家销售较大金额的商品时，一般会和买方或消费者签订书面买卖合同，就销售标的的具体信息、双方的具体权利义务等内容作具体约定，例如进行汽车销售,汽车经销商和消费者通常会签新车销售合同。而这些合同版本都是由汽车经销商提供的,且是通用的格式合同。

正是由于这些合同是格式版本的,很多销售人员主观上认为没必要给客户讲解合同条款。实际上,相当数量的客户是非常在意合同条款的,需要销售人员帮他们解读合同,但很多销售人员会忽视顾客的这种需求,这种疏忽不仅让顾客心存困扰,也给自己留下了很大的隐患。

为规范行为和规避风险,建议汽车经销商建立、完善签订流程与细节:

1. 确认合同内容

首先,销售人员能够清楚回答客户关于书面文件的疑问,确认客户已经全部理解了书面文件。

其次,仔细核对与确认合同的每一项内容。汽车销售合同中通常包含以下内容:买卖双方信息,车辆型号、颜色、具体配置、数量、新车指导价、最终成交价、汽车精品项目、车险项目、促销活动内容、预计提车时间;如果是分期购车,合同上还需写明首付比例、贷款时长、贷款产品、贷款机构、月供、服务费等。具体说明如下:

(1)买卖双方信息:卖方一般是某某汽车销售服务有限公司,需要在合同上明确写出公司名称、组织机构统一社会信用代码、注册地址、备案电话,买方信息包含姓名、身份证号、地址、电话等。

(2)车辆型号:这里务必要写官方标准名称,不要写缩写或简称,汽车的官方名称一般由“品牌+车型+年代款+排量+版本型号”构成。例如,奥迪 A6L 2023 款 45 TFSI 豪华雅致型,不要简写为豪华版或 45 TFSI,更不能写成中配、高配。客户对汽车的了解或知识、信息有限,对车辆配置的理解大多是类似低配、中配、高配这样的区分或概念。合同签订是一项很正式、严谨的事项,合同一定要专业、严谨,这才能体现汽车经销商的规范,以及对客户的重视和尊重,值得客户托付和信赖。

(3)精品项目:合同中需要写清楚顾客选购的服务项目、品牌、价格、预计完工时间。

(4)车险项目:合同中写清楚投保的保险公司、保险险种、三责险额度、各项保险保费、保费合计。

(5)促销活动内容:如果是在商家举行大型活动期间订车,务必要把当时的活动政策具体内容写清楚,避免因后期遗忘造成不必要的纠纷。

(6)预计提车时间:订车合同上需要有明确的提车时间,这点对买方尤其重要。通常卖方会把这个时间签得比较保守,因此对买方而言,合同上的交车时间基本可以理解为最迟提车时间。

(7)分期服务:需要写明的信息包括首付比例、贷款时长、贷款产品、贷款机构、月供、服务费,这些信息可以为客户核对自己所支付的费用提供依据,也能避免后期的重复沟通。

(8)违约责任:合同上应写明违约责任,买卖双方约定承担对等的违约责任。在未约定违约责任的情况下,默认买卖双方都可以不承担违约责任。

(9)资金安全:客户的定金必须直接交到收银处,销售顾问不得代收。资金安全问题需要汽车经销商事先向销售顾问宣导,明确公司对客户车款的收取方式、流程及相关要求,并通过制度流程设计,配套书面文件的签署与确认,将收付款、开具发票等问题在执行层面切实落实到位。

2. 合同签订

(1)注意合同上的签名栏,卖方盖章签名栏需要汽车经销商盖公章,同时要有销售顾问签字,买方签名栏必须是客户本人签字,如果是顾客委托其他人代为签订合同,需要提供授权委托书。

对于合同中有免除、减轻汽车经销商义务或责任,或加重消费者负担,排除或减少消费者某些权利的,需要粗体提醒消费者注意,最好能让客户在签名栏旁手写一行字,例如:"对于以上合同内容,乙方已认真阅读该合同所有条款,对于免除或限制甲方责任等有不明之处之条款,已向甲方提出要求,并由甲方予以充分清晰的解释与说明。本合同经双方签字盖章后,视为双方清楚、理解并同意合同的所有条款内容,双方均需严格遵守与执行。"

(2)汽车销售合同一般一式三份,顾客一份、财务一份、销售顾问一份。收付款方面,安排客户将定金或车款直接交到收银处,合同可盖上收银章,并为客户出具一份收据(在付清全部车款之前),收据款项可以冲抵购车款。销售顾问把购车合同和收据整理好交给客户,并提醒顾客妥善保管。待客户付清全部款项之后,再依法开具相关发票。

三、签约注意事项

签约环节是汽车销售的关键环节，合同内容的拟定、合同版本的准备、合同内容的说明及签约过程涉及提醒等细节，均需在整体签约流程中进行规范、确认，包括相关附随、配套文件的准备与签署。

在签约过程，应注意的主要事项包括以下几个方面。

（一）明示收费项目及价格

《汽车销售管理办法》第十条规定，经销商应当在经营场所以适当形式明示销售汽车、配件及其他相关产品的价格和各项服务收费标准，不得在标价之外加价销售或收取额外费用。

根据上述规定，额外收取费用未经公示存在违法违规风险，但汽车销售的"价外费"属于行业常见现象，在实际操作中也很难杜绝或避免。比如，车辆销售外的精品销售可能是一个独立的销售环节，在这个环节，汽车经销商可能不与客户签订书面的销售合同，也有可能签订多份合同，导致客户感觉存在多项收费或收费不合理等问题而导致双方产生争议或分歧。

对此，我们建议：

1. 销售合同中应当明示价格，如有价格外的收费，可以在合同中列明确或作为合同附件列明确供客户勾选、确认。

2. 在精品销售环节，也应当注意与客户另行签订合同，或单独出具精品清单让客户签字确认，并且明确该精品的产地、规格、型号等信息，从合同层面规避该部分风险。

（二）完善合同售后条款

《汽车销售管理办法》第十一条规定，经销商应当在经营场所明示所出售的汽车产品质量保证、保修服务及消费者需知悉的其他售后服务政策，出售家用汽车产品的经销商还应当在经营场所明示家用汽车产品的"三包"信息。

《家用汽车产品修理更换退货责任规定》对车辆的修理、更换以及退货作了明确规定，但在具体车辆销售场景中，汽车经销商的条件往往会更加优惠，因此每一台车的情形均存在差异。如果未做进一步的明确和说明，则可能造成无法操作、执行迟缓，甚至引发客户投诉的后果。

对此，我们建议：

1. 销售过程中，专门向消费者讲解“三包”信息，包括保修期、保修服务、包退、包换等信息，并让消费者签署确认书。

2. 在合同中明确约定保修的期限、保修的范围、退换车辆的条件及流程，并与客户协商一致，选择双方都认可的争议解决方式及第三方鉴定机构等主要条款或信息。

（三）明确车辆质量瑕疵解决流程

在司法实践中，汽车产品的质量问题或纠纷是汽车行业争议高发领域。

车辆作为机械工业产品，一辆车由几万个大大小小的零部件组成，技术要求高，工艺流程复杂，在正常使用过程中不可避免会出现故障。出现车辆故障时，应当如何确定该故障属于车辆本身的质量瑕疵问题，还是由于外力导致的车辆故障，此时双方可能会各执一词，都认为车辆故障是对方导致的，或主张该车辆故障问题与自己无关。

双方发生争议后，如果在合同中没有对车辆质量争议的具体解决流程、方式作出明确安排，则会加大对争议问题处理的时间和难度，最终也会对汽车经销商、汽车品牌等在声誉、商誉等方面造成不良影响。

对此，我们建议：

1. 在汽车销售合同中明确约定，交付的车辆可能存在的某些问题或瑕疵，是汽车在运输、仓储、整备、展示、售前检测（PDI 检测）等过程正常的、合理的行为或情形，不属于车辆真正的瑕疵，或不属于汽车经销商有意隐瞒或欺诈的行为。

例如，我们可以在新车销售合同中约定：

“即使交付的车辆存在以下情形（如有），卖方交付的车辆视同为符合本合同约定的全新车辆，买方不得因此以交付的车辆为非新车，或以卖方存在隐瞒、欺诈或其他理由向卖方索赔：

（1）为体现汽车用品、精品装车效果，该车辆曾经加装或取下过某些汽车用品、精品等（如有）；

（2）为体现车辆装饰效果，该车辆曾经安装、取下过某些饰品、饰件等（如有）；

（3）该车辆在新车到店时，卖方例行对车辆进行的各项常规检测（PDI 检测）等（如有）；

(4)为展示车型,曾将该车辆摆放于展厅或其他公共场所(如有);

(5)可能发生在该车辆销售前的,但对该车辆的质量、性能等方面不产生实质性影响的其他任何行为(如有)。”

2. 汽车经销商与客户可在销售合同中约定若出现车辆故障情形,并且使用现有检测技术无法确认是否为车辆本身质量问题,双方共同委托某一个第三方机构对故障原因进行鉴定,并且双方均接受鉴定结果。

四、汽车合同文本体系

汽车经销商在日常业务开展过程中,在各大业务环节难免与交易相关方产生争议、发生纠纷。产生争议、发生纠纷并不可怕,关键是产生争议、发生纠纷之后如何快速、妥善解决,将自身损失、影响降到最低的同时,使相关方得到一个满意,至少是一个对经销商负面影响降到最低的处理结果。此时,在相关业务开展过程中形成的各类书面文件,包括合同、协议、承诺函、确认书、声明书等,对问题或纠纷解决的效率、效果等影响至关重要。

一份规范、充分、具有一定预见性的购车合同及构建完备的汽车买卖合同文本体系,不仅象征着汽车经销商的契约精神,更代表了汽车经销商规范经营、用心服务的态度,是汽车经销商长远发展、树立良好品牌并赢得用户的必要条件之一。

本书在最后一章节,结合笔者在汽车行业法律服务十多年的经验,总结和梳理了一套涉及汽车销售企业日常经营管理各个环节可能用到的相关合同、协议及配套使用文件,以此供各汽车相关经营者参考使用。

【案例18】车辆在运输途中造成划伤修复在销售前未告知客户,4S店需要向客户“退一赔三”吗?

【案例来源】张A诉北京B汽车服务有限公司汽车买卖合同纠纷案[最高人民法院指导案例17号(2013年)]

【基本案情】

张A诉北京B汽车服务有限公司(以下简称B公司)汽车买卖合同纠

纷一案(以下简称指导案例17号),也是涉及汽车买卖合同及构成销售欺诈的案例。

2007年2月28日,原告张A与被告B公司签订《汽车销售合同》,购买上海通用雪佛兰景程轿车一辆,价格人民币138,000元,约定为新车。合同签订当日,张A支付了购车款,B公司将上海通用雪佛兰景程轿车交付张A,并办理了机动车登记手续。2007年5月13日,张A在将车辆送至B公司做保养时,发现该车于2007年1月17日进行过维修。

B公司表示该车辆在运输途中造成划伤,于2007年1月17日进行过维修,且对于车辆曾进行维修一事已在销售时明确告知张A,并据此予以较大幅度优惠。为证明上述事实,B公司提供了车辆维修记录及有张A签字的日期为2007年2月28日的车辆交接验收单一份,在车辆交接验收单备注一栏中注有"加1/4油,此车右侧有钣喷修复,按约定价格销售"。B公司表示该验收单系该公司保存,张A手中并无此单。对此,张A表示对于车辆维修记录没有异议,车辆交接验收单中的签字确系其所签,但B公司在销售时并未告知车辆曾有维修,其签字时备注一栏中没有"此车右侧有钣喷修复,按约定价格销售"的字样。

北京市朝阳区人民法院于2007年10月作出民事判决,撤销购车合同,张A退还轿车,B公司退还购车款124,200元,并赔偿张A购置税12,400元、服务费500元、保险费6060元及加倍赔偿购车款138,000元。一审判决后,B公司提起上诉,北京市第二中级人民法院于2008年3月13日作出二审判决:驳回上诉,维持原判。

【律师分析】

1.本案的争议焦点是B公司是否事先履行了告知义务。

B公司提交的有张A签名的车辆交接验收单,因系B公司单方保存,且备注一栏内容由该公司不同人员书写,加之张A对此不予认可,该验收单不足以证明张A对车辆维修过有所了解。而车辆销售价格的降低或优惠以及赠送车饰是销售商常用的销售策略,也是双方当事人协商的结果,不能由此推断出B公司是在告知张A汽车存在瑕疵的基础上对其进行了降价和优惠。

因此,B公司抗辩称其向张A履行了瑕疵告知义务,法院不予采信,并认定B公司在售车时隐瞒了车辆存在的瑕疵,有欺诈行为,应退还购车款并加倍赔偿张 A 的损失。

2. 通过上述最高人民法院指导案例 17 号，经营者应当依法向消费者履行告知义务，且需有效证明已尽到告知义务。

因此，对于经营者来说，应当重视诚信经营和风险管控，要构建有效的汽车买卖协议文本体系，不仅包括通用条款、通用文本，还应当就汽车销售过程中一些个案、个例进行有效的个性化文本或书面文件的设计、补充与完善，同时强化对一线人员的合同管理培训，以履行经营者的告知义务，并能以有效的书面文件予以约定或确认，以证明其已履行告知义务。

【律师建议】

随着汽车技术的层出不穷，车辆的日益智能化，汽车买卖合同已不仅仅是早年的一份销售合同，现已形成一套完备的书面文本体系，包括用相关合同、协议、告知、承诺、声明、用户权益告知书、三包手册、维修手册等汽车买卖合同文本体系，且呈现方式日趋无纸化，如通过微信公众号、微信小程序、App 等载体或电子化方式，相关合同、协议等文件的签署也日趋电子化，可以线上操作与完成。

如何在汽车买卖合同文本中规避法律风险，我们建议：

1. 明确汽车买卖合同文本的内容统一性、完整性及效力优先性

在汽车销售环节，新车销售合同的签署往往不是一步到位，而是包括邀约客户，到店洽谈，签署购车意向书，支付购车定金等前期一系列环节，若前期环节预订协议中相关约定与正式的新车销售合同文本内容约定不一致，可能会引发争议纠纷。

根据《民法典》第四百九十七条的规定，提供格式条款一方不合理地免除或者减轻其责任、加重对方责任、限制对方主要权利，或提供格式条款一方排除对方主要权利的，该格式条款无效。因此，对于同一问题存在两种以上不同的约定或理解的时候，司法实践中往往会以对消费者有利的约定为准，或选择对消费者有利的理解或解释。

另外，如果汽车经销商对于相关车型的性能、配置等通过公司网站、微信公众号、App 等平台或方式做过相关宣传，或就车辆相关性能、配置与消费者做过相关协商、承诺或确认，对于实际交付车辆与此类宣传、承诺之间的区别，汽车经销商也应充分披露明示与告知，否则有可能涉及重大误解，或消费者直接以欺诈为由主张“退一赔三”。

因此,汽车经销商应当在正式的汽车买卖合同文本中对此予以重视并进行明确约定,应对自身汽车买卖合同文本模板进行审查,注意是否存在该类完全排除汽车经销商责任,或限制消费者权利的格式条款,并且保持购车买卖合同文本体系内容的统一性、完整性。

在购车的不同环节,应结合实际对特定问题、特定事项作出特定约定。对于免责条款的约定不应过于宽泛(如约定"不承担任何责任"或"不对任何损失承担责任"等),而应当对免责的范围予以合理限定,否则,相应的免责条款可能为无效条款。

如存在前后针对同一问题或事项有不同约定,应该明确约定效力优先适用的条款或内容,以消除消费者可能的误导或理解差异,以保证已履行充分的、清晰的、无争议的告知义务。

2. 注意汽车买卖合同中的三包责任约定

《家用汽车产品修理更换退货责任规定》明确规定了法定三包责任范围,且明确了汽车销售者为汽车三包责任中的主体。汽车经销商在与消费者签订的汽车相关合同、协议中,如涉及三包责任范围相关内容,该条款约定的三包范围应当大于或至少等于《家用汽车产品修理更换退货责任规定》中的法定三包责任范围,如突破《家用汽车产品修理更换退货责任规定》法定三包责任范围底线,该条款则可能为无效条款。

《家用汽车产品修理更换退货责任规定》第四十条规定:"质量问题,指家用汽车产品质量不符合法律、法规、强制性国家标准以及企业明示采用的标准或者明示的质量状况,或者存在影响正常使用的其他情形。"汽车质量问题,除了包括汽车产品不符合法律、法规、强制性国家标准的情形,也包括汽车产品质量不符合企业明示采用的标准或者明示的质量状况,并影响正常使用的情形。

因此,在汽车销售等环节,汽车经销商应当确认相关汽车买卖合同及其附件文本中,是否存在对于车辆适用标准的明确承诺。尤其是在汽车销售环节客户加装的汽车精品,或汽车经销商赠送的一些汽车用品,如果此类汽车精品或用品通过外包装等形式明确产品适用的企业、行业或国家制定的推荐性标准,汽车经销商应确保相关汽车精品或用品的质量是否严格符合该明示的质量执行标准。

3. 明确投诉渠道

《汽车销售管理办法》第十八条规定，供应商、经销商应当建立健全消费者投诉制度，明确受理消费者投诉的具体部门和人员，并向消费者明示投诉渠道。投诉的受理、转交以及处理情况应当自收到投诉之日起7个工作日内通知投诉的消费者。

因此，出于合法合规的角度，建议汽车经销商在相关购车协议中列明，或单独以书面告知或提醒的方式明确投诉的处理人员、处理方式及渠道，且约定的投诉处理时间不应长于法律规定的7个工作日。

【法律规定】

1.《消费者权益保护法》

第五十五条　经营者提供商品或者服务有欺诈行为的，应当按照消费者的要求增加赔偿其受到的损失，增加赔偿的金额为消费者购买商品的价款或者接受服务的费用的三倍；增加赔偿的金额不足五百元的，为五百元。法律另有规定的，依照其规定。

经营者明知商品或者服务存在缺陷，仍然向消费者提供，造成消费者或者其他受害人死亡或者健康严重损害的，受害人有权要求经营者依照本法第四十九条、第五十一条等法律规定赔偿损失，并有权要求所受损失二倍以下的惩罚性赔偿。

2.《家用汽车产品修理更换退货责任规定》

第十八条　家用汽车产品的三包有效期不得低于2年或者行驶里程50,000公里，以先到者为准；包修期不得低于3年或者行驶里程60,000公里，以先到者为准。

三包有效期和包修期自销售者开具购车发票之日起计算；开具购车发票日期与交付家用汽车产品日期不一致的，自交付之日起计算。

3.《汽车销售管理办法》

第十一条　经销商应当在经营场所明示所出售的汽车产品质量保证、保修服务及消费者需知悉的其他售后服务政策，出售家用汽车产品的经销商还应当在经营场所明示家用汽车产品的“三包”信息。

第十六条　供应商、经销商应当在交付汽车的同时交付以下随车凭证和文件，并保证车辆配置表述与实物配置相一致：

(一)国产汽车的机动车整车出厂合格证;

(二)使用国产底盘改装汽车的机动车底盘出厂合格证;

(三)进口汽车的货物进口证明和进口机动车检验证明等材料;

(四)车辆一致性证书,或者进口汽车产品特殊认证模式检验报告;

(五)产品中文使用说明书;

(六)产品保修、维修保养手册;

(七)家用汽车产品"三包"凭证。

4.《民法典》

第四百九十七条　提供格式条款一方不合理地免除或者减轻其责任、加重对方责任、限制对方主要权利,或提供格式条款一方排除对方主要权利的,该格式条款无效。

第三节　付　　款

一、定金

《民法典》第五百八十六条规定,当事人可以约定一方向对方给付定金作为债权的担保。定金合同自实际交付定金时成立。定金的数额由当事人约定;但是,不得超过主合同标的额的20%,超过部分不产生定金的效力。实际交付的定金数额多于或者少于约定数额的,视为变更约定的定金数额。

《民法典》第五百八十七条规定,债务人履行债务的,定金应当抵作价款或者收回。给付定金的一方不履行债务或者履行债务不符合规定,致使不能实现合同目的的,无权要求返还定金;收受定金的一方不履行债务或者履行债务不符合约定,致使不能实现合同目的的,应当双倍返还定金。

定金是一个规范的法律概念,是合同当事人为确保合同的订立、生效或履行等而自愿约定的一种担保形式,是违约责任承担的方式之一。定金的履行规则是有明确的法律规定的,如果是给付定金一方导致合同不能履行,其已交付的定金是不予返还的;如果是因为收受定金一方导致合同不能履行,则应双倍返还已收受定金。

定金成立必须满足以下要件：

1. 最高限额不超过主合同标的的 20%（超出部分可视为预付款）。

2. 定金约定的方式必须是书面形式（这是法定形式，口头约定无效）。

3. 定金是实践合同，以实际交付为成立要件（如没有交付，则视为没有约定定金）。

4. 定金约定必须明确（如果约定不明确，则视为没有约定）。

【案例 19】消费者交了购车订金，之后自己不想买了，可向 4S 店主张退款吗？

【案例来源】 赵 A 与广州市白云区 B 汽车销售服务有限公司买卖合同纠纷案［广东省广州市白云区人民法院（2019）粤 0111 民初 4938 号民事判决书］

【基本案情】

2018 年 12 月 22 日，原告赵 A 与被告广州市白云区 B 汽车销售服务有限公司（以下简称 B 公司）签订《新车销售合约》，约定原告向被告购买讴歌车辆一台，价格为 285,800 元，原告支付 × 万元购车订金，被告开具相应订金收据。合同签订后，原告以购车计划有变、车辆款式不合意为由，向被告提出要求退回订金 × 万元，在被告拒绝退款后，原告向工商部门投诉解决未果，随后提起本案诉讼，请求法院判如所请。

【法院判决】

法院认为，原告与被告签订的《新车销售合约》是双方当事人的真实意思表示，内容未违反法律法规的强制性规定，合法有效，应恪守履行。原告以购车计划有变、车辆款式不合意为由，要求退款，实质属于原告单方违约，被告有权要求继续履行合约，且依据《新车销售合约》第十三条约定，原告无再继续付款，违约在先，被告有权不予退还订金。

综上，原告要求被告退还订金 × 万元于法无据，法院不予支持，依法予以驳回。

【律师分析】

本案是一起买卖合同纠纷，涉及“订金”是否应退还的问题。

1. 什么是“订金”

(1)一般情况下,交付订金视作交付预付款,不具有定金的性质,不具有明显的担保性质。

(2)交付订金的一方主张定金权利的,法律不予支持。

2. “订金”与“定金”的区别

(1)“定金”,根据法律规定,具有担保性质,根据定金罚则,给付定金的一方不履行约定债务的,无权要求返还定金,收受定金的一方不履行约定的债务的,应当双倍返还定金。

(2)对于“订金”,交付和收受订金的当事人一方不履行合同债务时,一般不发生丧失或者双倍返还预付款的后果。

3. 本案分析

(1)一般情况下,对于支付订金的一方违约,并要求解除合同及退还订金的,法院一般会基于双方丧失了继续履行合同的信任基础,裁判解除合同,退还订金。收受订金的一方退还订金后,如基于支付订金一方的违约行为造成己方损失,可要求对方赔偿损失。

(2)在本案中,原告起诉要求退还订金,存在两个问题:

①一般主张退还订金以解除合同为前提,但原告直接主张退还订金,而没有同时主张解除合同并要求退还订金;

②原告主张退还订金,理由是个人原因不想买这个车了,以此为由要求退还订金的,裁判存在不确定性。

(3)本案中,对于B公司而言,有以下两点优势:

①双方签订的《新车销售合约》合法有效。根据《新车销售合约》第六条第二款的约定,被告在原告不支付全部款项的时候,有权不予退还已收取的款项,并有权根据该合约第一条第三款的逾期付款约定,要求原告支付逾期付款的违约金。

②《新车销售合约》签订后,由于是原告单方违约并要求退款,实质是解除合同不再履行,被告有权不同意解除合同和退款,并要求原告继续履行合同。

综上,原告作为完全民事行为能力人,应当清楚知道签约及付款的后果,其认为被告没有提醒交了订金如果原告违约则不予退还的意见,显属无理,法院不予采纳,依法驳回了其全部诉讼请求。

本案属于小额诉讼案件，实行一审终审，一审判决作出即生效；任何一方当事人，即使对该判决不服的，均不得上诉。

但是对于生效判决，可以依法通过审判监督程序，予以申请再审。

【律师建议】

1. 对于汽车经销商

(1) 以本案为例，健全、规范的合同版本及内容，很好地进行法律风险的规避，起到了很好的风险防范作用，为企业的健康、稳健发展提供了有力的保护。

(2) 企业通过聘请法律顾问，对企业进行全身的法律体检与诊断，并及时、有效地提出有针对性的应对措施与方案，全力做好企业的事前风险防范，为企业的稳健发展提供强有力的后勤保障。同时，做好企业的事前风险防范，也更有利于风险的事中控制及事后补救，从各个环节，全方位地将可能的损失降到最低。

2. 对于客户

本案中，客户处于相对弱势地位：

(1) 汽车消费属于大宗项目消费，一般为一个家庭除购房外的第二大消费支付项目，在决定购买之前，需结合自身的经济实力、需求、用途，自己喜欢的汽车品牌、车型、颜色、配置、性能等方面给予综合考虑，再做最终决定。

(2) 在看到自己意向的车型决定下订但可能存在不确定性时，可先支付一定的"诚意金""意向金"或"订金"，要求商家开具收据，并在收据中要求商家注明"如在×天内买方决定不再购买的，卖方应无条件于×天内一次性退还全部款项（'诚意金''意向金'或'订金'）"。此时可不必着急签订汽车销售合同/协议，待进一步确定购买意向之后，再进行签约。

(3) 由于汽车销售合同/协议比较专业，签订前最好能有专业人士陪同参谋，对不合理的条款或对己方明显不利的内容，可以要求修改或删除，或通过补充协议的方式进行调整。

(4) 对于需要通过诉讼方式主张"意向金"或"订金"退还的，解除合同关系及要求退款两项诉求并提。

(5) 加强证据意识、维权意识，防患于未然。在车辆购买全过程，不管是售前、售中还是售后，每一个环节均需注意相关证据的及时收集与保存（包括合同、协议、发票、精品加装单、收据、转账记录、短信、微信聊天记录、电话录音、维修单、工单、结算单、三包手册、保养手册及相关内容的填写与记录等），不要临时抱佛脚,悔不当初。

【法律规定】

《民法典》

第五百八十六条 当事人可以约定一方向对方给付定金作为债权的担保。定金合同自实际交付定金时成立。定金的数额由当事人约定;但是,不得超过主合同标的额的百分之二十,超过部分不产生定金的效力。

第五百八十七条 债务人履行债务的,定金应当抵作价款或者收回。给付定金的一方不履行债务或者履行债务不符合约定,致使不能实现合同目的的,无权请求返还定金;收受定金的一方不履行债务或者履行债务不符合约定,致使不能实现合同目的的,应当双倍返还定金。

第五百八十八条 当事人既约定违约金,又约定定金的,一方违约时,对方可以选择适用违约金或者定金条款。定金不足以弥补一方违约造成的损失的,对方可以请求赔偿超过定金数额的损失。

二、付款与开票

在汽车销售环节,客户的购车付款方式一般可分为三种,第一是自行一次性付款,第二是通过向银行等金融机构申请贷款,第三是通过亲属或朋友代付款。

在收取车款与开票环节,需注意:

1. 事先书面提醒客户,所有消费的任何费用,一律只由公司指定财务人员通过公司对公账户(或对公收款二维码等)收取,并由公司财务开具相关收据或发票。未经过公司财务窗口确认的收费服务项目,公司一概不予负责,公司并未委托他人代收任何费用。

2. 公司严禁任何客户将任何应由公司收取的款项转入公司任何员工的个人银行卡、支付宝、微信等账户,转入公司规定以外账户的款项,公司一律不予承认。

3. 通过代付款方式付款的,需要客户与代付方签署代付款证明交由财务存档。

4. 发票不要低开。低开发票是严重的偷税漏税行为,是违法的。如果4S店给出的优惠是比较大的,客户就需要特别注意,是不是存在低开发票的问题。

【案例20】4S店收取购车定金之后但无法向消费者交付车辆，需要向消费者双倍返还购车定金吗？

【案例来源】全A与广州市B汽车销售服务有限公司买卖合同纠纷案［广东省广州市中级人民法院（2017）粤01民终19993号民事判决书］

【基本案情】

2016年10月国庆期间，全A与广州市B汽车销售服务有限公司（以下简称B公司）签订《新车销售合约》，约定全A向B公司购买讴歌TLX汽车一台，总成交价为344,800元。合约签订后，全A支付购车定金3万元。后全A多次催促B公司交车，B公司回复车还没到店，要到年底车才到店，具体交车时间以B公司书面通知为准。2016年12月，全A以B公司拖延交车为由提出解除销售合约，B公司对此予以确认，并于2016年12月下旬向全A退还定金3万元。

2017年2月，全A通过律师向B公司发出律师函，主张经全A多次催告，B公司至今未向全A交付车辆，并表示不再向其交付所购车辆，构成根本违约，并告知B公司全A已解除销售合约，主张B公司双倍返还定金合计6万元，要求B公司向其返还剩余3万元。

索要未果，全A就此向法院起诉。

【裁判结果】

一审法院认为，本案的争议焦点在于B公司未交付车辆是否构成违约。

双方在销售合约的约定“实际交车时间以甲方另行发出的通知为准”，该条款对合约双方均具有法律约束力。

根据销售合约的内容，交车时间应以B公司通知为准，全A主张B公司承诺在签订合同后两周左右交付车辆，但对此未提交证据证实，应承担举证不能的不利后果。在B公司未通知全A交车时间的情况下，全A主张B公司延期交付车辆构成违约依据不足，且全A未举证证实B公司在双方解除合同前表示不再向全A交付车辆，故全A主张B公司违约并要求B公司返还双倍定金的差额于法无据，一审法院不予支持，依法驳回其全部诉讼请求。

全A不服一审判决,提起上诉,二审维持一审判决。

【律师分析】

1. 本案是一起买卖合同纠纷,涉及定金是否应双倍返还的问题。

(1)定金是当事人方为了保证合同的履行,约定由一方当事人先行支付给对方一定数额的货币作为担保(定金的数额由当事人具体约定,但不得超过主合同标的额的20%)。

(2)合同履行后,定金应当抵作价款或者收回。

(3)根据《合同法》(已失效)第一百一十五条(现为《民法典》第五百八十七条)的规定,给付定金的一方不履行约定债务的,无权要求返还定金;收受定金的一方不履行约定的债务的,应当双倍返还定金。

2. 本案争议焦点为两点:

(1)销售合约中交车条款是否有效

①《新车销售合约》正面注明"本页背面附合约条款,与正面内容具有同等法律效力",同时全A在"本人已阅读本合约全部内容并完全理解同意"签名栏内签名确认。

②《新车销售合约》背面销售条款合约中约定,"实际交车时间以甲方另行发出的通知为准",该交车条款具有可操作性,并非免除B公司责任、加重对方责任、排除对方主要权利的条款。同时,根据日常生活经验判断,车辆购置属于个人的重大采购事宜,车辆的型号、品牌、配置、价款以及车辆交付日期等应属于车辆购置方特别关注的事宜,全A未能提交证据证明其在缔约过程中曾就交付车辆的条款提出异议,或者作出相应的变更,因此应视为全A同意该合约条款的适用,该合约条款应合法有效,对双方均具有约束力。

(2)B公司是否构成违约,是否应向全A双倍返还定金差额3万元

①对于交车日期,双方各自主张存在口头约定,全A说是签订合约后两周内,B公司说是在年底,但均无证据证实。按照合约交车条款的约定,在签约后合理期限内,B公司尚未通知全A交车时间的情况下,全A提出不要车了,并向B公司发送接收退款的账户信息,B公司同意办理退款,全A表示没问题,可见双方属于协商一致解除合同。

②没有证据显示,在双方解除合同前,B公司明确向全A表示不再交付车辆。双方解除合同后,B公司不再交付车辆,并未构成违约。B公司已向全某退还

定金 3 万元,全某请求 B 公司返还双倍定金差额 3 万元,没有事实与法律依据。

故一审驳回了全 A 的全部诉讼请求,二审维持了一审判决。

【律师建议】

1. 对于汽车经销商(卖车方)

(1)合同内容的设计,尽可能详尽且具有可操作性。对于一些不好把握的事项,如本案中的关于具体交车时间的约定,可以进行弹性设计,让自己具有可操作空间。

(2)在合同中关于可能涉及加重对方责任,排除对方权利,免除己方责任的条款,需要将内容文字加粗加大醒目处理。

(3)在合同的签字栏,用黑粗体字提醒购车方在签字前,需全面阅读合同全文内容,尤其是加粗加大部分内容,并提醒对方如有异议需在签字前提出,并提请店方给予充分解释说明。一旦购车方签字,即视为购车方同意并接受合同的全部条款内容。

汽车经销商作为面对不特定消费者开展业务的商家主体,为方便业务的开展及企业经营风险的防范,需提前制定好格式合同版本,且在合同版本及内容的设计方面,需结合企业的经营实际情况进行起草与制定。

健全、规范的合同版本及内容,能有效地进行法律风险的规避与防范,避免或尽可能降低可能给企业带来的损失,为企业的健康、稳健发展保驾护航。

本案中 B 公司《新车销售合约》内容的设计,就在这方面起到了很好的风险防范作用。

2. 对于客户(购车方)

本案中,交易双方,客户处于相对弱势地位:

(1)合同比较专业,签订前最好能有专业的朋友陪同参谋,对不合理的内容或对己方明显不利的内容,可以要求修改或删除,或通过签订补充协议进行调整;

(2)合同签订后,在合同的履行过程中,注意相关证据的收集与保存(如合同、协议、收据、转账记录、短信、微信聊天记录、电话录音等),并在与商家的每一次沟通中,注意相关内容的表达,最好能事先请教相关专业人士。

【法律规定】

《民法典》

第五百八十六条　当事人可以约定一方向对方给付定金作为债权的担保。

定金合同自实际交付定金时成立。

定金的数额由当事人约定;但是,不得超过主合同标的额的百分之二十,超过部分不产生定金的效力。实际交付的定金数额多于或者少于约定数额的,视为变更约定的定金数额。

第五百八十七条　债务人履行债务的,定金应当抵作价款或者收回。给付定金的一方不履行债务或者履行债务不符合约定,致使不能实现合同目的的,无权请求返还定金;收受定金的一方不履行债务或者履行债务不符合约定,致使不能实现合同目的的,应当双倍返还定金。

第五百八十八条　当事人既约定违约金,又约定定金的,一方违约时,对方可以选择适用违约金或者定金条款。

定金不足以弥补一方违约造成的损失的,对方可以请求赔偿超过定金数额的损失。

第四节　交　　车

一、交车流程

正常情况下,新车交付流程及相关事项参考如下。

(一)销售顾问

1. 销售部每日下班前联系第 2 日的交车客户,共享并及时更新新车交车预约计划表。

2. 销售顾问向客户介绍服务顾问和客户关系专员。

3. 销售部完善每日新车交车预约计划表,交客户关系部备档。

(二)服务顾问

1. 服务经理在第 2 日晨会时确定参与当日交车人员,确保新车及时交予客户。

2. 在客户交车时,服务顾问介绍售后的服务时间、服务流程、个性化服务、收费政策和注意事项。

（三）PDI 专员

提前进行车辆 PDI 检测准备工作，确保准确性。

（四）客户关系专员

1. 客户关系经理在第 2 日晨会时确定参与当日交车人员，确保新车及时交予客户。

2. 客户关系专员告知客户服务预约电话、讲解销售或售后服务满意度电话回访，以及问卷调研相关评价的事宜。

3. 每日新车客户档案、新车交车预约计划表备档。

（五）流程操作重点

1. 销售部制定并严格执行新车交车标准流程。

2. 销售部实时共享新车交车预约计划表，建议以纸质文档方式传递。

3. 服务顾问必须参加新车交车服务流程。

4. 客户关系专员必须参加新车交车流程。

（六）辅助资料

1. 新车交车预约计划表。

2. 新车交车流程。

3. PDI 临卖状态检查表。

4. 新车交车话术。

5. 新车交车 3 日回访提醒。

二、交车环节问题与建议

实践中，汽车经销商在交车环节主要存在以下问题。

（一）汽车经销商未提前进行整体检查导致车辆出现瑕疵

新车从厂家经过长途跋涉运输到经销商仓库，在运输过程中，难免会出现一些细微的瑕疵。这些瑕疵可能是一些无关车辆质量的小问题，但是一些新车客户，尤其是一些比较在意细节的新车客户，可能会十分在意，并且可能直接影响他们的提车心情和购车体验，导致客户向经销商索赔。

发生客诉之后，如果没有第一时间处理好，可能会导致消费者直接向汽车生产商投诉，甚至通过媒体、网络进行曝光或反映诉请。

(二)客户自己未认真进行检查导致售后纠纷

客户非汽车专业人士,可能在看车的时候未能详细问清楚所有问题,在交车环节亦没有能详细验车,待付款提车之后,才发现一些问题或提出一些额外要求。在这种情况下,一旦汽车经销商的处理方案未达到客户的满意度,客户就有可能提出换车、退车等诉求,甚至可能会以欺诈"退一赔三"为由提出索赔。

针对上述问题,我们建议:

1. 客户提车前

(1)汽车经销商应对车辆进行全面检查,包括外观、内饰、功能等,最好制定比厂家更加严格的 PDI 检测规范,并对照 PDI 检测单逐项仔细检查。

(2)如果车辆本身存在少量瑕疵,可以采用降低价格或额外赠送服务等形式将该车辆销售,但前提是应告知获取客户同意,并留下书面证据。

2. 客户提车时

(1)要求客户仔细查验车辆,查验范围包括验车身外观、生产日期、车辆灯光、车辆里程数、车内配置、发动机等,确认该车无任何问题后,客户应当签署确认书保证不会在签署后对已确认的问题向经销商索赔。

(2)汽车经销商在门店墙面张贴提示,提示客户仔细查验车辆。

(3)汽车经销商的销售环节应尽可能多地披露信息,如果是汽车经销商已经得知的关于车辆的信息,尤其是影响客户是否购买的信息,或者是影响购买价格的信息,就一定要向客户进行书面披露,并让客户书面签字确认,保管好相应证据。

【案例21】在汽车三包期限内,因质量问题累计修理时间超过30日,消费者可以向4S店主张换车或退车退款吗?

【案例来源】李A与沧州B汽车销售服务有限公司买卖合同纠纷案[河北省沧县人民法院(2022)冀0921民初379号民事判决书]

【基本案情】

原告李A向法院提出诉讼请求:

1. 判令被告依法为原告办理退车手续,并退还原告购车本金人民币150,000元;

2. 判令被告支付原告车辆维修期间的合理交通补偿费 13,000 元(计算方式:第一次和第二次维修超出 5 日的部分分别为 10 日和 55 日(截至 2022 年 1 月 19 日),每天 200 元,为 13,000 元);

3. 判令被告支付因被告无故拒绝退换车辆导致原告被多扣除一年 10% 的车辆购置税 1327.4 元(实际缴纳的车辆购置税 132.74 元);

4. 判令被告支付因被告无故拒绝退换车辆导致原告的车辆保险费损失 3866.2 元;

5. 判令被告支付原告因维权产生的律师咨询费等合理支出及其他经济损失 20,000 元(以上 1 ~5 项共计 188,193.6 元);

6. 判令被告承担本案的诉讼费。

事实和理由:

2020 年 12 月 30 日,原告于被告处购买汽车一辆,购车款 150,000 元。2021 年 11 月至 12 月,该车辆发生了两次故障,并进行了两次维修,两次故障累计维修时间为 45 日,超过法律规定的更换或退货的累计维修时间(30 日)。两次故障维修时间分别为:第一次维修 2021 年 11 月 10 日上午 11 时左右至 11 月 24 日下午(共计 15 日);第二次维修 2021 年 11 月 25 日下午 16 时左右至 12 月 24 日下午 17 时左右(共计 30 日)。以上两次维修时间总计 45 日。

2021 年 12 月 20 日,在涉案车辆累计维修时间超过 30 日后,原告与被告售后孔经理联系,要求换车。第二天被告售后孔经理答复,经与老板核实确认原告车辆符合换车条件,已将原告的换车要求上报给厂家,等厂家答复。

2021 年 12 月 24 日,被告通知原告车辆修好,让原告去开车。原告回复已达到法定换车条件,要求更换车辆。听到原告坚持换车要求后,被告称,厂家答复说不符合换车条件。

2021 年 12 月 27 ~28 日,原告多次与被告联系,询问厂家拒绝换车的具体理由,被告称,累计维修时间仅计算工作日,不计算周六日,因此原告车辆维修时间未达到换车条件。2021 年 12 月 28 日,收到被告上述答复后,原告拨打厂商客服电话,说明上述情况,一直未得到厂商客服的回复。

车辆维修期间,原告一直与被告联系,要求被告提供车辆拖车、进场、维修详细情况的相应单据，被告一直拒绝提供。随后，因被告一直拒绝换车，客服一直未予回复，原告通过“12315”进行投诉。2022 年 1 月 13 日上午 9 时，在沧州市市场监督管理局相关部门工作人员的主持下，双方进行调解。由于被告一直拒绝提供任何车辆维修单据，原告出示了两次汽车故障发生时的照片、视频、监控录像截图及报修电话录音、与被告工作人员聊天记录等证据，证明车辆故障时间、报修时间以及拖车时间。

经沧州市市场监督管理相关部门工作人员的确认，原告车辆确实达到法定换车条件，被告应当予以更换。但被告仍然坚持是否达到换车条件需厂家确认，厂家说原告车辆未达到换车条件。在沧州市市场监督管理相关部门工作人员的催促下，被告向原告提供了两次维修更换零件的单据，但车辆进场时间以及拖车的相关单据仍未提供。调解不成，沧州市市场监督管理相关部门工作人员告知原告只能通过诉讼解决争议。

因为被告无理由拒绝承担《家用汽车产品修理更换退货责任规定》规定的三包责任，导致原告自 2021 年 11 月 10 日至今一直处于无车辆使用的窘境，且车辆维修期间被告一直未向原告提供备用车，也未给予原告合理的交通费用补偿。原告多次向被告强调，由于原告自己经营生意，用车需求极大，且临近元旦及春节假期，用车需求更是迫切，但被告为了降低自己的损失，一直拒绝处理。

被告通过拒绝换车的行为，将其应当承担的损失转嫁到作为消费者的原告头上，不仅给原告生活和工作带来极大的不便，也给原告造成了巨大的经济损失，特向法院提起诉讼。

被告沧州 B 汽车销售服务有限公司辩称：

1. 被告不同意办理退车手续，原告的诉求不符合退车的条件，也无法律依据，被告方的车辆质量合格，偶因其小部件的问题影响原告使用但不能证明是被告方的质量问题。

2. 原告主张的交通费用和补偿标准过高，并且没有事实和法律依据。

3. 车辆购置税和保险费属于原告购车时应付的费用，应由其自行承担。

4. 关于原告所诉的律师咨询费等间接损失不属于必然发生的费用，与本案无实质关联性，其主张该项费用没有事实和法律依据。

综上，原告请求无事实与法律依据，驳回原告的诉求。

【裁判结果】

法院认定事实如下：

2020年12月30日，原告在被告处购买汽车一辆，购车款为150,000元。原告称2021年11月至12月，该车辆发生了两次故障，并进行了两次维修，两次故障维修时间分别为：第一次维修2021年11月10日上午11时左右至11月24日下午（共计15日）；第二次维修2021年11月25日下午16时左右至12月24日下午17时左右（共计30日），两次维修时间累计为45日，超过法律规定的更换或退货的累计维修时间，后经与被告公司联系，要求更换车辆，但被告一直拒绝更换车辆，且在车辆维修期间被告一直未向原告提供备用车，也未给予原告合理的交通费用补偿，被告的行为不仅给原告生活和工作带来极大的不便，也给原告造成了巨大的经济损失。对此原告提供原告身份证、国家企业信用信息公示系统查询单、照片、维修单据、购车发票、车辆购置税和车辆保险单等证据予以证明。

法院认为：民事活动遵循自愿、公平、诚实信用原则，依法成立的合同对当事人具有约束力，双方当事人应诚实、全面地按照合同约定履行自己的义务。

原告在被告处买车，原告支付相应价款，被告也按约定将车辆交付原告，原、被告之间的买卖合同已经成立。原告支付车款后，被告应向原告交付合格的车辆。但是在2020年12月30日原告购买涉案车辆后，在2021年11月至12月，发生两次故障，并进行维修换件，且被告为原告维修时间超过35日，根据《家用汽车产品修理、更换、退货责任规定》（已失效）（现为《家用汽车产品修理更换退货责任规定》）的规定被告应予以更换或退货。庭审中被告称因疫情及芯片等原因造成汽车零件到货晚，被告未提供充足证据予以证明，且被告亦未提供原告修车未超过《家用汽车产品修理、更换、退货责任规定》（已失效）规定的时间的相关证据。故原告要求被告退还购车款的主张，本院予以支持。

因办理涉案车辆的登记手续而产生的车辆购置税1327.4元、保险费3866.2元，亦应当由沧州B汽车销售服务有限公司承担。另原告主张被告支付车辆维修期间的合理交通补偿费13,000元过高，法院酌定被告补偿交通费为7500元。庭审中原告主张被告支付律师咨询费等费用，不属于案件必然费用，法院不予以支持。判决如下：

1. 被告沧州B汽车销售服务有限公司为原告办理退车手续并退还原告购

车款 150,000 元;以上待判决生效后 7 日内履行完毕。

2. 被告沧州 B 汽车销售服务有限公司赔偿原告车辆购置税、保险费、交通补偿费等损失共计 12,693.6 元;以上待判决生效后 7 日内履行完毕。

3. 驳回原告的其他诉讼请求。

【律师分析】

本案主要涉及在家用汽车产品三包期内,车辆出现质量问题进行维修达到一定天数之后,可否主张换车或要求退款退车,即涉及为消费者提供备用车,或者向消费者支付合理的交通费用补偿问题。

根据《家用汽车产品修理更换退货责任规定》第二十一条的规定,家用汽车产品在包修期内因质量问题单次修理时间超过 5 日(包括等待修理零部件时间)的,修理者应当自第 6 日起为消费者提供备用车,或者向消费者支付合理的交通费用补偿,即根据第二十四条第一款第四项的规定,家用汽车产品在三包有效期内出现因质量问题累计修理时间超过 30 日,或者因同一质量问题累计修理超过 4 次的,消费者凭购车发票、三包凭证选择更换家用汽车产品或者退货的,销售者应当更换或者退货。

在本案中争议的焦点:

1. 关于原告的汽车是否在三包期内

原告在被告处购车时间为 2020 年 12 月 30 日,购车款为 150,000 元,车辆 2021 年 11 月至 12 月两次出现故障,并进行了两次维修,该车辆故障出现的时间为原告购车后一年内,在法律规定的汽车三包期限内。

2. 关于原告车辆因质量问题累计维修的天数

原告提交的证据显示,车辆两次故障维修时间分别为:第一次维修 2021 年 11 月 10 日上午 11 时左右至 11 月 24 日下午(共计 15 日);第二次维修 2021 年 11 月 25 日下午 16 时左右至 12 月 24 日下午 17 时左右(共计 30 日),两次维修时间累计为 45 日。需要特别提醒的是,特殊零部件和动力蓄电池的运输时间以及外出救援路途所占用的时间,不计入因质量问题累计修理时间。

3. 关于案涉车辆是否可以退换

结合以上第 1 点、第 2 点的事实认定,根据《家用汽车产品修理更换退货责任规定》第二十四条第一款第四项的规定,原告有权主张退换车辆。

4. 关于交通费用补偿问题

结合以上第 2 点的事实认定，由于案涉车辆维修时间累计达 45 日，根据《家用汽车产品修理更换退货责任规定》第二十一条的规定，原告有权向 4S 店主张合理的交通费用补偿。但如果原告主张金额过高或明显不合理的，法院有权作相应调整。

【律师建议】

结合本案实际情况，从汽车经销商合规及风险防范的角度，我们建议：

1. 在汽车交付给消费者之后，在汽车售后环节，如涉及汽车因质量问题需要进行维修，汽车经销商必须要留意车辆累计修理时间 30 日的天数，或者因同一质量问题累计修理达到 4 次的次数，此为消费者可以主张汽车退换的关键节点。对于相关维修单据，涉及车辆维修的天数或次数，必须要认真核对与确认，不能出现任何差错。

2. 对于在维修期限需要等待零配件采购，在等待期间，如车辆的质量问题不影响车辆安全使用，可由车主暂时提车使用，待维修配件到货之后，再通知车主开车到店进行实际维修，尽可能缩短车辆的累计维修时间。

3. 如涉及车辆累计维修时间过长，或因同一质量问题维修次数较多，导致存在车辆退换风险，尽可能安抚消费者，通过其他增值服务促使消费者同意接受以维修方式处理车辆质量问题，并尽可能说服消费者签署相关文件，以书面方式确认对汽车经销商较为有利的总体处理方式和方案。

【法律规定】

1.《家用汽车产品修理更换退货责任规定》

第二十一条　家用汽车产品在包修期内因质量问题单次修理时间超过 5 日（包括等待修理零部件时间）的，修理者应当自第 6 日起为消费者提供备用车，或者向消费者支付合理的交通费用补偿。经营者与消费者另有约定的，按照约定的方式予以补偿。

第二十四条　家用汽车产品在三包有效期内出现下列情形之一，消费者凭购车发票、三包凭证选择更换家用汽车产品或者退货的，销售者应当更换或者退货：

（一）因严重安全性能故障累计进行 2 次修理，但仍未排除该故障或者出现新的严重安全性能故障的；

(二)发动机、变速器、动力蓄电池、行驶驱动电机因其质量问题累计更换2次,仍不能正常使用的;

(三)发动机、变速器、动力蓄电池、行驶驱动电机、转向系统、制动系统、悬架系统、传动系统、污染控制装置、车身的同一主要零部件因其质量问题累计更换2次,仍不能正常使用的;

(四)因质量问题累计修理时间超过30日,或者因同一质量问题累计修理超过4次的。

发动机、变速器、动力蓄电池、行驶驱动电机的更换次数与其主要零部件的更换次数不重复计算。

需要根据车辆识别代号(VIN)等定制的防盗系统、全车主线束等特殊零部件和动力蓄电池的运输时间,以及外出救援路途所占用的时间,不计入本条第一款第(四)项规定的修理时间。

2.《消费者权益保护法》

第二十四条　经营者提供的商品或者服务不符合质量要求的,消费者可以依照国家规定、当事人约定退货,或者要求经营者履行更换、修理等义务。没有国家规定和当事人约定的,消费者可以自收到商品之日起七日内退货;七日后符合法定解除合同条件的,消费者可以及时退货,不符合法定解除合同条件的,可以要求经营者履行更换、修理等义务。

依照前款规定进行退货、更换、修理的,经营者应当承担运输等必要费用。

3.《民法典》

第一百一十八条　民事主体依法享有债权。债权是因合同、侵权行为、无因管理、不当得利以及法律的其他规定,权利人请求特定义务人为或者不为一定行为的权利。

第一百七十六条　民事主体依照法律规定或者按照当事人约定,履行民事义务,承担民事责任。

第七章　PDI 管理及风险防控

第一节　什么是 PDI

一、PDI 的定义

Pre-Delivery Inspection(PDI),中文为“交车前检查”,为汽车厂家要求汽车经销商在将新车交付最终用户前,对新车进行全面检查和校正的必经检测程序,具体是指汽车经销商按照汽车厂家的规定与标准,对消费者所购乘用车新车进行检查和校正的检测服务,该服务包括对乘用车新车进行外观(内外饰)和随车工具静态检查,以及对功能性零部件、机械构造等进行动态检查,通过检查发现并处理一切不符合供应商规定和标准的项目,并向消费者提供售前检查服务相关信息。

PDI 检查范围很广,一般包括运输模式的解除、发动机舱检查、车辆底盘检查、车辆内外检查、车辆功能性检查、道路测试等,若检测中出现任何问题,经销商将依据整车厂规范酌情进行技术处理,如采取校正故障、更换配件、必要时更换车辆等不同措施,从而使交付的车辆符合新车出厂检验标准。

《乘用车新车售前检查服务指引(试行)》(以下简称《PDI 指引》)是中国汽车流通协会于 2017 年 3 月 10 日发布的关于乘用车新车售前检查的指引文件,该文件明确了 PDI 是经销商在乘用车新车交付给购车者前对新车进行全面检查和校正的一项必经测验程序。

根据《PDI 指引》的编写说明,对于经销商对乘用车新车进行的售前检查,行业将其通称为 PDI,PDI 是国际上通行的做法,也是汽车行业的独特服务,其目的是“为消费者提供一辆合格的车”。目前,我国各品牌乘用车新车的 PDI 在内容、流程、信息告知等方面不尽相同。为了规范各品牌乘用车新车的 PDI 工作,推动汽车行业规范健康发展,根据司法机关的建议和行业诉求,中国汽车流通协会组织行业专家编制了《PDI 指引》,明确了乘用车新车 PDI 项目、流程;规范了乘用车新车 PDI 的修补、校正、更换等行为，确保乘用车新车产品质量；清晰告知乘用车新车 PDI 相关信息，保护消费者和经营者的合法权益。

二、PDI 检测工序

新车售前检验主要有三道工序。

（一）验证新车车辆状态

车辆在由制造厂发往经销商的运输过程中可能出现损伤，所以在车辆到达经销商处时应当对车辆的状态进行验证，并检点随车资料及物品，以确保车辆状态正常、资料物品齐全。

（二）恢复新车正常的工作状态

为了防止运输中发生问题，在车辆离厂前，厂家对其采取了各种措施。

（三）汽车性能检查

为了使交付给顾客的新车状况及性能均良好，保证各部件和机械运转正常，使顾客满意，应当认真地验收将要交付的新车性能，及早发现隐藏的质量缺陷，避免日后返修带来的麻烦。

三、PDI 检测服务项目

PDI 检测的内容主要包括以下四项：

1. 车身检测：主要检查车身覆盖件是否有掉漆、磕碰等现象，以及灯光、雨刮等部件是否正常工作。

2. 车内检测：检查车内饰板、座椅以及仪表台等部位有无破损、老化等问题，同时对车内各功能进行检查，如空调、音响及电调座椅等。

3. 发动机舱检测：启动发动机，检测发动机工作是否平稳、正常，发动机舱内部部件及线束是否干净、整洁，以及有无磕碰损坏等。

4. 底盘检测：将车辆举升，检查车辆底盘有无刮擦，以及发动机、变速箱等部件有无漏油现象。

根据《PDI 指引》的内容要求，PDI 检测服务项目和要求具体如下：

1. 经销商应参照乘用车新车 PDI 检查表（参见《PDI 指引》附录 C）对交付

消费者之前的乘用车新车进行逐项检查。经销商也可自行制定或按照供应商的要求制定检查项目,但检查服务项目应不少于《PDI 指引》附录 C 的内容。

2. 检查车辆应按照规定程序进行洗车。

3. 检查操作分为动态检查和静态检查两部分,主要包括以下内容:(1)根据售前检验单,核对配置单上的有关信息及 VIN 号的一致性;(2)钥匙通电,待车辆自检结束,启动车辆,观察各种指针、指示灯是否异常;(3)系安全带,检查安全带指示灯是否熄灭;(4)将车开动行驶,同时检查方向盘、转向、悬挂、刹车是否异常;(5)停车熄火,拔出钥匙,完成动态检查;(6)打开前盖,检查发动机舱,包括电瓶、标签,液位,旋盖松紧等,关前盖;(7)站在车前部,检查前盖表面、车前灯光等;(8)检查左前翼子板、左前门、防擦条、后视镜等表面与配合;(9)进入驾驶室,检查天窗、雨刮、音响、空调、左前座椅等内饰功能;(10)检查发动状态的发动机舱情况,漏液、异响、电子风扇等;(11)进入副驾驶座,检查座椅,遮阳板等内饰以及前挡玻璃表面;(12)检查车辆右侧表面质量与配合,包括右前后门、前后翼子板和加油小门;(13)检查后排座椅以及相关内饰功能与表面配合,检查后挡玻璃;(14)检查后挡加热、行李箱,检查后盖、后保、尾灯功能及表面质量等;(15)检查左后门、左后翼子板表面与配合、后排座椅情况;(16)绕车检查,检查轮胎的型号、胎压、鼓包,漏水,钥匙的防盗,遥控、门锁等。

4. 外观检查时检查人应离车 1 米以内。

5. 将检查结果填写在乘用车新车 PDI 检查表上,并将相关信息上报供应商。

6. 整个检查流程时间视车辆复杂程度控制在 20 分钟左右。

第二节　PDI 检测信息告知与性质

一、PDI 检测信息告知

《PDI 指引》列出了经销商应对消费者进行告知的情形和标准。

《PDI 指引》第 8.2 条规定,PDI 检测的信息告知主要包括以下内容:

1. 乘用车新车交付消费者时,应向消费者提供乘用车新车 PDI 检查表。

2. 乘用车新车交付消费者时,存在以下情形的,汽车经销商应主动向消费者告知：(1)发动机总成的主要零件：曲轴、主轴承、连杆、连杆轴承、活塞、活塞环、活塞销、气缸盖、凸轮轴、气门、气缸体的修复；(2)变速器总成的主要零件：箱体、齿轮、轴类、轴承、箱内动力传动元件(含离合器、制动器)的修复；(3)转向系统的主要零件：转向机总成、转向柱、转向万向节、转向拉杆(不含球头)、转向节的修复；(4)制动系统的主要零件：制动主缸、轮缸、助力器、制动踏板及其支架的修复；(5)悬架系统的主要零件：弹簧(螺旋弹簧、扭杆弹簧、钢板弹簧、空气弹簧、液压弹簧等)、控制臂、连杆的修复；(6)前/后桥的主要零件：桥壳、主减速器、差速器、传动轴、半轴的修复；(7)车身的主要零件：车身骨架、副车架、纵梁、横梁、前后车门本体钣金(不含喷漆)的修复；(8)安全装置的被动安全系统：安全气囊、气帘，安全带装置，主动头枕，被动安全系统控制单元或传感器的修复；(9)车身经过钣金修复后的喷漆；(10)全车主线束的更换；(11)不属于上述应当告知的项目，但是修复率超过乘用车新车整车市场指导价格5%的。

3. 修复率计算公式为修复率 = 累计的(零配件市场指导价 + 工时费)/同批次和同型号的供应商制定的整车市场指导价格。

4. 供应商也可自行制定要求经销商主动提供乘用车新车 PDI 信息的项目，但应与以上原则一致。

二、PDI 检测性质

尽管 PDI 程序是中国汽车行业的惯例，但对于 PDI 检测的性质，以及对于 PDI 程序操作过程中发现的售前问题应如何处理，特别是是否应该告知消费者，现行法律中并无明文规定。

《PDI 指引》第 8.2 条虽然列举了 PDI 检测的信息告知内容与要求，但该指引仅为乘用车新车售前检查行为的行业规范，不具有法律意义上的强制约束力。

目前，国内法院对于涉及 PDI 检测的裁判观点主要如下：(1)不构成欺诈，无须赔偿。(2)构成欺诈，“退一赔三”。(3)不构成欺诈，但侵犯知情权。

根据最高人民法院相关判决裁判观点，只有构成欺诈，才有可能涉及“退一赔三”。而是否构成欺诈应综合考虑如下因素：

1. 是否影响消费者缔约的根本目的，这进一步从合同约定的内容、问题及处理措施的轻微程度、给消费者造成的影响三个方面展开。

2. 经营者是否存在隐瞒相关信息的主观故意。

对于汽车经销商而言，向消费者如实告知交车前的全部信息，包括全部 PDI 检查内容，为消费者做好合理的信息查阅提示，并保留相关的书面记录和证据，是防范消费欺诈和“退一赔三”风险的有力措施。

【案例 22】新车销售前经过 PDI 检测修复，但在销售时并没有告知消费者此情况，4S 店是否需要“退一赔三”？

【案例来源】杨 A 与贵阳 B 经销商汽车买卖合同纠纷案［最高人民法院（2018）最高法民终 12 号民事判决书］

【基本案情】

2014 年，杨 A 从贵阳 B 经销商处购入一辆价值近 600 万元的宾利慕尚。后来车主杨 A 对车进行正常保养，却意外发现车子在销售商向自己交付之前就有过大修记录，杨 A 认为贵阳 B 经销商存在欺诈行为，以给自身带来了巨大的财产损失为由将贵阳 B 经销商诉至法院，主张“退一赔三”。

涉案车辆具体维修情况如下：

1. 在该车运抵贵阳 B 经销商当天，该公司在移交检查时发现车左前门下有漆面损伤，于是进行了抛光打蜡，清除了损伤，这一处理操作记载于车辆的维修记录中。

2. 后来杨 A 发现右后遮阳窗帘出现异响，于是贵阳 B 经销商又更换了遮阳窗帘总成，也记载于维修记录中。

【裁判结果】

一审法院认为：在车辆交付前，贵阳 B 经销商对车进行过瑕疵处理和维修，但未提出任何证据证明已告知杨 A 维修情况，故可以认定前者故意隐瞒车况，剥夺了消费者应享有的知情权，致使消费者不能基于真实意愿作出解除合同的意思表示或者行使更换商品或退货的权利，因此构成欺诈。一审判决撤销涉案销售合同，杨 A 将所购汽车退还给贵阳 B 经销商，由于该车价格近 600 万元，杨 A 已经开了两年多，贵阳 B 经销商退车款时可扣除折旧费，按 165 万元计。贵阳 B 经销商返还杨 A 购车款及车辆购置税约 432 万元，并三倍赔偿杨 A 1650 万元。

二审终审判决：撤销贵州省高级人民法院一审认定被告构成“欺诈”，判令被告向原告退还购车款并三倍赔偿1650万元的一审判决；认定被告行为不构成“欺诈”，从侵害消费者知情权的角度酌定被告赔偿原告11万元，原告负担该案一、二审的绝大部分诉讼费用合计30.1万元。

新车在交付前都会进行检查和矫正检测，其中包括新车外观内饰、随车工具等静态检查，功能性零部件、机械结构等动态检查，即PDI程序。

而本案二审焦点就是：贵阳B经销商PDI程序不告知消费者是否存在欺诈。

二审法院听取了中国汽车流通协会的阐述分析，认为在该案中，PDI程序是“行业惯例”。该案中车辆受损漆面比较轻微，通过抛光打蜡处理，贵阳B经销商处理此类轻微瑕疵属于新车交付前的合理整理行为，按照PDI程序整备，并不构成对消费者的欺诈；新车轻微损害整备，需要告知消费者，若侵犯消费者知情权，贵阳B经销商只对侵害部分进行赔偿。

最高人民法院认为，窗帘异响更换属于对新车局部轻微问题的修复措施，并非新车瑕疵整理，这对消费者的消费心理和财产利益有一定的影响，经营者应该如实告知，而被告未予告知，侵犯了消费者的知情权。

【律师分析】

在以上案例中，核心事项有如下两点：

1. 窗帘更换没有给杨A的人身健康和安全构成潜在威胁以及实质损害。

2. 被告没有隐瞒相关信息的主观故意。被告将两处操作都如实记录并上传到消费者可以通过一定途径公开查询的网络，这在一定程度上进行了披露，原告无证据证明被告存在隐瞒相关信息的主观故意。

因此，虽然被告在告知上侵犯了原告的知情权，但不构成欺诈。

当前，汽车消费欺诈案件的法律适用主要存在以下几个方面的分歧。

1. 消费欺诈的认定标准之争

《消费者权益保护法》第五十五条对消费欺诈的认定是否与《民法典》中一般欺诈的构成要件一致。

2. 法院对消费欺诈主观方面的认定标准不够统一

有法院认为，汽车经销商客观上存在欺诈行为，则推定汽车经销商有欺诈故意，除非汽车经销商给出足够的抗辩理由。但更多法院认为，汽车消费欺诈的认定应该以汽车经销商主观上存在欺诈故意为标准,要求消费者证明汽车经销商存在诱使其作出错误意思表示的主观故意。

3. 汽车经销商告知义务或消费者知情权的范围不够明确

在汽车销售领域,由于汽车商品本身及其流通各环节涉及的信息巨大,难以详细规定何种信息属于汽车经销商的告知义务或消费者知情权的范围,法律对属于汽车经销商告知义务或消费者知情权的信息内容也仅作了较为宽泛的规定。因此,虽然《消费者权益保护法》规定了经营者的告知义务和消费者的知情权,但在实际的汽车消费纠纷案件中,仍然存在未告知内容是否属于汽车经销商告知义务或消费者知情权范围的争议。

结合《民法典》及一般侵权理论,认定欺诈成立,应当同时具备以下四个构成要件:(1)有欺诈故意;(2)有欺诈行为;(3)使被欺诈人陷入错误认识;(4)被欺诈人基于错误认识作出不真实意思表示。

根据以上要件,在消费者权益保护领域,欺诈消费者的行为一般是指经营者在提供商品或者服务中采取虚假或者其他不正当手段欺骗、误导消费者的行为。

但是,并非对任何信息的隐瞒都可以要求"退一赔三",隐瞒的应当是重要信息,重要信息往往涉及人身健康、安全及较为重要的财产权益。而在一般情况下,经营者有时候怠于将有关信息(除涉及人身健康、安全或有关产品质量等问题)告知消费者,将之认定为对消费者知情权的侵犯相较于欺诈则更为合适,而对知情权的侵犯不等于构成消费欺诈,侵犯消费者知情权的,应当根据侵权程度、危害后果等因素以确定经营者的赔偿责任。

最高人民法院上述对经销商新车 PDI 程序进行的裁判具有指导意义,可以作为此类案件的判例。对于汽车经销商来说,今后在 PDI 程序中,要充分理解上述判例中的指导意义,让消费者获得充分的知情权,避免此类事件的发生。

结合以上案例,关于 PDI 检测及相关问题,本书认为:(1)对于可能影响消费者人身健康、安全或一定财产利益的重要信息,汽车经销商负有法定的告知义务。(2)对于局部轻微问题的修复行为,汽车经销商应如实告知消费者。若汽车经销商不履行告知义务,基于侵犯消费者的知情权,汽车经销商需酌情给予一定补偿,但不需支付三倍惩罚性赔偿金。对前述第 1 种、第 2 种要告知的情形,根据《PDI 指引》第 8.2.1 条,在新车交付时,汽车经销商应向消费者提供 PDI 检查表,列明要告知的内容,并且告知文件一式两份,由消费者亲笔签字,汽车经销商留档一份。(3)对于轻微瑕疵,若汽车经销商未告知这类整修信息,不违反法定告知义务,不侵犯消费者知情权。界定轻微瑕疵,限定在流通或存储环节产生,并且通过轻微手段可以消除,“轻微手段”可以理解为处理措施简单且费用较低,如该案中通过抛光打蜡即处理好的漆面瑕疵。

【律师建议】

结合以上案例,关于汽车经销商如何依法诚信经营,最大限度防范不必要的法律风险,我们建议:

1. 制定 PDI 检查表标准范本,合理设定 PDI 信息披露范围

对可能影响消费者购买意愿的重要零部件(汽车发动机、变速器、转向系统、制动系统等主要零件及特殊零部件等)维修记录与信息,务必如实、全面、主动向消费者作出披露,并让消费者给予书面确认。

如果经简单维修或者更换,不影响车辆外观、性能的微小零部件能够恢复,且整车状态能够恢复到新车出厂检验标准,汽车经销商在销售时可以自行选择是否告知最终用户。

2. 规范汽车销售整个流程,切实保障消费者知情权

在相关交易合同中明确消费者所购车辆的出厂日期、出厂厂家、配置情况(标准配置和加装配置)、车辆交付时的状况等。

通过合同明确消费者的知情权保护范围,对 PDI 信息的披露义务作出明确约定,确保汽车经销商履行信息披露义务的方式、内容符合合同约定。

在实际交车环节,在程序上对车辆的重要信息履行如实、重点当面告知义务。

3. PDI 检测程序和内容应合理、合规,符合行业要求

设置合理的 PDI 检测次数,将 PDI 检测和修复情况如实完整记录并及时录入系统,PDI 维修人员要有资质,同时修复时尽量使用原厂件。

4. 主动披露,如实告知

主动向消费者进行信息披露,不得以有关维修记录已记载在车辆车况系统中,消费者如需查询可向经销商提出申请等方式被动披露。

若涉及基于车辆存在瑕疵而进行的车价折扣处理问题,应做好证据存档工作,明确车辆价格折扣与车辆瑕疵之间的因果关系,确保消费者清楚知悉和确认车辆的特别销售折扣系基于被使用或进行过某些特定维修而给予认可和接受,

避免发生纠纷时无法证明汽车经销商就相关瑕疵问题已经完成对消费者的告知义务。

5. 签署新车 PDI 检查表

在实际交车环节,结合新车 PDI 检查表所列项目,会同消费者进行新车逐项查验之后,消费者确认无问题的,须要求消费者签署新车 PDI 检查表。

在新车查验过程中发现车辆存在瑕疵等问题的,必须书面如实提醒和告知消费者,若消费者接受该瑕疵,必须让消费者签署书面文件。

6. 谨慎承诺,保留沟通痕迹

在新车销售或交付环节,尤其是对于单价较高的豪车品牌,汽车经销商在与消费者沟通及签署相关文件的过程中,对消费者作出的任何承诺均应当谨慎,避免因小失大。

当由于情势变更或不可抗力等原因,造成前期与消费者沟通或约定的内容无法实现时,应当及时与消费者沟通、变更及书面确认,保留沟通记录。

【法律规定】

1.《民法典》

第一百四十八条　一方以欺诈手段,使对方在违背真实意思的情况下实施的民事法律行为,受欺诈方有权请求人民法院或者仲裁机构予以撤销。

第一百四十九条　第三人实施欺诈行为,使一方在违背真实意思的情况下实施的民事法律行为,对方知道或者应当知道该欺诈行为的,受欺诈方有权请求人民法院或者仲裁机构予以撤销。

2.《侵害消费者权益行为处罚办法》

第五条　经营者提供商品或者服务不得有下列行为:

(一)销售的商品或者提供的服务不符合保障人身、财产安全要求;

(二)销售失效、变质的商品;

(三)销售伪造产地、伪造或者冒用他人的厂名、厂址、篡改生产日期的商品;

(四)销售伪造或者冒用认证标志等质量标志的商品;

(五)销售的商品或者提供的服务侵犯他人注册商标专用权;

(六)销售伪造或者冒用知名商品特有的名称、包装、装潢的商品;

(七)在销售的商品中掺杂、掺假,以假充真,以次充好,以不合格商品冒充合格商品；

（八）销售国家明令淘汰并停止销售的商品；

（九）提供商品或者服务中故意使用不合格的计量器具或者破坏计量器具准确度；

（十）骗取消费者价款或者费用而不提供或者不按照约定提供商品或者服务。

第十六条　经营者有本办法第五条第（一）项至第（六）项规定行为之一且不能证明自己并非欺骗、误导消费者而实施此种行为的，属于欺诈行为。

经营者有本办法第五条第（七）项至第（十）项、第六条和第十三条规定行为之一的，属于欺诈行为。

3.《消费者权益保护法》

第五十五条　经营者提供商品或者服务有欺诈行为的，应当按照消费者的要求增加赔偿其受到的损失，增加赔偿的金额为消费者购买商品的价款或者接受服务的费用的三倍；增加赔偿的金额不足五百元的，为五百元。法律另有规定的，依照其规定。

经营者明知商品或者服务存在缺陷，仍然向消费者提供，造成消费者或者其他受害人死亡或者健康严重损害的，受害人有权要求经营者依照本法第四十九条、第五十一条等法律规定赔偿损失，并有权要求所受损失二倍以下的惩罚性赔偿。

第三节　各省高级人民法院 PDI 相关裁判观点

对于 PDI 检测和修复，原则上讲，如果仅是一些外观或瑕疵的修复，如涉及漆面痕迹修复，不危及车辆安全性能、主要使用功能及基本用途，该种瑕疵虽然会造成一定价值贬损，但贬损值显属较小，在这种情况下，汽车经销商售前未履行告知义务的，一般认定为侵犯消费者的知情权，但不构成欺诈。但如果 PDI 检测出重大缺陷，且进行了重大修复，足以影响消费者购买意愿和决定，则可能会被认定为构成欺诈，从而支持消费者“退一赔三”的主张。

关于 PDI 相关具体司法裁判观点，本书检索和整理了以下相关案例，供各大汽车经销商参考。

【案例 1】李 A、沧州 B 汽车销售服务有限公司产品责任纠纷案［河北省高级人民法院（2020）冀民申 550 号民事裁定书］

法院认为，构成消费欺诈的行为，应当存在故意告知虚假情况，或者故意隐瞒真实情况，诱使消费者作出错误意思表示的行为。

法院认为，原审申请人主张被申请人构成消费欺诈，应按购车款三倍金额予以赔偿，其未提供充分证据证明被申请人存在故意告知虚假情况，或者故意隐瞒真实情况，诱使申请人作出错误意思表示的行为。原审未支持申请人诉讼请求，处理并无不当。关于案涉车辆存在的瑕疵问题，申请人因维修而产生的相关费用与损失，原审已告知申请人另行主张，处理并无不妥。

【案例 2】贾 A、郑州 B 汽车服务有限公司买卖合同纠纷案［河南省高级人民法院（2019）豫民申 7979 号民事裁定书］

法院认为，欺诈是指一方当事人故意告知对方虚假情况，或者故意隐瞒真实情况，诱使对方当事人作出错误意思表示的行为。

汽车存在车后保险杠右侧喷漆修复痕迹，该痕迹属于外观瑕疵，不危及车辆安全性能、主要使用功能及基本用途。通常来讲，新车存在该种瑕疵会造成一定价值贬损，但贬损值显属较小。后保险杠右侧喷漆修复痕迹属于外观瑕疵，面积不大且处理不涉及钣金及更换总成。

因此，不支持消费者关于消费欺诈的主张。

【案例 3】开平市 A 汽车销售服务有限公司（以下简称 A 公司）、张 B 买卖合同纠纷案［广东省高级人民法院（2019）粤民申 2085 号民事裁定书］

法院经审查认为，本案系买卖合同纠纷，争议焦点为申请人 A 公司是否构成销售欺诈。

首先，根据二审法院查明的事实，涉案车辆天窗胶条处、车顶钢板与玻璃结合处以及其他塑料部件处，有多处明显可见的喷漆痕迹，申请人作为以销售汽车为主营业务的专业公司，应当知道也有能力知道以上瑕疵。

其次，汽车作为一项耐用商品，具有较高的专业要求，普通消费者缺乏相关知识，也难有能力掌握较为深入的信息。为保障消费者权益和交易的公平性，销售者对商品瑕疵具有及时全面告知义务，以及保障消费者的选择权和知情权的义务。

再次，影响消费者缔结新车买卖合同意愿的基础是该车辆为没有争议的新车。关于何为“新车”，不应当在消费者购买车辆时对消费者科以专业的、较高的要求，应当按照一般的、具有正常理性和知识的消费者的观念判断。一般的消费者关于新车的共识至少应当包含该车未经维修这一要求。若车辆经过明显、可见的维修，则消费者按照新车标准确定合同权利义务的意愿将受到重大影响。申请人所提出的PDI操作等行业规则和业内共识不应当用来约束消费者，更不能成为生产者、销售者不积极履行对消费者相关义务的理由。同时，消费者知情权的范围针对不同产品和服务应当有不同的技术要求，不应也无法由法律规范穷尽规定。就本案而言，消费者有权了解的真实情况应当至少包括买卖合同的标的物是否经过维修。通常情况下，普通消费者默认其购买的新车未经过维修且无足够能力鉴别是否经过维修，这就要求销售者必须全面掌握车辆状况。一旦车辆发生对消费者权益构成重大影响的事项，必须及时向消费者告知和说明。

最后，A公司提交的情况说明等证据证明力较低，缺乏相互印证，且内容与涉案车辆存在不一致的情况，因此认定A公司不能充分证明其主张，并无不当。

综上，在A公司具有专业能力，应知且能知瑕疵存在的情况下，二审法院认为A公司明知涉案车辆存在瑕疵，依然与被申请人订立、履行新车买卖合同，具有欺诈的故意，依据《消费者权益保护法》第五十五条的规定，判令A公司支付一倍价款的赔偿金，认定事实和适用法律并无不当。

【案例4】李A、湛江市B汽车有限公司买卖合同纠纷案[广东省高级人民法院(2018)粤民申7722号民事裁定书]

法院认为，经营者未主动告知消费者相关信息损害消费者知情权的行为还应具备故意隐瞒的主观恶意才能构成欺诈。

由于目前没有法律法规或其他成文规范明确规定经营者进行PDI操作更换配件后的告知义务，且根据目前行业内的通常认知，按照汽车生产厂家的要求进行PDI操作，使用原厂配件予以更换的行为，其性质等同于汽车生产厂家在汽车生产装配过程中的行为，操作后的车辆属于新车，经营者无须主动作特别的说明和提醒。

【案例5】刘A、郑州B汽车销售服务有限公司买卖合同纠纷案[河南省高级人民法院(2020)豫民申1351号民事裁定书]

法院认为，PDI项目是新车销售前不同于其他商品所特有的服务，其目的是为消费者提供合格的新车，对于PDI检测中发现的问题，是否应告知消费者，目前并无明文规定。

案涉车辆曾于 2014 年 7 月 27 日、2015 年 3 月 1 日经历两次维修，这些维修项目不涉及车辆转向系统、制动系统、悬架系统、安全系统，且无证据证明维修对消费者人身安全构成潜在威胁，原判决认定该两次维修不影响车辆主要功能及安全性能，并无不当。郑州 B 汽车销售服务有限公司自行主动将维修内容如实记录并上传至消费者通过一定途径可公开查询的网络，相关信息已在一定程度上进行披露，郑州 B 汽车销售服务有限公司主观上无刻意隐瞒的意图。

【案例 6】刘 A、贺州市 B 汽车销售有限公司买卖合同纠纷案［广西壮族自治区高级人民法院（2019）桂民申 3847 号民事裁定书］

法院认为，C 公司在出售车辆前，已经将车辆左前杠下部曾经存在掉漆问题记载于 PDI 检查单，并将 PDI 检查单客户联随车辆其他资料一并移交给客户。

贺州市 B 汽车销售有限公司也将 PDI 检查单客户联随车辆其他资料一并移交给消费者，消费者在提车时，只要查阅所移交的资料，即可知道车辆曾经存在的瑕疵。

故此，贺州市 B 汽车销售有限公司未明确提醒消费者查阅 PDI 资料构成对消费者知情权的侵犯，但不构成销售欺诈。

【案例 7】南京 A 汽车贸易有限公司与王 B 产品销售者责任纠纷案［江苏省高级人民法院（2019）苏民申 3227 号民事裁定书］

法院认为，案涉车辆经鉴定，车辆的左侧前后门及侧围后部存在大面积补漆修理的痕迹，且二次喷漆的范围广，返修质量与原厂喷漆相比存在较大缺陷。

根据交易习惯，以上质量问题显然会影响消费者购买该车辆的意愿，消费者有权在购买时获知相关信息，申请人应主动履行告知义务。申请人提交的新车指引系中国汽车流通协会编制的行业指导性规范，对消费者并无约束力，不能作为对抗消费者知情权的依据。南京 A 汽车贸易有限公司 PDI 检查表系南京 A 汽车贸易有限公司内部制作，消费者并没有签字确认，不足以推翻二审判决的认定。

故此判决南京 A 汽车贸易有限公司承担退车退款和三倍赔偿的责任。

【案例 8】天津 A 贸易发展有限公司（以下简称 A 公司）、刘 B 买卖合同纠纷案［天津市高级人民法院（2019）津民申 9 号民事裁定书］

二审法院认为，本案中刘 B 购买车辆并非用于经营或其他非生活消费，故刘B购买汽车的行为属于生活消费需要，应当适用《消费者权益保护法》。本案所涉车辆虽价值较高，但仍属于消费品范畴，相关法律亦未将该类商品区别对待。刘B要求A公司退还购车款及按照购车款三倍予以赔偿的诉讼请求，应予支持。因刘B于2015年4月购买车辆后一直使用该车辆，故刘B应当支付相应的车辆使用费，依照刘B购买涉案车辆的时间及使用情况等因素，酌定刘B应向A公司支付车辆使用费548,000元，与刘B购车款2,848,000元相抵后，A公司应退还刘B购车款2,300,000元。

再审法院认为，关于PDI检修，根据PDI检修一般惯例，新车销售方应将检修结果告知购车方，况且涉案车辆存在多处检修，涉案车辆的检修结果足以影响购车方的购车意向，A公司关于涉案车辆属于轻微检修，无义务告知消费者的理由不成立。

再审法院认为原审判决认定事实清楚，适用法律正确，驳回了A公司的再审申请。

【案例9】保A与北京B汽车销售有限公司（以下简称B公司）买卖合同纠纷案[北京市高级人民法院（2020）京民申5115号民事裁定书]

二审法院认为，依据查明的事实，双方存在事实上的买卖合同关系，保A支付了购车款，B公司交付了案涉车辆，但经鉴定，车辆确实存在拧动、拆卸等痕迹。保A认为案涉车辆系问题车而非新车，B公司销售车辆时知悉前述问题而未告知，故意隐瞒车辆真实情况，但已有证据无法证明B公司在向保A销售车辆前已经知悉前述问题的存在，亦无证据表明B公司存在隐瞒相关信息的主观故意，不足以认定B公司存在欺诈行为。本案审理中，保A确认，车辆在正常使用中，使用时间超过两年，已经行驶超过20,000公里。鉴定单位在答复异议时，亦确认"拧动"痕迹也是"拆卸"痕迹的一种。由此可见，本案不存在保A的缔约目的不能实现的情形，前述问题并未影响保A对所购车辆的日常使用。故对保A要求撤销合同、退还车辆车款以及支付相应赔偿的上诉请求，法院不予支持。

法院认为，案涉问题不涉及车辆的动力系统如发动机和变速器等，不涉及车辆的转向系统、制动系统、悬架系统、被动安全系统等，不涉及前/后桥的主要零件及全车的主线束、车身经过钣金修复后的喷漆，不属于《PDI指引》所要求的经销商对乘用车新车进行PDI检查时必须告知的信息内容。但该类问题的存在对消费者的消费心理和财产利益确有一定的影响，B公司未能全面履行合同义务，存在违约行为,应当向保 A 承担赔偿责任。一审法院依据查明事实,酌定 B 公司赔偿损失 30,000 元,并无不当。

【案例 23】新车经 PDI 检测合格交付给消费者,在交付后 6 个月内发现车辆存在喷漆等修复痕迹,4S 店是否构成欺诈?

【案例来源】王 A、辽宁 B 汽车销售有限公司买卖合同纠纷案[辽宁省沈阳市中级人民法院(2023)辽 01 民终 5579 号民事判决书]

【基本案情】

2021 年 10 月 29 日,原告王 A 在被告辽宁 B 汽车销售有限公司(以下简称 B 公司)处购买一台 C 车辆,原告向被告支付购车款 169,800 元,其中向 C 汽车金融有限公司贷款 89,000 元,并办理车辆抵押登记,原告主张贷款尚未偿还完毕。原告在当天交车确认单上签字,其中在“油漆表面无刮痕”处打钩。

另外原告为上述车辆在中国平安财产保险股份有限公司投保 2021 年 10 月 30 日至 2022 年 10 月 29 日交强险、机动车损失险、第三者责任险等保险,主张支付上述保险费共计 5113.22 元。

2021 年 11 月 3 日,原告主张在办完车辆登记手续后当天发现所购案涉车辆右后门与右前门不齐平,并于当日通过微信告知被告销售人员,该销售人员表示原告可以前往被告处进行检查。2021 年 11 月 5 日,原告主张在送孩子上学时发现车辆右后门无法从内部打开,同时车辆后门板存在脱落的现象。其后原告将案涉车辆送至被告处进行相应的维修。原告主张发现案涉车辆在洗车后右后门在阳光下折射的光线亮度不一样,原告据此于 2022 年 3 月 8 日委托辽宁中车检机动车鉴定评估有限公司对车右后门是否存在二次喷漆及修复进行了鉴定,鉴定意见认为被鉴定车辆右后门存在重新喷漆和变形修复。原告支付了鉴定费 8000 元。在庭审后,被告方对案涉车辆进行了查验,认定案涉车辆右后门存在补漆的情形,但认为该问题系被告方交车后产生,但未能提供相应的证据。

王 A 诉讼请求:

1. 依法判决撤销原、被告之间的买卖合同，判令被告返还原告购车款169,800元。

2. 判令被告赔偿原告三倍购车款509,400元。

3. 判令被告赔偿原告保险损失5113.22元、鉴定费8000元。

4. 判决被告承担本案全部诉讼费用。

【裁判结果】

一审法院认为：原告向被告购买案涉车辆，双方形成消费买卖合同关系，被告应按约定向原告交付全新的商品车，并向消费者披露商品存在的瑕疵，不得违反诚实信用原则欺诈消费者。

本案争议焦点问题为：案涉车辆是否于车辆交付前就已存在补漆等问题；被告是否构成销售欺诈；被告应承担的责任为何。

首先，关于案涉车辆是否于车辆交付前就已存在补漆等问题。原、被告双方均认可案涉车辆存在补漆的问题，但双方均未能提供证据证明该补漆行为发生的时间，《消费者权益保护法》第二十三条第三款规定："经营者提供的机动车、计算机、电视机、电冰箱、空调器、洗衣机等耐用商品或者装饰装修等服务，消费者自接受商品或者服务之日起六个月内发现瑕疵，发生争议的，由经营者承担有关瑕疵的举证责任。"本案中原告系在案涉车辆交付之日起6个月内发现车辆存在补漆情况，故根据该规定，被告作为案涉车辆的销售者，应举证证明案涉车辆补漆行为是在车辆交付之后发生的。关于该问题，被告提供的证据仅有原告在检验内容处勾选并签字的交车确认单，而该交车确认单仅能证明原告接收案涉车辆时经目测认可车"油漆表面无刮痕"，而对于案涉车辆存在补漆的事实，原告作为普通消费者，无法通过目测予以发现，故该交车确认单不能证明案涉车辆瑕疵系车辆交付后才发生的。因此，被告不能就案涉车辆瑕疵系发生于车辆交付后进行举证，故应认定案涉车辆瑕疵于车辆交付前就已存在。

其次，关于被告销售案涉车辆是否构成欺诈。法院认为，机动车作为具有极高科技含量和极其复杂构造的特殊商品，如果将经营者交付瑕疵商品是否构成欺诈的举证责任分配给消费者，对消费者有失公平，有违《消费者权益保护法》的立法宗旨和目的。在认定交付车辆前即存在瑕疵的情况下，被告作为经营者，应对交付瑕疵商品不构成欺诈承担举证责任。被告未能对此提交相应证据，应当认定被告明知车辆存在瑕疵但未向原告告知而销售给原告，对原告构成欺诈。

最后,被告应承担的责任为何。原告向被告购买全新的车辆,而被告交付给原告的车辆存在补漆修复的瑕疵,应认定为被告在履行合同时构成销售欺诈和根本违约,原告有权请求解除合同,故对原告请求退车返款的诉请,法院予以支持。再根据《消费者权益保护法》第五十五条的规定,经营者提供商品或者服务有欺诈行为的,应当按照消费者的要求增加赔偿其受到的损失,增加赔偿的金额为消费者购买商品的价款或者接受服务的费用的三倍;增加赔偿的金额不足500 元的,为 500 元。对于原告请求被告给予车辆价值三倍赔偿,考虑案涉车辆价值较高和被告销售欺诈的违约程度,法院可酌定被告承担违约赔偿责任,按车辆价值一倍对原告进行赔偿。

一审判决如下:

1. 撤销原告王 A 与被告 B 公司之间关于案涉车辆的买卖合同。

2. 原告王 A 将案涉车辆涤除抵押权后返还给被告 B 公司,并协助被告 B 公司办理相关过户登记手续,过户费用由被告 B 公司承担,同时被告 B 公司退还原告王 A 购车款 169, 800 元。

3. 被告 B 公司支付原告王 A 赔偿款 169, 800 元。

4. 驳回原告王 A 的其他诉讼请求。

双方均不服,均提起上诉。

二审法院认为,本案双方当事人的诉争焦点为,案涉车辆的买卖过程中,B 公司的行为是否构成欺诈;B 公司应否承担责任。

1. 关于案涉车辆的买卖过程中,B 公司的行为是否构成欺诈的问题。一方面,B 公司提供的强制性产品认证车辆一致性证书、PDI 检查单、交车确认单等证据材料能够证明案涉车辆经 C 汽车金融有限公司产品一致性检验合格,全系车型出库检测合格(包括车辆车门、后门儿童锁、车身漆面等 76 项),王 A 接收车辆时经认真、详细检查并签字确认等事实,且 B 公司提供的车辆环检问诊单、维修工单、结算单等证据显示,王 A 于事后到 B 公司处进行保养并经环车检查内饰、外观检车均为良好。交车时,王 A 亦在“油漆表面无刮痕”处打钩,视为其对该车辆质量的认可。

另一方面,欺诈是指故意隐瞒真实情况或者故意告知对方虚假的情况,欺骗对方,诱使对方作出错误的意思表示而与之订立合同。

本案中,虽事后经 B 公司确认并经评估公司鉴定,案涉车辆右后车门存在补漆和变形修复等情形，但根据本案已有证据无法认定补漆或修复行为发生在车辆交付之前还是车辆交付之后。庭审中，王A既未提供证据证明B公司在销售和交付车辆的过程中存在故意告知虚假情况或隐瞒真实情况的行为，亦未提供证据证明案涉车辆存在补漆或修复行为系B公司所为，对此，王A应承担举证不能的法律后果。

综上，B公司的行为并未构成欺诈，一审法院对此认定有误，应予以纠正。二审法院对王A的该项上诉主张不予支持，对B公司的该项上诉主张予以支持。

2. 关于B公司应否承担责任的问题。二审法院认为，虽然B公司在销售过程中并未构成欺诈，但鉴于案涉车辆后门板存在脱落情形及右后车门存在重新喷漆、下部存在修复痕迹等质量瑕疵，违背了消费者以正常价格购买新车时的一般心理预期，侵犯了消费者的知情权，影响了消费者的购买选择权，对其财产利益亦有一定影响，同时，为减少当事人诉累，故法院根据本案实际情况，酌定B公司在赔付鉴定费8000元的同时，还应赔偿王A经济损失30,000元，法院对王A的该项上诉主张部分予以支持。

综上所述，王A与B公司的上诉请求均部分成立，二审判决如下：

1. 撤销一审民事判决。

2. 上诉人B公司赔偿上诉人王A鉴定费8000元、经济损失30,000元。

3. 驳回双方当事人的其他诉讼请求。

【律师分析】

在以上案例中，新车经4S店PDI检测合格后交付给消费者，在交付后6个月内经过鉴定发现车辆存在喷漆等修复痕迹，4S店是否构成欺诈？对此问题，一审法院和二审法院形成了不同观点。

一审法院认为被告构成欺诈，理由如下：

1. 车辆交付给原告之后6个月内，经B公司确认并经评估公司鉴定，案涉车辆右后门存在补漆和变形修复等情形。

2. 根据《消费者权益保护法》第二十三条第三款“经营者提供的机动车、计算机、电视机、电冰箱、空调器、洗衣机等耐用商品或者装饰装修等服务，消费者自接受商品或者服务之日起六个月内发现瑕疵，发生争议的，由经营者承担有关瑕疵的举证责任”的规定，一审法院认为被告作为案涉车辆的销售者，应举证证明案涉车辆补漆行为是在车辆交付之后发生的，但本案被告不能就案涉车辆瑕疵系发生于车辆交付后进行举证，故应认定案涉车辆瑕疵于车辆交付前便已存在。

根据以上理由，一审法院认定被告存在故意，并据此判决解除合同、退还车款，并判令一倍惩罚性赔偿。

本书认为，一审法院的故意认定是一种责任推定形式，而非根据确实充分的证据进行认定，这对被告的举证责任明显过于苛刻。

二审法院认为，欺诈是指故意隐瞒真实情况或者故意告知对方虚假的情况，欺骗对方，诱使对方作出错误的意思表示而与之订立合同。

二审法院则认为被告不构成欺诈，理由如下：

1. 被告提供的强制性产品认证车辆一致性证书、PDI 检查单、交车确认单等证据材料能够证明案涉车辆经 C 汽车金融有限公司产品一致性检验合格、全系车型出库检测合格。原告接收车辆时经认真、详细检查并签字确认，原告于事后到 B 公司处进行保养并经环车检查内饰、外观检车均为良好。交车时，原告在“油漆表面无刮痕”处打钩，视为其对该车辆质量的认可。

2. 虽然事后经鉴定证明案涉车辆右后车门存在补漆和变形修复等情形，但无法认定补漆或修复行为系发生在车辆交付之前还是车辆交付之后。并且原告既无法证明被告在销售和交付车辆的过程中存在故意告知虚假情况或隐瞒真实情况的行为，又无法证明案涉车辆存在补漆或修复行为系被告所为。

综上，二审法院认定被告不构成欺诈。对于一审法院的错误认定，二审法院给予纠正。

本书认为，对于主观欺诈故意的认定，应当以确实充分的证据为基础，而不能通过推定的方式，但不能因此免除被告根据法律规定所应承担的过错推定举证责任。其中，过错包括故意，也包括过失。

本案中，由于案涉车辆右后车门存在补漆和变形修复等情形，该质量瑕疵发生在案涉车辆交付后 6 个月之内，根据相关法律规定，被告负有举证责任，但由于被告无法举证，故法院认定其存在过错。

同时，二审法院基于公平和减少当事人诉累的角度，酌情判决被告对原告进行一定的补偿。

【律师建议】

结合以上案例，作为汽车经销商，从合规和法律风险防范的角度出发，我们建议：

1. 鉴于车辆鉴定技术条件或水平的客观限制，很多时候无法对车辆修复的时间作出一个具体的界定或判断，因此在新车交付环节要做好以下两点：

(1) 对外：规范和完善各项流程确认和文件签订，包括 PDI 检查单、交车确认单等，在交付车辆时与消费者对车辆的内饰、外观均做认真、详细检查，确认其良好，由消费者签字确认且存档妥善保管。

(2) 对内：加强对销售顾问、客服专员、PDI 专员等员工的业务水平培训和法律意识培训，规范风险操作和管理流程，强化相关人员的法律风险防范意识和专业能力。

2. 车辆质量问题往往涉及车辆的质量鉴定问题，因此，4S 店在日常业务开展和管理过程中，要加强与相关专业鉴定机构的交流与合作，相关人员要加强对车辆鉴定方面专业知识的了解和学习，提升自身对车辆质量鉴定业务过程中可能会出现的问题、情况及可能会造成的结果等情形进行分析、研究和预判的能力，并根据可能出现的风险和后果做好预案。

【法律规定】

1.《消费者权益保护法》

第二十三条第三款　经营者提供的机动车、计算机、电视机、电冰箱、空调器、洗衣机等耐用商品或者装饰装修等服务，消费者自接受商品或者服务之日起六个月内发现瑕疵，发生争议的，由经营者承担有关瑕疵的举证责任。

第五十五条　经营者提供商品或者服务有欺诈行为的，应当按照消费者的要求增加赔偿其受到的损失，增加赔偿的金额为消费者购买商品的价款或者接受服务的费用的三倍；增加赔偿的金额不足五百元的，为五百元。法律另有规定的，依照其规定。

经营者明知商品或者服务存在缺陷，仍然向消费者提供，造成消费者或者其他受害人死亡或者健康严重损害的，受害人有权要求经营者依照本法第四十九条、第五十一条等法律规定赔偿损失，并有权要求所受损失二倍以下的惩罚性赔偿。

2.《民法典》

第一百四十八条　一方以欺诈手段，使对方在违背真实意思的情况下实施的民事法律行为，受欺诈方有权请求人民法院或者仲裁机构予以撤销。

第一百五十七条　民事法律行为无效、被撤销或者确定不发生效力后，行为人因该行为取得的财产，应当予以返还；不能返还或者没有必要返还的，应当折价补偿。有过错的一方应当赔偿对方由此所受到的损失；各方都有过错的，应当各自承担相应的责任。法律另有规定的，依照其规定。

第八章　汽车三包及风险防控

第一节　经营者义务

一、关于汽车生产商的汽车产品出厂检验义务

《家用汽车产品修理更换退货责任规定》第七条规定："生产者生产的家用汽车产品应当符合法律、法规规定以及当事人约定的质量要求。未经检验合格，不得出厂销售。"

上述规定是关于生产者对生产的家用汽车产品质量要求和应当执行出厂检验义务的规定。

（一）家用汽车产品的质量应当符合相关法律、法规的要求

《产品质量法》第二十六条规定，生产者应当对其生产的产品质量负责。产品质量应当符合下列要求：（1）不存在危及人身、财产安全的不合理的危险，有保障人体健康和人身、财产安全的国家标准、行业标准的，应当符合该标准；（2）具备产品应当具备的使用性能，但是，对产品存在使用性能的瑕疵作出说明的除外；（3）符合在产品或者其包装上注明采用的产品标准，符合以产品说明、实物样品等方式表明的质量状况。

家用汽车产品在符合法律、法规要求的基础上，当事人对家用汽车产品质量另有约定的，还应符合约定的质量要求。

（二）未经检验合格的家用汽车产品，不得出厂销售

《产品质量法》第十二条规定，产品质量应当检验合格，不得以不合格产品冒充合格产品。

生产者应当按照法律的要求，严格执行出厂检验工作，确保出厂汽车产品合格、安全。出厂检验记录是在产品质量、安全等发生法律纠纷时分清责任的重要证据，为便于查询，应当妥善保存出厂检验记录。

《产品质量法》第二十七条规定了产品或者其包装上的标识必须真实,并有产品质量检验合格证明。产品质量检验合格证明是生产者对其生产的汽车产品经过相关检验合格后出具的凭证,是车辆上牌时必备的证件,只有具有产品质量检验合格证明的车辆才可以进入市场销售。未经检验或经检验不合格的家用汽车产品,一律不得出厂销售。

二、关于汽车生产商对汽车产品的随车文件配备义务

《家用汽车产品修理更换退货责任规定》第八条规定:“生产者应当为家用汽车产品配备中文产品合格证或者相关证明、产品一致性证书、产品使用说明书、三包凭证、维修保养手册等随车文件。随车提供工具、附件等物品的,还应当附随车物品清单。”

《汽车销售管理办法》第十六条规定:“供应商、经销商应当在交付汽车的同时交付以下随车凭证和文件,并保证车辆配置表述与实物配置相一致:(一)国产汽车的机动车整车出厂合格证;(二)使用国产底盘改装汽车的机动车底盘出厂合格证;(三)进口汽车的货物进口证明和进口机动车检验证明等材料;(四)车辆一致性证书,或者进口汽车产品特殊认证模式检验报告;(五)产品中文使用说明书;(六)产品保修、维修保养手册;(七)家用汽车产品‘三包’凭证。”

上述规定是关于家用汽车产品应当配备随车文件的规定。

家用汽车产品应当配备的随车文件包括中文产品合格证或者相关证明、产品一致性证书、产品使用说明书、三包凭证、维修保养手册等。

相较于2012版的《家用汽车产品修理、更换、退货责任规定》(已失效),2021版的《家用汽车产品修理更换退货责任规定》规定的产品一致性证书是新增的内容。车辆一致性证书是汽车强制性产品认证证书依法附带的合格证明,能够为政府监管部门、行业、消费者提供车辆参数信息,每一辆获证车辆均应随车附带车辆一致性证书。车辆一致性证书具体内容包含生产企业信息、车辆识别代号(VIN)、发动机/电动机(行驶驱动电机)型号、燃油车排放等级、车辆长宽高、整备质量、电池(动力蓄电池)型号等关键信息。

相关随车文件不齐全的,消费者有权拒绝提车或要求经营者补齐相关文件。

在实践中,越来越多的生产者提供电子版随车文件,这种做法符合法律规定的要求。

三、关于汽车经销商汽车产品进货检查验收制度

《家用汽车产品修理更换退货责任规定》第十二条规定:“销售者应当建立进货检查验收制度,验明家用汽车产品的随车文件。”

上述规定是关于销售者(汽车经销商)应当建立并执行进货检查验收制度的规定。

《产品质量法》第三十三条规定,销售者应当建立并执行进货检查验收制度,验明产品合格证明和其他标识。

建立并执行进货检查验收制度是销售者的法定义务。销售者通过验明家用汽车产品的随车文件,对产品进行检查验收,既可以保证产品质量,保护销售者合法权益;也可以使供需双方及时分清产品质量责任,保护消费者的合法权益。

进货检查验收制度是销售者为确保进货的产品质量,对购进的产品进行检查验收的制度。进货检查验收应当查验产品生产厂家、供货单位的营业执照和资质证明,验明随车文件,对车辆验收结果应记录并保存。对产品必要的内在质量检查可以按照销售者与生产者或者其他经营者的约定执行。

在验明家用汽车产品随车文件环节,汽车经销商在对随车文件进行查验时需注意两个问题:一是检查随车文件是否齐全;二是重点检查产品的合格证明。

中文产品合格证或者相关证明是表明产品经质量检验合格而附于产品或者产品包装上的合格证明材料。国产家用汽车产品应当附产品合格证,进口家用汽车产品应当附入境货物检验检疫证明和进口机动车辆随车检验单等。

四、关于汽车修理者修理家用汽车产品时所使用零部件质量要求

《家用汽车产品修理更换退货责任规定》第十六条规定:“包修期内修理者用于修理的零部件应当是生产者提供或者认可的合格零部件,并且其质量不得低于原车配置的零部件质量。”

上述规定是关于家用汽车产品修理时所使用零部件的质量要求的规定。

修理者开展修理工作时应当对所使用的零部件质量严格把关,杜绝使用假冒伪劣零部件。在包修期内所使用的零部件应当是由生产者提供的,或者是生产者认可的合格零部件,且其质量不得低于家用汽车产品原车配置的零部件质量。要求用于修理的零部件的质量不得低于原车配置的零部件质量,是保证零部件品质的有效手段。

对于再制造零部件等非原车配置的零部件,如果用于三包修理,生产者和修理者需证明其来源及质量符合相关规定,并根据相关规定,在使用前向消费者明示。

【案例24】家用汽车三包责任应由生产者、销售者还是维修者承担?

【案例来源】王A与B(上海)新能源汽车服务有限公司买卖合同纠纷案[上海市徐汇区人民法院(2022)沪0104民初7512号民事判决书]

【基本案情】

2018年11月,王A与B(上海)新能源汽车服务有限公司(以下简称B公司)签订《汽车销售服务合同》,王A向B公司购买众泰E200纯电动汽车一辆,同年12月12日完成车辆注册登记,车辆所有人为王A。该车保修手册中"超长包修零件明细"处记载,车辆的动力电池总成、驱动电机总成、电机控制器总成的包修期限(时间或里程以先到者为准)为96个月或120,000公里。购车后,王A在上海D有限公司对案涉车辆进行例行保养。

2020年12月30日,王A驾驶案涉车辆行驶至上海市南浦大桥处出现动力电池故障抛锚,王A委托上海E有限公司进行清障施救。2021年1月16日,修理厂检测后认为该车系动力电池压差增大,需要更换动力电池,但因众泰公司已破产,无法进行电池更换。截至该日,行驶里程数为42,293公里。2021年1月,王A向B公司提出更换汽车的要求。B公司表示众泰公司已进入破产清算程序,上海市范围内已无众泰公司的维修网点,B公司无法为案涉车辆进行维修、更换。此后,王A将案涉车辆送至众泰新能源无锡阿尔发特约服务站进行维修。2022年6月10日,案涉车辆电池再次故障,由上海F有限公司对电池进行维修。王A认为三包责任由销售者依法承担,要求B公司承担该汽车在三包期间内的相关维修费用,因此提起诉讼。

【裁判结果】

法院认为,王A向B公司购买案涉车辆,双方构成买卖合同关系。根据案涉车辆保修手册所载,该车发生动力电池故障时尚在包修期限内。家用汽车三包责任应由销售者承担,在包修期内出现质量问题的,消费者可以凭三包凭证选择修理者免费修理,因此王A要求B公司承担三包责任符合法律法规的规定。B公司无法为王A提供车辆维修服务,且无法提供上海市范围内具备维修能力的维修单位信息,故王A将案涉车辆送往位于无锡市的维修机构进行修理,具有合理性。据此,法院判决B公司支付王A该车维修的相关费用。

【律师分析】

1. 家用汽车三包责任的适用情形

家用汽车的“三包”一般是指“包修、包换、包退”,“三包”并非完全无条件的,只有符合法定或约定的三包政策的情形,汽车销售方才负有三包义务。具体来讲,承担三包责任的情形有以下三种情况:

(1)质量问题,指家用汽车产品质量不符合法律、法规、强制性国家标准以及企业明示采用的标准或者明示的质量状况,或者存在影响正常使用的其他情形。

(2)严重安全性能故障,指家用汽车产品存在危及人身、财产安全,致使无法安全使用的质量问题,包括安全装置不能起到应有的保护作用或者存在起火等危险的情形。

(3)经营者作出严于三包规定的规定,更有利于保护消费者合法权益的三包承诺的,应按照承诺承担责任。

2. 家用汽车三包责任的承担者

根据《家用汽车产品修理更换退货责任规定》,家用汽车产品三包责任实行“谁销售谁负责”的原则,即三包责任由直接向消费者销售家用汽车产品的销售者承担。这是因为三包责任产生的前提是销售者与消费者之间订立的汽车买卖合同,按照合同关系,销售者是三包责任的法定承担者。在本案中,王A与B公司签订车辆买卖合同,按照合同关系,B公司作为汽车销售者,是三包责任的直接承担者。而销售者承担三包责任后,有权再行向生产者或其他责任方主张责任。

【律师建议】

1. 消费者注意事项

(1)妥善保管“三包”凭证等随车文件

消费者在交接车辆时,务必仔细检查销售者提供的随车文件并妥善保管。此外,如果“三包”凭证遗失,消费者可以免费向销售者申请补办。

(2)多方式维权途径

因家用汽车出现问题发生的争议,消费者可以通过下列途径解决:协商和解;请求消费者协会或者依法成立的其他调解组织调解;向市场监督管理部门等有关行政机关投诉;根据当事人达成的仲裁协议提请仲裁机构仲裁;向人民法院提起诉讼。

(3)增强证据意识

无论家用汽车是否存在故障、与退换相关的故障时间及维修次数等,都需要消费者有维护自身权益的意识,对与“三包”有关的证据加以收集、妥善保存。

2. 销售者注意事项

根据《家用汽车产品修理更换退货责任规定》,销售者是“三包”责任的法定承担者。因此,汽车销售者不能以“只是销售者并不负责售后服务”为由拒绝承担“三包”责任。如果消费者遭到拒绝,其可以向市场监管部门或者消费者协会进行投诉举报。市场监管部门将依照《消费者权益保护法》第五十六条第一款第八项的有关规定,对故意拖延或无正当理由拒绝承担“三包”责任的销售者实施处罚。进一步若消费者提起诉讼,则会导致销售者承担更多法律风险。

【法律规定】

1.《民法典》

第五百八十二条　履行不符合约定的,应当按照当事人的约定承担违约责任。对违约责任没有约定或者约定不明确,依据本法第五百一十条的规定仍不能确定的,受损害方根据标的的性质以及损失的大小,可以合理选择请求对方承担修理、重作、更换、退货、减少价款或者报酬等违约责任。

2.《消费者权益保护法》

第十六条　经营者向消费者提供商品或者服务,应当依照本法和其他有关法律、法规的规定履行义务。

经营者和消费者有约定的,应当按照约定履行义务,但双方的约定不得违背法律、法规的规定。

经营者向消费者提供商品或者服务,应当恪守社会公德,诚信经营,保障消费者的合法权益;不得设定不公平、不合理的交易条件,不得强制交易。

第二十四条　经营者提供的商品或者服务不符合质量要求的,消费者可以依照国家规定、当事人约定退货,或者要求经营者履行更换、修理等义务。没有国家规定和当事人约定的,消费者可以自收到商品之日起七日内退货;七日后符合法定解除合同条件的,消费者可以及时退货,不符合法定解除合同条件的,可以要求经营者履行更换、修理等义务。

依照前款规定进行退货、更换、修理的,经营者应当承担运输等必要费用。

3.《家用汽车产品修理更换退货责任规定》

第三条　三包责任由销售者依法承担。销售者依照本规定承担三包责任后,属于生产者责任或者其他经营者责任的,销售者有权向生产者、其他经营者追偿。

从中华人民共和国境外进口家用汽车产品到境内销售的企业,视为生产者。

第十九条　家用汽车产品在包修期内出现质量问题或者易损耗零部件在其质量保证期内出现质量问题的,消费者可以凭三包凭证选择修理者免费修理(包括免除工时费和材料费)。修理者能够通过查询相关信息系统等方式核实购买信息的,应当免除消费者提供三包凭证的义务。

第二十一条　家用汽车产品在包修期内因质量问题单次修理时间超过5日(包括等待修理零部件时间)的,修理者应当自第6日起为消费者提供备用车,或者向消费者支付合理的交通费用补偿。经营者与消费者另有约定的,按照约定的方式予以补偿。

第二节　三包责任

一、关于家用汽车三包有效期和包修期

《家用汽车产品修理更换退货责任规定》第十八条规定:“家用汽车产品的

三包有效期不得低于2年或者行驶里程50,000公里,以先到者为准;包修期不得低于3年或者行驶里程60,000公里,以先到者为准。三包有效期和包修期自销售者开具购车发票之日起计算;开具购车发票日期与交付家用汽车产品日期不一致的,自交付之日起计算。”

上述规定是关于家用汽车产品三包有效期和包修期的规定。

(一)家用汽车产品三包有效期

家用汽车产品三包有效期指家用汽车产品经营者因汽车质量问题,依照法定的条件和要求,承担修理、更换和退货责任的期限。在三包有效期内,家用汽车产品出现质量问题的,经营者除了要承担免费修理义务之外,对于满足更换或者退货条件的家用汽车产品,还要承担更换和退货的责任。

按照上述规定,我国家用汽车产品三包有效期限不低于2年或者行驶里程50,000公里,以先到者为准。

(二)家用汽车产品包修期

家用汽车产品包修期指家用汽车产品经营者因家用汽车产品质量问题,承担免费修理责任的期限。

按照上述规定,我国家用汽车产品包修期限不低于3年或者行驶里程60,000公里,以先到者为准。

2年或者行驶里程50,000公里的三包有效期和3年或者行驶里程60,000公里的包修期是家用汽车产品三包的最基本要求,国家鼓励家用汽车产品经营者作出严于本规定、更有利于保护消费者合法权益的三包有效期限和包修期限承诺。承诺作为明示担保,应当依法履行。

关于三包有效期、包修期的起算时间点,为了便于操作和信息追溯,规定了三包有效期和包修期自销售者开具购车发票之日起计算。考虑在实际车辆销售过程中,会出现开具购车发票后,车辆没有第一时间交付给消费者,但三包有效期和包修期已经开始计算的情形。因此,额外规定了开具购车发票日期与交付家用汽车产品日期不一致的,自交付之日起计算三包有效期和包修期。销售者在销售车辆时,应当与消费者明确交付车辆的时间节点,并将交付车辆的日期填写在三包凭证上。

二、关于消费者在三包有效期内可以无偿退换车辆(总成)的情形

《家用汽车产品修理更换退货责任规定》第二十条规定:“家用汽车产品自三包有效期起算之日起60日内或者行驶里程3000公里之内(以先到者为准),因发动机、变速器、动力蓄电池、行驶驱动电机的主要零部件出现质量问题的,消费者可以凭三包凭证选择更换发动机、变速器、动力蓄电池、行驶驱动电机。修理者应当免费更换。”

《家用汽车产品修理更换退货责任规定》第二十二条规定:“家用汽车产品自三包有效期起算之日起7日内,因质量问题需要更换发动机、变速器、动力蓄电池、行驶驱动电机或者其主要零部件的,消费者可以凭购车发票、三包凭证选择更换家用汽车产品或者退货。销售者应当免费更换或者退货。”

《家用汽车产品修理更换退货责任规定》第二十三条规定:“家用汽车产品自三包有效期起算之日起60日内或者行驶里程3000公里之内(以先到者为准),因质量问题出现转向系统失效、制动系统失效、车身开裂、燃油泄漏或者动力蓄电池起火的,消费者可以凭购车发票、三包凭证选择更换家用汽车产品或者退货。销售者应当免费更换或者退货。”

以上条款是关于在三包有效期内消费者有权要求销售者进行无偿更换、退货的三种具体情况的规定,具体分析如下。

(一)发动机等总成质量问题的免费更换条件

家用汽车产品自三包有效期起算之日起60日内或者行驶里程3000公里之内(以先到者为准),因发动机、变速器、动力蓄电池、行驶驱动电机的主要零部件出现质量问题的,消费者有权要求修理者免费更换发动机、变速器、动力蓄电池、行驶驱动电机。

需要注意的是,这里不是针对家用汽车整车的免费更换,而是基于发动机、变速器、动力蓄电池、行驶驱动电机的主要零部件出现质量问题,对相应的汽车总成进行的免费更换。

基于近几年新能源汽车的快速发展,该规定中的汽车总成与《家用汽车产品修理、更换、退货责任规定》(已失效)第十八条相比,增加了“动力蓄电池、行驶驱动电机”两个总成或部件。

（二）发动机等总成质量问题的免费退换条件

家用汽车产品自三包有效期起算之日起 7 日内，因质量问题需要更换发动机、变速器、动力蓄电池、行驶驱动电机或者其主要零部件的，消费者可以要求销售者对整车进行免费退换。

与《家用汽车产品修理、更换、退货责任规定》（已失效）相比，该规定是新汽车三包规定新增的规定，加大了对消费者权益的保护力度。

（三）转向系统等总成质量问题的免费退换条件

家用汽车产品自三包有效期起算之日起 60 日内或者行驶里程 3000 公里之内（以先到者为准），因质量问题出现转向系统失效、制动系统失效、车身开裂、燃油泄漏或者动力蓄电池起火的，消费者可以要求销售者对整车进行免费退换。

该规定中的汽车总成与《家用汽车产品修理、更换、退货责任规定》（已失效）第二十条相比，增加了一个“动力蓄电池”主要部件。

三、关于消费者在三包有效期内可以有偿退换车辆的情形

《家用汽车产品修理更换退货责任规定》第二十四条规定：“家用汽车产品在三包有效期内出现下列情形之一，消费者凭购车发票、三包凭证选择更换家用汽车产品或者退货的，销售者应当更换或者退货：（一）因严重安全性能故障累计进行 2 次修理，但仍未排除该故障或者出现新的严重安全性能故障的；（二）发动机、变速器、动力蓄电池、行驶驱动电机因其质量问题累计更换 2 次，仍不能正常使用的；（三）发动机、变速器、动力蓄电池、行驶驱动电机、转向系统、制动系统、悬架系统、传动系统、污染控制装置、车身的同一主要零部件因其质量问题累计更换 2 次，仍不能正常使用的；（四）因质量问题累计修理时间超过 30 日，或者因同一质量问题累计修理超过 4 次的。发动机、变速器、动力蓄电池、行驶驱动电机的更换次数与其主要零部件的更换次数不重复计算。需要根据车辆识别代号（VIN）等定制的防盗系统、全车主线束等特殊零部件和动力蓄电池的运输时间，以及外出救援路途所占用的时间，不计入本条第一款第（四）项规定的修理时间。”

以上条款是关于在三包有效期内消费者有权要求销售者进行有偿更换、退货的四种具体情况的规定，具体分析如下。

（一）严重安全性能故障的有偿更换、退货条件

在三包有效期内的车辆如果因质量问题发生了2次严重安全性能故障，修理者没有排除故障，或者又发生了新的严重安全性能故障，消费者有权要求销售者更换或退货，但需要注意以下两点：

1. 本规定只针对严重安全性能故障，其他类型故障不受本规定调整。

2. 同一或者不同的严重安全性能故障，经修理者2次修理，故障未排除或者又发生新的严重安全性能故障的，消费者有权要求销售者更换或退货。

（二）发动机等总成质量问题的有偿更换、退货条件

发动机、变速器、动力蓄电池、行驶驱动电机因其质量问题累计更换2次，仍不能正常使用的，消费者可以选择更换或者退货。

累计更换2次，指因质量问题，发动机、变速器、动力蓄电池、行驶驱动电机4个总成中任一总成更换2次或者2个不同的总成各更换1次。

（三）主要零部件质量问题的有偿更换、退货条件

发动机、变速器、动力蓄电池、行驶驱动电机、转向系统、制动系统、悬架系统、传动系统、污染控制装置、车身的同一主要零部件因其质量问题累计更换2次，仍不能正常使用的，消费者可以选择更换或者退货。

发动机、变速器、动力蓄电池、行驶驱动电机的更换次数与其主要零部件的更换次数不重复计算。例如，某车辆因发动机气缸盖砂眼问题更换气缸盖（主要零部件），数日后因机油泵失效导致发动机轴瓦抱死而更换发动机（含气缸盖），不能视为发动机气缸盖被更换了2次，因为主要零部件与总成两者不重复计算。

（四）累计修理时间的有偿更换、退货条件

因质量问题累计修理时间超过30日的，消费者可以选择更换或者退货。需要根据车辆识别代号（VIN）等定制的防盗系统、全车主线束等特殊零部件和动力蓄电池的运输时间，以及外出救援路途所占用的时间不计入累计修理时间，具体分析如下。

1. 特殊零部件的运输时间不计入累计修理时间。特殊零部件是必须根据车辆识别代号（VIN）等定制生产的零部件，因此销售者和修理者无法进行事先备货，故其运输时间不计入累计修理时间。特殊零部件不包括一般通用类零部件，其范围应符合国家标准GB/T 29632—2021《家用汽车产品三包主要零部件种类

范围及三包凭证》的规定,并由生产者在三包凭证上进行明示。

2. 特殊零部件和动力蓄电池的运输时间不计入前述规定中的累计修理时间,但修理者仍需按照规定提供备用车或者向消费者支付合理的交通费用补偿等。

3. 易损耗零部件超出其质量保证期,因质量问题的修理时间,不计入前述规定中的累计修理时间。

但需要注意的是,上述规定的退换情形均为有偿退换情形,即在上述规定的情形下,消费者选择对产品进行退换的,基于消费者对汽车产品已经使用了一段时间,已经实际享受了一段时间的汽车使用权益,因此需要向销售者支付一定的使用对价或补偿费,具体详见下文对《家用汽车产品修理更换退货责任规定》第二十七条规定的分析。

四、关于汽车产品使用补偿费

《家用汽车产品修理更换退货责任规定》第二十七条规定:"消费者依照本规定第二十四条第一款规定更换家用汽车产品或者退货的,应当向销售者支付家用汽车产品使用补偿费。补偿费的计算方式为:补偿费 = 车价款(元) × 行驶里程(公里)/1000(公里) × n。使用补偿系数 n 由生产者确定并明示在三包凭证上。使用补偿系数 n 不得高于 0.5% 。"

以上条款是关于汽车产品使用补偿费计算的规定。

《家用汽车产品修理更换退货责任规定》第二十四条第一款规定的更换家用汽车产品或者退货的情形为有偿退换车辆的情形。

《家用汽车产品修理、更换、退货责任规定》(已失效)第二十五条第二款规定:"合理使用补偿费用的计算公式为:[(车价款(元) × 行驶里程(km))/1000] × n。使用补偿系数 n 由生产者根据家用汽车产品使用时间、使用状况等因素在 0.5% 至 0.8% 之间确定,并在三包凭证中明示。"前述规定与新汽车三包规定相比,合理使用补偿费用的计算公式基本要素和计算方式是一致的,唯一发生变化的是补偿系数 n 有调整。与旧规定的 0.5% 至 0.8% 相比,新规定的使用补偿系数 n 明确规定为"不得高于 0.5% ",具体由生产者确定并明示在三包凭证上。

对于公式中的"车价款",应该理解为裸车价或净车价,即不包含车辆购置税、保险、汽车精品、贷款利息及上牌等相关费用。

对于汽车产品使用补偿费具体的计算方法，举个例子：消费者 A 购买某豪华品牌汽车一辆，购买时裸车价为 500,000 元，三包凭证上明示的汽车使用补偿系数 n 为 0.5%。购买使用半年之后，至汽车行驶 15,000 公里时，汽车发动机出现故障，汽车经销商 2 次维修并更换主要零部件，仍然无法排除发动机故障，其后消费者 A 要求汽车经销商更换一台新车。汽车经销商联合汽车厂家沟通与确认，消费者 A 购买的车辆发生的情形符合《家用汽车产品修理更换退货责任规定》第二十四条第一款规定的换车情形，但需向汽车经销商支付一定的汽车产品使用补偿费。具体计算方式如下：

汽车产品合理使用补偿费 = 车价款（元）× 行驶里程（公里）/1000（公里）× n = 500,000（元）× 15,000（公里）/1000（公里）× 0.5% = 37,500 元。

也就是说，汽车经销商应向消费者 A 更换一辆同等品牌同等配置的车辆，而消费者 A 需向汽车经销商支付汽车使用合理补偿费 37,500 元。

当然，根据《家用汽车产品修理更换退货责任规定》第二十六条第一款“销售者为消费者更换家用汽车产品或者退货，应当赔偿消费者下列损失：（一）车辆登记费用；（二）销售者收取的扣除相应折旧后的加装、装饰费用；（三）销售者向消费者收取的相关服务费用”的规定，汽车质量原因导致消费者主张更换车辆，因此给消费者造成损失的，汽车经销商应当承担赔偿责任，赔偿范围包括但不限于车辆登记费用、汽车经销商收取的扣除相应折旧后的加装、装饰费用及汽车经销商向消费者收取的相关服务费用等。

【案例 25】新车发动机无法正常启动，可否要求退车？

【案例来源】雷某与佛山市南海区某 4S 店汽车买卖合同纠纷案［广东省佛山市南海区人民法院（2017）粤 0605 民初 2007 号民事判决书］

【基本案情】

2015 年 1 月，原告雷某在佛山市南海区某 4S 店处购买了雪佛兰牌汽车一辆（车价 20 万元）。原告诉称，被告交付上述车辆后，该车多次出现发动机无法启动、行车电脑出现蓝屏等现象，经被告检修处理后，该车仍多次出现上述现象。原告要求被告退车，双方协商未果，遂原告于 2017 年 2 月

向法院提出下列诉讼请求(此时车辆已行驶22,000公里):

1. 判令被告立即向原告退还购车款及车辆购置税合计23万元。

2. 诉讼费用由被告承担。

【裁判结果】

原告主张案涉汽车存在可退货的质量问题,被告有异议,原告对此负有相应的举证责任。

虽然原告的举证能够反映案涉汽车的确存在质量问题且多次送修,但该些质量问题是否属于家用汽车三包凭证所规定的“严重安全性能故障”“主要零件质量问题”,是否与原告加装行车记录仪的行为有关,原告未能举证证实,且原告没有在法院指定时间内就案涉汽车出现的质量问题是否符合三包退车规定申请鉴定,原告应承担举证不能的不利后果。

因此,原告请求被告退还购车款及车辆购置税,缺乏依据,法院不予支持,依法驳回了原告雷某的全部诉讼请求。

【律师分析】

这是一起关于汽车产品质量责任纠纷的案件。

对于汽车质量问题,主要涉及三种处理方式:退、换、修,即汽车三包,其中包修期不低于3年或者6万公里,三包有效期不低于2年或者5万公里,均以先到者为准。包修期和三包有效期均自购车发票开具之日起计算。

1. 退、换

根据相关规定,退换车有两种方式,一种是免费退换,另一种是有偿退换。

(1)免费退换,即消费者可全额退回购车款、购置税及保险(扣除保险已过期限对应的费用,下同),且无须基于汽车的使用向4S店补偿任何费用。

根据相关规定,家用汽车自购车发票开具之日起60日内或者行驶里程3000公里之内(以先到者为准),汽车出现转向系统失效、制动系统失效、车身开裂或燃油泄漏,消费者选择退换的,商家应负责免费退换。

本案中,原告雷某至起诉时:①车辆已经购买了2年多,远远超过60日;②车辆已行驶了22,000公里,远远超过3000公里;③雷某亦无证据证明车辆存在转向系统失效、制动系统失效、车身开裂或燃油泄漏这些问题。因此,雷某的车辆不符合免费退换的条件。

(2)有偿退换,即消费者可全额退回购车款、购置税及保险(扣除保险已过期限对应的费用,下同),但需基于汽车的使用向4S店补偿一定的费用。

①根据相关规定,三包有效期内,发生下列情况之一的,消费者有权选择更换或退货:一是因严重安全性能故障累计进行了2次修理,严重安全性能故障仍未排除或者又出现新的严重安全性能故障的;二是发动机、变速器累计更换2次后,或者发动机、变速器的同一主要零件因其质量问题,累计更换2次后,仍不能正常使用的,发动机、变速器与其主要零件更换次数不重复计算;三是转向系统、制动系统、悬架系统、前/后桥、车身的同一主要零件因其质量问题,累计更换2次后,仍不能正常使用的。

②三包有效期内,因汽车质量问题修理时间累计超过35日的,或者因同一质量问题累计修理超过5次的,消费者可以要求换车。

③三包有效期内,符合更换条件,商家无同品牌同型号汽车,也无不低于原车配置的汽车的,消费者可选择退货。

④除按照相关规定可以进行免费退换的车辆外,其他符合车辆退换情形的,消费者应当支付因使用车辆而产生的合理使用补偿,合理使用补偿费用的计算公式为车价款(元)×行驶里程(km)/1000×n。使用补偿系数n由生产者根据汽车使用时间、使用状况等因素在0.5%至0.8%确定,并在三包凭证中明示。

通常,从对自己有利的角度考虑,汽车厂家对于汽车使用补偿系数n,往往确定为0.8%(本案系数为0.8%)。

本案中,原告雷某提交的证据显示,车辆确实存在一些问题需要维修,但首先,原告并无证据证明车辆存在"严重安全性能故障",或发动机、变速器(或同一主要零件因其质量问题),或转向系统、制动系统、悬架系统、前/后桥、车身的同一主要零件因其质量问题维修或更换2次后仍无法正常使用;其次,亦没有证据证明车辆因为质量问题修理时间累计超过35日,或者因同一质量问题累计修理超过5次;最后,法官曾询问原告是否需要对车辆质量申请鉴定,原告放弃了该项权利。因此,原告雷某的车辆亦不符合有偿退换的条件。

本案中,假设原告雷某的车辆符合有偿退换的条件,那么若雷某主张退换,则需要向4S店支付基于车辆使用产生的合理使用补偿费,计算公式为:车价款(元)×行驶里程(km)/1000×n,即200,000×22,000/1000×0.8%=35,200元。

若雷某主张退换车辆,则需向4S店支付合理使用补偿费35,200元。

2. 修

车辆不符合退换情形的，可在汽车三包有效期限内，按照法律法规规定及三包手册的约定进行保修，由商家进行免费修理（包括工时费和材料费）。但需要注意以下问题：

（1）关于保修的总体政策，不同的厂家、不同的车型有不同的政策，有的厂家政策或车型是3年6万公里（这是最普遍的），有的厂家政策或车型是4年10万公里（如雷克萨斯汽油版车型、广汽讴歌），有的厂家政策或车型是6年15万公里（如雷克萨斯混动车型），有的厂家政策或车型号称是终身质保（如一汽红旗）。

（2）在规定的三包有效期限内，不同部件的三包有效期限也是不一样的。对于易损件，如轮胎、灯泡、蓄电池、雨刮片等，一般是6个月或1万公里的期限，具体的质保范围与期限会在厂家的三包手册中载明。

（3）有些厂家的质保期限很长，如一汽红旗号称终身质保，想要享受终身免费保修，是需要严格遵守厂家相关政策规定的，如车辆过户，车辆因为事故造成发动机主要部件损坏，没有按照保养手册规定的保养时间和间隔在厂家的经销商进行保养，车辆用于出租或者用作营运，车辆被人为改装、调整或拆卸，发生产品质量问题时处置不当导致损坏等，可能都会丧失对整车或某关键部件的质保，具体请遵照厂家的三包手册执行。

本案中，由于原告雷某的车辆不符合退换条件，只能按照法律法规三包规定及厂家的三包政策进行维修。

3. 三包责任的免除

商家三包责任的免除主要有以下两大情形：

（1）超过质保期：超过汽车三包期限出现产品质量问题的，4S店无须承担三包责任。

（2）在包修期和三包有效期内，属于下列情形之一的，4S店可以不承担三包责任：①车主已被书面告知存在瑕疵；②汽车用于出租或者其他营运目的；③使用说明书中明示不得改装、调整、拆卸，但车主自行改装、调整、拆卸而造成损坏；④发生产品质量问题，车主自行处置不当而造成损坏；⑤因车主未按照使用说明书要求正确使用、维护、修理产品而造成损坏；⑥因不可抗力造成损坏；⑦车主无有效发票和三包凭证。

在本案中,原告雷某的车辆还存在一个情况,就是其曾自行在外面为车辆私自安装行车记录仪,在行车记录仪的安装过程中,存在对车辆线路等方面的调整等情形,故行车电脑出现蓝屏等问题,不排除是该私自安装行为造成的。而在厂家的汽车三包手册中,是明确规定不得改装、调整、拆卸的。

而由于原告雷某无法举证证明车辆出现的问题不是其私自安装行车记录仪的行为造成的,应由其承担举证不能的后果。而私自安装行为可能会触碰某些线路或电子元件等,这亦可能导致汽车发动机无法启动。

4. 争议处理

(1)车主与4S店协商解决;(2)向各级消费者协会等第三方机构请求调解解决;(3)向质量技术监督部门等有关行政部门申诉处理;(4)根据协议申请仲裁;(5)依法向人民法院起诉。

本案的争议处理方式比较简单,即双方协商解决不成后,原告雷某向法院起诉。

【律师建议】

本案中,原告败诉的主要原因如下:

1. 没有结合法律法规的相关规定,有针对性地收集关于符合车辆退换情形的证据,而是很笼统地、理所当然地认为车辆经过多次维修仍无法正常使用,想当然地认为证据已经足够。

2. 原告主张的车辆质量问题只是其单方的意见,4S店并不认可,此时需由第三方具有相应资质的机构对车辆质量进行鉴定,原告有责任以此来证明其主张,但其放弃了申请质量鉴定的权利和义务,由此造成的举证不能的后果应由其承担。

因此,本案在相应的证据收集或举证方面对读者有以下提醒:

1. 在起诉前,必须做好充分的研究和准备,结合自己的目的、相关法律法规及三包政策的规定收集补强证据,在确认证据充分、条件成熟后,再提起诉讼,这样才有可能实现自己的诉求或目的,否则是费时费力,得不偿失。

2. 加强日常的证据意识,养成随手收集、保存证据的好习惯,及时有针对性地收集、主动索要与保存证据。证据包括合同、协议、发票、精品清单及安装单、收据、转账记录、短信、微信聊天记录、电话录音、维修明细清单、工时单、结算单、三包手册、保养手册及相关内容的填写与记录等。

3. 对于双方有争议的事实,需要第三方进行专业鉴定,出具专业报告方可确认的,负有举证责任的一方有权利和义务向法院申请进行专业鉴定,否则由该方承担举证不能的后果。

【法律规定】

《家用汽车产品修理更换退货责任规定》

第二十四条　家用汽车产品在三包有效期内出现下列情形之一,消费者凭购车发票、三包凭证选择更换家用汽车产品或者退货的,销售者应当更换或者退货:

(一)因严重安全性能故障累计进行2次修理,但仍未排除该故障或者出现新的严重安全性能故障的;

(二)发动机、变速器、动力蓄电池、行驶驱动电机因其质量问题累计更换2次,仍不能正常使用的;

(三)发动机、变速器、动力蓄电池、行驶驱动电机、转向系统、制动系统、悬架系统、传动系统、污染控制装置、车身的同一主要零部件因其质量问题累计更换2次,仍不能正常使用的;

(四)因质量问题累计修理时间超过30日,或者因同一质量问题累计修理超过4次的。

发动机、变速器、动力蓄电池、行驶驱动电机的更换次数与其主要零部件的更换次数不重复计算。

需要根据车辆识别代号(VIN)等定制的防盗系统、全车主线束等特殊零部件和动力蓄电池的运输时间,以及外出救援路途所占用的时间,不计入本条第一款第(四)项规定的修理时间。

第三节　《家用汽车产品修理更换退货责任规定》10问10答

相较于《家用汽车产品修理、更换、退货责任规定》,《家用汽车产品修理更换退货责任规定》扩大了家用汽车三包的范围,强化了对消费者的权益保护,同时对经营者的汽车产品及相关服务提出了更高的要求,这对推动我国汽车产业发展、促进汽车质量的整体提升来说是重大利好。

一、何为"汽车三包",何为"家用汽车"

1."汽车三包"是对所汽车实行包修、包换、包退的简称,其主要是指汽车产品经营者(包括生产者、销售者和修理者)在质量保证期内对有质量问题的汽车产品进行修、换、退的行为。

2."家用汽车"是指消费者为生活消费需要而购买和使用的乘用车和皮卡车。只有车辆行车证上登记为"非营运",而且必须在个人名下,才能被定义为家用汽车。行车证虽登记在个人名下,但实际用来运营的车辆(如网约车)不属于"家用汽车",即只有同时符合"非营运"和"私人拥有"两个条件的车辆才适用于《家用汽车产品修理更换退货责任规定》。

二、相较于《家用汽车产品修理、更换、退货责任规定》,哪些车型可以适用《家用汽车产品修理更换退货责任规定》

1.除传统燃油车外,近年来众多新能源造车新势力崛起,《家用汽车产品修理更换退货责任规定》首次将家用纯电动、插电式混合动力汽车等新能源车型纳入了保护范围。其搭载的动力蓄电池、行驶驱动电机等零部件也将适用《家用汽车产品修理更换退货责任规定》的退换车条款。

2.为了鼓励和促进行业发展,家用皮卡车和平行进口车也被纳入了《家用汽车产品修理更换退货责任规定》规范范畴。

三、《家用汽车产品修理更换退货责任规定》三包有效期、包修期如何计算

1.《家用汽车产品修理更换退货责任规定》规定,家用汽车产品的三包有效期不得低于2年或者行驶里程5万公里(以先到者为准);包修期不得低于3年或者行驶里程6万公里(以先到者为准)。

2.三包有效期和包修期自销售者开具购车发票之日起计算,开具购车发票日期与交付家用汽车产品日期不一致的,自实际交付之日起计算。

也就是说,自实际交付之日起计算2年内或者行驶里程未达到5万公里的,

尚处于“三包”期内，消费者可以要求包修包退包换，而 2 年以上，3 年以内或行驶里程大于 5 万公里，小于 6 万公里的，销售者对汽车质量问题只需承担修理责任。

四、车刚买不久就出现质量问题，能否直接要求退换

以下两种情况，消费者均可凭购车发票、三包凭证，在车辆不需要经过维修的情况下，直接向销售者主张退换货：

1. 家用汽车产品自三包有效期起算之日起 7 日内，因质量问题需要更换发动机、变速器、动力蓄电池、行驶驱动电机或者其主要零部件的。

2. 家用汽车产品自三包有效期起算之日起 60 日内或者行驶里程 3000 公里之内（以先到者为准），因质量问题出现转向系统失效、制动系统失效、车身开裂、燃油泄漏或者动力蓄电池起火。

五、相较于《家用汽车产品修理、更换、退货责任规定》，《家用汽车产品修理更换退货责任规定》新增了哪些销售者必须退换车辆的情形

1. 相较于《家用汽车产品修理、更换、退货责任规定》，《家用汽车产品修理更换退货责任规定》规定，在车辆动力蓄电池、行驶驱动电机、传动系统、污染控制装置（如三元催化器、颗粒捕捉器等）出现故障时，销售者也必须退换，并将原三包规定中的累计修理超过 5 次或者整车累计修理时间超过 35 日予以换车的限定条件缩减为累计修理超过 4 次、整车累计修理时间超过 30 日。

2. 新能源汽车必须在三包凭证上注明动力蓄电池在包修期、三包有效期内的容量衰减限值。需要注意的是，针对电池容量衰减值的测定问题，《家用汽车产品修理更换退货责任规定》未作出更为明确的规定，国家目前也尚未出台电池衰减标准测定方法。不同的经营者和第三方机构测定电池衰减的方法各不相同。如果出现纠纷，消费者或法院委托的第三方机构鉴定结果与经营者测定的结果不一致，会对经营者产生非常不利的后果。

六、除了《家用汽车产品修理更换退货责任规定》规定的免费退换情形，其他符合退车的情形下，消费者是否需要补偿销售者折旧费

根据《家用汽车产品修理更换退货责任规定》第二十七条的规定，出现该条规定的退车情形之一如因严重安全性能故障累计修理 2 次仍未排除故障或出现新故障，消费者主张退换的，就需要向销售者支付车辆的使用补偿费。

具体使用补偿费的计算标准为：补偿费 = 车价款（元）× 行驶里程（公里）/1000（公里）× n（使用补偿系数 n 需要生产者确定并明示在三包凭证上，且使用补偿系数 n 不得高于 0.5%）。例如，一辆 50 万元的奥迪 A6L，在三包有效期内行使了 5 万公里出现问题，经维修仍未排除故障，消费者主张退车的，按照补偿系数 0.5% 计算，消费者需要向销售者支付 125，000 元。

七、对于符合更换或者退货条件的，消费者可要求几天内退换车辆

根据《家用汽车产品修理更换退货责任规定》第二十八条的规定，对于符合更换或者退货条件的，销售者应当自消费者提出更换或者退货之日起 20 个工作日内完成更换或者退货，并出具换车证明或者退车证明；20 个工作日内不能完成更换的，消费者可以要求退货，但因消费者原因造成的延迟除外。

八、如果车辆维修时间过长，消费者的用车需求如何保障

根据《家用汽车产品修理更换退货责任规定》第二十一条的规定，家用汽车产品在包修期内因质量问题单次修理时间超过 5 日（包括等待修理零部件时间）的，修理者应当自第 6 日起为消费者提供备用车，或者向消费者支付合理的交通费用补偿。经营者与消费者另有约定的，按照约定的方式予以补偿。

九、不在 4S 店做维修保养，能否享受“汽车三包”服务

《家用汽车产品修理更换退货责任规定》第三十二条第二款规定，经营者不

得限制消费者自主选择对车辆维护、保养的企业,并将其作为拒绝承担三包责任的理由。但如果消费者未按照使用说明书或者三包凭证的要求使用、维护、保养车辆而造成车辆损坏,仍可免除经营者承担的三包责任。

另外,消费者的车辆未在4S店维修保养,而车辆又出现了"三包"范围内的问题,要求经营者承担责任时,还是需要消费者根据"谁主张,谁举证"的原则,对自己已经按照车辆保养手册的要求,在正规有资质的企业维修保养以及是车辆本身的质量问题导致故障承担证明责任;而对于经营者,如果能够证明消费者未按照要求或在不正规渠道维修保养导致故障,是可以免责的。

十、如果"汽车三包"引发争议,有什么解决途径

发生纠纷时,消费者应当准备好购车发票、三包凭证、维修记录,通过下列途径解决:(1)协商和解;(2)请求消费者协会或者依法成立的其他调解组织调解;(3)向市场监督管理部门等有关行政机关投诉;(4)根据当事人达成的仲裁协议提请仲裁机构仲裁;(5)向人民法院提起诉讼。

对于商家拒绝履行三包义务的,相较于《家用汽车产品修理、更换、退货责任规定》中"处一万元以上三万元以下罚款"的规定,《家用汽车产品修理更换退货责任规定》将参照《消费者权益保护法》第五十六条,罚款最高可达50万元。

【案例26】汽车质量问题起火导致汽车贬值的损失应由谁来承担?

【案例来源】李A、德州B汽车销售服务有限公司等产品责任纠纷案[德州经济技术开发区人民法院(2021)鲁1491民初1746号民事裁定书]

【基本案情】

2018年11月26日,德州B汽车销售服务有限公司(以下简称B公司)作为销售方(甲方)与李A作为购车方(乙方)签订《德州B汽车销售服务有限公司汽车销售合同》。2021年5月19日,李A在使用涉案车辆过程中,停车购买水果时,车辆发生自燃。李A及时采取措施将火扑灭。其后

经司法鉴定中心对涉案车辆自燃原因进行鉴定，得出结论为车辆首先起火部位应位于仪表台中部位置内部，起火应为显示屏后部线路板故障引起。山东明信价格评估有限公司对车辆贬值损失进行鉴定，结论为标的车辆在价格鉴定基准日贬值损失价值为23,740元。其后李A提起诉讼，要求B公司返还购车款、税费及相应的保险费用，同时赔偿车辆贬值损失及相应鉴定费、拖车费。

【裁判结果】

法院认为，首先，该车辆起火并非李A过错行为引起，系车辆本身内部故障引起，该故障与损害后果之间有因果关系，依据案涉汽车销售合同的约定，该车辆至发生火灾事故时仍处于质保期内，故对李A要求赔偿车辆修复费用的诉讼请求，法院予以支持。本案事故系车辆本身缺陷引起，作为消费者的李A在无过错的情形下，其合法权益应受保护，且结合案发地经济水平，涉案车辆具有相对较高的价值，车辆使用两年多就在质保期内发生起火故障，这种损害后果对车辆的价值势必会造成一定影响，不能将本案情形适用于交通事故车辆情形，故对李A要求赔偿车辆贬值损失及鉴定费用的诉讼请求，法院予以支持。据此，法院判决B公司赔偿李A车辆修复损失、车辆贬值损失、鉴定费用、拖车费用损失等费用。

【律师分析】

本案焦点问题为涉案车辆产品缺陷的认定、涉案车辆贬值损失的确定及产品责任应由谁承担。

首先，本案中，由李A提供的相关司法鉴定报告等证据可知，汽车自燃是车辆自身线路板故障引起的，该故障与损害后果之间有因果关系，是一种不合理的危险隐患，且B公司未提交反证证明不存在质量问题，因此车辆存在产品缺陷这一事实成立。其次，第三方评估报告等证据可证明涉案车辆经历修复后的价值贬损，因此李A要求赔偿车辆贬损价值具有事实依据和法律依据。最后，根据《民法典》第一千二百零三条第一款规定："因产品存在缺陷造成他人损害的，被侵权人可以向产品的生产者请求赔偿，也可以向产品的销售者请求赔偿。"因此法院判决，本案中是汽车缺陷引起自燃的，车辆的销售者即B公司应当承担赔偿责任。

【律师建议】

1. 产品责任是指由于产品有缺陷，造成了产品的消费者、使用者或其他第三者的人身伤害或财产损失，依法应由生产者或销售者分别或共同负责赔偿的一种法律责任。产品瑕疵致消费者人身或财产损害时，依法应由产品制造者和销售者承担侵权责任。侵权法上所称的产品瑕疵既包括产品质量缺陷，也包括未经说明的产品使用危险缺陷。

2. 经营者向消费者提供商品或者服务，应当依照法律、法规的规定履行义务。经营者和消费者另有约定的，应当按照约定履行义务，但双方的约定不得违背法律、法规的规定。经营者向消费者提供商品或者服务，应当恪守社会公德，诚信经营，保障消费者的合法权益；不得设定不公平、不合理的交易条件，不得强制交易。

3. 经营者应当保证其提供的商品或者服务符合保障人身、财产安全的要求。对可能危及人身、财产安全的商品和服务，应当向消费者作出真实的说明和明确的警示，并说明和标明正确使用商品或者接受服务的方法以及防止危害发生的方法。

4. 经营者应当对消费者尽到安全保障义务。经营者发现其提供的商品或者服务存在缺陷，有危及人身、财产安全危险的，应当立即向有关行政部门报告并告知消费者，采取停止销售、警示、召回、无害化处理、销毁、停止生产或者服务等措施。采取召回措施的，经营者应当承担消费者因商品被召回而支出的必要费用。

【法律规定】

1.《民法典》

第一千二百零三条　因产品存在缺陷造成他人损害的，被侵权人可以向产品的生产者请求赔偿，也可以向产品的销售者请求赔偿。

产品缺陷由生产者造成的，销售者赔偿后，有权向生产者追偿。因销售者的过错使产品存在缺陷的，生产者赔偿后，有权向销售者追偿。

2.《家用汽车产品修理更换退货责任规定》

第二十三条　家用汽车产品自三包有效期起算之日起 60 日内或者行驶里程 3000 公里之内（以先到者为准），因质量问题出现转向系统失效、制动系统失效、车身开裂、燃油泄漏或者动力蓄电池起火的，消费者可以凭购车发票、三包凭证选择更换家用汽车产品或者退货。销售者应当免费更换或者退货。

第二十四条 家用汽车产品在三包有效期内出现下列情形之一,消费者凭购车发票、三包凭证选择更换家用汽车产品或者退货的,销售者应当更换或者退货:

(一)因严重安全性能故障累计进行2次修理,但仍未排除该故障或者出现新的严重安全性能故障的;

(二)发动机、变速器、动力蓄电池、行驶驱动电机因其质量问题累计更换2次,仍不能正常使用的;

(三)发动机、变速器、动力蓄电池、行驶驱动电机、转向系统、制动系统、悬架系统、传动系统、污染控制装置、车身的同一主要零部件因其质量问题累计更换2次,仍不能正常使用的;

(四)因质量问题累计修理时间超过30日,或者因同一质量问题累计修理超过4次的。

发动机、变速器、动力蓄电池、行驶驱动电机的更换次数与其主要零部件的更换次数不重复计算。

需要根据车辆识别代号(VIN)等定制的防盗系统、全车主线束等特殊零部件和动力蓄电池的运输时间,以及外出救援路途所占用的时间,不计入本条第一款第(四)项规定的修理时间。

3.《产品质量法》

第四十三条 因产品存在缺陷造成人身、他人财产损害的,受害人可以向产品的生产者要求赔偿,也可以向产品的销售者要求赔偿。属于产品的生产者的责任,产品的销售者赔偿的,产品的销售者有权向产品的生产者追偿。属于产品的销售者的责任,产品的生产者赔偿的,产品的生产者有权向产品的销售者追偿。

第九章　汽车缺陷、召回及风险防控

第一节　汽车缺陷与召回概述

一、汽车缺陷

缺陷产品作为缺陷产品召回制度的对象，在我国法律上虽没有明确的定义，但通过相关法律规定是能够准确进行缺陷产品的界定的。《产品质量法》第四十六条规定："本法所称缺陷，是指产品存在危及人身、他人财产安全的不合理的危险；产品有保障人体健康和人身、财产安全的国家标准、行业标准的，是指不符合该标准。"《缺陷消费品召回管理办法》《缺陷汽车产品召回管理条例》等规范性文件中也明确了缺陷、召回缺陷产品的相关定义。

《缺陷汽车产品召回管理条例》第三条第一款规定："本条例所称缺陷，是指由于设计、制造、标识等原因导致的在同一批次、型号或者类别的汽车产品中普遍存在的不符合保障人身、财产安全的国家标准、行业标准的情形或者其他危及人身、财产安全的不合理的危险。"

二、汽车召回

根据《缺陷汽车产品召回管理条例》第三条第二款的规定，召回是指汽车产品生产者对其已售出的汽车产品采取措施消除缺陷的活动。

汽车召回，就是投放到市场中的汽车，发现设计或制造方面存在缺陷，不符合有关法规、标准，有可能导致安全及环保问题，厂家必须及时向国家有关部门报告该产品存在问题、造成问题的原因、改善措施等，提出召回申请，经批准后对在用车辆进行改造，以消除事故隐患。

三、汽车召回责任主体及实施

根据《缺陷汽车产品召回管理条例》第八条“对缺陷汽车产品，生产者应当依照本条例全部召回；生产者未实施召回的，国务院产品质量监督部门应当依照本条例责令其召回。本条例所称生产者，是指在中国境内依法设立的生产汽车产品并以其名义颁发产品合格证的企业。从中国境外进口汽车产品到境内销售的企业，视为前款所称的生产者”的规定，汽车产品生产者是缺陷汽车产品的召回主体，汽车产品存在缺陷的，生产者应当依法实施召回。

生产者要建立健全汽车产品可追溯信息管理制度，国务院产品质量监督部门负责组织建立缺陷汽车产品召回信息管理系统，经营者应当建立并保存其经营的汽车产品型号、规格、车辆识别代码、数量、流向、购买者信息、租赁、维修等信息。

生产者获知汽车产品可能存在缺陷的，应当立即组织调查分析，并将调查分析结果报告国务院产品质量监督部门。经调查分析确认汽车产品存在缺陷的，应当立即停止生产、销售、进口缺陷汽车产品，并实施召回。

生产者实施召回的，应当按照国务院产品质量监督部门的规定制订召回计划，并自确认汽车产品存在缺陷之日起 5 个工作日内或者被责令召回之日起 5 个工作日内向国务院产品质量监督部门备案，同时以有效方式通报经营者。

销售、租赁、维修汽车产品的经营者应当按照国务院产品质量监督部门的规定建立并保存汽车产品相关信息记录，保存期不得少于 5 年。经营者获知汽车产品存在缺陷的，应当立即停止销售、租赁、使用缺陷汽车产品，并协助生产者实施召回。

经营者应当向国务院产品质量监督部门报告和向生产者通报所获知的汽车产品可能存在缺陷的相关信息。

车主应当积极配合生产者实施召回，消除缺陷。

生产者完成召回计划后，仍有未召回的缺陷汽车产品的，应当继续实施召回。对未消除缺陷的汽车产品，生产者和经营者不得销售或者交付使用。

四、汽车召回销售者告知义务

《缺陷汽车产品召回管理条例实施办法》第三条规定："汽车产品生产者（以下简称生产者）是缺陷汽车产品的召回主体。汽车产品存在缺陷的，生产者应当依照本办法实施召回。"

《缺陷汽车产品召回管理条例实施办法》第十四条规定："生产者获知汽车产品可能存在缺陷的，应当立即组织调查分析，并将调查分析结果报告市场监管总局。生产者经调查分析确认汽车产品存在缺陷的，应当立即停止生产、销售、进口缺陷汽车产品，并实施召回；生产者经调查分析认为汽车产品不存在缺陷的，应当在报送的调查分析结果中说明分析过程、方法、风险评估意见以及分析结论等。"

《缺陷汽车产品召回管理条例实施办法》第二十四条规定："生产者实施召回，应当按照市场监管总局的规定制定召回计划，并自确认汽车产品存在缺陷之日起5个工作日内或者被责令召回之日起5个工作日内向市场监管总局备案；同时以有效方式通报经营者。生产者制定召回计划，应当内容全面，客观准确，并对其内容的真实性、准确性及召回措施的有效性负责。生产者应当按照已备案的召回计划实施召回；生产者修改已备案的召回计划，应当重新向市场监管总局备案，并提交说明材料。"

《缺陷汽车产品召回管理条例实施办法》第二十五条规定："经营者获知汽车产品存在缺陷的，应当立即停止销售、租赁、使用缺陷汽车产品，并协助生产者实施召回。"

根据以上规定，汽车生产厂家是缺陷汽车产品的召回责任主体，汽车生产厂家获知汽车产品可能存在缺陷的，应当立即组织调查分析，并将调查分析结果报告市场监管总局。确认汽车产品存在缺陷的，应当立即停止生产、销售、进口缺陷汽车产品，并实施召回。

同时，汽车生产厂家必须以有效的方式及时通知汽车经销商，汽车经销商接到通知后，应当立即停止销售、租赁、使用缺陷汽车产品，并协助汽车生产厂家实施召回。

汽车经销商与汽车消费者有最直接的联系，在实践中，消费者也往往通过销售者获知汽车召回的信息。虽并无法律明确规定汽车销售者同样负有通报义务,但司法判例认为,销售者应基于诚实信用原则,履行忠实勤勉义务,主动告知消费者相关信息。而汽车生产厂家作为汽车经销商的授权方,通常会利用其强势主导地位和优势,要求汽车经销商积极、全面配合汽车生产厂家实施召回,且通常实际的召回工作的执行和实施,包括通知消费者,召回汽车的检测、维修、退换,安抚消费者及相关售后等工作,均由汽车经销商具体负责落实。

但对于汽车经销商是否必须将汽车召回的信息另行告知消费者,汽车召回相关法律法规并无明确规定。

若汽车经销商未将车辆召回信息另行告知消费者,是否构成欺诈或对消费者知情权的侵害?在司法实践中,不同的法院有不同的判决,大致可归纳为以下三种结果:(1)销售者无责;(2)销售者构成欺诈,“退一赔三”;(3)销售者不构成欺诈,但消费者构成重大误解,撤销合同,退车退款。

在司法实践中,一般情况下,汽车生产厂家在汽车召回后发布通报和公告,不能免除汽车经销商的就相关信息对消费者的告知义务,否则可能会构成对消费者知情权的侵害,理由如下:

首先,根据诚实信用原则及忠实勤勉义务,汽车经销商应当将产品的重大瑕疵,对消费者选择、判断有重大影响的重要信息及时主动向消费者披露。

其次,在现代互联网带来的信息大爆炸时代,信息发布者与信息接收者之间极易产生信息不对称问题。即使汽车生产厂家在公众网站上公告召回相关信息,但消费者并不一定能够从网络信息海洋中知悉这一信息,且消费者并不存在任何过错。专门从事汽车销售的汽车经销商应当及时掌握汽车召回信息并及时告知消费者,这也是消费者知情权对汽车经销商的要求。

第二节　汽车召回信息发布

2023 年 8 月 18 日,国家市场监督管理总局缺陷产品管理中心发布最新车辆召回信息,共计超 30 万辆。涉及的汽车公司包括浙江豪情汽车制造有限公司、奇瑞商用车(安徽)有限公司、奇瑞汽车股份有限公司、梅赛德斯 - 奔驰(中国)汽车销售有限公司、北京奔驰汽车有限公司、福建奔驰汽车有限公司、捷豹路虎

(中国)投资有限公司等;涉及的具体车型包括部分国产沃尔沃汽车,部分帝豪GL汽车,部分捷途X70 PLUS汽车,部分奇瑞eQ1电动汽车,部分奔驰进口及国产汽车,部分进口揽胜、揽胜运动系列汽车等。

其中,关于梅赛德斯－奔驰(中国)汽车销售有限公司、北京奔驰汽车有限公司、福建奔驰汽车有限公司三家奔驰品牌公司的召回情况,国家市场监督管理总局公布了一则名为《梅赛德斯－奔驰(中国)汽车销售有限公司、北京奔驰汽车有限公司、福建奔驰汽车有限公司召回部分进口及国产汽车》①的公告,该公告主要内容如下:

2023年8月,梅赛德斯－奔驰(中国)汽车销售有限公司、北京奔驰汽车有限公司、福建奔驰汽车有限公司根据《缺陷汽车产品召回管理条例》和《缺陷汽车产品召回管理条例实施办法》的要求,向国家市场监督管理总局备案了召回计划。

1. 梅赛德斯－奔驰(中国)汽车销售有限公司

自2023年10月20日起,召回生产日期在2021年6月1日至2022年9月30日的部分进口C级、E级、G级、S级、CLS、AMG GT、GLC SUV、GLE SUV、GLS SUV汽车,共计90,280辆。

2. 北京奔驰汽车有限公司

自2023年9月15日起,召回生产日期在2021年7月15日至2021年11月30日的部分国产C级、E级、GLC SUV汽车,共计120,088辆。

3. 福建奔驰汽车有限公司

自2023年12月15日起,召回生产日期在2021年12月1日至2022年8月30日的部分国产V级、威霆汽车,共计20,881辆。

本次召回范围内部分车辆因燃油泵的叶轮不满足材料特性的要求,叶轮变形并与燃油泵壳体发生摩擦、阻力增大。极端情况下,可能造成燃油泵停止工作,导致车辆行驶中熄火,存在安全隐患。

梅赛德斯－奔驰(中国)汽车销售有限公司、北京奔驰汽车有限公司、福建奔驰汽车有限公司将通过授权经销商,为召回范围内车辆免费更换燃油输送模

---

① 国家市场监督管理总局:《梅赛德斯－奔驰(中国)汽车销售有限公司、北京奔驰汽车有限公司、福建奔驰汽车有限公司召回部分进口及国产汽车》,载国家市场监督管理总局官网2023年8月18日,https://www.samr.gov.cn/zw/zh/art/2023/art_a2bf7b7f455f4ff38ada39cdf6d8794f.html。

块，以消除安全隐患。

梅赛德斯－奔驰（中国）汽车销售有限公司、北京奔驰汽车有限公司、福建奔驰汽车有限公司授权经销商将通过挂号信等方式，通知有关车主此次召回事宜。用户可以通过座机或手机拨打服务热线：400－818－1188 咨询（服务时间为周一至周日，24 小时）。此外，也可登录网站 www. dpac. org. cn、www. recall. org. cn，关注微信公众号（SAMRDPAC），了解更多信息，反映缺陷线索。

从以上公告内容可知，国家市场监督管理总局为发布汽车召回信息的权威途径之一。该公告为面向社会不特定群体进行的全社会公告，具体与相应车主的联系和通知则由各大案涉汽车厂家授权的汽车经销商进行一对一的联系和对接，并由各大汽车经销商负责具体汽车缺陷的处理。

关于汽车召回信息的发布，根据相关规定和具体实践，具体发布方式主要包括以下两种。

一、指定媒体

根据《国家质量监督检验检疫总局公告 2004 年第 138 号——汽车召回信息发布指定媒体的公告》及《缺陷汽车产品召回管理条例》等有关要求，制造商或者主管部门应当在主管部门指定的媒体上向社会公布已经确认的汽车产品缺陷信息及实施召回的有关信息，国家质量监督检验检疫总局（已撤销）指定人民日报经济部、新华社、中央人民广播电台第一套新闻、中央电视台、中国质量报、中国国门时报和中国汽车召回网为汽车召回信息发布指定媒体。

同时，根据《缺陷汽车产品召回信息系统管理办法》的要求，中国汽车召回网负责承担日常信息收集任务，接收来自车主的投诉信息和各有关方面的质量问题信息、技术信息等，并负责日常管理信息的发布。

二、其他便于公众知晓的方式

官方网站的公告为面向社会不特定群体进行的全社会公告，具体对车主的通知则由汽车经销商进行具体对接，汽车经销商一般通过挂号信、电话、短信等方式通知具体车主，并由各大汽车经销商负责具体汽车缺陷的处理。

《缺陷汽车产品召回管理条例实施办法》第二十六条规定："生产者应当自召回计划备案之日起 5 个工作日内，通过报刊、网站、广播、电视等便于公众知晓的方式发布缺陷汽车产品信息和实施召回的相关信息，30 个工作日内以挂号信等有效方式，告知车主汽车产品存在的缺陷、避免损害发生的应急处置方法和生产者消除缺陷的措施等事项。生产者应当通过热线电话、网络平台等方式接受公众咨询。"

但在实践中，也可能存在消费者没有给生产者或销售者留下准确的信息，或消费者的联系方式变更后没有及时向汽车经销商进行报备或更新的情况，导致召回无法及时通知。

第三节　汽车召回与汽车三包

"汽车召回"是指汽车生产者按照《缺陷汽车产品召回管理条例》等相关规定的程序，选择修正或者补充标识、修理、更换、退货等措施消除其产品缺陷的过程。

"汽车三包"是指汽车销售者按照《家用汽车产品修理更换退货责任规定》的要求，通过修理、更换、退货的方式解决汽车产品质量问题的过程。

汽车召回与汽车三包均能够起到维护消费者利益、规范汽车行业的作用，但二者存在诸多差别。

一、问题性质和立法目的不同

汽车召回的目的是消除缺陷汽车普遍性安全隐患给全社会带来的不安全因素，维护公众安全，解决的是普遍性、共同性及安全性的产品质量问题。汽车召回主要针对系统性、同一性且与安全有关的缺陷，这个缺陷必须是在一批车辆上都存在，而且是与安全相关的。

汽车三包的目的是保护消费者的合法权益，在产品责任担保期内，当车辆出现质量问题时，由厂家负责为消费者免费处理，解决的是个案性、偶然性产品质量问题。对于生产、销售过程中各种随机因素导致的偶然性产品质量问题，一般不会造成大面积人身的伤害和财产损失。在三包期内,只要车辆出现质量问题,无论该问题是否与安全有关,只要不是因消费者使用不当造成的,汽车经销商就应当承担修理、更换、退货的产品担保责任。

二、法律依据不同

汽车召回是根据《产品质量法》,对可能会对公众人身、财产安全造成威胁的缺陷汽车产品进行召回,以国家有关部门制定的《缺陷汽车产品召回管理条例》《缺陷汽车产品召回管理条例实施办法》等相关规定为主要依据,维护公共安全、公众利益和社会经济秩序。

汽车三包对于经销商而言,在法律关系上属于履行汽车买卖合同义务及承担相应的合同责任,以《产品质量法》《家用汽车产品修理更换退货责任规定》为主要法律依据,对在三包期内有质量问题的产品,按照汽车三包规定,由汽车经销商具体负责汽车产品的修理、更换、退货工作,承担产品担保责任。

三、涉及的产品质量问题处理期限不同

《缺陷汽车产品召回管理条例》对汽车召回没有期限限制,在汽车产品整个寿命周期内出现的缺陷,汽车产品生产者都应当进行召回。

汽车三包有 2 年或 5 万公里(以先到者为准)的三包期,3 年或 6 万公里(以先到者为准)的包修期。这意味着对于 2 年或 5 万公里以上的汽车,汽车经销商可以不承担更换或退货责任;对于 3 年或 6 万公里以上的汽车,汽车经销商对产品质量问题可以不承担免费维修责任。

四、调整的汽车产品范围不同

汽车召回包括家用汽车和各种运营的道路车辆,无论车辆是家用还是公用的,无论是消费品还是生产资料,只要存在缺陷,一视同仁。

汽车三包主要针对家用汽车,消费者为生活消费需要而购买和使用的乘用车,其范围比汽车召回的监管范围要窄。

五、解决问题的方式和程序不同

汽车召回的，汽车厂家发现缺陷后，首先向主管部门报告，进行调查并向主管部门备案召回计划，由汽车厂家采取有效措施消除缺陷，实施召回。

汽车三包的，由汽车经营者按照国家有关规定对有问题的汽车承担修理、更换、退货的产品担保责任。在具体处理方式方面，如果与消费者之间有异议，可通过协商解决，若协商不成，则可通过第三方争议处理、申诉调解、仲裁和诉讼等方式解决。

六、责任性质和责任主体不同

汽车召回属于行政责任范畴，由国家市场监督管理总局作为监督实施机构，负责全国缺陷汽车产品召回的监督管理工作。根据《缺陷汽车产品召回管理条例》《缺陷汽车产品召回管理条例实施办法》的相关规定，汽车生产厂家为汽车召回的责任主体，由汽车生产厂家负责汽车召回的具体实施。

汽车三包属于民事责任范畴，以《家用汽车产品修理更换退货责任规定》为主要法律依据，责任主体是汽车经销商，汽车经销商在承担三包责任后有权按照合约约定向汽车生产厂家追偿。

第四节　关于汽车缺陷召回告知义务相关裁判观点

根据相关规定，汽车生产厂家是缺陷汽车产品的召回责任主体，汽车经销商获知汽车产品存在缺陷之后，应当立即停止销售、租赁、使用缺陷汽车产品，并协助汽车生产厂家实施召回。如果此时汽车经销商还继续销售、租赁、使用缺陷汽车产品，一般认为其存在明显的故意。

《缺陷汽车产品召回管理条例》第三条规定，汽车缺陷是指由于设计、制造、标识等导致的在同一批次、型号或者类别的汽车产品中普遍存在的不符合保障人身、财产安全的国家标准、行业标准的情形或者其他危及人身、财产安全的不合理的危险。若汽车经销商故意隐瞒汽车召回的事实,足以影响消费者购买意愿和决定,则很可能会被认定构成消费欺诈,从而导致“退一赔三”的风险和可能。

关于汽车缺陷召回汽车经销商的告知义务及后果相关司法裁判观点,本书检索和整理了以下相关案例,供各大汽车经销商参考。

【案例1】陈A、青岛B汽车销售服务有限公司(以下简称B公司)买卖合同纠纷案[山东省青岛市中级人民法院(2020)鲁02民终9763号民事判决书]

【裁判理由】

法院认为,双方当事人争议的焦点问题是B公司是否存在欺诈行为,本案是否应适用《消费者权益保护法》进行调整。

根据最高人民法院《关于贯彻执行〈中华人民共和国民法通则〉若干问题的意见》第六十八条的规定,欺诈是指在民事活动中,一方当事人故意告知对方虚假情况,或者故意隐瞒真实情况,诱使对方当事人作出错误意思表示的行为。

本案中,B公司作为涉案车辆的经销商,其负有向消费者告知涉案车辆属于召回车辆的义务,结合本案双方当事人的交易过程及B公司出具结算单载明涉案车辆系召回车辆等事实,法院认为,陈A提交的证据不足以认定B公司在涉案车辆的买卖过程中存在故意欺诈等行为,故其以《消费者权益保护法》第五十五条第一款“经营者提供商品或者服务有欺诈行为的,应当按照消费者的要求增加赔偿其受到的损失,增加赔偿的金额为消费者购买商品的价款或者接受服务的费用的三倍;增加赔偿的金额不足五百元的,为五百元。法律另有规定的,依照其规定”的规定,向B公司主张三倍赔偿,法院不予支持。但是,B公司在获知召回信息后,应立即对已售未售车辆进行排查,没有理由忽视或消极处理召回计划,其对于将被召回的车辆出售给陈A具有过错,且陈A为维权支付了一定费用,法院基于公平原则酌定B公司在返还陈A相关购车款项的同时,向陈A支付赔偿款12万元。

【裁判结果】

1. 维持山东省青岛市城阳区人民法院(2020)鲁0214民初3949号民事判决第一项、第二项、第三项。

2. 撤销山东省青岛市城阳区人民法院(2020)鲁0214民初3949号民事判决第四项。

3. B公司于本判决生效之日起10日内给付陈A赔偿款120,000元。

4. 驳回陈A的其他诉讼请求。

本判决为终审判决。

【案例2】福州A行汽车销售服务有限公司(以下简称A行公司)、陈B买卖合同纠纷案[福建省福州市中级人民法院(2020)闽01民终1710号民事判决书]

【裁判理由】

法院认为,本案的争议焦点在于A行公司在销售案涉车辆时,未向陈B如实告知案涉车辆属于缺陷汽车召回车辆的行为是否构成欺诈,是否应当按照《消费者权益保护法》第五十五条的规定向陈B支付三倍价款赔偿。

首先,2019年2月11日,美国发布福特汽车公司正在召回部分2017~2019年款林肯牌汽车。2019年2月25日,福特中国公司向国务院产品质量监督部门首次提交召回计划备案,并称其同时向全体林肯授权经销商通报此次召回计划,在其提交的2019年2月25日林肯中国经销商公告中载明:"自本公告发布之日起,请停止交付涉及此次召回的库存车辆。"《缺陷汽车产品召回管理条例》第十七条亦明确规定:"生产者应当将报国务院产品质量监督部门备案的召回计划同时通报销售者,销售者应当停止销售缺陷汽车产品。"A行公司作为福州地区唯一的林肯品牌授权经销商,其对该品牌汽车的相关召回信息理当知晓,在履行其与陈B于2019年3月12日签订的《Lincoln系列轿车购车合同》时,就应当尽到审慎注意义务,严格审查交付车辆是否属于召回车辆。

其次,A行公司在2019年4月调取案涉车辆后已明确知晓案涉车辆属于召回车辆,依法应当立即停止销售,但A行公司以国内召回信息尚未发布为由继续销售,甚至在2019年4月15日与陈B重新签订《Lincoln系列轿车购车合同》时也仅增加了车门模块需要升级的约定,未如实告知召回这一关键信息,未承担经营者应当承担的义务,侵犯了陈B对案涉车辆的知情权。

最后,在2019年4月22日国家市场监督管理总局正式对外发布案涉车辆召回公告后,A行公司在未消除缺陷的情况下仍继续完成案涉车辆的装饰、交接,且未向陈B明确告知召回信息及原因,这明显属于故意隐瞒车辆真实情况。

综上,根据《缺陷汽车产品召回管理条例实施办法》第二十五条"经营者获知汽车产品存在缺陷的,应当立即停止销售、租赁、使用缺陷汽车产品,并协助生产者实施召回”的规定,A 行公司销售本应召回的车辆,构成《消费者权益保护法》上的欺诈行为,陈 B 有权根据该法第五十五条规定要求 A 行公司按照案涉车辆价款的三倍增加赔偿其受到的损失。

综上所述,A 行公司的上诉请求不能成立,应予驳回;一审判决认定事实清楚,适用法律正确,应予维持。

【裁判结果】

驳回上诉,维持原判。

二审案件受理费各 22,236 元,均由 A 行公司负担。

本判决为终审判决。

【案例 3】史 A 与长治市 B 汽车销售服务有限公司买卖合同纠纷案[山西省长治市中级人民法院(2020)晋 04 民终 808 号民事判决书]

【裁判理由】

法院认为,上诉人与被上诉人签订了《汽车销售合同》,上诉人以 1,510,000 元的价格从被上诉人处购买了揽胜 2995CC 进口路虎越野车一辆(车辆识别代号为 × × ×,车牌号为 × × ×),双方成立车辆买卖合同关系,同时上诉人与被上诉人是消费者与经营者的关系,本案适用《消费者权益保护法》的有关规定。

本案争议焦点为,被上诉人没有把涉案车辆登记销售的信息以及在 2017 年 1 月和 2017 年 6 月发生的召回及维修的信息告知上诉人的行为如何评价。

法院认为,经营者负有向消费者全面、真实提供商品信息的义务,被上诉人没有把涉案车辆登记销售的信息以及在 2017 年 1 月和 2017 年 6 月发生的召回及维修的信息告知上诉人,违反了法定义务,侵害了消费者享有知悉其购买商品的真实情况和公平交易的权利。被上诉人抗辩所称的涉案车辆的生产者捷豹路虎(中国)投资有限公司已将车辆召回信息在国家市场监督管理总局缺陷产品管理中心网站上进行了公告,属于车辆生产者是否履行相应义务的问题,并不能免除被上诉人作为商品的销售者在销售召回产品时向具体的消费者履行告知义务的责任,而且 2017 年 6 月车辆的召回,是被上诉人自行对乘客安全气囊的缺陷进行修复,生产厂家承担了修复费,是否排除了相应的安全隐患并无第三方确认。总之,被上诉人违反法定告知义务,侵犯了上诉人的知情权和平等交易权,把安全性能不能确定的车辆出售给上诉人,足以影响上诉人作出是否购买的决定,被上诉人的行为构成消费欺诈。

上诉人所提撤销合同的请求，符合《合同法》（已失效）第五十四条的规定，上诉人所提被上诉人赔偿上诉人三倍车辆价款4，530，000元的主张，符合《消费者权益保护法》第五十五条的规定，法院予以支持。原审以被上诉人未构成欺诈为由驳回上诉人的诉请，与案件事实不符，亦不符合法律规定，二审法院予以纠正。

综上，上诉人史A的上诉请求成立，应予支持。原审认定事实清楚，但处理结果错误。

【裁判结果】

1. 撤销山西省长治市潞州区人民法院（2020）晋0403民初381号民事判决即驳回原告史A的诉讼请求。

2. 撤销上诉人史A与被上诉人长治市B汽车销售服务有限公司于2018年2月12日签订的《汽车销售合同》。

3. 被上诉人长治市B汽车销售服务有限公司于本判决生效后15日内返还上诉人史A支付的购车款1，510，000元。

4. 上诉人史A于本判决生效后15日内返还被上诉人长治市B汽车销售服务有限公司路虎越野车一辆（车辆识别代号为×××，车牌号为×××），并协助被上诉人长治市B汽车销售服务有限公司办理过户手续。

5. 被上诉人长治市B汽车销售服务有限公司于本判决生效后15日内赔偿上诉人史A三倍车辆价款4，530，000元。

本判决为终审判决。

【案例4】成都惠通A汽车销售服务有限公司（以下简称成都A公司）、李B买卖合同纠纷案［四川省成都市中级人民法院（2019）川01民终14718号民事判决书］

【裁判理由】

法院认为，本案二审的主要争议焦点是成都A公司销售案涉车辆是否构成欺诈。

首先，根据一审查明事实，案涉车辆生产商分别于2018年2月12日和3月2日在国家市场监督管理总局缺陷产品管理中心发布召回通告，此日期远早于当事人双方订立买卖合同并交付车辆的日期，而依据《缺陷汽车产品召回管理条例》第十七条的规定，汽车生产者决定召回部分车辆时，应当将报国务院产品质量监督部门备案的召回计划同时通报销售者,因此成都 A 公司作为案涉车辆的销售商,至少应当在发布召回通告之日即知道车辆召回的事实,故其对案涉车辆召回不知情的上诉理由不能成立。

其次,依照《缺陷汽车产品召回管理条例》第十一条第二款规定,缺陷车辆应当停止销售,成都 A 公司在明知案涉车辆存在缺陷的情况下,没有按照前述行政法规的规定停止销售,且在向李 B 交付车辆前甚至未采取措施消除缺陷。

再次,《消费者权益保护法》第八条第一款规定:"消费者享有知悉其购买、使用的商品或者接受的服务的真实情况的权利。"李 B 作为消费者有权知悉车辆召回的相关信息,而成都 A 公司系专门从事汽车销售的销售商,应当依照《消费者权益保护法》第十九条的规定,主动将商品存在缺陷的情况告知李 B,其在签订合同时未予以告知属于故意隐瞒车辆真实情况,欺骗消费者。

最后,案涉车辆存在先后两次召回公告所列缺陷,有较大的安全隐患,该信息对李 B 判断、选择、购买和使用车辆将产生直接的重大影响,成都 A 公司未向李 B 披露该信息,违反诚实信用原则,导致李 B 在签订合同时难以作出准确判断,诱使李 B 作出错误的意思表示而与之订立合同,成都 A 公司的行为构成欺诈。

承前所述,《缺陷汽车产品召回管理条例》所指的缺陷,是该类别汽车产品中普遍存在的不符合保障人身、财产安全的国家、行业标准的情形或其他危及人身、财产安全的不合理危险,故对成都 A 公司有关仅为"局部瑕疵"以及"局部欺诈"的上诉理由,法院不予采纳。一审判决认定事实清楚,裁判结果正确,法院二审予以维持。

综上所述,成都 A 公司的上诉请求不能成立,应予驳回;一审判决认定事实清楚,裁判结果正确,应予维持。

【裁判结果】

驳回上诉,维持原判。

二审案件受理费 18, 808 元,由成都 A 公司负担。

本判决为终审判决。

【附录】:相关法规

序号	名称	效力级别	内容
1	《民事诉讼法》(2017修正)第一百七十条	法律	第二审人民法院对上诉案件,经过审理,按照下列情形,分别处理:(一)原判决、裁定认定事实清楚,适用法律正确的,以判决、裁定方式驳回上诉,维持原判决、裁定;(二)原判决、裁定认定事实错误或者适用法律错误的,以判决、裁定方式依法改判、撤销或者变更;(三)原判决认定基本事实不清的,裁定撤销原判决,发回原审人民法院重审,或者查清事实后改判;(四)原判决遗漏当事人或者违法缺席判决等严重违反法定程序的,裁定撤销原判决,发回原审人民法院重审。原审人民法院对发回重审的案件作出判决后,当事人提起上诉的,第二审人民法院不得再次发回重审
2	《民事诉讼法》(2017修正)第二百五十三条	法律	被执行人未按判决、裁定和其他法律文书指定的期间履行给付金钱义务的,应当加倍支付迟延履行期间的债务利息。被执行人未按判决、裁定和其他法律文书指定的期间履行其他义务的,应当支付迟延履行金
3	《消费者权益保护法》第二条	法律	消费者为生活消费需要购买、使用商品或者接受服务,其权益受本法保护;本法未作规定的,受其他有关法律、法规保护
4	最高人民法院《关于适用〈中华人民共和国合同法〉若干问题的解释(一)》(已失效)第四条	司法解释	合同法实施以后,人民法院确认合同无效,应当以全国人大及其常委会制定的法律和国务院制定的行政法规为依据,不得以地方性法规、行政规章为依据
5	《合同法》(已失效)第五条	法律	当事人应当遵循公平原则确定各方的权利和义务

续表

序号	名称	效力级别	内容
6	《消费者权益保护法》第八条	法律	消费者享有知悉其购买、使用的商品或者接受的服务的真实情况的权利。消费者有权根据商品或者服务的不同情况,要求经营者提供商品的价格、产地、生产者、用途、性能、规格、等级、主要成分、生产日期、有效期限、检验合格证明、使用方法说明书、售后服务,或者服务的内容、规格、费用等有关情况
7	《缺陷汽车产品召回管理条例》第八条	行政法规	对缺陷汽车产品,生产者应当依照本条例全部召回;生产者未实施召回的,国务院产品质量监督部门应当依照本条例责令其召回。本条例所称生产者,是指在中国境内依法设立的生产汽车产品并以其名义颁发产品合格证的企业。从中国境外进口汽车产品到境内销售的企业,视为前款所称的生产者
8	《缺陷汽车产品召回管理条例》第十一条	行政法规	销售、租赁、维修汽车产品的经营者(以下统称经营者)应当按照国务院产品质量监督部门的规定建立并保存汽车产品相关信息记录,保存期不得少于5年。经营者获知汽车产品存在缺陷的,应当立即停止销售、租赁、使用缺陷汽车产品,并协助生产者实施召回。经营者应当向国务院产品质量监督部门报告和向生产者通报所获知的汽车产品可能存在缺陷的相关信息
9	最高人民法院《关于适用〈中华人民共和国合同法〉若干问题的解释(二)》(已失效)第十四条	司法解释	合同法第五十二条第(五)项规定的"强制性规定",是指效力性强制性规定
10	《缺陷汽车产品召回管理条例》第十七条	行政法规	生产者应当将报国务院产品质量监督部门备案的召回计划同时通报销售者,销售者应当停止销售缺陷汽车产品

续表

序号	名称	效力级别	内容
11	《消费者权益保护法》第十八条	法律	经营者应当保证其提供的商品或者服务符合保障人身、财产安全的要求。对可能危及人身、财产安全的商品和服务,应当向消费者作出真实的说明和明确的警示,并说明和标明正确使用商品或者接受服务的方法以及防止危害发生的方法。宾馆、商场、餐馆、银行、机场、车站、港口、影剧院等经营场所的经营者,应当对消费者尽到安全保障义务
12	《缺陷汽车产品召回管理条例》第十八条	行政法规	生产者实施召回,应当以便于公众知晓的方式发布信息,告知车主汽车产品存在的缺陷、避免损害发生的应急处置方法和生产者消除缺陷的措施等事项。国务院产品质量监督部门应当及时向社会公布已经确认的缺陷汽车产品信息以及生产者实施召回的相关信息。车主应当配合生产者实施召回
13	《消费者权益保护法》第十九条	法律	经营者发现其提供的商品或者服务存在缺陷,有危及人身、财产安全危险的,应当立即向有关行政部门报告和告知消费者,并采取停止销售、警示、召回、无害化处理、销毁、停止生产或者服务等措施。采取召回措施的,经营者应当承担消费者因商品被召回支出的必要费用
14	《缺陷汽车产品召回管理条例》第十九条	行政法规	对实施召回的缺陷汽车产品,生产者应当及时采取修正或者补充标识、修理、更换、退货等措施消除缺陷。生产者应当承担消除缺陷的费用和必要的运送缺陷汽车产品的费用
15	《缺陷汽车产品召回管理条例实施办法》第二十五条	部门规章	经营者获知汽车产品存在缺陷的,应当立即停止销售、租赁、使用缺陷汽车产品,并协助生产者实施召回
16	《合同法》(已失效)第五十四条	法律	下列合同,当事人一方有权请求人民法院或者仲裁机构变更或者撤销:(一)因重大误解订立的;(二)在订立合同时显失公平的。一方以欺诈、胁迫的手段或者乘人之危,使对方在违背真实意思的情况下订立的合同,受损害方有权请求人民法院或者仲裁机构变更或者撤销。 当事人请求变更的,人民法院或者仲裁机构不得撤销

续表

序号	名称	效力级别	内容
17	《消费者权益保护法》第五十五条	法律	经营者提供商品或者服务有欺诈行为的,应当按照消费者的要求增加赔偿其受到的损失,增加赔偿的金额为消费者购买商品的价款或者接受服务的费用的三倍;增加赔偿的金额不足五百元的,为五百元。法律另有规定的,依照其规定。经营者明知商品或者服务存在缺陷,仍然向消费者提供,造成消费者或者其他受害人死亡或者健康严重损害的,受害人有权要求经营者依照本法第四十九条、第五十一条等法律规定赔偿损失,并有权要求所受损失二倍以下的惩罚性赔偿
18	《合同法》(已失效)第五十八条	法律	合同无效或者被撤销后,因该合同取得的财产,应当予以返还;不能返还或者没有必要返还的,应当折价补偿。有过错的一方应当赔偿对方因此所受到的损失,双方都有过错的,应当各自承担相应的责任

第十章　三大水平业务及风险防控

第一节　汽车按揭

一、购车贷款

购车贷款即我们俗称的汽车按揭，根据贷款渠道不同分很多种类型，目前汽车经销商常用的贷款方式主要有三种：一是汽车厂家金融贷款，二是银行车贷，三是纯信用贷。

（一）汽车厂家金融贷款

现在很多汽车厂家都有自己的汽车金融公司，不仅可以给自己公司旗下的汽车贷款，也可以给其他合作的汽车厂家客户贷款，很多汽车厂家和汽车经销商经常会推出新活动，常见的就是“5 年 0 利息，首付 20%”“0 首付，0 利息”之类的购车促销活动。车贷确实是免息，这部分利息一般是通过汽车厂家补贴或汽车厂家和汽车经销商签订“对赌”协议，如汽车经销商签订完成多少销量，给多少车贷额度，以及根据不同金额的车贷额度，给予不同的奖励或返利等。

在进行汽车厂家金融贷款业务的同时，汽车经销商为了增加利润，就充分利用厂家免息活动作为营销“噱头”，实际背后私下利用各种名目增收各类附加费用，如金融服务费 2000 元、上牌费 1000 元、安装 GPS 费用 1000 元，车险需要通过汽车经销商途径购买，甚至汽车经销商与保险公司达成项目协议，在新车销售车险购买方面，在客户购买第一年保险的同时，约定之后第二年甚至更长时间内的车险均需通过汽车经销商的途径进行购买。

上述操作方式可以增加汽车经销商的三大水平业务收入，但在法律方面存在很大的隐患风险。《汽车销售管理办法》第十四条规定，供应商、经销商不得限定消费者户籍所在地，不得对消费者限定汽车配件、用品、金融、保险、救援等产品的提供商和售后服务商，但家用汽车产品“三包”服务、召回等由供应商承担费用时使用的配件和服务除外。经销商销售汽车时不得强制消费者购买保险或者强制为其提供代办车辆注册登记等服务。

因此,汽车经销商新车贷款环节,相关操作要谨防触碰《汽车销售管理办法》的相关禁止性规定,否则可能因相关行为或签订的相关协议文件被认定为违法或无效而导致相关损失,甚至有可能因此而受到相关行政部门的处罚。

(二)银行车贷

很多银行专门设有车贷业务,这一类贷款利息普遍较低,期限最长可达5年。银行贷款比其他第三方贷款更靠谱,银行车贷可以是抵押贷,也可以采取担保贷等方式,选择面比较广,不限车型,对贷款额度限制较低。如果汽车厂家金融没有免息活动,那银行车贷则是比较好的选择,但是银行贷款手续比较烦琐,审核时间慢,可能会涉及一些担保费、材料费、解除抵押费等。

(三)纯信用贷

纯信用贷有银行性质,也有第三方小贷平台,一般手续比较简单,下款快,无须提供担保、抵押物,审批相对容易一些。比如,名下有信用卡,征信良好,可以通过信用卡直接参与分期购车,每月按账单还款,没有信用卡的一般可以直接申请车贷卡,都比较方便快捷。

但如果选择纯信用贷,很多客户由于个人征信、资质等问题,往往选择第三方小贷平台,这里要谨防车贷"套路贷"。车贷"套路贷"大多打着低利率、不押车、当天放款等口号,制造违约是车贷"套路贷"最为常见的手段,对待按时还款的借贷者,"套路贷"团伙会想方设法让其违约。受害人往往出于贷款心切、嫌合同条款多看着麻烦等原因,没有细看合同具体条款就签了字,甚至签订空白合同,直到被拖车后才发现上当受骗。

贷款应到各类银行等正规金融机构,不得轻信无金融从业资质的个人、中介、公司及其发布的各类无利息、无担保、无抵押等虚假广告信息。在签订借贷合同时,必须认真审视相关条款,谨防入套。一旦发现遭遇"套路贷",务必及时向警方报案,用法律武器保护自己。不要因为害怕被不法分子恐吓、威胁,在"套路贷"的陷阱中越陷越深。

二、金融服务费

贷款买车是一种普遍现象,能够全款购车的用户存在,希望分期付款的用户更多。为了促进汽车消费,汽车生产厂商与银行或金融公司合作,为客户提供分期贷款服务是正常的业务。汽车经销商作为联系用户和金融机构的一环,即了解金融机构的贷款要求,也能与用户进行深入沟通,为用户提供咨询服务和指导,并在为用户办理贷款服务时收取一定的手续费,或称“金融服务费”。

这里有一个问题,汽车经销商为客户提供贷款业务咨询服务和指导,并据此向客户收取一定的“金融服务费”,到底合不合法?2019 年 4 月,轰动一时的“西安奔驰维权事件”把“金融服务费”推到风口浪尖。

“金融服务费”到底是什么?在“西安奔驰维权事件”的处理过程中,根据西安市税务部门的调查,“金融服务费”是消费者与 4S 店的第三方签订垫资服务协议所产生的垫资服务费。车主要在银行贷款,银行贷款有一段时间和过程,第三方服务(公司)要替车主向 4S 店进行垫资担保,由此产生的费用,俗称“金融服务费”。根据税务部门掌握的情况,车主将钱(贷款金额的 3%)打给了第三方,第三方收到服务费以后,又将部分费用(约 2/3)打给 4S 店,4S 店向服务单位开具发票,也申报缴纳了税款。

关于汽车经销商收取“金融服务费”是否合法,各方观点不一。

1. “西安奔驰维权事件”发生后,对于 4S 店收取“金融服务费”是否合法的问题,西安市商务局表示:“在汽车销售领域,商务部门和市场监管部门的管理有重叠。市场监管部门依据的《消费者权益保护法》是法律,而商务部门依据的《汽车销售管理办法》只是部门的规章制度,从法律到部门规章制度也都有重合的地方。包括金融服务费该不该收,银保监会也责成北京地方金融监管局在查。至于金融服务费是不是乱收费,需要相关部门来界定,商务部门没法定性。”

2. 针对上述问题,全国工商联汽车经销商商会新能源汽车分会发布文章称,全国工商联汽车经销商商会与法律专家、相关部门进行了充分的沟通,可以明确汽车经销商收取服务费不违法:汽车经销商提供协助办理贷款服务,是商业银行金融服务落地的关键;汽车经销商以资源和成本为基础服务客户,收取服务费合情、合理、合法;汽车经销商在收取服务费时应公开透明、比例合理、流程规范、依法纳税;厂家处理客户投诉要及时,产品责任和服务责任要区分清楚。

3. 原银保监会对此问题的态度有所不同,原银保监会非银部副主任庞雪峰表示,已要求奔驰汽车金融公司在全国范围内对其经销商是否存在类似违法违规收费问题进行排查,并进一步加强对经销商的管理,要求经销商不得以为汽车金融公司提供金融服务的名义收取费用,切实保护消费者的合法权益。

原银保监会重申,汽车金融公司在提供服务时收取费用应当严格遵守国家法律、法规、规章和有关监管规定,遵循公开、公平、诚实、信用的原则,应在各类相关营业场所醒目位置、公司官网等公示收费项目和标准,主动接受社会监督。

三、与银行合作

由于汽车按揭是汽车经销商业务衍生的三大水平业务之一,也是汽车经销商的重要收入来源之一,除了汽车厂家金融,汽车经销商与各大银行的商务合作也更为积极,合作方式和内容更为丰富和多样,尤其是汽车经销商集团,基于集团公司实力雄厚、体量庞大、资源丰富等优势,在与银行合作方面可以争取到更加有利的条件,如更低的客户贷款利率、更高的贷款手续费等。

例如,工商银行大连分行和中升集团控股有限公司的金融服务合作。中升集团控股有限公司是国内较大的汽车经销商集团,也是港股上市公司,是雷克萨斯、奔驰的经销商。

2023 年 6 月 6 日,工商银行大连分行与中升集团控股有限公司签署了全面战略合作协议。大连是中升集团控股有限公司的发源地,其在大连市设立了丰田在中国的首家授权经销商——大连中升丰田汽车销售服务有限公司(1995 年 6 月 14 日注册成立)。中升集团控股有限公司官网显示,截至 2023 年 6 月,中升集团控股有限公司在大连市现有 4S 店 22 家,主要覆盖奥迪、宝马、奔驰、雷克萨斯、捷豹路虎和沃尔沃等豪华品牌,以及一汽丰田、广汽丰田、广汽本田、东风本田和东风日产等合资品牌。中升集团控股有限公司正是以其经销集团的实力、资源和优势,获得了与银行合作的更优条件和更大回报。

关于汽车经销商收取“金融服务费”的行为,法院的观点如何?我们可以通过下文这个案例展开分析。

【案例27】4S店为消费者提供汽车按揭服务,向汽车消费者收取按揭手续费,是否合法?

【案例来源】祁A与伊犁B汽车销售服务有限公司买卖合同纠纷案[新疆维吾尔自治区高级人民法院伊犁哈萨克自治州分院(2017)新40民终1290号民事判决书]

【基本案情】

2016年8月11日,原告祁A在被告伊犁B汽车销售服务有限公司(以下简称B公司)车展上零利率贷款购买了一辆F汽车。购车过程中,销售顾问刘C及该公司市场部经理王D均告知需交纳7000元贷款手续费方能贷款买车,原告问及是否可减少该项收费时,两人均告知手续费是F金融公司收取,被告不收取一分钱,其后祁A因不满销售顾问刘C的服务态度,要求王D调换接待人员,同样调换的牛E也说7000元手续费一分不能少,当时原告提议更换贷款银行,牛E说更换贷款银行不仅要收8000余元的利息,还要收取3000元的手续费,因而原告选择了F金融公司贷款,并支付了7000元贷款手续费,当原告要求出具相关收费票据时,被告迟迟不予出具,经原告多次要求,被告最终开具了一张7000元的服务费收据,但拒绝开具正规发票。经原告向税务机关投诉后,被告才开具正规发票。在办理车牌照的过程中,被告方办理牌照的人员多收取了70元,经车管所出面已退还原告。

基于该事件,原告认为被告还有其他骗取钱财的行为,经核实被告并没有贷款服务中介资质和收取保险费相关费用的资质,其收取贷款手续费和保险费的行为不合法,存在多次骗取原告钱财的行为。F金融公司客服调查回访时,原告向其核实该公司零利息贷款的原因是为了促销车辆,并不收取任何费用,该费用是被告私自收取的,因此原告购买车辆时被被告打着F金融公司收取贷款手续费的旗号骗取了7000元贷款手续费。另外,被告还强制原告在指定的保险公司购买保险,并违法收取了原告续保押金2000元,经工商部门出面,续保押金才得以退还,该事件虽然与本案无关,但充分说明被告缺乏诚信,多次欺骗原告。

原告诉至法院请求依法判令被告返还原告贷款手续费7000元。

【裁判结果】

一审法院认为:《合同法》(已失效)第三十三条规定,当事人在合同成立之前可以要求签订确认书,合同自签订确认书时成立。该法第八条规定,依法成立的合同,对当事人具有法律约束力。当事人应当按照约定履行自己的义务,不得擅自变更和解除合同。

本案原告祁A与被告B公司于2016年8月11日签订车辆预订单,双方之间的汽车买卖合同自签订车辆预订单时成立。同年8月12日,原告签字确认的"车辆按揭须知"系涉案汽车买卖合同的组成部分。原、被告签订的汽车买卖合同约定内容明确、真实,在被告释明、原告多方了解的情况下,原告自愿签字确认"车辆按揭须知",并交纳服务费7000元,系原告真实意思表示,该汽车买卖合同真实有效。

双方均已按照合同约定履行了各自的义务,合同已履行完毕,原告要求退还7000元服务费,无法律依据,一审法院不予支持。

据此,依照《合同法》(已失效)第八条、第三十三条、第六十条[①],《民事诉讼法》(2017修正)第六十四条之规定,判决如下:

驳回原告祁A的诉讼请求。

二审法院认为:本案的争议焦点为B公司是否退还7000元。

本案中,祁A与B公司签订的车辆预订单及"车辆按揭须知"中的内容具备《合同法》(已失效)第十二条所规定的合同必需内容条款。

本院认为,双方当事人之间汽车买卖合同成立,合法有效。在该预订单中明确写明"签字即表示认可并且理解以下内容",祁A在该预订单上签字的行为表明其知晓其所购车辆价格不含车辆购置附加税、验车费、牌照费、行驶证工本费等费用,103,000元仅是车辆价格。祁A在"车辆按揭须知"上签字的行为表明双方就付款方式另行了约定了贷款金额、还款方式、利息、支付服务费、续保押金等内容。双方已将买卖合同履行完毕,祁A取得车辆,并按约定偿还贷款。祁A所举证据,不能证明双方订立的买卖合同中有违法情形,更不能证明B公司收取的7000元违反了双方合同约定内容。

综上所述,祁A的上诉请求不能成立,应予驳回;一审判决认定事实清楚,

---

① 与《民法典》第四百六十五条、第四百九十一条、第五百零九条规定相对应。

适用法律正确,应予维持。

依照《民事诉讼法》(2017 修正)第一百七十条第一款第一项的规定,判决:驳回上诉,维持原判。

【律师分析】

综合以上案件裁判观点,法院支持经销商收取贷款手续费的裁判规则如下:

1. 双方签署的购车合同或服务委托协议中明确约定了贷款手续费,且经销商帮助用户办理贷款手续。

2. 双方虽未签署合同或协议,但是签署的订车单上包含贷款手续费。双方未签署合同或协议,但用户在报价单或费用明细表上签字,且报价单或费用明细表上包含贷款手续费。

3. 双方未签署合同或协议,但用户在付款确认单上签字,且付款确认单上包含贷款手续费。

4. 用户在贷款须知或购车方案上签字,且上面包含贷款手续费。

根据《汽车销售管理办法》第十条"经销商应当在经营场所以适当形式明示销售汽车、配件及其他相关产品的价格和各项服务收费标准,不得在标价之外加价销售或收取额外费用"的规定,也允许经销商收取贷款手续费,只是经销商需要明示收费标准。

同时,经销商收取贷款手续费不需要具备特定的资质,《商业银行法》第三条规定了 14 类金融服务行为必须有专门资质,概括起来就是存、贷、债、保险、结算、银行卡、信用证、保管箱、票据承兑与贴现业务需要特别资质。而《汽车金融公司管理办法》第十八条规定了 10 类业务要取得特别资质,而汽车经销商向客户提供的不是这 14 类或 10 类中的任何一类,而是与汽车销售相关的服务,无须特别资质。

因此,汽车经销商代客户办理汽车买卖后的贷款服务并收取贷款服务费,是合法正当的商业经营行为。

关于经销商正确收取贷款手续费,应注意以下几点:

(1)要事前向客户充分解释和说明,确保客户行使知情权和选择权。根据《汽车销售管理办法》的相关规定和要求,经销商们应该将服务项目、收费标准明码标价,就贷款服务收费及其他衍生业务收费项目在经营场所适当位置进行公示告知,在为客户提供咨询服务的过程中,充分向客户解释、提示,由客户自行选择服务类型与项目。

(2)项目收费项目、金额等内容以书面的形式让客户进行签字确认,防范纠纷。相关服务项目、收费项目、金额等内容可以直接在新车销售合同中记载和体现,也可以通过报价单、订购单、付款明细单或付款确认单等方式进行单独确认。

(3)在为客户提供相关服务的过程中,要结合客户的实际情况,对客户的实际情况进行评估,为客户量身定制个性方案,让客户享有良好的客户服务体验,并且最终能很好地实现客户的委托目的。

在为客户提供汽车分期贷款服务的过程中,要做好客户需求分析和客户自身能力分析,根据金融机构的要求,分析客户能够获得贷款的可能性,对于不具有可能性的,不要推荐用户选择贷款购车,更不要教唆、协助客户伪造、编造或提供虚假贷款申请资料,这可能涉及共同贷款诈骗刑事犯罪风险。而对于符合贷款条件的客户,要规范服务,在规定的时间内办成约定的事,让客户省心且满意,带给客户良好的购车、用车体验。

(4)相关费用要依法、如实入账,并依法开具正式发票。汽车经销商为客户提供贷款服务收取的服务费属于服务性收入,与销售汽车产品的收入不同,要按照会计准则准确记账,并依法开具服务发票。

守法经营、依法纳税是成本最小的经营,尤其是在当前大数据时代,查处偷税、漏税行为非常容易。汽车经销商要遵守合法经营底线,不要因小失大,以身试法,最终得不偿失。

【法律规定】

1.《商业银行法》

第三条　商业银行可以经营下列部分或者全部业务:

(一)吸收公众存款;

(二)发放短期、中期和长期贷款;

(三)办理国内外结算;

(四)办理票据承兑与贴现;

(五)发行金融债券;

(六)代理发行、代理兑付、承销政府债券;

(七)买卖政府债券、金融债券;

(八)从事同业拆借;

（九）买卖、代理买卖外汇；

（十）从事银行卡业务；

（十一）提供信用证服务及担保；

（十二）代理收付款项及代理保险业务；

（十三）提供保管箱服务；

（十四）经国务院银行业监督管理机构批准的其他业务。

经营范围由商业银行章程规定，报国务院银行业监督管理机构批准。

商业银行经中国人民银行批准，可以经营结汇、售汇业务。

2.《汽车金融公司管理办法》

第十八条　汽车金融公司可从事下列部分或全部本外币业务：

（一）接受股东及其所在集团母公司和控股子公司的定期存款或通知存款；

（二）接受汽车经销商和售后服务商贷款保证金和承租人汽车租赁保证金；

（三）同业拆借业务；

（四）向金融机构借款；

（五）发行非资本类债券；

（六）汽车及汽车附加品贷款和融资租赁业务；

（七）汽车经销商和汽车售后服务商贷款业务，包括库存采购、展厅建设、零配件和维修设备购买等贷款；

（八）转让或受让汽车及汽车附加品贷款和融资租赁资产；

（九）汽车残值评估、变卖及处理业务；

（十）与汽车金融相关的咨询、代理和服务。

前款所称控股子公司是指股东所在集团母公司持股50%（含）以上的公司。

汽车经销商是指依法取得汽车（含新车及二手车）销售资质的经营者。

汽车售后服务商是指从事汽车售后维护、修理、汽车零配件和附加品销售的经营者。

汽车附加品是指依附于汽车所产生的产品和服务，如导航设备、外观贴膜、充电桩、电池等物理附属设备以及车辆延长质保、车辆保险、车辆软件等与汽车使用相关的服务。

第十九条　符合条件的汽车金融公司，可以向国家金融监督管理总局及其派出机构申请经营下列部分或者全部本外币业务：

（一）发行资本工具；

（二）资产证券化业务；

（三）套期保值类业务；

（四）国家金融监督管理总局批准的其他业务。

汽车金融公司申请开办上述业务的具体条件和程序，按照行政许可有关规定执行。

3.《合同法》（已失效）

第八条　依法成立的合同，对当事人具有法律约束力。当事人应当按照约定履行自己的义务，不得擅自变更或者解除合同。

依法成立的合同，受法律保护。

第三十二条　当事人采用合同书形式订立合同的，自双方当事人签字或者盖章时合同成立。

第四十四条　依法成立的合同，自成立时生效。

法律、行政法规规定应当办理批准、登记等手续生效的，依照其规定。

4.《民法典》

第四百六十五条　依法成立的合同，受法律保护。

依法成立的合同，仅对当事人具有法律约束力，但是法律另有规定的除外。

第四百九十条　当事人采用合同书形式订立合同的，自当事人均签名、盖章或者按指印时合同成立。在签名、盖章或者按指印之前，当事人一方已经履行主要义务，对方接受时，该合同成立。

法律、行政法规规定或者当事人约定合同应当采用书面形式订立，当事人未采用书面形式但是一方已经履行主要义务，对方接受时，该合同成立。

第四百九十一条　当事人采用信件、数据电文等形式订立合同要求签订确认书的，签订确认书时合同成立。

当事人一方通过互联网等信息网络发布的商品或者服务信息符合要约条件的，对方选择该商品或者服务并提交订单成功时合同成立，但是当事人另有约定的除外。

第五百零二条　依法成立的合同，自成立时生效，但是法律另有规定或者当事人另有约定的除外。

依照法律、行政法规的规定，合同应当办理批准等手续的，依照其规定。未办理批准等手续影响合同生效的，不影响合同中履行报批等义务条款以及相关条款的效力。应当办理申请批准等手续的当事人未履行义务的，对方可以请求其承担违反该义务的责任。

依照法律、行政法规的规定，合同的变更、转让、解除等情形应当办理批准等手续的，适用前款规定。

第五百零九条　当事人应当按照约定全面履行自己的义务。

当事人应当遵循诚信原则，根据合同的性质、目的和交易习惯履行通知、协助、保密等义务。

当事人在履行合同过程中，应当避免浪费资源、污染环境和破坏生态。

第二节　汽车保险

许多汽车经销商在从事销售活动时，同时开展与保险公司合作推介车险的业务，通过向车主推销合作方保险公司的相关车险产品，并在店面替保险公司直接出具新车保单及续保车辆保单等，向保险公司收取佣金，因而存在汽车经销商被认定为开展保险兼业代理业务的风险。

2021 年 1 月 1 日施行的《保险代理人监管规定》第三条规定，保险兼业代理法人机构在中国境内经营保险代理业务，应当取得相关经营保险代理业务的许可证。未取得保险兼业代理许可证，非法从事保险代理业务的，则由保险监督管理机构予以取缔，没收违法所得并处相应罚款。在《关于暂停区域性保险代理机构和部分保险兼业代理机构市场准入许可工作的通知》（保监中介〔2012〕324 号，以下简称 324 号文）出台之前，汽车经销商可以取得保险兼业代理资质从事保险推介业务。但根据 324 号文，自 2012 年 3 月起，暂停金融机构、邮政以外的所有保险兼业代理机构资格核准，即自 324 号文出台后，新开业的汽车经销商代理保险业务不再被核准。但在实践中，汽车经销商仍然通过各种方式合作，为保险公司汽车保险业务的开展提供便利与协助，并据此收取一定的服务费。

一、关于捆绑销售车险

《汽车销售管理办法》第十四条规定，经销商不得对消费者限定保险等产品的提供商，销售汽车时不得强制消费者购买。2019 年 8 月，银保监会下发《4S 店兼业代理机构捆绑销售保险专项整治工作方案》，要求具备兼业代理资质的 4S 店，针对捆绑销售、违规套费、操作不合规等情况开展自查、整改、监管、抽查，对于问题严重的，将采取停止业务、吊销许可证等惩罚措施。此外，监管部门还将加大对与无证 4S 店合作的保险公司的处罚力度。严肃查处与不具备代理资质的 4S 店合作的保险公司，严厉打击保险公司通过其他渠道套取费用向 4S 店账外支付的行为，对协助保险公司套费的保险专业中介机构同查同处，形成监管合力，彻底规范市场秩序，推动车险改革。

二、关于保险返佣

作为财险业第一大险种，车险的竞争是激烈的，除了捆绑销售，返佣现象更是突出，几乎是无返佣不成车险。保险返佣返利是一种涉嫌违法的行为，一直是监管的红线。《保险法》第一百一十六条第四项规定，保险公司及其工作人员在保险业务活动中不得给予或者承诺给予投保人、被保险人、受益人保险合同约定以外的保险费回扣或者其他利益。不过，在车险市场，返佣返利现象屡禁不止。

对此，2023 年 6 月，金融监管总局财险部下发《关于规范车险市场秩序有关事项的通知》，明确指出"随着行业内外部情况发展变化，部分地区和机构高手续费竞争等问题又有所抬头，个别地方比较严重"。为防止重蹈覆辙，该通知从五大方面着手规范车险市场秩序，包括严禁险企盲目拼规模、抢份额，向分支机构下达不切实际的保费增长任务，同时要求险企不得偏离精算定价基础，以低于成本的价格销售车险产品等。

三、与保险公司合作(总对总—返点)

汽车保险服务是汽车经销商业务衍生的三大水平业务之一，也是汽车经销商的重要收入来源之一。

对于在 2012 年 3 月以前取得保险兼业代理许可证的汽车经销商，尤其是汽车经销商集团，基于集团公司实力雄厚、体量庞大、资源丰富等优势，其在与保险公司合作方面可以争取到更加有利的条件，如为客户争取更低的保险费用，为自身争取更高的保险服务费(或保险佣金)等。

汽车经销商或经销商集团与保险公司合作的合作协议范本,详见本书第十一章,供读者参考使用。

【案例28】保险公司业务返点给4S店,是否构成商业贿赂?

【案例来源】中国A保险股份有限公司宿州中心支公司商业贿赂案[2022国家市场监管总局反不正当竞争专项执法行动典型案例]

【基本案情】

2018年12月,中国A保险股份有限公司宿州中心支公司(以下简称A公司)与某汽车贸易有限公司(以下简称4S店)签订了为期3年的机动车辆保险合作协议。合作期间,A公司在4S店内销售保险时,按照出单保险费的一定比例向4S店支付服务费用贿赂4S店,使4S店利用车辆销售时的政策优惠影响消费者,若消费者不购买A公司的保险,则享受不到4S店给予的车辆购买优惠,强制消费者购买A公司的保险,从而让A公司谋取更多保险交易机会。截至案发,4S店为A公司推荐销售34笔车辆保险业务,A公司向4S店支付约3.15万元服务费。A公司违法经营额为13.36万元,获取违法所得金额为9.45万元。

【处罚结果】

法律依据及处罚:A公司的行为违反了《反不正当竞争法》第七条的规定,依据该法第十九条对A公司处没收违法所得9.45万元,罚款10万元。

【律师分析】

以上案件为国家市场监管总局于2022年11月17日发布的10起2022年反不正当竞争专项执法行动典型案例之一。

购买汽车享受政策优惠,购买车险自主选择保险公司,本该是消费者的合法权利,但在本案中,保险领域经营者通过业务返点行为贿赂汽车经销商,使汽车经销商在销售汽车时将两者挂钩,不购买某公司的保险就不能享受政策优惠,这严重侵犯了消费者的自主选择权,甚至涉嫌强制消费。

【律师建议】

1.保险公司与汽车经销商约定向汽车经销商支付服务费用的,不得用于捆绑销售。保险公司与汽车经销商进行保险合作,实为汽车经销商代理保险业务,保险公司可以按监管规定支付业务代理费。

本案中,A公司在4S店内销售保险时,按照出单保险费的一定比例向4S店支付服务费用,使4S店利用车辆销售时的政策优惠影响消费者,若消费者不购买A公司的保险,则享受不到4S店的车辆购买优惠,强制消费者购买A公司的保险。前述费用通过捆绑方式销售,涉嫌违反《反不正当竞争法》。

2.注意费用项目、金额及收取的名义、方式等方面的合法合规性。实践中,保险公司向汽车经销商、修理厂支付一定的费用,汽车经销商、修理厂用购车和保养优惠方式捆绑销售保险的现象较为普遍,但一定要注意费用项目、金额及收取的名义、方式等方面的合法合规性,否则涉嫌违法,将可能受到处罚。

保险公司与汽车经销商的合作行为避免商业贿赂行为的关键点如下:(1)支付的代理费用和事故车辆维修费用要符合监管规定。如果超过标准支付费用,就有可能让汽车经销商有费用空间,用购车、保养等优惠来捆绑销售保险业务。(2)不得强制消费者购买保险,或者用购车优惠等方式捆绑销售保险。如果存在这个问题,那么保险公司向汽车经销商支付的费用就可能涉嫌商业贿赂。

【法律规定】

《反不正当竞争法》

第七条　经营者不得采用财物或者其他手段贿赂下列单位或者个人,以谋取交易机会或者竞争优势:

(一)交易相对方的工作人员;

(二)受交易相对方委托办理相关事务的单位或者个人;

(三)利用职权或者影响力影响交易的单位或者个人。

经营者在交易活动中,可以以明示方式向交易相对方支付折扣,或者向中间人支付佣金。经营者向交易相对方支付折扣、向中间人支付佣金的,应当如实入账。接受折扣、佣金的经营者也应当如实入账。

经营者的工作人员进行贿赂的,应当认定为经营者的行为;但是,经营者有证据证明该工作人员的行为与为经营者谋取交易机会或者竞争优势无关的除外。

第十九条　经营者违反本法第七条规定贿赂他人的,由监督检查部门没收违法所得,处十万元以上三百万元以下的罚款。情节严重的,吊销营业执照。

第三节　汽车上牌

新车销售环节必然涉及新车上牌问题。关于新车上牌,客户可以自行上牌,也可以通过包牌价的方式,委托汽车经销商协助上牌,汽车经销商也是非常乐意的,因此,为客户代办上牌业务收入,也是汽车经销商三大水平业务的重要收入来源之一。

一、包牌价

什么是“包牌价”?“包牌价”究竟包括哪些费用?不少第一次购车的朋友对于“包牌价”这个概念的认识模糊不清。车价一般指车价、车身价,都是指出厂价,这其中有批发价和零售价,这两种价格有所不同,但针对最终消费者的是零售价。“包牌价”一般指汽车经销商为给购车的消费者提供便利、节省时间而形成的一种汽车销售价格。由于许多消费者不清楚上牌程序及所需的相关手续,所以由经销商统一代办,消费者可以省心省事。

二、汽车上牌费用

上牌费用大致由购置税、车船税、养路费、检验费和汽车经销商收取的服务费组成。部分城市有牌照复印费等小额费用,各地标准不一,上牌大部分票据原件交给客户,4S 店留存的一般是复印件,票据面值小但数量极多,上牌费用的真实性需要监控。同时,有的汽车经销商是通过中介或外包上牌的,给中介和外包的服务费用过高,存在回扣风险。

在新车上牌环节,汽车经销商一般会有专门的上牌员专门跟进负责。在笔者接触的案例中,极易发生如上牌员虚报上牌费用等问题。以下是曾经发生的一个案例:某家 4S 店每年上牌量在 5000 台左右,该店上牌员每台车上牌报销费用是大车 300 元,小车 250 元;其后派专人亲自上牌核实,当地上牌标准是大车

270 元，小车 220 元，上牌员每台车报销的单据均夹杂了 30 元的复印费和停车发票，而实际上此笔费用不存在，属于虚报。

因此，针对新车上牌环节的问题和风险，本书建议：(1)4S 店管理人员应熟悉当地上牌规则和费用标准，避免上牌费用虚报。(2)上牌收入也是 4S 店的利润点之一，上牌方式应尽量避免中介和外包。

【案例 29】消费者委托 4S 店新车上牌，途中发生事故导致车辆受损，消费者是否可以主张退车退款？

【案例来源】崔 A 与 B 公司汽车买卖合同纠纷案[海南省海口市中级人民法院(2018)琼 01 民终 4030 号民事判决书]

【基本案情】

2018 年 2 月 10 日，崔 A 与 B 公司签订《汽车销售合同》，合同约定，崔 A 向 B 公司购买一辆宝骏牌 SUV 白色小汽车一辆(型号：LZW6477CKY，发动机号：18H92820388)，购车款 116,000 元、购置税 10,069 元，保险金额 6575 元，上牌费 600 元，共计 133,244 元。合同签订后，崔 A 向 B 公司支付了上述款项(含此前崔 A 交付的订金 1000 元)。2018 年 2 月 11 日，B 公司销售人员符某驾驶该车去车管所上牌，崔 A 及其儿子坐车同行。

该车在上牌途中与案外人袁某驾驶的车辆发生擦碰事故，撞到案外人袁某的车辆的后视镜，符某驾驶的宝骏车的左后车门也被刮到。同日，符某与案外人袁某达成赔偿协议，协议中写明因符某开车门未注意观察四周，撞到案外人袁某的车辆的后视镜，符某赔偿案外人袁某 850 元。之后崔 A 与 B 公司双方纠纷经海口市秀英区工商行政管理所进行调解未果。

崔 A 向一审法院起诉请求：(1)判决解除崔 A 与 B 公司之间签订的《汽车销售合同》；(2)判决 B 公司退还崔 A 购车款 133,244 元、订金 1000 元及利息 3864 元；(3)判决 B 公司向崔 A 支付律师费 8995 元和律师咨询费 498 元；(4)判决 B 公司向崔 A 支付贷款利息损失 1740 元；(5)判决 B 公司向崔 A 支付其他经济损失 7963.72 元。

【裁判结果】

一审法院认为：关于崔 A 与 B 公司签订的《汽车销售合同》是否已解除的问

题。崔A与B公司于2018年2月10日签订的《汽车销售合同》是双方当事人真实的意思表示,内容合法,属有效合同,应受法律保护。当事人应按照约定全面履行自己的义务。合同签订后,崔A已向B公司支付了133,224元,履行了合同义务,B公司应将符合合同约定的车辆交付给崔A。本案中,崔A向B公司购买的新车在上牌途中与案外人袁某驾驶的车辆发生擦碰事故,该车已不符合新车的概念,崔A的合同目的已无法实现,因此,崔A有权解除合同。崔A委托律师于2018年2月13日向B公司发出解除《汽车销售合同》的律师函,双方签订的《汽车销售合同》已于B公司收到该律师函之日解除。

关于B公司是否应向崔A返还133,224元、订金1000元及支付利息3864元的问题。由于双方签订的《汽车销售合同》已解除。合同解除后,B公司应扣除保费5060.76元后,将剩余款项128,183.24元(133,224元-5060.76元)返还给崔A,并承担崔A相应的利息损失。

二审法院认为:崔A与B公司签订的《汽车销售合同》合法有效,根据合同约定的内容,B公司有为崔A办理汽车上牌的义务。在B公司办理车辆上牌的过程中,涉案汽车由B公司的销售人员驾驶,该车尚在B公司的实际控制中便发生了擦碰事故。可见,B公司的合同义务尚未完成,涉案车辆尚未完成交接工作,据此产生的相关责任应由B公司承担。

涉案车辆发生擦碰事故后,即使进行了修复也已存在瑕疵,已不符合合同约定的交付标准。在B公司无法满足合同约定条件交付车辆的情况下,崔A选择解除合同并要求B公司返还相关款项、赔偿损失符合法律规定。

以上一审、二审法院均支持了原告崔A选择解除合同并要求B公司返还相关款项、赔偿损失的诉讼请求。

【律师分析】

1. 从普通消费者的角度出发,海口市中级人民法院的判决是符合人们的认知和朴素的公平正义观的。其推理过程简单明了,车辆于事故发生时尚未交付,即便后续进行修理也存在瑕疵,后续已不符合合同约定的交付标准。

在这种情况下,基于4S店后续无法履行交付符合合同要求标准的车,所以购车者当然有权解除合同。

2. 在笔者接触的其他类似案件中,汽车经销商在代客户车辆上牌过程中致讼争车辆受损的,汽车经销商理应承担违约责任,但并不一定达到必须解除汽车销售合同的根本性违约程度。

根据《民法典》的相关规定，一方部分履行要求解除合同的法定条件是“当事人一方迟延履行债务或者有其他违约行为致使不能实现合同目的”。在类似案例中，如果车主直接主张解除合同，那么可能会认为汽车经销商的违约情形显然达不到根本违约的程度，进而不支持解除合同的诉求。

【律师建议】

从汽车经销商风险规避的角度出发，我们建议：

1. 汽车上牌需要将车辆开至车管所进行办理，因此在车辆具备初步交付条件之后，可先在线上办理临时车牌，再开车前往车管所办理正式上牌手续，降低车辆在上牌来回途中可能涉及无牌违法上路及发生交通事故后无法理赔的法律风险。

2. 为避免上牌过程中发生交通事故导致的风险，可在上牌之前要求客户签署新车交付确认书、上牌免责声明等文件，通过这种方式将潜在风险尽可能地规避、隔离。

【法律规定】

《民法典》

第五百六十三条　有下列情形之一的，当事人可以解除合同：

（一）因不可抗力致使不能实现合同目的；

（二）在履行期限届满前，当事人一方明确表示或者以自己的行为表明不履行主要债务；

（三）当事人一方迟延履行主要债务，经催告后在合理期限内仍未履行；

（四）当事人一方迟延履行债务或者有其他违约行为致使不能实现合同目的；

（五）法律规定的其他情形。

以持续履行的债务为内容的不定期合同，当事人可以随时解除合同，但是应当在合理期限之前通知对方。

第十一章　汽车售后及风险防控

第一节　经营资质

一、机动车维修经营许可

截至2018年8月3日，在国务院发布《关于取消一批行政许可等事项决定》(国发〔2018〕28号)之前，国家对机动车维修经营依据维修车型种类、服务能力和经营项目实行分类许可。

《机动车维修管理规定》第八条规定，机动车维修经营依据维修车型种类、服务能力和经营项目实行分类备案。机动车维修经营业务根据维修对象分为汽车维修经营业务、危险货物运输车辆维修经营业务、摩托车维修经营业务和其他机动车维修经营业务四类。汽车维修经营业务、其他机动车维修经营业务根据经营项目和服务能力分为一类维修经营业务、二类维修经营业务和三类维修经营业务。

《机动车维修管理规定》第九条规定，一类、二类汽车维修经营业务或者其他机动车维修经营业务，可以从事相应车型的整车修理、总成修理、整车维护、小修、维修救援、专项修理和维修竣工检验工作；三类汽车维修经营业务(含汽车综合小修)、三类其他机动车维修经营业务，可以分别从事汽车综合小修或者发动机维修、车身维修、电气系统维修、自动变速器维修、轮胎动平衡及修补、四轮定位检测调整、汽车润滑与养护、喷油泵和喷油器维修、曲轴修磨、气缸镗磨、散热器维修、空调维修、汽车美容装潢、汽车玻璃安装及修复等汽车专项维修工作。具体有关经营项目按照《汽车维修业开业条件》相关条款的规定执行。

《机动车维修管理规定》第十五条规定，申请从事机动车维修经营的，应当向所在地的县级道路运输管理机构提出申请。

根据以上规定，从事汽车维修等经营业务的，需向拟经营企业所在地县级道路运输管理机构提出申请,经道路运输管理机构批准许可之后,方可进行相应的汽车维修经营业务。

二、机动车维修经营备案

2018 年 8 月,国务院发布《关于取消一批行政许可等事项决定》,其中,国务院明确将取消机动车维修经营许可。根据该决定,依照《道路运输条例》,此次取消审批后,交通运输部要制定完善并公布维修业务标准,督促地方交通运输主管部门通过相关措施加强事中、事后监管。

备案制是凡企业不使用政府性资金又不属于应当核准的重大项目和限制类项目的建设项目,由企业向主管部门申请备案,主管部门对除不符合法律法规的规定、产业政策禁止发展、需报政府核准或审批的项目外的项目予以备案的管理制度。机动车维修经营由审批制(许可)改为备案制,降低了机动车维修经营行业的门槛。

对企业实行备案制具有极其重大的意义。实行备案制是真正确立企业主体地位、落实企业决策自主权的关键所在。在备案制管理下,政府只对备案材料作形式审查,看是否合法、是否属于产业政策禁止发展的项目及是否属于备案制管理的项目,不对企业的投资的可行性等进行干预。企业根据市场的情况,自主决策、自己筹集资金、自己承担风险。备案制的实行有利于政府及时掌握和了解企业的动向,可以更加准确、全面地对企业运行进行监控,有利于及时发布行业信息,引导行业的投资活动,有利于及时发现运行中存在的问题,并采取相应的调控措施。

三、机动车维修经营业务备案办理

机动车维修经营业务备案实行分类备案管理,将机动车维修经营按照维修车型、服务能力和经营项目进行划分。机动车维修经营者应参照《机动车维修管理规定》《汽车维修业开业条件》,自行确定备案的经营范围。机动车维修经营备案涉及的相关问题及内容说明如下。

(一)涉及行业

企业、个体工商户和其他组织取得经营范围中有“机动车维修”或“汽车维修”或“摩托车维修”等机动车维修经营相关项目的工商营业执照后,需及时备案。

(二)申请条件

从事汽车维修经营业务或者其他机动车维修经营业务的申请条件包括:(1)有与其经营业务相适应的维修车辆停车场和生产厂房;(2)有与其经营业务相适应的设备、设施;(3)有必要的技术人员;(4)有健全的维修管理制度;(5)有必要的环境保护措施。

(三)机动车维修从业人员的要求

不同的维修车型种类,从业人员的要求有所不同,如一类维修业务和二类维修业务要求各配备至少1名技术负责人员、质量检验人员、业务接待人员;三类维修业务,按照其经营项目分别配备相应的机修、电器、钣金、涂漆的维修技术人员等。

(四)技术人员备案材料

技术人员备案材料包括技术人员信息,如技术人员姓名、身份证号码、文化程度、岗位工种、技术职称或者职业资格等级等内容,以及相关证明材料,如身份证明、学历证明、技术职称或职业资格证明等材料。

(五)维修设备备案材料

维修设备备案材料包括设备信息,如设备名称、设备型号规格、设备生产厂家、设备数量(台/套)、设备配备方式(自有或外协),以及证明材料,如设备检定(或校准)证书,允许外协的设备应具有合法的外协合同书。

(六)维修管理制度备案材料

维修管理制度包括质量管理制度、安全生产管理制度、车辆维修档案管理制度、人员培训制度、设备管理制度、配件管理制度等《汽车维修业开业条件》规定的相关制度。

(七)环境保护措施备案材料

环境保护措施备案材料应包括企业危险废物处置利用合同或协议、危险废物处理方的经营资质复印件、固体废物管理平台申报登记证明材料。

(八)机动车维修连锁服务网点备案

机动车维修连锁分为直营连锁和加盟连锁。为鼓励机动车维修行业连锁发展,当机动车维修连锁经营企业总部完成备案后,其连锁服务网点可由机动车维修连锁经营企业总部向连锁经营服务网点所在地县(区)级交通运输主管部门进行备案。

(九)备案变更

机动车维修经营者名称、法定代表人、经营范围、经营地址等备案事项发生变化的,应当向原办理备案的交通运输主管部门办理备案变更。

交通运输综合执法部门应对维修经营者是否依法备案进行监督检查,对于从事机动车维修经营业务但未按规定进行备案的,由县级以上道路运输管理机构责令改正;拒不改正的,处 5000 元以上 2 万元以下的罚款。对于原已取得经营许可的机动车维修经营者,许可证已过有效期的,需及时备案。许可证仍在有效期内的,暂无须备案,但需在许可证有效期到期后 30 日内及时备案。

(十)机动车维修经营备案流程

以广东为例,机动车维修经营备案流程大概如下:(1)备案准备。机动车维修经营者填写机动车维修经营备案表,准备备案材料。(2)提交材料。机动车维修经营者向所在地县(区)级交通运输主管部门附送备案材料,也可通过互联网道路运输便民政务服务、粤省事(系统对接中)等信息化系统进行备案。网上业务办理与办事大厅窗口办理效力等同,鼓励通过网上办理业务。(3)备案审查。交通运输主管部门收到备案材料后,对材料齐全且符合备案要求的应当予以备案,并编号归档;对材料不全或者不符合备案要求的,应当场或者自收到备案材料之日起 5 日内一次性书面通知备案人需要补充的全部内容。(4)结果公开。交通运输主管部门及时向社会公布已备案机动车维修经营者名单。

(十一)通过互联网办理备案(变更)

根据《互联网道路运输便民政务服务系统业务办理工作指南》的要求,企业可通过该系统进行网上备案(变更)和注销业务。企业应先在系统中注册成为法人(经营者)用户,然后方可办理相关业务,在注册时,需提交单位名称、统一社会信用代码、法定代表人姓名、身份证件号码、手机号码等信息。

(十二)备案名单公布

机动车维修经营者完成备案后,备案机关不发放备案证明或回执。机动车维修经营者可通过查询道路运输管理机构公布的名单获取已备案信息,也可向备案机关申请复印或下载打印机动车维修经营备案表。

道路运输管理机构应当向社会公布已备案的机动车维修经营者名单并及时

更新,便于社会查询和监督。例如,2023 年 4 月 12 日,广东省佛山市禅城区交通运输局根据《机动车维修管理规定》(中华人民共和国交通运输部令 2021 年第 18 号)、广东省交通运输厅《转发交通运输部办公厅关于贯彻实施〈机动车维修管理规定〉的通知》(粤交运函〔2019〕1364 号)的工作要求,对近期已办理经营备案的佛山市禅城区机动车维修企业进行通告,①具体如表 11-1 所示:

表 11-1　禅城区机动车维修企业备案信息通告(第三十七批)

序号	单位	类别	备案号
1	佛山市鸿洋汽车维修服务有限公司	二类	44050202202340092
2	佛山市金利丰汽车销售服务有限公司	二类	44050202202310093
3	佛山市宝盛行汽车维修有限公司	二类	44050202202310094
4	广东佛山市金岛汽车销售有限公司	二类	44050202202340095
5	佛山市佰车驰汽车维护服务有限公司	三类	44050203202210799
6	佛山市文远汽车服务有限公司	三类	44050203202340816
7	佛山市禅城区恒嘉信汽车修理中心	三类	44050203202330819
8	佛山市禅城区南有汽修服务部	三类	44050203202330821
9	佛山市禅城区车护卫汽车维修服务中心	三类	44050203202320823
10	佛山市禅城区安好修汽车服务中心	三类	44050203202320825
11	佛山市禅城区悦马汽车美容店	三类	44050203202340826
12	佛山市骏飞隆汽车服务有限公司	三类	44050203202340827
13	佛山市富濠汽车服务有限公司	三类	44050203202340828
14	佛山市禅城区车一家汽车服务中心	三类	44050203202340829
15	佛山市禅城区捷标达汽车修理服务部	三类	44050203202320830
16	佛山市速奥汽车维修有限公司	三类	44050203202310831
17	佛山市沃沃汽车销售服务有限公司	三类	44050203202340832
18	佛山市禅城区捷宜美汽车美容服务部	三类	44050203202330833

① 参见佛山市禅城区交通运输局:《禅城区机动车维修企业备案信息通告(第三十七批)》,载佛山市禅城区交通运输协会官网 2023 年 4 月 12 日,http://fswxxh.com/news/show-262.aspx。

续表

序号	单位	类别	备案号
19	佛山通源通路汽车销售服务有限公司	三类	44050203202340834
20	佛山市禅城区恒越汽车维修中心	三类	44050203202320836
21	佛山市禅城区鹰达汽车维修服务中心	三类	44050202302330837

【案例30】汽车经销商不按照要求进行汽车维修备案会有什么后果?

【案例来源】深圳交通运输执法:《无视备案要求,还有汽修店不去备案?修车请认准……》[①]

【基本案情】

2021年12月1日,深圳交通执法支队大鹏大队执法人员在大鹏新区葵涌街道葵新社区对某汽车服务有限公司进行例行检查。检查中,执法人员发现这家汽修店的维修场地范围内有举升机、烤漆房以及其他维修工具,其中烤漆房中有一辆粤B号牌车辆正在进行前保险杠喷漆作业,另一辆桂K号牌车辆正在进行换油箱作业。经过询问公司负责人得知,这家汽修店从事机动车维修经营业务,但一直未按规定进行备案。因此,深圳市交通运输局大鹏管理局于2021年9月7日对该公司开具了责令整改通知书,要求该公司按规定进行备案,期限到2021年10月6日。但直到3个月后,执法人员检查时发现这家汽修店仍未备案。当执法人员问及负责人为何仍未去备案时,该公司负责人说:"还差一份资料未完成,所以现在还未提交备案申请。"

【处理结果】

经调查取证,执法人员认为,上述维修企业涉嫌实施了从事机动车维修经营业务但未按规定进行备案的违法行为。执法人员根据《道路运输条例》(2019修订)第六十五条第三款、《机动车维修管理规定》第四十九条的规定,对上述维修

① 参见执法君:《无视备案要求,还有汽修店不去备案?修车请认准……》,载微信公众号"深圳交通运输执法"2021年12月9日,https://mp.weixin.qq.com/s/DG7ChHnK9sN_Aa0e8RzhDA。

企业开具违法行为通知书,拟处 5000 元罚款。

【律师分析】

1. 从事机动车维修经营业务行政手续从许可制变为备案制,是确立企业主体地位、落实企业决策自主权的体现。政府通过备案的形式对企业的项目投资、运作进行管理,不对企业的投资进行实质性干预,给予了企业更多的话语权。

2. 但是,许可制变为备案制不意味着政府放任不管,企业就可以为所欲为。企业从事机动车维修经营业务,必须按照法律法规进行备案,依法接受政府相关部门的监管。

【律师建议】

关于机动车维修经营业务备案,律师有如下建议与提醒:

1. 要及时备案。根据《道路运输条例》《机动车维修管理规定》的相关规定,从事机动车维修经营业务的,应当在依法向市场监督管理机构办理有关登记手续并领取企业营业执照之后,及时向所在地县(区)级道路运输管理机构进行备案,否则可能将面临相应的行政处罚。

2. 备案方式便捷。随着网络信息的发展,如今办理机动车维修经营备案手续及方式非常便捷,只需按照要求在网上提交材料即可,如互联网道路运输便民政务服务系统、广东政务服务网、深圳市交通运输局智能政务服务平台等。

3. 备案内容应符合机动车维修经营业务标准。对已备案但不符合机动车维修经营业务标准的,交通运输主管部门会对维修经营者备案事项是否属实进行监督检查,不符合机动车维修经营业务标准的,由县级以上交通运输主管部门责令改正;情节严重的,由县级以上交通运输主管部门责令停业整顿。

4. 实际经营项目与备案经营范围应相符。实际经营项目与备案经营范围不符的,将由县级以上交通运输主管部门责令改正;情节严重的,由县级以上交通运输主管部门责令停业整顿。

5. 机动车维修经营者终止经营的应及时告知备案机关。机动车维修经营者应将终止经营的信息提前 30 日告知原备案机关,也可通过互联网政务服务系统办理注销。

【法律规定】

《机动车维修管理规定》

第七条　从事机动车维修经营业务的,应当在依法向市场监督管理机构办理有关登记手续后,向所在地县级道路运输管理机构进行备案。

道路运输管理机构应当按照《中华人民共和国道路运输条例》和本规定实施机动车维修经营备案。道路运输管理机构不得向机动车维修经营者收取备案相关费用。

第四十九条 违反本规定,从事机动车维修经营业务,未按规定进行备案的,由县级以上道路运输管理机构责令改正;拒不改正的,处5000元以上2万元以下的罚款。

四、许可审批制转向备案制的地方执行

(一)广东省交通运输厅

2018年8月20日,广东省交通运输厅发布了一则广东省交通运输厅《关于取消机动车维修经营许可等事项的通知》(粤交运函〔2018〕2236号),根据国务院《关于取消一批行政许可等事项的决定》(国发〔2018〕28号)的精神,明确交通运输领域取消机动车维修经营许可和外商投资道路运输业立项审批等事项,要求各地严格贯彻执行,及时发布公告,制定完善事中事后监管措施,落实监管责任。

(二)深圳市交通运输委员会

2018年9月3日,深圳市交通运输委员会发布了一则深圳市交通运输委员会《关于取消机动车维修经营许可事项的通告》,根据国务院《关于取消一批行政许可等事项的决定》(国发〔2018〕28号)、广东省交通运输厅《关于取消机动车维修经营许可等事项的通知》(粤交运函〔2018〕2236号)的精神,将取消机动车维修经营许可有关事项通告如下:

1. 自国务院《关于取消一批行政许可等事项的决定》(国发〔2018〕28号)发布之日起取消机动车维修经营许可,即日起不再受理机动车维修经营许可业务申请。

2. 目前已受理但未办结出证的机动车维修经营许可业务申请作退件处理。

(三)佛山市南海区交通运输局

为保障机动车运行安全,规范佛山市南海区机动车维修市场秩序和维修经营行为,保护当事人的合法权益和提高机动车维修服务水平,促进机动车维修行

业的健康发展，根据《道路运输条例》《广东省道路运输条例》《机动车维修管理规定》等有关法律、行政法规的规定，佛山市南海区交通运输局于2022年7月6日发布了一则佛山市南海区交通运输局《关于规范机动车维修市场管理的通知》，[①]该通知具体内容如下：

1. 各经营业户应严格遵守《道路运输条例》《广东省道路运输条例》《机动车维修管理规定》等法律法规，按规定备案并严格按照备案经营范围开展维修经营活动，并签订机动车维修企业规范经营承诺书。

2. 机动车维修经营依据维修车型种类、服务能力和经营项目实行分类备案，严禁超出备案经营范围开展机动车维修业务，发现超出备案经营范围开展机动车维修业务的，参照未备案相关处罚条款移交交通综合执法部门进行处罚。

(1)汽车维修经营业务、其他机动车维修经营业务根据经营项目和服务能力分为一类维修经营业务、二类维修经营业务和三类维修经营业务。

(2)摩托车维修经营业务根据经营项目和服务能力分为一类维修经营业务和二类维修经营业务。

(3)一类、二类汽车维修经营业务或者其他机动车维修经营业务，可以从事相应车型的整车修理、总成修理、整车维护、小修、维修救援、专项修理和维修竣工检验工作；三类汽车维修经营业务（含汽车综合小修）、三类其他机动车维修经营业务包括从事汽车综合小修或者发动机维修、车身维修、电气系统维修、自动变速器维修、轮胎动平衡及修补、四轮定位检测调整、汽车润滑与养护、喷油泵和喷油器维修、曲轴修磨、气缸镗磨、散热器维修、空调维修、汽车美容装潢、汽车玻璃安装及修复等汽车专项维修工作。

3. 原办理道路运输经营许可证的机动车维修经营业户许可证已到期或已过期的，需在该通知下发之日15日内重新到辖区交通管理部门办理备案手续。经营者名称、法定代表人、经营范围、注册地址、经营性质等事项发生变化的，应办理备案变更。

4. 机动车维修经营企业或者维修行业经营业户必须同时做好安全生产、疫

---

① 参见南海区交通运输局：《佛山市南海区交通运输局关于规范机动车维修市场管理的通知》，载南海区人民政府官网2022年7月6日，http://www.nanhai.gov.cn/fsnhq/bmdh/zfbm/qjtysj/xxgkml/tzgg/content/post_5311353.html。

情防控、环境保护等各项工作。

5. 该通知下发之日 15 日内,在我区从事机动车维修经营活动的经营业户仍未按规定进行备案的(或超出备案经营范围开展机动车维修经营业务的),将移交交通综合执法部门对非法经营行为责令停业整改,并依法按照《机动车维修管理规定》等相关法律法规进行处罚。

第二节 维修经营

一、维修经营范围

机动车维修经营备案实行分类备案管理,将机动车维修经营按照维修车型、服务能力和经营项目进行划分。维修经营者应参照《机动车维修管理规定》、《汽车维修业开业条件》和《摩托车维修业开业条件》等,自行确定备案的经营范围。其中,汽车维修经营项目分类如下。

1. 一类(4 项):大中型客车维修、大中型货车维修、小型车辆维修,危险品运输车辆维修。

2. 二类(3 项):大中型客车维修、大中型货车维修和小型车辆维修。

3. 三类(15 项):汽车维修经营项目包括综合小修、发动机维修、车身维修、电气系统维修、自动变速器维修、轮胎动平衡及修补、四轮定位检测调整、汽车润滑与养护、曲轴修磨、气缸镗磨、散热器维修、喷油泵和喷油器维修、空调维修、汽车美容装潢、汽车玻璃安装及修复。

其他机动车维修经营分为一类、二类、三类经营业务,摩托车维修经营分为一类、二类经营业务。

【案例31】汽车经销商承接已报废的机动车进行维修违法吗？

【案例来源】厦门市湖里区A汽车配件店承修已报废的机动车或者擅自改装机动车等被行政处罚案[晋江市交通运输综合执法大队闽厦直属交执(2023)罚字第593号行政处罚决定书]

案件名称		厦门市湖里区A汽车配件店机动车维修经营者使用假冒伪劣配件维修机动车，承修已报废的机动车或者擅自改装机动车案
行政处罚决定书文号		闽厦直属交执(2023)罚字第593号
单位	名称	厦门市湖里区A汽车配件店
	注册号	92350206MA8TDNW80W
	法定代表人(负责人姓名)	缪B
违法行为类型(行政处罚依据)		《道路运输条例》(2022修订)第四十三条第一款、第四十五条，《机动车维修管理规定》第二十二条第一款、第三十条第一款
行政处罚内容		罚款人民币3万元整
作出行政处罚决定机关名称		厦门市交通运输综合执法支队
作出行政处罚决定日期		2023－03－16

【律师分析】

以上案例中的机动车维修者违反法律法规，实施了以下违法行为：

1. 为了经济利益，违法承接报废机动车。

2. 为了追求更大的经济利益，违法使用劣质配件进行车辆维修。

以上违法行为，无论是违法承接报废机动车还是违法使用劣质配件进行车辆维修，除了行为违法，还可能给车辆使用人带来巨大的人身生命、健康的风险和隐患。

报废车辆已经不符合机动车安全性能等法律法规标准，若继续使用将给使用者带来重大风险，而使用劣质配件维修车辆更加剧了该等风险和隐患。

【律师建议】

结合以上处罚案例，在承接机动车维修业务环节，我们建议：

1. 合法经营,保证维修配件质量和品质,杜绝使用假冒伪劣汽车配件。

2. 对到店、到厂维修的车辆基本资料进行审慎审查及登记,确认车辆行驶证的信息是否存在过期、未年审等异常。对于属于报废或可能属于报废车辆的,向客户说明情况后,明确拒绝提供维修服务。这不仅是为了遵守法律法规的基本规定,更是为车辆使用人的人身安全着想。

3. 机动车维修经营者不得擅自改装机动车,也不得利用配件拼装机动车。需要改变机动车车身颜色,更换发动机、车身和车架的,应由托修方按照有关法律、法规的规定办理相关手续,且由机动车维修经营者查看确认相关手续后,方可承修。

【法律规定】

1.《道路运输条例》

第四十三条第一款　机动车维修经营者应当按照国家有关技术规范对机动车进行维修,保证维修质量,不得使用假冒伪劣配件维修机动车。

第四十五条　机动车维修经营者不得承修已报废的机动车,不得擅自改装机动车。

2.《机动车维修管理规定》

第二十二条　机动车维修经营者不得擅自改装机动车,不得承修已报废的机动车,不得利用配件拼装机动车。

托修方要改变机动车车身颜色,更换发动机、车身和车架的,应当按照有关法律、法规的规定办理相关手续,机动车维修经营者在查看相关手续后方可承修。

二、收费规范

根据《机动车维修管理规定》第二十五条的规定,机动车维修经营者应当公布机动车维修工时定额和收费标准,合理收取费用。

机动车维修工时定额可按各省机动车维修协会等行业中介组织统一制定的标准执行,还可按机动车维修经营者报所在地道路运输管理机构备案后的标准执行,也可按机动车生产厂家公布的标准执行。当上述标准不一致时,优先适用机动车维修经营者备案的标准。

机动车维修经营者应当将其执行的机动车维修工时单价标准报所在地道路运输管理机构备案。

机动车生产、进口企业应当在新车型投放市场后6个月内,向社会公布其生产、进口机动车车型的维修技术信息和工时定额。具体要求按照国家有关部门关于汽车维修技术信息公开的规定执行。

【案例32】汽车经销商未在经营场所公布收费项目违法吗?

【案例来源】上海A汽车维修有限公司第一分公司未在经营场所公布收费项目等被行政处罚案[上海市崇明区交通委员会崇交委5219100007行政处罚决定书]

主体名称	上海A汽车维修有限公司第一分公司
统一社会信用代码	91310230MA1JXH0536
法定代表人	李B
企业类型	有限责任公司分公司(自然人投资或控股)
成立日期	2016-07-01
住所	上海市崇明县城桥镇三沙洪路93号17幢
行政处罚决定书文号	崇交委5219100007
处罚类别	警告
处罚决定日期	2022-01-07
处罚内容	上海A汽车维修有限公司第一分公司未在经营场所公布收费项目;未在经营场所公布工时定额;未在经营场所公布工时单价
违法行为类型	《机动车维修管理规定》第二十五条第一款
违法事实	未在经营场所公布收费项目;未在经营场所公布工时定额;未在经营场所公布工时单价
处罚依据	《机动车维修管理规定》第五十三条第六项
处罚机关	上海市崇明区交通委员会
处罚机关统一社会信用代码	11310230342184831L
数据来源	上海市崇明区交通委员会
数据来源单位统一社会信用代码	11310230342184831L

【律师分析】

以上处罚案例中，机动车维修经营者违反了需要在经营场所公布收费项目、工时定额、工时单价等相关规定。

1. 根据相关规定，在机动车维修业务经营场所，必须公布收费项目、工时定额、工时单价等信息，这是增加收费信息透明度，保障消费者知情权的重要措施，要做到消费者明明白白消费，经营者公开、公平、公正收费。

2. 公布收费项目、工时定额、工时单价等信息，也是接受消费者监督和社会监督的重要保障措施。

【律师建议】

结合以上处罚案例，在维修项目、金额等收费信息公开公示环节，我们建议：

1. 机动车维修经营者应当及时依法公布工时定额和收费标准。

2. 机动车维修经营者公布的机动车维修工时定额和收费标准必须合理。

3. 机动车维修经营者提供维修服务的过程中禁止虚假使用配件和虚列维修项目。

4. 关于机动车维修工时定额，可按各省机动车维修协会等行业中介组织统一制定的标准执行，也可按机动车维修经营者报所在地道路运输管理机构备案后的标准执行，还可按机动车生产厂家公布的标准执行。对于机动车维修工时定额的执行标准，分以下三种情况：(1)省级行业协会制定的；(2)报管理机构备案的；(3)生产厂家公布的(一般是指授权的特约维修)。

当上述标准不一致时，优先适用机动车维修经营者备案的标准。机动车维修经营者应当将其执行的机动车维修工时单价标准报所在地市场监督管理机构备案。

【法律规定】

1.《机动车维修管理规定》

第二十五条第一款　机动车维修经营者应当公布机动车维修工时定额和收费标准，合理收取费用。

第五十三条　违反本规定，有下列行为之一的，由县级以上道路运输管理机构责令其限期整改：

(一)机动车维修经营者未按照规定执行机动车维修质量保证期制度的；

(二)机动车维修经营者未按照有关技术规范进行维修作业的；

(三)伪造、转借、倒卖机动车维修竣工出厂合格证的；

(四)机动车维修经营者只收费不维修或者虚列维修作业项目的；

(五)机动车维修经营者未在经营场所醒目位置悬挂机动车维修标志牌的；

(六)机动车维修经营者未在经营场所公布收费项目、工时定额和工时单价的；

(七)机动车维修经营者超出公布的结算工时定额、结算工时单价向托修方收费的；

(八)机动车维修经营者未按规定建立机动车维修档案并实行档案电子化管理，或者未及时上传维修电子数据记录至国家有关汽车维修电子健康档案系统的。

2.《汽车销售管理办法》

第十三条　售后服务商应当向消费者明示售后服务的技术、质量和服务规范。

第十七条　经销商、售后服务商销售或者提供配件应当如实标明原厂配件、质量相当配件、再制造件、回用件等，明示生产商(进口产品为进口商)、生产日期、适配车型等信息，向消费者销售或者提供原厂配件以外的其他配件时，应当予以提醒和说明。

列入国家强制性产品认证目录的配件，应当取得国家强制性产品认证并加施认证标志后方可销售或者在售后服务经营活动中使用，依据国家有关规定允许办理免于国家强制性产品认证的除外。

本办法所称原厂配件，是指汽车生产商提供或认可的，使用汽车生产商品牌或其认可品牌，按照车辆组装零部件规格和产品标准制造的零部件。

本办法所称质量相当配件，是指未经汽车生产商认可的，由配件生产商生产的，且性能和质量达到原厂配件相关技术标准要求的零部件。

本办法所称再制造件，是指旧汽车零部件经过再制造技术、工艺生产后，性能和质量达到原型新品要求的零部件。

本办法所称回用件，是指从报废汽车上拆解或维修车辆上替换的能够继续使用的零部件。

第三节 质量管理

一、质量标准

《机动车维修管理规定》第二十九条规定,机动车维修经营者应当按照国家、行业或者地方的维修标准规范和机动车生产、进口企业公开的维修技术信息进行维修。尚无标准或规范的,可参照机动车生产企业提供的维修手册、使用说明书和有关技术资料进行维修。

机动车维修经营者不得通过临时更换机动车污染控制装置、破坏机动车车载排放诊断系统等维修作业,使机动车通过排放检验。

二、配件管理

《机动车维修管理规定》第三十条规定,机动车维修经营者不得使用假冒伪劣配件维修机动车。

机动车维修配件实行追溯制度。机动车维修经营者应当记录配件采购、使用信息,查验产品合格证等相关证明,并按规定留存配件来源凭证。

托修方、维修经营者可以使用同质配件维修机动车。同质配件,是指产品质量等同或者高于装车零部件标准要求,且具有良好装车性能的配件。

机动车维修经营者对于换下的配件、总成,应当交托修方自行处理。

机动车维修经营者应当将原厂配件、同质配件和修复配件分别标识,明码标价,供用户选择。

【案例33】使用再造件维修车辆未告知消费者是否需要“退一赔三”？

【案例来源】李A、广州B汽车销售服务有限公司委托合同纠纷案［广东省广州市番禺区人民法院（2022）粤0113民初309号民事判决书］

【基本案情】

李A诉称，2021年1月13日，其在番禺××四海一家门口与粤B×××××小车发生刮擦事故后，在第二天将车辆送往李A、广州B汽车销售服务有限公司（以下简称广州B公司）维修。修好后，广州B公司的工作人员于2021年1月26日将车辆交给李A。李A收到车后，当即检查，发现车灯照射出的灯光与右边原车有异，询问广州B公司的工作人员为什么这样。广州B公司的工作人员说是这样的。带着疑问，李A在第二天将车开到附件维修店咨询，经初步查看，发现广州B公司更换的大灯是缺失灯眉固定脚的，这导致大灯灯眉无法固定，大灯整体有加工痕迹，与市场旧件翻新类似，于是打电话到广州B公司再次询问，广州B公司仍推诿大灯没有问题，但可以更换，需订件，要几个月才有货。经过几次协商无果后，李A于2021年2月1日委托聊城市隆信机动车鉴定评估有限公司（以下简称C公司）对广州B公司更换的大灯进行鉴定，2021年2月22日，C公司给出鉴定结果，广州B公司更换的大灯为再制造件；2021年2月24日，李A委托李D将该事件投诉到番禺区消委会，双方分歧较大；2021年3月19日，番禺区消委会终止调解。

原告李A诉讼请求：

1.请求判令广州B公司退货（左前大灯）。

2.请求判令广州B公司赔偿鉴定费2000元和拆检费1200元。

3.请求判令广州B公司赔偿27,000元。

4.请求判令本案诉讼费由广州B公司承担。

【裁判结果】

法院认为：广州B公司为案涉车辆安装的左前大灯为再制造件。为证实该事实，李A提供了C公司出具的鲁隆信〔2021〕车鉴字第2002号鉴定意见书。

广州 B 公司予以否认，却未提供任何有关配件来源的证据，亦明确表示不申请重新鉴定，故法院采信上述鉴定意见书，确认该配件为再制造件。

李 A 因对案涉车辆的左前大灯总成拆检并鉴定而花费拆检费 1200 元、鉴定费 2000 元。为证实该事实，李 A 提供了广州市番禺区 E 汽车维修部出具的发票、C 公司出具的鲁隆信〔2021〕车鉴字第 2002 号鉴定意见书及发票予以证实。

李 A 接受广州 B 公司的维修服务，双方的合法权益均受法律保护。《消费者权益保护法》第五十五条规定，经营者提供商品或者服务有欺诈行为的，应当按照消费者的要求增加赔偿其受到的损失，增加赔偿的金额为消费者购买商品的价款或者接受服务的费用的三倍。《机动车维修管理规定》第三十条规定，机动车维修经营者不得使用假冒伪劣配件维修机动车。机动车维修配件实行追溯制度。机动车维修经营者应当记录配件采购、使用信息，查验产品合格证等相关证明，并按规定留存配件来源凭证。

本案中，李 A 主张广州 B 公司使用再制造件维修案涉车辆存在欺诈，并提供了鲁隆信〔2021〕车鉴字第 2002 号鉴定意见书予以证实。广州 B 公司辩称为新件，却未能提供配件的来源凭证，依法应承担举证不能的不利后果。广州 B 公司又辩称使用再制造件不违反双方约定，但从配件价格高达近万元的情况来看，李 A 有理由相信该配件为出厂成品件，而已有证据又无法证实广州 B 公司已事先告知李 A 并征得其同意使用再制造件，故广州 B 公司的辩解明显缺乏事实依据。广州 B 公司未尽到充分的检查验收义务，使用了再制造件配件维修案涉车辆，事先也未明确告知并征得李 A 的同意，故广州 B 公司的行为已构成欺诈。李 A 要求退货并要求广州 B 公司支付赔偿金 27, 000 元、鉴定费 2000 元、拆检费 1200 元，理据充分，法院予以支持。

本案判决结果如下：

1. 原告李 A 于本判决发生法律效力之日起 5 日内将所购的左前大灯 1 个退还给被告广州 B 公司；不能退还的，可抵折相应赔偿款。

2. 被告广州 B 公司于本判决发生法律效力之日起 5 日内向原告李 A 支付赔偿金 27, 000 元、鉴定费 2000 元、拆检费 1200 元。

【律师分析】

本案涉及的主要问题为售后维修更换使用的汽车配件类型及消费者的知

情权。

消费者从汽车经销商(自汽车生产企业等获得汽车资源)或者售后服务商处购买的汽车配件分为原厂配件、质量相当配件、再制造件、回用件四种。

根据《汽车销售管理办法》的相关规定,汽车经销商、售后服务商向消费者销售或者提供配件的,应当做到以下几点:

1. 如实标明原厂配件、质量相当配件、再制造件、回用件等。

(1)原厂配件是指汽车生产商提供或认可的,使用汽车生产商品牌或其认可品牌,按照车辆组装零部件规格和产品标准制造的零部件。

(2)质量相当配件是指未经汽车生产商认可的,由配件生产商生产的,且性能和质量达到原厂配件相关技术标准要求的零部件。

(3)再制造件是指旧汽车零部件经过再制造技术、工艺生产后,性能和质量达到原型新品要求的零部件。

(4)回用件是指从报废汽车上拆解或从维修车辆上替换的能够继续使用的零部件。

2. 明示配件生产商(进口产品为进口商)、生产日期、适配车型等信息。

3. 向消费者销售或者提供原厂配件以外的其他配件时,应当予以提醒和说明,消费者有知情权和选择权。

本案中,广州 B 公司未尽到充分的检查验收义务,使用了再制造件配件维修案涉车辆,事先也未向原告李 A 提醒和说明并征得李 A 的同意,这严重侵犯了原告李 A 的知情权和选择权,故法院认定广州 B 公司的行为构成欺诈,并适用"退一赔三"的规定作出相应判决。

本案涉及一个关键名称——再制造件。再制造零部件,在汽车维修行业,有人称为"再生件",简单理解就是翻新件,一般是公开售卖的,同时公开其再生件的身份,价格要比原厂配件便宜不少,使用寿命和品质方面表现也不错,因此不少车主因为性价比而选择了再生件。

《家用汽车产品修理更换退货责任规定》第十六条规定,包修期内修理者用于修理的零部件应当是生产者提供或者认可的合格零部件,并且其质量不得低于原车配置的零部件质量。

那么,这里引申一个问题:再制造零部件可否用作家用汽车三包修理的零部件?再制造零部件的质量是否能满足家用汽车三包修理的零部件质量要求?

根据国家发展和改革委员会于2008年颁布的《汽车零部件再制造试点管理办法》(已失效),汽车零部件再制造是指把旧汽车零部件通过拆解、清洗、检测分类、再制造加工或升级改造、装配、再检测等工序后恢复到像原产品一样的技术性能和产品质量的批量化制造过程。

2011年,国家发展和改革委员会将汽车再制造件的试点范围从发动机、变速器、发电机、转向器和起动机五类产品扩大到传动轴、机油泵、水泵、助力泵等部件,将来可能还会涉及动力电池、驱动电机等。尽管《汽车零部件再制造试点管理办法》规定再制造产品的技术性能和安全质量应当符合原产品相关标准的要求,但该办法第十三条仍明确规定:再制造产品不得用于新车生产。从再制造行业的实际情况来看,再制造的某些汽车零部件的单件质量水平可能并不差,但无法保证其总体质量水平完全达到装配线上的零件质量水平。

因此,再制造件目前仍不适宜用于汽车三包修理,但可以在4S店临时缺件的情况下作为临时替代件装车使用,等到新件到货后再将其更换下来。另外,国家也鼓励在其他修理业务中使用再制造件,比如在车辆超出三包期后的修理以及事故车的修理中。

2017年颁布的《汽车销售管理办法》第十七条规定,经销商、售后服务商销售或者提供配件应当如实标明原厂配件、质量相当配件、再制造件、回用件等。结合《家用汽车产品修理更换退货责任规定》第十六条的规定,包修期内修理者使用的零部件,其质量不得低于原车配置的零部件质量,实践中应理解为就是原厂配件。

【律师建议】

汽车经销商或汽车维修厂在提供汽车维修服务的过程中,对于使用的更换汽车配件,应注意以下几点。

1. 将原厂配件、同质配件和修复配件分别标识,明码标价,供消费者选择。禁止使用假冒伪劣汽车配件。

2. 对内建立完善的汽车配件采购制度,加强采购流程及风险识别、分析及防范能力。对外加强对配件供应商的实力、信誉及产品质量的调查和评估,从采购源头降低产品的质量风险。

3. 加强汽车配件采购过程文件管理,规范和完善采购合同、订单、送货单、收据、发票等相关要求和保管,加强对业务沟通过程涉及的邮件、微信等沟通记录或证据的收集和保存,强化采购人员的法律、证据及风险防范意识。

4. 严格遵循《机动车维修服务规范》(JT/T 816—2021),加强对汽车配件的日常管理:(1)经营者应建立合格配件供应商评价制度和目录,并定期进行评价。(2)经营者应建立采购配件登记制度,组织采购配件验收,查验产品合格证等相关证明,登记配件名称、规格型号、购买日期及供应商信息。(3)经营者应提供配件信息查询服务,供托修方查询。(4)经营者应对原厂配件、同质配件和修复配件进行分类标识,明码标价,供托修方选择。(5)经营者应按配件制造厂的规定对原厂配件、同质配件执行质量保证。修复配件的质量保证期按照经营者与托修方的约定执行。(6)机动车维修配件应实行追溯制度,经营者应记录并保存配件采购、使用信息、产品合格证等相关证明,并按规定留存配件来源凭证。(7)经营者应按规定条件储存和分类保管配件,并建立详细的出入库明细账。(8)经营者应保持维修所需配件的合理储备。(9)托修方自带配件的使用由经营者和托修方协商确定。使用前经营者应查验配件合格证明,提出使用意见,由托修方确认签字,并妥善保管配件合格证明和签字记录。

【法律规定】

1.《消费者权益保护法》

第五十五条第一款　经营者提供商品或者服务有欺诈行为的,应当按照消费者的要求增加赔偿其受到的损失,增加赔偿的金额为消费者购买商品的价款或者接受服务的费用的三倍……

2.《机动车维修管理规定》

第三十条第一款、第二款　机动车维修经营者不得使用假冒伪劣配件维修机动车。

机动车维修配件实行追溯制度。机动车维修经营者应当记录配件采购、使用信息,查验产品合格证等相关证明,并按规定留存配件来源凭证。

三、竣工质量检验

《机动车维修管理规定》第三十一条规定,机动车维修经营者对机动车进行二级维护、总成修理、整车修理的,应当实行维修前诊断检验、维修过程检验和竣工质量检验制度。

承担机动车维修竣工质量检验的机动车维修企业或机动车综合性能检测机构应当使用符合有关标准并在检定有效期内的设备，按照有关标准进行检测，如实提供检测结果证明，并对检测结果承担法律责任。

《机动车维修管理规定》第三十二条规定，机动车维修竣工质量检验合格的，维修质量检验人员应当签发机动车维修竣工出厂合格证；未签发机动车维修竣工出厂合格证的机动车，不得交付使用，车主可以拒绝交费或接车。

【案例34】机动车维修者签发虚假的机动车维修竣工出厂合格证违法吗？

【案例来源】广州三元里A汽车修理厂签发虚假机动车维修竣工出厂合格证被行政处罚案［广州市交通运输局粤穗交运罚〔2023〕2（2023）03080036号行政处罚决定书］

【基本案情】

主体名称	广州三元里A汽车修理厂
统一社会信用代码	91440111191086598X
法定代表人	杨B
企业类型	股份制
成立日期	1991－10－31
住所	广州市白云区金沙街创辉路19号
行政处罚决定书文号	粤穗交运罚〔2023〕2（2023）03080036号
处罚类别	罚款
处罚决定日期	2023－03－16
处罚内容	责令改正；处5000元罚款
罚款金额（万元）	0.5
违法行为类型	《道路运输条例》（2022修订）第四十四条第一款、《机动车维修管理规定》第三十二条
违法事实	经调查，本机关发现你单位于2023年1月17日在广州三元里A汽车修理厂内有机动车维修经营者签发虚假机动车维修竣工出厂合格证的行为。以上事实，有视频资料、其他材料等证据为证

续表

处罚依据	《道路运输条例》(2022 修订)第七十三条、《机动车维修管理规定》第五十二条规定,由县级以上道路运输管理机构责令改正;有违法所得的,没收违法所得,处违法所得 2 倍以上 10 倍以下的罚款;没有违法所得或者违法所得不足 3000 元的,处 5000 元以上 2 万元以下的罚款;情节严重的,由县级以上道路运输管理机构责令停业整顿;构成犯罪的,依法追究刑事责任
处罚机关	广州市交通运输局
处罚机关统一社会信用代码	11440100MB2C91373B
数据来源	广州市交通运输局
数据来源单位统一社会信用代码	11440100MB2C91373B

【律师分析】

本案涉及的主要问题为机动车售后维修涉及车辆维修竣工质量验收问题。

1. 签发虚假机动车维修竣工出厂合格证,通常是车辆并未到汽车经销商或售后服务商进行维修保养,或汽车经销商或售后服务商存在不按照标准规范检测和维护车辆,或只收费不维护等违法违规行为,而签发相应虚假的机动车维修竣工出厂合格证。针对上述违法经营行为,执法机关可以作出停业整顿并罚款的行政处罚决定,同时对于未使用完的机动车维修竣工出厂合格证,可以进行收缴封存。

2. 在机动车完成维修竣工后,必须签发机动车维修竣工出厂合格证的项目如下:(1)二级维护作业;(2)总成修理[发动机、变速器、车身(车架)、转向操纵机构、前桥、后桥等];(3)整车修理等作业。

另外,对一些价格较高的小总成及车主索要机动车维修竣工出厂合格证的,维修企业也应该签发机动车维修竣工出厂合格证。

3. 机动车维修竣工出厂合格证是证明机动车维修者完成机动车维修后,相应维修项目达到法律法规规定的合格标准形式上的书面凭证,其作用主要包括以下几方面:(1)维修企业落实维修质量管理的一项重要手段;(2)维修车辆经竣工检验合格后出厂的唯一合法证明材料;(3)机动车维修档案的一项重要内容；(4)其记录了维修车辆的维修项目、质量保证期、返修记录重要内容，一旦发生纠纷，是车主维权及维修者确认权责的重要凭证。

【律师建议】

汽车经销商或汽车维修厂在提供汽车维修服务的过程中，对于车辆维修竣工质量验收环节，应注意以下几点。

1. 汽车经销商或售后服务商必须建立健全售后服务流程、制度及监督管理制度，强化法律意识，依法规范日常经营行为，及时发现和纠正违法签发机动车检测合格证或报告单的经营行为。

2. 严格执行车辆检测操作程序和车辆检测技术标准，确保检测数据客观、公正、科学、准确，确保运输车辆技术性能良好和安全运行。

3. 建立、完善相关管理制度，加强对机动车维修竣工出厂合格证的日常管理：(1)机动车维修竣工出厂合格证由专人负责视生产情况定期到管理部门领取，专人负责开具；(2)开具机动车维修竣工出厂合格证必须根据质量检验员对车辆的检验；(3)开具机动车维修竣工出厂合格证后要认真做好维护检测车辆的台账记录，下次领用机动车维修竣工出厂合格证带台账供管理部门核查；(4)严禁虚开机动车维修竣工出厂合格证和转借、倒卖机动车维修竣工出厂合格证。

【法律规定】

1.《道路运输条例》

第四十四条　机动车维修经营者对机动车进行二级维护、总成修理或者整车修理的，应当进行维修质量检验。检验合格的，维修质量检验人员应当签发机动车维修合格证。

机动车维修实行质量保证期制度。质量保证期内因维修质量原因造成机动车无法正常使用的，机动车维修经营者应当无偿返修。

机动车维修质量保证期制度的具体办法，由国务院交通运输主管部门制定。

第七十二条　违反本条例的规定，机动车维修经营者签发虚假的机动车维修合格证，由县级以上地方人民政府交通运输主管部门责令改正；有违法所得的，没收违法所得，处违法所得2倍以上10倍以下的罚款；没有违法所得或者违法所得不足3000元的，处5000元以上2万元以下的罚款；情节严重的，由县级以上地方人民政府交通运输主管部门责令停业整顿；构成犯罪的，依法追究刑事责任。

2.《机动车维修管理规定》

第三十二条　机动车维修竣工质量检验合格的,维修质量检验人员应当签发《机动车维修竣工出厂合格证》(见附件3);未签发机动车维修竣工出厂合格证的机动车,不得交付使用,车主可以拒绝交费或接车。

第五十二条　违反本规定,机动车维修经营者签发虚假机动车维修竣工出厂合格证的,由县级以上道路运输管理机构责令改正;有违法所得的,没收违法所得,处以违法所得2倍以上10倍以下的罚款;没有违法所得或者违法所得不足3000元的,处以5000元以上2万元以下的罚款;情节严重的,由县级以上道路运输管理机构责令停业整顿;构成犯罪的,依法追究刑事责任。

四、维修档案

《机动车维修管理规定》第三十三条规定,机动车维修经营者应当建立机动车维修档案,并实行档案电子化管理。维修档案应当包括维修合同(托修单)、维修项目、维修人员及维修结算清单等。对机动车进行二级维护、总成修理、整车修理的,维修档案还应当包括质量检验单、质量检验人员、竣工出厂合格证(副本)等。

机动车维修经营者应当按照规定如实填报、及时上传承修机动车的维修电子数据记录至国家有关汽车维修电子健康档案系统。机动车生产厂家或者第三方开发、提供机动车维修服务管理系统的,应当向汽车维修电子健康档案系统开放相应数据接口。机动车托修方有权查阅机动车维修档案。

【案例35】汽车经销商不签发机动车维修竣工出厂合格证,客户可以拒付维修费吗?

【案例来源】氏县城关A汽车修理站、吕B等修理合同纠纷案[卢氏县人民法院(2021)豫1224民初182号民事判决书]

【基本案情】

氏县城关A汽车修理站(以下简称A汽修站)诉讼请求:依法判令被告

给付修理费用108,900元、施救费5500元、停车费11,000元,共计125,400元,并承担案件诉讼费。

事实和理由:2017年4月6日,被告吕B驾驶晋M7××××号重型仓栅货车,在卢氏县境内发生交通事故。事故发生后,被告史C介绍被告吕B到A汽修站修理,被告吕B称自己车辆受损严重,暂时没有钱支付修理费,要求先行给予修理,待保险公司理赔后再支付维修费,由被告史C承担保证责任。A汽修站先后为被告垫付施救费、维修费等各种费用,于2018年修复完毕。根据二被告要求,A汽修站向被告出具正规维修票据,二被告持票据向保险公司进行理赔,但至今未向A汽修站支付维修费,也不提车。特依法起诉,请求给予公正判决。

【法院裁判】

法院认为,被告吕B通过被告史C介绍将事故车辆交由原告A汽修站维修,被告吕B和原告A汽修站虽然没有签订书面的修理合同,但因原告A汽修站为被告吕B维修汽车的事实存在,故双方形成事实上的修理合同关系。

车辆修理合同属于承揽合同的一种。我国《合同法》(已失效)第二百五十一条规定:“承揽合同是承揽人按照定作人的要求完成工作,交付工作成果,定作人给付报酬的合同。承揽包括加工、定作、修理、复制、测试、检验等工作。”在车辆修理合同中,机动车维修经营者作为承揽人的主要义务是按照定作人的要求完成修理车辆的工作并交付修理好的车辆,托修方作为定作人的主要义务是给付机动车维修经营者相应的报酬即修理费用。本案原告A汽修站作为承揽人,其义务是将被告吕B的事故车辆维修好并交付车辆,被告吕B作为定作人,其义务是支付维修费用并接受车辆。

原告A汽修站提交的维修清单可以证明晋M7××××号重型仓栅式货车在原告A汽修站进行了多处总成维修,2016年4月19日,交通运输部发布的《机动车维修管理规定》第三十三条规定:“机动车维修竣工质量检验合格的,维修质量检验人员应当签发《机动车维修竣工出厂合格证》(见附件2);未签发机动车维修竣工出厂合格证的机动车,不得交付使用,车主可以拒绝交费或接车。”本案中,原告A汽修站在车辆维修检验合格后应向被告吕B出具机动车维修竣工出厂合格证,以证明车辆维修完毕,性能符合行驶和使用的标准,否则被告吕B有权拒绝支付维修费用和接受车辆。

综上所述,因本案原告A汽修站未向被告吕B提供机动车维修竣工出厂合格证,无法证明其已将车辆维修合格,可以交付使用,故原告A汽修站的诉讼请求依法不能成立,被告吕B辩称原告A汽修站未出具机动车维修竣工出厂合格证,拒绝接受车辆的理由成立,法院予以采信。

判决结果如下:驳回原告A汽修站的诉讼请求。案件受理费2808元,由原告A汽修站承担。(注:本案二审维持原判)

【律师分析】

本案涉及汽车维修的项目类型、签发机动车维修竣工出厂合格证及双务合同先后履行顺序问题。

1.关于汽车维修的项目类型

汽车维修的项目有大有小,大至二级维护、总成修理或者整车修理,小至更换一颗螺丝钉。

本案中,原告A汽修站提交的维修清单可以证明案涉货车在原告A汽修站进行了多处总成维修。

2.关于签发机动车维修竣工出厂合格证

由于汽车维修的项目类型不同,结合其重要性、维修项目大小不同,法律法规对汽车经销商或售后服务商规定的出具相关证明合格的义务也不同,其中总成修理检验合格的,维修质量检验人员应当签发机动车维修竣工出厂合格证。

本案中,原告A汽修站提交的维修清单可以证明案涉货车在原告处进行了多处总成维修,若其维修完毕经检验认为合格,应向车主签发机动车维修竣工出厂合格证。但本案中,原告无法证明其向案涉车辆车主签发了机动车维修竣工出厂合格证。

3.关于双务合同先后履行顺序

根据《机动车维修管理规定》第三十二条"未签发机动车维修竣工出厂合格证的机动车,不得交付使用,车主可以拒绝交费或接车"的规定,未签发机动车维修竣工出厂合格证的,车主可以拒绝支付维修费和接收车辆。

本案中,由于原告无法证明其向案涉车辆车主签发了机动车维修竣工出厂合格证,无法证明其已将车辆维修合格,可以交付使用,故法院认定被告吕B辩称原告A汽修站未出具机动车维修竣工出厂合格证,拒绝接受车辆的理由成立。

案涉机动车维修经营者未依法签发机动车维修竣工出厂合格证，涉及机动车维修经营者对机动车维修档案规范管理的问题。

根据《机动车维修管理规定》，机动车维修经营者应当建立机动车维修档案，并实行档案电子化管理。维修档案应当包括维修合同（托修单）、维修项目、维修人员及维修结算清单等。对机动车进行二级维护、总成修理、整车修理的，维修档案还应当包括质量检验单、质量检验人员、竣工出厂合格证（副本）等。

道路运输管理机构建立机动车维修企业诚信档案，依法对机动车维修者的维修经营行为（包括规范建立电子维修档案和及时上传维修电子数据记录至国家有关汽车电子健康档案系统等）进行监督、管理和考核。

机动车维修质量信誉考核结果是机动车维修诚信档案的重要组成部分。道路运输管理机构建立的机动车维修企业诚信信息，除涉及国家秘密、商业秘密外，应当依法公开，供公众查阅。

机动车维修经营者未按规定建立电子维修档案，或者未及时上传维修电子数据记录至国家有关汽车电子健康档案系统的，可能会受到相应的处罚，如由县级以上道路运输管理机构责令其限期整改；限期整改不合格的，将予以通报。

【律师建议】

机动车维修经营者应当建立机动车维修档案，并实行档案电子化管理，“实时、自动、全部”上传维修数据，提升电子健康档案数据上传质量，切实让电子健康档案服务车主汽车生活、服务企业健康发展、服务政府监管见实效。从企业合规经营及政府监管角度出发，我们建议：

1. 维修经营者层面

（1）机动车维修经营者日常经营过程涉及对机动车进行二级维护、总成修理、整车修理的，应当实行维修前诊断检验、维修过程检验和竣工质量检验制度，并对维修完成并检验合格的车辆依法出具或签发相关的机动车维修竣工出厂合格证等。

（2）相关的机动车维修竣工出厂合格证等证明或凭证，必须让车主书面签收。车主无正当理由拒绝签收的，可通过微信、邮件、EMS 快递邮寄等方式进行送达，并将相关沟通记录或邮寄证明文件收集、保管好。

（3）按照规定及时建立机动车维修档案，并实行档案电子化管理，“实时、自动、全部”上传维修数据。

2. 政府层面

(1)进一步推进与完善汽车维修电子健康档案数据应用工作,切实保障消费者合法权益,推动汽车后市场高质量发展,多措并举推进汽车维修电子健康档案数据上传、归集工作。

(2)执法监管部门应进一步加大和完善系统对接工作,加大执法监督,督促和指导汽车维修企业实时、完整地上传维修数据,进一步规范企业诚信合法经营行为,为广大消费者创造良好的维修市场环境。

【法律规定】

1.《道路运输条例》

第四十四条第一款　机动车维修经营者对机动车进行二级维护、总成修理或者整车修理的,应当进行维修质量检验。检验合格的,维修质量检验人员应当签发机动车维修合格证。

2.《机动车维修管理规定》

第三十一条　机动车维修经营者对机动车进行二级维护、总成修理、整车修理的,应当实行维修前诊断检验、维修过程检验和竣工质量检验制度。

承担机动车维修竣工质量检验的机动车维修企业或机动车综合性能检测机构应当使用符合有关标准并在检定有效期内的设备,按照有关标准进行检测,如实提供检测结果证明,并对检测结果承担法律责任。

第三十二条　机动车维修竣工质量检验合格的,维修质量检验人员应当签发《机动车维修竣工出厂合格证》(见附件3);未签发机动车维修竣工出厂合格证的机动车,不得交付使用,车主可以拒绝交费或接车。

五、质量保证期

根据《机动车维修管理规定》,机动车维修实行竣工出厂质量保证期制度。

汽车和危险货物运输车辆整车修理或总成修理质量保证期为车辆行驶20,000公里或者100日;二级维护质量保证期为车辆行驶5000公里或者30日;一级维护、小修及专项修理质量保证期为车辆行驶2000公里或者10日。摩托车整车修理或者总成修理质量保证期为摩托车行驶7000公里或者80日;维护、小修及专项修理质量保证期为摩托车行驶800公里或者10日。

其他机动车整车修理或者总成修理质量保证期为机动车行驶6000公里或者60日；维护、小修及专项修理质量保证期为机动车行驶700公里或者7日。

质量保证期中的行驶里程和日期指标以先达到者为准。机动车维修质量保证期从维修竣工出厂之日起计算。

在质量保证期和承诺的质量保证期内，维修质量原因造成机动车无法正常使用，且承修方在3日内不能或者无法提供非维修原因而造成机动车无法使用的相关证据的，机动车维修经营者应当及时无偿返修，不得故意拖延或者无理拒绝。在质量保证期内，机动车因同一故障或维修项目经两次修理仍不能正常使用的，机动车维修经营者应当负责联系其他机动车维修经营者，并承担相应修理费用。

机动车维修经营者应当公示承诺的机动车维修质量保证期。所承诺的质量保证期不得低于《机动车维修管理规定》第三十六条的规定。

对机动车维修质量的责任认定需要进行技术分析和鉴定，且承修方和托修方共同要求道路运输管理机构出面协调的，道路运输管理机构应当组织专家组或委托具有法定检测资格的检测机构作出技术分析和鉴定。鉴定费用由责任方承担。

【案例36】车辆维修之后有质量保证期吗？

【案例来源】肖A、茂名市电白区B汽车修理厂等承揽合同纠纷案［广东省茂名市中级人民法院(2021)粤09民终1228号民事判决书］

【基本案情】

肖A上诉请求：

1.撤销(2020)粤0902民初6169号民事判决，改判支持肖A的一审全部诉讼请求。

2.本案诉讼费用由茂名市电白区B汽车修理厂(以下简称B汽修厂)承担。

事实和理由：

1.一审判决以肖A证据不足为由，不予支持肖A的诉讼请求是错误的。一审判决不准予肖A的车辆零部件真伪鉴定申请，理由是B汽修厂不予确认肖 A 提交申请鉴定的零部件为其维修所更换,肖 A 无法证明鉴定的零部件为 B 汽修厂所更换,待证事实对本案的结果无意义。肖 A 认为该理由不成立。即使不进行鉴定,已有证据也足以证明 B 汽修厂使用了假冒伪劣的配件。肖 A 一审提交了机动车保险车辆损失情况确认书、零部件更换项目清单、零部件辅料项目清单等证据材料,并将更换下来的不合格零部件带至法院,请求法院现场勘验。

2. 一审判决适用《机动车维修管理规定》第三十六条第二款的规定,认为肖 A 没有证据证明在车辆行驶 20,000 公里或者 100 日内,因维修质量原因造成机动车无法正常行驶,应承担举证不能的不利后果是错误的。适用《机动车维修管理规定》第三十六条第二款的前提是维修单位使用了合格的零部件,若使用假冒伪劣的零部件,则构成商业欺诈,违反了《机动车维修管理规定》第三条和第三十条的规定。

3. 本案争议的焦点是 B 汽修厂维修的车辆是否符合质量要求,使用的零部件是否合格,是否履行了《机动车维修管理规定》要求的告知用户的义务。不审查零部件的来源,不对零部件进行真伪鉴定,就无法查明案件事实。因此,肖 A 请求现场勘验、请求对零部件进行真伪鉴定的要求是合理的,一审法院不予采纳肖 A 的申请明显不当。

【裁决结果】

一审法院认为:本案中天安保险公司对事故车辆进行定损后赔付了 60,600 元保险金给肖 A,肖 A 要求 B 汽修厂维修事故车辆,B 汽修厂按照肖 A 认可的定损情况对事故车辆进行维修并交付工作成果给肖 A,由肖 A 给付报酬,因此根据《合同法》(已失效)第二百五十一条的规定,肖 A 与 B 汽修厂形成了承揽合同关系,该合同为当事人的真实意思表示,不违反法律、行政法规的强制性规定,依法成立有效,各方均应依合同全面履行义务,故 B 汽修厂主张肖 A 不是承揽合同的定作人的抗辩,一审法院不予采纳。肖 A 申请对涉案车辆粤 QK×××号零部件进行真伪鉴定,一审法院依法不予准予,理由如下。

其一,B 汽修厂不予确认肖 A 提交申请鉴定的零部件为其维修所更换。

其二,肖 A 无法证明鉴定的零部件为 B 汽修厂所更换,待证事实对本案的结果无意义。肖 A 主张在保修期内 2018 年 10 月将事故车辆送到 B 汽修厂处返修,未能提供证据予以佐证,肖 A 亦未提供证据证明在车辆行驶 20,000 公里或者 100 日内,因维修质量原因造成机动车无法正常使用,应承担举证不能的不利后果,肖 A 的主张依据不足。

故对其诉讼请求,一审法院不予支持。

二审法院认为:本案争议的焦点有两点。一是是否应准许肖 A 对涉案车辆进行鉴定;二是涉案车辆维修后在保修期内是否出现无法正常使用的质量问题。

1. 关于是否应准许肖 A 对涉案车辆进行鉴定的问题

肖 A 上诉称涉案车辆在 B 汽修厂处维修后从未发生过交通事故,涉案车辆的零部件系 B 汽修厂更换的,可以进行鉴定。但从本案查明的事实来看,涉案车辆于 2018 年 9 月 21 日维修完毕交付给肖 A 使用,至本案 2020 年 9 月 22 日肖 A 向一审法院提起诉讼,时间已经相隔两年,这已远超过 B 汽修厂向肖 A 出具的维修质量保证中所承诺的两个月的保修时间,也远超过《机动车维修管理规定》中规定的相应保修期间,且肖 A 在此期间将涉案车辆送到其他地方进行了维修。在 B 汽修厂不予确认涉案车辆现在的零部件是其更换的零部件的情况下,已无法认定肖 A 申请鉴定的车辆零部件是 B 汽修厂所更换的零部件。因此,一审法院不准许肖 A 的鉴定申请合法合理,二审法院予以维持。

2. 关于涉案车辆维修后在保修期内是否出现无法正常使用的质量问题

肖 A 上诉主张涉案车辆在 B 汽修厂维修完毕后不久即出现了无法正常行驶的情况,B 汽修厂的维修质量不合格。

根据《民事诉讼法》(2017 修正)第六十四条第一款“当事人对自己提出的主张,有责任提供证据”及《最高人民法院关于适用〈中华人民共和国民事诉讼法〉的解释》第九十条“当事人对自己提出的诉讼请求所依据的事实或者反驳对方诉讼请求所依据的事实,应当提供证据加以证明,但法律另有规定的除外。在作出判决前,当事人未能提供证据或者证据不足以证明其事实主张的,由负有举证证明责任的当事人承担不利的后果”的规定,本案中,涉案车辆于 2018 年 9 月 21 日维修完毕并交付肖 A 使用,从已有证据来看,肖 A 并没有提交充分的证据证明涉案车辆在 B 汽修厂承诺的保修期内或者在《机动车维修管理规定》所规定的保修期内出现了维修导致的质量问题,故应由肖 A 承担举证不能的不利后果。

一审判决驳回原告的诉讼请求;二审驳回上诉,维持原判。

【律师分析】

本案主要涉及机动车维修质量及质量保证问题。

1. 机动车维修实行竣工出厂质量保证期制度，机动车维修涉及的项目不同，其质量保证期也不同，具体如下：(1)汽车和危险货物运输车辆整车修理或总成修理质量保证期为车辆行驶20,000公里或者100日；(2)二级维护质量保证期为车辆行驶5000公里或者30日；(3)一级维护、小修及专项修理质量保证期为车辆行驶2000公里或者10日。

2. 本案中，原告车辆送至被告处维修，涉案车辆于2018年9月21日维修完毕交付原告使用，被告向原告出具了为期两个月的维修质量保证。至本案2020年9月22日原告向一审法院提起诉讼，时间已经相隔两年，这已远超过维修质量保证中所承诺的两个月保修时间，也远超过《机动车维修管理规定》中规定的相应保修期间，且原告在此期间将涉案车辆送到其他地方进行了维修，在被告不予确认涉案车辆的零部件是其更换的零部件的情况下，已无法认定原告申请鉴定的车辆零部件是被告所更换的零部件，由原告承担举证不能的法律后果。

关于机动车维修质量及质量保证问题，除了《机动车维修管理规定》有相关规定，《家用汽车产品修理更换退货责任规定》也有相关规定。

二者对质量保证期的规定有何异同之处？分析如下。

第一，根据《家用汽车产品修理更换退货责任规定》，家用汽车产品的三包有效期不得低于2年或者行驶里程50,000公里(以先到者为准)；包修期不得低于3年或者行驶里程60,000公里(以先到者为准)。《家用汽车产品修理更换退货责任规定》有两个期限，一是“三包有效期”，二是“包修期”；两个期限都必须在三包凭证中载明：(1)三包有效期是指因汽车产品质量问题，经营者依照法定的条件和要求，向消费者提供免费修理、更换或退货服务的期限。这个期限内可能出现退换车情况。(2)包修期是指经营者对汽车产品质量问题提供免费修理(包括免除工时费和材料费)的期限。在三包有效期结束后的包修期内，经营者只需要承担修车责任。

第二，《机动车维修管理规定》要求实行机动车维修质量保证期制度。对不同类型的机动车不同修理业务竣工出厂后，实行不同的质量保证期。在质量保证期内，维修质量原因造成机动车无法正常使用的，机动车维修经营者应当及时无偿返修。当然，能够证明非维修原因的除外。

第三,《家用汽车产品修理更换退货责任规定》鼓励家用汽车销售者作出严于该规定的、更有利于保护消费者合法权益的三包承诺。《机动车维修管理规定》也明确规定,机动车维修经营者可以作出不低于规定的承诺的维修质量保证期并公示。

另外,需要注意的是,《家用汽车产品修理更换退货责任规定》与《机动车维修管理规定》虽然均为以机动车为规范对象和主线的规章制度,但在法律性质、法律适用等方面,二者仍存在一些较大的区别。

1. 适用对象有所不同

(1)《家用汽车产品修理更换退货责任规定》适用的是家用汽车产品。

根据《家用汽车产品修理更换退货责任规定》第四十条,家用汽车产品,指消费者为生活消费需要而购买和使用的乘用车和皮卡车。

乘用车,指按照有关国家标准规定的除专用乘用车以外的乘用车。具体是指设计和制造上主要用于载运乘客及其随身行李和/或临时物品的汽车,包括驾驶人座位在内最多不超过 9 个座位。

皮卡车则是多用途货车,根据《机动车运行安全技术条件》的释明,皮卡车是指具有长头车身和驾驶室结构,核定乘坐人数小于等于 5 人(含驾驶人),驾驶室高度小于等于 2100mm,货箱栏板上端离地高度小于等于 1500mm,最大设计总质量小于等于 3500kg 的货车。

由于《家用汽车产品修理更换退货责任规定》所规定的家用汽车产品明确为“消费者为生活消费需要而购买和使用”的目的,所以用于巡游出租汽车经营的乘用车及网络预约出租汽车就不适用《家用汽车产品修理更换退货责任规定》。但偶尔充当顺风车的私家车主要还是满足生活消费需求的,应该能够享受三包待遇。

(2)《机动车维修管理规定》的适用对象是所有机动车。

上述机动车,包括载客汽车、货运车辆、摩托车、挂车等,既包括非营运的私家车,又包括用于经营活动的道路运输车辆。《机动车维修管理规定》的适用对象涵盖了《家用汽车产品修理更换退货责任规定》适用的所有家用汽车产品。

2. 责任主体不同

(1)根据《家用汽车产品修理更换退货责任规定》,家用汽车产品的三包责任由销售者依法承担。如果汽车质量问题属于生产者或者其他经营者的责任,销售者在承担责任后有权向生产者、其他经营者追偿。

在家用汽车的“三包服务”中，销售者不仅对新车进行销售，在完成车辆销售之后，还需依法承担车辆的“三包责任”。销售者可以委托第三方维修者实际承担汽车销售的售后维修工作，但最终的售后责任还是由销售者承担。

实践中，在当前普遍采用4S经营模式的情况下，汽车经销商本身就是集销售、零配件供应、修理服务于一体的。

（2）根据《机动车维修管理规定》，机动车维修经营者承担维修质量主体责任，包括汽车配件的供应、对机动车维修之后的质量保证等。

3. 法律关系不同

（1）家用汽车产品的三包责任中，消费者与汽车经销商属于买卖合同关系。从售前、售中、售后，包括对家用汽车质量的保证和维修，均是基于消费者与汽车经销商的汽车买卖合同关系而产生，二者的关系是稳定且紧密的，相互依赖性较强。

（2）在机动车维修中，托修人与承修人形成承揽关系。机动车发生故障，托修方有权自主选择承修者，二者的关系是临时的、随机的，一般相互依赖性不大。

根据《机动车维修管理规定》及《汽车销售管理办法》的相关规定，除汽车生产厂家履行缺陷汽车产品召回、汽车质量“三包”责任外，任何单位和个人不得强制或者变相强制指定维修经营者。

4. 监管部门有所不同

（1）《家用汽车产品修理更换退货责任规定》明确规定，国家市场监督管理总局负责指导协调、监督管理全国家用汽车产品三包工作；县级以上地方市场监督管理部门负责指导协调、监督管理本行政区域内家用汽车产品三包工作。

（2）《机动车维修管理规定》规定，交通运输部主管全国机动车维修管理工作。县级以上地方人民政府交通运输主管部门负责组织领导本行政区域的机动车维修管理工作。县级以上道路运输管理机构负责具体实施本行政区域内的机动车维修管理工作。

根据以上所述，对违反《家用汽车产品修理更换退货责任规定》及《机动车维修管理规定》的行为，分别由市场监管部门、交通运输部门依法查处；对家用汽车产品三包责任争议、机动车维修质量纠纷，分别由市场监管部门、交通运输部门依法处理。

【律师建议】

在对外处理机动车维修业务过程中，应严格依法实行竣工出厂质量保证期制度，根据每次机动车维修不同项目，按照法律法规规定执行不同的质量保证期。

1. 根据每次机动车维修不同项目向车主承诺的质量保证期，可以等于或优于《机动车维修管理规定》等相关规定的质量保证期，但不得劣于《机动车维修管理规定》等相关规定的质量保证期下限。

2. 向车主承诺的质量保证期应以书面形式作出，让车主进行书面签收。车主无正当理由拒绝签收的，可通过微信、邮件、EMS 快递邮寄等方式进行送达，并将相关沟通记录或邮寄证明文件收集、保管好。

【法律规定】

1.《机动车维修管理规定》

第三十六条第一款、第二款　机动车维修实行竣工出厂质量保证期制度。

汽车和危险货物运输车辆整车修理或总成修理质量保证期为车辆行驶 20,000 公里或者 100 日；二级维护质量保证期为车辆行驶 5000 公里或者 30 日；一级维护、小修及专项修理质量保证期为车辆行驶 2000 公里或者 10 日。

2.《道路运输条例》

第四十四条第二款、第三款　机动车维修实行质量保证期制度。质量保证期内因维修质量原因造成机动车无法正常使用的，机动车维修经营者应当无偿返修。

机动车维修质量保证期制度的具体办法，由国务院交通运输主管部门制定。

六、质量监督

根据《机动车维修管理规定》，从事机动车维修经营活动的单位和个人应当自觉接受道路运输管理机构及其工作人员的检查，如实反映情况，提供有关资料。

根据《机动车维修管理规定》，对机动车维修经营者实行质量信誉考核制度。机动车维修质量信誉考核内容应当包括经营者基本情况、经营业绩（含奖励情况）、不良记录等。

道路运输管理机构应当采集机动车维修企业信用信息,并建立机动车维修企业信用档案,除涉及国家秘密、商业秘密外,应当依法公开,供公众查阅。机动车维修质量信誉考核结果、汽车维修电子健康档案系统维修电子数据记录上传情况及车主评价、投诉和处理情况是机动车维修信用档案的重要组成部分。

同时,道路运输管理机构应当加强对机动车维修经营活动的监督检查,建立完善机动车维修经营者和从业人员黑名单制度,县级道路运输管理机构负责认定机动车维修经营者和从业人员黑名单。

第十二章　汽车展览及风险防控

第一节　店 内 展 示

一、展车

什么是展车？顾名思义，就是4S店展厅或户外车展活动用来做展示的车，展车的主要作用是让客户对车有更直接的观感和触感。

展车是用来提供静态体验的，客户主要是为了体验座椅的舒适性、车内空间以及内饰零部件的做工，避免不了用手触碰，时间久了就会有人为使用的痕迹，比如出现一些刮痕、指纹等。

和新车相比，展车最大的优势在于优惠大，但展车本质上和新车差别并不大。展车是为了当样品、充门面的，因此4S店的工作人员必定会细心打理，加倍呵护。

和新车相比，展车第二个优势就是车内异味基本散发完毕。因为展车就摆放在4S店展厅，日常到店看车的客户众多，一是人体会吸走一部分异味，二是展车经常开门、关门等，这在一定程度上加快了异味的挥发。

除此之外，展车作为4S店展厅日常静态展示用车，为了增加视觉效果，或汽车经销商为了展示相应车型配套的精品、饰品，会在展车上加装一些配件、饰件。同时，在对展车进行装饰、装配时，如果涉及比较大的改装、改动，需留意是否涉及非法改装的问题，以及在改装过程中，是否会对车辆构成实质性的改动或损伤等问题。

鉴于展车以上的特性及与新车的不同，汽车经销商在展车的销售和处理环节需更加谨慎，否则可能会涉及故意隐瞒、虚假宣传，甚至涉嫌欺诈等问题，导致相关纠纷和损失。

二、展台

汽车展示既包括在店内展示,也包括在户外参加展会活动中的展示。无论在哪里展示,展会时的汽车展台设计很重要,展台安装或搭建也是必不可少的。

通常情况下,为了确保展台搭建的安全性,4S 店必然会找专业的展台安装或搭建商来搭建展台。对于展车展示的展台,要注意展台的设计安全、展台的安装或搭建安全,以及在展台使用过程中的客户安全保障、安全措施的落实和提醒等。

【案例 37】售前未告知销售的车辆为展车是否构成欺诈?

【案例来源】丁 A 与江阴市 B 汽车销售服务有限公司买卖合同案[江苏省江阴市人民法院(2019)苏 0281 民初 15633 号民事判决书]

【基本案情】

原告丁 A 于 2019 年 8 月 19 日向江阴市 B 汽车销售服务有限公司(以下简称 B 公司)购买广本缤智豪华版 1.5T 白色轿车一辆,当天双方签订购车订单并约定车辆价款 143,800 元等。此后丁 A 一直要求看车,但直到 2019 年 8 月 26 日选车牌时才看到现车(车辆内饰没有保护膜,车内无异味,外表有些发暗),丁 A 产生了疑问,但是 B 公司保证是新车而非展车,出于信任,丁 A 于 2019 年 9 月 4 日提车。由于丁 A 喜爱踏板,但是销售人员不建议安装踏板,在提车后丁 A 自行安装踏板时发现车辆底部有六个孔并有安装过踏板的痕迹。丁 A 联系 B 公司后,B 公司称车辆系误装踏板,但无法提供证据。丁 A 认为 B 公司在销售车辆过程中未履行告知义务,隐瞒车辆存在瑕疵并已被使用、维修的事实,该行为侵犯了其知情权和选择权,已构成欺诈,故向法院起诉,提出以下诉讼请求:

1. 判令撤销原、被告于 2019 年 8 月 19 日签订的车辆买卖合同。

2. 判令被告 B 公司返还购车款 143,800 元、保险费用 6388.32 元、车辆购置税 12,725 元、人身意外险 220 元、车辆管理工本费 130 元、各项服务费 9411 元,共计 172,674.32 元。

3. 判令被告B公司赔偿431,400元(购车款143,800元×3倍=431,400元)。

4. 本案的诉讼费由被告B公司承担。

B公司辩称:丁A系自主决定购买涉案车辆,车辆底部塑料件上有孔属于买卖合同中交付瑕疵的问题,B公司不构成欺诈。即便塑料件上有孔洞,最多也是更换塑料件,且丁A已经利用孔洞安装踏板,故孔洞问题对丁A并未造成任何影响。综上,B公司主观上没有欺诈的故意,客观上也没有欺诈的行为。

B公司在历次交涉和调解中均提交了案涉车辆的新车资料、投保记录、缴税记录、新车到店运输记录,上述材料可证明涉案车辆是新车而非二手车或展车。维修记录可以证明涉案车辆不是问题车或事故车。车辆交付时仅行驶了10km,丁A提车时核对检查了仪表盘的里程,证明涉案车辆不是试驾车。

塑料件上的六个孔洞虽影响了丁A的知情权,但是该问题是轻微的,不应适用消费者权益保护法规定赔偿的3倍损失。

综上,请求法院驳回原告的诉讼请求。

【裁判结果】

法院经审理查明事实如下:

1. 2019年8月19日,丁A向B公司购买广本缤智豪华版1.5T轿车一辆,双方约定车辆价款为143,800元,丁A于当日交纳了定金2500元,订单约定于2019年8月22日付清余款。丁A于2019年8月22日付清余款后,B公司向其开具了车辆销售发票。2019年9月4日,丁A前往B公司提取该车,并签收了新车交付确认表、PDI检查单、家用汽车三包告知书等资料。新车交付表中载明丁A已经对新车外观内饰、功能操作(包括仪表、车辆启动)等进行了确认并签字。PDI检查单中载明丁A已对所有车检项目进行了仔细检查,对车辆完好无损、随车资料齐全等进行了确认并签字。此后,丁A发现该车车辆底部有安装过脚踏板的痕迹,并在该脚踏板部位留有六个安装孔洞,故与B公司交涉并向市场监管部门投诉。双方商谈未果,故丁A向法院起诉。

2. 涉案六个安装孔在车身踏板下方的塑料件上,该塑料件左右各一个,每个塑料件上各有三个孔。该塑料件独立安装在车身车架上并可拆卸。B公司提供了涉案塑料件(右裙边)于法庭上展示,现场目测该塑料件上的三个孔大约均为7cm×10cm的大小。本田汽车官方系统的销售价格信息打印件显示单个塑料件价格为300元。

3. 丁A为涉案车辆支付了机动车保险费6388.32元、车辆购置税12,725元、人身意外保险费220元、车辆办证工本费130元、各项服务费9411元,合计28,874.32元。

本案的争议焦点为B公司将涉案车辆出售给丁A是否构成欺诈?

法院认为:根据相关法律规定,一方以欺诈、胁迫的手段或者乘人之危,使对方在违背真实意思的情况下订立的合同,受损害方有权请求人民法院或仲裁机构变更或撤销。《消费者权益保护法》第五十五条第一款规定:经营者提供商品或者服务有欺诈行为的,应当按照消费者的要求增加赔偿其受到的损失,增加赔偿的金额为消费者购买商品的价款或者接受服务的费用的3倍;增加赔偿的金额不足500元的,为500元。法律另有规定的,依照其规定。

因此,B公司将涉案车辆出售给丁A是否构成欺诈即本案的争议焦点。

本案中,丁A以B公司出售给他的车辆底部存在安装过踏板的打孔痕迹及车内无保护膜等情形为由,认为B公司出售给他的车辆为展车而非新车,故可认定B公司存在欺诈行为。对此,法院认为:车辆底部确实存在为安装踏板所打的孔洞,但打孔问题并不能推定该车为展车。另外,丁A已在新车交付确认表上确认过外观内饰、仪表盘等,且丁A提车时已经查看过该车,已经认可车辆的状况,该汽车并无使用或维修过的痕迹,车内无保护膜并不代表车辆非新车,故也不能以车内无保护膜为由就推定该车辆系展车。

车辆底部打孔问题并不危害车辆的安全性能、主要功能和基本用途,B公司未告知打孔事宜不属于未履行影响丁A缔约目的的实现的重要义务,且该打孔系为安装踏板而操作,不属于维修或者其他消除瑕疵的行为,在一定程度上也可以继续利用,其对消费者的财产利益并不必然产生实质性影响。

本田汽车官方系统显示,涉案打孔塑料件的价值较小,且打孔塑料件在车身底部,亦属可拆除更换部分,故打孔问题并非超出一般消费者心理所能承受范围的事件,也不能依此推定一般消费者必然不会购买该车。B公司未向丁A履行告知义务存在瑕疵,但尚不构成欺诈。

综上,对于丁A要求撤销合同,B公司退还购车款、保险费等费用及承担3

倍赔偿的诉讼请求,法院不予支持。但考虑B公司确实存在未告知车辆底部打孔的问题及车辆实际情况,兼顾消费者的一般心理感受,法院酌定由B公司赔偿丁A 8000元。

据此,依照《民法总则》(已失效)第一百七十六条(对应《民法典》第一百七十六条),《消费者权益保护法》第二十条、第五十五条第一款之规定,判决如下:

1. B公司应于本判决发生法律效力之日起10日内向丁A赔偿8000元。

2. 驳回丁A的其他诉讼请求。

【律师分析】

本案被告B公司展车销售行为是否构成消费欺诈,涉及法律对欺诈的认定判断问题。

1. 关于消费欺诈的认定

(1)《消费者权益保护法》将欺诈规定为适用惩罚性赔偿的行为是为了更好地保护消费者的合法权益,其直接后果是欺诈方承担买卖价款3倍的赔偿责任,这是一种非常严苛的法律责任。汽车买卖交易中一般涉及的价款比较大,其惩罚力度越加凸显,在司法实践中,法官会更加审慎审查。

(2)《侵害消费者权益行为处罚办法》对欺诈行为进行了不完全罗列,司法实践中对欺诈行为的认定应当与列举行为恶性相当,要区分履行瑕疵行为和欺诈行为,不可以"一刀切",不应将任何违反告知义务的行为都认定为欺诈行为。

(3)经营者未履行告知义务是否构成欺诈应当以是否实质影响消费的选择为判断标准,即假设经营者履行告知义务,将相关问题或内容事先告知消费者之后,是否会导致消费者放弃或改变消费选择,以此来界定是否构成对消费者的误导。实际上,《侵害消费者权益行为处罚办法》所列举的欺诈行为都是可能在实质上构成对消费者的最终选择的误导。

2. 关于展车销售是否构成欺诈

根据行业习惯,展车可以作为正常车辆销售,且为了营销,展车一般是经过经销商精心挑选的车辆,其性能正常,外观无瑕疵,甚至优于一般车辆。

在本案中,案涉车辆底部打孔问题并不危害车辆的安全性能、主要功能和基本用途,B公司未告知打孔事宜不属于未履行影响丁A缔约目的实现的重要义务,且该打孔系为安装踏板而操作,不属于维修或者其他消除瑕疵的行为,在一定程度上也可以继续利用,其对消费者的财产利益并不必然产生实质性影响。

另外，打孔问题并非超出一般消费者心理所能承受范围的事件，也不能依此推定一般消费者必然不会购买该车。

因此，该车辆底部打孔问题不具有与《侵害消费者权益行为处罚办法》列举行为相同的恶性，对消费者的消费选择不构成实质影响。B公司未尽到《合同法》（已失效）规定的告知义务，应认定为履行瑕疵，可以在合同法违约责任范围内进行调整。判决其承担一定的违约责任，能够起到一定的惩罚效果，也能够制裁相应的不当行为。

但是，具体个案千差万别，展车销售行为是否构成欺诈要具体问题具体分析，不能一概而论。

例如，展车进行多场多次多处展示活动，实际影响车辆性能，或消费者明确表示不要展车，汽车经销商对此隐瞒，对消费者消费的选择构成实质影响的，应认定为欺诈，这将导致"退一赔三"的惩罚性法律后果。

【律师建议】

关于展车销售，从汽车经销商风险防范的角度出发，我们建议：

1. 在对展车的日常管理中需加倍用心维护，尽量避免造成损伤、损坏。

2. 在对展车进行销售时，应尽可能将展示的事实告知消费者，尽量避免引发后续不必要的纠纷，可能基于展车的折价让利远没有后续为解决该纠纷的花费多，解决纠纷费时、费钱又费力。

3. 在对展车进行装饰、装配时，需留意是否涉及非法改装的问题，以及在改装过程中是否会对车辆构成实质性的改动或损伤等，如果存在前述问题，在进行该等车辆处理时，务必如实、全面告知消费者，否则很有可能构成消费欺诈。

4. 对于展车展示的展台，要注意展台的设计安全、展台的安装或搭建安全，以及在展台使用过程中的客户安全保障、安全措施的落实和提醒等。

【法律规定】

1.《民法典》

第一百七十六条　民事主体依照法律规定或者按照当事人约定，履行民事义务，承担民事责任。

第五百零九条第一款、第二款　当事人应当按照约定全面履行自己的义务。

当事人应当遵循诚实原则，根据合同的性质、目的和交易习惯履行通知、协助、保密等义务。

2.《消费者权益保护法》

第八条第一款 消费者享有知悉其购买、使用的商品或者接受的服务的真实情况的权利。

第二十条 经营者向消费者提供有关商品或者服务的质量、性能、用途、有效期限等信息，应当真实、全面，不得作虚假或者引人误解的宣传。

经营者对消费者就其提供的商品或者服务的质量和使用方法等问题提出的询问，应当作出真实、明确的答复。

经营者提供商品或者服务应当明码标价。

第五十五条第一款 经营者提供商品或者服务有欺诈行为的，应当按照消费者的要求增加赔偿其受到的损失，增加赔偿的金额为消费者购买商品的价款或者接受服务的费用的三倍；增加赔偿的金额不足五百元的，为五百元。法律另有规定的，依照其规定。

第二节 外展活动

一、车展类型

汽车展示除了在汽车经销商的经营场所（如展厅、店外空地等）外，还有两种展示车辆的场景：

一种是日常的小型、小规模的车辆外展销售，如与大型商场合作，通过租赁大型商场的场地，利用大型商场的人流进行车辆促销，增加车型曝光率和获客的途径与机会。

另一种是参加一年一度或半年一度（春季/秋季）的大型车展活动，如每年的五一活动车展，每年的十一国庆车展，或每年 11 ~ 12 月的广州国际车展等。这样的车展规模庞大，参展的商家多、车型多、促销多、优惠大，通常会有许多消费者选择在这个时机进行购车。

近几年由于新冠疫情的影响，汽车行业展会营销受到了很大的冲击，但是长期来看，春季和秋季始终是经销商展会营销的重要时间节点。

具体而言，汽车外展主要包括以下类型：

1. 国际车展:北上广一线城市的大型国际车展是以主机厂新车型发布、品牌展示为主要目的的车展。经销商参与方式更多是协助车展举办、出人或出车、现场派单、接待等。

2. 地方车展:二线城市每年也有非常有影响力的车展。比如成都、青岛、重庆等地方展会,除了车型发布以外还要进行现场集客与销售。

3. 媒体车展:媒体车展主要由地方有影响力的媒体举办。媒体通过自身影响力为展会进行广宣和集客,以新车销售为主。费用由经销商承担,有些厂家会有部分费用支持。

4. 定点展示:经销商在各自营销区域内进行社区和商超的展示活动。在辐射区域内以促销活动、集客和经销商自身品牌推广为主。

5. 集团联展:近些年有的经销商集团会在营销区域内进行联合展示活动,用以扩大品牌影响力和现场集客、促销。

汽车经销商参加车展必然会涉及展位的租赁、展位的搭建、展位的管理,以及在车展活动开展过程中涉及的销售、宣传、服务等问题。

二、展位搭建

展台的搭建对于展会来说很重要,展台在一定程度上代表着企业的形象。很多汽车经销商参加展会时非常关注展台的搭建。

而展台的搭建风格是多样化的,一个好的展台能够更好地展现出企业和产品品牌的特点,吸引更多消费者的注意。

但展台搭建安全是搭建过程中不容忽视的问题。在日常的各类参展活动中,展台倒塌导致伤亡事故的案例不乏少数。例如,2023 年东莞春季国际车展在厚街广东现代国际展览中心室内馆与户外馆举行,达 100,000 + m^2 的展示规模,但在 2023 年 4 月 24 日的展位搭建过程中,场馆中的一个品牌(B × D)展台在搭建时突然发生倒塌事故,幸好车展活动尚未开始,本次倒塌事故未造成人员伤亡。

造成展台安全事故的原因主要有以下两点:

1. 展览公司缺乏经验,展台设计不专业、不合理,甚至设计不符合安全规范和标准,承重点没有对应的支撑。

2. 展览公司没有自己专门、专业、稳定的工程部或施工队，临时合作的工厂或施工队缺乏施工经验，无信誉保证。

为避免安全事故的发生，在选择搭建商时，应注意以下几点：

1. 了解展台设计、搭建市场行情价格，不压价、不上当，保证展台搭建、使用安全最重要。

2. 要找专业、有资质、有经验的展台设计搭建商。设计师要对展台的结构安全性和稳定性有足够的专业知识和实践经验，对“问题图纸”有发现问题的能力并且能够及时提出改善建议，避免后续搭建及投入使用过程的各种风险。

3. 严审搭建商的资质和相关材料。选择搭建商时，要货比三家，对每家搭建商的公司历史、公司实力、公司案例等进行审查、分析及选择。

【案例38】消费者在参加车展活动时跌倒受伤，参展商、主办方需要承担责任吗？

【案例来源】张A与北京国展国际展览中心有限责任公司生命权、健康权、身体权纠纷案［北京市顺义区人民法院（2016）京0113民初7191号民事判决书、北京市第三中级人民法院（2017）京03民终49号民事判决书］

【基本案情】

张A与北京国展国际展览中心有限责任公司（以下简称原告张A）向法院提出下列诉讼请求：判令被告赔偿原告医疗费4万元；判令被告赔偿原告精神损害抚慰金3万元；判令被告承担本案诉讼费。

事实和理由：2016年5月2日，原告到被告处参观车展。参观过程中，原告与他人发生纠纷，纠纷中原告牙齿被他人打落，之后原告在第一时间报警。在等待民警出警的过程中，被告方保安将凶手放走，并叫保洁人员打扫了现场。致使公安机关无法抓捕凶手，并无法就现场痕迹进行搜捕。原告系购票进入被告场所参观，被告理应保障原告的人身安全，但被告未尽职责且未保护现场，致使原告受到损失。

被告国展中心辩称：原告受伤是原告与第三人发生争斗所致，直接侵权人为第三人而非被告。

原告与第三人打架事件的发生地点为W3展馆福特展台,该展馆的保安工作由该展馆参展商上海中欧汽车销售有限公司所聘请的上海中城卫保安服务有限公司(北京分公司)负责,该事件也是由上海中城卫保安服务有限公司(北京分公司)安保人员处理的,原告声称的“被告方保安将凶手放走”的意见与事实严重不符。

被告不是2016年北京国际汽车展览会的主办方,也非承办方。既不是侵权人,也不是展会、展馆安保负责人,原告要求被告承担赔偿责任,没有事实及法律依据。综上,请求法院驳回原告的全部诉讼请求。

法院经审理查明:北京中展投资发展有限公司(以下简称中展投资公司)系中国国际展览中心(新馆)的产权人。中展投资公司(甲方)与国际展览集团公司(乙方)签订《委托管理合同》,委托国际展览集团公司对该展馆实施全面经营管理。委托期限自2016年1月1日至2018年12月31日。国际展览集团公司(甲方)与国展中心(乙方)签订《中国国际展览中心(新馆)委托管理合同》,委托国展中心对该展馆实施经营。委托期限自2016年1月1日至2016年12月31日。

中展投资公司(甲方)与中国国际贸易促进委员会汽车行业分会、国际展览集团公司(乙方)签订《北京中展投资发展有限公司中国国际展览中心(新馆)租馆合同》(以下简称《租馆合同》),该合同约定:乙方租用甲方总面积106,800平方米(E1、E2、E3、E4、W1、W2、W3、W4号馆)的场馆(以下简称租赁区域),用于乙方举办2016(第十四届)北京国际汽车展览会,合同租赁期限为2016年4月16日全天至2016年5月7日全天,展览会日期为2016年4月25日至2016年5月4日。其中《租馆合同》第10.1条约定,按照国务院颁布的《大型群众性活动安全管理条例》的规定,布展、展会、撤展期间的治安安全和消防安全由乙方负责,并由乙方承担相关责任。甲方有权对乙方进行监督检查,乙方不得占用疏散及消防通道,保证上述通道符合安全规定。如果发现存在治安安全与消防安全隐患,甲方有权要求乙方暂时停止一切与展会相关的活动,直至符合安全标准,治安安全与消防安全存在问题给甲方造成严重影响与后果的,乙方承担法律与经济责任,甲方将视情节严重程度,扣除乙方相应数目的场馆使用押金。

【裁判结果】

一审法院认为:宾馆、商场、银行、车站、娱乐场所等公共场所的管理人或者群众性活动的组织者未尽到安全保障义务造成他人损害的,应当承担侵权责任。第三人的行为造成他人损害的,由第三人承担侵权责任;管理人或者组织者未尽到安全保障义务的,承担相应的补充责任。当事人对自己提出的诉讼请求所依据的事实或者反驳对方诉讼请求所依据的事实应当提供证据加以证明,但法律另有规定的除外。在作出判决前,当事人未能提供证据或者证据不足以证明其事实主张的,由负有举证证明责任的当事人承担不利的后果。根据双方陈述及公安机关的询问笔录,可以看出原告的伤情系案外人直接侵权所致,故被告并非本案的直接侵权责任主体。原告要求被告承担赔偿责任的理由主要为被告未尽到保障其人身安全的职责及事发后未保护现场以供公安机关破案,但根据法院查明的情况,被告并非此次展会活动的主办方或承办方,展会现场的安保人员亦非被告或被告雇佣的人员,故此次展会活动的安全保障责任不在被告。综上,法院对原告要求被告承担赔偿责任的主张不予支持,依照最高人民法院《关于适用〈中华人民共和国民事诉讼法〉的解释》第九十条的规定,判决如下:驳回原告张 A 的全部诉讼请求。

二审法院认为:根据已查明的事实,本案系案外人直接侵权造成张 A 的损害。张 A 主张国展中心未尽职维护现场治安秩序,并在案发后未保护现场以致公安机关无法破案,未尽到安全保障义务,国展中心应承担赔偿责任。国展中心主张其并非涉案车展的安全保障义务人,不应承担赔偿责任。

结合双方当事人争议,二审法院概括争议焦点为以下两项:(1)侵权责任主体的确定;(2)国展中心是否承担侵权责任。

《侵权责任法》(已失效)第三十七条规定,宾馆、商场、银行、车站、娱乐场所等公共场所的管理人或者群众性活动的组织者,未尽到安全保障义务,造成他人损害的,应当承担侵权责任。因第三人的行为造成他人损害的,由第三人承担侵权责任;管理人或者组织者未尽到安全保障义务的,承担相应的补充责任。

关于争议焦点一,二审法院认为,公共场所是供不特定人出入、通行的活动场所,该场所应具有常设性、开放性、参与主体的不特定性的特点。中国国际展览中心(新馆)符合上述特性,构成公共场所。根据《委托管理合同》《中国国际展览中心(新馆)委托管理合同》的相关约定,国展中心在国际展览集团公司委托的范围内进行销售、运营及一切与该销售、运营相关的经营活动。国展中心基于合同关系成为中国国际展览中心(新馆)的经营管理人,其在一定范围内承担该场所的安全保障义务。在公共场所与群众性活动场地相重合的情况下,应根据控制能力、参与程度、合同约定等具体情形,由公共场所的管理人和群众性活动的组织者各司其职,并在其职责范围内承担安全保障义务与责任。

本案中,虽然国展中心系中国国际展览中心(新馆)的实际经营管理人,但在车展举办的过程中,展会现场治安秩序维护应由涉案车展组织者负责,并应承担安全保障义务,补充赔偿责任亦应由涉案车展的组织者承担,并非由中国国际展览中心(新馆)的经营管理者承担,理由有以下几点:

首先,群众性活动是指为社会公众举办或者向不特定社会公众开放的文化活动、经济活动和其他社会活动。《大型群众性活动安全管理条例》第二条第一款规定,大型群众活动是指法人或者其他组织面向社会公众举办的每场次预计参加人数达到 1000 人以上的下列活动:体育比赛;展览、展销等活动;游园、灯会、庙会、花会等活动;人才招聘会、现场开奖的彩票销售等活动。群众性活动的组织者一般指负责具体组织实施群众性活动的单位或者个人。本案中,车展系大型群众性活动,车展的组织者对车展活动具有事实上的直接控制力,其最可能了解整个活动场所的实际情况,能够预见可能发生的危险和损害,并最有可能在第一时间对各类突发状况采取必要的应对措施,以防止或减轻损害的发生,其理应承担保障现场安全与维护涉案车展秩序的安全保障义务。

其次,依据"收益与风险相一致"的原则,涉案车展的组织者对车展所产生的门票等经济利益享有直接收益权,该活动的经济收益亦与车展组织者的经济效益相挂钩。涉案车展组织者在经济效益上的地位要远超过场地经营管理者。据此对案车展组织者科以相应的安全保障义务亦是合理的。

最后,结合本案的实际情况,根据《租馆合同》的约定,中国国际贸易促进委员会汽车行业分会、国际展览集团公司以举办"2016(第十四届)北京国际汽车展览会"为目的,承租中国国际展览中心(新馆)(具体包括 E1、E2、E3、E4、W1、W2、W3、W4 号馆),中国国际贸易促进委员会汽车行业分会、国际展览集团公司作为举办车展活动场地的承租人,直接与中国国际展览中心(新馆)产权人中展投资公司签订合同。中国国际贸易促进委员会汽车行业分会、国际展览集团公司的缔约行为亦是为组织涉案车展提供必备条件。从该合同中"对参观者的管理和经济事件的处理”一节的约定可以看出，中国国际贸易促进委员会汽车行业分会、国际展览集团公司具有涉案车展组织者地位，应当对展会期间的治安安全承担相应责任。

关于争议焦点二，根据二审法院查明的事实，国展中心既非本案的直接侵权人，亦非涉案车展的活动组织者。张A与案外人在涉案车展的W3展馆福特展台发生侵权行为，该展台的安全保障义务人及维护车展秩序的责任人均非国展中心。

因此，张A主张国展中心未尽职维护现场治安秩序，未尽到安全保障义务，缺乏事实与法律依据，二审法院不予支持。

综上所述，张A的上诉请求不能成立，应予驳回；一审判决认定事实清楚，适用法律正确，应予维持。依照《民事诉讼法》(2012修正)第一百七十条第一款第一项的规定，判决如下：驳回上诉，维持原判。

【律师分析】

在每次的车展、会展活动举办过程中，由于参与主体类型众多、人员数量庞大、人群流动性强，人身损害赔偿纠纷是一项常见的、高发的法律风险。在法律关系、责任主体、证据固定、法律适用、结果影响等方面，会展活动中人身损害赔偿纠纷较传统人身损害赔偿纠纷均有较大区别。

在本案中，案件争议焦点为侵权责任主体的确定暨国展中心作为侵权行为发生场馆的实际经营管理人是否需要承担侵权赔偿责任。

车展会展活动的安全保障义务可以从注意安全保障义务主体、保护对象、内容及判断标准、责任承担方式四个方面分析。

1.安全保障义务主体

(1)展览馆的经营者、管理者

《民法典》第一千一百九十八条规定，安全保障义务的主体包括宾馆、商场、银行、车站、机场、体育场馆、娱乐场所等经营场所、公共场所的经营者、管理者。车展、会展展览馆具有常设性、开放性、参与主体的不特定性等特点，应当被认定为公共场所，因此展览馆的经营者和管理者应负有安全保障义务。

(2)会展活动组织者

《民法典》第一千一百九十八条规定，群众性活动的组织者应承担安全保障义务，以及根据《大型群众性活动安全管理条例》第五条的规定，大型群众性活动的承办者对其所承办的活动安全负责,其主要负责人为大型群众性活动的安全责任人。

会展活动的组织者通常是指会展活动的主(承)办方。会展活动的主(承)办方作为会展活动的组织者,是最有能力、最有条件做好安全保障工作的主体,且由于其本身是会展活动的最大受益者,本着权利、义务相统一的原则,其应当负有安全保障义务。

2. 保护对象范围

会展活动作为群众性活动,是为社会公众举办或者向不特定社会公众开放的活动,进入会展活动举办区域内参与会展活动的所有主体(包括但不限于参展商、观众、配套服务商等)均属于会展活动中安全保障义务所保护的对象。

参展商作为会展活动中安全保障义务保护对象的同时,在其自身展位区域范围内又是作为安全保障义务主体的一方。

安全保障义务所保护的对象与安全保障义务主体之间形成的安全保障权利义务关系是法定的,无须当事人之间进行约定。作为群众性活动,会展活动参与主体类型众多、人员数量大、人群流动性强,安全保障义务人需要给予更多安全保障注意,尽可能避免侵权行为的发生。

3. 安全保障义务内容和判断标准

根据《民法典》第一千一百九十八条的规定,安全保障义务的内容可分为两类:一是防止他人遭受义务人侵害的安全保障义务;二是防止他人遭受第三人侵害的安全保障义务。

安全保障义务主要源自以下两方面。

(1)法律规定

法律直接规定相关主体的安全保障义务。例如,《大型群众性活动安全管理条例》第七条明确规定,会展活动承办者需落实大型群众性活动安全工作方案和安全责任制度,明确安全措施、安全工作人员岗位职责,开展大型群众性活动安全宣传教育,应配备与大型群众性活动安全工作需要相适应的专业保安人员以及其他安全工作人员,以保障会展活动安全进行。

根据侵权责任公平原则,如果会展活动中发生侵权或人身意外等情况,即使主办方、承办方已经尽到相应的安全保障义务,法院也可能会根据活动的组织职责大小、获利情况及各方的经济能力等因素酌情判定各方的补偿责任。

(2)合同约定

展览馆参展商、经营者、管理者及所有权人之间就车展、会展合作事宜签订的相关合同或协议约定的各方的安全保障义务。例如,展览馆经营者、管理者基于与所有权人签署的展览馆委托经营管理协议中对于安全保障义务的约定,来确定其应承担的安全保障义务的范围及内容,以及展览馆经营者、管理者与汽车参展商签署的汽车参展合同约定参展商需在其承租的参展场地范围内承担的安全保障义务等。

在实践中,判断安全保障义务人是否充分尽到安全保障义务,需要结合各安全保障义务人的签订协议内容、活动角色、分工、作用等因素,从侵权行为的起因、性质、后果、义务人保障能力,以及发生侵权行为前后所采取的防范、制止侵权行为状况及相互之间的因果关系等方面综合判断。

另外,根据合同或协议性原则:①会展活动组织过程中,主办方若未参与承办方对外活动及合同签订,则承办方对外活动及签订的合同对主办方不产生约束力。②主办方、承办方、参展方等相关方签订的相关合同或协议并不影响某一方对外侵权责任的承担。相关方内部的合同或协议约定对受害人并不产生约束力。但相关方对外承担侵权责任之后,可以根据内部签订的合同或协议约定进行追偿。

4. 责任承担方式

根据安全保障义务主体、内容的不同,责任承担分为以下两种方式。

(1)安全保障义务人的行为导致的直接侵权

例如,在车展活动举办过程中,展览馆年久失修导致展馆房顶构件脱离导致参展商或参与活动的消费者受伤,展览馆权利人自身未尽到维修维护义务,导致损害发生。在此情况下,如果损害结果的发生没有第三人或其他因素的介入,安全保障义务人应当承担全部侵权责任。

(2)安全保障义务人未尽到防止他人遭受第三人侵害安全保障义务导致的间接侵权

例如,消费者某A在逛展途中与另一逛展者某B发生口角后,某B殴打某A,现场安保人员未能及时制止,从而造成某A人身、财产损害。对于这种情形,依据《民法典》第一千一百九十八条的规定,因第三人的行为造成他人损害的,由第三人承担侵权责任;经营者、管理者或者组织者未尽到安全保障义务的,承担相应的补充责任。经营者、管理者或者组织者承担补充责任后，可以向第三人追偿。

因此，以上案例中，某B作为实际侵权人，应向某A承担侵权责任，展馆场地提供者、管理者（安全保障义务人）未尽到安全保障义务，对某B承担责任不足的部分应当承担相应的补充责任。当然，安全保障义务人承担补充责任之后，可以向某B（第三人）追偿。

【律师建议】

在各种车展活动中，汽车经销商作为参展商参与其中，从合规及法律风险防范的角度出发，我们建议：

在实务中，展会场地的“所有权”与“经营权”、“管理权”通常是相分离的，“展览馆的经营者、管理者”和“会展活动组织者、参展者”不一致，最终安全保障义务人的确定需要根据各方主体之间事先签署的书面协议等法律文件进行判断，当事人未作约定或约定不明的，需要结合各方对会展活动实际控制力等因素来确定承担安全保障义务的责任主体。汽车经销商作为参展商，应该在参展前的展位租赁、协议签订等环节从协议层面设计好风险管理和风险规避，通过协议确定场地、展位提供方的建筑安全保障义务、活动安保保障义务、活动秩序和管理维持义务及相应的违约责任承担。

在汽车展位、展台搭建环节，汽车经销商务必通过寻找专业、有资质、有经验的展台设计搭建商，来保证展台设计符合相关法律法规标准和安全规范，并在展位、展台搭建施工过程中，加强对施工材料、施工标准、施工流程、施工安全等方面的监督和管理。

在车展活动开展过程中，由于展会期间客流量较大，非常容易出现混乱的局面，汽车经销商需要加强对活动现场的汽车销售，汽车展示及相关服务，人流秩序维护，现场人身、财产安全的管理，对有可能发生人身危险的场所、位置或活动，如展示汽车的展台阶梯、临时搭建的展台等时刻保持人员、负荷等方面的关注，全面统筹、协调展位及周边的安全安保工作，并提前作好安全应急预案。

【法律规定】

1.《民法典》

第一千一百九十八条　宾馆、商场、银行、车站、机场、体育场馆、娱乐场所等经营场所、公共场所的经营者、管理者或者群众性活动的组织者，未尽到安全保障义务,造成他人损害的,应当承担侵权责任。

因第三人的行为造成他人损害的,由第三人承担侵权责任;经营者、管理者或者组织者未尽到安全保障义务的,承担相应的补充责任。经营者、管理者或者组织者承担补充责任后,可以向第三人追偿。

2.《大型群众性活动安全管理条例》

第五条　大型群众性活动的承办者(以下简称承办者)对其承办活动的安全负责,承办者的主要负责人为大型群众性活动的安全责任人。

第七条　承办者具体负责下列安全事项:

(一)落实大型群众性活动安全工作方案和安全责任制度,明确安全措施、安全工作人员岗位职责,开展大型群众性活动安全宣传教育;

(二)保障临时搭建的设施、建筑物的安全,消除安全隐患;

(三)按照负责许可的公安机关的要求,配备必要的安全检查设备,对参加大型群众性活动的人员进行安全检查,对拒不接受安全检查的,承办者有权拒绝其进入;

(四)按照核准的活动场所容纳人员数量、划定的区域发放或者出售门票;

(五)落实医疗救护、灭火、应急疏散等应急救援措施并组织演练;

(六)对妨碍大型群众性活动安全的行为及时予以制止,发现违法犯罪行为及时向公安机关报告;

(七)配备与大型群众性活动安全工作需要相适应的专业保安人员以及其他安全工作人员;

(八)为大型群众性活动的安全工作提供必要的保障。

第八条　大型群众性活动的场所管理者具体负责下列安全事项:

(一)保障活动场所、设施符合国家安全标准和安全规定;

(二)保障疏散通道、安全出口、消防车通道、应急广播、应急照明、疏散指示标志符合法律、法规、技术标准的规定;

(三)保障监控设备和消防设施、器材配置齐全、完好有效;

(四)提供必要的停车场地,并维护安全秩序。

三、车展销售

每次车展活动都是各大汽车参展商进行汽车促销的时候,促销的汽车包括流量车型和滞销车型。

每个品牌都有自己的主力车型,也就是流量车型,这是客户关注度最高的车型,也是保障汽车经销商利润的车型。在车展活动中,流量车型通过活动的促销措施,可以获得更大的销量。

对于滞销车型,清库始终是重点项目。在平时很难销售的车辆借活动契机加大车型促销力度,争取以最快的速度展开滞销车型促销活动,这样不仅可以带动集客,还可以缓解库存压力。

对消费者而言,最关注的就是车展现场的汽车销售报价。车展期间,同品和竞品商家都在进行激烈的竞争,现场报价和促销礼包就显得格外重要。一些地方车展会有多家经销联合参展的,区域内厂家可能会要求统一对外报价,这就要求各汽车参展商在报价的基础上丰富展会车型配置、颜色、金融政策、汽车精品、保养、售后服务等方面的内容和促销力度,满足客户的多样化需求。

同时,在车展销售现场,汽车参展商通过活动执行,以提升销量为目的,开展包括游戏、现场互动、抽奖、演艺等活动,营造现场氛围,吸引客户关注,促进客户成交。

【案例39】消费者车展购车,遭汽车展销商卷款跑路,主办方需要担责吗?

【案例来源】黄先生与A汽车销售服务有限公司汽车买卖合同案[①]

【基本案情】

2017年11月5日,由中国人民保险公司珠海分公司(以下简称中国人保珠海公司)、太平洋汽车网、卡盟网三个单位联合举办的车展在珠海举行,消费者黄先生购票入场。

在现场销售人员的推荐下,黄先生最后决定购买展销商A汽车销售服务有限公司汽车(以下简称A公司)销售的汽车,当天即与A公司签订购车合同,并支付5000元定金,A公司员工当场开具定金票据。

---

① 参见广东省消委会:《案例点评丨扎心!消费者车展购车遭卷款跑路,主办方拒绝担责》,载微信公众号"广州市消费者委员会"2018年3月28日,https://mp.weixin.qq.com/s/npxpCUEP9HbTA38IlWXrpA。

2017年11月7日,A公司员工致电黄先生,要求其支付首付款后再订车,隔日黄先生前往该公司门店支付订车首付款4万元,双方约定于2017年12月18日提车。

约定期满后,A公司却以各种理由拖延交车,之后更是直接拒接黄先生电话。随后黄先生前往A公司,发现该公司门店已转让他人,公司负责人卷款潜逃。黄先生随即向珠海市公安局香洲分局南溪派出所报案。

【协会协调】

黄先生向广东省消委会投诉,他认为车展主办方中国人保珠海公司、太平洋汽车网、卡盟网三个单位审核不严,放任A公司进场销售,继而导致其遭受后续的经济损失,三家主办单位应主动承担责任,赔偿消费者所受损失。

广东省消委会接到投诉后,多次与车展主办方联系,但三家主办单位均态度消极,拖延应对,太平洋汽车网相关人员甚至在推卸责任后直接挂断电话。由于车展主办方拒不配合广东省消委会工作,案件调解无法继续,广东省消委会已建议消费者向相关行政部门进行举报。

在广东省消委会介入后,主办方依旧消极对待,态度恶劣,其行为侵害了消费者的合法权益,广东省消委会支持消费者通过别的方式维权。

【律师分析】

《消费者权益保护法》第四十三条规定,消费者在展销会、租赁柜台购买商品或者接受服务,其合法权益受到损害的,可以向销售者或者服务者要求赔偿。展销会结束或者柜台租赁期满后,也可以向展销会的举办者、柜台的出租者要求赔偿。展销会的举办者、柜台的出租者赔偿后,有权向销售者或者服务者追偿。

在日常各种车展活动中,由于展销会上的汽车参展商来自省(市)各地,包括汽车生产商,也包括汽车经销商及其他汽车经营者或服务者。消费者在遭遇纠纷时,经常出现难以联系参展商家的困扰。为保护消费者的合法权益,我国法律明确规定,消费者可以通过协商、诉讼等方式,向举办展销会的承办方主张权利,维护自己的合法权益。

本案中,黄先生有权要求中国人保珠海公司、太平洋汽车网、卡盟网承担购车损失。但黄先生合法权益受损后,三家主办方既没有尽到协助消费者维权的义务,也拒绝承担相应的法定责任。

接下来,黄先生可以通过诉讼的方式向法院起诉,通过法律途径维护自己的合法权益，要求汽车参展商、车展活动主办方对购车定金的返还及相应损失共同承担连带退还和赔偿责任。

【律师建议】

在各种车展活动中，汽车经销商作为参与者之一，从合规及法律风险防范的角度出发，我们建议：

1. 诚信经营是根本。诚实信用是民事主体从事民事活动必须遵循的一项基本原则，也是企业生存和发展的根基，在为消费者提供汽车产品和相关服务的过程中，汽车经销商一定要坦诚相待，主动告知，不隐瞒，不欺骗，遵守承诺，履行义务并勇于承担责任。

2. 在车展活动开展的过程中，汽车参展商应注意自己销售的产品涉及的知识产权权利问题，尤其是配套销售或赠送的汽车精品、配件或饰件等，未经相关专利、商标等知识产权人许可，不得实施制造、许诺销售、销售等可能涉及侵犯他人知识产权的行为。

【法律规定】

《消费者权益保护法》

第四十三条　消费者在展销会、租赁柜台购买商品或者接受服务，其合法权益受到损害的，可以向销售者或者服务者要求赔偿。展销会结束或者柜台租赁期满后，也可以向展销会的举办者、柜台的出租者要求赔偿。展销会的举办者、柜台的出租者赔偿后，有权向销售者或者服务者追偿。

第五十五条第一款　经营者提供商品或者服务有欺诈行为的，应当按照消费者的要求增加赔偿其受到的损失，增加赔偿的金额为消费者购买商品的价款或者接受服务的费用的三倍；增加赔偿的金额不足五百元的，为五百元。法律另有规定的，依照其规定。

四、车展维权

近年来，我国新能源汽车快速发展，在新能源汽车领域涉及的纠纷也越来越多。由于汽车的技术性比较强，如今的新能源车型更是配置了日益复杂的智能系统和相关配件。消费者与厂商或汽车经销商一旦发生纠纷，通过一般的手段很难界定是产品本身质量问题，还是后续使用造成的问题，厂家和经销商均不会轻易退换车辆。当消费者沟通无门时,很容易冲动维权,这也是车展维权事件越来越多的主要原因。

2022 年重庆国际车展集结了全球汽车品牌超 1000 款车型,超 100 款新车首发。备受大家关注的是,作为占据 2022 年重庆车展 C 位的新能源汽车,在开展的 3 天内,就发生了两起车主维权事件。

第一起:2022 年 6 月 25 日,重庆车展开幕,造车新势力零跑汽车展台,一位女士高举一张带有"零跑新车当天黑屏,维修半个月,换两大部件,承诺退车又反悔"字样的纸张,出现在零跑汽车展台维权。不过很快,这位女士便被工作人员拿出的巨大黑布完全遮挡起来。

对于展台维权事件,零跑汽车相关负责人回应称:"经核查,用户在车展现场的投诉问题已解决。门店检查发现车辆智能座舱故障并为客户订货。到货后门店为用户第一时间完成了故障零件的更换,车辆维修完成且状态正常,同时提出为用户支付代步费补偿,但是很遗憾客户未能接受该方案,门店将继续积极诚挚与客户沟通,争取尽快达成一致。"

第二起:2022 年 6 月 26 日,同样在重庆车展现场,又一起维权事件出现在广汽埃安汽车展台。这次维权车主带来的是一条"重庆高九路埃安汽车 4S 店将做过钣金喷漆的事故车当新车销售"的红色横幅。同样,横幅拉起没多久就被现场的安保人员扯下。同时,早就准备好的黑布也及时出现,将维权的车主给围了起来。

针对此事件,广汽埃安随后对媒体表示:"主机厂已得知此事。正在积极解决中。目前了解到的情况是,与车的质量没关系,用户是跟当地的经销商有纠纷。后续会发布详细官方回应。"

近年来,每一场大型车展几乎都要变成了汽车维权事件的"秀场",且一度力压新车发布成为车展焦点。

零跑和广汽埃安只是个案,之前也有很多车展维权的案例。但近两年来,尤其是 2012 年在上海车展特斯拉女车主车展维权后,新能源智能汽车成为车展维权"重灾区"。

对于解决汽车维权难,汽车经营者(包括主机厂、汽车经销商等)负有主要责任。

为减少与消费者之间的纠纷,给客户带来高品质的汽车产品和更好的服务

体验,我们建议:

1. 作为汽车经营者

首先,在产品品质层面,要加强汽车品质控制,高度关注产品安全,特别是要强化智能网联汽车的数据安全、功能安全、网络安全、软件升级,加强辅助驾驶风险告知及质量管控等,保障消费者人身财产安全。

其次,在产品宣传和服务层面,要全面告知产品和服务信息内容,公平合理地确定双方权利、义务及责任,不得夸大或者虚假宣传,确保交付的汽车产品质量及按照约定时间、要求进行交付,履行所作出的承诺,不逃避,不回避,勇于承担应该承担的责任,正面面对和解决消费者遇到的问题。

最后,对于智能网联汽车,汽车数据是消费维权的重要凭证,消费者有权知悉、查阅、获取与自己有关的、未经篡改的原始数据,汽车经营者应当确认数据的原始性,并在发生争议或问题时,主动提供相关数据配合相关检测和调查。

2. 作为消费者

首先,作为车主,要冷静思考,理性维权。在进行维权前,一定要提前做好证据收集工作,要根据已有证据、相关法律分析、评估自己的诉求是否具有事实依据与法律根据,以免将损失进一步扩大,费时、费钱又费力。

其次,我国涉及汽车维权的相关法律法规不断完善,包括《消费者权益保护法》《民法典》《汽车销售管理办法》《家用汽车产品修理更换退货责任规定》等,均是汽车维权涉及的常用法律法规。作为消费者,要强化法律意识,提升法律素养,学法、懂法、用法,当明确自己的合法权益受到侵害,且通过沟通无法解决时,可以结合不同的情况,运用法律手段来保障自身汽车消费的正当权益。

第十三章 汽车广告及风险防控

作为汽车经营者，包括汽车生产商、汽车经销商等，在日常生产经营过程中，为了实现盈利目的，都需要以不同的方式对自己的产品或服务作广告宣传。

作为消费者，我们平时在今日头条、微信朋友圈等网络媒体平台也经常看到诸如含有“零首付购车”“不花一分钱就能把车开走”“综合续航 1080 公里”等内容的宣传广告，这些广告的形式、内容是否违法，是否存在虚假宣传、夸大宣传？在日常的对外广告宣传活动中，有关汽车经营者因发布诸如此类的广告而遭到高额罚款的案例屡见不鲜。

2023 年 2 月，国家市场监督管理总局相继出台了《广告绝对化用语执法指南》（自 2023 年 2 月 25 日起实施）及《互联网广告管理办法》（自 2023 年 5 月 1 日起实施）。前述两份文件的颁布标志着国家对广告行业的监管将愈加严格与规范。

近年来，媒体和广告的形式不断推陈出新，汽车经营者也争相利用新媒体等媒介和形式（包括小程序、视频号、公众号、抖音等）对自己的产品或服务进行广告宣传，自行或聘请网红主播不定期通过网络直播的方式进行广告宣传和营销。

在当前整体车市状态较为低迷的时期，如何利用新型媒体等传播形式做好自家汽车产品和服务的广告宣传，通过合法合规的广告宣传，在能有效防控法律风险的同时，实现为企业带来良好效益的目的，这是各大汽车经营者当前面临的重点课题之一。

第一节　广告内容准则

一、广告内容规范

《广告法》第八条规定，广告中对商品的性能、功能、产地、用途、质量、成分、价格、生产者、有效期限、允诺等或者对服务的内容、提供者、形式、质量、价格、允诺等有表示的，应当准确、清楚、明白。

广告中表明推销的商品或者服务附带赠送的，应当明示所附带赠送商品或者服务的品种、规格、数量、期限和方式。

法律、行政法规规定广告中应当明示的内容，应当显著、清晰表示。

【案例40】汽车销售广告中是否需要明确赠品项目？

【案例来源】天津A汽车销售服务有限公司未明示赠品明细被行政处罚案［天津市北辰区市场监督管理局津辰市监综处罚〔2023〕7号行政处罚决定书］

案件名称		天津A汽车销售服务有限公司未明示赠品明细被行政处罚案
行政处罚决定书文号		津辰市监综处罚〔2023〕7号
单位	名称	天津A汽车销售服务有限公司
	注册号	91120113MA07CMCM5M
	法定代表人（负责人姓名）	孙B
违法行为类型（行政处罚依据）		《广告法》第八条第二款 《广告法》第五十九条第一款第一项
违法事实		在广告中未明示所附带赠送商品的品种、规格、数量、期限和方式

续表

行政处罚内容	罚款人民币6万元整
作出行政处罚决定机关名称	天津市北辰区市场监督管理局
作出行政处罚决定日期	2023－03－20

【律师分析】

以上案件为汽车经销商未在广告中明示所附带赠送商品的品种、规格、数量、期限和方式，违反了《广告法》第八条的规定而受到处罚。

汽车经销商在日常对外所作的汽车广告活动中，经常会涉及附赠的内容，例如“购指定车型送超值大礼包”“买一送十”等。根据《广告法》的相关规定，广告中应明示礼包或赠品的具体组成、名称、数量、规格、期限及方式等。但由于受广告篇幅限制，实际上很多汽车经销商可能未对其品种、规格、数量、期限和方式进行更详细的说明。

从汽车经销商合法合规及风险防范的角度出发，我们建议如下：

1. 对于由于受广告篇幅限制而不能详尽的促销产品信息，汽车经销商可在广告末尾明示官网活动详情的链接，在官网上告知附送赠品的具体明细。但如果涉及前后端广告链接问题，需要注意对含链接广告的监管要求。对于含有跳转链接，可经用户点击跳转至另一页面的互联网广告，《互联网广告管理办法》第十八条明确规定：“发布含有链接的互联网广告，广告主、广告经营者和广告发布者应当核对下一级链接中与前端广告相关的广告内容。”也就是说，除前端广告本身外，广告主、广告经营者和广告发布者还应当核对下一级链接中与前端广告相关的广告内容，未履行核对义务的将可能面临行政处罚。

2. 广告中的信息要真实、准确、清楚、明白。广告中所列的产品或服务的内容、介绍，要逐条核实信息的真实性、准确性和清晰性。汽车经销商要确保广告中有关产品或服务的性能、功能、价格、允诺等内容与实际相符，明确清晰。

3. 汽车经销商要加强对广告内容进行合规性审查，通过公司内部法务或外聘律师，建立健全相关的广告审查制度，降低被行政处罚的风险。

4. 市场监督部门查处涉嫌违法违规广告行为的，汽车经销商要积极配合调查，主动提供材料，及时改正违规行为，以期减轻处罚力度。

【法律规定】

《广告法》

第八条第一款、第二款　广告中对商品的性能、功能、产地、用途、质量、成分、价格、生产者、有效期限、允诺等或者对服务的内容、提供者、形式、质量、价格、允诺等有表示的，应当准确、清楚、明白。

广告中表明推销的商品或者服务附带赠送的，应当明示所附带赠送商品或者服务的品种、规格、数量、期限和方式。

第五十九条第一款　有下列行为之一的，由市场监督管理部门责令停止发布广告，对广告主处十万元以下的罚款：

（一）广告内容违反本法第八条规定的；

……

二、广告夸大宣传

涉嫌夸大宣传，特斯拉被罚！①

韩国反垄断监管机构于当地时间 2023 年 1 月 3 日宣布，决定对美国电动汽车制造商特斯拉处以 28.5 亿韩元，约合人民币 1540 万元的罚款。处罚理由是特斯拉发布了“虚假、夸大且具有欺骗性的广告内容”。

韩国反垄断监管机构表示，从 2019 年 8 月开始，特斯拉官网上的广告夸大宣传其电动汽车的续航能力，其认为广告中提及的续航里程仅可能在平均气温等理想状况下才能实现。此外，特斯拉广告还夸大宣传其电动汽车的能耗以及充电桩的功能。

据报道，韩国公平贸易委员会当天表示，自 2019 年 8 月以来，特斯拉在其官网上发布的广告暗示其生产的电动汽车充满一次电续航里程可以达到数百公里，但在寒冷天气下，相关车型的实际续航里程与广告相比最多下降了 50.5%。此外，特斯拉还在其产品的性能以及与汽油车相比所能节省的开支等方面有虚假描述。

---

①　参见新闻晨报：《涉嫌夸大宣传！特斯拉被罚！》，载微信公众号“杭州交通 918”2023 年 1 月 4 日，https://mp.weixin.qq.com/s/eT_oK4pWv0IqjU3MT221Tw。

据了解,2021 年,韩国消费者团体援引韩国环境部数据称,大多数电动汽车的续航里程在寒冷的环境下会下降多达 40%,其中特斯拉汽车受到的影响最大。

广告中的“夸大宣传”通常是指在商业活动中,经营者利用广告或其他方法对商品或者服务作出与实际内容不相符的虚假或夸大信息,导致客户或消费者误解的行为。“夸大宣传”本质上就是一种虚假宣传。

《反不正当竞争法》第八条规定,经营者不得对其商品的性能、功能、质量、销售状况、用户评价、曾获荣誉等作虚假或者引人误解的商业宣传,欺骗、误导消费者。经营者不得通过组织虚假交易等方式,帮助其他经营者进行虚假或者引人误解的商业宣传。

《广告法》第三条规定,广告应当真实合法,符合社会主义精神文明建设的要求。第四条规定,广告不得含有虚假的内容,不得欺骗和误导消费者。广告主应当对广告内容的真实性负责。

根据上述法律规定,夸大宣传可分为经营者利用广告进行夸大宣传和经营者利用其他方法进行夸大宣传两种方式。

虚假宣传、夸大宣传是法律法规明确禁止的行为。

夸大宣传的主要表现形式有以下几种。

(一)产品信息夸大

以商品(包括汽车等)为主题的广告宣传方面,不同的商品侧重点有所不同。例如,有的以商品属性(如口感、原料)为侧重点,也有的以商品价格(如奢侈品、高端消费品或大众消费品)为侧重点,还有的以商品外观(如包装、形状)为侧重点。汽车销售在价格方面及新能源汽车在续航里程方面的夸大宣传尤为常见。

自 2023 年 3 月以来,在汽车销售行业,各大汽车厂商和汽车经销商的汽车促销降价引起了市场端的广泛关注和热议。

此轮短期促销主要针对长库龄、老款或滞销库存车型。在终端市场,这些车型此轮促销之前本身就已经有了可观的优惠价格,但本次终端宣传为了吸引眼球,通过夸大降价力度的方式增加获客,对消费者容易产生误导。

对此,中国汽车工业协会于 2023 年 3 月 2 日发布《理性对待本轮汽车促销,市场应尽快回归正常秩序》①，呼吁营销宣传要得当，媒体报道应客观准确。降价处理库存，适当回收成本是正常经营措施，但不能因此沦为价格战，社会和媒体应对汽车行业健康可持续发展提供积极的舆论导向，营造良好消费心理和市场氛围。

（二）附赠利益夸大

当汽车广告以促进销售为目的时，通常通过打折、买赠、零首付、低月供等方式，增强广告对消费者的说服力和吸引力。

在这类广告中，通常会突出购买所能获得的附加利益，例如“买一赠一”“0首付0利息”“一分钱也不用付将车开走”“月供低至299元”等，以这种打折和赠送等所谓的促销优惠吸引、诱惑消费者。而消费者不仅接受了广告中的产品信息，还对广告传递的附加利益充满期待，进而加快促成购买与成交的可能。

但是，上述汽车促销广告中对附加利益的信息表达不清，或明显带有虚假成分，例如“买一送一”是可以买一辆车，再送一辆相同的车吗？“0首付0利息”“一分钱也不用付将车开走”是连车辆购置税、汽车保险等费用都不用先行支付吗？“月供低至299元”，40万～50万元的豪车，真的可以做到月供才几百元吗？显然，这里面就存在虚假宣传、夸大宣传或广告欺诈的可能。

（三）语言数字夸大

在现实生活里我们看到的广告中，经常有这样的字眼，比如“最大”“第一”“100%”等。这些词语的不正确使用，就涉及广告用词和数据的夸大问题。

在实践中，有些汽车经销商对门店规模的宣传涉嫌夸大其词，比如在门店正面上方显眼位置巨幅广告牌上写明：某某汽车品牌4S店为“亚洲最大旗舰店”等之类的宣传语。一般而言，此类宣传内容对消费者本身的权益不会构成实质性影响，消费者在日常生活中的语言交流过程中也经常会使用这些词语以表达强调或突出的含义，所以对此类广告并不会特别敏感，也不会有特别强烈的反应。但是，这种过于绝对化的广告宣传内容和形式直接违反了《广告法》的禁止性规定，将可能遭受严厉的行政处罚。

（四）广告承诺夸大

在汽车类广告中，尤其是新能源汽车宣传中，经常出现“电池综合续航里程

① 参见IT之家：《中汽协：理性对待本轮汽车促销，市场应尽快回归正常秩序》，载微信公众号“汽车报告”2023年3月23日，https://mp.weixin.qq.com/s/FuaofQ-OqFTyvAXXMmrspg。

1080 公里”等诸如此类极具诱惑力的宣传语，实际上这是极其不严谨、不客观、不符合实际的，也隐藏着巨大的法律风险。

一般而言，针对新能源汽车的续航里程，厂家对外公布或宣传的数据只是一个理论值数据，实际的续航还需考虑不同的用车环境、场景等。例如天气因素影响，冬天和夏天温度不同，对新能源汽车的实际续航能力有重大影响。又如用车地区和路况因素影响，山区和平地，城市和高速，不同的路况和场景，对新能源汽车的实际续航能力也有重大影响。而厂家的广告承诺往往向理想的状态方面宣传，可能就存在夸大与不合理的情形。

以上特斯拉被处罚的案例，就是典型的夸大宣传情形。

【案例 41】夸大广告宣传是否构成欺诈消费者？

【案例来源】关 A 与北京 B 汽车销售服务有限公司等产品责任纠纷案［北京市第三中级人民法院（2022）京 03 民终 10052 号民事判决书］

【基本案情】

2018 年 6 月 8 日，关 A 向 B 汽车销售服务有限公司（以下简称 B 公司）购买一辆大众品牌轿车，车辆型号为辉昂 380 旗舰版，购车款 312,931.03 元，增值税 50,068.97 元。该车辆由上汽大众公司生产制造。关 A 表示涉案车辆不符合产品说明及宣传，具体如下：

1. 产品介绍、宣传页和上汽大众公司官方微博均介绍车辆的座椅材质是小牛皮，涉案车辆座椅与身体接触部位使用真皮，其他非接触部位不是真皮，比照家具的适用标准。

2. 上汽大众公司的官方微博宣传车辆是“一带一路”峰会的核心用车，后发现核心用车并非涉案车型。

3. 上汽大众公司的官方微博和车之家公司的网页宣传中显示，全车是静音声学玻璃，打造极致静谧空间，但天窗玻璃不是静音声学玻璃，后排两块小三角玻璃是否为静音声学玻璃也没有明确表示，实际使用过程中车辆有噪声。

4. 上汽大众公司的官方微博宣传车辆使用丹拿顶级音响系统，但实际上只有扬声器是丹拿品牌的，音响系统的其他部分都不是丹拿品牌的。

5. 上汽大众公司的官方微博宣传车载 $PM_{2.5}$ 过滤器的净化率能达到99%，但其用自己的检测仪测试，净化率大概90%，低于99%。

6. B公司宣传车辆进行保养时有车辆接车位和专属维修工位，但关A前去保养两次，从未享受过这些服务。

7. B公司宣传保养的工具很齐全，但关A修车时，维修工人连手电筒都没有。

8. 车载冰箱、过滤器、车载CD、倒车影像、后座小桌板等存在质量问题。

关A请求法院判令被告退还车款、装饰，支付赔偿款。

【裁判结果】

关于关A诉请部分，法院观点如下：

1. 上汽大众公司宣传"座椅采用NAPPA定制巴伐利亚小牛皮"等，未就此情况进行着重说明。

2. 上汽大众公司提交的证据仅能证明"辉昂"车辆参与了"一带一路"峰会的接待工作，并未达到普通消费者所能理解的"核心"地位，属夸大宣传。

3. 关于噪声，静谧是相对概念，与同类车相比，辉昂车的噪声是低的。

4. 上汽大众公司宣称涉案车型使用的是丹拿音响系统，但实际只有扬声器是丹拿品牌的。

5. 关A未能举证证明车载 $PM_{2.5}$ 过滤器不达标，不予采纳。

6. 关于关A主张的无接车位和专属维修工位、安装行车记录仪线路不好看、保养工具不齐全等事宜，均系关A与B公司之间买卖合同项下的处理事宜，与本案非同一法律关系，本案中不予处理。

7. 关于其他质量问题，已有证据不足以证明。

上汽大众公司关于"座椅采用NAPPA定制巴伐利亚小牛皮"、"一带一路峰会"核心用车、丹拿音响系统的宣传确实存在一定的夸大宣传，且上汽大众公司宣传所使用的"顶级"等词汇，确有不妥。

对于上述虚假宣传是否构成欺诈，所谓欺诈是指一方当事人故意告知对方虚假情况，或者故意隐瞒真实情况，诱使对方当事人作出错误意思表示的行为。构成欺诈行为的要件之一为一方因另一方的欺诈行为而陷入错误认识并作出错误意思表示。车辆作为高额的消费支出，消费者在购买前通常会对车辆的外观、性能、品牌等信息进行充分的了解。

本案中,生产者上汽大众公司、销售者B公司并未隐瞒车辆的基本情况。基于普通消费大众的认知水平及消费观念,上述宣传对于一般消费大众的注意力不足以造成误解,不会因此导致消费者陷入错误认识,进而作出错误的意思表示。上述宣传亦未给消费者造成较大不利影响。

故上述宣传不能被认定为欺诈行为,一审判决驳回关A的全部诉讼请求;二审判决驳回上诉,维持原判。

【律师分析】

本案涉及的主要问题为汽车销售企业是否存在夸大宣传行为,以及如果存在夸大宣传行为,是否足以对消费者的注意力造成误解,且因此导致消费者陷入错误认识,进而作出错误的意思表示,即后者为认定是否构成欺诈行为的重要考量。

1. 上汽大众公司存在夸大宣传行为

法院认为,上汽大众公司关于"座椅采用NAPPA定制巴伐利亚小牛皮"、"一带一路峰会"核心用车、丹拿音响系统的宣传存在一定的夸大宣传,且上汽大众公司宣传所使用的"顶级"等词汇确有不妥。

2. 上汽大众公司的夸大宣传行为不构成欺诈

法院认为,生产者上汽大众公司、销售者B公司并未隐瞒车辆的基本情况,基于普通消费大众的认知水平及消费观念,上述宣传对于一般消费大众的注意力不足以造成误解,不会因此导致消费者陷入错误认识,进而作出错误的意思表示,上述宣传亦未给消费者造成较大不利影响,因此认定生产者上汽大众公司、销售者B公司不构成销售欺诈,一审判决驳回关A的全部诉讼请求,二审判决驳回上诉,维持原判。

但是,应当注意的是,虽然法院以存在生产者上汽大众公司、销售者B公司夸大宣传等行为但不构成欺诈为由驳回了原告诉请,但并不意味着被告的违法行为无须规制或制裁。上汽大众公司、B公司的夸大宣传行为、使用"顶级"等词汇进行对外广告宣传的行为已经违反了《广告法》第九条等相关规定,市场监督管理部门可以据此对上汽大众公司、B公司进行行政处罚。

因此,在日常经营过程中,对日常的广告发布等行为,均需从民事、行政、刑事等角度,进行多方位、多角度的合法合规性审查,如此才能真正意义上实现企业法律风险防范目的。

【律师建议】

在汽车销售过程中，汽车经销商通常会在官网、店面、公众号等平台上发布广告进行宣传推广。在推广过程中，为了吸引更多的消费者，便会采用一些夸大的广告用语修饰，若此类夸大宣传没有真实依据，则可能会被视为夸大宣传或虚假宣传，即可能面临行政处罚。如果虚假夸大宣传足以造成消费者对汽车性能等重大信息的误解，从而作出错误的意思表示，将可能构成消费者欺诈，从而面临汽车商品三倍价款的赔偿责任。

结合本案例和《广告法》的相关规定，汽车经销商在进行汽车宣传时应当注意以下两点：

1. 广告宣传中，应注意对汽车外观、性能、品牌、功能等信息进行如实、准确的描述说明，不可偏离事实、过分夸大、隐瞒真实情况、诱导消费者，避免构成欺诈行为。

2. 当涉嫌存在夸大宣传等违法风险时，应及时采取相应措施，包括但不限于停止违法行为、消除影响、减轻危害后果、在公开媒体或新闻媒介上发布更正声明，以及向公众致歉等，以争取减轻行政处罚，更重要的是尽可能避免因此给汽车品牌、市场口碑、客户认可度、忠诚度等方面造成不良影响。

【法律规定】

《消费者权益保护法》

第五十五条　经营者提供商品或者服务有欺诈行为的，应当按照消费者的要求增加赔偿其受到的损失，增加赔偿的金额为消费者购买商品的价款或者接受服务的费用的三倍；增加赔偿的金额不足五百元的，为五百元。法律另有规定的，依照其规定。

经营者明知商品或者服务存在缺陷，仍然向消费者提供，造成消费者或者其他受害人死亡或者健康严重损害的，受害人有权要求经营者依照本法第四十九条、第五十一条等法律规定赔偿损失，并有权要求所受损失二倍以下的惩罚性赔偿。

三、绝对化用语

《广告法》第九条规定，广告不得有下列情形：(1)使用或者变相使用中华人民共和国的国旗、国歌、国徽，军旗、军歌、军徽；(2)使用或者变相使用国家机关、国家机关工作人员的名义或者形象;(3)使用"国家级""最高级""最佳"等用语;(4)损害国家的尊严或者利益,泄露国家秘密;(5)妨碍社会安定,损害社会公共利益;(6)危害人身、财产安全,泄露个人隐私;(7)妨碍社会公共秩序或者违背社会良好风尚;(8)含有淫秽、色情、赌博、迷信、恐怖、暴力的内容;(9)含有民族、种族、宗教、性别歧视的内容;(10)妨碍环境、自然资源或者文化遗产保护;(11)法律、行政法规规定禁止的其他情形。

以上是《广告法》明令禁止的广告宣传情形,其中广告中使用"绝对化用语"的违法违规行为为高发广告违法行为。

广告中的"绝对化用语"通常是指容易给消费者造成误导,且可能导致不正当竞争的非真实极限化词语。广告绝对化用语通常是指《广告法》第九条第三项规定的情形。

绝对化用语通常包括"国"字、"首"字、"领"字、"最"字、"第一"、"无"字、"绝"字等,其中包括但不限于全国销量第一、全国首个、国家级、首家、首个、首款、领导者、全球领先、中国领先、最、最佳、最优、最好、最大、最低、最便宜、最先进、最快、最多、中国第一、全球第一、销量第一、排名第一、唯一、独一无二、史无前例、无敌、空前绝后等词语。

当然,并非所有绝对化用语都绝对禁止使用。2023 年 2 月,国家市场监督管理总局发布的《广告绝对化用语执法指南》第五条①、第六条②明确规定了相对禁止使用的场景。

例如,在实践中,下列情况可以使用"最佳、最好":(1)自己和自己比,如"本公司系列产品中最佳品种";(2)自己努力目标,如"竭诚为您提供最好的服务";

① 《广告绝对化用语执法指南》第五条规定:有下列情形之一的,广告中使用绝对化用语未指向商品经营者所推销的商品,不适用《广告法》关于绝对化用语的规定:(1)仅表明商品经营者的服务态度或者经营理念、企业文化、主观愿望的;(2)仅表达商品经营者目标追求的;(3)绝对化用语指向的内容,与广告中推销的商品性能、质量无直接关联,且不会对消费者产生误导的其他情形。

② 《广告绝对化用语执法指南》第六条规定:有下列情形之一的,广告中使用的绝对化用语指向商品经营者所推销的商品,但不具有误导消费者或者贬低其他经营者的客观后果的,不适用《广告法》关于绝对化用语的规定:(1)仅用于对同一品牌或同一企业商品进行自我比较的;(2)仅用于宣传商品的使用方法、使用时间、保存期限等消费提示的;(3)依据国家标准、行业标准、地方标准等认定的商品分级用语中含有绝对化用语并能够说明依据的;(4)商品名称、规格型号、注册商标或者专利中含有绝对化用语,广告中使用商品名称、规格型号、注册商标或者专利来指代商品,以区分其他商品的;(5)依据国家有关规定评定的奖项、称号中含有绝对化用语的;(6)在限定具体时间、地域等条件的情况下,表述时空顺序客观情况或者宣传产品销量、销售额、市场占有率等事实信息的。

(3)使用方法提示,如“最佳赏味期限”。

【案例42】使用“国家级”“最高级”“最佳”等广告用语,需要承担什么责任?

【案例来源】上海A车科技有限公司发布使用最高级用语违法广告案[上海市嘉定区市场监督管理局沪市监嘉处〔2023〕142023005765号处罚决定书]

【基本案情】

2023年4月12日,上海市嘉定区市场监督管理局(以下简称嘉定市监局)接到举报称,上海A车科技有限公司在该公司官网中有广告用语“大方无隅:自主研发全球最先进的ePD透光涂层(专利申请中)”,涉嫌使用最高级用语。

为进一步查清事实,嘉定市监局于2023年4月17日予以立案。

经查,当事人于2022年3月20日起在其公司官网上制作并发布广告“大方无隅:自主研发全球最先进的ePD透光涂层(专利申请中)”,广告内容中使用了“最先进”的违法用语。

当事人违法行为不属于首次被发现,沪市监嘉立案〔2022〕142022002132号上海A车科技有限公司涉嫌发布违法广告案的案由便是在公司官网上制作并发布“采用全球最先进的纳米真空离子溅射工艺”内容的广告,广告内容中使用了“最先进”的违法用语。

上述广告的制作发布都是由当事人员工完成,无广告费用。

上述事实主要有以下证据证明:

1. 询问笔录1份,证明当事人基本经营情况及违法事实。

2. 举报人提供的举报图片1份,电子数据取证文书4页,证明当事人的违法事实。

3. 当事人营业执照、授权委托书、被委托人的身份证复印件1份,证明当事人的主体身份。

4. 整改后网页2页,证明当事人整改的情况。

5. 其他有关书证物证材料。

2023 年 5 月 17 日，嘉定市监局依法告知当事人拟作出行政处罚的事实、理由、依据及其享有的权利，当事人在规定期限内未提出陈述、申辩，逾期视为放弃陈述、申辩。

【处罚结果】

当事人的上述行为违反了《广告法》第九条第三项不得使用“国家级”“最高级”“最佳”等用语的规定。

依据《广告法》第五十七条第一项“有下列行为之一的，由市场监督管理部门责令停止发布广告，对广告主处二十万元以上一百万元以下的罚款，情节严重的，并可以吊销营业执照，由广告审查机关撤销广告审查批准文件、一年内不受理其广告审查申请；对广告经营者、广告发布者，由市场监督管理部门没收广告费用，处二十万元以上一百万元以下的罚款，情节严重的，并可以吊销营业执照：（一）发布有本法第九条、第十条规定的禁止情形的广告的”、《行政处罚法》第三十二条第一项“当事人有主动消除或者减轻违法行为危害后果的情形的，应当从轻或者减轻行政处罚”的规定，嘉定市监局决定责令当事人停止发布广告，并对当事人作出行政处罚如下：罚款人民币 1 万元。

【律师分析】

上述案例中，上海 A 车科技有限公司在其公司官网上制作并发布的广告“大方无隅：自主研发全球最先进的 ePD 透光涂层（专利申请中）”中使用了“最先进”的违法用语，这显然违反了《广告法》第九条第三项不得使用“国家级”“最高级”“最佳”等用语的规定。

对于以上违法行为，根据《广告法》第五十七条第一项的规定，嘉定市监局可以对其处 20 万元以上 100 万元以下的罚款。

鉴于该公司违法情节轻微，且存在应当从轻或者减轻行政处罚的情节，故最后作出了罚款 1 万元的行政处罚。

【律师建议】

以上案例带给读者的启发是，汽车经销商在日常广告发布业务中，广告内容应当杜绝使用“国家级”“最高级”“最佳”“极品”“顶级”“第一品牌”等表述，并尽可能避免使用与上述表述相类似的表述，结合具体语意语境来识别绝对化用语。

结合《广告法》第九条中其他款项的规定，汽车经销商在日常对外广告宣传业务中还需注意以下几点：

1. 汽车广告宣传中，切勿使用或者变相使用国家机关、国家机关工作人员的名义或者形象。

2. 汽车广告宣传中，应尽可能避免使用中国地图。必须使用的，务必规范使用正确的中国地图，并特别注意对西藏、港澳台、南海诸岛等岛屿及国界线等的正确绘制，并且不能体现涉军、涉密等不能公开的内容。

3. 汽车广告宣传中，要杜绝任何不尊重烈士、女性及性暗示等内容，避免一味追求夺人眼球而迎合低级趣味，要以符合社会良好风尚的价值观引导公众。

4. 汽车广告宣传中，禁止使用中华人民共和国的国旗、国歌、国徽以及军旗、军歌、军徽，尤其是在建党、建军、国庆等重要节日，注意广告配图，切勿使用禁止使用的图案。

【法律规定】

《广告法》

第五十七条　有下列行为之一的，由市场监督管理部门责令停止发布广告，对广告主处二十万元以上一百万元以下的罚款，情节严重的，并可以吊销营业执照，由广告审查机关撤销广告审查批准文件、一年内不受理其广告审查申请；对广告经营者、广告发布者，由市场监督管理部门没收广告费用，处二十万元以上一百万元以下的罚款，情节严重的，并可以吊销营业执照：

（一）发布有本法第九条、第十条规定的禁止情形的广告的；

……

四、广告数据引用

《广告法》第十一条规定，广告内容涉及的事项需要取得行政许可的，应当与许可的内容相符合。

广告使用数据、统计资料、调查结果、文摘、引用语等引证内容的，应当真实、准确，并表明出处。引证内容有适用范围和有效期限的，应当明确表示。

在汽车行业的广告宣传中，很多时候会涉及数量、金额、比例等方面的数据，用以表达广告主业务在某一方面的优势或领先地位。但如果所表述的数据无出处或不严谨，就有可能触碰法律的红线。

例如，瓜子二手车因“成交量遥遥领先”广告语被开千万元天价罚单。[①]

2018 年年底，北京市海淀区市场监管部门向瓜子二手车直卖网的经营主体——金瓜子科技发展（北京）有限公司下达了一份行政处罚决定书，认定其二手车广告宣传中使用的“创办一年、成交量就已遥遥领先”的广告语缺乏事实依据，与实际情况不符，违反了《广告法》（2018 修正）第四条、第二十八条的规定，处以罚款 1250 万元。

如何自证“遥遥领先”？

瓜子二手车随后发布了一份声明称，2017 年瓜子二手车以 48.5 万辆的成交量超过了全球最大的北京花乡旧机动车交易市场；2018 年上半年，瓜子二手车的成交量为 33.6 万辆，在中国二手乘用车市场的渗透率为 6.7%，远超同行广汇汽车（14.24 万辆）及优信二手车（19.7 万辆）。

然而，北京市海淀区市场监管部门对此在行政处罚决定中指出，瓜子二手车“创办一年”的时间段指的是 2015 年 8 月至 2016 年 7 月，而且瓜子二手车确认承诺此时间段内其成交量为 8.5874 万辆。但是，根据调查结果，至少有两家二手车平台的成交量高于瓜子二手车。

根据上述调查结果，北京市海淀区市场监管部门认为，瓜子二手车的广告语缺乏事实依据，与实际情况不符，广告中使用数据、统计资料、调查结果、文摘、引用语等引证内容的，应当真实、准确并表明出处。引证内容有适用范围和有效期的，应当明确表示。而瓜子二手车提交的数据证据不能对其销量“遥遥领先”广告语予以证明。

从该案例来看，对品牌的公开宣传本身无可厚非，宣传对于在消费者中确立品牌度非常重要。但是企业要提高法律意识，依法宣传，规范使用广告语。

关于广告中使用的数据、统计资料等信息，上海市广告协会发布的《广告发布标准（通用准则）》指出：“广告中使用的数据、统计资料和调查结果，通常是由第三方提供的，当然也不排除广告主通过试验、市场调查等方式自行取得。”

因此，广告中使用的数据、统计资料和调查结果等内容，不简单等同于《广告法》所称“引证内容”，还包括广告主自行取得的内容。

---

① 参见新京报：《瓜子二手车因“成交量遥遥领先”广告语被开千万天价罚单》，载百度网 2018 年 11 月 30 日，https://baijiahao.baidu.com/s?id=1618539897471263556&wfr=spider&for=pc。

如果数据、统计资料等源于第三方，那么必须表明出处。如果数据、统计资料和调查结果是由广告主自行取得的（包括广告主委托第三方取得的），就不受"应当表明出处"的形式要件约束。但是，广告主应当具备自行或委托第三方开展试验、调查的相关证明材料，保证数据、统计资料等内容的真实性，经得起查验对照、重复验证。

《广告法》第二十八条第二款第三项规定，广告使用虚构、伪造或者无法验证的科研成果、统计资料、调查结果、文摘、引用语等信息作证明材料的，为虚假广告。

发布虚假广告，将面临罚款、吊销营业执照等行政处罚，还可能构成虚假广告罪。医疗机构若发布虚假广告，还可能面临吊销诊疗科目或者吊销医疗机构执业许可证的风险。

【案例43】汽车宣传广告中数据不真实或没有依据会导致什么法律责任？

【案例来源】河北A汽车销售服务有限公司未提供数据使用依据被行政处罚案［邯郸市市场监督管理局邯市监处罚字〔2021〕（HS）第138号行政处罚决定书］

案件名称		河北A汽车销售服务有限公司未提供数据使用依据被行政处罚案
行政处罚决定书文号		邯市监处罚字〔2021〕（HS）第138号
单位	名称	河北A汽车销售服务有限公司
	注册号	91130402MA0G6DAW56
	法定代表人（负责人姓名）	邢B
违法行为类型（行政处罚依据）		《广告法》第十一条第二款 《广告法》第五十九条第一款第二项 《行政处罚法》第七十二条

续表

违法事实	当事人发布的纸质广告页中,有“汽车上半年销售量在邯郸市市场占有量达到90%以上,用户满意度达到95%以上”字样,这些数据用语,当事人提供不出依据或者出处的证明
行政处罚内容	罚款人民币3万元整
作出行政处罚决定机关名称	邯郸市市场监督管理局
作出行政处罚决定日期	2021-09-22

【律师分析】

以上案例中,汽车经销商对外印刷的纸质广告宣传资料中,有“汽车上半年销售量在邯郸市市场占有量达到90%以上,用户满意度达到95%以上”字样,但由于该汽车经销商不能提供这些数据用语依据或者出处证明,所以被处以罚款3万元。

因此,我们建议如下:

1. 汽车经销商日常对外发布的广告内容,包括纸质版宣传资料、官方网站、微信公众号、第三方汽车服务平台、电视台、电台、App、网络直播等方式或途径,均需谨慎适用数据用语,特别是市场占有量达到多少以上等。

2. 使用此类用语时,需要准备或提供相应的数据来源和证明文件,不可无据使用。如果引用数据、统计资料、调查结果、文摘、引用语等,切记表明出处,且核对出处无误。

【法律规定】

《广告法》

第十一条第二款　广告使用数据、统计资料、调查结果、文摘、引用语等引证内容的,应当真实、准确,并表明出处。引证内容有适用范围和有效期限的,应当明确表示。

第五十九条第一款　有下列行为之一的,由市场监督管理部门责令停止发布广告,对广告主处十万元以下的罚款:

……

(二)广告引证内容违反本法第十一条规定的;

……

五、虚假专利广告

《广告法》第十二条规定，广告中涉及专利产品或者专利方法的，应当标明专利号和专利种类。

未取得专利权的，不得在广告中谎称取得专利权。

禁止使用未授予专利权的专利申请和已经终止、撤销、无效的专利作广告。

专利是知识产权的重要组成部分，它是国家授予专利申请人在一定时间内对发明创造成果所享有的独占、使用和处分的权利，它是一种财产权，是运用法律保护手段"跑马圈地"，独占现有市场，抢占潜在市场的有力武器。

我国法律法规对专利权的取得规定采取注册取得制度，即专利权在发明创造人完成发明创造后，需要向国家专利行政部门提出专利申请，经审查没有发现驳回理由的方可授予专利权。未取得专利权的，例如从未提出专利申请、提出专利申请但尚未获得授权、专利申请已经被驳回，以及曾被授予专利权但该专利权已经终止、撤销、无效的，都不得在广告中谎称取得专利权。否则，不但可能构成虚假广告，而且可能构成假冒专利或者侵犯他人专利权，需要依法承担民事责任、行政责任甚至刑事责任。

【案例 44】将过期专利应用在销售广告中是否违反法律规定？

【案例来源】天津 A 汽车三元催化器有限公司专利无效被行政处罚案［天津市西青区市场监督管理局津青市监寺罚〔2023〕99 号行政处罚决定书］

行政相对人名称	天津 A 汽车三元催化器有限公司
法定代表人	苑 B
行政处罚决定书文号	津青市监寺罚〔2023〕99 号
处罚决定日期	2023－06－30
处罚类别	罚款
处罚内容	罚款 10,000 元

续表

罚款金额(万元)	1
没收违法所得、没收非法财物的金额(万元)	无
违法行为类型	违反了《广告法》第十二条第三款
违法事实	执法人员于2023年4月6日对当事人进行现场检查,现场用该公司电脑打开该公司官网,在荣誉资质里面宣传有专利证书,有实用新型专利证书,名称为一种智能安全型三元催化器装置,专利号为ZL201620427808.2,现场登录专利查询网站查询,该专利显示无权－未缴年费,已失效。执法人员对上述情况进行记录,并下达询问通知书
处罚依据	《广告法》第五十九条第一款第三项
处罚机关	天津市西青区市场监督管理局

【律师分析】

上述案例中,当事人天津A汽车三元催化器有限公司通过网站,在荣誉资质里面宣传有专利证书,有实用新型专利证书,名称为一种智能安全型三元催化器装置,专利号为ZL201620427808.2。经天津市西青区市场监督管理局现场登录专利查询网站查询发现,该专利显示无权－未缴年费,已失效。天津A汽车三元催化器有限公司因疏于管理,在相关专利失效后,依然将其作为资质之一对外宣传,违反了《广告法》第十二条第三款"禁止使用未授予专利权的专利申请和已经终止、撤销、无效的专利作广告"的规定,天津市西青区市场监督管理局根据《广告法》第五十九条第一款第三项的规定,处罚款1万元。

因此,我们在此进行如下建议:

1. 汽车经销商在对外发布汽车广告时,如果涉及发明专利、实用新型专利、外观设计专利等内容,切记要和汽车生产厂家确认专利是否申请,并要求其出具专利权证明书,在国家知识产权局专利检索相关网站上确认。对已授权的专利,需进一步确认是否存在终止、撤销、无效等情形。

2. 对于未经过国家知识产权局正式通过的专利,或虽有授权,但已经被终止、撤销、无效的专利,应注意禁止在广告中使用专利、专利方法进行宣传,避免被行政处罚。

【法律规定】

《广告法》

第十二条第三款　禁止使用未授予专利权的专利申请和已经终止、撤销、无效的专利作广告。

第五十九条第一款　有下列行为之一的，由市场监督管理部门责令停止发布广告，对广告主处十万元以下的罚款：

……

（三）涉及专利的广告违反本法第十二条规定的；

……

六、同行诋毁

《广告法》第十三条规定，广告不得贬低其他生产经营者的商品或者服务。

同行诋毁是指以明示或暗示的方式对其他经营者的商品进行贬低、诋毁性评价，是一种常见的广告违规形式，此类广告也称作“比较广告”。

“比较广告”一般是指将竞争对手（被比较者）的产品或服务特点进行比较，从而吸引消费者的广告宣传方式。我国法律并不禁止比较广告宣传，但比较广告提供的商品信息应当是全面、客观且充分的，不能通过贬低、诋毁他人产品或服务的方式达到宣传自己产品或服务的目的。

在涉及与其他市场竞争者进行有关的对比时，应遵守经济伦理和慎言慎行原则，对于数据来源、比较方式及比较基准等信息应当进行客观、公正、合理的注释与说明，指引受众正确、客观理解，否则可能会违反《广告法》的相关规定，或者构成不正当竞争。

2022 年 11 月，江苏省市场监督管理局公布 8 起互联网领域反不正当竞争典型案例。[①] 其中包括常州某汽车销售服务有限公司商业诋毁及虚假宣传案。

2022 年 4 月 13 日，常州市高新区市场监督管理局根据投诉举报，到常州某汽车销售服务有限公司进行现场检查。

---

① 参见江苏省市场监督管理局：《省市场监管局发布互联网领域反不正当竞争典型案例》，载江苏省市场监督管理局官网，http://scjgj.jiangsu.gov.cn/art/2022/11/9/art_70154_10660754.html。

经查,2022 年 3 月 18 日,当事人在其短视频平台账号发布宣传广告视频,主要内容为"它的用料比奥迪好十倍,是 SUV 圈里之光,品控、用料,比奥迪好十倍",视频内出镜的汽车为当事人销售的品牌汽车,售价在 27.58 万元到 46.33 万元,对比的为奥迪 Q3 和 Q5 车型。同时,当事人无法提供"用料比奥迪好十倍"的相关证据。截至案发,该视频播放量为 17.3 万次。

当事人发布视频夸大宣传自己经销的汽车,违反《反不当竞争法》第八条规定,构成虚假宣传行为;当事人发布的视频使用"它的用料比奥迪好十倍"等不实宣传用语,将其销售的汽车与奥迪汽车相比,违反《反不当竞争法》第十一条的规定,构成损害竞争对手商品声誉的违法行为。2022 年 6 月 29 日,依据《反不当竞争法》第二十条的规定,江苏省市场监督管理局对当事人作出罚款 20 万元的行政处罚。

以上案件涉及的广告就是典型的比较广告。

《反不正当竞争法》第十一条规定,经营者不得编造、传播虚假信息或误导性信息,损害竞争对手的商业信誉、商品声誉。上述案例涉及的广告违法行为,除了面临市场监督管理部门的行政处罚外,被比较者还可以向人民法院提起商业诋毁纠纷诉讼案件,由违法行为者承担因此商业诋毁而给被比较者造成的损失。

【案例 45】汽车销售宣传中贬低竞争对手产品突出劣势的方法是否违法?

【案例来源】天津 A 汽车销售有限公司贬低其他产品被行政处罚案[天津市西青区市场监督管理局津青市监寺罚〔2023〕1 号行政处罚决定书]

案件名称		天津 A 汽车销售有限公司贬低其他产品被行政处罚案
行政处罚决定书文号		津青市监寺罚〔2023〕1 号
单位	名称	天津 A 汽车销售有限公司
	注册号	91120104093572517B
	法定代表人(负责人姓名)	张 B

续表

违法行为类型（行政处罚依据）	《广告法》第十三条
违法事实	当事人经营场所中有“红旗 H5 竞品对比”和“红旗 HQ9 竞品对比”两种宣传海报，在海报的底部用“客户价值差（本品 – 竞品）”、“指导价差（本品 – 竞品）”和“总价值差（客户价值差 – 指导价差）”三种计算结果突出了“红旗 H5 智联运动版”的价格优势
行政处罚内容	罚款人民币 5000 元整
作出行政处罚决定机关名称	天津市西青区市场监督管理局
作出行政处罚决定日期	2023 – 03 – 10

【律师分析】

以上案例用“客户价值差（本品 – 竞品）”、“指导价差（本品 – 竞品）”和“总价值差（客户价值差 – 指导价差）”三种计算结果突出了“红旗 H5 智联运动版”的价格优势，这种简单粗暴的对比方式，采取片面的，以凸显自身优势、散布竞争对手劣势为主的直接比较方式，从而使竞争对手的商品声誉遭到损坏，毫无客观公正可言，就是典型的通过诋毁竞争者的方式吸引消费者的关注。

需要注意的是，如果是真实的比较广告，即与他人产品进行公正的比较，使用客观、合法、真实的证明材料，得出的比较结论无偏颇、无贬低，这类广告一般是合法合规的。

但是，有时即使是真实的比较广告，比较者却是有选择地对两种商品或服务的信息作了有针对性的、片面的筛选，比如片面地选择对自己有利的信息进行对比，将自己的最新产品与被比较者的旧款产品作对比等。根据《反不正当竞争法》第八条第一款“经营者不得对其商品的性能、功能、质量、销售状况、用户评价、曾获荣誉等作虚假或者引人误解的商业宣传，欺骗、误导消费者”的规定，前述对比行为的实施者可能面临 20 万元以上 100 万元以下的罚款，同时被比较者可据此提起不正当竞争之诉进行索赔。

【律师建议】

作为汽车经销商，在进行汽车销售或服务，通过与不同生产厂商同类型汽车进行对比宣传推广时，注意不要采取贬低、诋毁其他竞争者的方式，并且确保客观、公正。

但是在实际中,由于人性的偏见和逐利的目的,宣传的客观性难以保证。因此,我们建议尽量少使用比较广告,如需使用,应注意以下事项:

1. 禁止以明示或暗示的方式对竞品进行贬低、诋毁性评价,切勿使用主观性贬低判断,如“差”“输”等字眼。

2. 比较内容须有科学的依据和证明,不得通过虚构、臆想的内容进行不正当对比,比较的内容和结果应当具有逻辑性和可验证性。比较广告中使用数据或相关调查结果的,必须有官方证明和数据来源。

3. 比较广告的产品应当是相同的产品或可类比的产品,比较的内容应当具有可比性,例如,不可将自己的高配车型与他人的低配车型在品质、性能上进行片面的比较。

4. 比较广告使用的语言、文字描述,内容、表述要准确、严谨,且利于消费者理解,不得使用引人误解的表述,也不得以直接或影射方式中伤、诽谤其他产品。

【法律规定】

1.《广告法》

第十三条　广告不得贬低其他生产经营者的商品或者服务。

第五十九条第一款　有下列行为之一的,由市场监督管理部门责令停止发布广告,对广告主处十万元以下的罚款:

……

(四)违反本法第十三条规定,广告贬低其他生产经营者的商品或者服务的。

2.《反不正当竞争法》

第八条第一款　经营者不得对其商品的性能、功能、质量、销售状况、用户评价、曾获荣誉等作虚假或者引人误解的商业宣传,欺骗、误导消费者。

第十一条　经营者不得编造、传播虚假信息或者误导性信息,损害竞争对手的商业信誉、商品声誉。

七、虚假广告

《广告法》第二十八条规定,广告以虚假或者引人误解的内容欺骗、误导消费者的，构成虚假广告。

广告有下列情形之一的，为虚假广告：(1)商品或者服务不存在的；(2)商品的性能、功能、产地、用途、质量、规格、成分、价格、生产者、有效期限、销售状况、曾获荣誉等信息，或者服务的内容、提供者、形式、质量、价格、销售状况、曾获荣誉等信息，以及与商品或者服务有关的允诺等信息与实际情况不符，对购买行为有实质性影响的；(3)使用虚构、伪造或者无法验证的科研成果、统计资料、调查结果、文摘、引用语等信息作证明材料的；(4)虚构使用商品或者接受服务的效果的；(5)以虚假或者引人误解的内容欺骗、误导消费者的其他情形。

此类违规行为主要表现为提供虚假数据、虚假性能描述、虚假服务等各类虚假描述。

虚假数据主要表现为引证内容无真实根据、未标明引证内容出处等无法证明数据真伪的行为。

虚假性能描述主要表现为宣传产品实际不具有的性能、明示或暗示产品具有不存在的性能。

虚假服务主要表现为宣传实际不存在的售后服务或不一样的售后服务，实际购买产品后服务内容发生改变。

【案例46】汽车销售中虚假宣传广告可能蕴含的风险有哪些？

【案例分析】天津市A汽车销售有限公司金融服务方案涉及虚假宣传被罚案[天津市滨海新区市监局津市监滨处罚〔2023〕205号行政处罚决定书]

【基本案情】

2022年6月8日，天津市滨海新区市场监督管理局接到举报反映当事人在抖音平台发布虚假广告，内容为“首付1111元，享受60期，零利率”。市民询问后得知首付七成到八成才能享受。

经查，当事人于2021年10月开始在抖音平台运营“比亚迪A店”，抖音号为24157105395。当事人于2022年4月3日在其官方抖音平台发布写有“首付15%即可享受60期0息”以及“比亚迪王朝系列”字样的视频广告，并于2022年6月17日停止运行上述广告。执法人员查询当事人抖音后台，截取当事人发布的涉案抖音视频截图，经核查，截至2022年6月17日，涉案抖音视频被点赞、评论、收藏、转发累计380人次，浏览4.6万人次。

经查，当事人销售比亚迪王朝系列车型一共有四种销售金融方案，具体如下：

1. 首付1111元：可分12期、24期、36期、48期、60期。其中车辆发票价格的85%为中信银行、建设银行和农业银行中任一银行的贷款，利率为4%/年；车辆发票价格的15%为平安普惠信用卡支付，利率根据客户个人征信情况计算。

2. 首付10,000元：可分12期、24期、36期、48期、60期。其中车辆发票价格的85%为中信银行、建设银行和农业银行中任一银行的贷款，利率为4%/年；车辆发票价格的15%为平安普惠信用卡支付，利率根据客户个人征信情况计算。

3. 贴息贷款，首付15%～100%：比亚迪厂家金融公司服务，可分12期、18期、24期、36期、48期、60期。利息按各车型贷款金额、分期情况进行计算。

4. 零息贷款，比亚迪厂家金融公司服务，可分12期、24期、36期、48期、60期。首付及月供需根据客户分期情况，按比亚迪厂家金融公司指定要求进行计算。

经查，首付15%、60期以及0息不能同时体现在上述任一种金融服务方案中，首付15%、60期以及0息也不能同时享受，“首付15%即可享受60期0息”不属于当事人购车金融服务方案，当事人发布“首付15%即可享受60期0息”的广告语是将上述四种购车金融服务方案的重点内容进行摘要而发布，未对相关具体情况进行说明和补充，对消费者构成了一定的误导。

当事人涉案广告由当事人员工发布，涉案视频由该员工设计、制作，发布抖音广告是该员工的本职工作，未因此获得专门报酬，执法人员向当事人下达限期提供材料通知书（津市监滨塘沽限提〔2023〕2号），要求当事人提供在抖音平台上（抖音号为24157105395）发布的“首付15%，60期0息”和“首付1111，月供2000+”的广告费用票据、合同以及发布单位的营业执照等证据材料，当事人未能提供，当事人涉案广告设计、制作以及发布均未产生费用。

上述事实主要有以下证据证明：当事人营业执照复印件、法定代表人身份证复印件、“比亚迪A店”抖音账号截图、现场笔录、询问笔录、当事人抖音视频截图、关于抖音视频内容的情况说明、限期提供材料通知书（津市监滨塘沽限提〔2023〕2号）、举报材料等。

【情节认定】

当事人发布虚假广告的行为违反了《广告法》第二十八条第一款“广告以虚假或者引人误解的内容欺骗、误导消费者的，构成虚假广告”以及第二十八条第二款第五项“以虚假或者引人误解的内容欺骗、误导消费者的其他情形”的规定。

依据《广告法》第五十五条第一款“违反本法规定，发布虚假广告的，由市场监督管理部门责令停止发布广告，责令广告主在相应范围内消除影响，处广告费用三倍以上五倍以下的罚款，广告费用无法计算或者明显偏低的，处二十万元以上一百万元以下的罚款；两年内有三次以上违法行为或者有其他严重情节的，处广告费用五倍以上十倍以下的罚款，广告费用无法计算或者明显偏低的，处一百万元以上二百万元以下的罚款，可以吊销营业执照，并由广告审查机关撤销广告审查批准文件、一年内不受理其广告审查申请”的规定，对当事人进行行政处罚。

鉴于当事人积极配合执法人员调查取证，主动提供相关证据材料，违法行为发生时间短，危害性小且及时停止了违法行为，未产生严重的社会危害后果。当事人的行为符合《关于规范市场监督管理行政处罚裁量权的指导意见》（国市监法规〔2022〕2号）第十四条第二项、第三项（积极配合市场监管部门调查并主动提供证据材料的；违法行为轻微，社会危害性较小的，可以依法从轻或者减轻行政处罚）规定的情形，依据《行政处罚法》第五条第二款“设定和实施行政处罚必须以事实为依据，与违法行为的事实、性质、情节以及社会危害程度相当”的规定，决定对当事人予以减轻处罚。

【处罚结果】

当事人上述行为违反了《广告法》第二十八条第一款以及第二十八条第二款第五项之规定，依据《广告法》第五十五条第一款之规定，责令当事人改正违法行为，决定对当事人行政处罚如下：罚款15,000元。

【律师分析】

虚假广告是作出虚假不实或引人误解的广告宣传，误导消费者作出购买行为或购买意向,是经营者一种不合理、不恰当的表达方式。虚假广告的信息在汽车广告中经常会出现在汽车4S自身宣传、销售优惠活动及汽车性能、功能等方面的宣传文案中。

作虚假广告宣传,除了会遭受行政处罚以外,还可能涉嫌消费欺诈,面临"退一赔三"的风险。《消费者权益保护法》第五十五条第一款规定,经营者提供商品或者服务有欺诈行为的,经营者除应当返还消费者为商品或服务所支付的费用外,还要按照消费者的要求增加赔偿其受到的损失,增加赔偿的金额为消费者购买商品的价款或者接受服务的费用的三倍。因此,经营者还可能面临来自消费者的民事索赔。

涉嫌虚假宣传问题是广告监管领域长久以来的重点,对于汽车经销商,我们建议如下:

1. 汽车经销商对外进行广告宣传时,切记禁止过分夸大汽车性能,杜撰汽车不具备的功能、不存在的优惠等,广告内容须保持客观真实,不得宣传虚假名称、荣誉。

2. 汽车经销商对外进行广告宣传时,对于广告中涉及的产品性能数据、引证内容或其他非官方数据信息,必须保留相关内容的权威证明材料,且经得起核查和考验。

3. 现在很多汽车经销商通过汽车之家、懂车帝、抖音、视频号等第三方媒体进行直播卖车。由于网络主播是通过即时广告口播的方式进行介绍和销售汽车的,所以更应当慎重和严谨。在直播卖车之前,汽车经销商应当对网络主播进行相关培训,如加强直播宣传用语审核,对汽车产品的配置、性能、价格、促销信息、金融服务方案等方面的内容应当保证真实、合法合规,客观、清晰且不误导。

【法律规定】

1.《广告法》

第二十八条第二款　广告有下列情形之一的,为虚假广告:

……

(五)以虚假或者引人误解的内容欺骗、误导消费者的其他情形。

第五十五条第一款　违反本法规定,发布虚假广告的,由市场监督管理部门责令停止发布广告,责令广告主在相应范围内消除影响,处广告费用三倍以上五倍以下的罚款,广告费用无法计算或者明显偏低的,处二十万元以上一百万元以下的罚款;两年内有三次以上违法行为或者有其他严重情节的,处广告费用五倍以上十倍以下的罚款,广告费用无法计算或者明显偏低的,处一百万元以上二百万元以下的罚款,可以吊销营业执照,并由广告审查机关撤销广告审查批准文件、一年内不受理其广告审查申请。

2.《关于规范市场监督管理行政处罚裁量权的指导意见》

第十四条　有下列情形之一的,可以依法从轻或者减轻行政处罚:

(一)尚未完全丧失辨认或者控制自己行为能力的精神病人、智力残疾人有违法行为的;

(二)积极配合市场监管部门调查并主动提供证据材料的;

(三)违法行为轻微,社会危害性较小的;

(四)在共同违法行为中起次要或者辅助作用的;

(五)当事人因残疾或者重大疾病等原因生活确有困难的;

(六)其他依法可以从轻或者减轻行政处罚的。

八、互联网广告特别场景特别规定

随着智能网联的进一步发展,现在大量的家电、智能汽车等都直接与互联网连接,但并不是所有场景都适合广告推送。例如,在开车导航行驶时,出于行车安全考虑,就不适合广告随时插入。

《互联网广告管理办法》第十七条第二款规定,未经用户同意、请求或者用户明确表示拒绝的,不得向其交通工具、导航设备、智能家电等发送互联网广告,不得在用户发送的电子邮件或者互联网即时通讯信息中附加广告或者广告链接。

另外,部分互联网广告,例如在某些第三方汽车信息服务网站、App 使用过程中,突然弹出“0 首付 0 利息”等虚假按键来欺骗或误导用户点击,《互联网广告管理办法》明确规定,不得欺骗、误导用户点击广告。

《互联网广告管理办法》第十一条明确禁止以下行为:(1)虚假的系统或者软件更新、报错、清理、通知等提示;(2)虚假的播放、开始、暂停、停止、返回等标志;(3)虚假的奖励承诺;(4)其他欺骗、误导用户点击、浏览广告的方式。

九、网络直播广告规范

2023 年 5 月 1 日起正式实施的《互联网广告管理办法》对网络直播营销业务提出了更加严格和具体的监管与要求,互联网直播营销业务参与主体应积极应对,提升自身的合规意识和能力,确保广告内容真实、合法、有效。

(一)网络直播

《互联网广告管理办法》第二条第一款规定,在中华人民共和国境内,利用网站、网页、互联网应用程序等互联网媒介,以文字、图片、音频、视频或者其他形式,直接或者间接地推销商品或者服务的商业广告活动,适用《广告法》和该办法的规定。

网络直播营销活动(直播带货)主要是指通过互联网平台(如互联网站、应用程序、小程序、视频号等),以视频直播、音频直播、图文直播或多种直播相结合等形式进行商品线上展示、咨询答疑、导购销售的新型服务方式,推销商品或服务并实现交易的商业活动。具体形式可由商家自己开设直播间,或由职业主播集合进行推介。

随着社会经济与技术的快速发展,近年来媒体和广告的形式不断推陈出新,包括官网直销、抖音广告、直播带货、App 广告等。汽车行业的竞争也日趋激烈,汽车经营者也争相利用新媒体等媒介和形式对自己的产品或服务进行广告宣传,包括许多汽车经销商在诸如汽车之家、懂车帝、易车网、今日头条等第三方汽车服务平台,自行或聘请网红主播不定期通过网络直播的方式进行广告和营销。

(二)网络直播参与主体及责任

网络直播营销的参与主体包括直播营销平台、平台内经营者、直播间运营者、主播以及主播服务机构。

根据《广告法》的相关规定,广告参与主体可分为广告主、广告经营者、广告发布者、广告代言人和互联网信息服务提供者,并确定其应当承担的法律责任。

《互联网广告管理办法》第十九条规定,网络直播营销参与主体的广告行为主体及法律责任认定依照如下规则:

1. 商品销售者或者服务提供者通过互联网直播方式推销商品或者服务,构成商业广告的,应当依法承担广告主的责任和义务。

2. 直播间运营者接受委托提供广告设计、制作、代理、发布服务的，应当依法承担广告经营者、广告发布者的责任和义务。

3. 直播营销人员接受委托提供广告设计、制作、代理、发布服务的，应当依法承担广告经营者、广告发布者的责任和义务。

4. 直播营销人员以自己的名义或者形象对商品、服务作推荐、证明，构成广告代言的，应当依法承担广告代言人的责任和义务。

具体见表 13－1。

表 13－1　网络直播营销参与主体及法律责任认定

<table>
<tr><th>序号</th><th>参与主体</th><th>参与行为方式</th><th>广告责任主体</th></tr>
<tr><td>1</td><td>平台内经营者
(产品或服务提供者)</td><td>通过互联网直播方式推销商品或者服务</td><td>广告主</td></tr>
<tr><td>2</td><td>直播间运营者
(主播服务机构)</td><td>接受委托提供广告设计、制作、代理、发布服务</td><td>广告经营者
广告发布者</td></tr>
<tr><td rowspan="2">3</td><td rowspan="2">直播营销平台</td><td>利用互联网为广告主或者广告主委托的广告经营者发布广告</td><td>广告发布者</td></tr>
<tr><td>利用互联网提供信息服务</td><td>互联网信息服务提供者</td></tr>
<tr><td>4</td><td>知名主播</td><td>以自己的名义或者形象对商品、服务作推荐、证明</td><td>广告代言人</td></tr>
</table>

第二节　广告合规审查

一、绝对化用语处罚

《广告法》第五十七条第一款规定，发布有该法第九条、第十条规定的禁止情形（包括绝对化、极限化用语）的广告的，由市场监督管理部门责令停止发布广告，对广告主处 20 万元以上 100 万元以下的罚款，情节严重的，并可以吊销营业执照，由广告审查机关撤销广告审查批准文件、一年内不受理其广告审查申请；对广告经营者、广告发布者，由市场监督管理部门没收广告费用，处 20 万元以上100万元以下的罚款，情节严重的，并可以吊销营业执照。

根据以上规定，对发布绝对化、极限化用语广告处罚的金额，起步价为人民币20万元。在司法实践中，常常遇到在天猫、淘宝、京东等电子商务平台销售汽车或汽车配件、汽车用品的经营者遭受消费者投诉的情况，其中内容之一就是相关汽车经营者在电子商务平台对产品的宣传和介绍内容使用了绝对化、极限化用语。一旦被投诉，相关汽车经营者的处境就会很被动，大概率会面临大额的行政处罚。

而在实践中，汽车经营者为了少罚一点，被迫与投诉者达成和解或调解，此乃一种无奈之举。

二、禁限词审查

以下为汽车行业可能会触碰到的广告宣传用语，本书结合网络资料整理如表13-2所示，供各大汽车经营者在起草、审查广告文案时自查自纠，发现问题及时进行修正和更改，防患于未然。

表13-2　禁限词审查表①

序号	禁限词类型	具体内容
1	带有“权威性”的词语	国家领导人推荐、国家机关推荐、国家机关专供（特供）、国宴专用、政协用酒、人民大会堂、全国人大、军队或相应缩写、政府定价等借国家或国家机关或工作人员名称进行宣传的用语；驰名商标、质量免检、无须国家质量检测、国家免检、免抽检等宣称质量无须检测的用语；使用人民币图样（央行批准的除外）；老字号、中国驰名商标、特供、专供等词语
2	包含“首/家/国”及相关词语	首个、首选、独家、独家配方、首发、全网首发、全国首发、全球首发、首家、全网首家、全国首家、××网独家、独家（未提供依据事实的前提下）、独家配方、××网首发、首次、首款、全国销量冠军、国家级产品、国家（国家免检）、国家领导人、填补国内空白、中国驰名（驰名商标）、国际品质等用语

① 参见互联网合规君：《家具行业广告合规指引1.0》，载微信公众号“互联网合规君”2023年5月4日，https://mp.weixin.qq.com/s/MIhQu7uoYPkHNUSTFPhDeQ。

续表

序号	禁限词类型	具体内容
3	包含"最"及相关词语	最、最佳、最具、最爱、最赚、最优、最优秀、最先进、最好、最大、最大程度、最高、最高级、最高端、最高档、最奢侈、最顶级、最低、最低级、最低价、最底、最便宜、时尚最低价、最流行、最受欢迎、最时尚、最符合、最舒适、最先、最先进、最先进科学、最先进加工工艺、最先享受、最后、最后一波、最新、最新科技、最新科学等含义相同或近似的绝对化用语
4	包含"一"及相关词语	第一、中国第一、全网第一、行业第一、销量第一、排名第一、唯一、第一品牌、NO. 1、TOP. 1、独一无二、全国第一、一流、一天、仅此一家、仅此一次(一款)、最后一波、全国×大品牌之一、世界×大品牌之一等用语
5	包含"级/极"及相关词语	国家级(相关单位颁发的除外)、全球级、宇宙级、世界级、顶级(顶尖/尖端)、顶级工艺、顶级享受、高级、极品、极佳(绝佳/绝对)、终极、极致等用语
6	表示品牌地位的相关词语	大牌、金牌、名牌、王牌、领袖品牌、世界领先、行业领先、(遥遥)领先、领导者、缔造者、创领品牌、领先上市、巨星、著名、掌门人、至尊、巅峰、奢侈、优秀、资深、领袖、之王、王者、冠军等用语
7	表示绝对、极限且无法考证的词语	绝对值、绝对、大牌、精确、超赚、领导品牌、领先上市、巨星、著名、奢侈、世界/全国×大品牌之一、世界级、金牌、名牌、优秀、世界领先、顶级工艺、销量冠军、极致、永久、王牌、掌门人、问鼎、领袖品牌、绝无仅有、史无前例、万能、100%、国际品质、高档、正品等虚假或无法判断真伪的夸张性表述词语
8	迷信相关用语	带来好运气、增强第六感、化解小人、增加事业运、招财进宝、健康富贵、提升运气、有助事业、护身、平衡正负能量、消除精神压力、调和气压、逢凶化吉、时来运转、万事亨通、旺人、旺财、助吉避凶、转富招福等迷信色彩的用语
9	打色情"擦边球"的相关用语	零距离接触、余温、余香、身体器官描述等违背社会良好风尚的色情暗示词语
10	虚假宣传专利技术的相关表述	未取得专利权的,不得在广告中谎称取得专利权。禁止使用未授予专利权的专利申请和已经终止、撤销、无效的专利作广告
11	虚假内容的相关词语	史无前例、前无古人、永久、万能、祖传、特效、无敌、纯天然等无法提供证明的虚假宣传词语

续表

序号	禁限词类型	具体内容
12	限定时间的相关表述	限时必须有具体时限,所有团购须标明具体活动日期,例如今日、今天、几天几夜、倒计时、趁现在、就、仅限、周末、周年庆、特惠趴、购物大趴、闪购、品牌团、精品团、单品团(必须有活动日期),严禁使用随时结束、仅此一次、随时涨价、马上降价、最后一波等无法确定时限的词语
13	激发消费者抢购心理的相关表述	秒杀、抢爆、再不抢就没了、不会再便宜了、错过就没机会了、万人疯抢、抢疯了、售罄、售空、史上最低价、错过不再/错过即无、全民疯抢/抢购、免费领、0首付、零距离、价格你来定等激发抢购心理的词语
14	涉嫌欺诈消费者的相关表述	点击领奖、恭喜获奖、全民免单、点击有惊喜、点击领取、点击转身、点击试用、点击翻转、领取奖品;秒杀、抢爆、再不抢就没了、不会再便宜了、没有他就××、错过就没机会了、万人疯抢、全民疯抢/抢购、卖/抢疯了等涉嫌诱导消费者的表述

第十四章　车主俱乐部及风险防控

第一节　自　驾　游

自驾游作为自助旅游的一种类型,有别于传统的集体参团旅游,自驾游是有组织、有计划,以自驾车为主要交通手段的旅游形式。自驾游因具有更高自由度、更好体验感的优势而受到广大消费者的欢迎,但同时意味着风险系数和复杂程度的增加。

对于组织者而言,尤其是汽车经销商(或汽车经销商集团组建的各汽车品牌或各主题的车主俱乐部)开展组织一场自驾游,需要更加关注风险把控,从前期组织规划、备案审批、风险防控、落实计划、随行保障每一步,再到参加随行者、司机、组织者本身的责任分担都需要厘清。

一、自驾游的形式

自驾游也是汽车经销商加强与车主互动,增加汽车经销商与车主之间的感情联络,强化客户黏性的常见活动形式之一。自驾游一般有三种组织形式。

(一)旅游爱好者组织自驾游

自驾车团体出游多是旅游爱好者自发组织的,参加者大多以家庭、亲朋或同事为单位。该种自驾游可分为三种类型:(1)以单个家庭为单位驾驶自家车出游;(2)以单个家庭为单位租车自驾游;(3)两个及以上家庭或者亲朋好友拼车自驾游。

(二)汽车俱乐部组织自驾游

一些汽车俱乐部,包括汽车经销商对其保有客户、潜在客户,不定期地举行组织其会员或客户进行自驾游活动,并在自驾游过程中为会员、客户提供拖车、救援及线路指引、食宿娱乐等有关服务。

对于汽车经销商而言,组织车主自驾游活动作为汽车经销商市场开拓的一种重要形式,活动中的风险把控十分重要。

(三)旅行社组织自驾游

自驾游有别于传统的集体参团旅游,自驾游的兴起为旅行社提供了新商机,旅行社组织的自驾车出游也成为自驾游的一种重要形式。

二、自驾游主要法律风险

自驾游活动的风险主要包括来自游客、驾驶服务提供者及组织者等方面的风险。其中组织者包括汽车俱乐部、车主俱乐部、汽车经销商及旅行社等组织。

(一)自驾游游客风险

1.游客致人伤害的风险

自驾游活动的参与者个人应当服从组织者的管理,遵守组织活动的相关规范,提供必要的互助服务,保护自我人身、财产安全。游客因个人原因导致自身或他人人身、财产损失的,应依法承担相应后果或责任。

2.游客被伤害的风险

游客个人在自驾游活动中遭受交通事故或者其他第三方侵害导致人身或财产损失的,可以依法向相关责任人索赔,但相关责任人没有偿付能力或偿付能力不足的,游客的损失将无法足额获得赔偿。

游客个人在自驾游活动中负责组织或驾驶机动车的,还应承担依法组织者或者机动车驾驶员的相关责任。

(二)自驾游机动车驾驶员风险

在自驾游活动过程中,机动车驾驶员需要承担安全驾驶车辆,把旅游者顺利送达旅游目的地并载回出发地的义务。无论是有偿服务,还是好意施惠,一旦发生单方交通事故,驾驶员均应依法承担相应责任。

《民法典》第一千二百零八条规定:“机动车发生交通事故造成损害的,依照道路交通安全法律和本法的有关规定承担赔偿责任。”

《民法典》第一千二百零九条规定:“因租赁、借用等情形机动车所有人、管理人与使用人不是同一人时,发生交通事故造成损害,属于该机动车一方责任的,由机动车使用人承担赔偿责任;机动车所有人、管理人对损害的发生有过错的,承担相应的赔偿责任。”

《民法典》第一千二百一十三条规定:“机动车发生交通事故造成损害,属于该机动车一方责任的,先由承保机动车强制保险的保险人在强制保险责任限额范围内予以赔偿;不足部分,由承保机动车商业保险的保险人按照保险合同的约定予以赔偿;仍然不足或者没有投保机动车商业保险的,由侵权人赔偿。”

在自行组织的自驾游活动中,由于汽车驾驶员原因造成车上其他乘客或其他第三方的人身、财产损害或损失的,汽车驾驶员应根据《道路交通安全法》及《民法典》上述规定依法承担责任。

此外,如果是旅行社或汽车俱乐部组织的自驾游活动,其为自驾游活动提供机动车驾驶员执行的驾车运送服务,性质属于一种职务行为(或履行辅助人行为),一旦发生交通事故,旅行社或汽车俱乐部将作为驾驶服务的提供方依法承担相应的赔偿责任。

(三)自驾游活动组织者风险

《民法典》第一千一百九十八条规定:“宾馆、商场、银行、车站、机场、体育场馆、娱乐场所等经营场所、公共场所的经营者、管理者或者群众性活动的组织者,未尽到安全保障义务,造成他人损害的,应当承担侵权责任。因第三人的行为造成他人损害的,由第三人承担侵权责任;经营者、管理者或者组织者未尽到安全保障义务的,承担相应的补充责任。经营者、管理者或者组织者承担补充责任后,可以向第三人追偿。”

自驾游活动涉及交通安全及游客人身、财产安全等因素,是一项具有较高风险性的活动,汽车俱乐部或汽车经销商作为自驾游活动的组织者或具体实施者,应承担合理限度范围内的安全保障义务。

根据《民法典》的上述规定,汽车俱乐部、汽车经销商或旅行社组织自驾游活动,未尽到安全保障义务的,应对造成活动参与者的损害承担相应赔偿责任。

实践中,组织自驾游活动的主体主要有汽车俱乐部、旅行社或个人。这些主体民事法律性质不同,其组织自驾游的风险责任也有差异。

1. 汽车俱乐部组织自驾游风险

汽车俱乐部、汽车经销商组织会员或车主开展自驾游活动通常为无偿性和公益性的,且非常规开展活动。基于非作为商业行为,一般而言不需要取得旅游行政部门的经营许可。但如果该等自驾游活动的组织具有营利性、常规化,则需要依法取得旅游行政部门的许可后方可提供组织自驾游服务。如果未经许可从事组织自驾游服务经营活动,可能涉嫌违法经营,需要依法承担相应的行政责任。

实践中,一些地方的汽车俱乐部为了规避活动风险,通过联合申领旅游经营许可证的方式,经营组织自驾游服务活动,这样可以有效地防范违法经营的风险。

2. 旅行社组织自驾游风险

组织自驾游活动是旅行社从事旅游业经营活动的一种新兴业务模式。由于旅行社是《旅游法》及《旅行社条例》等法律法规规范的主体,其必须按照相关规定申请旅游行政部门的经营许可,依法订立旅游合同,并严格按照合同约定,履行约定义务,享受合同权利。

《旅游法》第七十条规定:"旅行社不履行包价旅游合同义务或者履行合同义务不符合约定的,应当依法承担继续履行、采取补救措施或者赔偿损失等违约责任;造成旅游者人身损害、财产损失的,应当依法承担赔偿责任。旅行社具备履行条件,经旅游者要求仍拒绝履行合同,造成旅游者人身损害、滞留等严重后果的,旅游者还可以要求旅行社支付旅游费用一倍以上三倍以下的赔偿金。由于旅游者自身原因导致包价旅游合同不能履行或者不能按照约定履行,或者造成旅游者人身损害、财产损失的,旅行社不承担责任。在旅游者自行安排活动期间,旅行社未尽到安全提示、救助义务的,应当对旅游者的人身损害、财产损失承担相应责任。"

《旅游法》第七十一条规定:"由于地接社、履行辅助人的原因导致违约的,由组团社承担责任;组团社承担责任后可以向地接社、履行辅助人追偿。由于地接社、履行辅助人的原因造成旅游者人身损害、财产损失的,旅游者可以要求地接社、履行辅助人承担赔偿责任,也可以要求组团社承担赔偿责任;组团社承担责任后可以向地接社、履行辅助人追偿。但是,由于公共交通经营者的原因造成旅游者人身损害、财产损失的,由公共交通经营者依法承担赔偿责任,旅行社应当协助旅游者向公共交通经营者索赔。"

最高人民法院《关于审理旅游纠纷案件适用法律若干问题的规定》第七条规定:"旅游经营者、旅游辅助服务者未尽到安全保障义务,造成旅游者人身损害、财产损失,旅游者请求旅游经营者、旅游辅助服务者承担责任的,人民法院应予支持。因第三人的行为造成旅游者人身损害、财产损失，由第三人承担责任；旅游经营者、旅游辅助服务者未尽安全保障义务，旅游者请求其承担相应补充责任的，人民法院应予支持。”

根据以上规定，旅行社在组织自驾游旅游团队时，除了履行组团社有关告知义务、选择合格服务供应商、及时救助等安全保障义务外，还应当采取有效措施，确保安全驾驶保障能力，确保自驾游旅游活动安全、愉快、顺利地开展。

三、自驾游风险防范

自驾游的风险防范可从组织团队的保障措施、保险风险转移及第三方提供的救援保障协助着手。

(一)建立完善自驾游组织团队内部安全保障措施

首先，对于自驾游的组织者，尤其是自发组织或公益组织，其能力、经验应当让参加者知晓，以便参加者作出判断、选择。组织者应当谨慎、负责地安排活动，审慎选择路线，并充分考虑风险的存在，应预先考虑相应风险出现时的应对措施，并掌握一定的救助手段，在危险发生时，积极救助。

其次，对于自驾游参与者而言，应当如实公布自身的情况，参与活动一定要量力而行，时刻把安全放在首位，尽量把风险控制到最小，并提前准备一些安全应急物品、药品等。同时，在自驾游过程中遵守规则，听从指挥，参与者之间时刻保持互惠互助，相互扶持和照应。

最后，旅游组织或协会平时应加强关于自驾游参与者的安全知识培训，提升自驾游参与者的安全应急能力与自救能力训练，以确保自驾游活动开展过程中出现意外事故时能够及时自救。

(二)通过投保相应保险转嫁风险分担损失

首先，自驾游的组织者或经营者应根据实际情况为自驾游参与者投保相应责任险、意外险及团体险等，保障项目尽量齐全，保险保额尽可能覆盖可能会产生的损失或赔偿额度范围。

其次，自驾游参与者也可以根据自身情况，为自己、家人及结伴者多购买一份保险，多一重保障。

最后，保险公司针对自驾游活动的实际情况，应有针对性地研发出相应的保险项目尽量齐全、保险保额尽可能足够的险种，加强自助旅游保险的推广宣传，推动保险公司与自驾游组织的合作，推动自驾游保险的发展，为自驾游活动的组织者和参与者提供安心、充分的保障。

（三）借助外部有效的救援体系增强安全保障

首先，各地政府应结合各地的旅游资源和实际情况，建立各个救援要素和救援环节之间的协调统筹关系，通过网络平台建设，提升自驾游安全事故的救援效率，充分发挥医院、公安、消防、民警等社会公共救援部门以及现代救援信息系统的资源和优势，完善公共救援体系建设。

其次，组织者、参与者应提前了解、熟悉自驾游沿途及目的地的相关救援组织、部门、电话、位置及可以提供的救援措施或方案等信息，必要时提前向相关组织或部门进行报备，提前做好应对措施和预案。

四、自驾游免责协议

自驾游组织者一般在报名时或出行前会让参与者签署一份免责协议或声明，内容如"此次活动属于非营利性质自助出行活动，当由于意外事故，突发气候变化和急性疾病等不可预测因素造成身体损害时，团队的发起者和同行者有义务尽力救助，但如果造成了不可逆转的损害，团队的其他成员不负担任何责任。团队的任何一名队员都应本着'尽力救助，风险自担'的原则参加本次活动，活动发起者和组织者亦不承担任何法律和经济责任。凡报名参加者均视为具有完全民事行为能力的人，如在活动中发生人身损害后果，团队的发起者和同行者不承担任何赔偿责任，由被损害人依据法律规定和本声明依法解决，凡报名者均视为接受本声明"。

几乎所有类似"组团自驾游"形式的自助游组织者都会附上包括以上内容的一个免责声明，表明参与者自愿参与、责任自负，以此来免除组织者的"后顾之忧"，这就是所谓的自助游参与者的"生死状"。由于组织者提供的大多是无偿服务，所以参与者一般也不会过多计较，对这样的条款都会欣然接受及签署。

但实际上，这样的条款并不能真正完全免责。由于自驾游成员之间约定实施的是一项危险活动，彼此间设定了互助的义务，当活动过程中成员间违背互助义务的宗旨时，免责条款可能无效。这就类似于酒友之间在喝酒之前签订的免责协议或声明无效一样。同时,根据《民法典》的相关规定,涉及人身伤害的免责条款不受法律保护,即涉及造成对方人身伤害和因故意或者重大过失造成对方财产损失的免责条款无效。

因此,汽车经销商组织车主在参加自驾游的过程中即使签署了“生死状”,也要履行自己的风险提示义务,在危难时,全体自驾游参与者间也要履行力所能及的相互救助义务,否则一旦出现意外,相互之间也需承担一定的赔偿责任。

即使不能完全免责,但签署免责协议或声明说明组织者对各项安全风险已尽到了警示提醒义务,同时在自驾游过程中尽到了安全保障义务(安全提醒和及时救助),因此可以在一定程度上减轻甚至免除汽车经销商作为活动组织者责任的承担。

【案例47】汽车4S店组织车主自驾游受伤是否需要承担赔偿责任?

【案例来源】宣城A汽车销售有限公司、陈B群众性活动组织者责任纠纷案[安徽省宣城市中级人民法院(2020)皖18民终778号民事判决书、宣城市宣州区人民法院(2019)皖1802民初407号民事判决书]

【基本案情】

陈B向法院提出诉讼请求:(1)判令被告赔偿原告各项损失199,051元;(2)本案诉讼费由被告承担。

事实与理由:原告夫妻于2016年11月在被告处购买了奇瑞“瑞虎7”轿车,2017年5月,被告第一次组织了原告去旌德县旅游。2018年4月18日前后的一天,被告的工作人员强C致电原告,告知在2018年4月21日被告又要组织包括原告在内的购买“瑞虎7”轿车的客户进行自驾活动。

2018年4月21日早晨8时,原告夫妻按被告的要求开车来到被告公司门口,被告的工作人员在原告车后面的挡风玻璃上贴上了“宣城A”的车贴,并给原告的汽车进行了编号,主要起到给被告公司做广告宣传的目的,此次行程是皖南川藏线。8时30分左右,被告公司的一辆瑞虎7排在第一位,并带领客户出发。9时30分左右,被告公司人员安排车队停下游玩。

当时被告公司的工作人员带队,但并未安排原告等人走水泥台阶,而是走旁边的一个斜坡,原告只好跟在被告公司工作人员后下了斜坡,因雨后湿滑,原告不慎滑倒扭伤了脚部。当时同去自驾游的朋友和原告丈夫将原告抬上了汽车,并送至最近的宁国仙霞骨科医院抢救治疗。医院诊断结果为:右内、外、后三踝骨折伴右裸关节脱位。原告在卧床休息几天后,于 2018 年 4 月 29 日至宣城骨科医院进行了内固定安装手术,并于 2018 年 5 月 12 日出院,在家卧床 3 个月后,才能下床进行短暂的行走康复训练。

2018 年 11 月 22 日,原告经司法鉴定为九级伤残,并确定了三期和后续治疗费,原告因此次事故造成的损失共计 199,051 元。原告受伤后多次找被告协商,但被告总以各种理由推诿。

宣城 A 汽车销售有限公司(以下简称 A 公司)辩称:(1)本次活动没有收取任何费用,不属于营利性活动,A 公司为本次活动支付了包括景点门票、车辆技术保障、餐费等费用,也派员全程参与,活动前对安全注意事项进行了提示和告知,并与原告的丈夫签订了自驾游安全协议书,该协议书中明确约定,因事故导致的一切责任由行为人自行承担,与 A 公司无关。A 公司在本次自驾游活动中已经尽到了安全保障义务,无须对原告的损失承担任何赔偿责任。原告所述其受伤的行走路线由 A 公司安排,与客观事实明显不符。原告未按照前方人员行走的水泥台阶行走,其为自身方便,自行从斜坡行走,未尽注意义务导致受伤,原告受伤完全是自身原因导致,与 A 公司无关,原告作为完全民事行为能力人,应当自行承担一切损害后果,A 公司不应当承担任何赔偿责任。(2)原告受伤后被送往医院进行救治,未遵医嘱,出院后数日也未尽必要的注意义务,没有接受进一步治疗,导致伤情加重,原告第二次住院完全是其自身原因所导致,相关损失也应当由其自行承担,另外,原告诉讼请求中的赔偿数额明显过高。

综上,请求驳回原告的全部诉讼请求。

【裁判结果】

根据采信的证据,结合当事人当庭陈述,法院审理查明事实如下:

原告在被告处购买了奇瑞"瑞虎"轿车一辆。在被告工作人员的提前通知下,原告于 2018 年 4 月 21 日参加了由被告组织的皖南川藏线的自驾游活动,活动过程中被告安排了相关工作人员带队行驶。当天,原告夫妻及王 D 三人乘坐一辆车,车队行驶至青龙湾景区观景台时,前方车队停下并告知包括原告在内参加活动的人员可下车观赏风景,被告安排工作人员带队行走。原告跟随带队人员行走途中,因斜坡路面湿滑,不慎扭伤脚部。事故发生后,原告被送至医院进行救治,其间住院 21 天,实际花费医疗费 8239.64 元(已扣除医保统筹支付部分的费用)。另查明,事发当天下过雨。

诉讼过程中,A 公司申请对原告的伤残与事发时的损害情形是否存在因果关系及参与度进行鉴定,并申请对原告的伤残等级进行重新鉴定,2019 年 11 月 1 日,安徽龙图司法鉴定所出具鉴定意见:(1)被鉴定人陈 B 评定为十级伤残。(2)参与度建议为 100%。

结合原告诉请,核定原告的损失如下:(1)医疗费 8239.64 元;(2)住院伙食补助费 630 元(30 元/天 ×21 天);(3)营养费 2700 元(30 元/天 ×90 天);(4)护理费 7410 元(123.5 元/天 ×60 天);(5)误工费 16,961 元(34,393 元/年 ÷365 天 ×180 天),原告未提交证据证明其因本次事故造成的实际损失,亦未提交证据证明其事故发生前所从事的职业类型,结合其实际状况,法院酌定其误工费参照上一年度城镇居民人均可支配收入标准计算;(6)残疾赔偿金 63,280 元(31,640 元/年 ×20 年 ×10%);(7)精神损害抚慰金 5000 元;(8)鉴定费 2400 元;(9)交通费 600 元(酌定)。

上述损失合计 107,220.64 元。

法院认为:民事主体的健康权受法律保护。

本案中,原告在参加被告组织的活动过程中受伤且无第三人侵权的事实清楚,法院对此予以认定。依据《侵权责任法》(已失效)第三十七条第一款"宾馆、商场、银行、车站、娱乐场所等公共场所的管理人或者群众性活动的组织者,未尽到安全保障义务,造成他人损害的,应当承担侵权责任"之规定,群众性活动组织者责任纠纷应适用一般过错原则,组织者仅在未尽到安全保障义务,存在一定过错并造成他人损害的前提下承担侵权责任;同时,法律所规定的安全保障义务,通常是在当事人之间并没有合同约定的情形下而产生的一种要求一方为了另一方的人身安全和财产安全而积极作为的义务,并以行为人是否尽到了相应情形下的注意义务为衡量尺度,故对组织者的安全保障义务不能苛求及随意扩张。

本案被告作为汽车销售企业,组织购买同类型车辆的人员进行自驾游活动,这对其自身企业品牌、形象具有一定的宣传作用，但被告在活动前未提前规划合理路线，并在活动当天天气状况不佳的情况下，其工作人员仍带头在具有一定危险性的斜坡上行走，且未对活动参与人员进行危险告知，过程中亦未配备足够人员对活动参与人员进行安全防护，存在一定过错，依法应对原告的损失承担赔偿责任。原告作为完全民事行为能力人，在地面湿滑、行走状况不佳的情况下，未行注意义务导致事故的发生，自身具有一定过错，可以减轻被告的赔偿责任。

庭审中，原告主张被告在事故发生后未安排人员救治及采取其他措施，但未提交证据加以佐证，结合被告意见及证人证言，对原告的该项意见不予采纳。

综上，据原、被告双方各自过错程度及本案具体案情，法院酌定被告应对原告的损失承担60%的赔偿责任，即64, 332. 4元(10,7220. 64元×60%)。

据此，依据《侵权责任法》(已失效)第二条、第十五条第一款第六项、第十六条、第二十六条、第三十七条第一款，以及最高人民法院《关于确定民事侵权精神损害赔偿责任若干问题的解释》(2001)第十条之规定，判决如下：

1. 被告A公司于本判决生效之日起10日内赔偿原告陈B各项损失共计64, 332. 4元。

2. 驳回原告陈B的其他诉讼请求。

二审中，当事人未向法院提举新证据。A公司亦对陈B的医疗费用予以认可，故二审法院对一审认定的事实予以确认。

二审法院认为，本案系群众性活动组织者责任纠纷，归责原则为过错责任原则，但在此类案件中应当坚持过错责任“严格化”的立场，受害人应当提出赔偿义务人须承担符合社会一般价值判断所认同的安全保障义务，对义务人而言，应当系其所能达到的最低要求。

本案中，A公司作为出游活动的组织者，安排相关工作人员带队行驶，到达景区后安排工作人员带队行走；陈B跟随带队人员行走途中，因斜坡路面湿滑不慎扭伤脚部，A公司对陈B的损害后果无故意或重大过失；陈B系成年人，具有完全民事行为能力，按照社会一般价值判断所认同的安全保障义务，本案不应对A公司应尽的安全保障义务要求过高。一审判决虽认为对组织者的安全保障义务不能苛求及随意扩张，但仍然判决A公司承担60%的主要责任实属不当。

二审法院综合考虑A公司本案出游活动对其自身形象的宣传作用，出游活动的地点及事发前后的天气情况,陈 B 作为完全民事行为能力人,未行合理注意义务自身所具有的一定过错,确定 A 公司对陈 B 的损失承担 30% 的赔偿责任,即 32,166.2 元(107,220.64 元 ×30%)。

综上所述,A 公司的上诉请求部分成立。

依照《侵权责任法》(已失效)第二条、第十五条第一款第六项、第十六条、第二十六条、第三十七条第一款,最高人民法院《关于确定民事侵权精神损害赔偿责任若干问题的解释》(2001)第十条,《民事诉讼法》(2017 修正)第一百七十条第一款第二项之规定,判决如下:

1. 撤销安徽省宣城市宣州区人民法院(2019)皖 1802 民初 407 号民事判决第二项。

2. 变更安徽省宣城市宣州区人民法院(2019)皖 1802 民初 407 号民事判决第一项为:上诉人 A 公司于本判决生效之日起 10 日内赔偿被上诉人陈 B 各项损失共计 32,166.2 元。

3. 驳回被上诉人陈 B 的其他诉讼请求。

【律师分析】

本案中 A 公司组织自驾游活动时,陈 B 跟随带队人员行走途中,因斜坡路面湿滑不慎扭伤脚部,A 公司对陈 B 的损害后果无故意或重大过失。根据《侵权责任法》(已失效)第三十七条(现为《民法典》第一千一百九十八条)的规定,公共场所的管理人和群众性活动的组织者未尽到安全保障义务的,应向受害人承担侵权责任。

被告 A 公司作为自驾游组织者,在活动期间应对人身安全事故以及其他责任风险有别于一般的旅行社或个人自发组织的自驾游。

本案中,陈 B 跟随带队人员行走途中,因斜坡路面湿滑不慎扭伤脚部,A 公司对陈 B 的损害后果无故意或重大过失;陈 B 系成年人,具有完全民事行为能力,按照社会一般价值判断所认同的安全保障义务,本案中 A 公司虽应尽一定安全保障义务,但不应对 A 公司应尽的安全保障义务要求过高。

针对本案涉及的问题,主要作以下两点分析。

1. 关于组织者提供营利旅游服务的责任问题

与传统旅行社提供的旅游服务产品收取费用不同,其他自驾游组织者在无营利目的前提下策划相关户外活动时,其身份性质的认定在实务中存在不同见解。

在现行法律规定中,《民法典》第一千一百九十八条规定的群众性活动时是指面向社会公众举办的参加人数多的活动,并没有限制是否为营利性组织者。也就是说,无论组织者是否营利,其本身仍然是该活动的实际控制者,对活动流程细节最为熟悉,无论是从法律还是从法理的角度,理应对活动期间发生的损害承担相应的责任。

本案中,被告作为汽车销售企业,组织购买同类型车辆的人员进行自驾游活动,这对其自身企业品牌、形象具有一定的宣传作用,但被告在活动前未提前规划合理路线,并在活动当天天气状况不佳的情况下,其工作人员仍带头在具有一定危险性的斜坡上行走,且未对活动参与人员进行危险告知,过程中亦未配备足够人员对活动参与人员进行安全防护,存在一定过错,依法应对原告的损失承担赔偿责任。

在司法实践中,对于带有营利性质的组织组织的自驾游活动,存在以下两种认定方式。

(1)视作旅游经营者

认定组织者和参加者之间成立户外活动服务合同,由于组织者未尽到保护义务,所以直接适用违约责任的规定。而民间组织或者活动俱乐部是否为营利性质,需要根据实际举办的活动来判断。

(2)视作群众性活动组织者

依据《民法典》第一千一百九十八条,追究该互动组织团体及其核心成员的群众性活动组织者责任。俱乐部作为现有多起案例中活跃的户外活动组织者,其主体地位仍未有定论,法院往往将俱乐部的设立人或核心人员列为被告。

就一般的非营利性自驾游活动而言,组织者在类似纠纷中不是旅游经营者,不应该适用《旅游法》的相关规定,相反应适用《民法典》第一千一百九十八条中的违反安全保障义务责任制度,即使存在如同上述案例中被告辩称的"本次活动没有收取任何费用,不属于营利性活动,我司为本次活动支付了包括景点门票、车辆技术保障、餐费等费用,我司也派员全程参与,活动前对安全注意事项进行了提示和告知,并与原告的丈夫签订了自驾游安全协议书,协议书当中明确约定,因事故导致的一切责任由行为人自行承担,与我司无关"问题,组织者也仍然需要承担一定责任。

但需要强调的是，一般非营利性民间组织开展自驾游活动并不收取服务费用，无须像旅游社那样承担更高的注意保障义务，但是不排除这些组织从事旅游服务活动的情况，如果未得到旅游经营许可而擅自开展自驾游组织服务活动，这些民间组织团体有可能承担行政责任。

2. 侵权责任分配问题

在自驾游活动发生事故损害时，侵权人就其安全保障义务承担责任。但是根据《民法典》第一千一百七十三条，被侵权人对损害的发生也有过错的，可以减轻侵权人的责任。

被侵权人在参与自驾游活动时需要遵循活动安全规则和基本的安全认识，管理自身行为。若参与者自身忽略规定，违反活动准则，从而造成损害结果，则根据其过错减轻侵权人的责任。

本案中原告由于没有对自身安全尽到足够的注意义务，对人身损害具有主要过错，需要对自身损失承担大部分责任，原告承担的过错比例由一审认定的60%，经过二审审理之后降低至30%。

【律师建议】

自驾游社团组织或者自驾游俱乐部（包括汽车经销商）是组织开展自驾游的重要方式之一，但是与旅行社在组织资格、组织规划能力和风险预知意识上有差别。因此，对于民间各种自驾游组织社团，尤其是汽车经销商或车主俱乐部，在组织车主开展自驾游的过程中，应谨记将安全保障义务贯穿整个活动期间。

对此，建议汽车经销商在以下几个方面进行着重安排。

1. 事前告知

对于自驾出行中可能存在的人身财产损害等风险，应如实告知参加者，注意提醒参加者做好相应的防患措施，减少事故发生的可能性。

汽车经销商需将整个活动的详细计划提前告知参加者，包括旅行线路、地点、特殊路况与天气、装备配件等重要信息，需传达或者主动提供给参加者。对于不符合活动要求的参加者，如身体条件不符合的，提前劝退。对危险系数高的地方进行标记，并进行警示说明，避免参加者盲目追求刺激。

2. 活动期间的安全保障义务

汽车经销商需要把控好每个环节中活动开展的安全评估，确保每一环节都有相应的风险应对措施。同时控制参加人数，减少意外发生概率，如果参加人数过多,必须进行相关申报,得到安全许可。

组织者可以购买旅游人身财产保险,转移事故发生时可能面临的巨额赔偿风险。

3. 事后救援

由《民法典》第一千一百九十八条相关规定可知,救助义务是组织者保障义务中最主要的义务。对参与者在活动中遭遇的意外事故,组织者应当在确保救援者自身安全的情况下采取措施帮助受害者,以减少对受害者的危害。

其他方面关于自驾游的风险防范意见或建议,详见本章本节第三部分内容。

【法律规定】

1.《民法典》

第一百七十九条　承担民事责任的方式主要有:

(一)停止侵害;

(二)排除妨碍;

(三)消除危险;

(四)返还财产;

(五)恢复原状;

(六)修理、重作、更换;

(七)继续履行;

(八)赔偿损失;

(九)支付违约金;

(十)消除影响、恢复名誉;

(十一)赔礼道歉。

法律规定惩罚性赔偿的,依照其规定。

本条规定的承担民事责任的方式,可以单独适用,也可以合并适用。

第一千一百七十三条　被侵权人对同一损害的发生或者扩大有过错的,可以减轻侵权人的责任。

第一千一百七十九条　侵害他人造成人身损害的,应当赔偿医疗费、护理费、交通费、营养费、住院伙食补助费等为治疗和康复支出的合理费用,以及因误工减少的收入。造成残疾的,还应当赔偿辅助器具费和残疾赔偿金;造成死亡的,还应当赔偿丧葬费和死亡赔偿金。

第一千一百九十八条　宾馆、商场、银行、车站、机场、体育场馆、娱乐场所等经营场所、公共场所的经营者、管理者或者群众性活动的组织者，未尽到安全保障义务，造成他人损害的，应当承担侵权责任。

因第三人的行为造成他人损害的，由第三人承担侵权责任；经营者、管理者或者组织者未尽到安全保障义务的，承担相应的补充责任。经营者、管理者或者组织者承担补充责任后，可以向第三人追偿。

2.《最高人民法院关于审理人身损害赔偿案件适用法律若干问题的解释》

第一条　因生命、身体、健康遭受侵害，赔偿权利人起诉请求赔偿义务人赔偿物质损害和精神损害的，人民法院应予受理。

本条所称"赔偿权利人"，是指因侵权行为或者其他致害原因直接遭受人身损害的受害人以及死亡受害人的近亲属。

本条所称"赔偿义务人"，是指因自己或者他人的侵权行为以及其他致害原因依法应当承担民事责任的自然人、法人或者非法人组织。

3.《最高人民法院关于确定民事侵权精神损害赔偿责任若干问题的解释》

第五条　精神损害的赔偿数额根据以下因素确定：

（一）侵权人的过错程度，但是法律另有规定的除外；

（二）侵权行为的目的、方式、场合等具体情节；

（三）侵权行为所造成的后果；

（四）侵权人的获利情况；

（五）侵权人承担责任的经济能力；

（六）受理诉讼法院所在地的平均生活水平。

第二节　答　谢　会

一、答谢会的形式

汽车经销商为对其自身企业品牌、形象进行宣传，会不定期举办不同专题或主题的客户答谢会，邀请保有客户或潜在客户参加相关活动，举行的方式包括晚会、宴会、围餐等。

客户答谢会根据活动的主题、目的等因素不同,可以分为几百上千人的大型答谢会和人数在 15 ~ 20 人的小型精致答谢会。

每期客户答谢会可以有不同的主题,例如以增进感情为前提邀请客户,以感恩、树立工作和生活目标和答谢客户为活动内容,以要求转介绍客户为根本目的,通过老客户的支持协助公司实现工作上的目标。

通过定期举办客户答谢会,使老客户转介绍新客户和增购,以老客户为纽带带动业务的新增量,实现销售的新增长。

二、答谢会相关风险防范

客户答谢会一般在场内、室内进行,例如在汽车 4S 店展厅、酒店会议大厅、体育场馆等,这就会涉及场地管理者、使用者的安全保障义务,同理于其他各种形式的室内活动。

不同于室外活动的场地管理者、使用者的模糊性,该场地有明确的管理者和使用者,对于在室内发生的安全事故,如果没有尽到安全保障义务,场地的管理者、使用者有不可推卸的责任。对此,汽车经销商在策划各种活动时,要注意活动安全风险的防控,做好风险应急方案。

【案例 48】汽车 4S 店展厅内活动造成客户人身损害,4S 店是否需要承担赔偿责任?

【案例来源】徐 A 与衢州 B 汽车有限公司、衢州 C 汽车销售服务有限公司违反安全保障义务责任纠纷案[浙江省衢州市柯城区人民法院(2019)浙 0802 民初 4869 号民事判决书]

【基本案情】

2016 年 12 月,原告之女邱 D 在被告衢州 C 汽车销售服务有限公司(以下简称 C 公司)购买轿车。邱 D 于 2017 年 2 月 18 日在被告衢州 B 汽车有限公司(以下简称 B 公司)处进行贴膜,原告与邱 D 及邱 D 尚在哺乳期的儿子一同前往。其间,原告被 B 公司地面插座绊倒,后被送往医院治疗。2019 年 2 月 13 日,经浙江光华司法鉴定中心衢州(光大)所鉴定,原告所受损伤构成十级伤残,误工期为365日、护理期为150日、营养期为180日。其后原告向法院提起诉讼,要求被告赔偿各项经济损失。

被告B公司答辩称,B公司未违反安全保障义务,原告要求B公司承担赔偿责任无事实和法律依据,应予以驳回。被告C公司答辩称,原告女儿邱D确实到C公司处购买车辆,但C公司并未安排其到B公司贴膜,原告要求C公司承担赔偿责任无事实和法律依据,应予以驳回。

【裁判结果】

法院认为,公民的身体权受法律保护,侵害他人造成人身损害的应当赔偿医疗费、护理费、残疾赔偿金、精神损害抚慰金等费用。

本案中,原告为照顾外孙而陪同女儿在被告B公司进行汽车贴膜时摔倒受伤,被告B公司作为一家汽车4S店,对来店人员和店内场所负有一定的管理义务,其疏于管理,对原告的损伤负有一定的责任。原告作为完全民事行为能力人,自身负有注意义务,对损害发生亦存有一定过错。

法院确定被告B公司承担30%的赔偿责任。对原告要求被告C公司承担赔偿责任的诉请,证据不足,法院不予支持,判决如下:

1. 被告B公司于本判决生效之日起10日内赔偿原告徐A各项经济损失30,608.98元、精神损害抚慰金1500元,共计32,108.98元。

2. 驳回原告徐A的其他诉讼请求。

【律师分析】

汽车经销商在其门店如4S店内进行答谢会或者其他聚会时对其场地内的安全保障具有主要责任。发生事故时,基于过错推定责任,场地的管理者未尽到安全保障义务,造成他人损害的,应当承担侵权责任。同时,被侵权人对于结果发生有过错的,负有一定责任。

【律师建议】

汽车俱乐部或者汽车销售商在举办室内活动时应尽到场地的安全保障义务职责,减少活动中的不利因素。

1. 优化室内活动的场地布置

大型活动的组织者负有在合理限度内使他人免受人身及财产损害的义务。具体而言,此安全保障义务有两个主要方面:

其一,要具备经营场所或活动举行的外部安全环境,例如相应场地及其设备的安全性等。

其二,要有维持外部环境安全的人员配置,例如安排为参与社会活动的他人提供予以预防外界及第三人侵害的保障的人员。

2. 对基础安全防护设施进行排查

4S门店兼具展厅和服务区等多个功能,大型灯光组合设备和场地建筑本身就需格外注意用电安全和避免碰撞。

不少4S门店的触电事故以及玻璃碰撞碎裂砸伤人的事故屡屡发生,对于这些本身就有更高危险系数的设备,必须设置防护设施,避免不熟悉的人员接触,并安排专业人员定期检查。

3. 落实现场活动的指引和提醒

4S门店组织各种室内活动都需要对密集的人员进行现场引导,制作清晰的指示牌或者组织安保人员维护现场秩序,确保现场活动的有序进行。

在一些有不易发现的障碍或者危险的场地,应划出安全距离,提醒参加者注意安全。

【法律规定】

《民法典》

第一千一百六十五条　行为人因过错侵害他人民事权益造成损害的,应当承担侵权责任。

依照法律规定推定行为人有过错,其不能证明自己没有过错的,应当承担侵权责任。

第一千一百七十三条　被侵权人对同一损害的发生或者扩大有过错的,可以减轻侵权人的责任。

第一千一百七十九条　侵害他人造成人身损害的,应当赔偿医疗费、护理费、交通费、营养费、住院伙食补助费等为治疗和康复支出的合理费用,以及因误工减少的收入。造成残疾的,还应当赔偿辅助器具费和残疾赔偿金;造成死亡的,还应当赔偿丧葬费和死亡赔偿金。

第一千一百八十三条　侵害自然人人身权益造成严重精神损害的,被侵权人有权请求精神损害赔偿。

因故意或者重大过失侵害自然人具有人身意义的特定物造成严重精神损害的,被侵权人有权请求精神损害赔偿。

第三节　试乘试驾会

一、什么是试乘试驾

在汽车销售环节,汽车试乘试驾十分常见,是指在汽车经销商指定人员的陪同下,顾客沿着特定的路线驾驶或乘坐指定的车辆,通过试乘试驾亲自感受、体验车辆的实际操控、性能、内饰、空间及乘坐舒适度等信息。

试乘试驾作为汽车4S店独具特色的宣传推广项目,能让潜在客户真实感受车辆性能和特点,从车辆的内饰、空间、配置、操控性能等多方面判断汽车的实际表现是否符合预期,对车辆的最终交易成功具有重要意义。

据J. D. Power(君迪)发布的2022中国销售服务满意度研究(SSI),在试乘试驾期间决定购买的消费者比例从2021年的15%增加到了2022年的21%,一年之中足足增加了6%,该比例也侧面反映了现场试乘试驾是汽车经销商在汽车销售过程中必不可少的重要环节。

二、试乘试驾风险

汽车试驾在汽车销售门店中屡见不鲜,由于汽车销售商往往开放在人流和车流较为密集的场所吸引流量,由此带来的安全隐患问题如车辆碰撞、试驾人不熟悉引起的失控以及碾轧行人等多次登上新闻报道。

汽车试驾中涉及的责任问题引发试驾人和经销商的推诿,同时引出对免责协议和责任承担顺序的考量。

三、试乘试驾免责声明

自驾游组织者一般在报名时或出行前会让参与者签署一份免责协议或声明。同样,汽车经销商在组织客户对车辆进行试乘试驾前,也会签订一份试乘试驾免责协议或声明,内容例如,“在试乘试驾过程中,如遇包括但不限于以下情况,您应承担全部责任,并负责向相关第三方赔偿所有损失:因您违反本承诺书或因其他非我司原因给本人或他人造成人身伤害及或其他损失;或因此给试驾所用车辆造成损害;或因此给公路及活动相关场地和设施造成损害;事故发生后,未在第一时间通知我司,造成保险公司拒绝立案理赔的损失;但无论保险公司是否最终能理赔,您均需对由此造成的一切损害承担第一赔偿责任。如您发生交通违章,所产生的费用,由您自行处理"。

一般而言,购车属于大额消费,在决定购买汽车之前,对同样车型同样配置的车辆进行试乘试驾,是作出最终购车决定的必经程序。汽车经销商一般提供的是无偿试乘试驾服务,所以客户一般也不会在意,对这样的协议或声明多会欣然接受及签署。

但实际上,这样的协议或声明并不能确保汽车经销商真正完全免责。具体分析参见本章第一节第四部分关于"自驾游免责协议"部分的内容。

【案例49】在汽车试乘试驾活动中发生事故,免责声明是否真能免责?

【案例来源】唐A、浦B等机动车交通事故责任纠纷案[昆明市盘龙区人民法院(2021)云0103民初9359号民事判决书]

【基本案情】

2020年12月1日11时06分,被告浦B在昆明市昆明通合汽车贸易有限公司五菱4S店内试车时因操作不当与行人唐A发生碰撞,致唐A受伤。昆明市公安局交通警察二大队作出道路交通事故认定书,认定浦B负事故全部责任,唐A无责。事故发生后,唐A被"120"急救车送到昆明市延安医院急救治疗。2021年4月9日,经昆明医科大学司法鉴定中心鉴定,唐A伤残等级为十级,后期医疗费预估为19,000元。

另查明,事故发生时,涉案车辆所有人为昆明通合汽车贸易有限公司,涉案车辆未投保机动车交通强制责任保险。事故发生后,浦B向昆明通合汽车贸易有限公司购买了涉案车辆,并于2020年12月1日11时58分投保机动车交通强制责任保险。又查明,事故发生后浦B垫付3885.82元,唐A的主张中不包含此笔费用,各方同意将垫付费用在本案中一并解决。

原告唐A向法院提出下列诉讼请求：

1. 请法院判决二被告共同赔偿原告的医疗费、购药费、医疗辅助器具费、误工费、护理费、营养费、住院伙食补助费、鉴定评估费、伤残赔偿金、后期治疗费、交通费、精神抚慰金、被抚养人生活费等合计各种损失344,605.52元(先判由昆明通合汽车贸易有限公司在未投保的交强险范围内予以赔偿,仍不足的,再判由浦B和昆明通合汽车贸易有限公司连带赔偿)。

2. 本案诉讼费判由二被告共同承担。

被告浦B辩称如下：

1. 浦B在试驾车辆过程中不存在过错行为,无赔偿义务,事故发生后垫付了12,203.14元应当由原告返还。

2. 应由昆明通合汽车贸易有限公司承担全部赔偿责任。被告昆明通合汽车贸易有限公司未详细告知试驾者车辆性能及试驾路线,未尽到有效监管责任,存在过错,且其享有试驾车辆运行利益,理应承担试驾活动风险,此外,昆明通合汽车贸易有限公司作为投保义务人未投保交强险,应在交强险责任限额内优先承担赔偿责任。

3. 原告唐A对事故的发生也存在过错,其在过错范围内的责任应当自行承担。

【裁判结果】

根据道路交通事故认定书,被告浦B承担此事故的全部责任,原告唐A无责,法院对此责任划分予以确认。昆明通合汽车贸易有限公司提出事故发生时,涉案车辆为浦B所有,但未能提交有效证据证明,法院不予支持,认定事故发生时昆明通合汽车贸易有限公司为车辆所有人。

涉案车辆虽属昆明通合汽车贸易有限公司的新车,但要上路试驾同样需要投保交强险,昆明通合汽车贸易有限公司为投保义务人。

本案中被告昆明通合汽车贸易有限公司作为肇事车辆的所有权人,未按照规定给车辆投保交强险,故需在交强险限额内承担赔偿责任。

判决如下:(1)被告浦B于本判决生效之日起10日内赔偿原告唐A各项损失人民币32,022.97元;(2)被告昆明通合汽车贸易有限公司于本判决生效之日起10日内赔偿原告唐A各项损失人民币12,9403.2元;(3)驳回原告唐A的其他诉讼请求。

【律师分析】

本案涉及客户在试乘试驾过程中发生事故责任承担问题。

根据道路交通事故认定书,被告浦 B 承担此事故的全部责任,原告唐 A 无责,被告浦 B 应对原告唐 A 的损失承担全部赔偿责任,但由于被告昆明通合汽车贸易有限公司作为肇事车辆的所有权人未按照规定给车辆投保交强险,故需在交强险限额内承担赔偿责任。法院根据此逻辑作出了相应判决。

关于试驾事故纠纷中责任主体的认定,最高人民法院《关于审理道路交通事故损害赔偿案件适用法律若干问题的解释》第六条规定,驾驶试驾车发生交通事故,提供试乘服务者应承担一定的责任,但如果试驾者存在过错,应当适当减轻提供试乘服务者的赔偿责任。

《民法典》第一千二百一十三条规定,机动车交通事故赔偿责任顺序是先由承保机动车强制保险的保险人在强制保险责任限额范围内予以赔偿,不足的部分,由承保机动车商业保险的保险人赔偿,仍不足的由侵权人补充赔偿。最高人民法院《关于审理道路交通事故损害赔偿案件适用法律若干问题的解释》第十六条规定,未依法投保交强险的机动车发生交通事故造成损害,当事人请求投保义务人在交强险责任限额范围内予以赔偿的,人民法院应予支持。

因此,汽车经销商是否为试驾车辆投保交强险直接决定了赔偿的顺位。汽车经销商若没有购买交强险,即使在交通管理部门认定试驾人承担该交通事故全部责任时,汽车经销商仍需在交强险限额内先行赔偿,对于超出部分则双方按份赔偿,汽车经销商最终面临的赔偿可能会多于试驾者。

此外,试乘试驾前,汽车经销商通常会让客户签署一份试乘试驾免责协议或声明。关于试乘试驾免责协议或声明中的免责条款相关问题,本书作简要分析如下:

首先,就汽车销售商而言,签订免责协议或者承诺是在试驾环节的一项常规操作,但是在实务中,双方当事人往往只将其当作形式流程,销售商提供的协议往往被认定为格式条款,导致其在纠纷审理时被认定为无效。因此,必须明确告知试驾人协议内容和承诺,并在车内装置摄像和录音装置,保障试驾过程的行车安全。

其次,免责条款或类似的保证书约定由试驾人承担试驾过程中产生的一切损失和危害有违公平原则,加重了消费者责任。而试驾活动作为销售行为的一部分，属于市场营销的手段，经营者可以从中赢得商业利益，理应对试驾活动承担相应风险，而不应将全部风险责任转嫁消费者，独享商业利益。

在存在第三人的事故受害人时，依据合同的相对性原理，该协议中关于责任的事先划分不能对抗交通事故中的受害人。即便是因为试驾者操作不当造成事故，汽车经销商的民事责任也无法推卸。

最后，从实际风险规避角度看，结合多起案例和法院判定，免责条款并不是最佳的避免巨额赔偿以及责任风险的方式，销售商应采取其他积极措施避免试驾可能发生的安全事故，从而避免更大的人身财产损害。

【律师建议】

对于汽车经销商，从风险防范的角度出发，我们建议如下：

1. 作为经营者，汽车经销商有义务保障消费者的财产与人身安全。交通事故固然具有偶发性，汽车经销商无法预测交通事故，也无法控制其他道路参与者的不当行为，但必须尽到基本保障性义务，如审查试驾者驾照、合理提示车辆特性及试驾路线、提供符合安全标准的车辆等。如果汽车经销商未详细告知试驾者涉案车辆性能及试驾路线，就可以认定其在预防和减少危险发生、保障试驾者安全方面存在过错，应承担赔偿责任。

2. 在我国《民法典》以“运行支配”与“运行利益”为认定机动车交通事故责任主体核心要素的背景下，即使试驾人签订了含有汽车经销商完全免责的试驾协议，也不能认定试驾人要承担全部责任，责任的划分还有赖于人民法院对双方过错事实的查明和过错程度的认定。对此，4S 店或者汽车经销商应尽早为试驾车辆投保交强险以及必要的商业险，避免意外事故引发的巨额赔偿带来的损失。

3. 鉴于电动汽车目前发展较快，品牌较多，新势力造车更倾向于将车辆在市区较好的商业广场内进行展示。但同时城市中心的道路相对复杂，一般适合试乘体验但不适合试驾，汽车经销商在试驾选址上负有更大的责任，需要更加谨慎地选择地段和路线规划。

【法律规定】

1.《民法典》

第一千一百九十一条第一款　用人单位的工作人员因执行工作任务造成他人损害的，由用人单位承担侵权责任。用人单位承担侵权责任后，可以向有故意或者重大过失的工作人员追偿。

第一千二百零八条　机动车发生交通事故造成损害的，依照道路交通安全法律和本法的有关规定承担赔偿责任。

2.《最高人民法院关于审理道路交通事故损害赔偿案件适用法律若干问题的解释》

第六条　机动车试乘过程中发生交通事故造成试乘人损害，当事人请求提供试乘服务者承担赔偿责任的，人民法院应予支持。试乘人有过错的，应当减轻提供试乘服务者的赔偿责任。

第十六条第一款　未依法投保交强险的机动车发生交通事故造成损害，当事人请求投保义务人在交强险责任限额范围内予以赔偿的，人民法院应予支持。

3.《侵权责任法》（已失效）

第十六条　侵害他人造成人身损害的，应当赔偿医疗费、护理费、交通费等为治疗和康复支出的合理费用，以及因误工减少的收入。造成残疾的，还应当赔偿残疾生活辅助具费和残疾赔偿金。造成死亡的，还应当赔偿丧葬费和死亡赔偿金。

4.《道路交通安全法》

第七十六条　机动车发生交通事故造成人身伤亡、财产损失的，由保险公司在机动车第三者责任强制保险责任限额范围内予以赔偿；不足的部分，按照下列规定承担赔偿责任：

（一）机动车之间发生交通事故的，由有过错的一方承担赔偿责任；双方都有过错的，按照各自过错的比例分担责任。

（二）机动车与非机动车驾驶人、行人之间发生交通事故，非机动车驾驶人、行人没有过错的，由机动车一方承担赔偿责任；有证据证明非机动车驾驶人、行人有过错的，根据过错程度适当减轻机动车一方的赔偿责任；机动车一方没有过错的，承担不超过百分之十的赔偿责任。

交通事故的损失是由非机动车驾驶人、行人故意碰撞机动车造成的，机动车一方不承担赔偿责任。

第十五章　二级网点合作及风险防控

二级网点也称“二级经销商”,是指一级汽车经销商将车辆批量销售给没有厂家认证的小汽车经销商,二级经销商再将车辆销售给终端客户。

二级网点作为汽车经销商汽车销售服务业务的重要补充,是连接经销商和终端市场的重要桥梁,是汽车经销商扩大品牌知名度、提升市场占有率及通过多渠道获取更大利润的重要举措和重要组成部分。

第一节　建立发展二级网点的动因

一、发展二级网点的动因与选择

对于汽车经销商来讲,二级网点是其对市场深度开发的一种形式。汽车经销商发展和完善二级网点的动因和目的主要包括以下几个方面。

(一)降低投资风险,节省市场开发费

建立二级网点,通过与二级网点合作,利用二级网点的资金和资源共同开发市场,加快资金周转,降低投资风险,节省市场开发费。

(二)加速市场开拓,提升区域市场竞争力

利用二级网点在当地的关系、人脉,以及良好的市场洞察、客情关系等优势,迅速打开当地市场,在特定的区域内快速形成综合竞争优势。

(三)提高客服及市场信息反馈能力

利用二级网点的建立与布局,扩大客户服务的区域范围,给客户的汽车购买和售后服务提供更多的便利性和售后保障,尽可能地提升已购车用户的满意度和忠诚度,增加客户黏性及保障后期长期稳定的售后服务返店率,同时可以通过二级网点的合理布局,快速掌握市场和客户信息状况,第一时间了解、反馈终端市场需求、问题或信息，提升对于市场变化的应对能力。

二、二级网点选择注意事项

汽车经销商为了完成汽车厂家的销售任务指标，应对汽车厂家的各种考核和评价，并获得汽车厂家相应的返利或补贴，通过一定的让利，发展二级网点以帮助消化多余库存（重点是滞销车型），但如果无相应的有效管控机制，容易产生大量纠纷，滋生徇私舞弊，甚至是诈骗犯罪，同时要谨防把二级网点培养成竞争对手，不为他人做嫁衣。

因此，作为汽车经销商，从风险防范和规避的角度出发，开发或选择二级网点合作时应当注意以下几点。

（一）开发前综合调研和评估

开发二级网点，需要对二级网点开发的相关问题或要素事先进行综合的调研和评估，比如，二级区域市场成熟度、二级网点销售能力、二级网点的售后服务保障能力、二级网点风险管理能力、二级网点的盈利能力、二级网点所辖区域与其他类似网点的区域布局合理性等。经过充分的调研之后，再结合评估结果作出综合考量和决定。

（二）谨慎选择合作方

选择优质的合作伙伴是合作成功的一半。关于对二级网点合作方的选择，需要从经营理念、资金实力、当地资源关系、销售及售后服务能力等方面作考量和评估。

1. 双方的基本经营理念需一致

道不同不相为谋，共同的经营理念是合作的前提和基础，也是长期持久合作的重要保障。在合作过程中难免会遇到各种问题或突发情况需要及时沟通和解决，如果合作双方没有共同的经营理念，在合作过程中很难持续和长久。

2. 有相匹配的资金能力保障

二级网点的正常运营需要一定的经营场所、人力资源配备、车辆采购、市场宣传投入等费用，必须有相匹配的资金能力保障，确保配备相关的资源和设备设施，如此方能确保二级网点的有效运作。

3. 良好的当地资源关系

一个汽车品牌的运营是一项系统工程，需要和所属地相关方建立良好的互通关系，包括场地的出租方、场地涉及的集体组织及村民，包括相关政府部门，如工商部门、环保部门、质监部门、税务部门等，还包括对所属地民众的生活、消费能力、风俗习惯、消费喜好等方面有相当的调研和熟悉，因地制宜，因情制宜，二级网点才能更好地做好日常管理、销售及售后服务。

4. 良好的信誉、商誉及售后服务能力

良好的信誉、商誉及售后服务能力不仅是一级经销商选择二级网点的重要标准之一，而且是客户选择购车及售后服务的关键因素之一。诚信经营是企业的立身之本，良好的信誉、商誉是消费者选择交易的信心所在，而完善的、优质的售后服务，是消费者购车之后，在后续用车过程中首要考虑的问题。

第二节　二级网点合作的主要问题和风险

一、二级网点合作的主要问题

（一）合作目的不明确

销售政策和让利倾斜于二级网点，提供给二级网点的畅销车型较多，这样不仅消化滞销车型的目的没有达到，还分流了客户资源，培养了一个直接竞争对手。

（二）相关人员徇私舞弊

一级经销商销售人员串通二级网点人员，将一级经销商的展厅客户转化为二级网点客户，对差价进行分成，并将相应水平业务（精品、保险、金融、上牌等）转移。

（三）缺乏日常监控

二级网点经销商向一级经销商所交的每辆车保证金比例较低，如 10%、20% 等，一级经销商对二级网点缺乏监管，对二级展车未定期盘点，展车安全性存在风险。

(四)二级网点销售流程不规范

二级网点销售管理流程不规范,没有将车款直接汇入一级经销商账户,而是由一级经销商的二级网点负责人代收或代刷卡,存在差价风险和携款潜逃的风险。

(五)二级网点存在重大管理漏洞

二级网点经销商对通过按揭购车的客户手续办理不规范,管理存在重大漏洞,在没有完成车辆抵押手续办理的情形下即让客户提走车辆,存在客户立即将车辆转卖变卖后即失踪的风险,甚至存在涉嫌刑事诈骗等情形。

二、二级网点风险防控措施

(一)规范签署二级网点经销合作协议

签订完善的二级网点经销合作协议,明确双方的权利、义务及违约责任,重点对提车条件和要求、提车保证金的比例和支付、合作具体车型、展车展示停放保管要求、收付款要求及账户约定、销售付款交车流程规范、日常对二级网点的巡查监督等内容进行明确。

但在网点合作协议中,要尽量避免对转售价格的最低或最高约定,或与不同的网点联合形成价格联盟,或对二级网点的销售区域进行限制或禁止,这些内容很可能涉嫌违反反垄断法而面临遭受处罚的风险。

(二)规范收款账户及方式

规范二级网点的销售流程及相关配套文件,禁止业务销售人员以任何方式向客户私下收取任何款项,对每位意向客户作书面提醒,明确任何业务收款项目只能向二级网点财务指定的公司账户支付,并在二级网点出具的账户函或者协议中注明公司收款账户。如果账户变更,需经过一级经销商书面变更确认才能生效,并要求二级网点在正式合作之前将其常用账户书面向一级经销商备案。

(三)规范每月对账细节

明确二级网点的定位与目的,控制二级网点经销的车型与数量比例。二级网点在付款、汇款单中注明所购车辆车架号或发动机号,一级经销商与二级网点每月对账时,对账函要列明购车,包括明确车辆对客户销售价及一级经销商与二级网点的结算价等信息。一级经销商财务人员确认收款时,要将二级网点汇款凭证与二级网点备案的常用账户核对。

(四)规范提车手续

二级网点提车时,必须保证相应保证金到账之后才办理提车手续。在情况紧急而保证金未到位的情况下,车辆调拨必须经销售经理签字确认后,由财务复核、总经理审批,并在提车后及时跟进相应提车保证金的支付。

(五)规范日常巡查监控

适当提高提车保证金的比例,不定时跟踪二级网点车辆的展示、销售情况,不断完善优化合作方式,规范二级网点的经营管理制度及实际操作流程(订车、交款、提车等流程)。

一级经销商每月定期巡查盘点二级网点合作车辆的展示、销售、交付等情况,如果发现合作车辆有毁损灭失等异常情况,应及时采取有效措施应对。

(六)规范票税行为

规范开票行为,所有收入均需依法开票纳税,规范和加强对二级网点的财务管理和监督。

【案例50】终止二级网点合作后,合作补助金需要支付吗?

【案例来源】潜江市A汽车销售有限公司、孙B等合同纠纷案[潜江市人民法院(2022)鄂9005民初968号民事判决书]

【基本案情】

原告潜江市A汽车销售有限公司(以下简称A公司)诉讼请求如下:

1.判令二被告连带支付原告A公司支持政策补助金300,000元,并支付该款项自2020年8月1日起至支付之日止按一年期贷款市场报价利率计算的利息。

2.判令二被告承担本案诉讼费。

事实和理由:原荆州市鑫沃汽车销售服务有限公司(以下简称鑫沃公司)是宝沃汽车(中国)有限公司(以下简称宝沃公司)在荆州地区的一级经销商(4S店),按宝沃公司的政策和要求,将原告A公司发展成为鑫沃公司(宝沃BX7)在潜江市的二级经销商(2S店),双方于2017年3月15日签订了《宝沃汽车合作经销协议》,原告A公司成了鑫沃公司下属的“卫星店”。

双方于2017年9月20日签订了《宝沃汽车荆州鑫沃经销商合同补充协议》,明确约定原告A公司符合宝沃汽车卫星店售前加售后的标准,相应享受政策补助金额为30万元。支持政策补助金分两次发放,直接发放到一级经销商提车账户。二级经销商可用支持金额充抵提车款。验收通过后开业满1年,发放政策补助金额的50%;开业满2年,发放剩余的50%。鑫沃公司以宝沃公司支持政策补助金鼓动原告A公司加入其经销组织,并按宝沃公司提供的宝沃汽车2S店标准图纸和说明建设,建设物料中的门头菱型板、形象标识、室内形象、墙材料都向宝沃公司指定的厂家采购,要价37,940元,1台装有宝沃检测系统的联想便携式计算机,收费40,000元,常用的办公桌椅加倍收费,致原告A公司总计投入装饰、装修和材料等费用超过300,000元。2018年7月10日通过宝沃公司验收,持续经营至2021年7月,无任何违约行为,被告却未支付分文宝沃公司支持政策补助金。

其后鑫沃公司未经清算,进行简易注销,该公司股东孙B、陈C应连带承担支付宝沃公司支持政策补助金的责任。

合同双方都应当遵守诚实信用原则,全面履行各自的义务,以维护正常的经济秩序,二被告诱骗原告A公司加入宝沃汽车销售,收取高额建店费用后却不按承诺支付支持政策补助金,损害了原告A公司的权益,又拒不协商处理,为此,原告A公司诉至法院,请求判如所请。

被告孙B庭审时辩称:原告A公司要求支付政策补助金300,000元及相关利息没有事实依据。

鑫沃公司没有向原告A公司支付建店补贴的合同义务,原告A公司提交的《宝沃汽车合作经销协议》《宝沃汽车荆州鑫沃经销商合同补充协议》及与孙B的聊天记录,均表明宝沃公司才是原告A公司补贴发放的义务方,鑫沃公司仅作为原告A公司与宝沃公司的中间人和辅助人,在鑫沃公司收款后代付给原告A公司,鑫沃公司只是配合执行宝沃公司的政策,宝沃公司没有向鑫沃公司支付过关于原告A公司的任何建店补贴。

2017年3月15日,鑫沃公司与原告A公司签订《宝沃汽车合作经销协议》,双方仅是宝沃公司就宝沃BX7这一款车型进行代理而产生的相关权利义务进行约定,并不是就鑫沃公司下属的"卫星店"进行相关权利义务的约定,根据宝沃公司的规定,"卫星店"是售前加售后店即2S店。而原告A

公司错误地认为已经成了鑫沃公司下属的"卫星店"。

2017年9月20日,双方签订的《宝沃汽车荆州鑫沃经销商合同补充协议》并不是补充协议,而是就原告A公司成为鑫沃公司下属的"卫星店"重新达成的协议。根据上述协议的约定,原告A公司有以下四处没有达到支付政策补助金的要求:(1)原告A公司没有通过和接受宝沃公司的验收(合同约定是:完工后接受宝沃公司的验收,合格后给予相应的政策支持,鑫沃公司给予技术等支持,建设按标准执行);(2)原告A公司开业没有满2年,双方另行达成《宝沃汽车潜江区域二级经销商退网协议》,原告A公司已经在2年内退网,退网时间为2019年4月18日,享受政策支持的卫星店要求运营2年以上,未满2年停业的予以追回支持金额,给予相应的违约罚金;(3)原告A公司自行施工工期过长,从2017年9月20日签订协议后,原告A公司于2017年9月27日开始施工一直到2018年5月30日还在采购相应材料;(4)根据《关于宝沃汽车二级网点相关管理流程及规定的通知》第一条第一项"卫星店:由宝沃经销商直营或控股"的规定,原告A公司的原有股东为樊D和邓E,现由樊D持股100%,鑫沃公司及宝沃公司从未直营或控股原告A公司。

综上,在鑫沃公司不存在支付政策补助的情况下,本案两被告也不存在支付政策补助的义务。

原告A公司与被告孙B并没有合同关系。

原告A公司是与鑫沃公司签订的合作协议,并不是与被告孙B、陈C签订的协议,根据合同的相对性,即使应承担赔偿责任,也应该由鑫沃公司承担相应的责任。

综上,根据《民法典》第一百五十八条和第五百零九条的规定,鑫沃公司与原告A公司达成的协议并未达到付款条件,请求法院驳回原告A公司的全部诉讼请求。

【裁判结果】

1. 法院认定事实

2017年1月15日,鑫沃公司(甲方)与原告A公司(乙方)签订《宝沃汽车合作经销协议》,主要约定,甲方授权乙方为潜江市宝沃BX7的宝沃汽车合作经销商(新增加车型另行授权)。乙方需要向甲方支付车辆保证金250,000元。甲方向乙方提供展车3辆,甲方留置展车合格证、认证书、备用钥匙;展车的所有权归甲方所有。甲方每月向乙方提供各车型商务政策。甲方对乙方有月度销售任务考核及管理考核,甲方根据每月商务政策兑现佣金,具体内容见月度商务政策。乙方作为甲方的合作经销商,共同归宝沃厂家管理,严格执行宝沃厂家的各项物料展示要求,以及宝沃厂家推广的各种阶段性促销活动。乙方所销售车辆需甲方开具"机动车统一销售发票"的,发票金额如果超过乙方回款金额(结算价),甲方按照超出部分的20%向乙方代收税金。乙方必须按照甲方的建店标准建店,满足甲方关于经营场地、形象物料、人员及库存等标准的要求,接受甲方各种考核和检查。乙方的销售人员在业务上必须服从甲方的管理,乙方辞退和招聘的销售人员必须及时向甲方备案。无专职销售人员或已经备案的销售人员离职的,乙方必须在3日内补缺。乙方如果售出车辆,应在当日按结算价将车款汇至甲方指定账户,办理车辆开票和赎证手续,终端客户信息必须在24小时内上报甲方指定人员,甲方在3日内将合格证及车辆资料寄出,节假日顺延。乙方延期上报的,扣除2000~5000元/次的违约金。乙方售出车辆后为第一售后责任人,承担直接售后责任。乙方连续2个月未完成销售任务的,甲方有权取消乙方的经销权,或对乙方经销的车型或区域进行调整。该协议有效期为2017年1月1日至2017年12月31日,该协议到期后需续签的,在同等条件下乙方有优先权。双方还就其他权利及义务进行了约定。该协议到期后,双方未续签。

2017年9月20日,鑫沃公司与原告A公司签订《宝沃汽车荆州鑫沃经销商合同补充协议》,主要约定,在不违背《荆州鑫沃经销商合同2017版》的基础上,增加该协议。

二级网点定义、二级网点名称:荆州鑫沃潜江A店;二级网点注册名称:A公司;二级网点标准:申报为宝沃汽车湖北潜江区域卫星店(2S店厂分离式)。

二级网点支持政策,根据宝沃汽车2016年5月6日下发的《关于宝沃汽车二级网点相关管理流程及规定的通知》,荆州鑫沃潜江卫星店符合卫星店售前加售后标准。相应享有政策金额为30万元(此支持政策为上限,实际以宝沃汽车验收核定支持政策为准)。(1)支持政策补助金发放时间及方式。支持政策补助金分两次发放,直接发放至一级经销商提车账户,二级经销商可用支持金额充抵提车款。验收通过后开业满1年,发放政策补助金额的50%;开业满2年,发放剩余的50%。享受政策支持的卫星店要求运营2年以上,未满2年停业的予以追回支持金额，给予相应的违约罚金（售后部分相同）。（2）政策约束，在合作期间，二级经销商（A 公司）须在一级经销商（鑫沃公司）处提车。若发现二级经销商私自在其他经销商处调宝沃车辆，鑫沃公司有权取消建店支持政策并将 A 公司已享受的政策追溯回来，A 公司需支付 2 万元的违约金，从车辆保证金中扣除。

卫星店建店标准：（1）荆州鑫沃潜江 A 店为宝沃汽车潜江区域 2S 店，建设标准必须按宝沃汽车提供的标准图纸和说明建设，建设物料中门头菱型板、形象标识（室内、室外）、室内形象墙材料（水泥板）需向宝沃公司指定厂家采购。其他物料在不违背标准的情况下按照标准自行采购。（2）建设施工执行按照标准图纸自行执行，完工后接受宝沃公司的验收，合格后给予相应的政策支持，鑫沃公司给予技术等支持，建设按标准执行。施工未按标准执行，导致验收不合格，需要整改的，由二级经销商负责。

该协议一式两份，双方各执一份。在不违背该协议的前提下，双方友好协商后，可追加新的补充协议。

该协议签订后，原告 A 公司于 2017 年 10 月开始建设卫星店（2S 店），为建店装修，其通过鑫沃公司向指定的供应商采购物料，其中，2017 年 9 月 27 日支付铝塑板费 14,312 元、2017 年 10 月 9 日支付水泥板费 3483 元、2017 年 10 月 3 日支付宝沃门头标识费用 49,250 元、2017 年 11 月 28 日支付家具费 17,042 元、2018 年 5 月 3 日支付售后电脑诊断仪费用 40,000 元。2018 年 7 月，由厂家宝沃公司验收人员及被告孙 B 参与对原告 A 公司卫星店进行验收，但未通知是否验收合格。

宝沃公司于 2016 年 5 月 6 日下发的《关于宝沃汽车二级网点相关管理流程及规定的通知》主要载明：宝沃汽车二级网点分为卫星店和触点式网点，卫星店由宝沃经销商直营或控股，按照宝沃汽车规定的统一的店面形象及 V1 标识标准建设，建成通过验收，正式运营后享有建店支持政策。卫星店按照类型不同给予相应的支持政策，卫星店（直营或控股）：销售 + 服务类型，最低总面积标准 400m^2、支持政策金额上限 30 万元；销售单体类型，最低总面积标准 200m^2、支持政策金额上限 15 万元；城市快修类型，最低总面积标准 200m^2、支持政策金额上限 15 万元。二级网点申请流程中卫星店主要流程节点：（1）经销店（4S）提出申请。布局需求，提报申请，责任主体为经销商（一级经销店）。（2）大区给予初步审核意见,责任主体为区域经理/大区经理。(3)网络发展部审核,给出是否批准意见。(4)营销公司总经理。公司批准,责任主体为宝沃公司。(5)经销商网点建设。需审批完后建设,责任主体为经销商/区域经理。(6)网点验收。4S店验收组协同验收卫星店,核准支持标准,责任主体为4S店验收项目组。(7)网点营业。验收完成,开业由区域经理反馈,由经销商提供申请,区域审核,协同网络、销售、财务兑现政策。(8)网点取消。经销商主动取消或无法正常运营。

2019年4月18日,鑫沃公司(甲方)与原告A公司(乙方)签订《宝沃汽车潜江区域二级经销商退网协议》,约定:因鑫沃公司经营发展策略,与A公司双方友好协商解除合伙协议。

由于鑫沃公司经营紧张,A公司买断鑫沃公司宝沃汽车BX5新锐型1台,指导价为129,800元,车架号:×××7190,鑫沃公司给予该车辆15,000元销售政策,实际车价为114,800元,抵扣乙方车辆保证金。

乙方向甲方缴纳车辆保证金为250,000元,扣除乙方向甲方买断车辆金额114,800元,鑫沃公司向乙方退回车辆保证金为135,200元到乙方公司账号。

之前和鑫沃公司签署的所有单据和文件全部作废。建店补贴事情除外,如厂家有特殊情况,双方再协商。

另查明,原告A公司股东樊D持股100%。被告孙B、陈C系鑫沃公司股东,鑫沃公司于2021年11月4日进行了简易注销登记。

2.法院观点

法院认为,原告A公司与鑫沃公司签订的《宝沃汽车合作经销协议》《宝沃汽车荆州鑫沃经销商合同补充协议》《宝沃汽车潜江区域二级经销商退网协议》均系双方真实意思表示,且协议内容未违反法律、行政法规的强制性规定,均合法有效,对双方均具有约束力。

本案中,双方主要争议焦点为原告A公司主张的300,000元政策补助金是否应当得到支持的问题。

依据《宝沃汽车荆州鑫沃经销商合同补充协议》的约定,原告A公司符合卫星店售前加售后标准,享受相应政策支持金额,但其享受支持政策必须满足以下条件:

(1)"相应享受政策为30万元(此支持政策为支持上限,实际以宝沃汽车验收核定支持政策为准)",该约定与《关于宝沃汽车二级网点相关管理流程及规定的通知》中支持政策列表及二级网点申请流程能相互印证,表明 30 万元仅为支持政策金额上限,原告 A 公司实际支持政策金额需以宝沃公司验收核定支持政策为准。

(2)“在验收通过后开业满 1 年,发放政策 50%;开业满 2 年,发放剩余的 50%”,表明发放支持政策金的前提条件是首先通过验收,在验收通过后开业满 1 年才开始发放支持政策金额的 50%;开业满 2 年,发放剩余的 50%。

(3)“享受政策支持的卫星店要求运营 2 年以上,未满 2 年停业的予以追回支持金额,给予相应的违约罚金”,表明原告 A 公司作为卫星店必须运营 2 年以上才可享受相应的支持政策金;若未满 2 年停业,予以追回支持金额,即此情况下原告 A 公司不应享有支持政策金,已发放的支持金额应予以退回。经审理查明,原告 A 公司于 2017 年 10 月开始建设卫星店(2S 店),该卫星店于 2018 年 7 月进行了验收,但未通知是否验收合格。经法院电话询问原告 A 公司提供的对接人员,其表示自己并未通知原告 A 公司验收通过;原告 A 公司也未向法院提交验收通过的相关证据。且原告 A 公司于 2019 年 4 月 18 日与鑫沃公司签订退网协议,退出经营;即使自原告 A 公司卫星店 2018 年 7 月验收至其 2019 年 4 月 18 日退网,亦未满 1 年。原告 A 公司辩称其卫星店于 2017 年 11 月就已经竣工,因鑫沃公司未能及时组织厂家来人进行验收,导致迟至 2018 年 7 月才组织验收;后期亦因鑫沃公司无法提供车辆才致使其无法继续履行合同,该责任应由鑫沃公司承担。但原告 A 公司并未提交相关证据支持其抗辩理由,对此,应由其承担举证不能的法律后果。

综上,原告 A 公司尚未达到约定的发放享受政策支持金的条件,其主张要求鑫沃公司的股东被告孙 B、陈 C 支付其政策补助金 300,000 元及利息的诉讼请求,没有事实和法律依据,法院依法不予支持。

裁判结果:驳回原告 A 公司的诉讼请求。

【律师分析】

以上案例是汽车一级经销商与二级经销商之间的合作纠纷。

首先,原告 A 公司(二级经销商)与鑫沃公司(一级经销商)签订的《宝沃汽车合作经销协议》《宝沃汽车荆州鑫沃经销商合同补充协议》《宝沃汽车潜江区域二级经销商退网协议》均系双方真实意思表示,且协议内容未违反法律、行政法规的强制性规定,均合法有效,对双方均具有约束力。

其次,根据上述协议的约定,在原告满足协议约定的条件之后,原告可以享受政策补助的金额上限为30万元,而非固定为30万元,具体以汽车厂家验收核定为准。

最后,上述协议约定,"在验收通过后开业满1年,发放政策50%;开业满2年,发放剩余的50%""享受政策支持的卫星店要求运营2年以上,未满2年停业的予以追回支持金额,给予相应的违约罚金",结合本案的实际情况,原告A公司建设二级网点并未经过鑫沃公司或宝沃汽车厂家验收通过,且原告主张的二级网点验收时间为2018年7月,至其于2019年4月18日退网未满1年,亦未满足"享受政策支持的卫星店要求运营2年以上"的条件。

因此,原告主张的支付二级网点30万元政策补助金的支付条件并未成就,其诉求未得到法院的支持,也在情理之中。

本案还涉及另外一个问题:被告孙B、陈C系鑫沃公司股东,鑫沃公司于2021年11月4日进行简易注销登记。假设鑫沃公司需要承担向原告支付30万元政策补助金的义务,但在原告起诉时,鑫沃公司已经进行简易注销,孙B、陈C作为鑫沃公司股东,是否需要对鑫沃公司的债务承担清偿责任?

公司作为法律拟制人,具有独立的人格和财产,但并非公司注销,股东就万事大吉。股东应严格按照《公司法》的规定履行股东义务,遵守诚实信用原则,维护公司的独立性。

若有下列情形,即使公司解散清算,股东也应对公司债务承担连带清偿责任:

1. 股东存在出资过错,比如股东未履行或未全面履行出资义务。(最高人民法院《关于适用〈中华人民共和国公司法〉若干问题的规定(二)》第二十二条)

2. 股东存在清算过错,比如股东未在法定期间内清算,或怠于履行义务导致无法进行清算,或股东在公司解散后恶意处置公司财产,或以虚假清算报告注销登记。(最高人民法院《关于适用〈中华人民共和国公司法〉若干问题的规定(二)》第十八条、第十九条)

3. 股东存在注销过错,比如公司未经清算即办理注销,导致公司无法进行清算;或公司未经清算即注销,股东承诺对公司债务承担责任。(最高人民法院《关于适用〈中华人民共和国公司法〉若干问题的规定(二)》第二十条)

《公司法》及其司法解释在严格维护公司法人制度的同时，也划定了“揭开公司面纱”的边界，股东应严格按照《公司法》规定履行股东义务，遵守诚实信用原则，维护公司的独立性，避免对公司债务承担连带清偿责任。

【律师建议】

结合本案，从汽车经销商合规及风险防范角度出发，我们建议如下：

1. 汽车二级网点的开发、建立及合作过程中需要注意的事项、常见的相关问题及风险防范，详见本章节正文部分内容，这里不再赘述。

2. 公司股东决定解散公司的，需重视清算义务，依法依规通告，重视清算责任，审慎签署文书。

根据《公司法》及其司法解释的相关规定，有限责任公司中作为清算义务人的股东应当将公司解散清算事宜书面通知全体已知债权人，并根据公司规模和营业地域范围在全国或者公司注册登记地省级有影响的报纸上进行公告。需要提示的是，公司注销时在国家企业信用信息公示系统的公告并不能免除股东的通知及公告义务。

同时应当重视公司财务账册等重要文件的保管，依据公司的真实经营情况进行清算，出具真实的清算报告。如果股东未对清算义务提起足够的重视，草草了结公司的清算程序，可能会为后续的股东风险或责任埋下隐患。

【法律规定】

1. 最高人民法院《关于适用〈中华人民共和国公司法〉若干问题的规定(二)》

第十一条第一款　公司清算时，清算组应当按照公司法第一百八十五条的规定，将公司解散清算事宜书面通知全体已知债权人，并根据公司规模和营业地域范围在全国或者公司注册登记地省级有影响的报纸上进行公告。

第十九条　有限责任公司的股东、股份有限公司的董事和控股股东，以及公司的实际控制人在公司解散后，恶意处置公司财产给债权人造成损失，或者未经依法清算，以虚假的清算报告骗取公司登记机关办理法人注销登记，债权人主张其对公司债务承担相应赔偿责任的，人民法院应依法予以支持。

第二十二条　公司解散时，股东尚未缴纳的出资均应作为清算财产。股东尚未缴纳的出资，包括到期应缴未缴的出资，以及依照公司法第二十六条和第八十条的规定分期缴纳尚未届满缴纳期限的出资。

公司财产不足以清偿债务时，债权人主张未缴出资股东，以及公司设立时的其他股东或者发起人在未缴出资范围内对公司债务承担连带清偿责任的,人民法院应依法予以支持。

2.《公司法》(2018年修正)

第二十条 公司股东应当遵守法律、行政法规和公司章程,依法行使股东权利,不得滥用股东权利损害公司或者其他股东的利益;不得滥用公司法人独立地位和股东有限责任损害公司债权人的利益。

公司股东滥用股东权利给公司或者其他股东造成损失的,应当依法承担赔偿责任。

公司股东滥用公司法人独立地位和股东有限责任,逃避债务,严重损害公司债权人利益的,应当对公司债务承担连带责任。

第一百八十七条第一款 清算组在清理公司财产、编制资产负债表和财产清单后,发现公司财产不足清偿债务的,应当依法向人民法院申请宣告破产。

第一百八十九条第三款 清算组成员因故意或者重大过失给公司或者债权人造成损失的,应当承担赔偿责任。

3.《公司法》(2023年修订)

第二十一条 公司股东应当遵守法律、行政法规和公司章程,依法行使股东权利,不得滥用股东权利损害公司或者其他股东的利益。

公司股东滥用股东权利给公司或者其他股东造成损失的,应当承担赔偿责任。

第二十二条 公司的控股股东、实际控制人、董事、监事、高级管理人员不得利用关联关系损害公司利益。

违反前款规定,给公司造成损失的,应当承担赔偿责任。

第二十三条 公司股东滥用公司法人独立地位和股东有限责任,逃避债务,严重损害公司债权人利益的,应当对公司债务承担连带责任。

股东利用其控制的两个以上公司实施前款规定行为的,各公司应当对任一公司的债务承担连带责任。

只有一个股东的公司,股东不能证明公司财产独立于股东自己的财产的,应当对公司债务承担连带责任。

第二百三十七条 清算组在清理公司财产、编制资产负债表和财产清单后,发现公司财产不足清偿债务的,应当依法向人民法院申请破产清算。

人民法院受理破产申请后，清算组应当将清算事务移交给人民法院指定的破产管理人。

第二百三十八条　清算组成员履行清算职责，负有忠实义务和勤勉义务。

清算组成员怠于履行清算职责，给公司造成损失的，应当承担赔偿责任；因故意或者重大过失给债权人造成损失的，应当承担赔偿责任。

4.《企业破产法》

第七条第三款　企业法人已解散但未清算或者未清算完毕，资产不足以清偿债务的，依法负有清算责任的人应当向人民法院申请破产清算。

5.《最高人民法院关于民事执行中变更、追加当事人若干问题的规定》

第二十一条　作为被执行人的公司，未经清算即办理注销登记，导致公司无法进行清算，申请执行人申请变更、追加有限责任公司的股东、股份有限公司的董事和控股股东为被执行人，对公司债务承担连带清偿责任的，人民法院应予支持。

第二十三条　作为被执行人的法人或非法人组织，未经依法清算即办理注销登记，在登记机关办理注销登记时，第三人书面承诺对被执行人的债务承担清偿责任，申请执行人申请变更、追加该第三人为被执行人，在承诺范围内承担清偿责任的，人民法院应予支持。

6.《市场主体登记管理条例》

第四十条　提交虚假材料或者采取其他欺诈手段隐瞒重要事实取得市场主体登记的，受虚假市场主体登记影响的自然人、法人和其他组织可以向登记机关提出撤销市场主体登记的申请。

登记机关受理申请后，应当及时开展调查。经调查认定存在虚假市场主体登记情形的，登记机关应当撤销市场主体登记。相关市场主体和人员无法联系或者拒不配合的，登记机关可以将相关市场主体的登记时间、登记事项等通过国家企业信用信息公示系统向社会公示，公示期为45日。相关市场主体及其利害关系人在公示期内没有提出异议的，登记机关可以撤销市场主体登记。

因虚假市场主体登记被撤销的市场主体，其直接责任人自市场主体登记被撤销之日起3年内不得再次申请市场主体登记。登记机关应当通过国家企业信用信息公示系统予以公示。

第十六章　汽车租赁与融资租赁及风险防控

第一节　汽车租赁

汽车租赁是指经营者按照约定,将汽车交付承租者使用,并提供相关配套服务以满足其出行需求,收取一定费用的经营活动。汽车租赁服务具有服务性、功能性、契约性、有偿性等基本特性。汽车租赁可分为经营性汽车租赁和汽车融资租赁两种模式。

在汽车租赁业务中,作为新车销售市场上的主流力量,很多汽车经销商同时开展汽车租赁业务。

汽车经销商开展汽车租赁业务一般可分为两种方式,一种是在开展传统的汽车销售、汽车售后服务的同时,完全自主并行开展汽车租赁业务,汽车租赁业务的收入是汽车经销商的重要收入来源之一;另一种是仅将汽车租赁作为一项兼营业务,通过与第三方公司合作(如专业的融资租赁公司)开展汽车租赁业务。

一、经营性汽车租赁

经营性租赁模式是传统的汽车租赁模式,一般由租赁公司自行购置车辆,用于专门租赁。出租人可以将租赁汽车租给不同承租人使用,汽车的所有权不发生转移。这种模式下,出租人需要承担汽车毁损灭失的法律风险,且需提供一定程度上的维修保养等其他技术性服务,出租人的责任与风险较大。

经营性汽车租赁根据租赁期间分为长期租赁和短期租赁,租期结束时,承租人对租赁物件可以选择续租、退租、留购。会计上由出租人对租赁物提取折旧,即出租人需承担设备过时折旧的风险。

经营性汽车租赁对于承租人而言,仅享有车辆的使用权,不涉及车辆的所有权，承租人不需考虑上牌、购置税、保险等，只需要按期支付租金，租赁合同期满后，可以选择续租、退租、留购。

二、经营性汽车租赁的模式

经营性汽车租赁的模式很简单，就是出租方让渡汽车使用权，承租人按期向出租人支付租金（见图 16－1）。

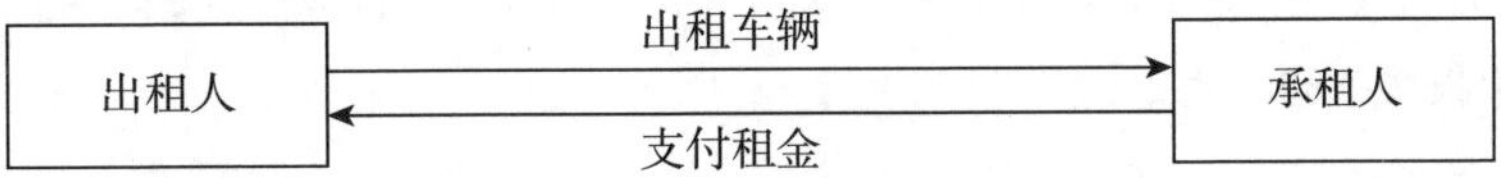

图 16－1　经营性汽车租赁模式

三、经营性汽车租赁主要风险

经营性汽车租赁存在的风险主要包括以下几个方面。

（一）信用风险

任何金融业务都需考虑承租人是否会有主动或者被动违约的风险，以及在发生违约行为之后可能导致的后果及损失，并需考量承租人违约之后承担违约责任的能力，所以对承租人事先进行信用评估与审核必不可少。

（二）车辆不可控风险

可能存在承租人恶意租车、骗车，车辆被转售或者抵押的情况，或者在承租方租用期间，由于承租人疏于对租赁车辆的管理，车辆在使用或停放时丢失。

（三）垫付责任风险

承租人在使用租赁车辆的过程中，如果出现交通意外，肇事方无能力赔付受害人，汽车租赁公司可能需承担先行垫付的风险。

（四）车辆被用作非法用途风险

一般经营性租赁的用途为“非运营”，如果承租人将租赁车辆用于运营用途，将有可能受到行政处罚，如果发生交通事故，保险公司有可能会拒赔。

【案例51】在线租车公司未按照承诺足额投保三责险，不足范围应由谁承担？

【案例来源】杨A与苏州B汽车租赁有限公司车辆租赁合同案［苏州市吴中区人民法院(2020)苏0506民初814号民事判决书］

【基本案情】

原告杨A向法院提出诉讼请求：判令被告苏州B汽车租赁有限公司(以下简称B公司)支付其事故赔偿428,000元、诉讼费损失4250元及执行费损失6320元。

事实和理由：2018年11月8日，杨A租用了B公司所有的车牌号为苏E×××××的小型普通客车，实际租期为4天。2018年11月11日，杨A驾驶的涉讼车辆与案外人戚某驾驶的车牌为浙B×××××的小型客车发生交通事故，导致案外人车辆严重受损，最终定损为480,000元，杨A对交通事故的发生负全部责任。案外人戚某在向投保公司取得保险赔款后将索赔的权利转让给了保险公司，保险公司于2019年7月25日向杭州市上城区人民法院提起诉讼，法院判决在扣除相应保险赔偿费52,000元(其中交强险财产损失赔偿2000元，商业险第三方赔付50,000元)之后，其余损失均由杨A进行赔付，并承担诉讼费用。对于交通事故的发生，杨A承担全部的责任，被告B公司本身没有过错，但基于原、被告之间的租赁合同关系，被告B公司存在违约、违法和转嫁风险的行为，对交通事故造成的保险赔付之外的损失，B公司应承担赔偿责任。具体理由如下：

1. B公司误导消费，不履行其合同义务，构成违约。在租赁过程中，杨A除了每天缴纳足额的租赁费用之外，还缴纳50元的“尊享服务费”，杨A为了保障自己的出行安全，每天缴纳50元的费用，但等到保险事故发生，杨A才知B公司尊享服务保障的费用仅为52,000元。B公司每天收取的尊享服务费足够缴纳承租人损失的保险费用并保证营利，但B公司不予缴纳。B公司知晓其车辆的保险情况，在其App内也承诺了200,000元的额外赔偿，但在杭州庭审中，B公司未予承认赔偿责任，其利用法律的漏洞，任意地减轻自己的责任，任性地不履行合同义务，误导原告等承租人进行消费。由此增加的损失，应当由B公司承担。

2. B公司有意转嫁风险，利益与风险不对等，权利与义务不均等，有违法律公平正义。租赁汽车的特殊性在于所有权人和使用权人分离、驾车人员不固定、没有固定人员管理，其风险较一般的车辆而言明显加大，但依据侵权责任法，只要B公司提供的车辆本身质量没有问题，所有的责任均由杨A承担。基于这样的法律规定，因为没有任何部门监管，B公司不考虑车辆本身增大的风险，缴纳低额的商业保险费用。且为了缴纳低额的交强险保险费用，B公司将车辆登记为非营运性质，但租赁车实为营运用途，因风险增大，保险公司拒赔的风险同样交由承租人承担。B公司尽可能减少成本、享受高额利润，但将所有增大的风险全部转嫁给杨A，这显然违背了民事法律行为应遵循的公平正义、权责一致的原则，由此造成的损失应由B公司承担。

3. 杨A通过"B租车"App租赁车辆，租赁合同条款均属于格式条款，对于案涉车辆的投保情况及保险不足时双方责任承担问题在格式条款中应当予以明确并着重告知，但B公司未明确提示以上与订立合同有关的重大事实，直到发生交通事故之后，杨A才知晓仅投保了50,000元的商业保险，B公司的行为构成缔约过失，应当承担由此造成的损失。

被告B公司辩称：其并非合同一方当事人，其在杭州市上城区人民法院(2019)浙0102民初3891号案件中为减少诉累，故答辩称涉讼车辆为其对外租赁车辆，涉讼车辆是北京B汽车租赁有限公司（以下简称北京B汽车公司）对外出租经营的，其是北京B汽车公司的子公司。杨A的诉讼请求无事实和法律依据。就杨A诉称的第三者责任保险200,000元，涉讼车辆保险公司已赔付50,000元，就差额150,000元，北京B汽车公司宁波门店联系原告解决，但原告未配合。

【裁判结果】

一审法院认为：杨A向B公司租赁涉讼车辆的事实已经杭州市上城区人民法院(2019)浙0102民初3891号民事判决书确认，且该案中B公司已予以确认，后B公司不认可与杨A之间的车辆租赁关系，违反禁反言原则和诉讼诚信，法院不予采信，法院依法认定原、被告之间存在车辆租赁关系。B公司在出租车辆时明确承诺第三者责任险为200,000元，但实际仅投保第三者责任险50,000元，B公司承诺第三者责任险赔偿限额200,000元，尊享服务说明明确承租人无须承担保险理赔范围内的损失,但本案中杨A发生交通事故后因投保不足由相应保险公司赔付的第三者责任险仅50,000元,差额部分150,000元属杨A本可通过商业保险避免的损失,杨A遭受的该损失150,000元应由B公司承担。但原、被告之间关于通过第三者责任商业保险避免承租人损失的约定和最终责任确定也仅限于此,契合双方当事人缔约时所能预见的风险负担规则,杨A主张B公司超额承担原告自身全责导致的损失并无事实和法律依据,法院不予支持。至于涉讼车辆登记的非营运性质问题,由于B公司承诺的第三者责任险为200,000元,本案已确定由B公司赔付150,000元,另外50,000元也已经前案生效判决确定由相应保险公司赔付,因此与本案相关的200,000元均已得到涵盖处理,车辆性质问题不再影响本案的实体处理结果。

一审判决如下:(1)被告B公司于本判决生效之日起10日内给付原告杨A人民币150,000元。(2)驳回原告杨A的其他诉讼请求。

二审法院认为:杨A与B公司之间系车辆租赁合同关系,关于出行保障,杨A支付了尊享服务费后,双方应按照租车App中关于保险责任的承诺及关于尊享服务的说明履行。因B公司未能按照约定的保险责任足额投保,一审按照约定的保险金额判决B公司就差额部分向杨A进行赔偿,有合同及法律依据。杨A上诉提出在此范围外B公司还应赔偿其他事故赔偿款及前案的诉讼费、执行费,缺乏事实及法律依据,不能成立。

二审判决如下:驳回上诉,维持原判。

【律师分析】

以上案件是关于在承租人使用租赁车辆发生交通事故时的责任承担及合同主体之间基于诚实信用原则的责任承担问题。

1. 关于本案分析

(1)本案中,被告B公司将车辆出租给原告杨A使用,而原告杨A在使用汽车的过程中发生交通事故,并负事故全责。根据民法的规定,租赁他人车辆发生交通事故,属于机动车一方责任的,由实际使用人承担,所以本案中原告杨A应承担责任。

(2)该出租车辆承保了交强险和第三者责任商业险。对车辆交强险、第三者责任商业险进行承保的保险公司,其支付保险金的义务不因机动车所有人与使用人的分离而受影响,因此,应由保险公司依序对受害人支付保险金。只有在交强险与商业险不足以弥补损害时,才由机动车使用人承担责任。

(3)但是,在本案中,B公司作为出租车辆的所有权人,其以营利为目的,向原告杨A出租车辆,将车辆的使用权让渡给原告杨A,并向原告杨A收取租金,其负有为出租车辆投保的义务。其中,交强险为法定义务,而商业险(包括第三者责任险)根据自愿原则或出租方和承租方的约定执行。

在本案中,原告杨A通过线上平台向被告B公司承租汽车一辆,被告B公司在出租车辆时明确承诺第三者责任险为200,000元,但实际仅投保第三者责任险50,000元,B公司承诺第三者责任险赔偿限额为200,000元,尊享服务说明明确承租人无须承担保险理赔范围内的损失,但本案中杨A发生交通事故后因投保不足由相应保险公司赔付的第三者责任险仅50,000元,差额部分150,000元属杨A本可通过商业保险避免的损失,因此,原告杨A遭受的该损失150,000元应由被告B公司承担。

2. 关于机动车所有人和承租人过错程度及责任分析

在本案中,如果机动车所有人或管理人(B公司)有过错,如明知对方没有驾照依然出租,机动车所有人(管理人)和承租人根据双方过错程度相应承担责任。

对上述过错和责任划分问题,在该类案件审理过程中,需注意审查以下几点。

(1)事故发生时,机动车的使用人和所有人是否相分离。

(2)事故发生时,租赁人或借用人是否对车辆有直接的运行支配。

(3)机动车所有人(管理人)是否有过错,过错情形一般包括:①知道或者应当知道机动车存在缺陷,且该缺陷是交通事故发生原因之一的;②知道或者应当知道驾驶人无驾驶资格或者未取得相应驾驶资格的;③知道或者应当知道驾驶人因饮酒、服用国家管制的精神药品或者麻醉药品,或者患有妨碍安全驾驶机动车的疾病等依法不能驾驶机动车的;④其他应当认定机动车所有人或者管理人有过错的。

(4)基于租赁系有偿,出借一般为无偿,因此,对于机动车所有人过错的评判标准,在租赁和借用情形下有所不同。根据法律对无偿受益人保护高于对有偿受益人保护的一般原则,应当对出租人赋予更高的注意义务。

另外,还有几种特殊情况下的裁判思路。

(1)机动车被有权使用时,使用人为责任主体的认定条件:①使用人基于合法的权利使用机动车,而不是未经许可擅自驾驶他人车辆。②所有人将机动车交付给使用人。

(2)机动车被有权使用的情形:①租赁:在机动车租赁情形下,承租人是事故责任的主体。租赁关系的认定应当注重其实质,而非名义。例如,在乘坐网约出租车的情况下,乘客和网约出租车公司之间并非形成了租赁关系,而是运输合同关系。②借用:在机动车借用的情形下,借用人是事故责任的主体。

(3)所有人与使用人之间的约定不能对抗第三人。机动车的所有人一般与使用人有关于交通责任如何承担的约定,从合同相对性原理分析,该约定不能对抗交通事故中的受害人,受害人仍可依法请求所有人和使用人承担相应的责任。

3. 关于出租车辆"危险程度显著增加"的通知义务及责任分析

在实践中,有些汽车租赁公司对外出租的车辆源于第三方车主,即第三方车主将车辆托管于汽车租赁平台对外出租,这种情况下如果发生交通事故,责任应当如何划分与承担?保险公司可否以"汽车的危险程度显著增加"等理由拒赔?这主要涉及保险法规定的危险通知义务,即将车辆对外出租是否改变车辆的使用性质,导致保险标的的危险程度显著增加,以及投保人是否履行了通知义务。

《保险法》第五十二条规定:"在合同有效期内,保险标的的危险程度显著增加的,被保险人应当按照合同约定及时通知保险人,保险人可以按照合同约定增加保险费或者解除合同。保险人解除合同的,应当将已收取的保险费,按照合同约定扣除自保险责任开始之日起至合同解除之日止应收的部分后,退还投保人。被保险人未履行前款规定的通知义务的,因保险标的的危险程度显著增加而发生的保险事故,保险人不承担赔偿保险金的责任。"

关于以上问题,通过检索相关案例可知,很多法院认为,通过车辆租赁平台将车辆出租,车辆的控制权和管理权全部交由车辆租赁公司行使,仅能通过租赁公司的软件查询租赁情况,这与车主投保时车辆由车主完全占有、掌控的情形完全不同,且车辆交由不特定第三人租赁使用,扩大了车辆的使用范围,增加了车辆的出险概率,该等变化超出了保险公司的预见范围,属于保险标的危险程度显著增加的情形。

因此,在车主将车辆通过租赁平台对外出租的情况下发生交通事故,改变车辆用途导致危险程度显著增加,且没有事先通知保险公司并得到保险公司同意的，保险公司无须承担赔偿责任。

【律师建议】

汽车租赁业务经营风险主要源于三个方面，包括租赁汽车具有高流动性、租赁汽车是具有变现性的高附加值商品及租赁汽车所有权与使用权分离。

从汽车租赁公司或汽车经销商作为车辆出租方合规经营及法律风险防范的角度出发，我们建议如下：

1. 把关租赁申请环节，做好内部风控

内部风控是控制租赁业务风险的重要手段，是汽车出租方对汽车租赁风险把控的第一道关，也是汽车出租方掌握风险主动权的关键环节。

做好内部风险防控，可从租赁手续、租车流程和租车方案三个方面进行：(1)租赁手续方面，制定车辆租赁清单，建立、完善相应的车辆租赁申请和审批配套文件，严格要求客户身份资料、信用资料等信息和文件的填写和提供，加强和规范对租赁客户的档案材料管理。(2)租车流程方面，可细化客户邀约、客户谈判、信用评估、客户筛选、合同签订、车辆交接、用车监管、异常处理、租金收取、车辆回收、租车终结等环节和流程，根据不同的租车流程和阶段，制定不同的风控策略。(3)租车方案方面，应针对不同的客户群体（如个人客户、企业客户、政府单位客户等）制定不同的租赁方案，不同的客户群体，租赁的条件、要求等方面也有所不同，同时建议在签订租赁合同时，增加承租方提供担保物或保证人的措施，以此施加对承租方的心理上或法律上的约束力，大大降低汽车租赁的违约风险，以及强化租赁客户违约之后的清偿或赔付能力。

2. 加强对租赁车辆在租赁期间的风险防控

车辆作为汽车租赁业务的实际载体，在车辆租赁期间，车辆的所有权与使用权相分离导致租赁车辆的毁损灭失的风险和可能增加。车辆租赁期间的主要风险包括租赁车辆的丢失、发生交通事故的损耗、残值评估、人为破坏等。

因此，需通过 GPS 等技术或措施防止车辆丢失，杜绝人为损坏，加大车辆租赁期间使用情况的动态关注，出现异常情况之后，及时采取有效措施迅速应对。

3. 加强对租赁客户的信用评估、信用动态管理，建立完善的用户信用风控体系

汽车租赁客户群体各色各样，且信用、素质等方面参差不齐，在租赁申请和审批环节，出租方往往亦降低对其信用、收入等各方面的条件要求，尤其是短期

租赁，在对承租客户的信息或资料掌握有限的情况下，短时间内无法调用及快速匹配国家信用体系时，除了对客户提供的财务报表、银行流水、证件照等信息或资料进行审核之外，还可以通过借用第三方征信体系或第三方公示平台（如企查查、天眼查、国家裁判文书网、公开执行信息平台等），对汽车租赁用户信用进行多方面、多角度的评测。

【法律规定】

1.《合同法》（已失效）

第一百零七条　当事人一方不履行合同义务或者履行合同义务不符合约定的，应当承担继续履行、采取补救措施或者赔偿损失等违约责任。

2.《侵权责任法》（已失效）

第六条　行为人因过错侵害他人民事权益，应当承担侵权责任。

根据法律规定推定行为人有过错，行为人不能证明自己没有过错的，应当承担侵权责任。

第四十九条　因租赁、借用等情形机动车所有人与使用人不是同一人时，发生交通事故后属于该机动车一方责任的，由保险公司在机动车强制保险责任限额范围内予以赔偿。不足部分，由机动车使用人承担赔偿责任；机动车所有人对损害的发生有过错的，承担相应的赔偿责任。

3.《民法典》

第一千二百零九条　因租赁、借用等情形机动车所有人、管理人与使用人不是同一人时，发生交通事故造成损害，属于该机动车一方责任的，由机动车使用人承担赔偿责任；机动车所有人、管理人对损害的发生有过错的，承担相应的赔偿责任。

第一千二百一十二条　未经允许驾驶他人机动车，发生交通事故造成损害，属于该机动车一方责任的，由机动车使用人承担赔偿责任；机动车所有人、管理人对损害的发生有过错的，承担相应的赔偿责任，但是本章另有规定的除外。

4.《最高人民法院关于审理道路交通事故损害赔偿案件适用法律若干问题的解释》

第一条　机动车发生交通事故造成损害，机动车所有人或者管理人有下列情形之一，人民法院应当认定其对损害的发生有过错，并适用民法典第一千二百零九条的规定确定其相应的赔偿责任：

(一)知道或者应当知道机动车存在缺陷,且该缺陷是交通事故发生原因之一的;

(二)知道或者应当知道驾驶人无驾驶资格或者未取得相应驾驶资格的;

(三)知道或者应当知道驾驶人因饮酒、服用国家管制的精神药品或者麻醉药品,或者患有妨碍安全驾驶机动车的疾病等依法不能驾驶机动车的;

(四)其他应当认定机动车所有人或者管理人有过错的。

5.《保险法》

第五十二条　在合同有效期内,保险标的的危险程度显著增加的,被保险人应当按照合同约定及时通知保险人,保险人可以按照合同约定增加保险费或者解除合同。保险人解除合同的,应当将已收取的保险费,按照合同约定扣除自保险责任开始之日起至合同解除之日止应收的部分后,退还投保人。

被保险人未履行前款规定的通知义务的,因保险标的的危险程度显著增加而发生的保险事故,保险人不承担赔偿保险金的责任。

6.《最高人民法院关于适用〈中华人民共和国保险法〉若干问题的解释(四)》

第四条　人民法院认定保险标的是否构成保险法第四十九条、第五十二条规定的"危险程度显著增加"时,应当综合考虑以下因素:

(一)保险标的用途的改变;

(二)保险标的使用范围的改变;

(三)保险标的所处环境的变化;

(四)保险标的因改装等原因引起的变化;

(五)保险标的使用人或者管理人的改变;

(六)危险程度增加持续的时间;

(七)其他可能导致危险程度显著增加的因素。

保险标的危险程度虽然增加,但增加的危险属于保险合同订立时保险人预见或者应当预见的保险合同承保范围的,不构成危险程度显著增加。

第二节　汽车融资租赁

《民法典》第七百三十五条规定,融资租赁合同是出租人根据承租人对出卖人、租赁物的选择，向出卖人购买租赁物，提供给承租人使用，承租人支付租金的合同。

汽车融资租赁根据签订合同时承租人是否已在使用租赁物，分为直租和售后回租。

一、直租

直租即直接租赁，是指出租人根据承租人对供货人、租赁物(车辆)的选择，向供货人购买租赁物(车辆)件并提供给承租人使用，向承租人收取租金的交易形式(见图16－2)。

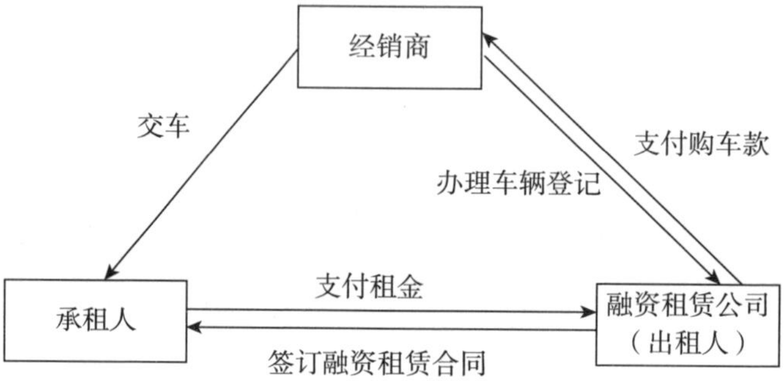

图16－2　融资租赁(直租)

二、售后回租

售后回租也称回租，是指承租人将其租赁物(车辆)先出卖给出租人以获得融资便利，再以支付租金为代价，从出租人处租回该租赁物(车辆)的租赁形式(见图16－3)。回租业务是承租人和供货人为同一人的特殊租赁形式。

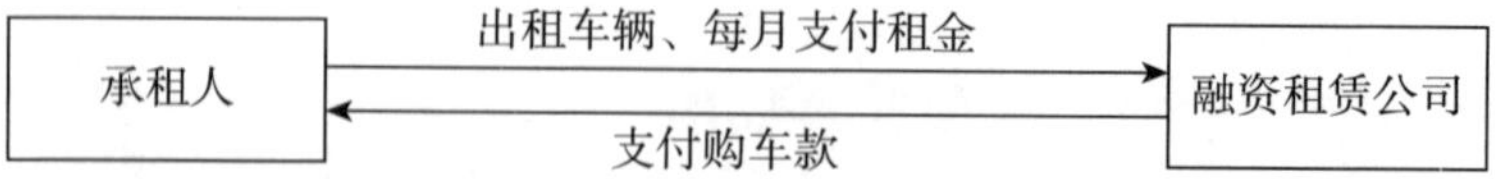

图16－3　融资租赁(回租)

三、经营性租赁与融资租赁的区别

经营性租赁与融资租赁在租赁物毁损灭失风险、出租人所提供的服务、租赁物存在瑕疵对租金的影响及期满后租赁物归属等方面均存在较大的区别，具体见表16－1。

表16－1　经营性租赁与融资租赁的区别

序号	项目名称	经营性汽车租赁	汽车融资租赁
1	毁损灭失风险	由出租人承担	由承租人承担
2	出租人提供服务	出租人提供汽车使用、维护、维修、保险等服务	出租人仅提供汽车使用服务，一般没有其他综合服务
3	租赁物存在瑕疵	承租人可以主张减免租金	承租人一般情况下不可以主张减免租金，除非租赁物由出租人选择
4	期满后租赁物归属	出租人	根据合同约定

第三节　汽车融资租赁涉及的主要风险及应对措施

一、诈骗及合同诈骗的风险

在笔者接触的实际案例中，有多起涉嫌通过融资租赁购车的方式进行合同诈骗的。如承租方在租赁车辆交付后、办理抵押登记之前失踪，并通过伪造汽车销售发票、与车管所人员串通等方式办理租赁车辆上牌后，迅速转卖变现。除此之外，还存在承租人虚构经济实力、履约能力与担保能力，或通过与汽车供应商恶意串通、一车二贷等方式进行诈骗的情形。

针对在汽车融资租赁业务开展过程中可能出现的上述风险，本书建议应对措施如下。

（一）做好背景调查

对承租人的背景、经济实力及债务清偿能力进行充分调查和评估，包括承租人的工作单位、稳定性、车辆与工作的匹配度等,该出具的证明,该提供的资料,必须要求提供。对于具有重大履约风险隐患的,宁可业务不做,亦不可冒险操作。

(二)要求提供担保

在签订融资租赁合同时,要求承租人提供担保物或保证人,并确保相关担保手续、文件齐备。

(三)及时报案应对

在承租人出现失踪等涉嫌诈骗情形时,应第一时间报案,加强与警方的沟通,积极配合公安机关进行案件侦查。

二、租金拖欠的风险

在汽车融资租赁业务开展过程中,拖欠租金是高发风险。

《民法典》第七百五十二条规定,承租人应当按照约定支付租金。承租人经催告后在合理期限内仍不支付租金的,出租人可以请求支付全部租金;也可以解除合同,收回租赁物。

针对在汽车融资租赁业务开展过程中可能出现的租金拖欠风险,本书建议应对措施如下。

(一)做好日常跟进

定期跟进租赁车辆的日常使用情况,在每月租金支付期限届满前后,及时了解每次租金支付的情况及风险,必要时立即采取法律措施。

(二)加强技术监控

租赁车辆应安装一个或多个 GPS,加强技术监控。

(三)规范取回方式

在融资租赁合同中明确约定出租方可以自行处置或执行租赁车辆权利的情形,确实必须行使租赁车辆取回权的,可选择在汽车行驶途中,避开承租人的势力控制范围,并确保选择安全时机。

三、租赁车辆被无权处分的风险

《民法典》第七百五十三条规定,承租人未经出租人同意,将租赁物转让、抵押、质押、投资入股或者以其他方式处分的，出租人可以解除融资租赁合同。

在实践中，通常出于操作便利性、税收成本、后续问题等方面考虑，出租方与承租人并不一定办理车辆过户，特别是在售后回租模式中，这加大了出租方的风险。

在汽车融资租赁业务开展过程中，为降低车辆被无权处分的风险，本书建议应对措施如下。

（一）规范登记方式

尽量避免将机动车登记证、行驶证、发票等权证登记于承租人名下。

（二）做好抵押登记手续

确实需要登记在承租人名下的，应在合同中明确约定车辆已抵押给出租人，并在登记机关办理抵押权登记。

（三）强化第三方交易前确认义务

在租赁车辆显著位置作相应标识，让第三方明晰该车辆的性质为租赁车辆。根据相关司法解释的规定，证明第三人属于负有交易时须按照相关规定在相应机构进行融资租赁交易查询的义务主体。

四、租赁车辆被查封、扣留的风险

租赁车辆在承租人使用过程中，存在如承租人将租赁车辆用于非法用途，或将租赁车辆作为犯罪工具，或因为涉及承租方个人纠纷而被法院进行查封、扣留等风险。

为降低租赁车辆被查封、扣留的风险，本书建议应对措施如下。

（一）积极配合相关部门确权工作

出租方应积极争取办案机构（包括公安机关、法院等）对车辆所有权的认可，包括递交购买合同、发票、融资租赁合同、机动车登记证等一系列能证明租赁车辆实际权属的证明材料。

（二）完善合同内容约定

在融资租赁合同中明确约定，在上述情形下，出租方有权解除合同并要求承租人提前支付全部剩余租金及违约金，及时向承租人发出解除合同通知书，并要求承租人承担相应责任。

五、租赁车辆被盗抢、毁损与灭失的风险

《民法典》第七百五十一条规定，承租人占有租赁物期间，租赁物毁损、灭失的，出租人有权请求承租人继续支付租金。

在汽车融资租赁业务中，汽车的所有权与使用权是相互分离的。虽然可通过合同约定汽车的维修、保养、安全性责任，车辆被盗抢、毁损与灭失风险均由承租人承担，但从自身权益保障及从有效控制维权成本的角度考量，出租方须充分重视车辆的被盗抢、毁损与灭失风险。

为降低租赁车辆被盗抢、毁损与灭失的风险，本书建议应对措施如下。

（一）确保保险项目全面、保额足够

要求承租人购买足额的保险，在融资租赁合同履行过程中，及时监督承租人及时、有效、足额续保。

（二）加强技术监控

确保安装 GPS 等防盗系统，定时检查，及时维护。

但是这里应提醒的是，根据《民法典》第七百五十六条"融资租赁合同因租赁物交付承租人后意外毁损、灭失等不可归责于当事人的原因解除的，出租人可以请求承租人按照租赁物折旧情况给予补偿"的规定，租赁车辆还会存在由于不可归责于当事人的原因出现意外毁损、灭失等情形，通常这种情形下，前述条款规定的补偿无法弥补出租人的全部损失。因此，为降低前述风险，出租方应当定期、及时、充分提醒承租人出租车辆的使用场所、地区及禁止行驶的特殊路况或环境，并在融资租赁合同中明确约定相应的违约责任及救济权利和措施。

六、租赁车辆发生交通事故，被交通行政处罚及被第三人索赔的风险

融资租赁车辆在使用过程中发生交通事故导致被交通行政处罚或遭到第三人索赔，存在相应情形如承租人为自然人时并未取得机动车驾驶证，或承租人为物流企业时，该企业并未取得道路运输经营许可证等资质或者资质已过有效期等，出租人仍然开展融资租赁业务的，出租人可能会被认定存在一定的过错而需要承担一定责任。

为降低租赁车辆被交通行政处罚及被第三人索赔的风险,本书建议应对措施如下。

(一)加强资信调查评估

在决定与承租人开展汽车融资租赁业务前,应对承租人资信、征信等情况进行全面调查与评估。

(二)完善合同内容

在合同中明确要求承租人对自身符合使用租赁车辆并开展相关业务的一切资质条件作出承诺、保证及相应的违约责任,若承租方违反承诺、保证,可据此要求承租人承担违约责任或赔偿相应损失。

(三)积极配合相关方确权

积极与交通执法机关进行沟通协调,通过积极提交购买合同、发票、融资租赁合同、机动车登记证等一系列能证明租赁车辆实际权属的证明材料,争取交通执法机关对车辆所有权的认可,并对租赁车辆做出合理处置措施。

(四)与相关部门保持良好互动

平时与交警部门或车辆管理所保持良好合作和互动,建立常规信息传递和信息共享机制,在相关租赁车辆出现违规、过户等异常情况时,及时反馈相应信息,并协同采取相应保全或救济措施。

七、租赁车辆质量瑕疵的风险

《民法典》第七百四十七条规定,租赁物不符合约定或者不符合使用目的的,出租人不承担责任。但是,承租人依赖出租人的技能确定租赁物或者出租人干预选择租赁物的除外。

在汽车融资租赁业务中,出租人一般基于承租人对车辆、供应商的选择而购买车辆交由承租人使用,出租人仅收取租金,供应商直接向承租人进行交付并由承租人进行验收确认,出租人并不对车辆的质量承担任何责任,除非有证据证明出租人对承租人选择车辆或供应商进行了干预。

为降低租赁车辆质量瑕疵导致的出租方的风险,本书建议应对措施如下。

(一)完善合同内容

在融资租赁合同中明确约定出租人并未干预承租人对租赁物及供应商的选

择，车辆质量瑕疵与其无关，承租人不得以此为借口拒绝履行交纳租金的义务。

(二) 完善委托采购方式确认

在实务中，一些出租人为规避风险，也为操作的便利性，通过委托购买的方式委托承租人购买车辆。根据法律法规规定的委托代理原理，代理人的代理效果最终归于被代理人即出租人，但由于购买过程中的行为是由承租人做出的，其作为受托方已充分行使了其对车辆和供应商的选择权和确定权，依据自己的技能独立自主选定供应商及购买的具体车辆，据此能有效防范出租人基于干预承租人的选择权而带来的相应责任。

【案例52】在汽车融资租赁业务中，若承租人出现违约，出租人可否直接取回租赁车辆？

【案例来源】江苏A融资租赁有限公司与杨B融资租赁合同案[江苏省常州市武进区人民法院(2015)武商初字第266号民事判决书]

【基本案情】

原、被告于2013年12月24日签订了融资租赁合同，约定被告向原告融资租赁苏G×××××号比亚迪汽车一辆，被告每月支付租金2966.05元。双方同时签订了抵押合同，被告将上述车辆抵押给原告，原告为抵押权人。双方办理的租赁合同约定：融资租赁车辆初始登记在被告名下，机动车登记证书不作为机动车所有权之凭证；被告如果存有逾期向原告支付租金等情况，原告可提前解除合同并行使抵押权，要求被告结清租金等。其后被告逾期支付多期，构成违约，原告因此诉至法院，请求：(1)判令被告结清尚余租金97,879.65元；(2)判令原告有权对苏G×××××号车辆拍卖、变卖后的价款优先受偿；(3)案件受理费由被告负担。

被告杨B辩称：本案融资租赁合同因存在欺诈、重大误解等情形而无效，其条款存在大量的排除被告主要权利、加重被告责任、免除原告责任和显失公平的条款，被告也无违约情形，请求法院驳回原告的诉讼请求。

同时，被告杨B反诉诉称：(1)融资租赁期间，原告于2014年4月7日派人在湖北省宜昌市伍家岗区抢走车辆并藏匿于南京，被告及其家人自4月8日起从连云港到案发地再到南京，直至4月28日由南京江宁警方归还涉案车辆，而此时车内价值万元的三部手机、一台苹果平板电脑、衣物已经不见（后原告返还部分物品），车辆前后轮胎被换成废胎，车身也有损坏，后被告拖车回连云港市维修，产生维修费、误工费、车辆租赁费、加油费、过路费、餐旅费等共计47,511.5元。（2）融资租赁车辆价税合计108,000元，被告自2014年1月25日至3月25日共支付原告3期租金8898.15元，剩余租金为62,780.85元，并非原告起诉的97,879.65元，再扣除前述损失47,511.5元（不含车上物品损失），被告尚欠租金为15,269.35元。（3）原告将车辆交付被告后，将购买合同及一系列文件给被告签署，声称只要被告在最后一页签名并提供银行账号，便可帮被告办理按揭，只有小学三年级文化的被告信以为真，遂在合同最后一页签名，随后被告便收走所有原件，待被告得知按揭办妥后便按原告要求每月打款至原告提供的账户，最后车辆被抢、原告起诉，当初签的购买合同突然变成本案的融资租赁合同。根据购车发票，车辆价税合计108,000元，而融资租赁期间被告在36期的租期内车辆总价变为119,900元，要支付的租赁总额为121,070元，比汽车本身价值还高。综上，凭日常生活经验可以判断，除非被告受欺诈、胁迫或发生重大误解，否则没人会以这样的价格和方式购车，故请求判决被反诉人赔偿反诉人各项损失47,511.5元，并承担本诉和反诉的全部诉讼费用。

【裁判结果】

法院认为，本案系原告无正当理由收回租赁物而引起之纠纷，被告有权向原告请求赔偿，但被告收回租赁物后已使用超过一年，在此期间未支付租金，其行为亦损害原告的合法权益，构成违约。故原告有权要求被告支付剩余33期租金97,879.65元并行使抵押权。依照《合同法》（已失效）第四十四条、第一百零七条、第二百四十八条，最高人民法院《关于审理融资租赁合同纠纷案件适用法律问题的解释》（2014）第十七条，《物权法》（已失效）一百七十九条，《民事诉讼法》（2012）第六十四条的规定，判决如下：

1. 杨B于本判决生效之日起10日内支付江苏A融资租赁有限公司剩余未付租金97,879.65元。

2. 江苏A融资租赁有限公司于本判决生效之日起10日内支付杨B损失赔偿款33,067元。

上述两项抵算之后，杨B实际应付款金额为64,812.65元。

3. 江苏 A 融资租赁有限公司有权就上述债权对苏 G×××××号车辆进行拍卖、变卖所得价款优先受偿。

【律师分析】

本案的争议焦点之一是出租人收回租赁物是否需要向承租人赔偿损失。

在融资租赁实务中,出租人为了维护自身权益,通常会在融资租赁合同中约定,满足一定条件(如承租人拖欠租金达到一定数额或逾期达一定时间或违约达一定次数等)时,出租人可以收回租赁物。

但是,如果承租人正在使用租赁物,出租人直接收回租赁物就会给承租人造成损失。此时,承租人主张出租人赔偿其损失不会获得支持,因为出租人没有过错。反之,如果出租人无正当理由收回租赁物,妨碍承租人对租赁物的占有和使用,承租人要求出租人赔偿的,法院予以支持。

1. 关于私力救济

《民法典》第一千一百七十七条规定,合法权益受到侵害,情况紧迫且不能及时获得国家机关保护,不立即采取措施将使其合法权益受到难以弥补的损害的,受害人可以在保护自己合法权益的必要范围内采取扣留侵权人的财物等合理措施;但是,应当立即请求有关国家机关处理。同时明确,受害人采取的措施不当造成他人损害的,应当承担侵权责任。

这里涉及公力救济和私力救济的问题。公力救济是指当权利人的权利受到侵害时,权利人行使投诉或诉讼等权利,提请公安机关或人民法院依照相关法律程序保护自己的权利。私力救济是指权利主体在法律允许的范围内,依靠自身的实力,通过实施自卫行为或者自助行为来救济自己被侵害的民事权利。

根据《民法典》第一千一百七十七条的规定可以明确,私力救济成立需具备 4 个要件:(1)保护合法权益;(2)情势紧急无法及时获得公力救济;(3)手段合理;(4)以必要为限度。

在汽车融资租赁业务中,当承租人出现逾期支付租金等违约情况时,出租人为保障后续债权的实现,在其催收方式无效时,或出现紧急状况若不采取紧急措施出租人合法权益将遭受重大损害时,出租人可能会直接采取拖车的私力救济手段。

2. 关于私力救济不当的风险

私力救济行使不当时,可能会存在以下风险:

(1)可能会被认定为刑事犯罪,涉嫌盗窃罪或非法处置查封、扣押、冻结的财产罪。

(2)可能会被起诉,并被认定为非法拖车,从而被承租人主张要求出租人赔偿拖车行为带来的经济损失。

3. 关于车辆取回权行使的限制情形

在实际操作中,拖车模式还存在以下几种限制取回权行使的情况:

(1)车辆作为租赁物被第三人善意取得。

(2)动产作为添附物被他物吸收,类似情况可能会出现在将建材作为租赁物的情形中,汽车融资租赁中,车辆作为租赁物被添附的情形较少。

(3)租赁物被查封保全。在此种情况下,擅自采取拖车等措施,轻则会被以妨害民事诉讼程序追究司法行政责任;重则会被以非法处置查封、扣押财产罪追究刑事责任。

除了车辆的私力救济可能受上述情况制约外,若出租人收回车辆时给承租人带来了损失,可能还需要向承租人承担赔偿责任。

【律师建议】

对于如何在合理限度内取回租赁物以及避免收回租赁物被承租人要求赔偿,我们建议如下:

1. 拟定融资租赁合同时,明确约定可以取回租赁物的情形并保留证据。

当客户出现逾期支付租金或其他逾期情形时,无须经催收及通知或征得承租人及任何第三人的同意,也无须先行解除融资租赁合同,出租人于固定期限之内可以采取拖车行为。

2. 出租人在私力取回租赁物的同时,要及时向承租人发出解除融资租赁合同的通知,积极履行催告义务。

出租人应注意在合理限度内取回租赁物,在拖车前后及拖车过程中应全程录像,尽力说服承租人配合,签署收车同意书,同时拨打“110”备案并保留相关证据,内容包括但不限于拖车原因、地点及时间等。

3. 查询车辆是否已被查封。拖车后及时在诉讼阶段提出保全,与法院沟通后自行控制租赁物并请法院主导,将私力救济转化为公力救济,避免拖车可能带来的刑事风险。

【法律规定】

《民法典》

第一千一百七十七条　合法权益受到侵害，情况紧迫且不能及时获得国家机关保护，不立即采取措施将使其合法权益受到难以弥补的损害的，受害人可以在保护自己合法权益的必要范围内采取扣留侵权人的财物等合理措施；但是，应当立即请求有关国家机关处理。

受害人采取的措施不当造成他人损害的，应当承担侵权责任。

第十七章　网约车运营及风险防控

第一节　网　约　车

一、何为网约车

根据《网络预约出租汽车经营服务管理暂行办法》(2022 修正,下同)第二条的规定,所谓网约车,即网络预约出租汽车的简称;网约车经营服务,是指以互联网技术为依托构建服务平台,接入符合条件的车辆和驾驶员,通过整合供需信息,提供非巡游的预约出租汽车服务的经营活动。

网约车根据市场业务类型的不同可以分为网约出租车、网约快车、网约专车、顺风车和代驾等,这几种类型业务模式各不相同,但运营模式大体包括 B2C(商家对个人之间的交易)和 C2C(个人对个人之间的交易)两种。

二、网约车“三证”

网约车的合法运营,必须具备“三证”,包括网络预约出租汽车经营许可证、网络预约出租汽车运输证、网络预约出租汽车驾驶员证,即网约车平台公司必须取得网络预约出租汽车经营许可证,投入网约车运营的车辆必须取得网络预约出租汽车运输证,从事网约车服务的驾驶员必须取得网络预约出租汽车驾驶员证。

未取得网约车“三证”,即构成非法运营,将会面临相应的行政处罚。

三、网约车利好

网约车的出现,给人们带来便利的出行方式,带动相关产业发展,提供了成百上千万的就业岗位，增加了司机收入，促进交通运输业的多样化发展，使交通便利到达城市的每一个角落，逐渐拓宽城市边缘，加速了城市化进程。

第二节 网约车相关主体

一、网约车平台公司

根据《网络预约出租汽车经营服务管理暂行办法》第二条第二款的规定，网络预约出租汽车经营者（网约车平台公司），是指构建网络服务平台，从事网约车经营服务的企业法人。

网约车平台公司须依法取得网络预约出租汽车经营许可证，运营软件需经过平台公司注册地省级交通运输、公安、通信、税务、网信等部门线上服务能力审核认定，有经营管理制度、安全生产管理制度、服务质量保障制度。

网约车平台公司应当保证提供服务车辆具备合法营运资质，技术状况良好，安全性能可靠，具有营运车辆相关保险；保证线上提供服务的车辆与线下实际提供服务的车辆一致，并将车辆相关信息向服务所在地出租汽车行政主管部门报备。

网约车平台公司应当公布确定符合国家有关规定的计程计价方式，明确服务项目和质量承诺，建立服务评价体系和乘客投诉处理制度，如实采集与记录驾驶员服务信息。在提供网约车服务时，提供驾驶员姓名、照片、手机号码和服务评价结果，以及车辆牌照等信息。

网约车平台公司不得妨碍市场公平竞争，不得侵害乘客合法权益和社会公共利益。网约车平台公司不得有为排挤竞争对手或者独占市场，以低于成本的价格运营扰乱正常市场秩序，损害国家利益或者其他经营者合法权益等不正当价格行为，不得有价格违法行为。

网约车应当在许可的经营区域内从事经营活动，超出许可的经营区域的，起讫点一端应当在许可的经营区域内。

【案例53】网约车平台未取得网约车经营许可证能否经营?

【案例来源】成都A网络科技有限公司未取得网络预约出租汽车经营许可证受罚案[广州市交通运输局粤穗交运罚〔2023〕1(2023)04170030号行政处罚决定书]

主体名称	成都A网络科技有限公司
统一社会信用代码	91510104MA68EU919L
法定代表人	江某
企业类型	其他有限责任公司
成立日期	2018-12-19
住所	四川省成都市锦江区东大街牛王庙段100号1栋1单元19楼1903号附B20号
行政处罚决定书文号	粤穗交运罚〔2023〕1(2023)04170030号
处罚类别	罚款
处罚决定日期	2023-06-02
处罚内容	责令改正,予以警告,处30,000元罚款
罚款金额(万元)	3
没收违法所得、没收非法财物的金额(万元)	0
暂扣或吊销证照名称及编号	
违法行为类型	《网络预约出租汽车经营服务管理暂行办法》第六、十条
违法事实	本机关依法检查时发现你(单位)驾驶湘LB0138出租车于2023年2月4日在广州市白云区广州白云国际机场P9停车场有未取得网络预约出租汽车经营许可证,变相从事网约车经营活动的行为,以上事实有询问笔录、委托材料、视频资料等为证

续表

处罚依据	《网络预约出租汽车经营服务管理暂行办法》第三十四条第一款规定，违反本规定，擅自从事或者变相从事网约车经营活动，有下列行为之一的，由县级以上出租汽车行政主管部门责令改正，予以警告，并按照以下规定分别予以罚款；构成犯罪的，依法追究刑事责任：……未取得《网络预约出租汽车经营许可证》的，对网约车平台公司处以10,000元以上30,000元以下罚款
处罚机关	广州市交通运输局
处罚机关统一社会信用代码	11440100MB2C91373B
数据来源	广州市交通运输局
数据来源单位统一社会信用代码	11440100MB2C91373B

【律师分析】

《网络预约出租汽车经营服务管理暂行办法》第三十四条第一款规定："违反本规定，擅自从事或者变相从事网约车经营活动，有下列行为之一的，由县级以上出租汽车行政主管部门责令改正，予以警告，并按照以下规定分别予以罚款；构成犯罪的，依法追究刑事责任：（一）未取得《网络预约出租汽车经营许可证》的，对网约车平台公司处以10,000元以上30,000元以下罚款；（二）未取得《网络预约出租汽车运输证》的，对当事人处以3000元以上10,000元以下罚款；（三）未取得《网络预约出租汽车驾驶员证》的，对当事人处以200元以上2000元以下罚款。"

该条第二款规定，伪造、变造或者使用伪造、变造、失效的网络预约出租汽车运输证、网络预约出租汽车驾驶员证从事网约车经营活动的，分别按照前款第二项、第三项的规定予以罚款。

以上案例中，成都A网络科技有限公司未取得网络预约出租汽车经营许可证，变相从事网约车经营活动，应适用该暂行办法第三十四条第一款第一项规定，广州市交通运输局依法作出"责令改正，予以警告，处30,000元罚款"的处罚决定。

此外，如从事网约车运营的车辆不具备网络预约出租汽车运输证，或从事网约车运营的驾驶员不具备网络预约出租汽车驾驶员证，也可能受到相应的行政处罚。

从网约车平台公司的角度，我们需要厘清两个法律关系，一是网约车平台公司与网约车驾驶员之间的法律关系，二是网约车平台公司与乘客之间的法律关系。

1. 网约车平台公司与网约车驾驶员之间的关系

《网络预约出租汽车经营服务管理暂行办法》第十八条规定，网约车平台公司应当保证提供服务的驾驶员具有合法从业资格，按照有关法律法规规定，根据工作时长、服务频次等特点，与驾驶员签订多种形式的劳动合同或者协议，明确双方的权利和义务。网约车平台公司应当维护和保障驾驶员合法权益，开展有关法律法规、职业道德、服务规范、安全运营等方面的岗前培训和日常教育，保证线上提供服务的驾驶员与线下实际提供服务的驾驶员一致，并将驾驶员相关信息向服务所在地出租汽车行政主管部门报备。网约车平台公司应当记录驾驶员、约车人在其服务平台发布的信息内容、用户注册信息、身份认证信息、订单日志、上网日志、网上交易日志、行驶轨迹日志等数据并备份。

《关于确立劳动关系有关事项的通知》(劳社部发〔2005〕12 号)第一条规定，用人单位招用劳动者未订立书面劳动合同，但同时具备下列情形的，劳动关系成立：(1)用人单位和劳动者符合法律、法规规定的主体资格。(2)用人单位依法制定的各项规章制度适用于劳动者，劳动者受用人单位的劳动管理，从事用人单位安排的有报酬的劳动。(3)劳动者提供的劳动是用人单位业务的组成部分。

根据以上规定，通常情况下，网约车平台公司与网约车驾驶员之间应存在劳动关系。

在判断劳动者是否为用人单位的成员时，应当考虑的因素有：(1)劳动者所从事的劳动是用人单位临时发生的劳务，还是由用人单位的性质所决定的正常岗位劳动；劳动者与用人单位之间的关系是否具有一定的稳定性。(2)劳动者与用人单位之间是否存在管理与被管理的关系。(3)劳动者为用人单位提供劳动所取得的报酬是否为其主要的生活来源。

具体到网约车平台公司与网约车驾驶员，认定二者之间存在劳动关系应具备以下条件：(1)网约车平台公司与网约车驾驶员均符合法律、法规规定的主体资格。(2)网约车驾驶员均在网约车平台公司注册,并经后者审核同意成为其平台公司驾驶员;驾驶员均需遵守网约车平台公司制定的各项规章制定,接受网络平台公司管理以及职业道德、服务规范、安全运营等方面的岗前培训和日常教育;驾驶员劳动报酬均由网约车平台公司根据驾驶员实际提供的预约出租车服务进行支付。(3)网约车平台公司的主营业务为预约出租汽车服务,驾驶员提供的劳动是网约车平台公司业务组成部分。

若网约车驾驶员在网络平台公司兼职,则只要通过网约车平台公司审核同意,双方也应当属于劳动关系。但若网约车驾驶员已经在社会统筹机构领取养老金,则其与网络平台公司系劳务关系。

法律规定的劳务派遣,一般在临时性、辅助性或者替代性的工作岗位上实施。网约车驾驶员岗位不属于网约车平台公司临时性、辅助性或者替代性工作岗位,因此网约车平台公司与驾驶员不适用劳务派遣的法律规定。

综上,我们认为,网约车平台公司与网约车驾驶员属于管理与被管理关系。一般情形下,网约车平台公司作为网约车驾驶员的用人单位,应依法承担用人单位责任,与网约车驾驶员签订劳动合同,为网约车驾驶员缴纳社会保险,定期审核网约车驾驶员的资质,为网约车驾驶员提供相应的服务,维护网约车驾驶员合法权益。

2. 网约车平台公司与乘客之间的关系

《网络预约出租汽车经营服务管理暂行办法》第十六条规定,网约车平台公司承担承运人责任,应当保证运营安全,保障乘客合法权益。

《民法典》第八百零九条规定,运输合同是承运人将旅客或者货物从起运地点运输到约定地点,旅客、托运人或者收货人支付票款或者运输费用的合同。

《民法典》第八百一十一条规定,承运人应当在约定期限或者合理期限内将旅客、货物安全运输到约定地点。

《民法典》第八百一十二条规定,承运人应当按照约定的或者通常的运输路线将旅客、货物运输到约定地点。

根据前述规定,网约车平台公司与乘客系平等主体之间的运输合同法律关系。网约车平台公司有按照约定的或通常的运输路线、在约定或合理期限内将乘客安全运输到约定地点的义务。由合法的驾驶员驾驶合法的车辆向乘客提供运输服务,按照约定或通常路线将乘客安全送至目的地,是网约车平台公司法定义务,也是网约车平台公司的合同义务。

《网络预约出租汽车经营服务管理暂行办法》第二十条规定,网约车平台公司应当合理确定网约车运价,实行明码标价,并向乘客提供相应的出租汽车发票。

《民法典》第八百一十三条规定,旅客、托运人或者收货人应当支付票款或者运输费用。承运人未按照约定路线或者通常路线运输增加票款或者运输费用的,旅客、托运人或者收货人可以拒绝支付增加部分的票款或者运输费用。

根据上述规定,网约车平台公司运输服务计价,应包含合法车辆、合法驾驶员的运输成本及适当利润等。根据权利义务一致性原则,乘客有权就服务存在瑕疵问题提出运输票款相应酌减的要求。

二、汽车租赁公司

通常情况下,网约车平台公司运营的车辆主要来自汽车租赁公司。汽车租赁公司在网约车平台运营商业运作中的角色和主要运作模式有以下几个方面。

(一)购置车辆

由于网约车平台公司运营的车辆主要来自汽车租赁公司,汽车租赁公司应根据网约车运营的要求购置相关车辆,并按照相关规定办理网络预约出租汽车运输证,协助网约车平台公司办理相关备案等手续。

(二)向网约车平台公司申请车辆接入平台

根据《网络预约出租汽车经营服务管理暂行办法》第十二条的规定,拟从事网约车经营的车辆,应当符合以下条件:(1)7 座及以下乘用车;(2)安装具有行驶记录功能的车辆卫星定位装置、应急报警装置;(3)车辆技术性能符合运营安全相关标准要求。

根据《网络预约出租汽车经营服务管理暂行办法》第十七条的规定,提供网约车服务的车辆必须具备合法营运资质,技术状况良好,安全性能可靠,具有营运车辆相关保险等。

汽车租赁公司根据上述规定准备好车辆之后,即可向网约车平台公司申请接入网上平台,并按照相关规定办理备案等相关手续,为车辆正式投入运营做准备。

(三)向司机出租车辆并收取租金

前述汽车租赁公司购置车辆,办理网约车运营相关资质、备案手续,申请车辆接入网约车平台公司平台等操作,最终是为了将车辆出租给司机,通过向司机收取租金实现盈利目的。

网约车租赁是资本密集型的服务行业,其主要产品是经营性租赁产品和融资性租赁产品的销售,涉及租赁产品、车辆商品和金融服务产品。就其整个业务流程而言,网约车租赁就是把车租出去,把钱收回来,服务好司机,管理好资产。整体而言,网约车租赁是进入门槛不低、业务能力要求较高的行业,非常考验汽车租赁公司的运营管理能力。

汽车租赁公司的运营能力主要体现在三个方面:风险运营、车辆运营、司机运营。司机运营是汽车租赁公司打造核心竞争力的重要武器。司机运营工作相对复杂,包括司机招募、培训,日常管理,团队活动,车队服务,甚至激励方案,以帮助司机降低用车成本、提高服务水平,提升人车出勤率及司机归属感,通过良好的运营实现共赢。

三、司机

《网络预约出租汽车经营服务管理暂行办法》第十四条规定,从事网约车服务的驾驶员,应当符合以下条件:(1)取得相应准驾车型机动车驾驶证并具有3年以上驾驶经历;(2)无交通肇事犯罪、危险驾驶犯罪记录,无吸毒记录,无饮酒后驾驶记录,最近连续3个记分周期内没有记满12分记录;(3)无暴力犯罪记录;(4)城市人民政府规定的其他条件。

根据以上规定,从事网约车运营的驾驶员必须具备网络预约出租汽车驾驶员证,否则构成非法运营,可能受到相应的行政处罚。

【案例54】网约车驾驶员本身未取得网约车驾驶员证能否正常从事网约车服务工作?

【案例来源】夏某某未取得网络预约出租汽车驾驶员证擅自从事网约车经营活动受罚案[广州市交通运输局粤穗交运罚〔2023〕1(2022)10280011号行政处罚决定书]

行政相对人类型	自然人	行政相对人名称	夏某某
案件名称	夏某某未取得网络预约出租汽车驾驶员证擅自从事网约车经营活动受罚案		
决定文书名称	行政处罚决定书	决定文书号	粤穗交运罚〔2023〕1(2022)10280011号
违法依据	《网络预约出租汽车经营服务管理暂行办法》第十五条		
违法事实	本机关依法检查时发现你本人驾驶粤AA×××××小型普通客车于××××年××月××日在广州市越秀区西湖路××号前有未取得网络预约出租汽车驾驶员证,擅自从事网约车经营活动的行为,以上事实有现场笔录、询问笔录、视频资料、身份证、行驶证、订单等为证		
处罚依据	《网络预约出租汽车经营服务管理暂行办法》第三十四条第一款规定,违反本规定,擅自从事或者变相从事网约车经营活动,有下列行为之一的,由县级以上出租汽车行政主管部门责令改正,予以警告,并按照以下规定分别予以罚款;构成犯罪的,依法追究刑事责任:……未取得《网络预约出租汽车驾驶员证》的,对当事人处以200元以上2000元以下罚款		
处罚类别	罚款		
处罚内容	罚款0.02万元		
罚款金额(万元)	0.02		
处罚决定日期	2023-02-14	执法主体名称	广州市交通运输局

以上案例中,夏某某违反了《网络预约出租汽车经营服务管理暂行办法》第三十四条第一款第三项规定,被处以人民币200元的行政处罚。

四、聚合平台

网约车聚合平台,是指依托互联网技术,面向乘客并匹配供需信息,与网约车平台公司合作、共同提供网络预约出租汽车服务的平台。例如高德打车、花小猪、百度地图、美团打车、腾讯出行、华为 Petal 出行等网约车聚合平台。

近年来,网约车聚合平台发展迅速,为出行服务提供了新的选择,但也存在企业责任落实不到位、从业人员和乘客合法权益保障不到位等问题。

对此,交通运输部办公厅等五部门于 2023 年 4 月 25 日发布了《关于切实做好网约车聚合平台规范管理有关工作的通知》(交办运〔2023〕23 号)。

该通知督促网约车聚合平台对相关网约车平台公司落实核验责任,不得接入未在当地取得网约车经营许可的网约车平台公司;提供服务的驾驶员和车辆均应办理相应网约车许可。据此,网约车聚合平台不得为未取得相应资质的平台、车辆和司机提供供需撮合或对接服务。

该通知提出,乘客因安全责任事故受到损害并要求网约车聚合平台承担先行赔偿责任的,各地有关部门要督促聚合平台履行《消费者权益保护法》有关规定,承担相关责任。与网约车平台公司相比,网约车聚合平台既然是“共同提供服务”,就属于“共同经营行为”,在服务提供过程中,需要对给乘客造成的损失“共同承担责任”。

2023 年 7 月 26 日,根据交通运输部信息,交通运输新业态协同监管部际联席会议办公室组织对滴滴出行、高德打车、T3 出行、曹操出行、万顺叫车、首汽约车、如祺出行、享道出行、携华出行、及时用车、阳光出行、美团打车、百度打车、腾讯出行、携程用车等网约车平台、聚合平台公司进行约谈。

约谈指出,当前网约车行业发展总体平稳有序,合规率持续提升,市场秩序进一步规范,但仍有部分网约车平台、聚合平台公司存在企业主体责任落实不到位、随意调整运营规则、侵害乘客和从业人员合法权益、扰乱市场公平竞争秩序等问题,存在不稳定风险隐患,甚至个别平台公司出现了运营安全事故。

约谈提出以下几点要求:

1. 维护公平竞争市场秩序。优化提升服务水平,杜绝不正当竞争行为,营造良好市场发展环境。

2. 严格落实企业主体责任。保持经营策略相对平稳,畅通利益诉求渠道,积极防范化解风险隐患。

3. 切实维护司机合法权益。进一步规范经营行为,合理制定运营规则,加强与司机群体的沟通协商,落实落细降低过高抽成比例民生实事要求。

4. 切实保障乘客合法权益。网约车聚合平台及合作的网约车平台公司要依法建立健全首问负责制度,及时妥善处理咨询投诉。

5. 加快网约车合规化进程。严把司机和车辆注册关,加快清退不符合条件的人员和车辆。聚合平台公司要严格核验接入的网约车平台公司经营许可资质,督促网约车平台公司对驾驶员和车辆有关许可严格核验把关,确保依法合规经营。

6. 加强运输安全管理。优化派单机制,杜绝超时劳动、疲劳驾驶、超速驾驶等行为,及时推送安全驾驶提醒和道路交通安全、恶劣天气等信息,提升应急处置能力。

从上述约谈内容可知,网约车平台、聚合平台公司必须依法合规开展经营,全力保障乘客和从业人员合法权益,维护行业安全稳定,推动交通运输新业态规范、健康、持续发展。

五、相关政府部门

《网络预约出租汽车经营服务管理暂行办法》第六条第二款、第三款规定,首次从事网约车经营的,应当向企业注册地相应出租汽车行政主管部门提出申请,前款第五项、第六项有关线上服务能力材料由网约车平台公司注册地省级交通运输主管部门商同级通信、公安、税务、网信、人民银行等部门审核认定,并提供相应认定结果,认定结果全国有效。网约车平台公司在注册地以外申请从事网约车经营的,应当提交前款第五项、第六项有关线上服务能力认定结果。其他线下服务能力材料,由受理申请的出租汽车行政主管部门进行审核。

《网络预约出租汽车经营服务管理暂行办法》第三十条规定,通信主管部门和公安、网信部门应当按照各自职责,对网约车平台公司非法收集、存储、处理和利用有关个人信息,违反互联网信息服务有关规定,危害网络和信息安全,应用网约车服务平台发布有害信息或者为企业、个人及其他团体组织发布有害信息提供便利的行为，依法进行查处，并配合出租汽车行政主管部门对认定存在违法违规行为的网约车平台公司进行依法处置。公安机关、网信部门应当按照各自职责监督检查网络安全管理制度和安全保护技术措施的落实情况，防范、查处有关违法犯罪活动。

《网络预约出租汽车经营服务管理暂行办法》第三十一条规定，发展改革、价格、通信、公安、人力资源社会保障、商务、人民银行、税务、市场监管、网信等部门按照各自职责，对网约车经营行为实施相关监督检查，并对违法行为依法处理。

根据以上规定，对于网约车运营的申请、监督、管理，涉及发展改革、价格、通信、公安、人力资源社会保障、商务、人民银行、税务、市场监管、网信等政府职能部门。网约车运营主体必须要在网约车运营过程中办理申请、审批、备案、考核、报备等相关手续，并在网约车运营过程中遵纪守法，合法合规运作。

【案例55】网约车司机发生交通事故造成乘客受伤，网约车平台公司需要承担责任吗？

【案例来源】于A、冯B、C科技有限公司及C(北京)网络平台技术有限公司等机动车交通事故责任纠纷案[辽宁省鞍山市铁西区人民法院(2022)辽0303民初2913号民事判决书]

【基本案情】

2021年11月25日10时左右，冯B驾驶辽CM××××沿建设大道由东向西行驶至建设大道红旗酒店西200米时，由于冯B驾车未确保行车安全，造成其车内乘客受伤，发生事故后冯B未保护事故现场。

交警部门的责任认定结果：经交警部门事故责任认定，冯B承担此次道路交通事故的全部责任，于A无责任。

被告冯B辩称：

1. 事故车辆在太平洋保险投保车上乘客责任险10,000元，原告系车上乘客，对于原告的损失，应由保险公司先行承担赔偿责任。保险公司未提供证据证明该公司已向投保人送达了保险条款并就保险条款中免除或者减轻保险人责任的条款履行了提示和说明义务，故免责条款不生效。

2. 本次事故系冯B驾驶事故车辆进行网预车运营过程中发生，根据《网络预约出租汽车经营服务管理暂行办法》第十六条，C科技有限公司作为网约车平台公司应承担承运人责任。C软件《网约车乘客用户服务协议》第二条服务使用第一款约定："根据《网络预约出租汽车经营服务管理暂行办法》及相关法律法规，我们为您提供网约车服务并承担相应法律责任。您可以通过滴滴平台提出网约车服务需求。我们将按照您的需求信息匹配符合您需求的适合车辆，主导最终匹配成功的平台驾驶员按照平台规则代表我们向您提供线下运输服务。"故对于原告的所有损失，超出保险公司赔偿限额部分，应由C科技有限公司赔偿。

3. 冯B向乘客提供线下运输服务，系履行C科技有限公司工作的职务行为，发生交通事故给原告造成的损失，应由C科技有限公司承担赔偿责任。首先，冯B通过网络注册、签订服务协议等方式成为C(北京)网络平台技术有限公司的注册司机，并接受平台发送的派车指令为乘客提供运送服务，平台在收到乘客支付的车费、扣除相关费用后将部分费用支付给司机。其次，冯B的驾驶行为受到C科技有限公司的监督和制约，体现为C科技有限公司在网络预约出租汽车经营活动中不仅制定运价、发布订单信息，还对驾驶人制定经营行为准则、服务标准，要求司机按照平台的指令提供运输服务，并对司机服务好评率进行监控等。故C科技有限公司在网络预约出租汽车经营活动中既运行支配又获取运行利益。

综上，冯B受C科技有限公司管理，由C科技有限公司发放订单并向其支付劳动报酬，故冯B在运营滴滴快车过程中，C科技有限公司为承运人，冯B代表C科技有限公司向乘客提供线下运输服务。换言之，发生交通事故时，冯B系在履行C科技有限公司的工作职务，发生交通事故造成于A受伤，应由C科技有限公司承担赔偿责任。本案并未发生交通事故，只是车辆在正常行驶过程中正常地颠簸，原告的受伤并不严重。对于原告的伤情是否是本次交通事故所造成，我方有异议，不予认可。

被告太平洋鞍山公司辩称：

肇事车辆辽CM××××号车辆在我公司投保，车上作一些每座限额为10,000元对原告的损失，被告不同意承担。该车辆在我公司投保时，自称使用性质为家庭自用车辆，但事发时该车辆已改变使用性质，对于原告的鉴定费及诉讼费，依合同规定不应由被告承担，其他同质证意见。

被告C科技有限公司辩称：

答辩人没有侵权行为，不应承担侵权责任。对事故的发生和责任认定以×××机关道路交通事故认定书认定的为准，网约车平台无侵权行为，没有过错，和事故的发生没有法律上的因果关系，不承担侵权责任。由法院依照法律和证据确定的损失，首先由保险公司在保险责任范围内承担赔偿责任，超出保险赔偿的部分，由法院按照相关法律法规的规定判令侵权人依法承担赔偿责任。

网约车平台和驾驶员之间系新型合作关系。

1. 从账号注册和注销看，驾驶员可以自由注册和注销其在平台的账号，答辩人不加干涉。

2. 从接单模式看，乘客通过答辩人平台发送的出行需求订单信息面向附近不特定的驾驶员，答辩人平台根据供需状况通过系统算法进行优化匹配。

3. 从出车时间看，驾驶员自行决定哪天出车及每天出车的时间，可自由收车与休息，答辩人不存在强制的时间要求及管理。驾驶员可以根据个人意愿决定何时接单以及是否接单，并且每个订单都有取消订单的权限和按钮入口。换言之，驾驶员对于什么时间开始接单、什么时间结束接单、是否接单以及取消订单有高度自主的选择权，答辩人不加干涉。

4. 从服务场所看，答辩人不限定驾驶员的接单位置，其驾驶车辆行驶的路线也根据乘客的出行需求而定，答辩人平台提供导航技术支持。

5. 从服务工具看，驾驶员提供驾驶服务的车辆由其自行提供，答辩人不提供运输工具。

6. 从车费收取及提现看，答辩人和驾驶员的合作关系在每一个订单中独立存在，每次合作实时分割费用，答辩人向乘客收取信息服务费用，不向驾驶员收取任何费用；每次订单结束后乘客支付的车费实时进入驾驶员账户，其可以自由提现。

7. 从合作的平台看，全国目前有200多家网约车平台，驾驶员与哪个平台合作，每天在哪个平台接单，都是自由自主的。

8. 从指挥和管理上看，答辩人对合作的驾驶员不存在考核、管理等制度。

综上可知，网约车驾驶员系自由注册、自由注销账号、自由接单、自由提现，答辩人平台对其无管理或限制行为，答辩人平台和驾驶员系新型合作关系。

综上所述，答辩人没有侵权行为，对事故的发生没有过错，不应承担本案侵权责任；基于答辩人和网约车驾驶员之间的合作关系，原告诉请答辩人承担本案侵权责任缺乏法律依据。请求法院依法处理，维护各方的合法权益。

被告C(北京)网络平台技术有限公司辩称：

答辩人并非本案适格的被告。首先，答辩人并非"C"App网约车业务的运营主体，C科技有限公司依法设立，获得行政机关的行政许可，是"C"App网约车(专车、快车、豪华车)业务的运营主体。其次，原告并未举证证明答辩人为本案适格被告，其应当承担举证不能的不利后果。

综上所述，答辩人并非本案适格被告，无侵权行为，原告诉请答辩人承担本案侵权责任，无法律及事实上的依据，请法院依法驳回原告针对答辩人的诉讼请求。

【裁判结果】

关于原告主张被告太平洋鞍山公司承担赔偿责任，被告太平洋鞍山公司提出事发时该车辆已改变使用性质，对于原告的鉴定费及诉讼费，依合同规定不应由被告承担的抗辩意见。对此，法院认为，庭审中被告保险公司提交的一组证据为投保单及保险免赔事项说明书；根据《保险法》第十七条第二款"对保险合同中免除保险人责任的条款，保险人在订立合同时应当在投保单、保险单或者其他保险凭证上作出足以引起投保人注意的提示，并对该条款的内容以书面或者口头形式向投保人作出明确说明；未作提示或者明确说明的，该条款不产生效力"的规定，保险人在与投保人签订保险合同之前或者签订保险合同之时，对于保险合同中所约定的免责条款，除了在保险单上提示投保人注意外，还应当对有关免责条款的概念、内容及其法律后果等，以书面或者口头形式向投保人作出解释，并达到投保人明了该条款的真实含义和法律后果的程度。法院据此认为，现在保险公司提供的证据不能有效证明其已对投保人明确说明免责条款的内容、法律后果及投保人对上述免责条款有真正的了解且无理解上的偏差；保险公司出具的免责条款应为无效条款,不产生任何法律效力。对于被告的该项抗辩意见,法院不予采纳。被告太平洋鞍山公司应在保险限额 10,000 元以内,承担赔偿责任。

关于原告主张被告冯 B、C 科技有限公司、C(北京)网络平台技术有限公司承担赔偿责任,法院认为,根据《网络预约出租汽车经营服务管理暂行办法》第十八条规定,网约车平台公司应当保证提供服务的驾驶员具有合法从业资格,按照有关法律法规规定,根据工作时长、服务频次等特点,与驾驶员签订多种形式的劳动合同或者协议,明确双方的权利和义务。网约车平台公司应当维护和保障驾驶员合法权益,开展有关法律法规、职业道德、服务规范、安全运营等方面的岗前培训和日常教育,保证线上提供服务的驾驶员与线下实际提供服务的驾驶员一致,并将驾驶员相关信息向服务所在地出租汽车行政主管部门报备。本案中,被告冯 B 通过网络注册、签订协议等方式成为 C 科技有限公司的注册司机,接受平台派车指令,为乘客提供服务、通过平台收取车费;被告 C 科技有限公司作为网约车平台运营商,系客运合同规则制定者,单方面决定交易价格、方式、费用支付、违约责任等内容,而司机无法参与定价,只能接受平台提供的合同内容,且平台也跟进参与合同的履行过程,包括定位导航、提供支付渠道、事后评价等。据此,法院认为被告冯 B 驾驶行为应为职务行为,C 科技有限公司作为网约车平台运营商应对外承担承运人责任,即对原告在保险赔偿范围外的经济损失承担赔偿责任。关于 C 科技有限公司提出与冯 B 系新型合作关系、不应承担赔偿责任的抗辩意见,因其未举证证明,故法院不予支持。

法院裁判结果如下:

1. 被告太平洋鞍山公司于判决生效之日起 15 日内赔偿原告于 A 的各项损失共计 10,000 元。

2. 被告 C 科技有限公司于判决生效之日起 15 日内赔偿原告于 A 的各项损失共计 40,595.76 元。

3. 驳回原告于 A 的其他诉讼请求。

【律师分析】

1. 保险合同免责条款的问题

本案中的保险公司在保险合同中约定的免责条款属于格式条款,没有就其具体内容以及法律后果向投保人释明以引起足够的注意,为无效条款。在举证方面,保险公司没有足够的证据可以证明当时已经向投保人说明内容,需要承担举证不力的不利后果。

需要注意的是,保险合同险种会根据实际车辆性质而有所区别,保险公司可依法定或约定事由而免责,“保险标的危险程度显著增加”便是理由之一。《保险法》第五十二条规定:“在合同有效期内,保险标的的危险程度显著增加的,被保险人应当按照合同约定及时通知保险人,保险人可以按照合同约定增加保险费或者解除合同。……被保险人未履行前款规定的通知义务的,因保险标的的危险程度显著增加而发生的保险事故,保险人不承担赔偿保险金的责任。”

概括而言,我国保险业将车辆的使用性质大致分为八种(不含特种类):家庭自用、非营业企业、非营业个人、营业货运、营业出租租赁、营业公路客运、营业城市公交、非营业党政机关事业团体。针对不同类型车辆,保险公司设置了差异费率,营业性车辆的保险费率远大于家用车。投保人是否告知将车辆用于营业,将直接影响保险费率的高低。如果家用车从事了职业化营运,此种改变带来的危险则具有未被估价性,属于危险程度显著增加。

因此,对于车辆性质的审查是保险公司一项重要审查内容,不同车辆性质及其变更,将导致作为保险标的的车辆危险性也发生变化;如该变化导致保险标的的危险程度显著增加而投保人又没有通知保险人并经保险人同意,保险人可以因此免责。

2. 网约车平台与司机的法律关系

当下网约车平台运营作为共享经济的标志性模式之一,通过提高社会资源的利用率,化解过剩产能,为我国共享经济发展和就业作出重大的贡献。其中网约车平台的用工问题带来的劳动关系争议纠纷问题也越发明显,对于劳动关系的界定则是其中一个最基础和有分歧的焦点。

本案中,对于被告C科技有限公司网约车平台和原告司机之间的关系,法院根据《网络预约出租汽车经营服务管理暂行办法》第十八条“网约车平台公司应当保证提供服务的驾驶员具有合法从业资格,按照有关法律法规规定,根据工作时长、服务频次等特点,与驾驶员签订多种形式的劳动合同或者协议,明确双方的权利和义务”的规定,认定网约车平台与司机的法律关系为劳动关系,司机的行为属于职务行为:“被告冯B通过网络注册、签订协议等方式成为出行科技有限公司的注册司机,接受平台派车指令为乘客提供服务、通过平台收取车费,被告C科技有限公司作为网约车平台运营商,系客运合同规则制定者,单方面决定交易价格、方式、费用支付、违约责任等内容,而司机无法参与定价,只能接受平台提供的合同内容,且平台也跟进参与合同的履行过程,包括定位导航、提供支付渠道、事后评价等。"从而根据《劳动法》和《民法典》的相关规定由被告C科技有限公司网约车平台对外承担承运人的责任,保障司机的劳动权益。

此处,法院对于劳动关系中"从属性"的判断基础仍然是2005年出台的《关于确立劳动关系有关事项的通知》第一条的规定,从劳动规章制度的适用、能从劳动中获得报酬和劳动是整体业务的组成部分这三方面进行审查与判定。

本案司机遵守网约车平台的规章制度,从事网约车平台业务范围内的载客业务,以及从网约车平台获取报酬,的确符合了目前对于劳动关系认定中的三大要件,法院的判决具有合理之处。

但是在网约车行业实际发生的纠纷中,法院对于网约车平台与司机之间是否构成"劳动关系"的认定上,并没有统一的或者主流的观点。正是因为目前没有系统的法律规定,仅依靠不甚具体的《网络预约出租汽车经营服务管理暂行办法》和《关于确立劳动关系有关事项的通知》,对于案件的事实解释反而成为劳动关系是否成立的决定因素。对于劳动关系的认定,除去固定的要件判断,更应从具体的层面对于网约车平台和司机之间的依附关系进行分析,包括网约车公司对司机工作时的整体控制,司机获得的报酬占据其收入的比重等。

【律师建议】

对于网约车或汽车相关经营者,从合规经营及法律风险防范的角度,我们提出以下几点建议:

1.对于免责条款的提醒说明义务

保险合同是典型的格式合同。商业保险格式合同第二十五条第三项规定了保险人不负责赔偿的情形,该格式合同条款依法属于免除保险人责任的条款。在诉讼中,保险公司常常就该条款约定的不负责赔偿情形提出免责抗辩,根据《保险法》第十七条第二款规定,保险公司应当就该免除责任条款履行提示或者明确说明义务,否则该条款不产生效力。对此,保险公司需要注意保存已经提醒投保人或者确认投保人知悉的有利证据,避免在举证环节因举证不力带来损失。

同样,作为汽车经销商,在汽车销售等业务开展过程中,也会涉及相关合同的签订,如新车销售合约签订等。该类合同往往也是汽车经销商事先拟定并提前准备好，用于随时和不特定的消费者重复签订且不允许消费者进行修改的合同格式范本。汽车经销商作为该格式合同的提供方，通常会在合同中设定一些限制、排除消费者权利及免除经销商责任的条款；如果汽车经销商在该类合同签订时，没有证据证明自己在合同签订之前已经就相关的条款向消费者进行了充分的说明和解释，并对消费者的所有疑问之处均给予了明确、清晰、全面且令消费者满意的说明或答复，可能会面临相应条款无效的风险。

因此，对于免责条款的提醒说明义务，汽车经销商应当给予重视并规范相关解释说明及文件签署程序。

2. 网约车平台的监管义务

作为网约车运营平台，网约车公司对于接入平台的车辆负有严格的审查义务，对于没有办理网约车运输证、未投相应保险的车辆应拒绝接入。

同时，网约车公司应履行一定的投保义务，以公众责任险或其他险种的方式分担或转移网约车在运营过程中可能会发生各种损害等风险。

3. 网约车平台劳动关系认定的风险防范

就目前而言，对于此类法律风险的防范，平台企业应当尽量避免与平台服务提供者产生劳动关系，而是体现为一种平等合作关系。认定存在合作关系，双方之间成立服务合同，那么企业只需在一定责任范围内承担赔偿责任，这使得企业的法律风险相对可控。

针对《网络预约出租汽车经营服务管理暂行办法》和《关于确立劳动关系有关事项的通知》中关于劳动关系认定的“用人单位依法制定的各项劳动规章制度适用于劳动者，劳动者受用人单位的劳动管理，从事用人单位安排的有报酬的劳动”这一常被法院援引判断是否构成劳动关系的条款，笔者有以下几点对策：

（1）约定用人单位的制度不适用于劳动者。即便劳动者违反了用人单位的制度规章，也没有如同雇员那样强制性的处罚。

（2）不对劳动者进行全方位管理。不对劳动者在工作时间、工作数量等方面像雇员那样作出强制性要求，不对其劳动过程进行全方面控制。

（3）不安排员工劳动。强调劳动者可以自由进行劳动安排，自主决定是否接单、何时接单，在劳动者进入平台时所签的协议中明确说明双方属于平等地位的合作关系等。

（4）允许司机灵活调整工作安排。适当给予平台参与者一定的自主选择性，提供非绑定式服务要求，如允许司机选择工作时间段自主规划安排。减少强制派单，让司机根据实际情况选择接单，删除对拒绝接单的强制惩罚措施。

（5）给予司机更大自主定价权限。避免留下“固定薪酬”和平台掌控单价的不利印象，有利于法官在实践中将平台和司机认定为雇佣关系而非劳动关系。因为报酬给付是否具有连续性、是否为劳务提供者的主要收入来源，工作收入水平与平台的薪酬制度，与最终劳动关系认定有直接关系。

【法律规定】

1.《保险法》

第十七条　订立保险合同，采用保险人提供的格式条款的，保险人向投保人提供的投保单应当附格式条款，保险人应当向投保人说明合同的内容。

对保险合同中免除保险人责任的条款，保险人在订立合同时应当在投保单、保险单或者其他保险凭证上作出足以引起投保人注意的提示，并对该条款的内容以书面或者口头形式向投保人作出明确说明；未作提示或者明确说明的，该条款不产生效力。

2.《网络预约出租汽车经营服务管理暂行办法》

第十八条　网约车平台公司应当保证提供服务的驾驶员具有合法从业资格，按照有关法律法规规定，根据工作时长、服务频次等特点，与驾驶员签订多种形式的劳动合同或者协议，明确双方的权利和义务。网约车平台公司应当维护和保障驾驶员合法权益，开展有关法律法规、职业道德、服务规范、安全运营等方面的岗前培训和日常教育，保证线上提供服务的驾驶员与线下实际提供服务的驾驶员一致，并将驾驶员相关信息向服务所在地出租汽车行政主管部门报备。

网约车平台公司应当记录驾驶员、约车人在其服务平台发布的信息内容、用户注册信息、身份认证信息、订单日志、上网日志、网上交易日志、行驶轨迹日志等数据并备份。

3.《民法典》

第一千一百七十九条　侵害他人造成人身损害的，应当赔偿医疗费、护理费、交通费、营养费、住院伙食补助费等为治疗和康复支出的合理费用，以及因误工减少的收入。造成残疾的，还应当赔偿辅助器具费和残疾赔偿金；造成死亡的，还应当赔偿丧葬费和死亡赔偿金。

4.《关于确立劳动关系有关事项的通知》

第一条　用人单位招用劳动者未订立书面劳动合同,但同时具备下列情形的,劳动关系成立:(一)用人单位和劳动者符合法律、法规规定的主体资格;(二)用人单位依法制定的各项规章制度适用于劳动者,劳动者受用人单位的劳动管理,从事用人单位安排的有报酬的劳动;(三)劳动者提供的劳动是用人单位业务的组成部分。

第三节　网约车行业风险及防范建议

近年来,人们在出行方面选择网约车的频次越来越高,甚至可以说出门首选就是网约车;但随着网约车的快速发展,暴露的行业问题也越来越多。

网约车作为一种“互联网 + 运输”的新业态,其运营、组织模式与传统运输企业大不相同,网约车平台与驾驶员,聚合平台与网约车平台,网约车平台与网约车租赁公司,网约车租赁公司与驾驶员等合作节点之间常因利益不平衡、经济矛盾等因素形成风险。以下对网约车行业相关风险作相应分析及风险防范建议,供大家参考。①

一、网约车行业主要风险

(一)网约车平台实力参差不齐

有订单的平台一般是具有一定规模、经济实力及知名度的平台,这些平台往往通过政策、资源、广告等方面的投入,迅速在市场中占领主导地位,经营管理比较规范,盈利和抗风险能力也很强。而很多小的平台公司,因实力薄弱、知名度不高,客户热度较低,订单较少,甚至成为“僵尸平台”,抗风险能力较弱,通常只能通过与聚合平台等相关方合作勉强生存。

(二)网约车平台不参与实际运营

在网约车行业中,部分网约车平台获得许可后,自己并不开展经营活动,而

---

① 参见《必看！网约车六大风险,官方给出防范方法》,载微信公众号“用车指南”2023 年 7 月 12 日,https://mp.weixin.qq.com/s/VtlFUjYZUvQAg5P4ovWGuQ。

是将资质租赁出去,与当地的汽车租赁公司、汽车经销商合作。前述经营方式的重点不在运营,而通过汽车租赁、车辆销售的方式赚取利润。

在实践中,有些网约车平台往往采取“以租代购”“以购代租”“带车加盟”等各种模式,甚至通过诱骗、承诺拟从事网约车的人员“先买车、后办证”“先租车、后办证”等,将风险转嫁给拟从事网约车的人员,将矛盾推向社会。

(三)变相模式规避监管和损害司机权益

在网约车行业中,部分网约车平台取得经营许可后,并没有按照网约车正常的经营管理运作方式进行平台运营,而主要是想赚司机的钱,推出所谓的“上班模式”“保底模式”,将赚取司机的车辆押金、服务费等作为运营的主要目的。

(四)运营过程服务管理能力弱化

在网约车行业中,部分网约车平台在取得经营许可时及运营前期,均严格遵守《网络预约出租汽车经营服务管理暂行办法》的相关规定,具备规范的内外管理运营体系及健全的线上线下服务管理能力;但是其在取得经营许可之后,后期的经营管理不善、平台订单不足等多方面原因,导致公司经营状况恶化,公司人员不断流失或者更换,管理混乱,以致司机、客户等相关方的权益无法得到有效保障。

(五)新平台市场饱和与司机收入减少

一些新的网约车平台在取得经营许可及开展运营前期,通常开出各种诱人条件,如保底、免抽佣、单单奖励等,大量招募新司机;而这些平台因为缺乏足够的市场推广经费“烧钱”奖励,往往只能维持短暂的市场推广周期。在推广周期过后,很多新司机发现跑了一段时间后赚不到钱,但是由于已经租了车,最终只能违约退车,或流向其他订单更加稳定的平台,助推了网约车行业司机数量的不断增加。

就整个网约车行业而言,网约车司机的收入并不比出租车司机高。根据佛山市交通运输局2023年7月发布的《佛山市出租汽车市场运行监测指标信息发布报告(2023年上半年)》,2023年上半年,巡游出租汽车在企业、车辆、驾驶员数量方面均不如网约车,但其在单车日均营收、订单载客量、载客里程上均超过网约车。在市场运营方面,佛山全市巡游出租汽车单车日均载客15.55次,单车日均载客里程155.08公里,单车日均营收615.02元;而佛山日均订单大于或等于10单的网约车单车日均载客里程129.71公里,单车日均营收426.21元。

从数据上来看,佛山的巡游出租车司机日均收入比网约车司机高出近200元。该报告分析,受多种因素影响,佛山出租汽车从业者市场经营压力仍较大,提醒拟从事出租汽车(含网约车)经营服务的企业和驾驶员,密切关注行业最新动态,审慎做好投资和从业分析,充分考虑市场风险,理性选择从业方向,注意防范部分机构或个人作出的“收入过万”等虚假承诺。

(六)合作渠道商等相关方违规行为

网约车租赁公司是网约车行业重要的运力供应商,与网约车平台形成合作关系,与驾驶员之间形成车辆租赁关系,成为行业的“隐形”经营主体。

网约车租赁公司在运营过程中,为降低管理运营成本和车辆闲置压力,往往通过代运营的方式,将车辆批量打包委托给合作渠道商代运营。而合作渠道商为提高出租率,存在以虚假宣传、虚假承诺等方式诱骗驾驶员入行的违法违规行为,加上合作渠道商运营管理方式缺乏监管与不规范,给司机服务终端带来不特定的风险隐患。

(七)网约车平台对入网车辆审核把关不严,随意接入不合规车辆及司机

根据网约车管理的有关规定,入网网约车平台,必须车辆合规,即车辆必须具有网络预约出租汽车运输证;司机合规,即司机必须具有网络预约出租汽车驾驶员证。

合规的网约车车辆是指已安装应急报警等装置、技术性能符合运营安全相关标准、登记为预约出租汽车客运且获得网络预约出租汽车运输证的车辆。合规的网约车驾驶员应当通过背景核查、考核合格、符合所在城市人民政府规定条件且获得网络预约出租汽车驾驶员证。

但在实践中,有些网约车并未能按要求取得“人证”和“车证”。就车辆条件而言,各城市对各类车辆轴距、排量、价格等均有不同的要求;就司机资质而言,很多城市均要求从事网约车经营服务的驾驶员为当地户籍或持有当地《居住证》。但随着网约车监管的不断成熟与规范,各地对“人证”和“车证”的要求也更加规范、便捷和人性化。

二、网约车行业风险防范建议

(一)尽量选择具有一定规模及盈利能力的网约车平台

平台规模小的网约车平台公司,由于其线上线下服务管理能力不强,一旦不

能适应市场竞争易出现资金链断裂,甚至“跑路”等情况,驾驶员劳动报酬将面临无法足额、及时支付到位的风险。

因此,有意从事网约车经营的企业和人员,应当详细了解平台接入、派单及收益分配规则,认真分析订单的成本和营利,掌握网约车市场经营状况,选择一家适合的平台并做出理性的选择。

(二)审慎选择签约形式,达到各项资质要求

以签订挂靠协议或融资租赁合同等形式从事网约车营运活动,易出现车辆权属不清,解除合同的过程中维权困难以及在发生经营风险时承担连带责任等问题;未取得合法资质的车辆、驾驶员从事网约车营运,或取得合法资质的车辆、驾驶员通过未取得经营许可的网络服务平台提供运营服务的,均为违法违规行为,属于交通执法对象,将按有关法律、法规处罚。

有意从事网约车经营的企业和个人,从风险防范角度,建议如下:

1. 要提前审核并与网约车平台公司签订入网运营意向书后再购买车辆,同时应当认真开展市场调查,审慎选择从业方式,避免掉入租车之“坑”、汽车金融之“坑”。

2. 对所签订的合同条款和自行承担的风险进行详细了解,注意防范各种形式的变相补充条款中合同陷阱及“以租代购”“低价购车”“以购代租”等风险,保障自身合法权益不受侵害,避免后续发生纠纷时维权困难。

3. 从事网约车经营,网约车平台、车辆、驾驶员均应当取得合法资质,避免因未取得经营许可非法从事网约车经营而受到行政处罚。

(三)不轻信广告宣传,审慎选择租车用车模式

部分网约车平台或汽车租赁公司、销售公司推出所谓的“上班模式”“保底模式”,利用噱头引诱、骗取人员入行,主要目的是赚取加入人员的车辆押金、服务费。相关公司通过与从业人员签订条件苛刻的合同条款,约定苛刻的违约责任,加入人员一旦违反了公司规定或合同约定,公司将以违约等各种理由与从业人员解除合同,并扣除押金、服务费并要求支付违约金等。因此,有意从事网约车经营的企业和个人,应谨防此类收入之“坑”的诱骗,不要轻信所谓的“上班模式”“保底模式”。确有租车需求的企业和个人,建议尽量选择租赁时长较短的方案,降低运营风险,勿选择“以租代购”等高风险用车方案。签订租车合同时,应认真阅读与确认合同条款,并建议咨询法律专业人士,保障自身合法权益。

（四）尽量选择日常运营管理合规、规范的网约车运营公司

部分网约车平台为了追求利益最大化，利用法规漏洞或通过各种技巧适应网约车政策和规定，其线上与线下服务管理能力不断弱化，可能因业绩不达标又快速退出，当司机或乘客遇到问题需要平台干预时，很难得到及时处理。

因此，有意从事网约车经营的企业和人员，应当详细了解平台的整体运营、管理情况，选择线上服务能力强、线下管理规范的网约车平台企业。

（五）网约车市场趋于饱和，入行需谨慎

根据《佛山市出租汽车市场运行监测指标信息发布报告（2023 年上半年）》，在市场规模方面，截至 2023 年 6 月底，佛山共有巡游出租汽车企业 16 家，巡游出租汽车 1649 辆，13, 155 人取得巡游出租汽车驾驶员从业资格证。与 2022 年 12 月底对比，巡游出租汽车增加 23 辆。截至 2023 年 6 月底，佛山网络预约出租汽车经营许可证在有效期内平台公司 49 家，核发网络预约出租汽车运输证 27, 690 张，核发网络预约出租汽车驾驶员证 76, 224 张。与 2022 年 12 月底对比，网络预约出租汽车增加 5835 辆，网络预约出租汽车驾驶员增加 6867 人，注销网络预约出租汽车运输证 803 张。

目前，在公交、共享电单车等多种出行方式蓬勃发展的情况下，各地出租汽车运力已趋于饱和，加之网约车市场司机不断增加，已出现订单量增长乏力的状态。因此，有意从事网约车经营的企业和人员，应做好经营风险评估，避免盲目进入市场。

（六）避免与中间商合作导致的风险高、维权难问题

由于车辆租赁企业不属于网约车行业直接监管的对象，有关立法落后于社会发展水平和实际需要，在新就业形态劳动者权益保障方面，相应保障制度体系还未建立健全，执法和司法经验还非常有限，从业人员掉入租车方或卖车方的合同陷阱后，往往自身权益难以得到维护和保障。

合作渠道商如果截留驾驶员押金、租金，不及时处理车辆违章、车损等，则资产公司在通过正常手段难以获得正常租金时，为及时止损往往强制收车，最终对驾驶员权益造成损害。

因此，有意从事网约车经营的企业和个人，应尽量向属地已经取得经营许可的网约车平台公司了解、掌握租赁企业的情况，避免中间商赚“差价”，规避其可能带来的经营风险、违法风险。

(七)严格规范车辆和司机的平台接入

就规范网约车整个行业而言,行业逐步进入"聚合时代",包括美团打车、高德打车、百度打车等在内多个聚合平台、网约车平台均应进一步加强管控。网约车平台应当加强司机及车辆信息登记及管控,不得接入不合规车辆及司机,加强平台抽查次数,加速清退不合规车辆及司机;在与汽车租赁公司签订合作协议时应当加入司机资质审查条款,从源头减少不合规司机的数量。

根据《佛山市出租汽车市场运行监测指标信息发布报告(2023 年上半年)》提醒,从事网络预约出租汽车行业的驾驶员须取得佛山市网络预约出租汽车驾驶员证,车辆须取得佛山市网络预约出租汽车运输证,并接入取得佛山市网络预约出租汽车经营许可证的网络预约出租汽车平台公司方可营运。对于出租汽车违法违规行为,佛山市、区两级交通运输主管部门将依据《巡游出租汽车经营服务管理规定》《网络预约出租汽车经营服务管理暂行办法》《广东省出租汽车经营管理办法》等实施行政处罚,构成犯罪的,依法追究刑事责任。为保障乘客的合法权益,建议市民选择合规出租汽车出行。

【案例 56】非营运车辆,能否开展网约车经营服务?

【案例来源】李 A 与北京 B 汽车技术服务有限责任公司车辆租赁合同案[北京市大兴区人民法院(2022)京 0115 民初 12916 号民事判决书]

【基本案情】

李 A 向法院起诉,提出诉讼请求:

依法解除李 A、北京 B 汽车技术服务有限责任公司(以下简称 B 公司)签订的《汽车租赁合同》;B 公司退还李 A 车辆押金 25,000 元;B 公司退还李 A 未履行的车辆保险费用 18,125 元;本案诉讼费由 B 公司承担。

事实和理由:

B 公司系从事汽车租赁业务的公司,李 A 预租赁车辆,与 B 公司初步协商一致,于 2 月 19 日向 B 公司业务人员通过微信转账 10,000 元。

后李 A 与 B 公司于 2022 年 2 月 26 日正式签订了《汽车租赁合同》,B 公司将 5 辆大众捷达牌小型轿车租赁给李 A,按照协议约定 B 公司向李 A

提供设备齐全，车况良好，运营安全可靠并证件齐全的车辆，李A使用该车辆从事网约车服务平台，进行运营活动。

双方约定该份协议期限为12个月，自2022年3月1日起至2023年2月28日止，每辆车的租金为每月5700元，该租金远高于市场同类型的车辆租金，李A在B公司业务人员处得知，B公司向外出租车辆时的价格约为3800元。

合同签订后双方又签订了《补充协议》，该协议约定，双方签订的原《汽车租赁合同》在租赁期限届满后，承租方有权按照1元/台的价格购入上述车辆。

合同签订当日李A通过微信向公司业务人员交付了押金15,000元和一个月的租金28,500元，共43,500元。

B公司将上述车辆交付给李A时，李A才得知上述车辆未取得网约车资格证。双方各自履行权利义务，李A按时缴纳车辆租金至发生新冠疫情，李A无法从事网约车业务，遂与B公司法定代表人协商将案涉车辆退还给B公司事宜，后B公司将案涉车辆断油断电，经协商李A将案涉车辆归还给B公司。

李A与B公司协商退还车辆押金及李A转账给B公司的商业保险费用（该笔保险费用系按年缴纳，有未履行的部分，可以解除保险合同退还保险费用），B公司法定代表人均以各种借口推诿。

B公司向法院提出反诉请求：

1. 判令李A向B公司支付拖欠的车辆租金4750元，车辆违章罚款1000元，处理违法扣分14分手续费2800元，车辆维修费4400元，停车费155元，收车费用3000元，合计16,105元。

2. 判令李A向B公司支付逾期缴纳租金违约金，自2022年5月6日起以应付租金4750元为基数，按日万分之五计算至实际付清之日止（暂计至2022年7月5日逾期缴纳租金违约金为143元）。

3. 李A向B公司支付提前解除合同违约金85,500元。

4. 本案诉讼费用由李A承担。

事实和理由：

2022年2月26日，B公司与李A签订《汽车租赁合同》，约定李A向B

公司租赁 5 辆大众捷达牌车辆使用,合同约定租期 12 个月,自 2022 年 3 月 1 日起至 2023 年 2 月 28 日止。合同履行两个月后,李 A 应于 2022 年 5 月 5 日前支付车辆租金而逾期未交,明确要求提前解除合同,但拒不交还所租赁车辆,后 B 公司支付拖车费用将车拖回。李 A 拖欠租金 4750 元,逾期拒不交纳租金构成违约,在租期届满前要求解除合同应按照本合同未履行部分租金总额的 30% 支付违约金。

【裁判结果】

法院认为,《网络预约出租汽车经营服务管理暂行办法》第二十八条第一款规定:“任何企业和个人不得向未取得合法资质的车辆、驾驶员提供信息对接开展网约车经营服务。不得以私人小客车合乘名义提供网约车经营服务。”根据该办法第三十四条规定,有未取得经营许可,擅自从事或者变相从事网约车经营活动行为的,由县级以上出租汽车行政主管部门责令改正,予以警告,并处以 10,000 元以上 30,000 元以下罚款;构成犯罪的,依法追究刑事责任。就涉案《汽车租赁合同》本身而言,合同未明确约定租车用途,合同未违反法律、行政法规的禁止性规定,应属有效。

《网络预约出租汽车经营服务管理暂行办法》作为部门规章对未取得合法资质的车辆开展网约车经营服务进行了约束,本案中,B 公司向李 A 出租汽车,但其出租的汽车的使用性质为非营运车辆,其车辆不能开展网约车经营服务。根据本案双方提交的其他证据材料,B 公司知晓李 A 租车用途为进行网约车经营服务,且 B 公司也为李 A 进行网约车经营服务提供了一定的帮助。根据李 A 提供的微信聊天记录,李 A 在网约车平台进行绑定车辆等后台操作时明知涉案车辆的行驶本上使用性质为非营运车辆,但并未提出异议。

由于李 A 及 B 公司均明知李 A 利用非营运车辆进行网约车经营,故在合同履行中均有过错,李 A 在本案中提出解除合同的诉请,法院认定起诉状副本送达 B 公司的时间,即 2022 年 6 月 23 日,为双方合同解除时间。

关于李 A 要求 B 公司退还其车辆押金 25,000 元的诉请,由于《汽车租赁合同》已经解除,B 公司应退还李 A 车辆押金 25,000 元。

关于李 A 要求 B 公司退还未履行的车辆保险费用 18,125 元,有众诚汽车退押金申请单作为依据,法院予以支持。

关于 B 公司提出反诉,要求李 A 支付其拖欠的车辆租金 4750 元,车辆违章罚款 1000 元，车辆维修费 4400 元，停车费 155 元，收车费用 3000 元，以上合计 13, 305 元，李 A 在庭审中认可欠付 4750 元租金的事实并同意支付；车辆违章罚款、车辆维修费、停车费、收车费有相关票据依据，法院予以支持。

处理违章扣分 14 分的手续费 2800 元，法院认为车辆违章扣分属于行政处罚范畴，违章扣分应由驾驶人按照相关规定处理，B 公司主张处理扣分手续费缺乏法律依据，也无法证明相应扣分对应的经济损失，故法院不予支持。

关于 B 公司要求李 A 支付其逾期交纳租金违约金以及提前解除合同违约金 85, 500 元，由于 B 公司明知李 A 租赁涉案车辆用来经营网约车，仍将车辆租赁给李 A 并协助李 A 进行网约车平台绑车等操作，对合同履行存在过错；其作为出租人，将非营运车辆租赁给他人进行网约车经营，违反相关规定，且车辆无法正常运营，其对合同的解除负主要过错。考虑到李 A 对合同解除亦有过错，法院酌定李 A 支付 B 公司违约金 10, 000 元。

综上，依照《民法典》第四百六十五条的规定，法院判决如下：

1. 李 A 与 B 公司签订的《汽车租赁合同》于 2022 年 6 月 23 日解除。

2. B 公司退还李 A 车辆押金 25, 000 元（于判决生效之日起 10 日内履行）。

3. B 公司退还李 A 未履行的车辆保险费用 18, 125 元（于判决生效之日起 10 日内履行）。

4. 李 A 支付 B 公司车辆租金 4750 元、车辆违章罚款 1000 元、车辆维修费 4400 元、停车费 155 元、收车费用 3000 元，以上合计 13, 305 元（于判决生效之日起 10 日内履行）。

5. 李 A 支付 B 公司违约金 10, 000 元（于判决生效之日起 10 日内履行）。

6. 驳回李 A 的其他诉讼请求。

7. 驳回 B 公司的其他反诉请求。

【律师分析】

1. 合同解除的情形及解除之后的效果

根据《民法典》第五百六十二条和第五百六十三条的规定，合同解除方式主要有约定解除、法定解除和任意解除三种情形。约定解除是双方当事人的意思自治，既可以在合同双方没有事先约定合同解除事由的前提下通过协商解除，也可以合同事先约定合同解除事由，当发生解除事由时解除合同。法定解除的要求相对更加严苛，只有在满足法定要件时才能适用，只要满足以下其中一项守约方就可以主张解除合同:(1)不可抗力致使不能实现合同目的;(2)在履行期限届满前,当事人一方明确表示或者以自己的行为表明不履行主要债务;(3)当事人一方迟延履行主要债务,经催告后在合理期限内仍未履行;(4)当事人一方迟延履行债务或者有其他违约行为致使不能实现合同目的;(5)法律规定的其他情形。

此外,当出现“合同僵局”时,《民法典》和《全国法院民商事审判工作会议纪要》规定违约方在符合一定要件前提下,继续履行合同对其显失公平的,可以行使合同解除请求权。《全国法院民商事审判工作会议纪要》第四十八条规定,在一些长期性合同如房屋租赁合同履行过程中,双方形成合同僵局,一概不允许违约方通过起诉的方式解除合同,有时对双方都不利。在此前提下,符合下列条件,违约方起诉请求解除合同的,人民法院依法予以支持:(1)违约方不存在恶意违约的情形;(2)违约方继续履行合同,对其显失公平;(3)守约方拒绝解除合同,违反诚实信用原则。本案中李 A 作为本诉原告拖欠租金构成违约,但是本诉被告 B 公司向其出租不具有网约车营运资格的车辆进行营运,开展网约车经营服务,违反了《网络预约出租汽车经营服务管理暂行办法》第二十八条的规定,合同不能继续履行,不能实现原告租赁并开展网约车服务的合同目的,且 B 公司对于出租不具备网约车营运资格车辆具有过错。同时原告李 A 并没有恶意拖延租金,按时缴纳直至暴发新冠疫情。对此,原告李 A 通过提起诉讼的方式请求法院解除双方之间的合同符合《民法典》相关规定。最终法院综合案件情况,认为双方对于合同解除都有过错,判定起诉状副本送达 B 公司的时间为双方合同解除时间。

合同解除后,根据《民法典》第五百六十六条规定,如果合同尚未履行,则终止履行即可;若合同已经履行,根据合同不同性质,当事人可以请求“恢复原状”或者“采取其他补救措施”,并有权请求“赔偿损失”;合同因违约解除的,解除权人可以请求违约方承担违约责任,但是当事人另有约定的除外。

2. 双方均违约的情形及法律效果

双方违约,是指在双务合同中,合同双方当事人都违反了合同义务、都构成违约且双方违约仅发生于同一双务合同中,违反的是约定义务而非法定义务。此外,需要注意区分履行抗辩权、先履行抗辩权和不安抗辩权。根据《民法典》第五百九十二条的规定,当事人都违反合同的,应当各自承担相应的责任;当事人一方违约造成对方损失,对方对损失的发生有过错的,可以减少相应的损失赔偿额。该规定将双方违约和过错相抵的原则进行立法确定,明确合同中受损失方对损害的发生也有过错时,可以减少对方相应的损失赔偿。

双方违约的情形在实际案例中十分常见,因为双方所负债务不总是具有牵连性和对价性。对于过错互抵原则在实务中如何适用仍存在分歧,在减轻赔偿的程度上,法院对债务人的过失与债权人的过失进行比较衡量时,若债权人的过失过大,则既可以使债务人免责,也可以减轻债务人的赔偿额。本案中双方当事人对于将非营运车辆用于网约车经营都有过错,李 A 在注册时知晓车辆不具有网约车营运资格时仍继续使用,而出租公司明知不具备资格仍然与李 A 签订合同作网约车使用,存在过错相抵的情况,法院考虑双方的过错程度适当减轻B 公司的违约责任。

【律师建议】

1. 双方应明确合同中的支付方式、期限以及违约责任的约定,确保合同可执行。此外就违约金进行约定时应合理预估可能遭受的损失,综合可能发生违约情形的概率约定合适的计算方式和违约金金额。

2. 约定过高的违约金会受到司法酌情减少,双方当事人在合同中对违约金进行约定时应避免约定过高的违约金而被法院减额的风险。

3. 在合同履行中注意保留对方违约的证据以及可能给自身带来损失的相关材料证据。对于存在双方违约的情形,可以主张适当减少违约责任。

4. 对于承租车辆用于网约车服务的一方需要遵守《网络预约出租汽车经营服务管理暂行办法》确认所租赁的车辆具备网络预约出租汽车运输证并登记,网络服务平台具备资质,否则会面临租赁合同目的不能实施的财产损失以及后续被工商行政主管部门处罚的风险。

【法律规定】

1.《网络预约出租汽车经营服务管理暂行办法》

第二十八条　任何企业和个人不得向未取得合法资质的车辆、驾驶员提供信息对接开展网约车经营服务。不得以私人小客车合乘名义提供网约车经营服务。

第三十四条　违反本规定,有下列行为之一的,由县级以上出租汽车行政主管部门责令改正,予以警告,并处以 10,000 元以上 30,000 元以下罚款;构成犯罪

的,依法追究刑事责任:

(一)未取得经营许可,擅自从事或者变相从事网约车经营活动的;

(二)伪造、变造或者使用伪造、变造、失效的《网络预约出租汽车运输证》《网络预约出租汽车驾驶员证》从事网约车经营活动的。

2.《民法典》

第一百七十六条　民事主体依照法律规定或者按照当事人约定,履行民事义务,承担民事责任。

第五百九十二条　当事人都违反合同的,应当各自承担相应的责任。

当事人一方违约造成对方损失,对方对损失的发生有过错的,可以减少相应的损失赔偿额。

第十八章　二手车经营及风险防控

汽车经销商的二手车经销及交易业务模式通常包括直接采购二手车辆再行销售、向车主提供折价以旧换新服务、为车主销售车辆提供居间服务并收取代理佣金等。

根据《二手车流通管理办法》(2017 修订,下同)相关规定,二手车经营主体是指经工商行政管理部门依法登记,从事二手车经销、拍卖、经纪、鉴定评估的企业。提供二手车置换、收购、维修和销售等二手车经销服务的汽车经销商属于二手车经营主体,需自取得营业执照之日起 2 个月内向省级商务主管部门备案,并定期将二手车交易量、交易额等信息通过所在地商务局报送省级商务主管部门。

2023 年 7 月 20 日,国家发展和改革委员会等部门印发《关于促进汽车消费的若干措施》和《关于促进电子产品消费的若干措施》,部署稳定扩大汽车消费、有效促进电子产品消费。2023 年 7 月 21 日,国家发展和改革委员会召开专题新闻发布会,介绍促进汽车、电子产品消费有关情况,表示二手车的交易市场潜力大,但居民的顾虑也不少,市场信息透明度有待提升;国家发展和改革委员会将会同有关部门,合理增加对二手车平台企业的抽检频率,抽检结果依法向社会公开,以此进一步增强消费者对二手车的交易信心。相关文件还部署了对取消二手车限迁、便利二手车交易登记等已出台政策的进一步督促落实,着力打破“玻璃门”“隐形门槛”等现象。

2023 年 8 月 25 日,工业和信息化部等七部门印发《汽车工作方案》,其中明确“促进老旧汽车报废、更新和二手车消费”,“支持二手车流通规模化发展,各地严格落实全面取消对符合国五排放标准小型非运营二手车的迁入限制,促进二手车自由流通和企业跨区域经营”。

第一节　二手车备案和业务模式

一、二手车经营备案

《二手车流通管理办法》第八条规定:“二手车交易市场经营者、二手车经销企业和经纪机构应当具备企业法人条件,并依法到工商行政管理部门办理登记。”

《二手车流通管理办法》第三十条规定:“建立二手车交易市场经营者和二手车经营主体备案制度。凡经工商行政管理部门依法登记,取得营业执照的二手车交易市场经营者和二手车经营主体,应当自取得营业执照之日起 2 个月内向省级商务主管部门备案。省级商务主管部门应当将二手车交易市场经营者和二手车经营主体有关备案情况定期报送国务院商务主管部门。”

根据以上相关规定,二手车交易市场经营者和二手车经营主体实行备案制度,凡经工商行政管理部门依法登记,取得营业执照的二手车交易市场经营者和二手车经营主体,应当自取得营业执照之日起 2 个月内向市级商务主管部门备案。

二手车交易市场经营者备案有效期一般为 3 年(不同地方有不同的时间期限,以当地具体规定为准),在有效期届满前 30 天办理续期。

商务部等部门《关于搞活汽车流通　扩大汽车消费若干措施的通知》规定:“对从事新车销售和二手车销售的企业,经营范围统一登记为‘汽车销售’,按有关规定做好备案。备案企业应如实填报经营内容等信息,商务部门要及时将备案企业信息推送至公安机关、税务部门。”

二手车交易市场经营者备案基本办理流程如下:

1. 二手车交易市场经营者,应自取得营业执照之日起 2 个月内向市级商务主管部门申请备案。

2. 企业登录“商务部业务系统统一平台—企业端”国内贸易——汽车企业注册,企业注册并填写打印登记表。

3. 企业将备案材料交至综合窗口。

4. 商务主管部门对备案材料进行受理,对具备二手车交易市场经营者条件(变更备案登记需附市场监督管理部门《核准变更登记通知书》)的,予以备案;材料不齐的,告知企业5个工作日内补正材料予以备案。

二、二手车业务模式

实践中,对于不同的二手车业务模式,汽车4S店承担不同的法律责任。常见的二手车买卖模式可分为以下四类。[①]

(一)直接销售型

二手车商从车辆原所有人手中购买车辆后,为车辆的所有权人,再直接以自己的名义进行出售。此种模式下,二手车商作为车辆买卖合同的出卖人,需按照二手车买卖合同直接履行合同义务及承担责任。这是常见的二手车交易模式。

(二)直接受托型

二手车商接受车辆的所有权人委托,作为车辆所有权人的代理人,以委托人的名义与买受人签订二手车车辆买卖合同。此种模式下,如果二手车商按照委托人的指示恰当履行了代理义务,则合同义务及违约后果由委托人自己承担。但是,如果二手车商在代理过程中存在过错导致车辆所有权人损失,二手车商应当承担相应责任。

(三)行纪代理型

此种模式下,二手车商的角色为行纪人。

《民法典》第九百五十一条规定:"行纪合同是行纪人以自己的名义为委托人从事贸易活动,委托人支付报酬的合同。"《民法典》第九百五十八条规定:"行纪人与第三人订立合同的,行纪人对该合同直接享有权利、承担义务。第三人不履行义务致使委托人受到损害的,行纪人应当承担赔偿责任,但是行纪人与委托人另有约定的除外。"

根据以上规定,二手车商以自己的名义与买受人签订二手车车辆买卖合同,二手车商对二手车车辆买卖合同直接享有权利、承担义务。第三人不履行二手

---

① 参见景明月:《二手车交易案件的审理思路》,载百度账号"景明月律师"2022年4月23日,https://baijiahao.baidu.com/s?id=1730883751332109759。

车车辆买卖合同义务致使车辆所有权人受到损害的，二手车商应当承担赔偿责任，除非双方另有约定。

在实践中，许多二手车经纪公司以自己名义进行交易，其地位可能是直接出卖人，也可能是行纪人。

（四）中介推介型

此种模式下，二手车商的角色为中介人。

《民法典》第九百六十一条规定："中介合同是中介人向委托人报告订立合同的机会或者提供订立合同的媒介服务，委托人支付报酬的合同。"《民法典》第九百六十二条第一款规定："中介人应当就有关订立合同的事项向委托人如实报告。"

根据以上规定，二手车商作为二手车交易的中介人，向委托人报告订立合同的机会或者提供订立合同的媒介服务，并有权要求委托人支付报酬。如中介人故意隐瞒与订立合同有关的重要事实或者提供虚假情况，损害委托人利益，则不得请求支付报酬并应当承担赔偿责任。

在实践中，汽车4S店的二手车交易模式多为前三种，其应注意在不同交易模式下的责任承担，并与委托人签订相应的合同，确立合同关系及明确相应的权利、义务及责任。而"瓜子二手车""人人车"等二手车网络中介平台，一般为第四种模式，主要以中介身份为二手车具体买卖双方提供信息数据、合同文本、车辆检测报告等中介服务，并收取中介服务费。

【案例57】二手车经营者与二手车需求方形成的是行纪合同关系、委托合同关系还是中介合同关系？

【案例来源】郭A、丁B等行纪合同纠纷案［山东省泰安市中级人民法院（2021）鲁09民终4080号民事判决书、山东省宁阳县人民法院（2021）鲁0921民初1199号民事判决书］

【基本案情】

2019年以来，原告丁B与被告郭A之间一直有二手车交易往来，双方均认可的交易习惯是郭A提供车辆型号、出厂年限、车辆单价等相关信息给丁B，丁B筛选确认购买车辆并根据报价向郭A转账，之后再由郭A向车辆来源客户(销售方)转账,销售方向郭A发送订购车辆后,由郭A通知丁B到其二手车店提车。

2020年4月23日、4月24日和7月30日,丁B向郭A的中国邮政储蓄银行账户分别转账20万元、30万元、3.2万元、94.9万元,共计148.1万元,预定由郭A提供的车辆清单中的17辆二手车。在收到丁B等人的转账汇款后,郭A向案外人杨C转账。后郭A仅向丁B提供了清单中的6辆二手车,价值43.3万元,另有2辆车因不合格被丁B退回,剩余车辆未再向丁B提供,也未向丁B返还相应购车款。因郭A既无法提供车辆也未退还购车款,原告丁B认为郭A违约,要求退还剩余购车款42.2万元。

【判决结果】

一审法院认为,根据双方提交的证据及相关事实,应认定本案中被告与原告之间形成行纪合同关系,即被告作为行纪人以自己的名义为原告从事车辆交易活动。被告与原告均从事二手车交易,原告知晓被告并非车辆生产商,亦清楚被告系从实际售车方处购买车辆,但原告并不知道实际售车人信息,所有车辆交易行为均由被告自己完成。所以,被告以自己名义为原告从事车辆买卖的贸易活动,并获取一定的报酬,依据《合同法》(已失效)第四百一十四条(现为《民法典》第九百五十一条)的规定,上诉人作为行纪人的身份应予认定。

本案中,被告以自己的名义从实际售车方杨C处购得车辆交付被上诉人,因实际售车方杨C未按约定交付相应车辆,造成原告的车款损失,被告作为行纪人对此应承担赔偿责任。

一审法院判决如下:

被告郭A偿还原告丁B车款417,000元,并支付利息(以417,000元为基数,按全国银行业拆借中心公布的利率,自2021年3月16日起至实际清偿之日止计算),于判决生效后10日内一次性付清。

二审维持原判。

【律师分析】

本案中,原告作为二手车的需求方,委托被告寻求车源并进行采购,被告以自己的名义与第三方售车人签订二手车买卖合同,并直接承担该二手车买卖合同的权利和义务,被告和原告之间成立行纪合同关系。

根据《民法典》的相关规定,第三人不履行二手车车辆买卖合同义务致使原告受到损害的，被告应当承担赔偿等违约责任。

因此，本案中，法院判决被告返还相应车款及利息损失。

【律师建议】

二手车交易中，汽车4S店作为行纪或居间方，应谨慎选择业务开展模式，并通过签订相关合同或协议给予明确，两者在承担责任方面大不相同。

在销售二手车的过程中，汽车4S店如作为行纪方，对委托人、第三人均需承担相应责任，故应关注第三人、委托人的基本情况及履约情况，在合作或交易前期，应进行相应背景调查，充分了解第三人及委托人的信用、履约能力等基础信息，做好相关风险分析、评估及预防措施。

【法律规定】

《民法典》

第九百五十一条　行纪合同是行纪人以自己的名义为委托人从事贸易活动，委托人支付报酬的合同。

第九百五十八条　行纪人与第三人订立合同的，行纪人对该合同直接享有权利、承担义务。第三人不履行义务致使委托人受到损害的，行纪人应当承担赔偿责任，但是行纪人与委托人另有约定的除外。

第二节　二手车收购与销售

根据《二手车流通管理办法》第二条第二款的规定，二手车是指从办理完注册登记手续到达到国家强制报废标准之前进行交易并转移所有权的汽车、挂车和摩托车，其中汽车包括三轮汽车和低速载货汽车。因此，二手车即进行过首次登记后又二次销售的车辆。

由于二手车为二次转让，在4S店进行收购和销售的过程中，4S店需要更详细地检查车辆，更要注意履行充分的告知义务，以减少二手车交易过程中的纠纷，避免产生法律风险。

本节将通过收购和销售两个层面分析4S店如何规避二手车交易风险，减少纠纷。

一、二手车收购

二手车收购的流程一般分为寻找车源、二手车价格评估、确定价格、签署二手车交易合同，最后交付车辆、办理过户手续等。由于二手车的特殊性质，收购流程中存在诸多4S店需要重点关注的风险，如收购师隐瞒价格、二手车销售飞单、价格评估、车况评估等问题。随着二手车市场逐渐壮大，汽车4S店也需要加强对二手车收购过程中的风险控制。

在收车过程中，如发现证件不齐全、车辆存疑等情况，4S店应先不急于收购，应先充分全面调查车辆整体情况，核对证件和车辆信息，在确保证件合规、车辆合法、车况良好的情形下，方可进行价格协商。

【案例58】4S店收购、出售的盗抢车被司法机关扣押，能否主张返还？

【案例来源】《购买的二手车是盗抢车辆被公安机关发还失主，购车人该怎么办?》①

【基本案情】

2017年1月18日，陈某涛与某二手车公司签订了《车辆销售协议》，约定：陈某涛向某二手车公司购买发动机号为H×××02的大众速腾牌汽车一辆，成交总额为148,000元，某二手车公司应对此车的手续以及车辆的合法性负责。协议签订后，陈某涛于当日向某二手车公司支付了全部购车款148,000元，而后某二手车公司向陈某涛交付了该车辆，并于2017年1月18日将该车辆过户给陈某涛。2016年9月12日，该车辆由公安局登记为“被盗抢骗机动车”。2018年4月12日，法院作出某刑事判决书，该判决书中认定该车辆系王某祥所盗车辆之一。《×县公安局交通警察大队公安交通管理行政强制措施凭证》《发还清单》证明该车辆因系盗抢车辆，已由公

① 参见刘艳:《购买的二手车是盗抢车辆被公安机关发还失主，购车人该怎么办?》，载微信公众号“成都律师刘艳”2022年3月17日，https://mp.weixin.qq.com/s/qVu51R3oMlnyKFB_T0C6lg。

安机关扣押并于2019年3月18日已发还被害人。

陈某涛遂向法院提出诉讼请求：

1. 解除陈某涛、某二手车公司签订的《车辆销售协议》。

2. 某二手车公司返还陈某涛全部购车款148,000元，并自2017年1月18日起至某二手车公司实际返还全部购车款之日止，以148,000元为基数，按照同期银行贷款年利率4.75%向陈某涛支付资金占用损失（暂计算至2018年11月21日，资金占用损失为12,966.44元）。

【裁判结果】

法院认为，关于《车辆销售协议》是否应当解除的问题，根据《合同法》（已失效）第九十四条（现《民法典》第五百六十三条）的规定，陈某涛提交证据证明该车辆属盗窃车辆，且由公安机关追赃并已发还被害人，陈某涛作为购车人的购车目的已不能实现，依据法律规定，陈某涛有权要求解除与某二手车公司签订的《车辆销售协议》。根据《合同法》（已失效）第一百五十条（现《民法典》第六百一十二条）的规定，某二手车公司作为出卖人，其负有保证第三人不得向买受人主张任何权利的义务，现该车辆已由公安机关扣押并发还被害人，陈某涛作为合同相对方有权依据法律规定要求某二手车公司承担权利瑕疵担保义务，对陈某涛要求某二手车公司返还购车款及资金占用损失的请求，法院予以支持。

法院判决结果如下：

1. 确认解除陈某涛与某二手车公司签订的《车辆销售协议》。

2. 某二手车公司于判决生效之日起10日内向陈某涛返还购车款148,000元及资金占用损失（资金占用损失的计算方式为自2017年1月18日起至某二手车公司付清购车款之日止，以148,000元为基数，按年利率4.75%计算）。

【律师分析】

出售盗抢车辆后车辆被扣押的，汽车4S店大多会被要求解除合同并返还购车款，情节严重的更有可能被追究刑事责任。

根据最高人民法院、最高人民检察院《关于办理与盗窃、抢劫、诈骗、抢夺机动车相关刑事案件具体应用法律若干问题的解释》第六条第一项规定，对于盗窃、抢劫、诈骗、抢夺的机动车没有合法有效的来历凭证而进行买卖、介绍买卖、用于抵债等行为的，应当认定行为人主观上"明知"该机动车是犯罪所得。

《刑法》第三百一十二条第一款规定："明知是犯罪所得及其产生的收益而

予以窝藏、转移、收购、代为销售或者以其他方法掩饰、隐瞒的，处三年以下有期徒刑、拘役或者管制，并处或者单处罚金；情节严重的，处三年以上七年以下有期徒刑，并处罚金。"

根据以上规定，汽车4S店收购盗抢车辆，不仅会面临经济损失的风险，甚至面临更加严重的刑事责任风险。

【律师建议】

结合本案的实际情况及相关规定，从法律风险防范和合规角度，我们提出以下建议。

1. 收购二手车时，一定要充分了解车辆性质，核对车辆及手续情况，并在正规渠道收购。

2. 在收车过程中，可以采取如下措施规避相关风险：

（1）充分调查车辆抵押情况，专人查档，留存证据。

（2）交易前实地验收车辆，重点关注车辆来源、车辆类型，来源是否存疑，是否为盗抢车、拼装车、改装车等问题车，是否有GPS定位装置。

（3）检查证件是否真实、手续是否齐全。收车必须检查的证件包括机动车安全技术检验合格证、登记证、行驶证、车辆购置税完税证明、养路费缴付凭证、车辆保险单、车船税缴付凭证等。

（4）评估价格是否公正合理，是否为问题车辆，注意低价车的风险。

（5）若收购完成后，车辆被卖方私自取回，应及时报警并留存相应监控证据。

（6）核对出售是否经过原车主同意。

3. 对于与实际价格严重不符、没有合法来源凭证的车辆以及问题车辆，切勿贪图便宜收购、出售，否则不仅会造成民事损失，严重者还会面临刑事处罚。

【法律规定】

《民法典》

第五百六十三条　有下列情形之一的，当事人可以解除合同：

（一）因不可抗力致使不能实现合同目的；

（二）在履行期限届满前，当事人一方明确表示或者以自己的行为表明不履行主要债务；

（三）当事人一方迟延履行主要债务，经催告后在合理期限内仍未履行；

（四）当事人一方迟延履行债务或者有其他违约行为致使不能实现合同目的；

（五）法律规定的其他情形。

以持续履行的债务为内容的不定期合同，当事人可以随时解除合同，但是应当在合理期限之前通知对方。

第六百一十二条　出卖人就交付的标的物，负有保证第三人对该标的物不享有任何权利的义务，但是法律另有规定的除外。

二、二手车销售

随着二手车市场交易量的爆发式增长，行业内纠纷呈现高发态势；二手车交易存在诸多风险，违约情形多发。目前二手车纠纷主要集中在民事领域，高发情形有销售泡水车辆、隐瞒销售重大事故车辆、车辆行驶里程造假、质保期间车辆出现问题、车辆重要配件被更换、车辆无法正常使用及车辆无法过户等。

下文将通过几个案例，结合目前二手车交易市场的高发纠纷来分析汽车4S店应采取哪些措施来规避交易风险。

【案例59】汽车经销商隐瞒二手车车况，消费者是否可以主张三倍赔偿？

【案例来源】《销售“问题”二手车　法院判令卖家退款并赔三倍购车款》①

【基本案情】

2022年10月，薛某在一家二手车经销商购买了一辆二手车。合同中写明，二手车经销商保证该车无重大事故、无水泡、无火烧。合同签订后，二手车经销商将车辆交给薛某使用，因该车原来投保的保险已到期，薛某到保险公司准备购买保险，保险公司告知该车辆因发生事故等，车辆损失保险累计赔付金额已达保险限额，保险公司拒绝对该车辆承保商业险。薛某据此将二手车经销商起诉至法院，要求撤销销售合同，退还购车款并进行三倍

---

① 参见《贵法君说法丨销售“问题”二手车　法院判令卖家退款并赔三倍购车款》，载微信公众号“贵港中院”2023年6月16日，https://mp.weixin.qq.com/s/b1t8BjeKJz-hOsK9WqvOzA。

赔偿。

【裁判结果】

法院认为，二手车经销商在明知涉案车辆曾经发生重大事故的情况下，不但隐瞒事实，甚至保证“无重大事故、无泡水”，主观上有明显故意，已经构成欺诈。

法院判决如下：

1. 判决撤销薛某与二手车经销商签订的《车辆买卖合同》。

2. 二手车经销商应返还购车款给薛某，薛某应将案涉车辆返还二手车经销商，并协助办理车辆过户手续。

3. 二手车经销商应赔偿已支付购车款的三倍给薛某。

【律师分析】

对于二手车客户发现所购车辆与先前经销商所承诺的车况、质量不符情形，现有的裁判观点如下。

裁判观点一：二手车经销商隐瞒实际行驶里程等车况信息，致使消费者作出错误的意思表示的行为构成欺诈。

如上述案例所述，二手车经销商无证据证明其在销售车辆时不存在故意隐瞒车况，有可能被认定为欺诈。

作为二手车销售的专业机构，二手车经销商对车辆是否存在重大故障及维修、泡水情况，车辆里程表数据真实性等严重影响车辆性能、价格的重大事项应采取更严格的审慎态度进行检查，如未履行严格的审查义务，在销售二手车后被发现车况与约定不符，可能被认定为欺诈。

二手车经销商被认定欺诈后，法院会以此撤销双方之间的车辆转让协议，但赔偿金额在实践中各有不同。上述案例支持三倍惩罚性赔偿，有的法院仅支持退还车款，并未支持三倍的惩罚性赔偿，或者支持少部分赔偿。

裁判观点二：无证据证实二手车经营者有故意隐瞒和篡改里程表等的事实时，不宜认定为欺诈，但因为其未能如实告知对方真实车况，应适用重大误解，判决撤销双方之间的买卖合同。

适用重大误解的情形主要为双方并没有对车辆是否发生严重事故、行驶里程数有过特别约定或明确承诺，如无确实充分证据证明二手车经营者存在故意隐瞒或虚假陈述，不宜认定为欺诈。

裁判观点三：现有事实及证据不能证明二手车经营者存在欺诈行为，但是由于原告对里程表调整过的事实存在认识错误，原告享有解除合同的权利，并以此解除了合同，裁决被告返还购车款。

这种情形主要为现有证据不能证明二手车经营者在交易之前已知晓案涉车辆出现过客户提交评估报告中载明的事故维修情况及调表情况，不能证明二手车经营者存在欺诈行为，但车辆情况与交易双方的认知不符，判决返还购车款。

二手车经营者在销售二手车的过程中宣传的里程数与实际里程数存在较大差价、隐瞒车辆事故等信息时，绝大多数法院会判决二手车经营者构成欺诈，主要因为：

1. 车辆具体行驶里程数等信息，是影响消费者选择权的重要因素，故二手车经营者应如实向消费者告知车辆的上述重要信息。

2. 对于二手车经营者，法院一般可以推定其具有专业知识、技术和能力，应知悉或检测二手车辆的实际行驶里程表数是否与车辆仪表里程数一致。只要二手车经营者提供的产品或者服务有欺诈的后果，就可以根据客观标准推定经营者有欺诈的故意，由经营者举证自己不存在欺诈故意。

【律师建议】

为避免被认定为消费欺诈，二手车经营者应充分履行审慎的检查义务，并保留检查记录和文件，如实告知客户车辆情况，可以从以下方面进行提升：

1. 注重对二手车高级评估师专业人才的引进及管理，不断提高评估师的实操技能。

2. 对已收购待整备的二手车增设复检环节，对维保、出险信息和车辆实况进行二次检测。

3. 对销售人员加强话术培训，在网站、微店、App、微信小程序及微信公众号等网络平台对二手车辆宣传推广时做到如实宣传，真正履行如实全面的告知义务，保障消费者的知情权。在突出车辆优良卖点的同时，委婉全面地表达车辆瑕疵状况，做到不随意承诺、不夸大宣传、不虚假宣传。

【法律规定】

1.《民法典》

第一百四十七条　基于重大误解实施的民事法律行为，行为人有权请求人民法院或者仲裁机构予以撤销。

第一百四十八条　一方以欺诈手段，使对方在违背真实意思的情况下实施的民事法律行为,受欺诈方有权请求人民法院或者仲裁机构予以撤销。

第五百六十三条　有下列情形之一的,当事人可以解除合同:

(一)因不可抗力致使不能实现合同目的;

(二)在履行期限届满前,当事人一方明确表示或者以自己的行为表明不履行主要债务;

(三)当事人一方迟延履行主要债务,经催告后在合理期限内仍未履行;

(四)当事人一方迟延履行债务或者有其他违约行为致使不能实现合同目的;

(五)法律规定的其他情形。

以持续履行的债务为内容的不定期合同,当事人可以随时解除合同,但是应当在合理期限之前通知对方。

2.《消费者权益保护法》

第五十五条　经营者提供商品或者服务有欺诈行为的,应当按照消费者的要求增加赔偿其受到的损失,增加赔偿的金额为消费者购买商品的价款或者接受服务的费用的三倍;增加赔偿的金额不足五百元的,为五百元。法律另有规定的,依照其规定。

经营者明知商品或者服务存在缺陷,仍然向消费者提供,造成消费者或者其他受害人死亡或者健康严重损害的,受害人有权要求经营者依照本法第四十九条、第五十一条等法律规定赔偿损失,并有权要求所受损失二倍以下的惩罚性赔偿。

【案例60】出售抵押二手车,买卖行为是否有效?

【案例来源】刘某与董某、李某等买卖合同纠纷案[辽宁省锦州市中级人民法院(2023)辽07民终574号民事判决书]

【基本案情】

二原告系夫妻关系。2021年,原告董某、李某通过朋友的介绍找到被告李某某,欲从李某某处购买二手车辆。2021年6月5日,二原告与朋友在被告刘某的车库内,选中了案外人林某某名下的辽NL××××抵押车辆,并经过二原告与被告李某某协商,确定价款为78,000元,原告当即将购车款28,000元转账至被告李某某账户，另外50,000元现金直接交付给被告刘某，双方未签订买卖合同。当日，被告李某某、刘某将案涉车辆及相关车辆手续交付给二原告。2022年7月12日，车辆抵押权人山东林润汽车销售服务有限公司将案涉车辆拖走，二原告多次找到被告李某某、刘某协商未果。

董某、李某向一审法院起诉请求：

1. 判令解除原、被告之间的买卖合同。

2. 判令被告返还原告购车款人民币78,000元。

【裁判结果】

法院认为，本案争议焦点如下：

1. 原、被告之间的车辆买卖合同关系是否应当解除。

2. 被告李某某、刘某是否应当返还原告购车款78,000元。

对于原、被告之间车辆买卖合同关系是否应当解除的问题，本案中，二原告在被告李某某、刘某处购买车辆时，双方均明知所购车辆为抵押车辆，其交易行为违反了《二手车流通管理办法》的强制性规定，其车辆买卖行为依法应当认定无效。

本案中，原告董某、李某因双方无效的买卖行为受到经济损失78,000元，对该损失双方应根据过错程度承担责任。同时二原告在购车后，占有使用了一年时间，综合双方的过错程度、车辆使用情况，法院酌定被告李某某、刘某应承担70%责任，原告董某、李某应承担30%责任。

法院判决如下：

被告李某某、刘某赔偿原告董某、李某财产损失54,600元，二被告互负连带责任；驳回原告董某、李某的其他诉讼请求。

【律师分析】

《二手车流通管理办法》第二十条规定：“下列车辆禁止经销、买卖、拍卖和经纪：(一)已报废或者达到国家强制报废标准的车辆；(二)在抵押期间或者未经海关批准交易的海关监管车辆；(三)在人民法院、人民检察院、行政执法部门依法查封、扣押期间的车辆；(四)通过盗窃、抢劫、诈骗等违法犯罪手段获得的车辆；(五)发动机号码、车辆识别代号或者车架号码与登记号码不相符，或者有凿改迹象的车辆；(六)走私、非法拼(组)装的车辆；(七)不具有第十九条所列证明、凭证的车辆；（八）在本行政辖区以外的公安机关交通管理部门注册登记的车辆；（九）国家法律、行政法规禁止经营的车辆。二手车交易市场经营者和二手车经营主体发现车辆具有（四）、（五）、（六）情形之一的，应当及时报告公安机关、工商行政管理部门等执法机关。对交易违法车辆的，二手车交易市场经营者和二手车经营主体应当承担连带赔偿责任和其他相应的法律责任。”

在司法实践中，对于抵押车再交易的合同效力，大部分法院倾向于认为第三人与交易人就“抵押车”达成的再交易合同为无效合同，将《二手车流通管理办法》第二十条作为否定合同效力的论据，并按双方过错对损失进行分配，而非支持全额“购车款”的返还。

鉴于此，销售抵押二手车在法律上风险较大，汽车4S店应在销售时充分检查，并充分告知消费者，避免后续交易风险。

【律师建议】

汽车4S店应在收购、销售环节对车辆手续进行严格核查并留档，可以通过以下方式核查车辆抵押情况：

1. 检查机动车登记证书，是否存在有关抵押登记的内容。

2. 收购车辆时，在签订正式二手车收购合同前，与车主前往车辆管理部门查询。

3. 对于作为企业客户的原二手车车主，可在国家企业信用信息公示系统查询有无动产抵押登记信息。

在部分地区，如深圳，当地车管所开通了线上机动车抵押状态查询系统，仅需输入号牌号码及号牌种类，即显示未抵押或抵押中或未曾抵押。不同城市对抵押查询有不同的制度和方案，汽车4S店应结合当地实际进行查询并对相关查询记录留档，减少二手车交易风险。

【法律规定】

1.《二手车流通管理办法》

第十二条第一款　二手车卖方应当拥有车辆的所有权和处置权。二手车交易市场经营者和二手车经营主体应当确认卖方的身份证明，车辆的号牌、《机动车登记证书》、《机动车行驶证》，有效的机动车安全技术检验合格标志、车辆保险单、交纳税费凭证等。

第二十条　下列车辆禁止经销、买卖、拍卖和经纪：

……

（二）在抵押期间或者未经海关批准交易的海关监管车辆；……

2.《民法典》

第一百五十三条　违反法律、行政法规的强制性规定的民事法律行为无效。但是，该强制性规定不导致该民事法律行为无效的除外。违背公序良俗的民事法律行为无效。

第一百五十七条　民事法律行为无效、被撤销或者确定不发生效力后，行为人因该行为取得的财产，应当予以返还；不能返还或者没有必要返还的，应当折价补偿。有过错的一方应当赔偿对方由此所受到的损失；各方都有过错的，应当各自承担相应的责任。法律另有规定的，依照其规定。

【案例61】汽车经销商无从事居间服务资质，基于代销车辆签订的《二手车居间合同》是否有效？

【案例来源】何某与曲靖某汽车销售有限公司买卖合同纠纷案［云南省曲靖市麒麟区人民法院（2020）云0302民初7057号民事判决书］

【基本案情】

曹某授权曲靖某汽车销售有限公司（以下简称曲靖某公司）对其车辆代销，明确车辆超过最低价（23万元）的部分均为曲靖某公司的利润。经曲靖某公司推介，何某与曹某签订《二手车居间合同》，约定何某以240，800元向曹某购买案涉奔驰二手车，合同第十二条其他事项处以手写体注明：经何某验车后自愿购买，保证此车无重大事故、水泡、火烧。何某付款后，双方办理车辆过户登记。

何某购买后查明，该车辆于2018年3月17日出险，理赔5000元；2019年4月2日出险，理赔89，989.01元；2019年8月6日出险，理赔13，000元；2019年10月4日出险，理赔8835元。截至2017年4月16日，该车辆行驶里程110，090公里。

【裁判结果】

法院认为，居间合同的居间人只能是经过政府主管机关核准登记的从事居间业务的公民、法人和其他组织。

曲靖某公司经营范围为：汽车、新能源汽车、汽车装饰用品销售；机动车保险代理服务。其并非经过政府主管机关核准登记的从事居间业务的法人和其他组织，因此，曲靖某公司无从事居间服务的资质。

该车辆存在调减里程情形及多次交通事故报保险理赔，其中一次是重大修复；曲靖某公司保证此车无重大事故，与事实不符。

曲靖某公司主观上虽没有故意，但存在隐瞒真实情况，诱使对方作出违背真实的意思表示的行为，对何某构成消极欺诈。何某因合同取得的财产，没有必要返还；由曲靖某公司赔偿何某经济损失36,000元（参考相关重大修复，以落户价的7%计算车辆贬损价值）。

法院判决如下：

1. 撤销何某与曲靖某公司签订的《二手车居间合同》。

2. 由曲靖某公司赔偿何某经济损失36,000元。

【律师分析】

居间合同与买卖合同的区别在于：一方提供信息，报告签约机会，另一方支付费用，则是居间合同；如果是货物买卖，则是买卖合同。

汽车4S店为二手车的需求方提供订立合同的机会，但如无居间服务资质，可能会存在被认定为买卖合同的风险；如被认定买卖合同，汽车4S店则须对二手车的质量保证承担相应责任。

【律师建议】

代销车辆时，汽车4S店需注意使用居间合同销售车辆，因为如无居间服务资质，其本质上仍为订立买卖合同，4S店仍需承担销售者的责任。

汽车4S店代销车辆如采用居间形式，在公司经营范围登记方面，应注意进行相关业务的核准登记。

【法律规定】

《民法典》

第一百四十八条　一方以欺诈手段，使对方在违背真实意思的情况下实施的民事法律行为，受欺诈方有权请求人民法院或者仲裁机构予以撤销。

第三节 二手车质量告知与保证

一、二手车质量告知

(一)法律法规中的告知义务

1.《民法典》中的告知义务

《民法典》合同编中的告知义务贯穿合同成立、履行以及终止整个过程。

《民法典》第五百条规定:“当事人在订立合同过程中有下列情形之一,造成对方损失的,应当承担赔偿责任:(一)假借订立合同,恶意进行磋商;(二)故意隐瞒与订立合同有关的重要事实或者提供虚假情况;(三)有其他违背诚信原则的行为。”

《民法典》第五百零九条第一款、第二款规定:“当事人应当按照约定全面履行自己的义务。当事人应当遵循诚信原则,根据合同的性质、目的和交易习惯履行通知、协助、保密等义务。”

《民法典》第五百五十八条规定:“债权债务终止后,当事人应当遵循诚信等原则,根据交易习惯履行通知、协助、保密、旧物回收等义务。”

上述《民法典》第五百条针对的是合同成立阶段的告知义务,当事人承担的是缔约过失责任;《民法典》第五百零九条以及第五百五十八条分别针对的是合同履行阶段以及合同终止阶段的告知义务,当事人承担的是违约责任。

2. 其他法律法规中的告知义务

(1)《消费者权益保护法》

《消费者权益保护法》第八条第一款规定消费者的知情权:“消费者享有知悉其购买、使用的商品或者接受的服务的真实情况的权利。”

《消费者权益保护法》第二十条规定:“经营者向消费者提供有关商品或者服务的质量、性能、用途、有效期限等信息,应当真实、全面,不得作虚假或者引人误解的宣传。经营者对消费者就其提供的商品或者服务的质量和使用方法等问题提出的询问,应当作出真实、明确的答复。经营者提供商品或者服务应当明码标价”。

(2)《二手车流通管理办法》

根据《二手车流通管理办法》第十四条规定,二手车卖方应当向买方提供车辆的使用、修理、事故、检验以及是否办理抵押登记、交纳税费、报废期等真实情况和信息。买方购买的车辆如因卖方隐瞒和欺诈不能办理转移登记,卖方应当无条件接受退车,并退还购车款等费用。

(3)《侵害消费者权益行为处罚办法》

根据《侵害消费者权益行为处罚办法》第六条规定,经营者向消费者提供有关商品或者服务的信息应当真实、全面、准确。

上述法律法规通过规定经营者向消费者履行真实全面告知交易商品情况和信息的义务,规范二手车经营的市场环境,缓和经营者与消费者在市场经济中关于商品情况和信息的不对称问题。

汽车4S店也应严格遵循法律,将告知义务落实到日常企业运作管理之中,规范企业经营,降低运营风险。

(二)二手车质量告知义务范围

《消费者权益保护法》第八条、第二十条明确经营者广泛的告知义务内容包括商品的性能、质量、费用等信息。

《二手车流通管理办法》第十四条规定了经营者应当向消费者提供车辆的使用、修理、检验以及是否抵押等信息。

在二手车销售过程中,有关商品性能、质量、费用范畴的相关信息,如重要部件更换情况、车辆发动机号码等其他影响二手车性能、质量等重要信息,汽车4S店应如实告知消费者,对重要信息需着重阐明,并存留相应证据,以防风险。

(三)二手车质量告知的举证责任

对于经营者是否履行告知义务的举证责任,《消费者权益保护法》并没有予以规定,若根据《民事诉讼法》规定的"谁主张,谁举证"之举证责任分配方式,则由消费者承担举证证明经营者是否履行了告知义务的责任。但在市场经济中消费者和经营者对交易商品的信息掌握严重不对称的情况下,作为提供格式条款合同的经营者,与消费者相比,经营者具有更明显的专业优势,其相应的风险控制能力和举证能力也更强。因此,在司法实践中,部分法院的观点倾向于经营者承担更多的举证责任。

最高人民法院指导案例17号裁判要点明确指出,汽车销售者承诺向消费者出售没有使用或维修过的新车，消费者购买后发现系使用或维修过的汽车，销售者不能证明已履行告知义务且得到消费者认可的，构成销售欺诈。该指导案例明确了由经营者承担履行告知义务的举证责任。

北京市高级人民法院观点认为，买方发现车辆存在瑕疵系在交车之日起6个月内，对涉案车辆销售时是否存在瑕疵，应当由卖方承担举证责任。如卖方未提交证据证明其在销售车辆时该车不存在瑕疵，应当承担举证不利的法律后果。

因此，为降低和规避销售风险，汽车4S店应提高相应证据意识，在履行告知义务方面，留存书面或视频、照片证据，可以在销售环节提供重要信息告知表，并让客户签字捺印确认，并将相关证据归档留存。

【案例62】汽车4S店使用格式合同条款对车辆关键数据作免责约定，是否有效？

【案例来源】张A诉北京B旧机动车经纪有限公司买卖合同纠纷案［北京市海淀区人民法院(2015)海民(商)初字第44452号民事判决书］

【基本案情】

2015年8月1日，张A与北京B旧机动车经纪有限公司（以下简称北京B公司）签订了《二手车买卖合同（非贷款版）》，约定张A以12万元的价格购买轿车一辆。签约时，该车的仪表盘显示里程数约为5.3万公里。此外，北京B公司向张A提供了未签字盖章的《大B二手车检测报告》作为合同附件，该报告载明涉诉车辆在交易时表显里程数为53,111公里，同时载明“检测报告中标明的里程数，为车辆进场时车内里程表表示的数字，仅供参考，《大B二手车检测报告》仅对车辆状况进行检测，不对里程数真实性做出承诺”。法院向4S店调查取证后确认，涉诉车辆的行驶里程存在被更改减少的情况。

【裁判结果】

法院认为：

1. 二手车商以格式条款免除车辆重要参数的如实告知义务的行为应认定为无效。

2. 故意隐瞒二手车辆重要参数，将使消费者对车辆状况产生错误认识，该行为构成欺诈。

法院判决结果：被告北京B公司于判决生效后10日内向原告张A支付赔偿款12万元。

【律师分析】

在二手车买卖中，认定二手车经营者的责任路径一般为认定经营者在二手车买卖中与消费者的关系，进而确定其法律地位；然后判定双方争议条款的效力，进而确定是否构成欺诈；最后明确二手车经营者的责任承担问题。

在本案中，北京B公司系以自己名义与买受人签订车辆买卖合同，需履行合同义务，承担合同责任。

《大B二手车检测报告》作为合同附件，载明“检测报告中标明的里程数，为车辆进场时车内里程表表示的数字，仅供参考，《大B二手车检测报告》仅对车辆状况进行检测，不对里程数真实性做出承诺”。该条款明显是北京B公司面对不特定的客户、为了重复使用而单方面预先拟定的范本条款，双方在订立合同时未对此条款进行协商，其类型应属格式条款。北京B公司未能对该条款采取足以引起张A注意的方式提醒其注意，且未能提交证据证明其向张A履行了说明义务，因此其并未满足《合同法》规定的格式条款提供方的义务要求，该格式条款无效。

北京B公司未向消费者告知车辆真实使用状况，且未能证明系客观原因无法对相关指标核查清楚，属故意隐瞒二手车辆重要参数的真实数值，由此导致张A做出了错误的意思表示，应当认定构成欺诈。

【律师建议】

结合本案的情况，从合规及法律风险防范的角度，我们作如下建议：

1. 对于一些影响消费者购买意愿和影响车辆估价的重要指标，如维修次数、表显里程数等，汽车4S店不仅需要如实告知，还需严格注意免责格式条款使用规范。

根据《民法典》第四百九十六条第二款的规定，采用格式条款订立合同的，提供格式条款的一方应当遵循公平原则确定当事人之间的权利和义务，并采取合理的方式提示对方注意免除或者减轻其责任等与对方有重大利害关系的条款，按照对方的要求，对该条款予以说明。根据前述规定，法律对免责格式条款有严格限制,汽车4S店在使用格式条款时,须注意履行合理提示说明义务,采用足以引起对方注意的文字、符号、字体等特别标识,并按照对方的要求对该格式条款予以说明,且需注意留存相关说明、提示证据。

2. 对于此类免责条款,在司法实践中,除了上述认定二手车商欺诈的案例外,也存在部分法院认为二手车商不承担责任或承担服务瑕疵责任的裁判观点,但为了最小化风险,建议谨慎使用该类免责条款。

【法律规定】

《消费者权益保护法》

第五十五条 经营者提供商品或者服务有欺诈行为的,应当按照消费者的要求增加赔偿其受到的损失,增加赔偿的金额为消费者购买商品的价款或者接受服务的费用的三倍;增加赔偿的金额不足五百元的,为五百元。法律另有规定的,依照其规定。

经营者明知商品或者服务存在缺陷,仍然向消费者提供,造成消费者或者其他受害人死亡或者健康严重损害的,受害人有权要求经营者依照本法第四十九条、第五十一条等法律规定赔偿损失,并有权要求所受损失二倍以下的惩罚性赔偿。

二、二手车质量保证

(一)汽车"三包"责任

"三包"是零售商业企业对所售商品实行"包修、包换、包退"的简称,是指商品进入消费领域后,卖方为了对买方所购物品负责而采取的在一定限期内的一种信用保证办法,对不是因用户使用、保管不当,而因产品质量问题而发生的故障提供该项服务。

汽车作为高货值产品,国家市场监督管理总局专门颁布了《汽车三包规定》,对汽车"三包"进行了详细的规定。

《汽车三包规定》第十八条规定:"家用汽车产品的三包有效期不得低于2年或者行驶里程50,000公里,以先到者为准;包修期不得低于3年或者行驶里程60,000公里,以先到者为准。三包有效期和包修期自销售者开具购车发票之日起计算;开具购车发票日期与交付家用汽车产品日期不一致的,自交付之日起计算。"

《汽车三包规定》第三十条规定："包修期内家用汽车产品所有权发生转移的，三包凭证应当随车转移。三包责任不因家用汽车产品所有权的转移而改变。"

根据以上规定，中华人民共和国境内生产、销售的家用汽车产品的"三包"，均适用《汽车三包规定》。因此，消费者购置二手车后，在《汽车三包规定》第十八条规定的"三包"期限内，依然可以享受到相应的"三包"政策。

但如消费者购买的二手车原不属于"家用"，如营运车辆、公务车辆等，则该部分二手车不能享受相应的"三包"政策，只能按照《产品质量法》的相关规定向生产者、销售者主张权利。

同时，《机动车维修管理规定》第三十六条规定："机动车维修实行竣工出厂质量保证期制度。汽车和危险货物运输车辆整车修理或总成修理质量保证期为车辆行驶20，000公里或者100日；二级维护质量保证期为车辆行驶5000公里或者30日；一级维护、小修及专项修理质量保证期为车辆行驶2000公里或者10日。摩托车整车修理或者总成修理质量保证期为摩托车行驶7000公里或者80日；维护、小修及专项修理质量保证期为摩托车行驶800公里或者10日。其他机动车整车修理或者总成修理质量保证期为机动车行驶6000公里或者60日；维护、小修及专项修理质量保证期为机动车行驶700公里或者7日。质量保证期中行驶里程和日期指标，以先达到者为准。机动车维修质量保证期，从维修竣工出厂之日起计算。"

根据以上规定，对于在汽车"三包"服务以外的车辆，如涉及汽车故障进行维修，根据维修的不同项目和情形，可以享受不同期限或公里数的质量保证服务。

【案例63】二手车在质保期间自燃，二手车商和消费者应如何分担责任？

【案例来源】《【案例二】二手车买卖合同纠纷典型案例》①

【基本案情】

吴某与某二手车公司签订了《二手车转让协议》，协议约定"某二手车

---

① 参见《【案例二】二手车买卖合同纠纷典型案例》，载微信公众号"云南力和律师事务所"2023年7月12日，https://mp.weixin.qq.com/s/H3rjg3KjcJ6dlMh_ZcP7ww。

公司保证无重大事故、泡水、火烧,发动机、变速箱、电路板质保两年”。吴某通过按揭贷款支付车款22万元,某二手车公司向吴某交付了车辆。5个月后,吴某驾驶涉案二手车回家途中,车辆驾驶舱冒烟后发生起火事故。事故发生后,吴某委托A鉴定评估公司对涉案车辆起火事故的原因进行分析鉴定,鉴定结论是:可排除雷击、外来火源、人为纵火、车辆事故碰撞、电路故障导致起火的可能,不排除车辆动力系统/燃油供给系统故障导致车辆起火自燃的可能。吴某认为某二手车公司未按照合同约定交付符合质量标准的车辆,遂将其诉至法院,要求解除合同,赔偿全部车款。某二手车公司辩称,吴某在了解车况及质保承诺的情况下购买了涉案车辆,且涉案车辆毁损由自燃造成,其不应承担涉案车辆自燃责任。

【裁判结果】

根据鉴定结果,可排除外来火源、人为纵火、车辆事故碰撞、电路故障等导致车辆起火的可能,但不排除车辆动力系统/燃油供给系统故障导致车辆起火自燃的可能。

法院认为,二手车质保期间自燃,应综合合同约定的质保条款、双方过错情况,以及车辆使用情况合理分担责任。

判决结果:综合考虑双方当事人的合同义务及车辆的使用时间,兼顾公平原则,法院酌情认定吴某、某二手车公司对车辆的毁损各承担50%的责任。

【律师分析】

本案主要涉及二手车出售之后的质量保证问题。

在本案中,一方面,某二手车公司作为二手车的出卖人,应保证交付的车辆具备应有的质量和性能,且其在《二手车转让协议》中作出了“保证无重大事故、泡水、火烧,发动机、变速箱、电路板质保两年”的质保承诺,其应对车辆自燃导致毁损承担相应的赔偿责任。

另一方面,吴某作为涉案车辆购买方,明知是二手车,其质量、性能显然不能与新车相比,但仍然选择购买。同时考虑吴某从提车到车辆自燃前已使用5个月,其间更换过蓄电池,且存在未对涉案车辆进行正规保养等情形,吴某自身对案涉车辆的日常保养、维护亦存在一定的义务和过错,因此亦应承担相应责任。

【律师建议】

结合本案的情况,从合规及法律风险防范的角度,我们作如下建议:

1.《家用汽车产品修理更换退货责任规定》对汽车销售商的责任进行了更加严格的规定，因此销售商在客户提车前应对车辆进行全面的检查，依据检测规范逐项检查，减少提车后车辆出现问题的赔偿责任风险。发现车辆已经存在问题的，应如实告知客户，否则后续客户可能会发现并索赔。

2. 在签订合同时，可以就保修期限和保修范围进行细化，在汽车退换的条件方面可以与消费者协商，约定第三方鉴定机构。对于符合提供“三包”服务条件的情形，销售商应该及时妥善处理，否则会面临最高 50 万元的处罚风险。但如果判断可能是客户原因导致的问题，如客户的不当使用或擅自改装等导致问题，则应收集证据举证说明对方的过错而免除或减轻自身的责任。

【法律规定】

1.《二手车流通管理办法》

第十五条　二手车经销企业销售二手车时应当向买方提供质量保证及售后服务承诺，并在经营场所予以明示。

2.《民法典》

第五百九十二条　当事人都违反合同的，应当各自承担相应的责任。

当事人一方违约造成对方损失，对方对损失的发生有过错的，可以减少相应的损失赔偿额。

（二）二手车商的车辆瑕疵担保

在二手车交易中，二手经营者一般通过商业承诺的方式对二手车辆提供瑕疵担保，如上述案例 63 中二手车公司在《二手车转让协议》中作出了“保证无重大事故、泡水、火烧，发动机、变速箱、电路板质保两年”的质保承诺，主要担保范围包括车辆无重大交通事故、无水泡、无火烧以及行驶公里数的真实性。

1. 里程数真实性担保

里程数真实性是较为频发的争议问题。在二手车销售中，部分不法商家为了能够将二手车高价销售而将二手车的里程调低，也有部分情况是原车主为了将二手车卖一个好的价格而通过专业人士将里程调低。

按照目前通行的技术，里程表调低的成本很低；而如果要查验该里程表信息是否真实，则需要从专业技术的角度进行勘察和评判。

对于车辆公里数真实性担保方面，不同的车商采用了不同的做法，有的在销售合同中明确担保“公里数真实”,有的则在销售合同中采取“里程数真实未知”“不确定里程数真实”等类似表述进行责任和风险规避。

2. 重大事故车、水泡车、火烧车的瑕疵担保

现有法律法规未对重大事故车、水泡车、火烧车进行定义。对于水泡车、火烧车而言,实务中并未对其设置程度上的限定。在保险公司对水泡车的理赔方面,其通常根据水泡的水位高度对车辆水泡程度进行不同的分类,并据此进行制定不同的理赔方案。在实践中,对于水泡车、火烧车的判定,一般只需要鉴定发现车辆存在水泡或者火烧的痕迹,就可以将该车辆定性为水泡车或火烧车。

对于重大事故车的界定,在法律上和实务中均没有统一的标准。目前通行的做法是按照《二手车鉴定评估技术规范》(GB/T 30323—2013)进行鉴定。如二梁六柱、左右对称、前后四减震悬挂等重大部件或项目受损,一般会被认定为重大事故。但在实践中,鉴定评估规范中采用的是“事故车”定义,并非“重大事故”,因此在实务中可能容易产生歧义和纷争。

除此之外,其他如单独爆安全气囊、断轴、叶子板骨架(加强梁)、喷漆、换保险杠、换门、全车喷漆翻新等,由于不涉及车辆安全、车辆性能或车辆重大部件(如发动机、波箱、电机)等方面的重大修复,一般不应被认定为重大事故。

对于上述事项,建议汽车4S店在商业承诺中予以明确,约定事故车的定义和范围,履行明确充分的告知义务,规范告知形式和流程,明确规范免责情形,避免后续发生争议。

【案例64】如何确定水泡车的水泡形成时间及责任认定?

【案例来源】张A与重庆B汽车经纪有限公司买卖合同纠纷案[重庆市第五中级人民法院(2020)渝05民终5179号民事判决书]

【基本案情】

2018年1月27日,张A与重庆B汽车经纪有限公司(以下简称B公司)员工即第三人签订车辆买卖合同,主要约定张A购买奥迪A4L车一辆。2018年1月27日,优估(上海)信息科技有限公司以案外人即出卖人的名义与张A签订购车协议,协议中附件2车辆无重大事故标准第8项为“车身经水浸泡超过车身二分之一,或积水进入驾驶舱的车辆”。2018年2月1

日，张A申请案涉车辆权属转移登记。

2018年5月30日，公诚公司对该车进行检测并出具鉴定评估报告，载明案涉车辆多项异常，左前椅、行李箱底板四边，右前地胶等多处水印，车辆有泡水痕迹。2018年9月26日，车辆检测中心出具752号司法意见，鉴定意见为涉案奥迪A4L轿车泡水特征明显，应为泡水事故车，其浸泡高度超过车身二分之一，积水进入驾驶舱。

2018年6月1日，张A与B公司联系协商案涉车辆问题。张A与B公司双方协商未果，遂提起诉讼。

【裁判结果】

一审法院认为，752号司法意见明确案涉车辆系符合合同约定"浸泡高度超过车身二分之一，积水进入驾驶舱"的水泡车，但未能确定水泡形成时间。2014年11月27日至2017年4月14日，8次4S店维修记录均未能显示案涉车辆系遭水泡维修，根据张A举示的检车报告最早于2018年5月30日确定案涉车辆为水泡车。但2018年2月5日至5月30日，张A购车后已从重庆市行驶至陕西省辖区，且已行驶数月，根据张A举示的证据无法直接推定案涉车辆系在购入前泡水。张A未能举证证明案涉车辆发生水泡问题的具体时间，应承担相应法律后果。综上，张A的主张无事实和法律依据。

一审法院据此判决：驳回原告张A的诉讼请求。

二审法院经审理查明，2015年7月15日，处于重庆市某地下车库的案涉车辆曾因天降暴雨遭受水淹和浸泡。二审法院认为，由于案涉车辆属于水泡车，存在重大质量问题，故B公司履行义务不适格，应当承担退还购车款的责任。

根据当事人的陈述并结合相关证据可知，案涉车辆被浸泡高度超过车身二分之一，积水进入驾驶舱，座椅底部大面积生锈并有泥沙，案涉车辆多项异常；而B公司在转让案涉车辆前对该车辆进行了检修并更换了副驾驶的座椅。B公司作为经营二手车买卖的专业公司，其在检修和更换副驾驶的座椅时，应当知悉案涉车辆座椅底部大面积生锈并有泥沙存在，由此应当知悉案涉车辆存在严重的质量问题。B公司在出售该车辆时知悉该重大质量问题而故意隐瞒不及时向张A披露，构成欺诈，违反《消费者权益保护法》第五十五条的规定。

二审法院据此判决：撤销原判，改判B公司承担三倍赔偿责任。

【律师分析】

1.“欺诈”含义与举证责任

民法中的欺诈,一般是指行为人故意隐瞒真实情况或故意告知虚假情况,使对方陷入错误判断,并基于此错误判断作出意思表示的行为。

欺诈的构成要件一般包括四项:(1)行为人必须有欺诈的故意;(2)行为人须有欺诈的行为;(3)受欺诈人因行为人的欺诈行为陷入错误判断;(4)受欺诈人基于错误判断作出意思表示。

汽车消费领域欺诈的认定标准,主要包括经营者主观上是否存在欺诈的故意、客观上是否存在欺诈的行为并使消费者陷入错误认识,作出错误处分,要求主观、客观相结合。不同的法官在具体案件的审理上有所不同。在举证责任分配上,消费者对经营者存在欺诈行为承担举证责任,即消费者需要证明经营者存在欺诈行为。

2.案例分析

在本案中,张A作为消费者,与二手车公司签订的车辆买卖合同中明确说明了案涉车辆不是“泡水车”,但在后来的车辆安全检测中却被鉴定为“泡水车”。同时法院查明B公司曾检修案涉车辆,其在检修和更换副驾驶的座椅时,应当知悉案涉车辆座椅底部大面积生锈并有泥沙存在,由此应当知悉案涉车辆存在严重的质量问题。

以上证据足以证明B公司在明知案涉车辆是“泡水车”的前提下,隐瞒该事实并将车辆卖给张A,使张A产生了“该车辆不是泡水车”的错误认识而购买该车辆,因此构成欺诈。

【律师建议】

结合本案情况,从二手车经营者和消费者两个角度,分别建议如下:

1.二手车经营者注意事项

(1)增强销售人员法律风险意识

需加强内部管理,落实销售人员岗前培训工作,提高销售人员的法律意识,增强其对市场风险及法律风险的敏感度。

(2)对消费者严格履行如实告知义务

发布二手车辆广告时做到如实宣传,不随意承诺,不夸大或虚假宣传。就车辆来源是否合法、维修记录、交易记录、行驶里程、车辆问题等方面,对消费者履行全面告知义务，保障消费者的知情权，诚信、合法、合规经营。

（3）关注购车合同内容严谨性和有效性

①明晰签署合同的主体，交易时需选择正确的合同签署主体，避免因权利义务指向的对象不明引发发生纠纷，不利于经营者的正常运营。

②完善合同内容，重视特别条款的提醒和说明义务，避免格式条款、免责条款被认定无效的情形。

③书面告知消费者车况的查询信息，如4S店维修保养记录、保险理赔记录等。在汽车售后服务中，通常可通过查博士、车300、查车况等第三方平台查询车辆相关维修保养或理赔记录。如存在平台更新不及时信息滞后的情形，也应将相关情况和记录如实告知消费者，必要时可共同委托具有检测资质的第三方检测机构复检并将复检报告作为合同附件。

（4）建立完善车辆档案

规范车辆档案管理，做好一户一档管理工作。一旦发生车辆纠纷，做到有迹可循，有证据可依，并通过专业人士第一时间介入，收集与固定相关证据，切实做好风险防范。

2. 二手车消费者注意事项

（1）选择正规二手车企业

消费者应尽可能通过正规渠道选择二手车商，提前查询企业的营业执照、经营范围等合法资质和诚信记录，选择信誉好、正规经营的商家，不贪图便宜购买证件手续不全或来路不明的二手车。

（2）了解购车流程

购车前提前了解整个购车流程及涉及的具体环节（尤其是贷款、检测、过户等环节），知晓各环节可能涉及的费用和存在的不确定情况，避免出现产生额外的费用、办不下来贷款或过不了户等情况，尽量不要因自身违约行为造成经济损失。

（3）认真查验核实车况

选车时要仔细查验、核实车况，不轻信经营者的口头承诺，通过试车感受真实车况，可以找懂车的亲朋好友帮助查验，必要时找二手车鉴定评估机构进行专业评估。

(4)签订正规买卖合同

合同应详细、明确记录卖方作出的原版原漆、非事故车、非水泡车、非火烧车等相关承诺,合同内容尽可能详细,责任明晰。

(5)保存好车辆交易凭证

消费者要保留二手车交易过程中的凭证,包括合同、发票、维修记录、聊天记录等证据,以便在日后产生纠纷时能够有效维护自身合法权益。

【法律规定】

1.《民法典》

第一百四十八条　一方以欺诈手段,使对方在违背真实意思的情况下实施的民事法律行为,受欺诈方有权请求人民法院或者仲裁机构予以撤销。

2.《消费者权益保护法》

第八条第一款　消费者享有知悉其购买、使用的商品或者接受的服务的真实情况的权利。

第二十条第一款　经营者向消费者提供有关商品或者服务的质量、性能、用途、有效期限等信息,应当真实、全面,不得作虚假或者引人误解的宣传。

第五十五条第一款　经营者提供商品或者服务有欺诈行为的,应当按照消费者的要求增加赔偿其受到的损失,增加赔偿的金额为消费者购买商品的价款或者接受服务的费用的三倍;增加赔偿的金额不足五百元的,为五百元。法律另有规定的,依照其规定。

3.《合同法》(已失效)

第一百一十三条　当事人一方不履行合同义务或者履行合同义务不符合约定,给对方造成损失的,损失赔偿额应当相当于因违约所造成的损失,包括合同履行后可以获得的利益,但不得超过违反合同一方订立合同时预见到或者应当预见到的因违反合同可能造成的损失。

经营者对消费者提供商品或者服务有欺诈行为的,依照《中华人民共和国消费者权益保护法》的规定承担损害赔偿责任。

第十九章　人事管理及风险防控

劳动者是在用人单位的管理下从事劳动并且获取劳动报酬的自然人，劳动者权利保障涉及招聘、入职、在职、离职的环节和内容。

《劳动法》第三条规定，劳动者享有平等就业和选择职业的权利、取得劳动报酬的权利、休息休假的权利、获得劳动安全卫生保护的权利、接受职业技能培训的权利、享受社会保险和福利的权利、提请劳动争议处理的权利以及法律规定的其他劳动权利。

劳动者享有的权利，对应的即是用人单位的义务。用人单位在日常的人事管理和风险防控过程中，需要根据不同流程与环节（包括招聘、入职、在职、离职环节），设计不同的制度及内容，有针对性地做好每个环节的风险管控。

第一节　招聘风控

一、招聘简章

招聘简章是用人单位在招聘劳动者所使用的一种文件资料。招聘简章应当包括用人单位基本情况、招用人数、工作内容、招录条件、劳动报酬、福利待遇、社会保险等内容及法律、法规规定的其他内容。

招聘简章中存在的主要法律风险包括平等就业条款风险、招聘条件条款风险、待遇条款风险等，其中比较容易触碰的就是平等就业条款风险，即涉及就业歧视方面的法律风险。举例如下。

某品牌汽车经销商打出招聘启事，招聘汽车销售顾问10名，条件如下：男，汉族，35岁以下，身高1.68米以上，城镇户口，本科学历，身体健康，无大小三阳，无残疾，中国共产党员优先。同时具备良好的语言表达能力及沟通能力、优秀的学习能力、良好的团队协作精神,能承受较大的工作压力,勇于挑战高薪。

以上招聘启事,很显然存在多项涉嫌就业歧视的内容,如“男”(性别)、“汉族”(民族)、“35 岁以下”(年龄)、“身高 1.68 米以上”(身高)、“城镇户口”(户口)、“本科学历”(学历)、“无大小三阳”(健康)、“无残疾”(残疾人)等。

以下是常见的涉嫌歧视的招聘广告中的某些要求,企业的人力资源部门在制作招聘简章时应尽量避免:

1. 限本市户口:户籍歧视。

2. 限城市户口:歧视农村劳动者。

3. 年龄 20 岁至 30 岁,未婚:年龄歧视,婚育歧视。

4. 只招男性,身高 1.8 米:性别歧视,身高歧视。

5. 乙肝不录用:歧视传染病病原携带者。

6. 拒绝招用残疾人:歧视残疾人。

因此,在撰写招聘简章时,杜绝在招聘简章中出现歧视性内容,不要对种族、民族、性别、宗教信仰、残疾人、户籍、地域等进行限制;不写特定岗位,不对应聘人员的身高、性别、年龄等自然属性进行限制。除非法律特别规定,用人单位招用人员不得以携带传染病病原为由拒绝招用,否则可能会被判令支付精神抚慰金。

关于就业歧视界限的考虑因素如下:

1. 招聘设置的条件是有关“先天”出身的,还是有关“后天”努力的?如果是前者,如限定性别、地域、民族等,一般会构成就业歧视;如果是后者,如限定学历、工作经验等,一般不会构成就业歧视。

2. 招聘设置的条件是否和履行工作职责有关?如果和履行工作职责有关,不属于就业歧视。如身高要求,一般企业设置身高要求属于就业歧视,但航空公司招用空姐设置一定的身高条件就不属于就业歧视;再如,即便对性别有要求,如果有些岗位是女职工禁忌劳动范畴,企业招男不招女,也不属于就业歧视。

对于汽车行业,不同的岗位需要的人才不同,招录条件的设置是为了筛选更合适该岗位的人员而产生的招录机制。比如上述举例提及的汽车销售顾问岗位,需要具备良好的语言表达和沟通能力;而反观该公司的销售主管岗位,则需要优秀的领导、组织和协调团队的能力,需要有汽车营销等专业背景。以汽车类专业背景为销售主管的录用条件之一,该条件贴合岗位的真实需求和人才的筛选，不构成就业歧视。因此，在设置录用条件时，必须结合岗位性质、工作内容，就具体要求进行设置，需具备合理性和合法性。

从法律风险防范的角度，企业在制定招聘简章时，应注意以下几点：

1. 合理确定招聘条件，结合岗位特点和要求考虑招聘条件，保证招聘条件的正当性和合理性。

2. 减少招聘广告中的刚性条件，在设置和表达招聘条件时可以采用“优先”等措辞。

3. 从证据角度考虑，内部进行处理，而不表现在具体的招聘广告或简章中。

【法律规定】

1.《劳动法》

第三条第一款　劳动者享有平等就业和选择职业的权利、取得劳动报酬的权利、休息休假的权利、获得劳动安全卫生保护的权利、接受职业技能培训的权利、享受社会保险和福利的权利、提请劳动争议处理的权利以及法律规定的其他劳动权利。

第十二条　劳动者就业，不因民族、种族、性别、宗教信仰不同而受歧视。

第十三条　妇女享有与男子平等的就业权利。在录用职工时，除国家规定的不适合妇女的工种或者岗位外，不得以性别为由拒绝录用妇女或者提高对妇女的录用标准。

2.《就业促进法》

第三条　劳动者依法享有平等就业和自主择业的权利。

劳动者就业，不因民族、种族、性别、宗教信仰等不同而受歧视。

第二十五条　各级人民政府创造公平就业的环境，消除就业歧视，制定政策并采取措施对就业困难人员给予扶持和援助。

第二十六条　用人单位招用人员、职业中介机构从事职业中介活动，应当向劳动者提供平等的就业机会和公平的就业条件，不得实施就业歧视。

第二十七条　国家保障妇女享有与男子平等的劳动权利。

用人单位招用人员，除国家规定的不适合妇女的工种或者岗位外，不得以性别为由拒绝录用妇女或者提高对妇女的录用标准。

用人单位录用女职工，不得在劳动合同中规定限制女职工结婚、生育的内容。

第二十八条第一款　各民族劳动者享有平等的劳动权利。

第二十九条　国家保障残疾人的劳动权利。

各级人民政府应当对残疾人就业统筹规划,为残疾人创造就业条件。

用人单位招用人员,不得歧视残疾人。

第三十条　用人单位招用人员,不得以是传染病病原携带者为由拒绝录用。但是,经医学鉴定传染病病原携带者在治愈前或者排除传染嫌疑前,不得从事法律、行政法规和国务院卫生行政部门规定禁止从事的易使传染病扩散的工作。

第三十一条　农村劳动者进城就业享有与城镇劳动者平等的劳动权利,不得对农村劳动者进城就业设置歧视性限制。

第六十二条　违反本法规定,实施就业歧视的,劳动者可以向人民法院提起诉讼。

3.《关于进一步规范招聘行为促进妇女就业的通知》

二、依法禁止招聘环节中的就业性别歧视。各类用人单位、人力资源服务机构在拟定招聘计划、发布招聘信息、招用人员过程中,不得限定性别(国家规定的女职工禁忌劳动范围等情况除外)或性别优先,不得以性别为由限制妇女求职就业、拒绝录用妇女,不得询问妇女婚育情况,不得将妊娠测试作为入职体检项目,不得将限制生育作为录用条件,不得差别化地提高对妇女的录用标准。

……

四、建立联合约谈机制。畅通窗口来访接待、12333、12338、12351 热线等渠道,及时受理就业性别歧视相关举报投诉……

二、录用条件

录用条件是用人单位根据本单位的生产、工作、经营等特点设置的某一具体岗位招录劳动者的全部条件。录用条件是用人单位录用劳动者的最终标准,与招聘简章的招录条件具有不同之处:招录条件为招聘的基本门槛,撰写得相对简单;录用条件则更为全面和详细,体现为录用劳动者的具体要求。

在开展招聘工作前,应当根据岗位的需求进行录用条件的设置,围绕岗位的职责明确岗位的录用条件。对某些具体岗位的实际需要,设置的有关该岗位职责的条件要具有合理性和合法性。举例如下。

李某通过两轮面试，入职某品牌汽车4S店，担任汽车售后服务技术员一职，约定劳动合同期限2年，试用期为2个月。在试用期期间，公司认为李某能力不足以胜任该职位，在试用期的最后一周，便以不符合录用条件为由，单方通知李某解除劳动合同。

问题：4S店以不符合录用条件为由，单方通知李某解除劳动合同，合法吗？

《劳动合同法》明确规定，劳动者在试用期间被证明不符合录用条件，单位可以立即解除劳动合同。因此，明确的录用条件是企业行使合法解除劳动合同权利的前提。以上案例中，如4S店没有与劳动者提前明确录用条件，且没有证据证明李某不符合录用条件，而随意以不符合录用条件为由单方通知李某解除劳动合同，可能涉嫌违法解除劳动合同。

"录用条件"应根据所招聘职位的要求逐条拟定，并且内容应当明确化、具体化，切忌空泛化、简单化。一般来说，录用条件的设定可以包括以下几个方面：

1. 工作能力方面，如学历、工作经验、专业技能等。
2. 身体状况方面，如没有不适合从事相关工作的疾病等。
3. 工作态度方面，如遵守公司的规章制度等。
4. 法律规定方面，如与其他任何单位不存在劳动关系等。
5. 用人单位的其他特殊要求。

关于录用条件的设置及实践操作，我们提醒各职位的录用条件应事先向劳动者公示，并保留相应的公示证据。公示的方法包括：

1. 通过招聘广告来公示，并采取一定方式予以固定和保留。
2. 员工入职时，向其明示"录用条件"，并要求员工签字确认。
3. 劳动关系建立以前，在录用通知书中向员工明示录用条件，并要求其签字确认。
4. 在劳动合同中明确约定录用条件或不符合录用条件的情形。

三、录用通知书

录用通知书是用人单位向应聘人员发出的要约，是用人单位想与应聘人员建立劳动关系的意思表示。因此，录用通知书一经送达，且经过应聘人员的同意，就会产生法律效力。

录用通知书在设计时需要注意薪酬待遇、录用条件、合同期限及试用期、报到时间及地点等容易产生风险的条款。一般企业会在上述范围内设置风险控制性条款(如在薪酬待遇方面予以模糊的约定,对录用条件、合同期限及试用期等予以明确约定),以及设置争议解决条款。法律并未规定用人单位必须出具录用通知书,在实践中,用人单位会通过电话、短信、微信等工具通知应聘人员报到时间和地点。

用人单位的招聘过程,涉及招聘信息发布、面试考核、决定录取和发放录用通知书等多个环节。由于在招聘阶段用人单位处于强势一方,其往往容易忽视应聘者的权益,而应聘者往往需要付出更多的时间和前期成本为招聘做准备,应聘者合法权益可能受到侵害。在招聘市场中,用人单位往往会长期招聘,在大量的应聘者中对比审查,做出最后的录取决定,时有发出录用通知书后发现更优选而撤销录用通知书的情形,应聘者会处于从上家单位离职而下家单位无接应的窘迫境地。

【案例65】用人单位向应聘人员发出录用通知书后不录用,是否需要承担法律责任?

【案例来源】张A与上海B物联网科技有限公司缔约过失责任纠纷案[上海市宝山区人民法院(2022)沪0113民初21135号民事判决书]

【基本案情】

2022年7月20日,上海B物联网科技有限公司(以下简称上海B公司)向张A发送"录用通知书"电子邮件,该通知书载明:张A将在财务部担任财务经理岗位,试用期3个月;首月工资16,000元,转正后工资20,000元;要求张A于2022年8月12日报到,报到时提供劳动手册、退工单或离职证明等材料。该通知书还载明:"此录用通知经您签字,并由公司确认后正式生效。"张A收到该邮件后即回复收到。2022年7月21日张A向上家单位上海某公司提交辞职报告,言出于个人原因申请离职。

2022年7月19日,双方就张A入职时间等进行沟通。张A提出正常离职前一个月需与上家单位做好交接,争取8月投入新工作,上海B公司提出希望尽早到岗,双方沟通后确定张A于8月12日报到。2022年7月21

日,张A在微信中告知上海B公司已向上家单位提出离职并经批准,双方约定2022年7月25日碰面。2022年7月29日,上海B公司微信通知张A,称因公司财务出现问题,无法录用张A,希望张A谅解并表示愿意给张A一定补偿。此后张A与上海B公司人事就补偿事宜曾有沟通,上海B公司人事提出愿意酌情补偿,张A要求60,000元赔偿,双方未达成一致意见。

张A向法院提出诉讼请求:要求被告赔偿因缔约过失造成的工资损失60,000元。

上海B公司辩称,不同意张A赔偿请求,但愿意参照张A上家单位工资标准补偿张A 10,000元。

【裁判结果】

法院认为双方就希望建立劳动关系已经达成一致意见,张A有理由相信上海B公司将与之建立劳动关系并因此从上家用人单位离职。张A的此种期待具有合理性,张A合理的信赖利益理应受到法律保护。

最终,法院判决上海B公司应于判决生效之日起10日内赔偿张A经济损失20,000元。如果未按判决指定的期间履行给付金钱义务,应当依照《民事诉讼法》第二百六十条规定,加倍支付迟延履行期间的债务利息。案件受理费1300元,减半收取计650元,由张A负担433元,上海B公司负担217元。

【律师分析】

录用通知书由用人单位发出,是用人单位在根据应聘者履历能力等情况进行面试笔试等初步测试后,向拟录用的应聘者发出的录用意向通知。

用人单位发出录用通知书本质是一种民事法律行为,是单位作出录取的意思表示。根据实际内容,可以是单方民事行为也可以是双方法律行为,前者是要约或者承诺,后者是具备预约合同性质的文件。无论是哪种录用通知书,一旦发出,对用人单位具有法律约束力,用人单位需要承担一定的风险。

1. 缔约过失责任

本案中,上海B公司2022年7月29日发出的微信内容显示,上海B公司未与张A建立劳动关系的原因是上海B公司内部管理问题,并非张A过错。张A收到上海B公司的录用通知后即向上家用人单位提出离职,且入职前取得上家用人单位的离职证明亦是上海B公司提出的要求,现上海B公司却无正当理由取消录用,其行为有违诚信,应当承担缔约过失损害赔偿责任。

至于张A损失数额，因张A尚未至上海B公司处实际工作，要求按照上海B公司承诺工资标准赔偿损失缺乏依据。

此外，参考其他类似判决案例，在多数向应聘人员发出录用通知后不予录用的情况下，用人单位往往承担缔约过失责任。根据《民法典》第五百条的规定，在录用通知书发出且劳动者作出承诺至双方签订劳动合同期间，合同虽然未成立，但双方已建立信赖关系。此时如用人单位对录取通知书随意反悔，单方撤销，则要承担缔约过失责任，劳动者可以要求用人单位赔偿损失。

至于缔约过失的赔偿范围，法律并没有明确规定，主要包括应聘人员为缔结或者履行劳动合同而支出的费用和工资收入以及机会收入。

本案例是2022年度上海法院十大涉民生典型案例之一，法院同样认定公司无正当理由取消录用违反了诚信原则，破坏了信赖利益，应当承担缔约过失责任。

2. 违约责任

另外，根据司法实践判例，录用通知书发出后，还可能产生违约责任，如上海市第二中级人民法院作出的(2020)沪02民终3126号民事判决所持裁判观点。

根据《民法典》第四百九十五条关于"预约合同"的规定，当事人约定在将来一定期限内订立合同的认购书、订购书、预订书等，构成预约合同。当事人一方不履行预约合同约定的订立合同义务的，对方可以请求其承担预约合同的违约责任。用人单位和应聘人员双方若以录用通知书的形式约定在将来一定期限内订立劳动合同，双方之间成立预约合同，任何一方违约，守约方均可请求违约方承担违反预约合同的违约责任。这构成预约合同违约责任和本约缔约过失责任的竞合，守约方损失范围相当于本约的信赖利益损失，不应包括本约的预期可得利益。

具体而言，结合相关司法判例，基于缔结劳动合同产生的信赖利益包括缔约费用（如面试交通费和通讯费等）、为准备履行劳动合同所花费的费用（如租房费用等）和机会损失（丧失与他人订立劳动合同的机会造成的损失）。

需要说明的是，在此阶段，应聘人员与用人单位形成的是一般民事法律关系，而非劳动合同关系。

1. 在此阶段，双方还没有建立劳动合同关系，双方的相关问题不能适用《劳动法》或《劳动合同法》等法律法规，而是适用一般的民事法律规定，因此可以约定违约责任。

2. 在双方建立劳动关系之后，劳动者需要承担违约责任的两种情形：一是用人单位为劳动者提供专项培训违约金的约定；二是竞业限制违约责任的约定。除以上两种情形外，用人单位不得与劳动者约定由劳动者承担违约金。

【律师建议】

结合以上案例情况，对于汽车经销商，从合规及法律风险防范的角度，我们建议如下：

1. 审慎发出录用通知书。

劳动关系缔结是双方的自由，但在缔约过程中，用人单位相较于应聘者处于明显优势地位，故更应履行谨慎义务。在发出录用通知书前，需全面考察应聘者的资质以及匹配度，谨慎做出录用决定；在发出录用通知书后，需要秉持诚信原则，不随意反悔。另外需要明确的是，除了录用通知书，用人单位还可以通过电话或者其他方式通知录用。

2. 明确录用通知书内容和条款及失效条件。

实践中，存在应聘者反悔后用人单位向他人发送录用通知，该应聘者又要求入职的情况，还存在应聘者虚假履历、严重逾期入职等情况。为避免这些情况出现，用人单位可在录用通知书中设置相应条款，降低由此产生的法律风险。

3. 用人单位在制作和签发录用通知书时，应尤其注意以下几点：

(1) 走完内部签字审批流程后再发送录用通知书，这既是一个例行公事的过程，同时也是再次对录用决策进行确认与内部进行风险评估与把控的过程。

(2) 对于中高层岗位、研发岗位以及涉及财务与采购等敏感、重要职位，可以背景调查前置，提前发现、识别、分析与判断风险，从而更好决策。

(3) 明确应聘者应予承诺的期限。如果收到录用通知书的应聘者不能按期确认，公司有权取消此职位或另招新人。录用通知书生效的条件应当尽量明确，对于一些关键要求或特别要求应在录用通知书里进行说明。比如企业对体格要求较高，应当注明只有在企业书面确认体检合格后，录用通知书才生效。

(4) 明确约定违约责任。双方就录用通知书达成合意后，应聘者未在通知书规定的时间内报到，公司可要求其承担相关的违约责任。

【法律规定】

《民法典》

第七条　民事主体从事民事活动，应当遵循诚信原则，秉持诚实，恪守承诺。

第五百条　当事人在订立合同过程中有下列情形之一，造成对方损失的，应当承担赔偿责任：

（一）假借订立合同，恶意进行磋商；

（二）故意隐瞒与订立合同有关的重要事实或者提供虚假情况；

（三）有其他违背诚信原则的行为。

第二节　入职风控

一、入职与劳动合同签订

《劳动合同法》第三条规定："订立劳动合同，应当遵循合法、公平、平等自愿、协商一致、诚实信用的原则。依法订立的劳动合同具有约束力，用人单位与劳动者应当履行劳动合同约定的义务。"

该法第七条规定："用人单位自用工之日起即与劳动者建立劳动关系。用人单位应当建立职工名册备查。"

该法第十条规定："建立劳动关系，应当订立书面劳动合同。已建立劳动关系，未同时订立书面劳动合同的，应当自用工之日起一个月内订立书面劳动合同。用人单位与劳动者在用工前订立劳动合同的，劳动关系自用工之日起建立。"

该法第十六条规定："劳动合同由用人单位与劳动者协商一致，并经用人单位与劳动者在劳动合同文本上签字或者盖章生效。劳动合同文本由用人单位和劳动者各执一份。"

该法第八十二条规定："用人单位自用工之日起超过一个月不满一年未与劳动者订立书面劳动合同的，应当向劳动者每月支付二倍的工资。用人单位违反本法规定不与劳动者订立无固定期限劳动合同的，自应当订立无固定期限劳动合同之日起向劳动者每月支付二倍的工资。"

结合以上规定,劳动合同是指劳动者与用人单位之间确定劳动关系、明确双方权利义务的协议,是保障劳动者与用人单位权利义务,具有法律约束力的契约和书面证据。

《劳动合同法》规定了劳动者与用人单位必须订立书面的劳动合同,如未按约定及时订立劳动合同或者拒绝订立劳动合同,用人单位需要承担相应的责任。在办理入职手续、签订劳动合同环节,用人单位应仔细核对与确认入职者相关资料或证明是否齐全及符合要求,包括原用人单位离职证明等,否则可能面临巨大的用人风险。举例如下。

刘某经过两轮面试,成功受聘某汽车品牌4S店副总一职,但在入职环节,刘某未能及时提供原单位离职证明,声称原单位正在开具,内部走流程需要一定时间。之后该4S店亦未再催促刘某补交。刘某作为高管,该4S店在入职环节亦没有对刘某与原单位是否存在竞业限制约定等方面进行核实与确认。

3个月后,原单位向该4S店发函,表示刘某并未与该单位解除劳动关系,且刘某违反了双方签订的竞业限制协议,给原单位造成了损失,要求刘某立即停止违约行为,并要求刘某与该4S店承担违约及相应赔偿责任。

问题:该4S店是否需要承担赔偿责任?该4S店应如何做,才能规避相应的法律风险?该案例主要反映了在入职环节,企业应如何进行风险审查及进行风险规避,下面进行阐释。

(一)入职审查关键点

我们认为,入职审查的关键点主要包括以下几点。

1. 年龄审查:身份证明(规避童工、退休人员等违法用工问题)

《劳动法》第十五条规定:“禁止用人单位招用未满十六周岁的未成年人。文艺、体育和特种工艺单位招用未满十六周岁的未成年人,必须遵守国家有关规定,并保障其接受义务教育的权利。”

2. 资质审查:与应聘职位相关的学历证明和各种资格证明

(1)单位应根据招聘职位的情况,要求应聘者提供相应的学历证明和各种资格证明,并进行真实性审查,如将相关资格证书送至转业机构验证,或登录教育部网站核实学历证书等。

(2)如果单位忽视上述审查,使得劳动者以欺诈手段骗取录用,将导致劳动合同无效,进而提高用人单位的劳动雇佣成本。

3. 劳动关系状态审查:离职证明

(1)企业在招聘录用员工时,必须要求应聘者提供已与原用人单位解除或终止劳动合同的证明。在员工无法提供的情况下,企业可要求员工提供原用人单位人事或相关负责人的联系人及电话,进行背景调查及相关情况的核实,并保留相关录音、信息、邮件等证据,避免因此带来的承担连带责任的法律风险。

(2)如员工与原用人单位有竞业限制相关法律文件,那么该员工的入职可能违反竞业限制的约定,尤其需注意的是高管人员和专业技术人员。因此必须询问清楚员工是否与原用人单位签订有保密协议、竞业限制协议等法律文件,以及该员工是否违反了相关协议,必要时还可向原用人单位核实。

4. 身体状况审查:体检报告

根据法律相关规定,用人单位对劳动者的身体基本状况有知情权,尤其是劳动者如果患有潜在疾病或职业病,将给企业未来带来巨大的风险和成本。因此,在正式入职前,用人单位会要求员工提供正规医院的体检报告。

(二)律师提醒

对于汽车经销商,在员工入职环节,我们重点提醒如下。

1. 在新的劳动法律框架下,汽车经销商人事部门应严格做好入职审查的各项工作,包括建立职工名册,要求员工提供身份证、学历证书、资格证明或证书、离职证明和体检报告等文件的原件,以及家庭住址和联系电话等个人信息,一一核实并保留复印件存档。

2. 有关员工"通讯地址"的特别提醒。劳动争议发生后,变更、解除劳动合同通知等法律文件的送达,往往成了用人单位的一个难题,用人单位经常因不能提供合法送达相关文件的书面证据而承担败诉的后果。

为避免上述问题的发生,汽车经销商应注意相关入职文件的法律审查和拟定,如要求员工在填写《员工入职信息登记表》《员工履历表》等文件内容时,明确其个人通讯地址及紧急状态下联系人的通讯方式、地址,并且让其确认该地址及联系方式为企业各类法律文件或工作文件的送达地址。

同时明确,汽车经销商以挂号信方式向上述地址邮寄相关文件时,该文件寄出之日起满 2 日即视为送达(如拒收,或无人签收,被退回之日视为送达)。如相关地址或联系方式发生变更,员工需及时书面方式告知企业,否则企业视相关信息没有发生变化。

二、劳动合同特别规定

在汽车行业，许多用人单位与劳动者除签订劳动合同外，还有许多特别的规定和操作，如有关集体合同、劳务派遣、非全日制用工等特别规定和实践。

（一）集体合同

集体合同是指在同一行业，由地方工会或者行业性工会联合会与相应行业内企业就劳动报酬、工作时间、休息休假、劳动安全卫生、职业培训、保险福利等事项，通过集体协商签订的书面协议。与个人劳动合同不同，集体合同签订和实施都是在集体行为框架下进行的。集体合同的目的是保障劳动者的权益、改善劳动条件、促进和谐稳定的劳动关系，同时也确保企业的正常运转。

当前，我国就业形势越发严峻，同时新业态从业人员数量激增，像网约车司机等新业态从业人员的权益保障也需要跟上时代的脚步。面对庞大的劳动群体，劳动合同的签订具有普遍的现实执行困难性，集体合同或许是新业态从业人员劳动权益保障的一个方式。

（二）劳务派遣

因为业务需要，许多汽车主机厂会与劳务派遣公司合作，签订劳务派遣协议，招聘劳务派遣员工。劳务派遣协议主要内容包括约定派遣岗位和人员数量、派遣期限、劳动报酬和社会保险费的数额与支付方式以及违约责任等。

主机厂应当根据工作岗位的实际需要与劳务派遣单位确定派遣期限，同时遵守《劳动合同法》第六十二条用工单位应当履行的义务，保障劳务派遣员工的合法权益，尤其是在经营状况发生变化需要遣散相关劳务派遣员工时，应根据法律法规与劳务派遣单位配合落实保障劳务派遣员工的切身利益。

据相关报道，2023 年 7 月，广汽丰田进行大规模裁员。针对该传闻，2023 年 7 月 25 日，广汽丰田官方回应称，本次裁员是公司正常的阶段性调整，对象为部分劳务派遣员工，并未涉及正式员工。根据市场形势的变化，广汽丰田经过慎重考虑，依照与劳务派遣公司的协议最终停止了部分派遣。此前据外媒报道，广汽丰田在一份声明中表示，鉴于近期的生产水平，公司方面进行了裁员，提前终止了约 1000 名劳务派遣员工的合同。据知情人士称，广汽丰田已与被裁员工解除了合同并提供了补偿。①

(三)非全日制用工

非全日制用工是指以小时计算薪酬,劳动者在同一用人单位一般平均每日工作时间不超过4小时,每周工作时间累计不超过24小时的用工形式。劳动者可以与一个或者一个以上的用工单位签订劳动合同,但不得约定试用期;双方可以订立口头协议,可以随时通知对方终止用工,并且用工单位无须支付经济补偿。

汽车行业是一个相对灵活的行业,灵活的用工方式也体现在非全日制的用工方式,但非全日制用工方式在实践中却具有较大的风险。汽车行业在招聘非全日制员工时,要严格控制用工时间,为员工购买工伤保险,做好风险防范。

三、用人单位告知义务

用人单位的告知义务,相关法律都有具体的规定。

《劳动合同法》第八条规定:"用人单位招用劳动者时,应当如实告知劳动者工作内容、工作条件、工作地点、职业危害、安全生产状况、劳动报酬,以及劳动者要求了解的其他情况;用人单位有权了解劳动者与劳动合同直接相关的基本情况,劳动者应当如实说明。"除前述一般告知义务外,用人单位对特殊劳动群体有附加告知义务,如女职工禁忌从事的劳动岗位、职业病危害及其后果、职业病防护措施和待遇等。

需要提醒的是,用人单位履行告知义务最好通过书面形式,告知的内容可在《录用通知书》、《告知事项书》、《岗位/职位说明书》或《劳动合同》中予以明确,要求劳动者签字确认。

《职业病防治法》第三十三条规定:"用人单位与劳动者订立劳动合同(含聘用合同,下同)时,应当将工作过程中可能产生的职业病危害及其后果、职业病防护措施和待遇等如实告知劳动者,并在劳动合同中写明,不得隐瞒或者欺骗。劳动者在已订立劳动合同期间因工作岗位或者工作内容变更,从事与所订立劳

---

① 参见张洺瑞:《广汽丰田裁员千人》,载微信公众号"界面新闻"2023年7月25日,https://mp.weixin.qq.com/s/USgqABpqCDQaReuReLBk6w。

动合同中未告知的存在职业病危害的作业时,用人单位应当依照前款规定,向劳动者履行如实告知的义务,并协商变更原劳动合同相关条款。用人单位违反前两款规定的,劳动者有权拒绝从事存在职业病危害的作业,用人单位不得因此解除与劳动者所订立的劳动合同。”

根据《劳动合同法》第二十六条的规定,用人单位未履行告知义务、隐瞒或虚构真实情况,诱使劳动者作出错误的判断而签订的劳动合同存在被认定为欺诈,进而导致劳动合同部分甚至全部无效的风险,用人单位将承担由此导致的劳动合同无效的赔偿责任。

同时,根据《职业病防治法》第七十一条的规定,用人单位违反该法规定,订立或者变更劳动合同时未告知劳动者职业病危害真实情况,或未按照规定组织职业健康检查、建立职业健康监护档案或者未将检查结果书面告知劳动者,或未依照该法规定在劳动者离开用人单位时提供职业健康监护档案复印件的,由卫生行政部门责令限期改正,给予警告,可以并处5万元以上10万元以下的罚款。

四、服务期

在汽车行业新能源化和智能化发展的大趋势下,许多企业在新型汽车产业链上的人才储备不足,导致了行业人才供不应求的现象,特别体现在对复合型人才的需求上,为了留住劳动者,不少企业通过供劳动者进修、深造,与劳动者约定服务期限的方式,使劳动者能长期、稳定地为企业提供服务。

根据《劳动合同法》第二十二条的规定:“用人单位为劳动者提供专项培训费用,对其进行专业技术培训的,可以与该劳动者订立协议,约定服务期。劳动者违反服务期约定的,应当按照约定向用人单位支付违约金。违约金的数额不得超过用人单位提供的培训费用。用人单位要求劳动者支付的违约金不得超过服务期尚未履行部分所应分摊的培训费用。用人单位与劳动者约定服务期的,不影响按照正常的工资调整机制提高劳动者在服务期期间的劳动报酬。”

在服务期内,最常见的法律风险就是劳动者解除劳动合同。一般情况下,劳动者的个人原因或者劳动者违反法律法规、规章制度等原因致劳动合同解除,劳动者需要向用人单位支付违约金;而在某些情形下,劳动者无须支付违约金,例外情形包括其在试用期离职、用人单位存在过错等。

五、保密和竞业限制

公司中接触核心机密的人员容易在离职后泄密,或者跳槽到同行业公司导致机密的泄露,两者都会给公司造成巨大的损失。因此,公司通常会与员工约定保密事项或者签署竞业限制协议。

《劳动合同法》第二十三条规定:“用人单位与劳动者可以在劳动合同中约定保守用人单位的商业秘密和与知识产权相关的保密事项。对负有保密义务的劳动者,用人单位可以在劳动合同或者保密协议中与劳动者约定竞业限制条款,并约定在解除或者终止劳动合同后,在竞业限制期限内按月给予劳动者经济补偿。劳动者违反竞业限制约定的,应当按照约定向用人单位支付违约金。”

《劳动合同法》第二十四条规定:“竞业限制的人员限于用人单位的高级管理人员、高级技术人员和其他负有保密义务的人员。竞业限制的范围、地域、期限由用人单位与劳动者约定,竞业限制的约定不得违反法律、法规的规定。在解除或者终止劳动合同后,前款规定的人员到与本单位生产或者经营同类产品、从事同类业务的有竞争关系的其他用人单位,或者自己开业生产或者经营同类产品、从事同类业务的竞业限制期限,不得超过二年。”

保密和竞业限制并非法律的强制性要求,是否签订和如何签订,均由用人单位考虑和自行决定。关于签订竞业限制的对象群体,法律明确规定限于用人单位的高级管理人员、高级技术人员和其他负有保管义务的人员。如果是普通的员工,或者是不会接触到公司核心机密的员工,所签署的竞业协议无效或无任何实质意义。为了保障企业利益,要与核心员工约定好保密义务和签署竞业协议。

【案例66】在校生入职4S店钣金工岗位,是否与4S店形成劳动关系?

【案例来源】A与北京B汽车销售有限公司劳动争议、人事争议纠纷案[北京市顺义区人民法院(2021)京0113民初23979号民事判决书]

【基本案情】

A以北京B汽车销售有限公司(以下简称B公司)未依法足额缴纳社

会保险等为由向顺义仲裁委员会申请仲裁，要求确认自2021年5月2日起至2021年8月27日止与B公司存在劳动关系。

顺义仲裁委员会经过审理于2021年11月2日作出京顺劳人仲字[2021]第5855号裁决书，裁决如下：

1. A自2021年6月29日起至2021年8月27日止与B公司存在劳动关系；

2. 驳回A的其他仲裁请求。

B公司未就该裁决提起诉讼。A不服该仲裁裁决书，起诉至法院，形成本案诉争。

A称其于2021年5月2日入职B公司，2021年5月20日在B公司工作中受伤，此后其因伤未再出勤。

B公司称A是其实习生，其并不清楚A毕业情况，但认可A在B公司实习期间尚未毕业，且B公司分别于2021年7月、8月要求A继续工作，但A无故未出勤，B公司为A发放工资至2021年7月。

A于2021年6月28日取得毕业证书。

【裁判结果】

法院认为，一方面A在进入B公司时已经年满21周岁，已经达到法律所规定的劳动能力年龄；另一方面B公司亦表示其于2021年7月、8月通知A继续返岗工作，结合双方陈述及证据可以认定A是以与B公司建立劳动关系为目的而进入该公司，故A在B公司所从事的工作并不同于大学生以社会实践为目的而进行的实习。

综上，法院对B公司所述A在B公司仅为实习生的意见，不予采信。因双方未就劳动关系解除提交相关证据，故对A要求确认自2021年5月2日起至2021年8月27日止与B公司存在劳动关系的请求，法院予以支持。

【律师分析】

本案是北京市第三中级人民法院2023年5月发布的服务保障“就业优先战略”劳动争议十大典型案例之二，聚焦高校毕业生这一主要市场人才资源，具有重要的现实意义。尤其是当下电动能源汽车行业兴盛，吸引了更多的高校毕业生进入该行业，与用人单位的劳动争议频发，本案在此背景下意义更加凸显。

对于汽车经销商而言，判断入职前实习的高校毕业生的劳动关系开始时间对后续工伤等劳动争议纠纷解决尤其重要。本案中，原告在毕业前入职被告B公司进行实习，但是不能只因原告为在校学生就否定其劳动者资格。同时结合证据中被告B公司曾催告原告返岗工作，此时原、被告即劳资双方已然达成以就业为目的的合意，进而法院认定劳动关系已经建立。

根据法律规定及结合相关司法判例裁判观点，个体是否具备劳动者资格，一般从两个方面判断：(1)劳动者达到了法定的可以被雇用的年龄，即16周岁及以上，且具备完全民事行为能力；(2)劳动者具有劳动能力，特定行业中劳动者的劳动能力还应符合该行业的特殊规定。

本案中，准毕业生A年龄超过16周岁且未被认定属于限制民事行为能力或无民事行为能力人，正常实习提供劳动，应当综合认定A依法享有就业权利，具备劳动者资格。准毕业生提前顶岗实习或参加工作是普遍存在的现象，不能仅因在校生或实习生身份而一律否认劳动关系的建立。

【律师建议】

对于汽车经销商，从企业合规和风险防范的角度，我们作如下建议：

1.用人单位需明确就业前实习、学校实习、勤工助学等集中实习用工区别

根据北京市高级人民法院、北京市劳动争议仲裁委员会《关于劳动争议案件法律适用问题研讨会会议纪要(二)》第二十三条规定，在校生在用人单位进行实习，应当根据具体事实情况进行判断，对完成学校的社会实习安排或自行从事社会实践活动的实习，不认定劳动关系。但用人单位与在校生之间名为实习，实为劳动关系的除外。

一般情况下，用人单位与实习生之间不会被认定为劳动关系，但若用人单位与实习生之间的关系符合劳动关系主体资格合法性、从属性、组织性、有报酬性等特征，就会被认定为劳动关系。一旦构成劳动关系，用人单位需要承担更多的责任风险，如意外伤害等人身伤害责任、保险费用等。

在实务中，不排除企业由于监管不严导致事实劳动关系风险，对此建议用人单位与实习生签订《实习协议》，强调实习的目的及性质，明确各项管理规定、工作内容(以学习、实践等辅助性工作为主)，严格限制实习的时间，在发放薪资时

备注为实习津贴。[①]

2. 用人单位应为实习学生购买实习责任保险

《职业学校学生实习管理规定》第三十五条第一款规定："职业学校和实习单位应当根据法律、行政法规，为实习学生投保实习责任保险。责任保险范围应当覆盖实习活动的全过程，包括学生实习期间遭受意外事故及由于被保险人疏忽或过失导致的学生人身伤亡，被保险人依法应当承担的赔偿责任以及相关法律费用等。"因此，用人单位必须为实习生购买实习责任险。同时，为了降低风险，用人单位可以为实习生购买意外伤害保险。

【法律规定】

1.《劳动争议调解仲裁法》

第六条　发生劳动争议，当事人对自己提出的主张，有责任提供证据。与争议事项有关的证据属于用人单位掌握管理的，用人单位应当提供；用人单位不提供的，应当承担不利后果。

2.《劳动法》

第七十八条　解决劳动争议，应当根据合法、公正、及时处理的原则，依法维护劳动争议当事人的合法权益。

第三节　在职风控

一、劳动合同履行

劳动合同是用人单位与劳动者之间确立劳动关系、明确双方权利和义务的书面协议。劳动合同订立后，用人单位与劳动者应当按照劳动合同的约定全面履行各自义务。

劳动合同的履行要求合同双方按照合同全面履行、亲自履行以及合法履行。全面履行既包括法定事项的履行，也包括约定事项的履行，除非约定事项属于无

---

① 参见吴律宏：《对在校大学生劳动关系的判断及用工风险防范》，载微信公众号"盈科深圳律师事务所"2020 年 4 月 19 日，https://mp.weixin.qq.com/s/pRWrlaxKzVXcjgSlsbpsiQ。

效条款。

用人单位要依照合同义务和法律规定向劳动者支付劳动报酬等,员工要按照劳动合同履行工作的义务。任何一方不履行或者完全不履行,导致合同目的不能实现的,违约方应承担相应的法律责任。

在劳动合同履行过程中,用人单位应规范公司管理,加强人事风险防控,采取积极有效措施预防和应对可能出现的劳资纠纷,包括加强规范劳动合同及相关文件的签署、管理,建立健全公司规章制度,加强用工期间的动态法律风险管控等。

二、劳动合同变更

劳动合同的变更是指劳动合同依法订立后,在合同尚未履行或者尚未履行完毕时,经双方协商一致,对劳动合同的内容作部分修改、补充或者删除的法律行为。

根据《劳动合同法》第三十五条的规定,用人单位与劳动者协商一致,可以变更劳动合同约定的内容。变更劳动合同,应当采用书面形式。变更后的劳动合同文本由用人单位和劳动者各执一份。

劳动合同变更,主要包括以下两种方式。

(一)协商变更

用人单位与劳动者可以协商一致,变更劳动合同,双方的变更内容不能违反法律、行政法规、国家政策及公序良俗。比如对劳动报酬的协商变更。

(二)法定变更

根据法律相关规定,用人单位可以依法变更劳动合同,比如,在劳动者不胜任工作、患病或非因工负伤医疗期满,客观情况发生重大变化致使原劳动合同无法继续履行等情况下变更合同。但劳动合同的变更不等于用人单位能直接辞退劳动者,劳动合同的变更即便具备合法性,也应当考虑其变更的合理性。

三、劳动合同续订

劳动合同续订是指劳动者与用人单位在劳动合同期满后,双方协商维持劳动关系，在原有劳动合同内容不变或者变化的基础上，继续签订劳动合同。

劳动合同的续订是用人单位和劳动者继续劳动关系的意思表示，除了主动协商续订外，在某些情形下，即使劳动合同期满，双方没有续签合同，用人单位也不得解除劳动合同，直至相关情形消失时止。

《劳动合同法》第四十二条规定："劳动者有下列情形之一的，用人单位不得依照本法第四十条、第四十一条的规定解除劳动合同：（一）从事接触职业病危害作业的劳动者未进行离岗前职业健康检查，或者疑似职业病病人在诊断或者医学观察期间的；（二）在本单位患职业病或者因工负伤并被确认丧失或者部分丧失劳动能力的；（三）患病或者非因工负伤，在规定的医疗期内的；（四）女职工在孕期、产期、哺乳期的；（五）在本单位连续工作满十五年，且距法定退休年龄不足五年的；（六）法律、行政法规规定的其他情形。"

在劳动合同续签环节，我们提醒企业注意以下事项。

1. 劳动合同期限届满前，用人单位应当提前30日将终止或者续订劳动合同的意向以书面形式通知劳动者，并协商办理终止或续订劳动合同的手续。用人单位要把握好确定劳动合同到期的时间、讨论续订劳动合同意向的时间以及做出决定的时间。如果企业有意向续用，企业应该主动与员工沟通协商，尽早完成新合同的签订，避免合同到期后出现空白期；如果不想续签，企业应该提前30天以书面形式通知员工，合法解除劳动关系，规范用工管理。

2. 已建立劳动关系，未同时订立书面劳动合同的，应当自用工之日起一个月内订立书面劳动合同，劳动合同的续订亦同。如用人单位与劳动者双方协商一致续订劳动合同，也应当在原劳动合同期满后的一个月内将续订手续办理完毕。

3. 若用人单位决定不再与劳动者续订劳动合同，应当依法与劳动者终止劳动合同及依法支付经济补偿。

4. 用人单位依法发出续签意向，并维持或者提高劳动合同约定条件，劳动者不同意续订的，用人单位可以不支付经济补偿。

四、试用期

《劳动合同法》第十九条规定："劳动合同期限三个月以上不满一年的，试用期不得超过一个月；劳动合同期限一年以上不满三年的，试用期不得超过二个月;三年以上固定期限和无固定期限的劳动合同,试用期不得超过六个月。同一用人单位与同一劳动者只能约定一次试用期。以完成一定工作任务为期限的劳动合同或者劳动合同期限不满三个月的,不得约定试用期。试用期包含在劳动合同期限内。劳动合同仅约定试用期的,试用期不成立,该期限为劳动合同期限。"

《劳动合同法》第二十条规定:"劳动者在试用期的工资不得低于本单位相同岗位最低档工资或者劳动合同约定工资的百分之八十,并不得低于用人单位所在地的最低工资标准。"

《劳动合同法》第八十三条规定:"用人单位违反本法规定与劳动者约定试用期的,由劳动行政部门责令改正;违法约定的试用期已经履行的,由用人单位以劳动者试用期满月工资为标准,按已经履行的超过法定试用期的期间向劳动者支付赔偿金。"

关于试用期,我们提醒用人单位关注以下问题。

1. 以完成一定工作任务为期限的劳动合同、非全日制用工和劳动合同期限不满三个月的,不得约定试用期。

2. 同一用人单位与同一劳动者只能约定一次试用期。如果用人单位已与劳动者约定过试用期,当劳动者岗位变换、续订劳动合同或再次进入该用人单位工作时,该用人单位都不能再与这位劳动者约定试用期。

3. 劳动关系自用工之日起就已经建立,试用期也应订立劳动合同。用人单位自用工之日起超过一个月不满一年未与劳动者订立书面劳动合同的,应当向劳动者每月支付二倍的工资。

4. 试用期不是劳动合同的必备条款。是否约定试用期,由双方当事人根据情况协商,也可以不约定。劳动合同没有约定试用期不影响其成立与生效。

5. 试用期内员工与用人单位存在合法的劳动关系,用人单位应为处于试用期的员工缴纳社会保险。

6. 试用期的工资不得低于本单位相同岗位最低档工资或者劳动合同约定工资的80%,并且不得低于用人单位所在地的最低工资标准。

7. 劳动者在试用期内提前3日通知用人单位,可以解除劳动合同。但如果用人单位以暴力、威胁或者非法限制人身自由的手段强迫劳动者劳动,或者用人单位违章指挥、强令冒险作业危及劳动者人身安全,劳动者可以立即解除劳动合同,不需要事先告知用人单位。

【案例 67】公司与劳动者约定延长试用期,是否有效?

【案例来源】苏 A 与 B 文化控股股份有限公司劳动争议纠纷案[北京市西城区人民法院(2020)京 0102 民初 33887 号民事判决书]

【基本案情】

苏 A 于 2018 年 8 月 15 日入职 B 文化控股股份有限公司(以下简称 B 文化公司),担任文化教育事业部销售总监职务,双方签订 2018 年 8 月 15 日至 2021 年 8 月 14 日的劳动合同,试用期 3 个月。2018 年 11 月 1 日双方协商一致,对试用期作出变更:试用期延长至 2019 年 2 月 14 日。

苏 A 签字确认的薪酬标准变动审批表载明苏 A 变动前税前年薪 500,000 元(岗位 C8 +,基薪 350,000 元,绩效年薪 150,000 元)调整为税前年薪 400,000 元(岗位 C5 +,基薪 280,000 元,绩效年薪 120,000 元),工资变动自 2018 年 11 月 15 日起生效。在"本人确认"一栏有机打"本人已知悉个人薪酬与绩效考核相关联"字样,苏 A 在"本人签字"处签字。

苏 A 于 2019 年 4 月 16 日签字确认的薪酬变动审批表载明苏 A 变动前税前年薪 400,000 元(岗位 C5 +,基薪 280,000 元,绩效年薪120,000 元)调整为税前年薪 400,000 元(岗位 C5 +,基薪 200,000 元,绩效年薪 200,000 元),工资变动自 2019 年 4 月 1 日起生效。在"本人确认"一栏有机打"本人已知悉个人薪酬与绩效考核相关联"字样,苏 A 在"本人签字"处签字。

B 文化公司(2018)50 号文件"第五章薪酬结构"部分规定员工工资包括基薪与绩效年薪,每月发放基薪,基薪由基本工资与月度绩效工资两部分构成,月度绩效工资与员工日常考核挂钩,随工资按月发放,绩效年薪根据年终公司考核结果和个人考核结果确定年终奖金。

B 文化公司(2019)9 号文件第三条规定薪酬结构:基础工资 + 月度绩效工资 + 年度绩效工资 + 工资性福利津贴 + 销售佣金,月度绩效工资与月度销售业绩完成情况挂钩,年度绩效工资根据年终公司考核结果和个人考核结果确定。2019 年 9 月起,苏 A 基薪构成中"月度基础工资(40%) + 月度绩效工资(10%)”变更为“月度基础工资(30%)+月度绩效工资(20%)”。

B文化公司(2018)63号《2018年度B文化公司本部员工绩效考核方案》规定:业务部门普通员工(职能支持)年度绩效得分=业务部门经营业绩指标得分30%+重点工作指标得分60%+综合能力评价得分×10%;业务部门普通员工(销售)年度绩效得分=业务部门经营业绩指标得分20%+个人营销业绩指标得分50%+重点工作指标得分20%+综合能力评价得分×10%;年度绩效得分为不及格(60<X):实际绩效年薪=标准值×30%。公司按照不及格标准向苏A发放2018年年度绩效工资。

B文化公司(2019)74号《2019年度B文化公司总部人员绩效考核方案》规定:职能部门人员2019年度绩效考核得分=年度目标责任书完成情况得分×70%+综合能力评价得分×30%,业务部门人员根据2019年度目标责任书完成情况进行2019年度绩效考核工作。职能部门人员年度绩效考核结果为不合格的情况下,薪酬兑现方式为:实际绩效年薪=标准值×60%;业务部门人员薪酬兑现方式为:B文化公司经营业绩、重点工作指标以实际完成得分/100分兑现该指标对应的绩效工资;当净利润达到年初目标且回款进度达到30%以上时,部门销售业绩、个人销售业绩指标以回款进度兑现该指标对应的绩效工资;2019年度绩效考核结果为不合格的人员,公司可对其进行岗位调整或协商解除劳动关系。B文化公司主张苏A的2019年度绩效考核成绩为0,并与苏A签有目标责任书。

苏A申请仲裁后,北京市西城区劳动人事争议仲裁委员会作出京西劳人仲字(2020)第1291号裁决书,裁决B文化公司支付苏A在2018年8月15日至2020年3月31日的工资差额301,821.08元和2018年11月15日至2019年2月14日违法约定试用期赔偿金71,061.44元,驳回苏A的其他仲裁请求。

苏A认可仲裁裁决。B文化公司不认可仲裁裁决,起诉至人民法院。原告B文化公司向法院提出诉讼请求:(1)B文化公司无须支付苏A在2018年8月15日至2020年3月31日工资差额301,821.08元;(2)B文化公司无须支付苏A在2018年11月15日至2019年2月24日违法约定试用期赔偿金71,061.44元;(3)诉讼费由被告负担。

被告苏A辩称：认可仲裁裁决，不同意原告的诉讼请求。认可原告B文化公司所述入职时间、劳动合同期间、职务、试用期、计薪周期、下发薪制度、工资发放时间、发放形式等内容，入职时公司未明确工资构成，录用通知书载明年薪500,000元，无具体构成，试用期工资按转正工资80%的标准发放。2019年4月年薪降至40万元，签订了书面协议，仍未约定具体构成。双方于2020年10月9日解除劳动合同，工作期间的工资一直未足额发放，要求补足差额并支付延长试用期的赔偿金。

【裁判结果】

法院认为，用人单位应当向劳动者及时足额支付劳动报酬。同一用人单位与同一劳动者只能约定一次试用期。B文化公司与苏A延长试用期3个月的约定违法，应属无效，B文化公司应按照转正后的工资标准向苏A支付2018年11月15日至2019年1月14日的工资。

苏A签字确认并经B文化公司审批的薪酬标准变动审批表不违反法律规定，法院予以确认。该审批表确认苏A工资构成包含基薪+绩效年薪，B文化公司就绩效年薪部分制定规章制度并予以适用，不违反法律规定，法院予以认可。

B文化公司通过规章制度将苏A的基薪工资构成调整为基础工资+月度绩效工资，后又将月度绩效工资与月度销售业绩完成情况挂钩，系对苏A"固定工资"部分进行调整，未与苏A协商一致，属于用人单位未与劳动者协商一致变更劳动合同的情形，法院不予认可。据此，B文化公司应按照自2019年4月1日起的基薪工资标准支付苏A工资，不足部分应予补足。

法院依照《劳动合同法》第十九条、第三十条、第八十三条规定，判决如下：

1. 判决生效之日起7日内，原告B文化公司向被告苏A支付2018年11月15日至2020年3月31日工资差额67,351.53元；

2. 原告B文化公司无须向被告苏A支付2018年11月15日至2019年2月14日违法约定试用期赔偿金71,061.44元；

3. 驳回原告B文化公司的其他诉讼请求。

【律师分析】

1. 关于试用期延长

本案中，一审B文化公司违反法律规定与苏A约定两次试用期，第二次试用期约定应属无效。

用人单位在约定试用期时应遵守法律强制性规定,在规定期限内进行约定,避免为了节省用工成本延长试用期导致的赔偿金。当然,不可抗力的情况,如新冠疫情期间的停工,由于无法预见和避免,因此延长试用期并没有违反法律规定。

另外,若用人单位确想提前录用该劳动者,也可对劳动者提前转正或缩短试用期;此时虽然也两次约定了试用期,但是并没有侵犯员工的合法权益,相反更有利于员工,通常不会被视作违法。

2. 关于劳动合同变更

本案中还涉及劳动合同未经协商变更的问题。根据法院查明事实,B 文化公司通过规章制度将苏 A 的基薪工资构成调整为基础工资 + 月度绩效工资,后又将月度绩效工资与月度销售业绩完成情况挂钩,系对苏 A"固定工资"部分进行调整,未与苏 A 协商一致,属于用人单位未与劳动者协商一致变更劳动合同的情形。对此,应按照自 2019 年 4 月 1 日起的基薪工资标准支付苏 A 工资。

根据《劳动合同法》第十条的规定,建立劳动关系,应当订立书面劳动合同。同时根据该法第三十五条规定,变更劳动合同,应当采用书面形式;变更后的劳动合同文本由用人单位和劳动者各执一份。无论是书面或者电子的方式,劳动合同的变更都受到法律的严格限制,用工单位作为更占优势一方,除去法定变更的几种情形,须和员工协商一致。

此外,口头形式变更合同的效力并非被法律排除在外。根据最高人民法院《关于审理劳动争议案件适用法律问题的解释(一)》第四十三条的规定,用人单位与劳动者协商一致变更劳动合同,虽未采用书面形式,但已经实际履行了口头变更的劳动合同超过一个月,变更后的劳动合同内容不违反法律、行政法规且不违背公序良俗,当事人以未采用书面形式为由主张劳动合同变更无效的,人民法院不予支持。在证明责任上,需要对双方协商一致作出有力证明,如果劳动者能够举证曾对劳动报酬、工作岗位或工作地点的变更多次提出异议,则无法认定口头形式变更的效力。

结合汽车行业,在当前汽车经销商客流减少,汽车市场行情下滑的背景下,汽车经销商面临巨大的竞争压力,降薪裁员伴随着撤网成为行内一股风潮,这本质上属于对劳动合同内容的变更。汽车经销商在制订降薪计划时,要注意双方之间的协商沟通，尤其是新冠疫情期间经营困难导致集体降薪，可以组织全体员工或者工会进行协商，确保有足够的过渡时间。即使发生与疫情类似的不可预见的阻碍，汽车经销商也不能将商业风险转移到劳动者身上。一旦发生劳动争议，建议在专业律师指导下保全相关证据，搜集双方之间的沟通记录，避免后续诉讼落入不利境地。

【律师建议】

结合本案情况，作为汽车经销商，从合规及法律风险防范的角度出发，我们建议如下。

1. 避免延长试用期

在试用期间，制定完善的考核办法，对劳动者在试用期间的工作过程和结果进行记录，并让劳动者确认。确实无法在原试用期内决定是否予以转正的，可与劳动者协商延长试用期，但延长后的试用期不得超过法定期限。

2. 劳动合同变更应当采取书面形式

涉及劳动合同内容变更，如无相关证据证明，日后劳动者和用人单位发生纠纷，用人单位通常处于非常被动的地位，往往承担因举证不能带来的不利后果。在用人单位提出变更劳动合同的意向前，可以让企业有关人员与拟变更劳动对象进行谈话，充分了解劳动者的意愿及意见后，再做出是否变更劳动合同的决定。

【法律规定】

《劳动合同法》

第十九条　劳动合同期限三个月以上不满一年的，试用期不得超过一个月；劳动合同期限一年以上不满三年的，试用期不得超过二个月；三年以上固定期限和无固定期限的劳动合同，试用期不得超过六个月。

同一用人单位与同一劳动者只能约定一次试用期。

以完成一定工作任务为期限的劳动合同或者劳动合同期限不满三个月的，不得约定试用期。

试用期包含在劳动合同期限内。劳动合同仅约定试用期的，试用期不成立，该期限为劳动合同期限。

第三十条　用人单位应当按照劳动合同约定和国家规定，向劳动者及时足额支付劳动报酬。

用人单位拖欠或者未足额支付劳动报酬的,劳动者可以依法向当地人民法院申请支付令,人民法院应当依法发出支付令。

第八十三条　用人单位违反本法规定与劳动者约定试用期的,由劳动行政部门责令改正;违法约定的试用期已经履行的,由用人单位以劳动者试用期满月工资为标准,按已经履行的超过法定试用期的期间向劳动者支付赔偿金。

第四节　离职风控

近年来,在市场经济条件下,企业竞争日益激烈,劳动用工法律风险日益增多,员工离职是企业风控的重要环节。在汽车行业,特别是汽车销售行业,人员流动大,汽车经销商对离职员工的法律风险并未严格把控,导致劳动纠纷案件频发。

一、劳动合同的解除

劳动合同的解除是指劳动者与用人单位终止劳动关系,解除双方的权利义务关系。我国法定劳动合同解除情形可分为四类,分别为劳动者和用人单位协商一致解除、劳动者单方解除、劳动者过错导致的用人单位单方解除、劳动者无过错而用人单位单方解除。

(一)协商一致解除

协商一致解除,即劳动者、用人单位协商一致后,解除劳动关系。劳动合同的主体是劳动者和用人单位,在解除合同时要区分是用人单位主动提出的协商解除,还是劳动者主动提出的协商解除。如是用人单位主动提出的解除,需要根据《劳动合同法》第四十六条的规定向劳动者支付经济补偿;如是劳动者主动提出的解除,则用人单位无须向劳动者支付经济补偿。

(二)劳动者单方解除

劳动者单方解除劳动合同,也常称为“辞职”,可进一步分为劳动者提前通知用人单位后解除劳动合同(预告辞职)及劳动者不经通知单方解除劳动合同(即时辞职)。

预告辞职,即劳动者在解除劳动合同前,提前30日以书面形式告知或试用期内提前3日告知用人单位后,就可以解除劳动合同。法律规定劳动者提前30日的告知义务是为了让用人单位做好员工离职的准备,以便安排后续生产经营。此种情形下,不涉及经济补偿的支付。

即时辞职,即没有提前30日的预告期,劳动者仅可在用人单位存在过错或侵犯劳动者合法权益时提出,《劳动合同法》第三十八条详细列举了具体情形。

在目前经济环境下,薪资作为合同中最重要的约定内容之一,更为常见的则是降薪问题导致的劳动关系解除。当劳动合同关系解除时,对公司而言,如机密信息的保护、服务期人员管理和高管的竞业限制等问题若处理不善,都可能给公司带来损失。

(三)劳动者过错导致的用人单位单方解除

当劳动者存在如严重违反用人单位的制度或其他重大过错时,用人单位可依据《劳动合同法》第三十九条的规定,因劳动者的过错而解除劳动合同,故该情形亦可被称为"过错性辞退"。

当具有以下法定情形时,用人单位可单方辞退员工:

1. 劳动者在试用期间被证明不符合录用条件。

2. 劳动者严重违反用人单位的规章制度。

3. 劳动者严重失职,营私舞弊,给用人单位的利益造成重大损害。

4. 劳动者同时与其他用人单位建立劳动关系,对完成本单位的工作任务造成严重影响,或者经用人单位提出,拒不改正。

5. 劳动者因《劳动合同法》第二十六条第一款第一项规定的情形(通过欺诈、胁迫的手段订立劳动合同)使得劳动合同无效。

6. 劳动者被依法追究刑事责任。

(四)劳动者无过错导致的用人单位单方解除

《劳动合同法》第四十条规定,用人单位需提前30日以书面形式通知劳动者或向劳动者支付代通知金(1个月的工资)后方可无过错地辞退劳动者,并依法向劳动者支付经济补偿金。

该条对无过错性辞退作出了具体的规定,其法定情形包括:

1. 劳动者患病或者非因工负伤,在规定的医疗期满后不能从事原工作,也不能从事由用人单位另行安排的工作。

2. 劳动者不能胜任工作，经过培训或者调整工作岗位，仍不能胜任工作。

3. 劳动合同订立时所依据的客观情况发生重大变化，致使劳动合同无法履行，经用人单位与劳动者协商，未能就变更劳动合同内容达成协议。

《劳动合同法》为保护劳动者某些特殊情形下的权益，于第四十二条规定，当具有某些特定禁止性条件时，用人单位不得依《劳动合同法》第四十条、第四十一条解除劳动合同。具体包括以下情形：(1)从事接触职业病危害作业的劳动者未进行离岗前职业健康检查，或者疑似职业病病人在诊断或者医学观察期间的；(2)在本单位患职业病或者因工负伤并被确认丧失或者部分丧失劳动能力的；(3)患病或者非因工负伤，在规定的医疗期内的；(4)女职工在孕期、产期、哺乳期的；(5)在本单位连续工作满 15 年，且距法定退休年龄不足 5 年的；(6)法律、行政法规规定的其他情形。

二、劳动合同终止

劳动合同终止是指劳动合同约定期满或者当事人约定劳动合同终止的条件出现时，劳动者与用人单位之间的权利义务消灭。

根据《劳动合同法》第四十四条的规定，劳动合同终止的情形包括劳动合同期满，劳动者开始依法享受基本养老保险待遇，劳动者死亡或者被人民法院宣告死亡或者宣告失踪，用人单位被依法宣告破产，用人单位被吊销营业执照、责令关闭、撤销或者用人单位决定提前解散，以及法律、行政法规规定的其他情形。

劳动合同终止和劳动合同解除，两者在法律上有所区别。

劳动合同的终止，是指劳动合同的效力依法被消灭，亦即劳动合同所确立的劳动关系由于一定法律事实的出现而终结，劳动者与用人单位之间原有的权利和义务不复存在。

劳动合同解除，是指劳动合同依法签订后，在劳动合同履行的过程中，某些原因导致当事人双方提前中断劳动合同的法律效力，解除双方劳动权利和义务关系的法律行为。劳动合同解除既可以是一方当事人单方的合法行为，也可以是双方当事人的合法行为。当事人一方的行为导致劳动合同解除的，必须符合法律、法规规定的条件和程序。由双方当事人协商一致解除劳动合同的，也不得违反法律、法规。

简言之,合同终止是双方权利义务的消灭,不具有溯及既往的效力,而合同解除仍然有溯及既往的效力。

三、经济补偿

员工离职最关心的就是能否获得相应的钱款,这个钱款可以分为经济补偿金和经济赔偿金。

经济补偿金是在劳动合同解除或终止后,用人单位依法一次性支付给劳动者的经济上的补助。《劳动合同法》第四十六条规定了在解除劳动合同时,用人单位应向劳动者支付经济补偿金的情形,其中包括(此处仅列举与解除相关的情形,不含终止的相关情形):(1)劳动者依照《劳动合同法》第三十八条解除劳动合同的(因用人单位过错,劳动者单方解除劳动合同);(2)用人单位依照《劳动合同法》第三十六条规定(双方协商一致解除劳动合同)向劳动者提出解除劳动合同并与劳动者协商一致解除劳动合同的;(3)用人单位依照《劳动合同法》第四十条规定(无过错性辞退)解除劳动合同的;(4)用人单位依照《劳动合同法》第四十一条第一款规定(经济性裁员)解除劳动合同的。基于上述规定可知,若解除劳动合同时,劳动者本人没有过错的,用人单位均应当支付经济补偿金。

经济赔偿金是指用人单位或者员工因违反法律规定或者违反合同约定,造成对方经济损失而向对方支付的赔偿。赔偿金具有惩罚性,是一种惩罚性赔偿。如果用人单位违法解除或终止劳动合同,劳动者有权请求其支付赔偿金。《劳动合同法》第八十七条规定:“用人单位违反本法规定解除或者终止劳动合同的,应当按照本法第四十七条规定的经济补偿标准的二倍向劳动者支付赔偿金。”据此,经济赔偿金是经济补偿标准的两倍。但是经济补偿金和经济赔偿金不能同时主张,用人单位已经支付了经济赔偿金的,不需再支付经济补偿金。

经济补偿标准又如何计算?《劳动合同法》第四十七条第一款规定:“经济补偿按劳动者在本单位工作的年限,每满一年支付一个月工资的标准向劳动者支付。六个月以上不满一年的,按一年计算;不满六个月的,向劳动者支付半个月工资的经济补偿。”而在实际计算时,需要确认两个标准,即劳动者在“本单位工作的年限”及“月工资”。根据《劳动合同法》第四十七条的规定,“月工资”是指劳动者在劳动合同解除或者终止前十二个月的平均工资。《劳动合同法实施条例》第二十七条对此进一步规定,经济补偿的月工资按照劳动者应得工资计算,包括计时工资或者计件工资以及奖金、津贴和补贴等货币性收入。

【案例68】公司内部通过降薪后,劳动者单方面提出解除劳动关系是否需要经济补偿?

【案例来源】彭A与北京B航空有限公司劳动争议案[北京市顺义区人民法院(2020)京0113民初14609号民事判决书]

【基本案情】

北京B航空有限公司(以下简称B公司)于2015年6月6日与彭A建立劳动关系,双方签有2015年6月6日至2018年6月5日的劳动合同,2018年6月7日续订至2021年6月6日。

彭A向北京市顺义区劳动人事争议仲裁委员会申请仲裁,要求B公司:

1. 开具解除劳动合同证明。

2. 支付解除劳动合同经济补偿金146,062.08元、2020年2月至3月扣减工资14,594.41元、2018年11月至2020年3月未经同意降薪19,340元、2018年7月至2020年2月未足额支付延时加班费39,188.22元、双休日加班费8056.36元、法定节假日加班费5675.74元、2020年1月1日至2020年4月27日未休年休假补偿9404.73元。

3. 支付2020年3月30日至4月29日工资12,545元。

北京市顺义区劳动人事争议仲裁委员会经审理作出了京顺劳人仲字[2020]第2955号裁决,结果如下:

1. B公司向彭A支付2018年12月至2020年3月工资差额15,122元。

2. B公司向彭A支付2020年度未休年休假工资3461元。

3. B公司向彭A支付2018年7月至2020年2月延时加班费差额、休息日加班费差额、法定节假日加班费差额共计25,330.5元。

4. B公司支付彭A解除劳动合同经济补偿金76,020元。

5. 驳回彭 A 的其他仲裁请求。

彭 A 与 B 公司均不服该仲裁裁决，起诉至法院形成本案诉争。

B 公司对彭 A 提交的工资单截图、银行交易明细、邮件截图真实性均认可，但称因生产经营困难，财务现金流持续紧张，为缓解现金流持续紧张，保障生产经营可持续发展，调整了干部员工薪酬标准，并且降薪已履行工会民主程序，因此彭 A 的主张与事实不符。

B 公司提交了关于 2018 年 11 月，2018 年 12 月，2019 年 1 月、2 月、3 月、4 月、5 月、8 月、9 月、10 月及 2020 年 1 月关于延发工资请求批准的函及工会委员会复函，证明缓发工资经过民主程序。

对于 2020 年 2 月和 3 月工资，B 公司主张根据市场营销部 2020 年 2 月和 3 月轮休安排的通知，彭 A 在 2020 年 2 月 3 日至 2 月 7 日灵活办公，2 月 24 日至 2 月 28 日在岗，计薪日 10 天，轮休 10 天，2020 年 3 月 2 日至 3 月 6 日在岗，计薪天数 5 天，轮休 17 天，2020 年 2 月应发工资为 6079. 21 元，3 月应发工资为 2457. 55 元，因此彭 A 的该项请求没有事实依据。

彭 A 于 2020 年 3 月 28 日向 B 公司邮寄了解除劳动合同通知书，以 B 公司连续三个月以上不及时、足额支付劳动报酬为由提出解除劳动合同并要求支付经济补偿金。邮件于 2020 年 3 月 30 日签收。B 公司不认可解除理由，并主张彭 A 因醉驾被依法追究刑事责任，B 公司据此于 2020 年 4 月 8 日与其解除劳动合同，但彭 A 一直未到公司办理离职手续，因此无须支付经济补偿金。彭 A 认可收到了 B 公司的解除通知，但是是在其提出解除劳动合同之后收到的。

【裁判结果】

法院判决如下：

1. B 公司于一审判决生效之日起 7 日内向彭 A 支付 2018 年 12 月至 2020 年 3 月工资差额 13, 339. 76 元；

2. B 公司于一审判决生效之日起 7 日内向彭 A 支付 2020 年度未休年休假工资 3461 元；

3. B 公司于一审判决生效之日起 7 日内向彭 A 支付延时加班、休息日加班和法定节假日加班工资差额共计 41, 278. 27 元；

4. B 公司于一审判决生效之日起 7 日内支付彭 A 解除劳动关系经济补偿金

80,788.79 元;

5. B 公司于一审判决生效之日起 7 日内为彭 A 出具解除劳动合同证明。

【律师分析】

本案焦点是用人单位就降薪问题是否与劳动者协商一致,以及单方调岗降薪是否合法、合理。

就第一个问题而言,B 公司称因生产经营困难,财务现金流持续紧张,为缓解现金流持续紧张,调整干部员工薪酬标准,并且降薪已履行工会民主程序。但是 B 公司提交的证据不足以证明其主张,且用人单位与劳动者协商一致才可以变更劳动合同约定的内容,彭 A 在收到通知后明确表示反对。最终 B 公司工资少发和缓发的事实得到法院认定。根据《劳动合同法》规定,用人单位未及时足额支付劳动报酬的,劳动者可以解除劳动合同,用人单位应当向劳动者支付经济补偿。综上,B 公司单方面降薪违反法律规定,存在未足额支付劳动报酬的情形,彭 A 提出解除劳动合同并要求支付经济补偿金的请求,符合法律规定。

就第二个问题而言,用人单位虽然有根据自身生产经营状况调整岗位和薪酬的用工自主权,但这不意味着该权利不受限制。用人单位需要对劳动者的岗位和薪酬调整合理合法才能避免后续的人事纠纷。本案中,用人单位 B 公司主张公司经营困难和资金紧缺,在未协商一致的前提下降薪,且没有提供充足证据证明公司陷入经营困难。最高人民法院《关于审理劳动争议案件适用法律问题的解释(一)》第四十四条规定,用人单位应对其调岗降薪行为的合法性和合理性承担举证责任。因此,被告 B 公司在降薪上的答辩意见并不充足。

【律师建议】

公司降薪是用工自主权的体现,属于变更劳动合同主要内容,应当与劳动者协商一致,否则用人单位将面临支付经济补偿金甚至赔偿金的法律风险。用人单位虽享有一定自主经营权,可基于正当、合理、客观情形而安排劳动者调岗,但同样需要在保障劳动者合法权益的范围内进行,不得损害劳动者的合法权益。

在实践操作上,我们建议如下。

1. 建立完善的薪酬调整制度

在劳动合同中事先约定对用人单位可以单方面降薪,并对具体情形进行列明,为薪酬浮动调整提供依据。同时丰富公司章程和规章制度,对薪酬调整、绩效考核、纪律处分等内容进行扩充和细化。

2. 注意留存相关证据

用人单位要注意收集保留劳动者符合降薪情形的相关证据,更要注意处理时限和合理尺度的把握。

3. 履行相关民主程序

用人单位特殊困难时期降薪,应通过合法程序进行,妥善处理集体性薪酬调整,依法履行民主协商和公示告知程序,经过与劳动者的协商变更协议。对于明确提出反对意见的员工,用人单位要采纳合理建议,修改完善降薪方案。

【法律规定】

1.《劳动合同法》

第三十条　用人单位应当按照劳动合同约定和国家规定,向劳动者及时足额支付劳动报酬。

用人单位拖欠或者未足额支付劳动报酬的,劳动者可以依法向当地人民法院申请支付令,人民法院应当依法发出支付令。

第三十一条　用人单位应当严格执行劳动定额标准,不得强迫或者变相强迫劳动者加班。用人单位安排加班的,应当按照国家有关规定向劳动者支付加班费。

第三十八条第一款　用人单位有下列情形之一的,劳动者可以解除劳动合同:

(一)未按照劳动合同约定提供劳动保护或者劳动条件的;

(二)未及时足额支付劳动报酬的;

(三)未依法为劳动者缴纳社会保险费的;

(四)用人单位的规章制度违反法律、法规的规定,损害劳动者权益的;

(五)因本法第二十六条第一款规定的情形致使劳动合同无效的;

(六)法律、行政法规规定劳动者可以解除劳动合同的其他情形。

第五十条　用人单位应当在解除或者终止劳动合同时出具解除或者终止劳动合同的证明,并在十五日内为劳动者办理档案和社会保险关系转移手续。

劳动者应当按照双方约定,办理工作交接。用人单位依照本法有关规定应当向劳动者支付经济补偿的,在办结工作交接时支付。

用人单位对已经解除或者终止的劳动合同的文本,至少保存二年备查。

2.《最高人民法院关于审理劳动争议案件适用法律问题的解释(一)》

第四十四条　因用人单位作出的开除、除名、辞退、解除劳动合同、减少劳动报酬、计算劳动者工作年限等决定而发生的劳动争议,用人单位负举证责任。

第四十五条　用人单位有下列情形之一,迫使劳动者提出解除劳动合同的,用人单位应当支付劳动者的劳动报酬和经济补偿,并可支付赔偿金:

(一)以暴力、威胁或者非法限制人身自由的手段强迫劳动的;

(二)未按照劳动合同约定支付劳动报酬或者提供劳动条件的;

(三)克扣或者无故拖欠劳动者工资的;

(四)拒不支付劳动者延长工作时间工资报酬的;

(五)低于当地最低工资标准支付劳动者工资的。

第二十章　公司增减资、合并分立、股转及风险防控

第一节　增资和减资

一、增资概念和类型

顾名思义，增资，即增加资本，是指公司在成立后基于筹集资金、扩大经营规模等目的，依照法定条件和程序增加公司的资本总额。公司增加注册资本，主要通过两条路径：一是吸收外来新资本，包括增加新股东和原股东的追加投资。二是分配性增资，即用公积金扩充资本或将未分配利润转为股本。

近年来，新能源汽车的发展势头迅猛，为充实资本实力、支持业务发展、提升核心竞争力，保障公司健康持续发展，许多投资者纷纷向新能源汽车增资扩股，进一步扩大生产及提升市场占有率。

2023 年 8 月 22 日，力帆科技（601777）公告，拟与全资子公司力帆集团重庆万光新能源科技有限公司（万光新能源）及全资子公司重庆力帆资产管理有限公司（力帆资产管理），共同以债转股方式对重庆睿蓝汽车制造有限公司（睿蓝汽车制造）增资 30.69 亿元，使其注册资本由 21.1 亿元增加至 51.8 亿元。[①]

2023 年 9 月 6 日，北京产权交易所网站发布的公告显示，一汽奔腾已与江苏悦达汽车集团有限公司签订投资协议，后者增资金额为 1.6632 亿元，持股比例为 1.9741%。与此同时，一汽股份及一汽股权投资（天津）有限公司共同对一汽奔腾进行增资，增资总金额为 50 亿元人民币。本轮增资后一汽集团仍拥有一汽奔腾 98% 以上股权。[②]

---

① 参见《力帆科技向重庆睿蓝汽车制造增资 30.69 亿元》，载微信公众号“重庆商报”2023 年 8 月 22 日，https://mp.weixin.qq.com/s/jE2S6ifxmj0Th4tFydfwfg。

② 参见刘佩其：《累计增资超 50 亿元，一汽奔腾全力转型新能源》，载微信公众号“澎湃新闻”2023 年 9 月 7 日，https://mp.weixin.qq.com/s/dqvmtoN6grWu5YSZd_8JkQ。

二、增资程序

公司完成增资之后,公司注册资本增加,公司股东的构成、股东的出资数额、股东的出资比例等都会发生变化。严格把控增资流程,是保障股东和公司合法权益的有效途径。

公司完成增资主要包括以下流程:

1. 制定增资方案。

2. 股东会/股东大会决议通过增资方案。有限责任公司经代表 2/3 以上表决权的股东表决通过,股份有限公司经出席会议 2/3 表决权股东以上通过。

3. 股东认购股权,签订增资扩股协议,履行约定的增资义务。

4. 办理工商股权及注册资本变更登记。

增资实质上就是一种股东出资,与公司设立时股东出资性质一样。股东出资或增资时,应注意以下事项:

1. 股东可以用货币出资,也可以用实物、知识产权、土地使用权、股权、债权等可以用货币估价并可以依法转让的非货币财产作价出资(注:2023 年修订的《公司法》新增了股权、债权等可以用货币估价并可以依法转让的非货币财产类型),但法律行政法规规定不得作为出资的财产除外。

2. 用于投资的实物为投资人所有,且未做担保或抵押,以工业产权、非专利技术出资的,股东或者发起人应当对其拥有所有权;以土地使用权出资的,股东或者发起人应当拥有土地使用权。

3. 以实物或无形资产出资的须经评估,并提供评估报告。对作为出资的非货币财产应当评估作价,核实财产,不得高估或者低估作价。

4. 股东应当按期足额缴纳公司章程中规定的各自所认缴的出资额。股东以货币出资的,应当将货币出资足额存入有限责任公司在银行开设的账户;以非货币财产出资的,应当依法办理其财产权的转移手续。

【案例69】杨A向4S店公司账户汇入30万元增资投资款，公司出具收据但一直未办理股权变更登记，杨A可否行使股权权利？

【案例来源】杨A与中山市B汽车销售服务有限公司与公司有关的纠纷案［广东省中山市第一人民法院（2019）粤2071民初28049号民事判决书］

【基本案情】

原告杨A向法院提出诉讼请求：

被告立即向原告返还30万元投资款及支付资金占用费87,750元（按同期同类中国人民银行贷款利率计算，从2014年9月3日起计算至起诉之日即2019年10月29日止）。

事实与理由：

2014年9月2日，经被告股东吴某政介绍，原告通过两个账户向被告共转账交付了30万元作为股东投资款，被告向原告出具了收款收据。被告收取了投资款后，既未向原告出具股东会同意原告入股的证明文件，也未进行工商变更登记，致使原告股东身份未能成立，亦未能享有股东权利。根据我国《公司法》的相关规定，股东缴纳出资后应当将股东姓名载入股东名册并报公司登记机关登记。但是被告在收到原告投资款后却未依法进行工商变更登记，故被告应退还原告投资款并承担资金被占用期间的费用。

为维护合法权益，原告具状起诉，请求法院在查明事实的基础上，支持原告所有诉讼请求。

【裁判结果】

法院查明：

1. B公司成立于2013年12月12日，是有限责任公司，法定代表人为李某1，股东为李某1、吴某政，分别持有B公司51%、49%股权份额。

2. 2014年9月2日，杨A向B公司转账25万元、5万元，合计30万元。B公司于同一日向杨A开具收款收据，载明收到杨A股东投资款30万元。

法院认为：

本案系与公司有关的纠纷。

B公司为有限责任公司，由股东李某1、吴某政投资设立，二股东分别占51%、49%股权份额。杨A投资入股B公司，应通过与股东间股权转让方式或由B公司增加注册资本，增加的部分由新股东认购或新、老股东共同认购来实现。

本案中，没有证据显示B公司有进行增资扩股行为或履行了相关法定程序，也没有证据证明杨A向B公司支付的30万元投资款是与B公司哪一位股东达成股权转让协议而购买B公司相应股权的，且B公司至今股东、股权登记信息尚未进行变更。

B公司是有限责任公司，股东对公司享有的权利、分红利益收入等都基于其持有的股权份额实现。

杨A虽投资30万元拟入股B公司，但杨A实际不享有B公司股东身份，没有获得B公司相应股权，杨A无权基于该投资款享受B公司的权益，同样，B公司亦无权继续持有杨A投资的30万元。杨A诉请判令B公司退还投资款30万元及资金占用期间利息损失，理据充分，法院予以支持。

综上，法院判决如下：

被告B公司于判决发生法律效力之日起7日内向原告杨A退还投资款30万元及支付资金占用期间利息损失（以30万元为基数，从2014年9月3日起至2019年8月19日止，按中国人民银行发布的金融机构人民币同期同类贷款基准利率计算；从2019年8月20日起至10月29日止，按全国银行间同业拆借中心公布的贷款市场报价利率计算）。

【律师分析】

本案主要涉及汽车经销商股东身份认定及股权权利享有问题。

一般而言，股东取得公司股权主要有两种方式，一是向公司出资或认缴出资，二是通过受让或其他形式继受公司股权。

根据《公司法》第三十一条、第三十二条（对应2023年《公司法》第五十五条、第五十六条）的规定，工商登记、股东名册、出资证明书等是认定是否具有股东身份的依据。股东身份认定可以通过工商登记、公司内部股东名册及公司向股东签发出资证明书等三种途径予以确认。

实践中，可依据下列情形判定是否具有公司股东资格：

1. 根据工商登记资料、公司章程、股东名册等资料记载的内容判定。例如向股东签发出资证明书或股权证等可作为证明其为股东的书面材料。

2. 依据股东内部签署的书面协议约定出资额或占股比例，表明在公司成立时相关投资者有就各方向公司出资或认缴出资达成合意，且相关方向公司账户履行了实际出资义务。

3. 同时作为公司的员工或高管，参与公司日常管理和运营，并定期参与公司利润复配，证明事实上行使了股东的自益权和共益权。

本案中，杨A向B公司转账30万元，B公司也向杨A开具收款收据，并载明收到杨A股东投资款30万元。但是，B公司并没有进行增资扩股行为或履行相关法定程序，无法确认杨A向B公司支付的30万元投资款是与B公司哪一位股东达成股权转让协议而购买B公司相应股权的，且B公司至今股东、股权登记信息尚未进行变更。而B公司作为有限责任公司，其股东对公司享有的权利、分红利益收入等都基于股东持有的股权份额实现。

据此，法院认为杨A实际不享有B公司股东身份，没有获得B公司相应股权，杨A无权基于该投资款享受B公司的权益，同样，B公司亦无权继续持有杨A投资的30万元。故法院判如杨A所请。

【律师建议】

作为企业投资者或管理者，首先要有规则意识和法律思维。

公司等市场主体法定登记事项如有变动，应及时严格按照法定程序，制作相关法律文书并在法定期限内到相关部门办理变更或备案登记手续，这是保护投资者合法权益的前提，也是维持正常市场交易秩序的基础。

结合本案的实际情况，作为汽车经销商及其投资股东，从企业合规和法律风险防控的角度，我们建议如下。

首先，股东或投资者之间就合资合作事宜签订一份详尽的合资协议或投资协议。一份详尽、完善的合资协议，应就各方的权利、义务及责任，公司股权架构设定、法人治理、利润分配、股权转让、增减资、解散清算、退出机制等内容给予事先约定，对事项、争议解决的方式、流程予以明确，尽可能避免公司在出现争议或分歧时陷入僵局。如通过股转方式获得股权，应在股权转让协议中明确条款约定内容，特别是转让款交付时间、交付方式、股权交割时间、股权交割确认等关键条款，尽可能清晰、完善，最大限度地避免履约过程争议。同时，由于办理工商手续的公司章程版本一般均要求适用公司登记机关制定的范本，工商范本内容无法作很详细的约定,只能由股东与投资者就合资合作事宜签订一份详尽的合资协议或投资协议。

其次,制定公司章程时,尽可能吸收投资协议的重要约定条款。如投资协议中的某些条款未能被公司章程吸收,或投资协议与公司章程某些条款不一致,应当作出特别约定。例如,在投资协议中明确:“公司章程为本协议的组成部分,与本协议具同等法律效力。如果因政府登记或备案之要求,各方需就本次交易另行签署满足政府登记或备案要求的协议或章程,则本协议仍应全面优先于登记文件在各方之间适用,登记文件与本协议约定不一致的,以本协议为准。”

再次,在签订投资协议或股权转让协议前,应采取审慎原则,尤其是对于重大投资,需做好事前的法律尽职调查和财务尽职调查(甚至包括技术尽职调查、市场尽职调查等)。可以通过国家企业信用信息公示系统或者企查查 App 等途径,对拟投资的公司工商基本信息进行初步查询,了解清楚目标公司的股权架构、股权比例、认缴出资情况、实缴出资情况等信息,必要时聘请专业人员对目标公司进行尽职调查,初步分析后再商谈股权转让事宜。

最后,股东及时督促公司及时办理工商变更登记,并保留相应证据文件。对于通过股权受让或认缴增资方式获得股东身份的投资者而言,应及时要求公司对其股东身份及持股情况进行工商变更登记,并保留督促公司变更登记的相应证据,最大限度地避免纠纷和履约过程中的争议。万一发生纠纷,应及时采取积极有效的措施维护自身最大合法权益。

【法律规定】

1.《公司法》(2018 年修正)

第三十一条　有限责任公司成立后,应当向股东签发出资证明书。

出资证明书应当载明下列事项:

(一)公司名称;

(二)公司成立日期;

(三)公司注册资本;

(四)股东的姓名或者名称、缴纳的出资额和出资日期;

(五)出资证明书的编号和核发日期。

出资证明书由公司盖章。

第三十二条　有限责任公司应当置备股东名册,记载下列事项:

（一）股东的姓名或者名称及住所；

（二）股东的出资额；

（三）出资证明书编号。

记载于股东名册的股东，可以依股东名册主张行使股东权利。

公司应当将股东的姓名或者名称向公司登记机关登记；登记事项发生变更的，应当办理变更登记。未经登记或者变更登记的，不得对抗第三人。

第七十三条　依照本法第七十一条、第七十二条转让股权后，公司应当注销原股东的出资证明书，向新股东签发出资证明书，并相应修改公司章程和股东名册中有关股东及其出资额的记载。对公司章程的该项修改不需再由股东会表决。

2.《公司法》(2023 年修订)

第五十五条　有限责任公司成立后，应当向股东签发出资证明书，记载下列事项：

（一）公司名称；

（二）公司成立日期；

（三）公司注册资本；

（四）股东的姓名或者名称、认缴和实缴的出资额、出资方式和出资日期；

（五）出资证明书的编号和核发日期。

出资证明书由法定代表人签名，并由公司盖章。

第五十六条　有限责任公司应当置备股东名册，记载下列事项：

（一）股东的姓名或者名称及住所；

（二）股东认缴和实缴的出资额、出资方式和出资日期；

（三）出资证明书编号；

（四）取得和丧失股东资格的日期。

记载于股东名册的股东，可以依股东名册主张行使股东权利。

第八十六条　股东转让股权的，应当书面通知公司，请求变更股东名册；需要办理变更登记的，并请求公司向公司登记机关办理变更登记。公司拒绝或者在合理期限内不予答复的，转让人、受让人可以依法向人民法院提起诉讼。

股权转让的，受让人自记载于股东名册时起可以向公司主张行使股东权利。

第八十七条　依照本法转让股权后，公司应当及时注销原股东的出资证明书，向新股东签发出资证明书，并相应修改公司章程和股东名册中有关股东及其出资额的记载。对公司章程的该项修改不需再由股东会表决。

3.《最高人民法院关于适用〈中华人民共和国公司法〉若干问题的规定(三)》

第二十二条　当事人之间对股权归属发生争议,一方请求人民法院确认其享有股权的,应当证明以下事实之一:

(一)已经依法向公司出资或者认缴出资,且不违反法律法规强制性规定;

(二)已经受让或者以其他形式继受公司股权,且不违反法律法规强制性规定。

第二十三条　当事人依法履行出资义务或者依法继受取得股权后,公司未根据公司法第三十一条、第三十二条的规定签发出资证明书、记载于股东名册并办理公司登记机关登记,当事人请求公司履行上述义务的,人民法院应予支持。

第二十四条　有限责任公司的实际出资人与名义出资人订立合同,约定由实际出资人出资并享有投资权益,以名义出资人为名义股东,实际出资人与名义股东对该合同效力发生争议的,如无法律规定的无效情形,人民法院应当认定该合同有效。

前款规定的实际出资人与名义股东因投资权益的归属发生争议,实际出资人以其实际履行了出资义务为由向名义股东主张权利的,人民法院应予支持。名义股东以公司股东名册记载、公司登记机关登记为由否认实际出资人权利的,人民法院不予支持。

实际出资人未经公司其他股东半数以上同意,请求公司变更股东、签发出资证明书、记载于股东名册、记载于公司章程并办理公司登记机关登记的,人民法院不予支持。

4.《市场主体登记管理条例》

第八条　市场主体的一般登记事项包括:

(一)名称;

(二)主体类型;

(三)经营范围;

(四)住所或者主要经营场所;

(五)注册资本或者出资额;

(六)法定代表人、执行事务合伙人或者负责人姓名。

除前款规定外，还应当根据市场主体类型登记下列事项：

（一）有限责任公司股东、股份有限公司发起人、非公司企业法人出资人的姓名或者名称；

（二）个人独资企业的投资人姓名及居所；

（三）合伙企业的合伙人名称或者姓名、住所、承担责任方式；

（四）个体工商户的经营者姓名、住所、经营场所；

（五）法律、行政法规规定的其他事项。

第九条　市场主体的下列事项应当向登记机关办理备案：

（一）章程或者合伙协议；

（二）经营期限或者合伙期限；

（三）有限责任公司股东或者股份有限公司发起人认缴的出资数额，合伙企业合伙人认缴或者实际缴付的出资数额、缴付期限和出资方式；

（四）公司董事、监事、高级管理人员；

（五）农民专业合作社（联合社）成员；

（六）参加经营的个体工商户家庭成员姓名；

（七）市场主体登记联络员、外商投资企业法律文件送达接受人；

（八）公司、合伙企业等市场主体受益所有人相关信息；

（九）法律、行政法规规定的其他事项。

第二十九条　市场主体变更本条例第九条规定的备案事项的，应当自作出变更决议、决定或者法定变更事项发生之日起30日内向登记机关办理备案。农民专业合作社（联合社）成员发生变更的，应当自本会计年度终了之日起90日内向登记机关办理备案。

三、减资概念和类型

顾名思义，减资，即减少资本，是指公司在存续期间，由于资本过剩或者亏损严重或基于某种需求，依照法定条件和程序减少公司资本总额。公司的资本很大程度上代表着公司的资信以及偿债能力。因此，基于资本确定、资本不变原则，为保障交易安全、保护股东和债权人利益，减资也需要严格符合法律要求的程序。减资也能避免出现公司僵局，畅通股权退出渠道，避免公司解散。

减资的类型分为两种:一是实质上的减资,二是形式上的减资。实质上的减资较多发生在资本过剩的情况下,继续维持原有资本不利于公司资本的使用效益,将造成资本的闲置和浪费,实质上的减资一般会将多余的资金返还于股东。形式上的减资是指注册资本的工商登记额减少而未发生净资产向股东流动,因而不导致公司实际资产的减少。一般在公司严重亏损的情况下,公司实际运作的资本低于注册资本时,需要为保障债权人和股东的权益而做出这种减资安排。

四、减资程序

《公司法》(2018 年修正)第一百七十七条规定:"公司需要减少注册资本时,必须编制资产负债表及财产清单。公司应当自作出减少注册资本决议之日起十日内通知债权人,并于三十日内在报纸上公告。债权人自接到通知书之日起三十日内,未接到通知书的自公告之日起四十五日内,有权要求公司清偿债务或者提供相应的担保。"

《公司法》(2023 年修订)第二百二十四条规定,公司减少注册资本,应当编制资产负债表及财产清单。

公司应当自股东会作出减少注册资本决议之日起十日内通知债权人,并于三十日内在报纸上或者国家企业信用信息公示系统公告。债权人自接到通知之日起三十日内,未接到通知的自公告之日起四十五日内,有权要求公司清偿债务或者提供相应的担保。

公司减少注册资本,应当按照股东出资或者持有股份的比例相应减少出资额或者股份,法律另有规定、有限责任公司全体股东另有约定或者股份有限公司章程另有规定的除外。

在汽车行业领域,主机厂或汽车经销商基于实际经营状况及战略调整等原因减资的操作或安排相关案例也很常见。

2022 年 12 月 22 日,微信公众号"数告"发布一则《#数字公告#减资公告【嘉寓新能源汽车宁夏有限公司】》,公告内容为:"嘉寓新能源汽车宁夏有限公司,统一社会信用代码 91641200MA75X58GXT 经公司股东会决议将原注册资本由 50,000 万元减至 1600 万元,请相关债权人在见报之日起 45 日内向本公司申报,要求清偿或相应的担保,逾期本公司将依法减资。”①

2023 年 7 月 23 日,天眼查 App 显示,上海幂航汽车有限公司(以下简称幂航汽车)发生工商变更,注册资本由 20 亿元减至 100 万元,降幅达 99.95%。

公开资料显示,幂航汽车成立于 2021 年 3 月,法定代表人、董事长兼总经理为梁某祥。公司经营范围包括新能源汽车整车销售、汽车零部件及配件制造、新能源汽车换电设施销售、软件开发、汽车租赁等,由百度旗下达孜县百瑞翔创业投资管理有限责任公司全资持股。

幂航汽车引发业内关注,原因在于该公司是由集度汽车有限公司(以下简称集度汽车)更名而来。众所周知,集度汽车为百度打造的新能源汽车品牌。集度汽车的首款车型 ROBO－01 探月版,于 2022 年 10 月发布,售价 39.98 万元,限量发售 2000 辆。据夏某平(集度汽车 CEO)透露,该车将于 2023 年第三季度交付。②

公司减资,一般应遵循以下程序:

1. 制定公司减少注册资本方案。

2. 编制资产负债表及财产清单。

3. 表决减资方案。有限责任公司须由代表公司 2/3 以上表决权的股东通过,股份有限公司须经出席股东大会的股东所持表决权的 2/3 以上通过。

4. 通知及公告债权人。

公司应当自股东会作出减少注册资本决议之日起十日内通知债权人,并于三十日内在报纸上或者国家企业信用信息公示系统公告。

5. 处理公司债务。债权人有权要求公司清偿债务或者提供相应的担保。

6. 办理变更登记并公告。需要注意的是,《公司法》(2023 年修订)第二百二十五条规定,公司依照本法第二百一十四条第二款(公积金弥补公司亏损,应当先使用任意公积金和法定公积金;仍不能弥补的,可以按照规定使用资本公积金)的规定弥补亏损后,仍有亏损的,可以减少注册资本弥补亏损。减少注册资本弥补亏损的,公司不得向股东分配,也不得免除股东缴纳出资或者股款的

---

① 《#数字公告#减资公告【嘉寓新能源汽车宁夏有限公司】》,载微信公众号“数告”2022 年 12 月 22 日,https://mp.weixin.qq.com/s/nVIiux5zX7oGtj5t4uELFQ。

② 参见向秀芳:《幂航汽车由 20 亿元减资至 100 万,系百度旗下公司》,载微信公众号“盖世汽车新能源”2023 年 7 月 23 日,https://mp.weixin.qq.com/s/i2Q4EKULav5FhkMQAueVeg。

义务。

依照前款规定减少注册资本的，不适用第二百二十四条第二款的规定，但应当自股东会作出减少注册资本决议之日起三十日内在报纸上或者国家企业信用信息公示系统公告。

公司依照第二百二十五条第一款、第二款的规定减少注册资本后，在法定公积金和任意公积金累计额达到公司注册资本百分之五十前，不得分配利润。

减资程序瑕疵是导致决议无效的主要原因，同时也是引发债权人争议纠纷的重要因素。实务中，部分公司减资没有按照法律规定程序通知债权人，此时股东面临怎样的法律风险，以及最终是否会被认定为抽逃出资，在司法实践中存在不同的看法和观点。

【案例70】公司减资不依法通知债权人，减资是否会因为程序瑕疵而无效？

【案例来源】A(上海)电子有限公司与苏州B汽车配件有限公司等买卖合同纠纷案[上海市松江区人民法院(2023)沪0117民初2449号民事判决书]

【基本案情】

2021年和2022年，原告与被告苏州B汽车配件有限公司(以下简称B公司)存在多笔交易，原告按照被告B公司的指示，将货物直接发给终端客户，终端客户收到货物后与原告进行对账确认。原告已将交付货物的发票开具给被告B公司，被告B公司未结清款项。2022年12月，原告委托律师向被告B公司发函，再次要求支付拖欠款项，因被告B公司未付款，故涉讼。审理中，被告B公司确认至起诉时，尚欠原告货款4,233,332.52元。

另查明，被告B公司成立于2015年3月3日，注册资本3,000,000元。2016年7月25日，股东变更为被告王某(认缴出资1,650,000元)、石某(认缴出资1,350,000元)。2022年11月3日，被告B公司形成股东会决议，内容包括减少公司注册资本2,900,000元，其中股东王某减少认缴出资1,595,000元，股东石某减少认缴出资1,305,000元。2023年1月5日，注册资本变更登记。

审理中，被告王某于2023年4月10日将1,595,000元转账交付至法院。被告石某于2023年4月10日将1,305,000元转账交付至法院。二人均请求在本案审理中将上述款项支付给原告。后法院于2023年4月27日将上述款项付至原告银行账户内。原告确认收到上述款项，撤回对被告王某、石某的诉讼请求，并对其余诉讼请求作出相应的变更。

【裁判结果】

被告B公司确认欠原告货款4,233,332.52元未结清，应当向原告支付，未按约付款的，还应承担违约责任，向原告支付相应的利息。

根据公司资本不变原则，公司的资本不得随意减少，减资须依严格的法定程序进行。本案中，不存在被告B公司无法通知原告的情况，故被告B公司在减资时应当直接通知原告而未履行通知义务，其减资程序对于原告而言存在瑕疵。被告王某、石某作为被告B公司的股东，应当各自在其减资范围内对被告B公司不能清偿原告的债务承担补充赔偿责任。在本案审理中，被告王某、石某合计向原告支付2,900,000元，故二人作为被告B公司的股东，已经承担上述补充赔偿责任。

原告放弃对该二人的诉讼请求，并无不当，法院予以准许。在扣除该款项后，被告B公司尚欠原告的货款为1,333,332.52元，故原告要求被告B公司偿付货款1,333,332.52元的诉讼请求，于法有据，法院予以支持。原告与被告B公司对逾期付款的责任承担并未作约定，原告要求被告B公司按照贷款市场报价利率的1.5倍计算利率过高，且计算期间不当，故法院予以调整。

【律师分析】

公司减资是减少注册本金的行为，有利于避免公司大额资金闲置，提升资金使用效率，通过减资将股权变现。但是减资会影响债权人的利益，受到法律的严格限制，必须符合法定要件、依照程序进行，才可以避免因减资程序不当带来的赔偿责任。

本案中，被告通过内部股东大会通过了减资决议将注册资金减少2,900,000元，严重损害了公司的对债务的偿还能力以及原告债权人的债权。被告没有依照《公司法》规定通知原告债权人该决议，导致决议程序出现瑕疵，最终公司股东在减资2,900,000元的范围内对被告公司结欠原告的上述债务承担补充赔偿责任。

减资虽被法律允许,不同于股东抽逃出资性质严重,但是注册资本是股东承担有限责任的基础,也是公司交易相对方判断公司财产责任能力的重要依据,本身具有一定的担保作用;减资的法定程序确保债权人有机会在公司责任财产减少之前作出相应的权衡并作出利益选择,公司则根据债权人的要求进行清偿或者提供担保。

一旦公司减资程序存在瑕疵,未履行及时通知债权人的义务,将会直接影响债权人的权益,同时也会受到债权人的追责。公司减资程序存在瑕疵,未履行及时通知债权人的义务,又不能证明其行为无过错,法院可以将减资程序认定为抽逃出资性质,在公司减资后不能偿付减资前的债务时,判令股东在减资范围内就该债务公司不能清偿的部分对债权人承担补充赔偿责任。

另外,即使股东出资受期限利益保护,在认缴的出资期限届满前,股东对未实际出资的部分减资,也要承担不当减资引起的法律责任。在司法实践中,法院普遍认为,虽然股东认缴金额未实际出资到位,但该部分金额本应由股东按设定期限足额缴纳,并在未来作为公司财产对外承担责任。如果股东对未实际出资的部分减资,是减少了公司未来可以获得的资产,这种情形属于实质减资。因此,若减资后的公司不能偿付外债,减资股东仍应在减资范围内对公司债务不能清偿部分承担补充赔偿责任。

【律师建议】

结合本案情况,从汽车经销商合规经营及风险防范的角度出发,我们建议如下:

1. 完善减资通知程序,确保通知债权人

在减资过程中,直接通知已知债权人,并按照规定进行登报公告,二者缺一不可。登报公告并不能免除减资人直接通知债权人的义务,公告期内债权人要求减资公司偿还债务或提供担保的,减资公司应与债权人有效沟通,并就债务的偿还与担保达成一致。

2. 全面梳理公司债权债务情况,制订系统完备的减资计划

在减资实施之前,务必厘清所有的债权人,核查其债权是否存在、债权金额大小等,进而确定应通知对象的范围。公司作出决议后,应于法定期限内通知并公告,最终办理工商变更登记,避免股东承担减资不当的补充责任。同时内部形成监督机制,负责监督减资事务人员须谨慎履行程序义务,落实责任,若由于相

关人员疏忽和过错造成债权人损失，股东有权向减资事务具体人员追偿。

3. 做好减资前的预处理，降低减资责任风险

股东因超额认缴公司注册资本，需要减少认缴注册资本的，应尽可能在公司发生大额债务之前完成减资程序，避免被法院认定减资损害债权人利益，要求减资股东在减资金额范围内承担补充赔偿责任的风险。

4. 明确出资性质，避免出资性质不明确

股东完成对公司的每一笔出资，必须在汇出资金时明确备注出资资金的名称，避免被认为是业务往来款项导致承担额外的出资风险。

【法律规定】

1.《民法典》

第五百七十七条　当事人一方不履行合同义务或者履行合同义务不符合约定的，应当承担继续履行、采取补救措施或者赔偿损失等违约责任。

第五百七十九条　当事人一方未支付价款、报酬、租金、利息，或者不履行其他金钱债务的，对方可以请求其支付。

2.《公司法》(2018 年修正)

第一百七十七条　公司需要减少注册资本时，必须编制资产负债表及财产清单。

公司应当自作出减少注册资本决议之日起十日内通知债权人，并于三十日内在报纸上公告。债权人自接到通知书之日起三十日内，未接到通知书的自公告之日起四十五日内，有权要求公司清偿债务或者提供相应的担保。

3.《公司法》(2023 年修订)

第二百二十四条　公司减少注册资本，应当编制资产负债表及财产清单。

公司应当自股东会作出减少注册资本决议之日起十日内通知债权人，并于三十日内在报纸上或者国家企业信用信息公示系统公告。债权人自接到通知之日起三十日内，未接到通知的自公告之日起四十五日内，有权要求公司清偿债务或者提供相应的担保。

公司减少注册资本，应当按照股东出资或者持有股份的比例相应减少出资额或者股份，法律另有规定、有限责任公司全体股东另有约定或者股份有限公司章程另有规定的除外。

第二百二十五条　公司依照本法第二百一十四条第二款的规定弥补亏损

后，仍有亏损的，可以减少注册资本弥补亏损。减少注册资本弥补亏损的，公司不得向股东分配，也不得免除股东缴纳出资或者股款的义务。

依照前款规定减少注册资本的，不适用前条第二款的规定，但应当自股东会作出减少注册资本决议之日起三十日内在报纸上或者国家企业信用信息公示系统公告。

公司依照前两款的规定减少注册资本后，在法定公积金和任意公积金累计额达到公司注册资本百分之五十前，不得分配利润。

第二百二十六条　违反本法规定减少注册资本的，股东应当退还其收到的资金，减免股东出资的应当恢复原状；给公司造成损失的，股东及负有责任的董事、监事、高级管理人员应当承担赔偿责任。

4.《最高人民法院关于适用〈中华人民共和国公司法〉若干问题的规定（三）》

第十三条　股东未履行或者未全面履行出资义务，公司或者其他股东请求其向公司依法全面履行出资义务的，人民法院应予支持。

公司债权人请求未履行或者未全面履行出资义务的股东在未出资本息范围内对公司债务不能清偿的部分承担补充赔偿责任的，人民法院应予支持；未履行或者未全面履行出资义务的股东已经承担上述责任，其他债权人提出相同请求的，人民法院不予支持。

股东在公司设立时未履行或者未全面履行出资义务，依照本条第一款或者第二款提起诉讼的原告，请求公司的发起人与被告股东承担连带责任的，人民法院应予支持；公司的发起人承担责任后，可以向被告股东追偿。

股东在公司增资时未履行或者未全面履行出资义务，依照本条第一款或者第二款提起诉讼的原告，请求未尽公司法第一百四十七条第一款规定的义务而使出资未缴足的董事、高级管理人员承担相应责任的，人民法院应予支持；董事、高级管理人员承担责任后，可以向被告股东追偿。

第二节　公司合并

一、公司合并概念和类型

公司合并,是指两个或两个以上的公司,通过订立合并协议结合为一个公司的法律行为。合并的性质是公司资本的集中,从某些方面看,合并虽会造成公司数量的减少,但会使存续公司规模的扩大,成为资源配置的一种市场手段和公司外部成长的途径。

公司合并的类型分为吸收合并和新设合并两种。

吸收合并又称吞并式合并或接收合并,A 公司吸收 B 公司,被吸收的 B 公司解散,而 A 公司继续存续。吸收合并支付的对价通常是现金或股份。因接收公司存续使得其权利能力不变,不可转让的商誉口碑、特许权等可以得到保留,同时使存续的接收公司增加了资本,有利于保证公司经营的连续性。

新设合并也称创设合并或新建合并,A 公司与 B 公司合并为一个新设的 C 公司,A 公司和 B 公司均解散,各自原先的商誉、品牌,以及相关不能转让的权利资源等难以保留,同时需要履行公司设立的相关手续,合并成本增加;但 C 公司可以重新经营品牌和口碑,为公司提供新的发展契机。

关于合并,引申出一个概念范围更大的词,即并购。并购通常是指目标公司控股权发生转移的各种产权交易形式的总称,主要形式包括合并、收购、兼并等。收购分为资产收购和股权收购,是指一家企业购买另一家企业的资产、股票等,从而居于控制地位的交易行为。兼并是指两个或两个以上的公司通过法定方式重组,只有兼并方继续保留其法人地位。兼并和收购之间的主要区别在于,兼并是企业之间合为一体,而收购仅仅取得对方控制权。在实践中,收购和兼并往往很难严格区分开,习惯上也将二者合在一起,简称并购。

汽车行业市场竞争也非常激烈,为了能在市场上脱颖而出,不少汽车品牌陆续转型,而公司的并购是转型道路的选择之一。

2021 年 11 月,永达汽车公司的间接全资附属公司上海永达汽车集团有限公司从一家于中华人民共和国注册成立的公司及两个自然人(卖方)处收购卖方所持有的位于中国江苏省内的两家宝马4S经销店和两家雷克萨斯4S经销店的100%股权,目标股权的转让总价约为人民币8.33亿元。①

2023年8月25日,开心汽车宣布并购MORNING STAR AUTO INC.(以下简称茂林斯达)完成交割,茂林斯达成为开心汽车全资控股子公司,这意味着开心汽车正式进军新能源汽车制造领域。②

二、公司合并程序及债权人保护

《公司法》(2023年修订)第二百二十条:"公司合并,应当由合并各方签订合并协议,并编制资产负债表及财产清单。公司应当自作出合并决议之日起十日内通知债权人,并于三十日内在报纸上或者国家企业信用信息公示系统公告。债权人自接到通知之日起三十日内,未接到通知的自公告之日起四十五日内,可以要求公司清偿债务或者提供相应的担保。"

公司合并的流程,主要包括以下几个方面:

1. 合并各方公司董事会制定合并方案。

2. 合并各方股东(大)会以特别决议的方式通过公司合并方案。

3. 合并各方公司分别编制资产负债表和财产清单。

4. 合并各方分别通知债权人并公告。

5. 合并各方签订合并协议,以便后续进行资产转移及对价支付。

6. 合并各方完成公司合并工作并办理工商登记。

公司合并既是公司资产的重新组合,也是公司债务的重新分配。因此公司合并的结果关系到参与合并公司的债权人,若处理不当,债权人利益可能受损。关于公司合并中的债权人保护,主要涉及以下几个问题。

(一)债权人知情权

合并各方必须履行通知并公告债权人的法定义务,债权人有权知悉公司合并的具体情况、资产负债表以及财产清单等可能会影响债权实现的事项。

---

① 参见《大鱼吃小鱼!永达汽车8.33亿元收购两家宝马4S和两家雷克萨斯4S店》,载微信公众号"汽车行家"2021年11月8日,https://mp.weixin.qq.com/s/ur9n1kvgbIiTRiW0MVtxgQ。

② 参见《并购完成,又一家新势力进军造车》,载微信公众号"盖世汽车新能源"2023年8月25日,https://mp.weixin.qq.com/s/YZWI_EH6EMxtCHsXGJ-8VA。

（二）债权人异议权

债权人对公司合并有异议的，可以行使异议权，要求公司清偿债务或提供相应的担保。一般来说公司合并属于强强联手，不涉及影响债权实现事项的事由，但也会存在特殊的亏损合并情形，即反向企业合并。因此，对于债权人来说，异议权是公司合并中债权人保护债权的有力武器。

（三）债权人损害请求权

债权人的债权受到侵害时，债权人可以通过诉讼或者仲裁的方式要求损害赔偿。在公司合并中债权人行使损害请求权，是债权人异议权不能行使的后续保护措施。实践中，公司会因为被注销或者公司人格否认等特殊情形不能通知债权人，债权人可以将股东作为被告，提起股东损害债权人利益责任纠纷诉讼。

三、公司合并中的异议股东保护

关于公司合并过程中相关利害关系人的保护，主要涉及债权人、异议股东保护等方面。进行公司合并，通常会有股东持有反对意见，这就涉及如何保护异议股东或者说中小股东利益的问题。因此，《公司法》明确规定，异议股东可以请求公司按照合理的价格收购其股权。

根据《公司法》第七十四条（对应2023年《公司法》第八十九条）第一款的规定，公司合并、分立、转让主要财产的，对股东会该项决议投反对票的股东可以请求公司按照合理的价格收购其股权。

根据《公司法》第一百四十二条（对应2023年《公司法》第一百六十二条）第一款的规定，公司不得收购本公司股份。但是，股东因对股东大会作出的公司合并、分立决议持异议，要求公司收购其股份的除外。

公司资产合并是公司发展壮大的必经之路之一，涉及内部股东、债权人和债务人等各方面的利益，个中变动的细节和协议并不一定能完全符合所有利益相关人的诉求；面对不可避免的冲突和矛盾时，对于合并的决议保有反对态度的股东可以通过法定回购也就是“异议股东回购请求权”在内部救济体系中寻求退出途径。

【案例71】异议股东回购请求权,能否通过章程排除适用?

【案例来源】新密市A汽车销售服务有限公司、陈某请求公司收购股份纠纷案[河南省新密市人民法院(2021)豫0183民初6174号民事判决书]

【基本案情】

2014年5月22日,被告新密市A汽车销售服务有限公司(以下简称A公司)登记成立,注册资本300万元;2016年9月5日,被告A公司的股东由郭某、郑州D汽车贸易有限公司变更为郑某、程某、郭某、陈某,变更后公司法定代表人为郑某,其中,原告陈某出资10%,实际出资额为30万元。

2021年5月27日,被告A公司召开股东会,决议:

1. 同意A公司资产(详见评估报告和资产明细清单)以人民币950万元转让给郑州C汽车销售服务有限公司。

2. 同意A公司与浙江吉利控股集团汽车销售有限公司解除汽车销售合同,与浙江吉利汽车销售有限公司解除配件供应合同。

股东郑某、程某、郭某同意上述决议并在决议上签字确认,原告陈某以"未按判决书行使知情权,不了解"为由不同意上述决议。

2021年6月9日,原告陈某向被告A公司出具《请求函》,要求在其坚决反对被告A公司转让公司资产及解除售前、售后厂家授权业务的股东会决议的情况下,由被告A公司按照合理价格收购其本人所持有的全部公司股权。

2018年7月9日,案外人王某娟转入被告A公司账户75万元用于收购被告A公司5%股份,其中收购郑某3%、郭某1%、程某1%,当天被告A公司将股权转让款分别转给郑某45万元、郭某15万元、程某15万元,案外人王某娟成为被告A公司的隐名股东,且享受被告A公司的红利分红。

(2021)豫郑华证内民字第5540号公证书显示:被告A公司出纳郭某霞于2019年1月31日所制日报表载明,被告A公司当天收到吉利控股集团整车返利84万元,月销售汽车183台,日进账高达175万元。(2021)豫郑华证内民字第5744号公证书显示:被告A公司与受让其全部资产的郑州C汽车销售服务有限公司所在地均在新密市,销售电话也一致。

河南诚联资产评估有限公司出具的《新密市A汽车销售服务有限公司拟了解资产价值事宜涉及该公司所有的资产项目资产评估报告》(豫诚联评报字〔2021〕第X05-004号)显示:截至2021年5月18日,被告A公司资产总计898,202元。2021年5月27日,被告A公司与郑州C汽车销售服务有限公司签订《资产转让协议》,资产转让额为950万元,协议经郑某、郭某、程某签字确认。2021年5月28日,被告A公司向案外人郭某凯支付830万元;2021年5月29日,被告A公司向案外人郭某凯支付120万元。被告A公司提交的资产负债表显示:截至2021年7月31日,被告A公司资产总计23,097,928.13元,负债和所有者权益(或股东权益)总计23,097,928.13元。

【裁判结果】

A公司在判决生效之日起10日内按每1%股份15万元的价格回购陈某所有的被告A公司的10%股份,共计150万元。

【律师分析】

根据《公司法》(2018年修正)第七十四条的规定,公司合并、分立、转让主要财产的,股东会该项决议投反对票的股东可以请求公司按照合理的价格收购其股权。自股东会会议决议通过之日起60日内,股东与公司不能达成股权收购协议的,股东可以自股东会会议决议通过之日起90日内向人民法院提起诉讼。股东请求公司按照合理价格收购其股权,应当经法定程序并具备法定收购情形。

本案中,原告陈某以对2021年5月7日的公司股东会作出的决议投反对票,主张公司应收购其股权,具备法定收购情形。理由如下:2021年5月7日的A公司股东会作出的决议内容符合《公司法》第七十四条(2018年修正)第二项规定的情形,且未超过自股东会会议决议通过之日起90日内向人民法院提起诉讼的法定期间,原告陈某也可以证实其就该项决议投了反对票。

被告A公司答辩中的理由之一:虽然原告陈某对案涉决议投了反对票,并据此向被告A公司发出请求公司收购其股权的《请求函》,但被告A公司以公司已经转让全部资产,转让款已全部用来偿还债务,公司处于负债状态,股权价值为零不予回购其股权。该辩称缺少事实依据,法院未予采纳。

关于股权回购价格标准的问题,由于被告A公司转让公司资产的实际转让额显著低于资产的实际价值,且难以排除被告A公司与受让资产的C公司地址一致、销售电话一致、公司股东存在部分一致的情形，不能消除被告 A 公司故意转让资产，侵害小股东利益的合理怀疑。原告陈某正因不同意公司按 950 万元的价格整体转让，而拒绝在股东会决议上签名。故以转让金额代表股权价值不具有可参考性。

本章节探讨的异议股东股权回购属于法定回购情形之一，属于强制性规范，必须严格适用而不能予以更改或排除适用。在满足规定的条件下股东可以从公司中退出，其基本立法精神在于保护异议股东的合法权益。

在实务中，异议股东回购请求权常常发生于公司作出重大决策时，是小股东主张维护自身合法权益的救济途径。如没有经过事先通知，就针对相关重大事项召开股东会，异议股东也就无法作出反对决议，或者占股小于 10% 的股东无法召开股东会。对此，法院一般会考察是否有充分证据证明小股东已明示了自己的反对意见。若不具备召开股东会法定资格的小股东，已穷尽公司内部救济手段，通过申请召开股东会、发函等方式明示了反对意见，法院将不会把无法形成股东会决议的责任归于小股东，即使缺少决议，小股东仍有权主张回购。

【律师建议】

结合本案情况，从汽车经销商合规经营及小股东权益保护的角度出发，我们建议如下：

1. 针对异议事项，应及时提出异议和意见，形成相关书面证据，收集保管好相关证据材料

股东应在知道异议事项后尽快召开正式股东会并对此明确作出反对。若无法召开股东会，可以尝试向股东会申请召开，推动形成股东会决议。若多次尝试穷尽方法也无法召开，则可以通过发表反对的函件，收集表明反对该异议事项的记录等证据，以备后续诉讼之需。

2. 针对异议事项，可先通过友好协商解决，必要时通过诉讼方式处理；涉及价格无法确认的，可通过第三方有资质机构评估确定

对于回购的具体价格，按照意思自治原则，可以由公司和股东共同协商确定，如无法达成一致，可共同委托或申请法院指派第三方中介机构对公司的资产进行评估，以净资产为基础核定异议股东的股权收购合理价格。

对于重大并购项目，除了应做法律尽职调查之外，还应当配备专业的财务人员与评估人员，从而在对于评估材料、评估方法、评估结论持有异议时，及时向人

民法院表达异议。

从风险防范角度看，在公司章程或过往股东会决议中提前对股权回购价款进行设定，明确约定回购条件，做好风险防控，可以避免后续纠纷发生时价格变化带来损失风险。

3. 谨记法定程序和时限，依法及时行使权利

若双方无法达成一致意见，则需要在股东会会议决议通过之日起 90 日内向人民法院起诉要求回购。若超过期限，则异议股东将可能丧失股权回购请求权。

【法律规定】

1.《公司法》(2018 年修正)

第七十四条　有下列情形之一的，对股东会该项决议投反对票的股东可以请求公司按照合理的价格收购其股权：

(一)公司连续五年不向股东分配利润，而公司该五年连续盈利，并且符合本法规定的分配利润条件的；

(二)公司合并、分立、转让主要财产的；

(三)公司章程规定的营业期限届满或者章程规定的其他解散事由出现，股东会会议通过决议修改章程使公司存续的。

自股东会会议决议通过之日起六十日内，股东与公司不能达成股权收购协议的，股东可以自股东会会议决议通过之日起九十日内向人民法院提起诉讼。

2.《公司法》(2023 年修订)

第八十九条　有下列情形之一的，对股东会该项决议投反对票的股东可以请求公司按照合理的价格收购其股权：

(一)公司连续五年不向股东分配利润，而公司该五年连续盈利，并且符合本法规定的分配利润条件；

(二)公司合并、分立、转让主要财产；

(三)公司章程规定的营业期限届满或者章程规定的其他解散事由出现，股东会通过决议修改章程使公司存续。

自股东会决议作出之日起六十日内，股东与公司不能达成股权收购协议的，股东可以自股东会决议作出之日起九十日内向人民法院提起诉讼。

公司的控股股东滥用股东权利，严重损害公司或者其他股东利益的，其他股东有权请求公司按照合理的价格收购其股权。

公司因本条第一款、第三款规定的情形收购的本公司股权,应当在六个月内依法转让或者注销。

第三节 公司分立

一、公司分立概念和类型

公司分立,是指一个公司分立为两个或两个以上公司的法律行为。分立与合并一样,也是公司扩大经营、提高市场竞争力的重要方式,成为现代企业调整组织结构的一个重要手段。

公司分立的形式主要分为派生分立和新设分立两种。

(一)派生分立

派生分立又称存续分立,是指一个公司以其部分资产设立另一个公司的法律行为。在派生分立的情况下,原公司虽存续,却减少了注册资本,应依法办理变更登记,派生的公司则应办理设立登记。比如,A 公司分立出 B 公司,A 公司存续,B 公司是从 A 公司获得部分营业后新设立的公司。

(二)新设分立

新设分立,是指一个公司将其全部资产分割、设立两个或两个以上的公司的行为。在新设分立的情况下,原公司解散,需办理注销登记,新设公司需办理设立登记。比如 A 公司解散,同时分立为 B 公司和 C 公司,实际上 B 公司和 C 公司是分割掉 A 公司的营业而新设立的两个公司。

二、公司分立程序及债权人保护

《公司法》(2018 年修正)第一百七十五条规定:“公司分立,其财产作相应的分割。公司分立,应当编制资产负债表及财产清单。公司应当自作出分立决议之日起十日内通知债权人,并于三十日内在报纸上公告。”

《公司法》(2023 年修订)第二百二十二条规定,公司分立,其财产作相应的分割。公司分立,应当编制资产负债表及财产清单。公司应当自作出分立决议之日起十日内通知债权人,并于三十日内在报纸上或者国家企业信用信息公示系统公告。

根据司法实践,公司分立的主要程序如下:

1. 公司董事会制定分立方案。

2. 公司股东(大)会以特别决议的方式通过公司分立方案。

3. 公司编制资产负债表和财产清单。

4. 公司通知债权人并公告。

5. 公司股东签订分立协议。

6. 公司完成分立工作并办理工商登记。

公司应在分立决议之日起 10 日内通知债权人,并于 30 日内在报纸上公告。公司分立前的债务由分立后的公司承担连带责任,公司分立原则并不会影响其对公司债权人的偿债能力。因此,公司分立过程中,公司债权人并没有要求公司提前清偿债务或者提供担保的权利。

公司经过一定时期发展壮大之后,通过公司分立可以对公司的治理结构、业务范围加以改造,从而降低公司的运营成本,减少不必要内部损耗,提升公司竞争力,促进经济效益。但由于公司结构发生重大变化,相应的权利义务关系也随之变化,同时也会加剧债权人、公司和中小股东之间的矛盾。

公司法就股东和债权人的权益保护作出不同方面的规范,对作出决议、编单制表、发布公告、签订协议和工商登记都有严格规定,对实现公司分立以维护公司良性发展和经济秩序作出规制,股东和公司本身以及债权人都需要谨遵规定以避免不必要的法律风险和损失。

三、公司分立中的异议股东保护

公司分立时,难免会有反对分立的股东,为尊重股东的意愿,公司法对异议股东予以保护,通过公司回购股权来畅通股东退出的通道。

但异议股东行使股权回购请求权时,需要注意以下几个问题。

(一)隐名股东是否能主张股权回购

股权回购属于股东权利,但隐名股东由于没有记载在股东名册,想要行使股东权利的前提是显名化。司法实践中,贵州金农科技有限责任公司、王某飞请求公司收购股份纠纷民事二审民事判决书[(2021)黔01民终7652号],认定未显名的股东无法行使股权回购。因此,隐名持股的风险需要格外留意。

(二)未被通知召开股东会议,无法投反对票

异议股东需要在股东会上明确投出反对票,才可以请求公司回购其股权。但实践中,会存在股东被剥夺了参与股东会的参与权以及表决权的情形;此时,股东可以通过股东会议召开程序违法为由,向法院请求撤销股东会决议。

(三)回购协议是否是诉讼回购之必要前提

公司回购股东股权可以通过协议回购或诉讼回购,协议回购是诉讼回购之前提,只有无法达成协议回购时,才能进行诉讼回购。

【案例72】公司分立时未通知债权人,是否导致程序瑕疵?

【案例来源】A自动化科技(上海)有限公司与上海B机械制造有限公司、上海C科技有限公司买卖合同纠纷案[上海市金山区人民法院(2021)沪0116民初15226号民事判决书]

【基本案情】

上海C科技有限公司(以下简称科技公司)成立于2019年1月9日,注册资本400.7044万元,股东有金某山、谢某晴,法定代表人周某南。上海B机械制造有限公司(以下简称机械公司)成立于2001年4月5日,注册资本361.0956万元,股东有宋某标、余某华,法定代表人朱某,监事李某。2019年1月9日,投资人(股东)由金某山、余某华、宋某标、谢某晴变更为现股东。

工商登记信息载明,2018年9月8日,机械公司股东金某山、余某华、宋某标、谢某晴召开股东会,一致通过以下决议:

1. 同意将机械公司存续分立,拟分立为机械公司(沿续原名不变)、科技公司。

2. 同意机械公司的分立协议。截至2018年6月30日,分立前原机械公司总资产为115,541,217.03元,分割给本公司111,930,361.21元;分立前原机械公司总负债为120,459,273.72元,分割给本公司120,459,273.72元;分立前原机械公司净资产为-4,918,056.69元,分割给本公司

8,529,012.51 元。

3. 同意分立前原机械公司的所有债务,由分立后的机械公司、科技公司承担连带责任。

4. 同意分立后的机械公司注册资本为 361.0956 万元,股东宋某标、余某华各占 50%,科技公司注册资本 400.7044 万元,股东金某山、谢某晴各占 50%。

2018 年 9 月 8 日,甲方(存续企业)机械公司,乙方(派生企业)科技公司,存续公司/派生企业全体投资方丙方宋某标、丁方余某华、戊方谢某晴、己方金某山,签订分立协议,鉴于机械公司拟进行存续分立,保留机械公司,新设立科技公司,各方达成以下协议。第三条业务分立:机械公司的原业务,由科技公司经营。第四条分立基准日及资产分割:(1)各方同意以 2018 年 6 月 30 日为分立基准日,该基准日同时也是分立前对机械公司资产进行审计的基准日。(2)各方同意以附件中列示的确认资产、负债及权益,对分立前的公司资产进行分割。甲方的资产负债情况为:资产总计 3,610,956 元;负债合计 0 元;所有者权益合计 3,610,956 元,其中实收资本 3,610,956 元,盈余公积 0 元,未分配利润 0 元。乙方的资产负债情况为:资产总计 111,930,361.21 元;负债合计 120,459,273.72 元;所有者权益合计 8,529,012.51 元,其中实收资本 4,007,044 元,盈余公积 50,258.46 元。(3)各方同意,按附件一所列的分立前机械公司形成的资产划归乙方,按附件二所列的分立前机械公司的资产保留甲方。第五条债权债务分割:甲、乙双方同意,分割前机械公司于分立基准日负债合计 120,459,273.72 元,由乙方承担。

2018 年 9 月 27 日,机械公司在 2019 年 9 月 29 日文汇报发布分立公告,载明机械公司因经营需要,经股东会决议,进行派生分立,具体如下:机械公司分立为机械公司和科技公司,机械公司存续,科技公司为派生新设公司。分立前机械公司存在的债权债务,全部由分立的机械公司和科技公司沟通承担。

2016 年 1 月 7 日,原告 A 自动化科技(上海)有限公司向机械公司发出询证函称:截至 2015 年 12 月 31 日,机械公司应付金额 1,260,600 元。机械公司于 2016 年 1 月 21 日盖章确认信息证明无误。2014 年 7 月、2016 年

12月、2017年4月,原告与机械公司亦陆续签订销售合同。

2021年1月11日,原告A自动化科技(上海)有限公司向机械公司发出询证函称:截至2020年12月31日机械公司欠款274,200元。2021年1月22日,科技公司盖章确认信息证明无误。

2021年2月、5月,被告共计向原告付款40,000元。

【裁判结果】

1.被告机械公司应于判决生效之日起10日内支付原告A自动化科技(上海)有限公司货款234,200元及该款自2021年2月22日起按照同期全国银行间同业拆借中心公布的一年期贷款市场报价利率加收50%计算至实际清偿日止的逾期付款利息损失。

2.确认原告A自动化科技(上海)有限公司就上述第一项付款义务中的货款234,200元及该款自2021年2月22日起按照同期全国银行间同业拆借中心公布的一年期贷款市场报价利率加收50%计算至2022年1月26日止的利息损失对被告科技公司享有连带债权。

3.驳回原告A自动化科技(上海)有限公司的其余诉讼请求。

【律师分析】

本案主要涉及公司分立是否需要提前通知债权人,及相应的法律责任与后果。

本案中,对于争议货款234,200元的形成时间及合同相对方,原告提供的证据可以证明,且机械公司亦确认2019年1月9日被告两公司工商分立公示完成之前机械公司与原告形成。机械公司称将全部债务转移给科技公司,但并未通知债权人原告,也未获得原告同意,其抗辩原告仅向科技公司催讨视为同意债务转移的意见,不能成立。原告要求机械公司支付欠款于法有据。

关于两被告的责任形式,《公司法》(2018年修正)第一百七十六条规定,公司分立前的债务由分立后的公司承担连带责任;但是,公司在分立前与债权人就债务清偿达成的书面协议另有约定的除外。据此,原告主张债权发生在被告两公司分立之前,两被告未与原告就债务清偿另有约定,原告要求科技公司承担连带责任,并无不当。

相比公司合并程序中的债权人保护,债权人在公司分立中得到法律兜底性的保护。因此,相较于公司合并,在另有约定情况外,公司分立时债权人无权要求公司清偿债务或者提供相应的担保。在债权人保护程序中,债权人也可以在法定期间要求公司清偿债务或提供相应的担保,但如果公司不清偿债务或不提供相应担保,我们认为,原则上不影响公司的分立。

【律师建议】

结合本案情况,从汽车经销商合规经营及风险防范的角度出发,我们建议如下:

1. 严格依法规范相关流程和手续

就公司角度而言,根据《公司法》第一百七十三条和第一百七十七条(对应2023年《公司法》第二百二十条和第二百二十三条)的规定,公司应当自作出合并或分立决议之日起10日内通知债权人,并于30日内在报纸上公告。公司合并的债权人自接到通知书之日起30日内,未接到合并通知书的自公告之日起45日内,可以要求公司清偿债务或者提供相应的担保。

2. 提前与相关部门确认分立手续办理需要的文件及内容符合性

须与当地工商部门和银行等金融机构沟通,办理审批手续,协同推进公司分立。

3. 注意税务合规问题

除了确保分立协议合法性和分立公告及时性,还需要注意分立过程中的税务处理合规,严格审查是否按财政部和国家税务总局关于企业重组的有关政策执行。

【法律规定】

1. 最高人民法院《关于审理与企业改制相关的民事纠纷案件若干问题的规定》

第十二条　债权人向分立后的企业主张债权,企业分立时对原企业的债务承担有约定,并经债权人认可的,按照当事人的约定处理;企业分立时对原企业债务承担没有约定或者约定不明,或者虽然有约定但债权人不予认可的,分立后的企业应当承担连带责任。

2.《公司法》(2018年修正)

第一百七十三条　公司合并,应当由合并各方签订合并协议,并编制资产负债表及财产清单。公司应当自作出合并决议之日起十日内通知债权人,并于三十日内在报纸上公告。债权人自接到通知书之日起三十日内,未接到通知书的自公告之日起四十五日内,可以要求公司清偿债务或者提供相应的担保。

第一百七十四条　公司合并时,合并各方的债权、债务,应当由合并后存续的公司或者新设的公司承继。

第一百七十五条　公司分立,其财产作相应的分割。

公司分立,应当编制资产负债表及财产清单。公司应当自作出分立决议之日起十日内通知债权人,并于三十日内在报纸上公告。

第一百七十六条　公司分立前的债务由分立后的公司承担连带责任。但是,公司在分立前与债权人就债务清偿达成的书面协议另有约定的除外。

3.《公司法》(2023 年修订)

第二百一十九条　公司与其持股百分之九十以上的公司合并,被合并的公司不需经股东会决议,但应当通知其他股东,其他股东有权请求公司按照合理的价格收购其股权或者股份。

公司合并支付的价款不超过本公司净资产百分之十的,可以不经股东会决议;但是,公司章程另有规定的除外。

公司依照前两款规定合并不经股东会决议的,应当经董事会决议。

第二百二十条　公司合并,应当由合并各方签订合并协议,并编制资产负债表及财产清单。公司应当自作出合并决议之日起十日内通知债权人,并于三十日内在报纸上或者国家企业信用信息公示系统公告。债权人自接到通知之日起三十日内,未接到通知的自公告之日起四十五日内,可以要求公司清偿债务或者提供相应的担保。

第二百二十一条　公司合并时,合并各方的债权、债务,应当由合并后存续的公司或者新设的公司承继。

第二百二十二条　公司分立,其财产作相应的分割。

公司分立,应当编制资产负债表及财产清单。公司应当自作出分立决议之日起十日内通知债权人,并于三十日内在报纸上或者国家企业信用信息公示系统公告。

第二百二十三条　公司分立前的债务由分立后的公司承担连带责任。但是,公司在分立前与债权人就债务清偿达成的书面协议另有约定的除外。

第四节　股权转让

一、股权转让概述

股权转让,是指公司将其持有的股权通过出售、赠与、互易等方式让渡给其他自然人、公司或其他主体。无论是主动追求还是被动选择,将所持有股权退出是一门技术活,最常见的退出方式是股权转让。股权转让中的法律风险并不会随着一转了之,法律风险也是客观存在的。

股权转让,也称股权并购。资本看中营收和利润增长,企业并购是永恒的话题,包括汽车行业的主机厂和汽车经销商(集团)。

2022 年 4 月 4 日,美东汽车发布公告称,集团以 37 亿元完成对追星汽车的收购。本次收购,只限于追星汽车旗下的 7 家保时捷 4S 店,其他经销品牌不列入收购范围。由此计算,本次收购的 7 家保时捷门店平均单店价格超过 5 亿元。收购追星汽车之后,美东汽车的保时捷 4S 店数量增至 16 家,成为保时捷在华的三大经销商之一,排名仅次于拥有 18 家保时捷门店的永达汽车。[①]

汽车经销商并购,一般会考虑什么因素?中国汽车流通协会相关负责人曾表示,经销商集团在物色收购标的物时,并不是简单看单店的盈利水平,而是要根据一整套并购估值模型来考量以下因素。

1. 要衡量相较于投入资本建店,并购是否更划算。

2. 出于战略目的,并购有利润的公司,提高企业收益。

3. 要对门店基本模型进行评估,精准把控盈利空间。

4. 由于获得某些品牌授权存在门槛,经销商对于自己没有的品牌,会想方设法超过溢价进行收购。

由于每个集团的战略意图不同,因此收购行为需要一事一议、一店一议。

---

① 参见陈萌:《并购潮再起,谁是上市经销商集团的"白月光"?》,载微信公众号"中国汽车报"2022 年 5 月 2 日,https://mp.weixin.qq.com/s/oirQGjOO4SYdVK8GUWnhFA。

二、股权转让形式

股权转让并不改变公司的法人资格，也不改变公司的财产状况，而只是股权在不同的主体间流转。股权转让有两种方式：

1. 股权的对内转让，即股东向现有的其他股东转让股权。

2. 股权对外转让，有限公司股东向股东以外的人转让股权。

《公司法》(2018年修正)第七十一条规定："有限责任公司的股东之间可以相互转让其全部或者部分股权。股东向股东以外的人转让股权，应当经其他股东过半数同意。股东应就其股权转让事项书面通知其他股东征求同意，其他股东自接到书面通知之日起满三十日未答复的，视为同意转让。其他股东半数以上不同意转让的，不同意的股东应当购买该转让的股权；不购买的，视为同意转让。经股东同意转让的股权，在同等条件下，其他股东有优先购买权。两个以上股东主张行使优先购买权的，协商确定各自的购买比例；协商不成的，按照转让时各自的出资比例行使优先购买权。公司章程对股权转让另有规定的，从其规定。"

《公司法》(2023年修订)第八十四条规定，有限责任公司的股东之间可以相互转让其全部或者部分股权。

股东向股东以外的人转让股权的，应当将股权转让的数量、价格、支付方式和期限等事项书面通知其他股东，其他股东在同等条件下有优先购买权。股东自接到书面通知之日起三十日内未答复的，视为放弃优先购买权。两个以上股东行使优先购买权的，协商确定各自的购买比例；协商不成的，按照转让时各自的出资比例行使优先购买权。

《公司法》(2023年修订)第八十六条规定，股东转让股权的，应当书面通知公司，请求变更股东名册；需要办理变更登记的，并请求公司向公司登记机关办理变更登记。公司拒绝或者在合理期限内不予答复的，转让人、受让人可以依法向人民法院提起诉讼。

股权转让的，受让人自记载于股东名册时起可以向公司主张行使股东权利。

针对有限公司股权转让，2023年《公司法》明确规定对外转让股权不需要其他股东同意，只需履行通知义务，同时明确了转让股东对外转让股东时书面通知的具体事项，包括股东转让的数量、价格、支付方式和期限等。

三、未出资或未完全出资的股权转让

根据我国目前现行有效的法律法规，公司资本制度实行认缴制，股东享有在出资期限未届满的期限利益，包含股权转让。

在司法实践中，股权转让后，附随的出资义务也随着转让而转移。如股东在出资期限内未完成出资义务而进行转让股权，其出资义务也随之转移到受让方手里。另外，我国2018年修正的《公司法》对出资期限的设置并未严格规定，股东可以选择设置50年甚至更长的出资期限。

但于2023年12月29日修订，并2024年7月1日起开始施行的《公司法》第四十七条第一款规定，有限责任公司的注册资本为在公司登记机关登记的全体股东认缴的出资额。全体股东认缴的出资额由股东按照公司章程的规定自公司成立之日起五年内缴足，强制规定了有限责任公司股东的最长认缴期限。主要原因在于，实行认缴登记制改革以来出现了不少“注册资本注水”的公司，股东认缴资本数额大、缴付期限长，且股东可在认缴期限届至之前转让股权，有损债权人对公司注册资本的合理信赖。而新《公司法》设置五年最长认缴期限规则，可激励股东在确定出资义务时，更理性地评估未来公司经营需求、投资风险，并照顾债权人获得偿付的合理预期。

同时，新《公司法》第五十四条引入了有限责任公司出资加速到期制度，规定，“公司不能清偿到期债务的，公司或者已到期债权的债权人有权要求已认缴出资但未届缴资期限的股东提前缴纳出资。”

新《公司法》第五十一条规定，有限责任公司成立后，董事会应当对股东的出资情况进行核查，发现股东未按期足额缴纳公司章程规定的出资的，应当由公司向该股东发出书面催缴书，催缴出资。未及时履行前款规定的义务，给公司造成损失的，负有责任的董事应当承担赔偿责任。这是新《公司法》为提升解决出资认缴难题的有效性而新增的条款，赋予董事会催缴职权后，可以增强董事会对公司的资本话语权，同时障债权人到期债权的顺利实现。

另外，新《公司法》第五十二条规定，股东未按照公司章程规定的出资日期缴纳出资，公司依照前条第一款规定发出书面催缴书催缴出资的，可以载明缴纳出资的宽限期;宽限期自公司发出催缴书之日起,不得少于六十日。宽限期届满,股东仍未履行出资义务的,公司经董事会决议可以向该股东发出失权通知,通知应当以书面形式发出。自通知发出之日起,该股东丧失其未缴纳出资的股权。

依照前款规定丧失的股权应当依法转让,或者相应减少注册资本并注销该股权;六个月内未转让或者注销的,由公司其他股东按照其出资比例足额缴纳相应出资。股东对失权有异议的,应当自接到失权通知之日起三十日内,向人民法院提起诉讼。

基于有限责任公司封闭程度较高,股东不依法履行出资义务将会危及公司资本充实及正常经营,这是新《公司法》为督促股东及时缴纳出资、保护公司和其他利害关系人利益则需要对在出资承诺方面违约的股东构建合理退出机制而新增的条款。

鉴于以上,不管是适用 2018 年的《公司法》,还是适用 2023 年的《公司法》,作为受让方,股权转让之前,必须确认转让方转让的股权是否已经完全出资。对于未出资或者未完全出资的股权转让,应该防止股东滥用期限利益来损害公司权益以及公司债权人利益。

关于未出资或未完全出资的股权转让,注意以下两个问题。

(一)公司或者其他股东可以请求原股东履行出资义务

根据最高人民法院《关于适用〈中华人民共和国公司法〉若干问题的规定(三)》(2020 修正)第十三条第一款规定,股东未履行或者未全面履行出资义务,公司或者其他股东请求其向公司依法全面履行出资义务的,人民法院应予支持。因此,即使原股东已经将股权转让第三人,仍在未履行的出资范围对公司负有出资义务。

(二)公司债权人可以请求原股东承担赔偿责任

根据最高人民法院《关于适用〈中华人民共和国公司法〉若干问题的规定(三)》(2020 修正)第十三条第二款规定,公司债权人请求未履行或者未全部履行出资义务的股东在未出资本息范围内对公司债务不能清偿部分承担补充赔偿责任的,人民法院应予支持。基于原股东未全面履行出资义务即转让股权,会损害公司的财产权,从而影响债权人利益。因此,公司债权人可以要求原股东在未出资范围内对公司债务不能清偿的部分承担补充赔偿责任。

四、瑕疵出资的股权转让

一般而言，股东未按照法律规定、公司章程规定或出资协议约定履行出资义务，可称之为瑕疵出资。瑕疵出资的类型包括拒绝出资、虚假出资、抽逃出资、出资不足、出资不实、延迟出资等。

关于虚假出资，常见的方式包括股东将实物、知识产权、土地使用权等可以用货币估价的非货币财产作为出资，但却只提供公司使用，不办理转移手续等。

关于抽逃出资，最高人民法院《关于适用〈中华人民共和国公司法〉若干问题的规定（三）》（2020 修正）第十二条规定了以下四种情形：

1. 制作虚假财务会计报表虚增利润进行分配。

2. 通过虚构债权债务关系将其出资转出。

3. 利用关联交易将出资转出。

4. 其他未经法定程序将出资抽回的行为。

那么，瑕疵股权能否转让？股权转让的实质是股东资格或者股东身份的转让，适用民法意思自治原则。瑕疵出资和股权转让是不同的法律关系，瑕疵出资的股东不因此而丧失股权转让的权利。但瑕疵出资不仅会对公司及其他股东的利益造成损害，还会对债权人利益造成损害。因此，原股东需要对自己违反出资义务的行为承担相应的法律责任，主要体现在：

1. 股东出资期限已经届满，未履行或者未足额履行出资义务，需要承担补充赔偿责任。

2. 不当减资的瑕疵出资需要承担补充赔偿责任。

3. 公司破产，瑕疵出资股东承担赔偿责任。

关于瑕疵出资股权转让人、受让人的责任承担问题，《最高人民法院关于适用〈中华人民共和国公司法〉若干问题的规定（三）（2020 修正）》第十八条规定：“有限责任公司的股东未履行或者未全面履行出资义务即转让股权，受让人对此知道或者应当知道，公司请求该股东履行出资义务、受让人对此承担连带责任的，人民法院应予支持；公司债权人依照本规定第十三条第二款向该股东提起诉讼，同时请求前述受让人对此承担连带责任的，人民法院应予支持。”

但是，2018 年《公司法》及司法解释并没有对未届出资期限股权转让的责任承担作出规定。2023年《公司法》第八十八条第一款规定,股东转让已认缴出资但未届出资期限的股权的,由受让人承担缴纳该出资的义务;受让人未按期足额缴纳出资的,转让人对受让人未按期缴纳的出资承担补充责任。根据前述规定,新《公司法》规定了转让未届出资期限股权的,应由受让人承担出资义务,转让人需对受让人未按期缴纳出资的部分承担补充责任。

2023年《公司法》第八十八条第二款规定,未按照公司章程规定的出资日期缴纳出资或者作为出资的非货币财产的实际价额显著低于所认缴的出资额的股东转让股权的,转让人与受让人在出资不足的范围内承担连带责任;受让人不知道且不应当知道存在上述情形的,由转让人承担责任。前述为针对非货币财产实际价额显著低于所认缴的出资额的股东转让股权责任的承担,原则由转让人与受让人在出资不足的范围内承担连带责任,但如果受让人能证明其不知道且不应当知道存在前述情形的,则由转让人承担责任。

五、限制性股权转让

《公司法》(2018年修正)第七十一条第一款规定,有限责任公司的股东之间可以相互转让股权;同时该条第四款规定,公司章程对股权转让另有规定的,从其规定。(注:与《公司法》(2023年修订)第八十四条第一款、第三款规定相同。)

法不禁止即可为,公司章程是股东意思自治和股权转让"自由宪章",上述条款明确了有限公司股权自由转让的基本原则。根据对内或者对外的转让不同,自由权限的规定也有所不同。该规定的原理体现了公司的人合性和封闭性特征,允许公司章程基于股东意思自治原则对股权转让的条款作限制性约定。

对于限制性股权转让条款是否有效,可以从是否违反《民法典》相关效力性强制性规定分析与判断:

1. 章程条款因违反法律、行政法规的效力性强制性规定而无效。

2. 章程条款因违背公序良俗原则无效。

3. 章程条款因完全排除或限制一方权利而无效,如完全禁止转让股权、剥夺股东退出公司权利等。

六、侵害优先购买权的股权转让

股权转让优先购买权，是指有限责任公司的股东对外转让股权时，其他股东有权按照同等条件购买该转让股权。

《公司法》(2018 年修正)第七十一条第二款及第三款规定："股东向股东以外的人转让股权，应当经其他股东过半数同意。股东应就其股权转让事项书面通知其他股东征求同意，其他股东自接到书面通知之日起满三十日未答复的，视为同意转让。其他股东半数以上不同意转让的，不同意的股东应当购买该转让的股权；不购买的，视为同意转让。经股东同意转让的股权，在同等条件下，其他股东有优先购买权。两个以上股东主张行使优先购买权的，协商确定各自的购买比例；协商不成的，按照转让时各自的出资比例行使优先购买权。"

《公司法》(2023 年修订)第八十四条第二款规定，股东向股东以外的人转让股权的，应当将股权转让的数量、价格、支付方式和期限等事项书面通知其他股东，其他股东在同等条件下有优先购买权。股东自接到书面通知之日起三十日内未答复的，视为放弃优先购买权。两个以上股东行使优先购买权的，协商确定各自的购买比例；协商不成的，按照转让时各自的出资比例行使优先购买权。

以上是 2018 年《公司法》与 2023 年《公司法》针对有限公司股权转让涉及的优先购买权的规定。相比 2018 年《公司法》，2023 年《公司法》明确规定对外转让股权不需要其他股东同意，改为规定转让股东履行对其他股东的通知义务，简化了股东对外转让股权的程序规则，强调了股东的转股自由，更好体现了意思自治原则。同时，2023 年《公司法》明确了转让股东对外转让股东时书面通知的具体事项，包括股东转让的数量、价格、支付方式和期限等，为转让股东履行通知义务提供更为清晰的行为指引，更好保障其他股东的优先购买权。

以上为 2018 年《公司法》与 2023 年《公司法》针对股权优先购买权的一般性规定，是法律对有限公司人合性原则的保护。优先购买权受到侵害的股东，可以向法院主张寻求救济，侵害的情形包括转让股权的股东未按照法律规定征求其他股东的意见，或者以欺诈、恶意串通等手段损害其他股东优先购买权等。

关于股权转让优先购买权，需要注意以下两个问题。

1. 关于股东与股东以外的人签订股权转让合同的效力问题

根据《全国法院民商事审判工作会议纪要》的相关规定，股权转让合同原则上有效。股东优先购买权行使目的在于保障公司内部信赖关系，对于股东与外部签署的合同效力不能以维护公司内部信赖关系为理由来否定，合同是否有效，需要根据《民法典》合同编的相关规定进行分析判断。对于侵害股东优先购买权的行为责任追究，一是可以主张撤销合同效力，二是可以追究违约股东的责任。

2. 关于同等条件及通知问题

一般而言，同等条件包括但不限于转让价款金额、支付方式、支付期限等。转让股东需要向其他股东通知同等条件，其他主张优先购买权的股东也需要通过同等条件进行股权的购买。

在实务中，侵害股东优先购买权的争议主要发生在内部股东是否有优先购买权，对外转让股权是否履行法定程序告知转让条件内容，是否向股东公布同等条件、股权价格确定方法等方面，这些需要转让股东或者受让股东双方均积极做好相应的风险防范和应对。

【案例73】侵害股东优先购买中"同等条件"如何认定，以及签署的相关股权转让协议是否有效？

【案例来源】中国A活动中心等与中国B资产管理股份有限公司等股权转让纠纷案［北京市第二中级人民法院（2021）京02民终5097号民事判决书］

【基本案情】

上诉人中国A活动中心（以下简称A中心）因与被上诉人中国海外工程有限责任公司（以下简称中海外公司）、中国B资产管理股份有限公司（以下简称B公司）、原审第三人中国金谷国际信托有限责任公司（以下简称金谷公司）股权转让纠纷一案，不服北京市西城区人民法院（2020）京0102民初7209号民事判决，向法院提起上诉。

A中心向一审法院起诉请求：

1. 确认中海外公司与B公司签订的《交易合同》无效。

2. 在同等条件下判令对中海外公司持有金谷公司涉案股权全部权益价

值评估后，据此按照A中心与B公司持有金谷公司的股权比例行使优先购买权。

3. 判令中海外公司与B公司共同承担本案案件受理费。

A中心上诉请求：

1. 撤销一审法院判决，改判支持A中心的一审全部诉讼请求或将本案发回重审。

2. 本案一、二审的诉讼费用由中海外公司、B公司承担。

一审法院认定事实如下。

1. 金谷公司的股权结构情况

根据各方当事人提交证据材料，结合企业工商公示信息显示，截至本案一审庭审辩论终结之时，A中心、中海外公司、B公司是金谷公司的全部股东，持股比例分别为6.25%、1.46%与92.29%。

2. 中海外公司对外出让涉案股权的经过

(1)中海外公司与A中心往来沟通的经过

如前所述，中海外公司持有金谷公司1.46%股权。2019年2月26日，中海外公司的母公司中铁国际集团有限公司形成董事会决议，通过了《关于中海外出售金谷国际信托有限责任公司股权的议案》。

2019年3月12日，中海外公司向A活动中心发函，称中海外公司目前持有金谷公司1.46%股权，对应注册资本3210万元，拟向单一竞买人一次性转让，因A中心在同等条件下有优先购买权，据此中海外公司征询A中心是否同意本次股权转让或行使优先购买权。

2019年4月9日，A中心回函称，对涉案股权A中心将行使优先购买权，但A中心认为转让价格应建立在真实的净资产基础上，并经过公正、客观、真实的审计和评估。

2019年4月29日，中联公司出具《756资产评估报告》。报告评估基准日为2018年9月30日，评估价值类型为市场价值。评估目的为根据《中铁国际集团有限公司第一届董事会第四十八次会议决议》，中海外公司拟挂牌转让所持有金谷公司部分股权，为此需进行资产评估，为金谷公司相关经济行为提供价值参考。评估对象为金谷公司在评估基准日的股东全部权益，评估范围是金谷公司的全部资产及相关负债，截至评估基准日2018年

9月30日,金谷公司审计后财务报表中资产总额为467,359.91万元,总负债为74,715.75万元,净资产为392,644.16万元。上述数据摘自安永华明会计师事务所(特殊普通合伙)于2019年2月28日出具的《审计报告》[安永华明(2019)专字第61236512_A02号],审计意见为无保留意见的审计报告。本次评估的价值类型为市场价值,市场价值是指自愿买方和自愿卖方在各自理性行事且未受任何强迫的情况下,评估对象在评估基准日进行正常公平交易的价值估计数额。

中海外公司提交的审批流程文件显示,为对外转让涉案1.46%金谷公司的股权。中海外公司向其备选库内多家评估机构进行询价,对于提出报价的三家评估机构,中海外公司根据"公平、公正、择优、比价"的原则,对报价最低的中联公司予以聘任。

2019年8月6日,中海外公司向A活动中心发函,称中海外公司已经于2019年8月6日通过北京产权交易所有限公司(以下简称北交所)挂牌转让所持有涉案股权,产权转让信息公告的起止日期为2019年8月6日至2019年9月2日,若A中心行使优先购买权,可在挂牌期间向北交所递交受让申请,并按规定缴纳保证金。场内行权若形成竞价,应在竞价现场同等条件下行使优先购买权。

2019年8月8日,A中心回函称,A中心认为中海外公司转让涉案股权所依据的评估价值与金谷公司真实的资产情况严重不符,据A中心了解金谷公司已形成风险项目约为140亿元,且金谷公司未按中国银行保险监督管理委员会的要求进行五级分类和足额计提拨备,金谷公司财务报表已严重失真,故评估价值已严重失实,鉴于以上情况,A中心要求中海外公司暂停挂牌交易,待核实中海外公司资产情况后再恢复挂牌交易。2019年9月5日,A中心再次向中海外公司致函,要求中海外公司中止挂牌交易,且表明若中海外公司明知A中心已提出异议,明知相关问题没有查明的情况下仍然坚持继续挂牌交易,由此产生的一切法律后果均由中海外公司承担。

2019年11月15日,中海外公司向A中心发函,称中海外公司在2019年8月6日公开挂牌转让涉案股权,中海外公司拟于近期将转让标的底价下调10%,转让底价变更为5538.9884万元,现向A中心发函,征询A中心是否放弃对转让标的的优先购买权。

2019年12月11日，A中心向中海外公司回函称，A中心将继续行使优先购买权，但A中心认为转让标的价格应当建立在真实的净资产基础上，并经过公正、客观、真实的审计和评估。北交所网站正式披露信息显示，2019年12月24日至2020年1月20日，"金谷公司1.46%股权"（项目编号G32019BJ1000364－2）转让交易进入信息披露期，转让底价为5538.98844万元，价款支付方式为一次性支付，若挂牌期满只产生一家未放弃优先购买权的原股东为意向受让方，则本项目采取协议转让方式成交。

此外，A中心于2019年8月8日与2019年8月27日两次向北交所发函，要求北交所停止对涉案股权挂牌交易，并表明若北交所拒不中止挂牌交易，由此造成的一切法律后果将由北交所负担。但截至本案一审庭审辩论终结之时，没有证据显示A中心在2019年12月24日至2020年1月20日向北交所就涉案股权出价或交纳过保证金。

（2）中海外公司与B公司往来沟通的经过

2019年12月13日，B公司致函中海外公司，表明B公司于2019年11月15日收到征询函，作为金谷公司股东，B公司同意中海外公司进行此次股权转让，并将行使优先购买权。

2020年1月21日，北交所向B公司出具受让资格确认通知书，表明北交所已会同转让方对B公司受让资格进行确认，并函请B公司于2020年1月31日前交纳保证金1661万元。

此后，B公司与中海外公司签订了《交易合同》，标的企业为金谷公司，转让标的为中海外公司持有金谷公司涉案股权。本合同项下产权交易已于2019年12月24日经北交所公开发布产权转让信息披露公告，公告期间内只产生B公司一个意向受让方，由B公司受让本合同项下转让标的。

一审庭审中，中海外公司与B公司共同确认，该《交易合同》已经双方签字，但因本案诉讼目前尚未报审批机构批准，该《交易合同》效力状态为成立，但未生效。中海外公司与B公司共同表示，因本案诉讼所产生的履行障碍消除后，双方仍将积极履行《交易合同》报批义务，促成《交易合同》生效，且据双方了解，目前不存在导致不能履行报批义务的障碍事由。

【裁判结果】

一审法院判决认定事实清楚,适用法律正确,应予维持。

一审法院认为,基于A中心的诉讼请求,本案争议焦点为B公司与中海外公司签订的《交易合同》是否存在恶意串通并导致无效的情形。

A中心主张该《交易合同》应被认定无效,理由为该《交易合同》违反《合同法》(已失效)第五十二条第二项(现为《民法典》第一百五十四条),B公司与中海外公司恶意串通损害A中心利益。中海外公司则认为本案中不存在恶意串通的动机,评估、转让所涉决定也是合法、自主的行为。B公司同样认为《交易合同》是双方真实意思表示,不存在恶意串通的情形,该《交易合同》符合商业惯例,A中心的异议与实际情况不符。

一审法院认为,合同之外的第三人依据《合同法》(已失效)第五十二条第二项(现为《民法典》第一百五十四条)请求确认合同无效,应当完成以下证明责任:证明合同当事人主观上存在恶意的缔约动机,客观上履行了损害第三人利益的行为,结果上导致第三人利益因上述主客观因素遭受损害,行为与结果还需存在因果关系。具体到本案中,A中心主张其优先购买权因B公司与中海外公司签订的《交易合同》而受到损害。对此主张,一审法院分析意见如下。

(1)涉案《交易合同》确定的交易条件并未损害A中心的合法利益

根据《公司法》(2018年修正)第七十一条第三款的规定,有限责任公司股东转让股权时,公司其他股东在同等条件下有权行使优先购买权。对于如何认定此处"同等条件",最高人民法院《关于适用〈中华人民共和国公司法〉若干问题的规定(四)》(以下简称《公司法解释四》)第十八条进一步作出解释,即"应当考虑转让股权的数量、价格、支付方式及期限等因素"。

本案中,根据中海外公司与B公司签订《交易合同》,涉案股权的转让对价为5538.98844万元,价款支付方式为一次性支付,在2020年1月31日前由受让方向出让方支付保证金1661万元,余款于监管机构批复本次交易后5个工作日内一次性支付。上述转让条件符合《公司法解释四》第十八条所列举的各项要件,在认定涉案股权转让事宜中同等条件时,应将上述履行内容作为判断依据。

根据A中心提交证据与一审当庭陈述,A中心则认为转让价格是同等条件中的关键因素,且价格"必须在合理合法框架内,确定同等条件的价格不能依据有问题有瑕疵的评估报告”。对此意见，一审法院认为根据《民法总则》（已失效）第五条、第一百二十五条与第一百三十条（现为《民法典》第五条、第一百二十五条与第一百三十条）的规定，民事主体应当自愿地、按照自己的意思设立民事法律关系；对于民事主体依法享有的股权，民事主体有权按照自己的意愿依法行使民事权利，不受干涉。当然，民事主体行使权利时，亦不得滥用民事权利损害他人合法权益。《合同法》（已失效）第四条也同样规定，当事人依法享有自愿订立合同的权利，任何单位和个人不得非法干预。

具体到本案案涉股权的转让价格，根据《价格法》第三条第一款的规定，我国“大多数商品和服务价格实行市场调节价，极少数商品和服务价格实行政府指导价或者政府定价”；而涉案股权转让参照商品交易，应当实行市场调节价，而非政府指导价或政府定价。同样根据《价格法》第三条第二款的规定，市场调节价，是指由经营者自主制定，通过市场竞争形成的价格。换言之，中海外公司有权自主决定涉案股权的转让价格。

但是，因中海外公司系国有控股公司，其所持有的涉案股权亦属于国有资产。根据《国有资产法》第五十五条的规定，中海外公司出让国有资产，应当依法进行评估，以合理确认“最低转让价格”。该条的立法目的显然是避免国有资产被恶意低价出让，导致国有资产流失。申言之，中海外公司出让涉案股权时有最低转让价格，但并无最高转让上限。

回归本案中A中心所提交证据材料与一审庭审意见，A中心诉讼意见的核心观点是：中海外公司依据被错误高估的金谷公司净资产所提出的转让价格过高，导致A中心不能根据其所认为公正的价格行使优先购买权。如前所述，只要处分国有资产的转让价格不低于评估价格，一般情况下并不会被认为构成国有资产的流失，进而损害国家利益；至于超出部分，完全属于交易双方意思自治的领域，双方有权依据民法自愿原则以及市场经济规律，基于各自对股权投资前景的预判确认交易价格。此外，在现有证据材料反映的事实基础上，涉案《交易合同》所确认的转让条件清晰、完整，并未附加其他条件，不能被认定为损害了A中心的合法利益。

（2）没有证据表明B公司与中海外公司签订涉案《交易合同》时存在恶意串通情节

根据各方所提交证据材料以及一审庭审陈述，B公司除向中海外公司发函确认行使优先购买权，以及通过北交所在公开交易平台订立《交易合同》之外，没有其他证据表明双方曾就涉案股权转让进行过其他磋商或沟通，或达成了独立于涉案《交易合同》之外的转让条件。

因此，一审法院无法认定B公司与中海外公司存在恶意串通情节。

二审法院认为，第二审人民法院应当围绕当事人的上诉请求进行审理。

根据各方当事人在二审中提出的诉辩意见，本案二审的争议焦点应当归纳为以下两项：第一，中海外公司与B公司签订的《交易合同》是否无效；第二，A中心是否有权要求重新对涉案股权权益价值进行评估。

1. 关于《交易合同》的效力

本案中，A中心上诉主张《交易合同》因违反《合同法》（已失效）第五十二条第二项规定而无效。恶意串通订立合同，是指当事人、代理人在订立合同的过程中串通合谋实施的与其内心意思不一致的意思表示。认定恶意串通应把握以下要件：一是须行为人的意思表示欠缺效果意思，即表示行为与内心真实意思不一致；二是须非真意表示系与相对人通谋实施；三是须有主观上的恶意。

本案中，中海外公司在通过北交所挂牌拟转让涉案股权当日，即向A中心和B公司履行了法定通知义务，在B公司和A中心均同意转让但A中心不同意按照中海外公司给出的转让底价5538.98844万元行使股东优先购买权而B公司同意按前述条件行使股东优先购买权的情况下，中海外公司会同北交所对B公司的受让资格进行确认，并与B公司就涉案股权转让在北交所正式披露的转让交易条件签订《交易合同》，上述行为本身无悖法违规之处；而B公司亦具有真实的受让涉案股权的意思表示。在一审庭审中，中海外公司与B公司亦均表示，在因本案诉讼所产生的履行障碍消除后，双方将积极履行《交易合同》报批义务，促成《交易合同》生效。在A中心现未能提交证据证明中海外公司与B公司就涉案股权转让事宜另行达成不按照《交易合同》约定而是按照其他转让条件实际履行的合意的情况下，一审法院认定中海外公司与B公司签订《交易合同》并非恶意通谋实施违背真意的民事法律行为，处理正确。

关于A中心主张的中海外公司与B公司恶意以虚假高估金谷公司资产的《756资产评估报告》为定价依据，排除A中心行使优先购买权进而损害A中心权益一节，因法律设置股权优先购买权制度，并不是为了使优先购买权人以最优惠的条件获得股权，而是为了保障转让股东、第三人及优先购买权人三方的利益平衡,本案中,A 中心相对于第三人所享有的优先购买权,也只是在同等条件下取得股权的顺序上的优先,其中同等条件的核心要素为数量和价格。中海外公司在向 A 中心履行通知义务时已明确交易要求,中海外公司向 B 公司转让涉案股权时约定的条件亦与通知内容一致,而 A 中心在收到涉案股权转让通知后,未按照通知内容行使优先购买权,且多次表示拒绝接受 5538.98844 万元作为转让对价。在 A 中心对于转让价款这一最核心要素尚不予接受,又未能举证证明中海外公司与 B 公司真实交易价格背离《交易合同》约定的情形下,其主张优先购买权已不符合判定同等条件的最基础要求,其以涉案股权评估价值虚假导致涉案股权转让价格过高为由主张优先购买权受损亦不能成立。

综上,A 中心以中海外公司与 B 公司之间的股权转让系恶意串通以损害其优先购买权为由,主张《交易合同》无效的上诉主张,因缺乏事实和法律依据,不能成立。因 A 中心主张《交易合同》无效的理由不能成立,故其依据合同无效的法律后果诉请在同等条件下判令对中海外公司持有金谷公司涉案股权全部权益价值进行评估后,按照 A 中心与 B 公司持有金谷公司的股权比例行使优先购买权的依据不能成立,法院不予支持。

2. A 中心所提出的评估申请是否应予准许

关于 A 中心主张的涉案股权评估价值虚高一节,因中联公司作出的《756 资产评估报告》就资产评估增值原因及最终评估结果选取原因进行了具体解释,且在保证涉案股权转让价格高于评估价格,使国有资产得以保值增值的前提下,中海外公司作为转让方亦有权自主决定转让价格。

综上,一审法院认定在本案诉讼中重新启动评估程序、对本案待证事实进行查明并无意义与必要性,处理并无不当。

【律师分析】

本案的焦点是被告 B 公司与中海外公司签订的《交易合同》是否存在《公司法》和《公司法解释四》规定的以欺诈、恶意串通等手段,损害其他股东包括优先购买权在内的合法权益的情形。这一点在一审和二审中都有提及,两被告之间的交易合同并没有损害原告的合法权益。

根据《公司法》第七十一条(对应 2023 年《公司法》第八十四条)第三款的规定,有限责任公司股东转让股权时,公司其他股东享有在同等条件下的优先购买权。而被告中海外公司已经多次向原告 A 中心发出函件咨询是否行使股权购买优先权。

结合中海外公司与B公司签订《交易合同》的转让条件，涉案股权的转让对价为5538.98844万元，价款支付方式为一次性支付，在2020年1月31日前由受让方向出让方支付保证金1661万元，余款于监管机构批复本次交易后5个工作日内一次性支付。A中心在转让股权的数量、价格、支付方式及期限等因素上享有同等条件。

最后结合证据材料和一审陈述，没有足够证据证明合同双方形成其他条件的交易合同。因此，原告A中心的"在同等条件下判令对中海外公司持有金谷公司涉案股权全部权益价值评估后。据此，按照A中心与B公司持有金谷公司的股权比例行使优先购买权"主张不予支持。

1. 关于优先购买权被损害后的合同效力在司法实践中有争议，但是认定为有效是主流观点。

本案也涉及股权转让协议的效力问题。由于没有恶意串通或者欺诈等情形，双方意思表示真实，本案中的交易合同当然有效。但是在司法实践中，法院对于股权转让协议的效力认定存在偏差。

在《全国法院民商事审判工作会议纪要》公布之前，国内学者对股东对外转让股权所签订的《股权转让协议》效力认识主要有四种观点：有效说、无效说、可撤销说、效力待定说。《全国法院民商事审判工作会议纪要》就该问题作出明确规定，除非股权转让协议存在其他影响合同效力的事由，为了保护股东之外股权受让人的合法利益，该合同应为有效。

也就是说，其他股东是否行使股东优先购买权并不影响转让股东与股东以外的股权受让人之间的股权转让协议效力；其他股东行使该权利导致合同无法继续履行的，股东以外的股权受让人可依约请求转让股东承担相应的违约责任。

《公司法解释四》第二十一条也明确规定了股东以外的股权受让人，在无法实现合同目的时，可依法请求转让股东承担相应民事责任，该法条系对股权转让方合同签订时股东以外的股权受让人信赖利益的保护。此外，《全国法院民商事审判工作会议纪要》也提及这一点，既要保护股东优先购买权，也要保护股东以外的股权受让人的合法权益，如无其他影响合同效力的事由，应当认定有效。

但是在司法实践中，也存在少数法院倾向于认为涉案两份股权转让协议的目的在于规避《公司法》关于股东优先购买权制度的规定，属于恶意串通损害第三人利益或者属于违反法律、行政法规的强制性规定的违法情形，进而将其认定为无效协议。就此而言，《公司法》第七十一条第四款规定，公司章程对股权转让另有规定的，从其规定。可见，公司章程的规定可以排除其他股东的同意权和优先购买权。

综上，关于合同效力认定，应从保护第三人角度出发，股权转让行为的效力不会被轻易否定，公司股东需要及时行使优先购买权，或者寻求经济损失赔偿救济。

2. 关于被侵害优先购买权后的救济，就其他股东而言，主要有两种救济方式。

(1)主张行使优先购买权

采取这种救济方式，其他股东需要注意公司章程中对行使优先购买权的期间及时行使。同时，其他股东行使优先购买权，并不以第三方是否已取得股权为限制条件。

(2)主张侵害优先购买权的损害赔偿

此种救济方式又分为两种情形：其他股东主张优先购买权后，因转让股东反悔放弃转让而给其他股东造成的损失；不可归责于其他股东的原因，导致其无法行使优先购买权造成的损失。

第二种情形的损失主要包含转让股东和第三方交易价格与市场价格的差价以及机会利益损失，但这种损失很难计算和量化。在司法实践中，法院会根据案件具体情况，综合考虑受害人自身经济实力、股权价值变动幅度、股权差价损失与侵权人过错行为之间的关联程度等因素，以股权差价损失为参照，按照公平原则酌定赔偿的具体数额。

【律师建议】

结合本案情况，对于涉及公司股东股权转让的问题，从公司合规经营及股东风险防范的角度出发，我们建议如下：

1. 按照法定程序履行转让股东的通知义务

在同等条件下，其他股东享有优先购买权的，转让股东应履行通知义务，通知需明确“同等条件”的具体内容，包括转让股权的数量、价格、支付方式及期限等。通知可以采用微信聊天记录、邮件、现场会议纪要或者股东会决议确认书等形式，并确保通知已经确实送达。

2. 确保同等条件

股权转让的同等条件包括拟转让的股权比例、价格、支付方式及期限、交易先决条件、股权交割条件等，均需同等送达其他股东。同时，谨防转让股东通过阴阳合同损害其他股权的合法权益。

【法律规定】

1.《公司法》(2018 年修正)

第七十一条　有限责任公司的股东之间可以相互转让其全部或者部分股权。

股东向股东以外的人转让股权，应当经其他股东过半数同意。股东应就其股权转让事项书面通知其他股东征求同意，其他股东自接到书面通知之日起满三十日未答复的，视为同意转让。其他股东半数以上不同意转让的，不同意的股东应当购买该转让的股权；不购买的，视为同意转让。

经股东同意转让的股权，在同等条件下，其他股东有优先购买权。两个以上股东主张行使优先购买权的，协商确定各自的购买比例；协商不成的，按照转让时各自的出资比例行使优先购买权。

公司章程对股权转让另有规定的，从其规定。

2.《公司法》(2023 年修订)

第八十四条　有限责任公司的股东之间可以相互转让其全部或者部分股权。

股东向股东以外的人转让股权的，应当将股权转让的数量、价格、支付方式和期限等事项书面通知其他股东，其他股东在同等条件下有优先购买权。股东自接到书面通知之日起三十日内未答复的，视为放弃优先购买权。两个以上股东行使优先购买权的，协商确定各自的购买比例；协商不成的，按照转让时各自的出资比例行使优先购买权。

公司章程对股权转让另有规定的，从其规定。

3.《最高人民法院关于适用〈中华人民共和国公司法〉若干问题的规定(四)》

第十八条　人民法院在判断是否符合公司法第七十一条第三款及本规定所称的“同等条件”时，应当考虑转让股权的数量、价格、支付方式及期限等因素。

第二十一条　有限责任公司的股东向股东以外的人转让股权，未就其股权转让事项征求其他股东意见，或者以欺诈、恶意串通等手段，损害其他股东优先购买权,其他股东主张按照同等条件购买该转让股权的,人民法院应当予以支持,但其他股东自知道或者应当知道行使优先购买权的同等条件之日起三十日内没有主张,或者自股权变更登记之日起超过一年的除外。

前款规定的其他股东仅提出确认股权转让合同及股权变动效力等请求,未同时主张按照同等条件购买转让股权的,人民法院不予支持,但其他股东非因自身原因导致无法行使优先购买权,请求损害赔偿的除外。

股东以外的股权受让人,因股东行使优先购买权而不能实现合同目的的,可以依法请求转让股东承担相应民事责任。

4.《全国法院民商事审判工作会议纪要》

第九条　审判实践中,部分人民法院对公司法司法解释(四)第21条规定的理解存在偏差,往往以保护其他股东的优先购买权为由认定股权转让合同无效。准确理解该条规定,既要注意保护其他股东的优先购买权,也要注意保护股东以外的股权受让人的合法权益,正确认定有限责任公司的股东与股东以外的股权受让人订立的股权转让合同的效力。一方面,其他股东依法享有优先购买权,在其主张按照股权转让合同约定的同等条件购买股权的情况下,应当支持其诉讼请求,除非出现该条第1款规定的情形。另一方面,为保护股东以外的股权受让人的合法权益,股权转让合同如无其他影响合同效力的事由,应当认定有效。其他股东行使优先购买权的,虽然股东以外的股权受让人关于继续履行股权转让合同的请求不能得到支持,但不影响其依约请求转让股东承担相应的违约责任。

5.《合同法》(已失效)

第一百四十八条　一方以欺诈手段,使对方在违背真实意思的情况下实施的民事法律行为,受欺诈方有权请求人民法院或者仲裁机构予以撤销。

第一百五十条　一方或者第三人以胁迫手段,使对方在违背真实意思的情况下实施的民事法律行为,受胁迫方有权请求人民法院或者仲裁机构予以撤销。

第一百五十三条　违反法律、行政法规的强制性规定的民事法律行为无效。但是,该强制性规定不导致该民事法律行为无效的除外。

违背公序良俗的民事法律行为无效。

第一百五十四条　行为人与相对人恶意串通,损害他人合法权益的民事法律行为无效。

第二十一章　撤网与退网、解散与清算

第一节　撤网与退网

撤网和退网是指汽车厂家和汽车经销商从汽车市场上退出的过程。退网和撤网的原因很多，有可能是主机厂的原因，如汽车产品不受欢迎、主机厂经营不善破产清算，或境外汽车品牌的主机厂决定撤出中国国内汽车市场；也有可能是汽车经销商自身原因，如汽车经销商经营不善自行决定解散，或需要更换经销其他汽车品牌；还有可能是主机厂和汽车经销商在经销合作过程中，由于合作问题产生纠纷，经协商无法解决，使得双方的合作关系解除或终止，双方关系从一开始的志同道合、合作共赢，到最后的反目成仇、分道扬镳。

本章我们将汽车厂家由于主机厂破产等决定退出中国汽车市场的情形称为"撤网"，将汽车经销商自身经营不善或经营战略改变导致终止某汽车品牌经销合作的情形称为"退网"（包括主机厂和汽车经销商在合作过程中由于业务合作产生纠纷致汽车经销商退网的情形）。

一般来说，汽车厂家撤网，将会导致某汽车品牌在某一汽车市场的生产、销售的终止，如 2022 年广汽讴歌品牌决定不再生产及销售广汽讴歌品牌的现有产品，之前进口中国的车型也不再进入中国市场销售。汽车经销商退网，主要是由于主机厂撤销某汽车经销商的汽车品牌经销授权，终止双方的经销合作关系，也存在汽车经销商自行退网的情形。这种情况下，主机厂将会取消该汽车经销商对某汽车品牌经销的权利，终止该汽车经销商在某汽车市场中的推广、销售及售后服务等活动。

在整个汽车产业链中，主机厂占据主导地位，通过授权和返利政策对汽车经销商进行管理，具有较强的话语权。汽车主机厂和汽车经销商体系之间，尚未形成行之有效的退出与善后机制。汽车厂家撤网或汽车经销商退网后，会出现各种复杂的问题，包括汽车经销商保证金返还、返利兑现及汽车用户售后难题等。

本章从汽车厂家撤网和汽车经销商退网的角度进行分析其中的法律风险点。

一、汽车厂家撤网

2023 年 1 月 9 日，本田旗下的高端品牌 Acura 讴歌的中国官网，也就是广汽讴歌官网已无法访问，这意味着广汽讴歌品牌正式宣告成为历史。针对网站停止访问一事，曾有记者拨打讴歌在华官方客服电话求证，官方客服向记者表示，广汽讴歌官网于 2022 年 12 月 30 日关闭，目前已经不提供新车信息查看和购买服务。

2023 年 4 月 13 日，根据“北京盈科长沙律师事务所”微信公众号的推文，广汽菲亚特克莱斯勒汽车有限公司因不能清偿到期债务，且资产不足以清偿全部债务，经债务人申请，长沙市中级人民法院于 2022 年 11 月 28 日作出（2022）湘 01 破申 139 号民事裁定书，裁定受理广汽菲克公司的破产清算申请，并于 2023 年 3 月 6 日作出（2022）湘 01 破 214 - 1 号决定书，指定北京盈科（长沙）律师事务所担任广汽菲克公司管理人，意味着广汽菲克正式进入破产清算阶段。

广汽菲克作为“Jeep（吉普）”和“FIAT（菲亚特）”两个主要品牌的汽车生产厂家，其破产清算不仅对其下游的汽车经销商及广大汽车消费者用户产生巨大影响，同时也使其上游的配套汽车原材料供应商及汽车零部件供应商产生重大的损失。

目前，在广汽菲克破产清算的债权申报环节，笔者团队也正在代理部分汽车行业客户向广汽菲克管理人进行债权申报、债权确认、债权人会议召开等相关工作。2023 年 8 月 24 日，“广汽菲克销售公司管理人”微信公众号对广汽菲亚特克莱斯勒汽车销售有限公司破产清算案第一次债权人会议决议情况进行了公告。其中，关于破产财产分配方案，公告内容显示：“（一）表决情况：根据表决规则，同意人数 484 人，默示表决（已签到但未投票）同意人数为 67 人，总计表决同意的债权人为 551 人，同意人数占出席会议的有表决权的债权人数的 97.52%。表决同意债权金额 1,498,984,762.66 元，默示表决（已签到但未投票）同意债权金额 43,167,040.43 元，总计同意该方案的债权金额为 1,542,151,803.09 元，占无财产担保债权总额的 94.33%。（二）表决结果：根据《中华人民共和国企业破产法》第六十四条之规定,《破产财产分配方案》经债权人会议表决通过。”①

曾在2022年7月,Stallantis集团和广汽集团相继宣布有序终止合资企业广汽菲克。曾经凭借一句“不是所有SUV都叫Jeep”而深入人心的国产Jeep成为历史,但对于国内数十万的国产Jeep车主而言,他们车辆的保养、售后、维修等都成为一个很大的难题。

随着汽车技术的不断发展和革新,国家对汽车排放和生态环境保护的法律法规、政策及要求日趋严格,国家对汽车发展方向的侧重点转变及消费者对汽车品牌、汽车性能、汽车出行成本等因素考虑和意识变化,汽车行业正在经历前所未有的变局:一方面是新能源汽车向传统燃油汽车发起的全面挑战,另一方面是用户增量市场向存量市场的转变。存量市场下,原有广撒网式的用户运营方式渐渐失灵,精细化运营正取而代之,存量市场的缺点展露无遗。

近年来,汽车行业竞争激烈,出现很多造车新势力,许多主机厂并未看清市场的实际变化,盲目建厂、扩大生产,导致车量的囤积,大量汽车销量不见涨势;许多汽车品牌经营混乱,产品质量问题多、口碑差,陆续出现连年亏损、资不抵债,停止生产、停止零部件供应等现象。在近几年的新闻报道中,不乏一些关于某某汽车厂商向法院提交破产申请的新闻或消息,而众多汽车经销商及汽车用户也因此受到牵连。

关于汽车厂家撤网的主要问题和法律风险点,我们认为有以下几点:

首先,汽车厂家撤网,汽车厂家对其单方面原因给经销商造成的损失应给予赔偿或补偿,包括但不限于根据经销合同等约定返还经销商销售返利、保证金、建店补贴等,原价回收现有库存车、配件、原厂精品,以及补偿在建店投入费用、人员工资、运营费用、人员遣散费等,确保经销商和消费者的合法权益。

其次,关于汽车售后配件问题,根据《汽车销售管理办法》相关规定,汽车售后服务必须满足用户在整车停止生产后10年内的需求,此时汽车厂家与汽车配件制造商就相关售后配件问题应予考虑并落实到位。

最后,关于消费者汽车“三包”、保修保养等售后服务问题,对于已购用户的保修承诺、延保协议是继续履行还是按照违约处理,汽车厂家应该制定相应的售

① 《广汽菲亚特克莱斯勒汽车销售有限公司破产清算案第一次债权人会议决议公告》,载微信公众号“广汽菲克销售公司管理人”2023年8月24日,https://mp.weixin.qq.com/s/QCnQdgzFEphAkZFKdMEuJw。

后服务方案,做好对保有自身品牌汽车用户的善后工作,对得起保有汽车消费者曾经对自身品牌的选择和热爱。

【案例74】汽车4S店退网之后,主机厂是否需要向4S店退回建店保证金、建店补贴及赔偿相关损失?

【案例来源】山西A汽车销售服务有限公司、四川B汽车销售有限公司等合同纠纷案[山东省潍坊市中级人民法院(2022)鲁07民终9399号民事判决书]

【基本案情】

上诉人(原审原告):山西A汽车销售服务有限公司。

被上诉人(原审被告):四川B汽车销售有限公司。

被上诉人(原审被告):四川C汽车工业有限公司。

上诉人山西A汽车销售服务有限公司(以下简称A汽车销售公司)因与被上诉人四川B汽车销售有限公司(以下简称四川B公司)、四川C汽车工业有限公司(以下简称四川C公司)合同纠纷一案,不服山东省昌乐县人民法院(2022)鲁0725民初1413号民事判决,向法院提起上诉。

A汽车销售公司上诉请求:

1. 撤销一审判决,改判(或发回重审后改判)二被上诉人退还上诉人建店保证金30,000元,建店补贴款400,000元,判决二被上诉人赔偿上诉人经济损失3,515,645.19元(其中汽车展销厅房屋租金1,000,000元、汽车展厅装修工程款1,327,587.19元、售后服务中心仓储服务费300,000元和内外装修工程款687,730元、汽车展销厅和售后服务中心产生的物业费131,328元、折扣价出售车辆的损失69,000元)。

2. 请求依法改判(或发回重审后改判)四川C公司对应当支付给上诉人的建店保证金20,000元、售后保证金20,000元、购车款474,400元,三项合计514,400元以及上诉人提车奖励款84,000元,承担连带付款责任。

3. 本案的一、二审诉讼费用依法由二被上诉人承担。

上诉事实和理由:

1. 一审判决认定事实不清,不仅未确定被上诉人的违约行为,而且仅从上诉人所签租赁合同的期限来认定上诉人没有因被上诉人的违约而损失，甚至否定上诉人折价售出汽车的损失，违背事实和常理。

(1)二被上诉人已经违约，该违约行为导致合同目的无法实现，应当认定为根本违约。

被上诉人不给上诉人提供销售授权书，不提供软装、门头、企业LOGO，上诉人无法建设4S旗舰店，无法销售已经购入的车辆，合同目的无法实现。被上诉人不给上诉人授权销售，不提供销售授权委托书，构成根本违约的真正原因，是隐瞒了其已经授权给本地区另一家汽车经销商的事实，如给上诉人发放了销售授权书，就对另一家汽车经销商违约，从而导致上诉人不能获得销售资格，造成上诉人只能折价将汽车卖给有销售资质的该家汽车经销商，造成重大损失。

上诉人已付购车款2,000,000元，但被上诉人发车24辆后不再发车，被上诉人没有按照约定发车。2021年12月3日上诉人在系统上发出购车指令后，被上诉人不审核、不通过、不发车，不仅已经用自己的行动表明不履行合同，构成根本违约，而且有企图占有上诉人剩余购车款的嫌疑。

综上，被上诉人隐瞒在本地区已经给另一家汽车经销商独家代理授权的情况，不仅构成欺诈，对剩余购车款迟迟不予退还已经构成诈骗，严重侵犯上诉人的合法权利，上诉人保留追究其刑事责任的权利。

(2)一审判决仅从上诉人所签租赁合同的期限来认定上诉人没有因被上诉人的违约而损失，甚至否定上诉人折价售出汽车的损失，违背事实和常理。上诉人的各项损失客观真实，应当予以支持。

一审判决未认定建店补贴款400,000元，未认定建店保证金30,000元，不符合双方的合同约定，也不符合事实。双方合同中第十一条第三项已经约定，且合同附件《2021年度B汽车经销商管理办法》和《2021年度B汽车售后服务政策》也有规定，四川B公司4S旗舰店的建店补贴款400,000元，并不能因上诉人的店面面积大还有其他用途就不补贴。事实上，四川B汽车4S店店面的要求是400平方米，上诉人提供给其的店面远大于400平方米，投入远大于400,000元。上诉人已经完成建店，应当按照约定获得建店补贴。建店保证金30,000元由上诉人现金支付，在双方合同中已经确认，一审判决以无转账为由不予认定不符合事实。

2. 关于房屋租金 1,000,000 元、售后服务中心仓储服务费 300,000 元和内外装修工程款 643,698 元、汽车展厅装修工程款 1,327,587.19 元、汽车展销厅和售后服务中心产生的物业费 131,328 元都是客观产生的，一审判决不予支持不符合事实。

3. 关于上诉人以折扣价出售车辆的损失 69,000 元，该损失是被上诉人违约造成，应当由被上诉人予以赔偿。上诉人获得销售授权书后本应获得利润，但是却因被上诉人违约而遭受损失。一审法院对此损失不予认可不符合事实和法律规定。

4. 二被上诉人应当承担连带责任，一审法院不顾本案事实和法律依据排除四川 C 公司的责任，严重损害了上诉人的权利。

(1)二被上诉人存在严重欺诈行为。2021 年上诉人与四川 B 公司签订合同前后，四川 B 公司已经有 68 个执行案件，68 次被列入失信被执行人名单。因此，四川 B 公司用四川 C 公司来收款，目的是逃避执行。二被上诉人采用同样的手法欺骗合作经销商不只是上诉人一家，还有很多。可见，四川 B 公司根本没有履行合同的能力，接触上诉人之初就存在欺诈意图。

(2)第一被上诉人是四川 B 汽车股份有限公司的全资子公司，第二被上诉人也是四川 B 汽车股份有限公司的全资子公司，二被上诉人是关联公司，一个签合同、一个收款，存在严重的财务混同，应当对本案承担连带责任。

一审法院认定事实：

2021 年，A 汽车销售公司与四川 B 公司签订《2021 年度乘用车销售服务合同》，四川 B 公司授权 A 汽车销售公司为 B 汽车乘用车车型在山西省长治市区域经销商。

该合同约定如下。

1. 乙方(A 汽车销售公司)确认，在签订本合同时，其已仔细阅读了合同附件《2021 年度商务政策》和《2021 年度 B 汽车经销商管理办法》，知悉并理解了该附件的全部内容，同意接受该附件的约束。

2. 约定经销区域及销售目标。选择 B 汽车店面级别标准为 4S 旗舰；售后服务以独立服务站切入；店面建设周期最长不超过 6 个月。

3. 约定保证金及首次购车款。乙方于本合同签订后 5 个工作日内向甲方(四川 B 公司)交纳“建店保证金”(以下简称保证金)人民币 50,000 元;于保证金交纳 30 日内向甲方支付确保用于合同产品的首次购车款人民币不低于 2,000,000 元,汇入甲方指定账户。乙方汇入保证金后,由甲方出具保证金收据给乙方。本合同终止并且双方之间的财务结算及交接手续办理完毕后,结算退还相应的保证金(不计利息)。

4. 合同终止或解除通知到达后 30 日内,乙方应与甲方办理完毕双方财务对账手续,然后方可结算退还保证金(不计利息),非甲方原因超过时限未办理,视为乙方放弃剩余款项和保证金。

5. 合同期限自 2021 年 7 月 1 日起至 2021 年 12 月 31 日止。合同到期后,如双方仍在继续合作,有效期则自动顺延到新年度销售合同签订时或甲方通知终止合作时止。

2021 年 6 月 21 日,A 汽车销售公司与四川 B 公司签订《2021 年 B 汽车销售合同量》,约定 2021 年 7 月至 12 月,每月的合同量为 25 辆,合计 150 辆。

《2021 年度 B 汽车经销商管理办法》规定了品牌与建店保证金管理办法,涉及品牌与建店保证金退还、退网:经销商履行完退网相关手续,四川 B 公司根据相关规定退还品牌与建店保证金。该办法还规定,对于未按照流程提交建店申请,经销商、独立服务站自行装修的店面不给予首补支持。

2021 年 7 月 1 日,A 汽车销售公司向四川 B 公司指定的四川 C 公司的账户转入购车款 2,000,000 元;2021 年 7 月 12 日,A 汽车销售公司向四川 C 公司的账户转入建店保证金 20,000 元;2021 年 8 月 5 日,又转入售后保证金 20,000 元。根据四川 B 公司商品车出库单及增值税专用发票,确定 A 汽车销售公司与四川 B 公司已完成交易车辆为 24 台,共计价款 1,525,600 元。

2021 年 11 月 14 日,A 汽车销售公司与案外人即前述获得四川 B 公司独家授权的汽车销售服务有限公司签订车辆收购合同,合同约定 A 汽车销售公司将 23 台 B 汽车乘用车出售给该汽车销售服务有限公司。

【裁判结果】

驳回上诉,维持原判。

二审案件受理费 43,152 元,由上诉人 A 汽车销售公司负担。

本判决为终审判决。

【律师分析】

本案争议焦点集中在建店保证金 50,000 元、建店补贴款 400,000 元、其他费用(包括车展销厅房屋租金、汽车展厅装修工程款、售后服务中心仓储服务费和内外装修工程款、物业费)、折价出售车辆的损失和四川 C 公司应否对案涉债务承担连带责任。

1. 关于上诉人主张向四川 B 公司支付建店保证金 50,000 元

除一审法院认定的 20,000 元外另现金交付的 30,000 元,上诉人未提供任何有关该款项交付的证据,根据民事诉讼证明责任规则,需要承担举证不足的不利后果。

2. 关于上诉人主张的建店补贴款 400,000 元

案涉《2021 年度 B 汽车经销商管理办法》中对于建店补贴支付标准作出了相关规定,根据上诉人提交的现有证据,不足以认定其已达到该补贴的支付标准,一审法院对其主张未予支持。

3. 关于上诉人主张的其他费用

上诉人并非专营 B 汽车,且双方约定的合同履行期限仅为半年,而上诉人与案外人签订的租赁合同、仓储服务合同、物业服务合同等均为 10 年,无法排除案涉店面为销售 B 汽车其他品牌而建的可能,一审法院对上诉人主张的上述损失未予支持。

4. 关于上诉人主张的折价出售车辆的损失

根据案涉销售服务合同的约定,上诉人为四川 B 公司授权的 B 汽车乘用车在山西长治市的区域经销商,上诉人未提供其他证据证明如无销售授权委托四川 B 公司就禁止其向个人销售案涉所购汽车,故上诉人要求四川 B 公司承担其折价出售车辆造成的损失无事实及法律依据,一审法院未予支持。

5. 关于四川 C 公司应否对案涉债务承担连带责任

根据《公司法》的规定,法人人格的否认需要综合考虑法人间股权结构异同、人员是否混同、业务是否混同、是否有各自的财务账册、是否各自独立进行会计核算等多方面因素,上诉人仅以四川 B 公司与四川 C 公司均是四川 B 汽车股份有限公司的全资子公司,四川 B 公司曾指定将款项打入四川 C 公司为由主张两公司人格混同,要求四川 C 公司对案涉债务承担连带偿还责任,依据不足,一

审法院未予支持。

若合同相对方的品牌厂商无法完全清偿债务,汽车经销商应关注汽车品牌方的关联企业是否存在人格混同、过度支配、横向操控等情形,及时聘请有资质的专业团队提供法律服务并举证。

汽车经销商在与品牌厂商“分手”时,对各种损失费用的请求类目繁多,能否通过判决明确争取的难度取决于对该项损失费用的举证程度,而经销商往往由于前期项目刚提上日程,对于很多专项费用支出、补贴申请并不明确,操作也并不规范,导致后续退网时许多前期的大笔投入如场地租赁、建设布置和补贴承诺等无法追究,由此造成巨大的损失。

【律师建议】

结合本案情况,从汽车经销商合规经营及风险防范的角度出发,我们建议如下:

1. 在签订汽车经销协议时,在协议中明确主机厂给予经销商的各种补贴政策规定,尤其是针对门店前期投入开发建设的建店补贴计划。由于涉及金额较大,汽车经销商应严格按照约定的流程进行申报,审批验收后保留品牌方通过认可的文件证据,这对于后续申请补贴具有关键作用。

2. 双方解除合同时,汽车经销商要求返还建店保证金和售后保证金具有合理基础,但是具体费用的举证需要提出充足的证据。

【法律规定】

1.《民法典》

第五百零九条　当事人应当按照约定全面履行自己的义务。

当事人应当遵循诚信原则,根据合同的性质、目的和交易习惯履行通知、协助、保密等义务。

当事人在履行合同过程中,应当避免浪费资源、污染环境和破坏生态。

第五百六十三条第一款　有下列情形之一的,当事人可以解除合同:

(一)因不可抗力致使不能实现合同目的;

(二)在履行期限届满前,当事人一方明确表示或者以自己的行为表明不履行主要债务;

(三)当事人一方迟延履行主要债务,经催告后在合理期限内仍未履行;

(四)当事人一方迟延履行债务或者有其他违约行为致使不能实现合同

目的;

(五)法律规定的其他情形。

第五百九十五条 买卖合同是出卖人转移标的物的所有权于买受人,买受人支付价款的合同。

2.《公司法》(2018年修正)

第二十条 公司股东应当遵守法律、行政法规和公司章程,依法行使股东权利,不得滥用股东权利损害公司或者其他股东的利益;不得滥用公司法人独立地位和股东有限责任损害公司债权人的利益。

公司股东滥用股东权利给公司或者其他股东造成损失的,应当依法承担赔偿责任。

公司股东滥用公司法人独立地位和股东有限责任,逃避债务,严重损害公司债权人利益的,应当对公司债务承担连带责任。

3.《公司法》(2023年修订)

第二十一条 公司股东应当遵守法律、行政法规和公司章程,依法行使股东权利,不得滥用股东权利损害公司或者其他股东的利益。

公司股东滥用股东权利给公司或者其他股东造成损失的,应当承担赔偿责任。

第二十二条 公司的控股股东、实际控制人、董事、监事、高级管理人员不得利用关联关系损害公司利益。

违反前款规定,给公司造成损失的,应当承担赔偿责任。

第二十三条 公司股东滥用公司法人独立地位和股东有限责任,逃避债务,严重损害公司债权人利益的,应当对公司债务承担连带责任。

股东利用其控制的两个以上公司实施前款规定行为的,各公司应当对任一公司的债务承担连带责任。

只有一个股东的公司,股东不能证明公司财产独立于股东自己的财产的,应当对公司债务承担连带责任。

二、汽车经销商退网

近年来,汽车行业经销商退网已经稀疏平常,疫情的几年影响下,各大车企举步维艰，经销商叫苦连天，库存压力过大、资金链紧张、客户流过小，迫于生存压力，很多经销商都开始选择当下流行的"互联网+模式"线上售卖，选择退网也是顺应时代潮流。

中国汽车流通协会发布的《2022 年全国汽车经销商生存状况调查报告》显示，2022 年完成年度销量目标的经销商占比为 19.4%，仅有 29.7%的经销商实现盈利，处于亏损状态的经销商已接近一半，经销商对主机厂的满意度降至 10 年来最低水平。

2023 年 6 月 21 日，号称"汽车经销商第一股"的＊ST 庞大发布公告称，公司收到上海证券交易所下发的《关于庞大汽贸集团股份有限公司股票终止上市的决定》，上海证券交易所将在 2023 年 6 月 30 日对公司股票予以摘牌，公司股票终止上市，不进入退市整理期交易。

资料显示，＊ST 庞大是一家以汽车销售及售后服务为主营业务的全国性汽车经销商集团，属于汽车经销行业。目前已实现以乘用车为主、商用车为辅的业务布局。＊ST 庞大曾经是国内规模最大的汽车经销商，巅峰时期拥有超千家 4S 店，一度被誉为"4S 店之王"。但近年来，＊ST 庞大经营状况承压，2022 年业绩更是"大暴雷"，一年亏损 14 亿元，归母净利润同比下降 260%。[①]

2017 年开始，庞大汽车开始走向下坡路，截至 2022 年年底，庞大的经销商门店仅剩 267 家，全年销量不足 13 万辆。[②] 庞大汽车的陨落，是汽车经销商面临艰难生存环境的一个缩影。

中国汽车流通协会数据显示，2022 年在市场上被边缘化的汽车品牌出现了大面积的经销商退网情况，退网经销店达 1757 家，这其中过半数是斯威、大乘等自主品牌退出市场所致。另外，自主品牌中，威马、上汽大通、BEIJING 等优化网点；合资品牌中，韩系、法系、美系品牌的网络均存在不同程度收缩；豪华品牌中，退出的主要是讴歌、英菲尼迪等品牌的经销商。[③]

汽车经销商退网时，可能会遇到以下问题。

---

① 参见《深夜宣布：双双退市!》，载微信公众号"鲁中晨报"2023 年 6 月 23 日，https://mp.weixin.qq.com/s/N72y5MwUAagW7R59gkNDhA。

② 参见武子晔等：《3 万家汽车经销商走到命运的十字路口》，载微信公众号"第一财经"2023 年 6 月 26 日，https://mp.weixin.qq.com/s/2pSHweY-Kpl97NbsWajKZw。

③ 参见武子晔等：《3 万家汽车经销商走到命运的十字路口》，载微信公众号"第一财经"2023 年 6 月 26 日，https://mp.weixin.qq.com/s/2pSHweY-Kpl97NbsWajKZw。

（一）与主机厂之间的问题

1. 汽车经销商基于主机厂的强势地位，在签订相关经销合同协议等文件时，作出过多的退让与妥协，接受了较多对自己不利的条款和内容，放弃了一些可以争取的资源或利益，退出机制约定不完善或过于苛刻，相应的退出可能风险和后果没有做好充分的预判和争取，导致退出时比较被动。

2. 在经销合作协议履行过程中，对于相应的厂家补贴、返利、资源支持及其他厂家承诺等没有形成书面确认的文件，或相关确认内容不够具体、清晰，导致双方后续发生分歧或争议；同时在合同协议履行过程中，缺乏法律风险防范意识和证据意识，没有注意对相关证据的及时保存保管，以致在后续纠纷发生后无据可依。

3. 在实际决定退网时，没有认真地对双方合作过程的情况进行全面梳理和书面确认，尤其是对之前双方约定或厂家单方承诺关于销售返利、建店或运营补贴补偿或其他支持尚未兑现的项目或费用没有进行最终的全面盘点核算，同时也缺乏与主机厂之间的沟通和谈判，导致应得利益丧失。

（二）与消费者之间的问题

1. 在日常给消费者车主提供售后服务的过程中，可能会存在预存会员费未使用完毕涉及的退款退费问题。

2. 在售后服务期间赠送的本4S店专属的保养、保修或兑换礼品等方面的活动券未使用完毕涉及的兑现问题。

3. 涉及在本4S店退网后，原来从本4S店购车的车主后续车辆三包责任、维护保养的安置和承接问题。

4. 涉及与购车车主尚在处理中的投诉、仲裁或诉讼等纠纷解决问题。

（三）与员工之间的问题

1. 涉及员工的安置安顿、经济补偿、劳动关系转移等问题。

2. 涉及与员工之间的争议解决问题。

【案例75】汽车4S店在与主机厂经销合作过程中应如何规范经营,方可在退网时为自己争取最大的利益?

【案例来源】广州A汽车销售有限公司、B汽车销售有限公司等合同纠纷案[广东省广州市增城区人民法院(2021)粤0118民初11044号民事判决书]

【基本案情】

B汽车销售有限公司成立于2014年9月3日,商事主体性质为一人有限责任公司,股东为B汽车有限公司。

2020年8月25日,原告与被告B汽车销售有限公司签订了《终止及和解协议》,约定双方同意自2020年8月25日起终止及和解双方之间的合作关系,终止及和解(与双方之间的合作关系相关的)该等已签署的任何法律文件;双方自协议签署之日起完成双方合作期间所发生的所有业务往来的资金对账,以及其他债权债务和权利义务的结算;被告B汽车销售有限公司应向经销商返还并支付的全部款项(包括但不限于销售返利等)由双方对账及结算完毕并以书面形式予以确认;如一方就终止及和解事项向另一方提出任何请求,或违反保密约定,或违反本协议中其他约定,将赔偿另一方因此产生的所有损失与费用(包括但不限于退回本协议所涉款项、损失赔偿、违约金、诉讼费、律师费、鉴定费等)等。

同日,原告与被告B汽车销售有限公司签订了《终止及和解协议之款项确认单》,载明双方根据签署的《终止及和解协议》的规定,双方已于2020年8月25日对账及结算完成《终止及和解协议》所提及的终止及和解款项,其金额共计134,292元。

庭审中,原告述称原告与广东车之选汽车有限公司系关联公司,原告及广东车之选汽车有限公司与被告达成备忘录成为被告B汽车销售有限公司的经销商,其中广东车之选汽车有限公司作为SR加盟商,原告作为4S加盟商;原告在筹备4S店过程中,被告B汽车销售有限公司与原告达成了新的协议,由原告在筹备期间准备的场地出租给被告B汽车销售有限公司用于B汽车销售有限公司开办直营店,为此,原告要求B汽车销售有限公司退回涉案的款项。

【裁判结果】

法院裁判如下：

1. 确认《终止及和解协议》《终止及和解协议之款项确认单》协议效力。

2. 被告 B 汽车销售有限公司返还 134,292 元并支付利息，其中利息自起诉之日（2021 年 9 月 28 日）起按年利率 3.85% 计算。

被告 B 汽车有限公司对被告 B 汽车销售有限公司的案涉债务应承担连带责任。被告 B 汽车有限公司、B 汽车销售有限公司经法院合法传唤无正当理由拒不到庭，法院依法缺席判决。

【律师分析】

本案主要涉及主机厂和汽车经销商终止汽车经销合作关系后，双方就经销商退网事宜作了相应的协商与安排。在双方合作的最后一刻，双方都还本着友好协商一致的态度进行平和解决，并达成了《终止及和解协议》《终止及和解协议之款项确认单》等相关文件，只是到了最后履行、执行环节，最终并没有给双方合作画上一个圆满的句号。正是最后履行、执行环节的缺失，最终导致了本案诉讼。

在本案中，法院确认了以下事实，并顺理成章地作出相应判决：

1. 确认《终止及和解协议》《终止及和解协议之款项确认单》系双方当事人的真实意思表示，内容没有违反法律、行政法规的强制性规定，亦不违背公序良俗，合法有效。对此，法院也认可了原告主张的要求被告 B 汽车销售有限公司返还款项 134,292 元及利息。

2. 被告 B 汽车有限公司作为被告 B 汽车销售有限公司的一人股东，由于未举证证明 B 汽车销售有限公司财产独立于 B 汽车有限公司财产，对公司债务承担连带责任。

本案最后汽车经销商取得有利的判决，明确了向厂商取得撤网后经济损失的法律依据，其中涉及的法律关系并不复杂，但是就风险防控角度而言，该案例仅仅是“幸存者偏差”，是少有的实现经销商与厂商“和平分手”的案例。现实中，更多的是品牌厂商退市在即，或者汽车经销商亏损连年导致的“一地鸡毛”。

经销商作为相对弱势一方，需要遵从厂商或者主机厂设定的考核指标，常制定不符合实际销售业绩的销售目标，作为转嫁业绩压力的方式，导致经销商库存积压、目标完成率下跌影响补贴等风险，甚至更严重的是由于厂商的拖欠、价格管理混乱、承诺未兑现、维修配备技术支持不足等问题需要面对消费者的质疑和追责。

【律师建议】

汽车经销商非正常退网的情况对自身以及汽车厂家、消费者均会造成风险，这种风险属于市场经营风险。结合本案的情况，从汽车经销商合规经营及法律风险防范的角度，我们建议如下：

1. 经销商在选择品牌和入网时保持谨慎，提高合规经营与风险防范意识。在考察入网阶段，不仅需要入网建店的扶持政策，同时也需要关注厂商是否有完善的退出机制。对于不够完善的退出机制，需要在相关经销协议中进行修订完善，或通过补充协议另行作具体约定，避免退出程序不健全不规范导致退网被动，甚至导致后续损失难以追索。

2. 汽车经销商在与主机厂合作过程中，要提高证据保全保存意识，对于日常业务开展过程中形成的内容载体，包括相关合同、协议、微信沟通记录、电话沟通录音、电子邮件、会议纪要、备忘录、EMS 等快递邮件等，注意及时收集、整理、归档及保管。

3. 汽车经销商在决定退网时，应当全面做好退网计划与安排，对在汽车经销合作过程相关业务可能产生的补贴、返利、资源支持等利益进行认真、全面的核对、清算，并根据之前入网时与主机厂签订的《汽车经销协议》及其他文件，包括主机厂通过微信、电话录音、电子邮件、会议纪要等方式进行的保证和承诺，经过全面汇总、整理之后，采取申请、谈判等方式，向主机厂提出兑现要求，并就双方进一步达成的内容形成书面的确认文件，保管好相关的文件原件，以备不时之需。

4. 在处理与消费者之间的关系时，应在计划退网同时制定完善的补偿方案，做好相应的通知、转移安排，并将相关工作落实到位。对于尚未兑现的汽车售后维修服务可以选择退款赔偿，或者通过协调主机厂指定由附件或片区内的其他同品牌汽车 4S 店提供和承接，保证相应消费者客户的合法权益得到较好的安排和保障。这也是作为一家有诚信、有责任、有良心、善始善终的企业及一个企业家应当具备的基本品质和素养。

【法律规定】

1.《民法典》

第五百七十七条　当事人一方不履行合同义务或者履行合同义务不符合约定的,应当承担继续履行、采取补救措施或者赔偿损失等违约责任。

第五百七十九条　当事人一方未支付价款、报酬、租金、利息,或者不履行其他金钱债务的,对方可以请求其支付。

第五百八十三条　当事人一方不履行合同义务或者履行合同义务不符合约定的,在履行义务或者采取补救措施后,对方还有其他损失的,应当赔偿损失。

第五百八十四条　当事人一方不履行合同义务或者履行合同义务不符合约定,造成对方损失的,损失赔偿额应当相当于因违约所造成的损失,包括合同履行后可以获得的利益;但是,不得超过违约一方订立合同时预见到或者应当预见到的因违约可能造成的损失。

2.《汽车销售管理办法》

第二十二条　未违反合同约定被供应商解除授权的,经销商有权要求供应商按不低于双方认可的第三方评估机构的评估价格收购其销售、检测和维修等设施设备,并回购相关库存车辆和配件。

第二十三条第一款　供应商发生变更时,应当妥善处理相关事宜,确保经销商和消费者的合法权益。

第二节　解散和清算

一、公司解散与清算

公司的解散和清算,直接关系到公司股东以及公司债权人的利益,是公司退出市场机制的重要组成部分,对正常市场经济秩序的建立具有重要影响。

公司解散与公司清算概念不同,法律程序不同,可以理解为:公司解散是公司清算的前提,公司清算是公司解散的一种延续和结果。

所谓公司解散,是指因公司章程或法定事由,公司停止对外经营活动,并开始公司清算,处理公司未了结事务,使公司法人资格消灭的法律行为。

公司解散一般情况下为公司或其股东自发或自愿行为，如营业期限到期、决议解散、公司合并与分立等(《公司法》(2018 年修正)第一百八十条规定的前三种情形)。但有时公司解散也是基于外界行为或法律强制性要求而发生的被迫行为，如公司被吊销执照、责令关闭或被撤销，以及法院依判决或裁定予以解散等(《公司法》(2018 年修正)第一百八十条规定的后两种情形)。前述规定与《公司法》(2023 修订)第二百二十九条规定基本一致。

所谓公司清算，是指公司出现法定解散事由或者公司章程所规定的解散事由以后，依法清理公司债权债务的行为。公司只有经过清算程序，清理债权债务、处置剩余财产，并注销登记，才最终消灭其法律人格。公司解散仅是缩小了公司的民事权利能力范围，进入清算程序后，公司依然存续，但不得开展与清算无关的经营活动。

随着汽车工业的发展，汽车技术日新月异，许多主机厂和汽车经销商在时代浪潮的拍打下，有的继续磅礴发展，也有的陆续倒闭、解散，甚至进入破产清算程序，最后消失于"江湖"。近年来，新能源汽车发展迅猛，在这新能源汽车"登峰造极"之时，也激起了极为猛烈的淘汰与倒闭浪潮。

根据《公司法》(2018 年修正)第一百八十条的规定，公司解散的原因包括：(1)公司章程规定的营业期限届满或者公司章程规定的其他解散事由出现；(2)股东会或者股东大会决议解散；(3)因公司合并或者分立需要解散；(4)依法被吊销营业执照、责令关闭或者被撤销；(5)人民法院依照本法第一百八十三条的规定予以解散。

《公司法》(2023 修订)第二百二十九条规定，公司因下列原因解散：

(一)公司章程规定的营业期限届满或者公司章程规定的其他解散事由出现；

(二)股东会决议解散；

(三)因公司合并或者分立需要解散；

(四)依法被吊销营业执照、责令关闭或者被撤销；

(五)人民法院依照本法第二百三十一条的规定予以解散。

公司出现前款规定的解散事由，应当在十日内将解散事由通过国家企业信用信息公示系统予以公示。

《公司法》(2023 年修订)第二百三十条规定，公司有前条第一款第一项、第二项情形，且尚未向股东分配财产的，可以通过修改公司章程或者经股东会决议而存续。

依照前款规定修改公司章程或者经股东会决议，有限责任公司须经持有三分之二以上表决权的股东通过，股份有限公司须经出席股东会会议的股东所持表决权的三分之二以上通过。

相比2018年《公司法》第一百八十条规定公司的解散事由，2023年《公司法》第二百二十九条除删除“股东大会”表述、修改司法解散的法条依据等非实质性变动外，主要补充公司解散事由的公示规则，即“应当在十日内将解散事由通过国家企业信用信息公示系统予以公示”。

关于涉及汽车企业的破产清算案例，广汽菲克破产清算案为经典案件之一。

2022年10月31日，广汽集团召开了《第六届董事会第27次会议决议公告》，审议通过了《关于同意广汽菲克破产申请的议案》，根据合营企业广汽菲亚特克莱斯勒汽车有限公司的申请，同意其因资不抵债，按现行法律法规相关规定，向法院申请破产。

据报道，26家广汽菲克汽车经销商曾联合向广州市与长沙市人民政府信访局发函维权，函中提出4条诉求：(1)坚决抵制广汽菲克在未解决经销商及客户问题前破产清算；(2)经销商交纳给厂商的保证金、应得返利全额现金兑付；(3)因厂商手续问题，客户无法在规定时间内完成上牌，所造成的损失，如库存积压车辆，厂商理应进行原价回购；(4)弥补厂商过失给经销商造成的经营损失。

但截至2023年9月15日，广汽菲克破产清算事宜正在按照法律规定的程序流程进行中，广汽菲亚特克莱斯勒汽车有限公司的破产问题，已经是无法扭转的事实。4S店作为与主机厂密不可分的利益体，本就是靠着卖车而生存，而主机厂破产，首当其冲的是各地经销商。主机厂的破产，也将会引起汽车经销商的连锁反应，造成汽车经销商各种形式、各种原因的解散、清算或转品牌，甚至转业谋求其他生路。①

---

① 参见潘涛：《诉求兑付金额最多达千万元！广汽菲克26家经销商集体维权》，载微信公众号“界面新闻”2022年11月14日，https://mp.weixin.qq.com/s/U7VRzRM47JAW_qq0vbVfuA。

【案例76】汽车4S店由于自身原因停止营业，且因逾期不接受年检被吊销营业执照之后，市场监管部门可否对其进行强制清算？

【案例来源】淮安经济技术开发区市场监督管理局、淮安A汽车销售有限公司强制清算申请审查强制清算与破产案［江苏省淮安经济技术开发区人民法院(2022)苏0891清申108号民事裁定书］

【基本案情】

2022年9月2日，申请人淮安经济技术开发区市场监督管理局以被申请人淮安A汽车销售有限公司逾期不接受年检被吊销营业执照，其清算义务人未依照法律规定组成清算组对企业进行清算为由向法院申请对被申请人进行强制清算。

法院查明，淮安A汽车销售有限公司设立于2014年4月2日，注册资本500万元，经营范围为汽车销售。2018年6月26日，该公司因未按照规定年检被吊销营业执照。该公司清算义务人在法定期限内未能成立清算组对公司进行清算。

【裁判结果】

法院认为，法人被吊销营业执照后，符合法定解散事由。法人解散后，清算义务人应在解散事由出现之日起15日内成立清算组，开始清算，逾期不成立清算组进行清算的，主管机关或利害关系人可以申请人民法院指定有关人员组成清算组进行清算。

法院接到申请后，经书面审查认为申请人申请符合法律规定，据此，根据《民法典》第六十九条、第七十条之规定，裁定如下：

受理淮安经济技术开发区市场监督管理局对淮安A汽车销售有限公司的强制清算申请。

【律师分析】

本案主要涉及汽车经销商停止对外业务经营之后，没有按照法律法规的规定对公司进行年检，亦没有按照规定对公司进行注销处理，最后由市场监管部门强制介入，向法院申请对该公司强制清算和注销。

在本案中，根据《民法典》第六十九条、第七十条的相关规定，公司被吊销营业执照后，符合法定解散事由。公司解散后，公司股东应在公司被吊销营业执照之日起 15 日内成立清算组，开始清算，但该公司股东逾期不成立清算组进行清算，于是市场监管部门申请人民法院对该公司强制清算。

《公司法》(2023 年修订)第二百四十一条规定，公司被吊销营业执照、责令关闭或者被撤销，满三年未向公司登记机关申请注销公司登记的，公司登记机关可以通过国家企业信用信息公示系统予以公告，公告期限不少于六十日。公告期限届满后，未有异议的，公司登记机关可以注销公司登记。依照前款规定注销公司登记的，原公司股东、清算义务人的责任不受影响。相较于《公司法》(2018 年修正)，本条为《公司法》(2023 年修订)新增条款，完善了我国的公司注销制度，为公司登记机关履行注销职责提供民事法律依据，有助于清理市场上大量已不具备经营资格的"名存实亡"企业，也有利于划清债权债务边界，及时追究股东或者清算义务人的法律责任。

公司被吊销营业执照，或被市场监管部门强制介入申请法院强制清算，均有可能使公司的股东、法定代表人或其他高管留下不良信用记录。如公司由于涉诉被列入失信被执行人名单，公司法定代表人也会因此被限制高消费，之后更会产生一系列不便和不利影响，包括在一定期限内无法再担任公司法定代表人等。

【律师建议】

案涉公司作为汽车经销商，在公司停止对外业务经营之后，没有年审、注销等处理，最后由市场监管部门强制介入，在进行公司营业执照吊销之后，再向法院申请强制清算和注销。

结合本案的情况，从汽车经销商合规经营及法律风险防范的角度，我们建议如下：

1. 创业经商需谨慎，行业的分析、选择很重要。在进入汽车经销行业之前，需从商业角度、法律角度等多方面作详尽全面的分析和评估，对于创业地点、位置地段、汽车品牌、经营模式等方面的选择和决策均需慎重。

2. 在 4S 店实际运营过程中，由于自身原因经营不善停止业务经营的，除了需厘清了结各方关系和事务，对于业务运行承载的主体(公司本身)，也需根据法律法规的规定进行及时有效处理，包括按照规定进行每月/每季度报税、每年按照规定进行年检，根据实际情况依法进行公司的解散、清算及注销工作。

3. 公司、股东及高管加强合法合规意识，提升法律风险识别、处理和应变能力，提高相关事务的处理效率。

【法律规定】

《民法典》

第六十九条　有下列情形之一的，法人解散：

(一)法人章程规定的存续期间届满或者法人章程规定的其他解散事由出现；

(二)法人的权力机构决议解散；

(三)因法人合并或者分立需要解散；

(四)法人依法被吊销营业执照、登记证书，被责令关闭或者被撤销；

(五)法律规定的其他情形。

第七十条　法人解散的，除合并或者分立的情形外，清算义务人应当及时组成清算组进行清算。

法人的董事、理事等执行机构或者决策机构的成员为清算义务人。法律、行政法规另有规定的，依照其规定。

清算义务人未及时履行清算义务，造成损害的，应当承担民事责任；主管机关或者利害关系人可以申请人民法院指定有关人员组成清算组进行清算。

2.《中华人民共和国公司法》(2023 年修订)

第二百四十一条　公司被吊销营业执照、责令关闭或者被撤销，满三年未向公司登记机关申请注销公司登记的，公司登记机关可以通过国家企业信用信息公示系统予以公告，公告期限不少于六十日。公告期限届满后，未有异议的，公司登记机关可以注销公司登记。

依照前款规定注销公司登记的，原公司股东、清算义务人的责任不受影响。

二、公司僵局与诉讼解散

《公司法》(2018 年修正)第一百八十二条规定："公司经营管理发生严重困难，继续存续会使股东利益受到重大损失，通过其他途径不能解决的，持有公司全部股东表决权百分之十以上的股东，可以请求人民法院解散公司。"前述规定与《公司法》(2023 年修订)第二百三十一条规定基本一致。

最高人民法院《关于适用〈中华人民共和国公司法〉若干问题的规定(二)》

(2020 修正)第一条规定:"单独或者合计持有公司全部股东表决权百分之十以上的股东,以下列事由之一提起解散公司诉讼,并符合公司法第一百八十二条规定的,人民法院应予受理:(一)公司持续两年以上无法召开股东会或者股东大会,公司经营管理发生严重困难的;(二)股东表决时无法达到法定或者公司章程规定的比例,持续两年以上不能做出有效的股东会或者股东大会决议,公司经营管理发生严重困难的;(三)公司董事长期冲突,且无法通过股东会或者股东大会解决,公司经营管理发生严重困难的;(四)经营管理发生其他严重困难,公司继续存续会使股东利益受到重大损失的情形。股东以知情权、利润分配请求权等权益受到损害,或者公司亏损、财产不足以偿还全部债务,以及公司被吊销企业法人营业执照未进行清算等为由,提起解散公司诉讼的,人民法院不予受理。"

上述法律规定了当公司出现僵局时,公司股东可以行使的权利和可以采取的保护自己合法权益的措施。

公司僵局,在法律上并没有明确的定义,一般是公司或其股东、高管出现某些无法通过协商解决的问题,导致公司停滞的状态。现实中,公司僵局产生的原因有很多,可能是组织功能弱化,也可能是公司决策和执行行为受阻,还可能是公司股东或高管内部的利益不一致、利益对立甚至产生冲突等。

有限责任公司的人合性是有限责任公司赖以生存和发展的基础,当公司股东之间丧失了合作和相互信任的基础,或在公司经营理念、策略、战略等方面发生严重分歧,导致公司的日常经营活动无法正常进行,公司业务无法正常运作时,公司的存续不仅会造成资源的浪费,而且会使股东的利益遭受重大损失。

公司僵局的产生,无论是对于公司,还是对于被牵涉的股东而言,均是致命的。为了破除公司僵局,根据上述《公司法》(2018 年修正)第一百八十二条及最高人民法院《关于适用〈中华人民共和国公司法〉若干问题的规定(二)》(2020 修正)第一条等相关规定,提起股东可通过公司僵局诉讼解散公司,以最大限度地保护自身的合法利益。

根据《公司法》(2018 年修正)第一百八十二条的规定,提起公司解散诉讼,必须同时满足以下四个条件:(1)公司经营管理发生严重困难;(2)继续存续会使股东利益受到重大损失;(3)通过其他途径不能解决;(4)起诉股东需持有公司全部股东表决权10%以上。

针对以上诉讼解散条件,具体分析如下。

1. 主体要件:需要持有公司表决权10%以上的股东

关于表决权比例,这里需要提醒的是:(1)表决权不等同于股权,公司章程可以约定同股同权,也可以约定同股不同权;(2)持有10%以上的股份,可以是单独持有,也可以合计持有。

2. 客观要件:公司经营严重困难

关于如何认定公司经营严重困难,最高人民法院《关于适用〈中华人民共和国公司法〉若干问题的规定(二)》(2020修正)第一条列举了四种情形。

3. 结果要件:存续会使股东利益受到重大损失

股东利益受损常见形式包括:(1)公司持续亏损,股东无法通过分红等方式获取经济利益,股东权益随着公司资产减少、负债增高而逐渐减损;(2)股东无法正常行使股东权利,参与公司经营决策、管理和监督。

4. 穷尽一切救济手段:其他途径不能解决

"通过其他途径不能解决",属于公司解散诉讼的前置程序。法院在审理公司解散案件时,须审查股东是否已经穷尽了公司内部一切的救济手段,或已采取了能够采取的其他方法仍不能解决公司目前存在的矛盾和问题。法院在审理该类案件过程中,通常注重调解,只要尚有其他合法途径能够解决矛盾,应尽可能协调当事人采取其他途径解决。

公司僵局出现后,相关的利益主体可以先通过协商、和解或调解方式解决僵局,比如股东可以通过转让股权和请求公司回购以退出公司,通过行使股东知情权、人事任免等方式维护股东权益,化解公司僵局。只有在穷尽其他途径仍无法解决的情况下,才能寻求诉讼方式解决。但是法律并未明确何为"其他途径",法律也未严格要求需要每一种途径都穷尽。在实践中,也存在内部矛盾过于尖锐导致无法调解或者调解未果人民法院依然受理的情况。

【案例77】汽车4S店股东意见存在严重分歧无法形成有效股东会决议，严重影响了4S店的正常运营，该如何化解公司股东僵局？

【案例来源】林A与漳州B汽车销售有限公司公司解散纠纷案[福建省漳州市龙海区人民法院(2023)闽0681民初98号民事判决书]

【基本案情】

林A向法院提出诉讼请求：

1. 判令解散漳州B汽车销售有限公司。

2. 本案的诉讼费用由被告承担。

原告事实与理由：

被告于2015年1月19日成立，2017年4月19日股东变更为原告林A及第三人黄C。注册资本500万元，原告认缴出资额125万元，占股25%，第三人认缴出资额350万元，占股75%。原告担任监事，第三人担任执行董事。

2019年5月1日起，原告没有再参与公司的经营管理，公司一直由第三人经营。之后股东之间未召开股东会议，被告也未公开过任何财务资料，致使原告对公司的经营状况、财务状况以及与股东利益密切相关的公司情况等毫不知情。原告多次要求查阅公司的财务资料，但被告均不予提供。

原告认为公司的股东会机制已经完全失灵，无法就公司的经营管理进行有效的决策，公司存续不利于维护原告的利益。

漳州B汽车销售有限公司、黄C共同辩称：

公司于2016年4月成立，起初是四名股东(黄C、林A、李D、翁E)，之后股东变更为黄C、林A。2016年开始公司的财务、人员均由原告林A负责安排，自2017年起公司开始出现亏损，2018年公司车行的售后由林A管理，2018年年初经双方初步结算，公司亏损了约125万元，原告林A需要承担约31万元的责任，但原告一直没将该款项拿出来，后双方对公司如何经营的问题进一步进行了协商，但协商未果。

2019年公司由黄C负责经营，原告林A就把公司的客户拉到外面跟其他人合伙，自2019年12月起公司就无法再继续经营，一直处于停业关闭状态。2021 年年初我方就开始找原告林 A 协商公司清算的问题,通过微信联系,双方也基本达成了一致意见,但最终还是未果。

现原告请求解散公司,我方表示同意,但双方应对公司先行清算。

法院查明:

被告漳州 B 汽车销售有限公司成立于 2015 年 1 月 19 日,公司注册资本为 500 万元,原告林 A 与第三人黄 C 系公司的股东,原告林 A 占 25% 股份,第三人黄 C 占 75% 股份,黄 C 任执行董事,林 A 任公司的监事。公司的经营范围为:品牌汽车、汽车配件销售,汽车装潢,汽车维修,二手车交易。

漳州 B 汽车销售有限公司公司章程明确约定:股东会会议分定期会议和临时会议,定期会议原则上定于每年一月召开一次,具体时间由执行董事决定;代表 1/10 以上表决权的股东、执行董事、监事提议召开临时会议的,应当召开临时会议。召开股东会会议,应当于会议召开 15 日前将会议日期、地点和内容通知全体股东,股东会应当对所议事项的决定作出会议记录,出席会议的股东应当在会议记录上签名。股东会会议由执行董事召集和主持,执行董事不能履行或者不履行召集股东会会议职责的,由公司的监事召集和主持;监事不召集和主持的,代表 1/10 以上表决权的股东可以召集和主持。股东会会议作出修改公司章程、增加或者减少注册资本的决议,以及公司合并、分立、解散或者变更公司形式的决议,必须经 2/3 以上表决权的股东通过。除法律、法规、章程有明确规定外,股东会作出的决议,必须经 1/2 以上表决权的股东通过。

2022 年 7 月 28 日,林 A 向被告漳州 B 汽车销售有限公司发出《通知函》,载明"本人为贵司持股比例 25% 的股东,依法应享受股东权利,但自 2019 年 5 月 6 日以来,贵司未召开股东会,未向本人披露财务状况,也未向本人分红。本人为了解贵司的实际情况,维护股东权利,现依法行使股东知情权。请贵司自收到《通知函》之日起 15 日内向本人提供自 2019 年 5 月 6 日起至今的财务会计报告、会计账簿及原始凭证等材料,以供本人查阅、复制。若贵司拒绝查阅、复印,请书面回复并予以说明。若贵司在指定期限内未向本人提供上述材料或在指定期限内未书面回复,则视为贵司拒绝查阅请求,本人将依法根据《中华人民共和国公司法》第三十三条之规定,通过诉讼途径维护本人合法权益",该《通知函》由黄 C 予以收件。

另查明:2019 年以来原告林 A 与第三人黄 C 之间因公司经营情况意见分歧较大,无法以股东会议的形式就公司的经营情况形成有效决策。自 2019 年年底起漳州 B 汽车销售有限公司处于停业关闭状态。

【裁判结果】

法院认为,根据《公司法》第一百八十二条的规定,公司解散需具备以下条件:(1)经营管理发生严重困难;(2)存续会使股东利益受到重大损失;(3)通过其他途径不能解决问题;(4)持有公司全部股东表决权 10% 以上的股东提起。

最高人民法院《关于适用〈中华人民共和国公司法〉若干问题的规定(二)》(2020 修正)第一条第一款规定:“单独或者合计持有公司全部股东表决权百分之十以上的股东,以下列事由之一提起解散公司诉讼,并符合《公司法》(2018 年修正)第一百八十二条规定的,人民法院应予受理:(一)公司持续两年以上无法召开股东会或者股东大会,公司经营管理发生严重困难的;(二)股东表决时无法达到法定或者公司章程规定的比例,持续两年以上不能做出有效的股东会或者股东大会决议,公司经营管理发生严重困难的;(三)公司董事长期冲突,且无法通过股东会或者股东大会解决,公司经营管理发生严重困难的;(四)经营管理发生其他严重困难,公司继续存续会使股东利益受到重大损失的情形。”

法院认为,在本案中,首先,漳州 B 汽车销售有限公司仅有林 A 和黄 C 两名股东,林 A 占 25% 股份,第三人黄 C 占 75% 股份,公司章程明确约定,只要两名股东的意见存在分歧,互不配合,就无法形成有效表决,显然影响公司的经营。就上述所查明的事实可以确认自 2019 年起林 A 与黄 C 之间就公司的经营管理情况处于矛盾状态,2019 年以来公司未召开过股东会,无法形成有效的股东会决议,也就无法通过股东会决议的方式管理公司,股东会机制已经失灵。无论是作为公司执行董事的黄 C,还是作为公司监事的林 A 经营管理公司,均无法正常行使职权。公司自 2019 年起处于停业关闭状态,公司的经营管理已发生严重困难。

其次,由于漳州 B 汽车销售有限公司的内部运行机制早已失灵,林 A 的股东权、执行董事权长期处于无法行使状态,其投资公司的目的无法实现,利益受到重大损失。

最后,根据被告提供的其与原告林 A 的微信聊天记录及原告林 A 提供的《通知函》,进一步确认双方虽拟通过协商的方式解决公司的经营情况,但无法达成一致意见。本案诉讼过程中,法院也基于慎用司法手段强制解散公司的考虑,积极进行调解,但均未成功。此外,林 A 持有公司 25% 的股权,也符合《公司法》关于提起公司解散诉讼的股东须持有公司 10% 以上股份的条件。

综上,漳州 B 汽车销售有限公司已符合《公司法》及其相关司法解释所规定的股东提起解散公司之诉的条件。原告林 A 请求解散漳州 B 汽车销售有限公司的理由成立,法院予以支持。

法院裁判结果:解散被告漳州 B 汽车销售有限公司。

【律师分析】

本案主要涉及当公司陷入僵局时,公司股东的权利该如何救济的问题。在本案中,法院确认了以下事实。

1. 公司两名股东的意见存在分歧,互不配合,无法形成有效表决,显然影响公司的经营;自 2019 年起公司未召开过股东会,也就无法通过股东会决议的方式管理公司,股东会机制已经失灵;公司自 2019 年起处于停业关闭状态,公司的经营管理已发生严重困难。

2. 公司内部运行机制早已失灵,原告的股东权、执行董事权长期处于无法行使状态,原告投资公司的目的无法实现,利益受到重大损失。

3. 原、被告虽拟通过协商的方式解决公司的经营情况,但无法达成一致意见。

4. 原告持有公司 25% 的股权,符合《公司法》关于提起公司解散诉讼的股东须持有公司 10% 以上股份的条件。

鉴于以上事实,根据《公司法》(2018 年修正)第一百八十二条及最高人民法院《关于适用〈中华人民共和国公司法〉若干问题的规定(二)》(2020 修正)第一条相关规定,法院顺理成章地作出相应判决。

【律师建议】

关于如何防止公司陷入僵局,在司法实践中,结合各地法院相关司法判例,从事先预防和事后补救的效果来看,股东在公司创立阶段对适格合作投资人的选择、设置合理的股权比例结构及提前设计合理的股东退出机制等对公司陷入僵局起到较大预防作用,更有利于避免其出现或降低公司出现僵局的风险,从而最大限度维护公司和各大股东的合法权益。

结合本案的情况,从汽车经销商合规经营及法律风险防范的角度,我们建议如下：

1. 尽量选择价值观一致、经营理念契合的投资人作为公司合作股东与合作伙伴。

有限责任公司的人合性特征，决定了合作股东的契合性是有限责任公司赖以生存和发展的基础。如果公司股东之间丧失了合作和相互信任的基础，或公司股东在公司经营理念、策略、战略等方面发生严重分歧，将会导致公司无法正常运营，最终使股东的利益遭受重大损失。

2. 公司的股权架构设计应当科学、合理，既便于公司高效地决策和运作，又能较好地保护各大股东合法权益。

公司股权架构设计和股东股权比例的设置，应该避免采取 50%∶50% 之类的平衡股权结构；相比之下，类似于 80%∶20%、70%∶30% 或 67%∶33% 之类的股权架构设计，更能有效保障公司的高效管理和运作。

3. 投资协议或公司章程中应预先明确设置公平、合理的股东退出机制，保障公司及股东在任何时候都有切实可行的问题处理方式和解决途径，在保障公司良性发展的同时，也最大限度地保障各大股东的合法权益。

凡事预则立，不预则废。在公司设立之初，各大股东就应当在投资合作协议及公司章程中预见和明确约定在公司后续业务开展和经营过程中可能会出现的问题、情形、后果、影响及相应的解决途径和方式，以便在公司出现僵局时，通过预设的股权转让、股权回购等方式、规则、流程进行处理和解决。

笔者在 2023 年 7 月为一家新设 4S 店投资人拟定的投资协议中，关于股东退出和涉及公司解散、清算的条款安排如下，供各大汽车经销商参考。

1. 以下情况启动股东除名机制，实行其他股东的强制回购机制。

（1）在合同签署之后，任何股东触发以下任一回购事件的，其余股东有权回购该股东（触发回购条件的一方）的全部股权：股东因故意或重大过失给公司造成重大损失；股东违反合同项下的义务，经催告后在合理期限内仍不履行。

（2）回购价格由各股东协商，守约股东有权按照公司净资产对应的标的股权比例回购股权。股东之间不能达成股权回购协议的，有权回购的股东可以向人民法院提起诉讼。股东造成公司损失的，回购款应优先偿还公司的实际损失，剩余款项退回该股东。若股东未依约履行实际投资义务，守约方有权按照本合同约定，对其未实际履行投资比例部分的登记出资比例依据本款约定无偿受让。

(3)有权回购的股东应向被回购股东发出书面回购通知,被回购股东须在收到上述通知之日起5个工作日内提出异议;如未提出异议,在收到通知之日起10个工作日内配合办理股权回购全部相关事项,包括但不限于签署相关的股权转让协议、配合办理工商变更登记等。被回购的股东如延迟办理回购事项,每延迟1日,承担相当于回购款0.03%的违约金。

2. 当下列任一情形发生时,甲方或乙方有权要求退出公司,并有权按本合同约定要求另一方配合执行。

(1)甲方或乙方抽逃出资或未按照本合同约定履行实际出资义务,且未能在对方给予的宽限期内补足的。

(2)公司任何一年的亏损达到500万元以上(含本数),或连续3年公司累计亏损达到1000万元以上(含本数)。

(3)公司租赁的场地到期后无法续租且严重影响公司正常生产运营超过180天的。

(4)公司发生“公司僵局”或发生视同清算事件等无法正常经营的情况的。

(5)甲方或乙方或公司发生重大违约行为,经甲方或乙方催告后30日内未消除违约行为的。此处的“重大违约行为”包括但不限于:①甲方或乙方在合同或公司章程中所作的声明、陈述或保证存在重大不真实、不准确、不完整的情形;②甲方或乙方损害公司利益,包括但不限于转移公司财产、大额账外销售收入等情形;③甲方或乙方发生重大违法行为且对公司、其他股东构成重大不利影响等。

3. 特别约定:如甲方未能在合作公司成立后6个月内以公司或公司成立的项目公司名义取得××汽车品牌新能源汽车销售服务的广州市代理资格及该品牌授权,乙方有权退出公司,要求甲方及公司退回乙方对公司的全部投入款项(包括注册资本金及资本公积、对公司的借款等),回购乙方持有的公司全部股份,并以投入款项总额按月息1%计算占用期间的利息支付乙方。

4. 公司解散前,双方应按照法律法规、公司章程的规定对公司进行清算、注销。公司解散、注销后,合同终止。

5. 甲方或乙方根据本合同约定提出退出公司的,在提出方书面通知送达另一方之日起20个工作日内,如双方就一方退出公司的路径及条件未达成一致意见,则公司立即启动清算、解散、注销的程序。

6. 在甲方或乙方按照合同约定提出退出公司的要求后10日内，另一方股东及公司应作出所有必要的行动或同意，包括但不限于通过相关决议、签署必要的法律文件、完成股权转让、公司减资或清算等相关程序。甲方或乙方承诺作出所有必要的行动或同意并配合完成甲方或乙方退出公司的相关法定手续，包括但不限于通过股东会决议、签署必要的法律文件、完成必要的程序等。

7. 出现下列情况，视为公司发生"公司僵局"。

(1) 一年内，任一方提议召开股东会、董事会而未能召开的情形总计达到3次及以上的；任一方提议列入股东会、董事会议程的事项未能列入股东会、董事会议事日程的情形总计达到3次及以上，且各方无法协商采取有效措施改善的。

(2) 需要股东会、董事会表决通过的事项在连续3次及以上的股东会、董事会会议上未能获得通过，且各方无法协商采取有效措施改善的。

【法律规定】

1.《公司法》(2018年修正)

第一百八十二条　公司经营管理发生严重困难，继续存续会使股东利益受到重大损失，通过其他途径不能解决的，持有公司全部股东表决权百分之十以上的股东，可以请求人民法院解散公司。

2.《公司法》(2023年修订)

第二百三十一条　公司经营管理发生严重困难，继续存续会使股东利益受到重大损失，通过其他途径不能解决的，持有公司百分之十以上表决权的股东，可以请求人民法院解散公司。

3.《最高人民法院关于适用〈中华人民共和国公司法〉若干问题的规定(二)》

第一条　单独或者合计持有公司全部股东表决权百分之十以上的股东，以下列事由之一提起解散公司诉讼，并符合公司法第一百八十二条规定的，人民法院应予受理：

(一) 公司持续两年以上无法召开股东会或者股东大会，公司经营管理发生严重困难的；

(二) 股东表决时无法达到法定或者公司章程规定的比例，持续两年以上不能做出有效的股东会或者股东大会决议，公司经营管理发生严重困难的；

(三) 公司董事长期冲突，且无法通过股东会或者股东大会解决，公司经营管理发生严重困难的；

（四）经营管理发生其他严重困难，公司继续存续会使股东利益受到重大损失的情形。

股东以知情权、利润分配请求权等权益受到损害，或者公司亏损、财产不足以偿还全部债务，以及公司被吊销企业法人营业执照未进行清算等为由，提起解散公司诉讼的，人民法院不予受理。

三、公司解散和清算法定程序

当公司无法继续经营、决定解散时，公司需要依法对债权债务、员工工资、公司税款、剩余财产等事项在一定期限内进行清算，履行完毕法定的解散、清算及注销程序。

（一）召开股东会，作出企业解散及清算决议

公司解散与清算属于重大表决事项，该项表决需经出席会议的股东所持表决权的 2/3 以上通过。

（二）成立清算组

公司章程规定的营业期限届满，或者公司章程规定的其他解散事由出现时，或者股东会决议解散时，按照《公司法》（2018 年修正）一百八十三条的规定，应当在解散事由出现之日起 15 日内成立清算组，开始清算。

逾期不成立清算组进行清算，以及虽然成立清算组但故意拖延清算或违法清算，可能会严重损害债权人或其他股东利益的，债权人、公司股东、董事或者其他利害关系人可以申请人民法院指定有关人员组成清算组。

《公司法》（2023 年修订）第二百三十二条规定，公司因本法第二百二十九条第一款第一项、第二项、第四项、第五项规定而解散的，应当清算。董事为公司清算义务人，应当在解散事由出现之日起十五日内组成清算组进行清算。

清算组由董事组成，但是公司章程另有规定或者股东会决议另选他人的除外。

清算义务人未及时履行清算义务，给公司或者债权人造成损失的，应当承担赔偿责任。

《公司法》（2023 年修订）第二百三十三条规定，公司依照前条第一款的规

定应当清算，逾期不成立清算组进行清算或者成立清算组后不清算的，利害关系人可以申请人民法院指定有关人员组成清算组进行清算。人民法院应当受理该申请，并及时组织清算组进行清算。

公司因本法第二百二十九条第一款第四项的规定而解散的，作出吊销营业执照、责令关闭或者撤销决定的部门或者公司登记机关，可以申请人民法院指定有关人员组成清算组进行清算。

（三）通知债权人

根据《公司法》（2018 年修正）第一百八十五条的规定，清算组应当自成立之日起十日内通知债权人，并于六十日内在报纸上公告。债权人应当自接到通知书之日起三十日内，未接到通知书的自公告之日起四十五日内，向清算组申报其债权。

《公司法》（2023 年修订）第二百三十五条规定，清算组应当自成立之日起 10 日内通知债权人，并于 60 日内在报纸上或者国家企业信用信息公示系统公告。债权人应当自接到通知之日起 30 日内，未接到通知的自公告之日起 45 日内，向清算组申报其债权。债权人申报债权，应当说明债权的有关事项，并提供证明材料。清算组应当对债权进行登记。在申报债权期间，清算组不得对债权人进行清偿。

（四）注销登记与公告公司终止

根据《公司法》（2018 年修正）第一百八十八条的规定，公司清算结束后，清算组应当制作清算报告，报股东会、股东大会或者人民法院确认，并报送公司登记机关，申请注销公司登记，公告公司终止。

《公司法》（2023 年修订）第二百三十九条规定，公司清算结束后，清算组应当制作清算报告，报股东会或者人民法院确认，并报送公司登记机关，申请注销公司登记。

一般而言，公司退出市场有破产清算和非破产清算两种途径，非破产清算具体包括自行清算和强制清算。强制清算程序主要是为了解决公司出现解散事由后，无法依法自行成立清算组，或成立清算组后清算组无法依法履行清算职能等问题。

在实践中，可能会出现被申请人拖延清算，未在 15 日内成立清算组的情形，可以申请强制清算。

【案例78】股东申请强制清算中，被申请人拖延清算如何认定?

【案例来源】陈A与上海B集团新能源科技有限公司申请公司清算强制清算与破产上诉案[上海市高级人民法院(2019)沪清终1号民事裁定书]

【基本案情】

上海B集团新能源科技有限公司(以下简称新能源公司)于2009年4月21日经工商部门核准设立,注册资本50万元,股东为B集团公司(出资24万元,持股48%)、陈A(出资17.5万元,持股35%)、母线桥架公司(出资8.5万元,持股17%)。

2018年8月8日,陈A起诉至上海市嘉定区人民法院,要求解散新能源公司,获得支持[案号:(2018)沪0114民初13972号]。新能源公司不服一审判决上诉后,因未缴纳上诉费,上海市第二中级人民法院于2019年4月28日裁定,该案按撤回上诉处理。2019年5月5日,新能源公司召开股东会并作出股东会决议,成立清算组,清算组成员由三方股东各指派一人共同组成,B集团公司指派郑某华,母线桥架公司指派陈某川。新能源公司章程约定:股东会作出决议的内容除了修改章程、增减注册资本,公司合并、分立,解散或变更公司形式外,须经代表1/2以上表决权的股东通过。

2013年3月18日,陈A以B集团公司、母线桥架公司等共同损害新能源公司利益为由起诉至上海市嘉定区人民法院,要求赔偿损失500万元(暂定)。上海市嘉定区人民法院作出(2013)嘉民二(商)初字第595号民事判决书,判决驳回全部诉讼请求。陈A不服一审判决上诉后,上海市第二中级人民法院于2015年6月23日作出(2015)沪二中民四(商)终字第486号民事裁定书,裁定撤销(2013)嘉民二(商)初字第595号民事判决,发回上海市嘉定区人民法院重审。2017年6月30日,上海市嘉定区人民法院作出(2015)嘉民二(商)重字第2号民事判决书,判决B集团公司、母线桥架公司支付新能源公司价款44,492,000元及利息损失等。陈A及B集团公司、母线桥架公司均不服一审判决上诉,上海市第二中级人民法院于2018年5月11日作出(2017)沪02民终8899号民事判决书,判决驳回上诉,维持原判。陈A不服,向上海市人民检察院申诉。上海市人民检察院认为符合法律规定,向法院提出抗诉。法院于2019年3月6日作出(2019)沪民抗2号民事裁定书,裁定该案由法院提审,再审期间,中止原判决的执行。

一审法院认为,根据最高人民法院《关于适用〈中华人民共和国公司法〉若干问题的规定(二)》(2020修正)第七条的规定,公司应当依照《公司法》第一百八十三条的规定,在解散事由出现之日起15日内成立清算组,开始自行清算。虽然成立清算组但故意拖延清算,债权人申请人民法院指定清算组进行清算的,人民法院应予受理;而债权人未提起清算申请,公司股东申请人民法院指定清算组对公司进行清算的,人民法院应予受理。新能源公司解散后,在法定期限内通过股东会决议已经成立清算组,后系因法院作出的(2019)沪民抗2号民事裁定书而未能实施清算,该情形不属于故意拖延清算。现陈A以新能源公司解散后无法成立清算组等为由申请强制清算,不符合上述规定,一审法院依法不予受理。

上海市嘉定区人民法院(2018)沪0114民初13972号民事判决书认定,自2010年起,陈A与新能源公司及B集团公司、母线桥架公司间发生了严重的矛盾与对立,各方之间诉讼纠纷不断。各股东间已丧失了基础的信任,股东之间相互合作的基础已完全丧失。新能源公司面临严重的管理僵局,且无法通过自力救济途径加以打破,新能源公司存续必然会造成股东利益遭受无法挽回的损失,故判决解散新能源公司。

上海市第二中级人民法院作出(2017)沪02民终8899号民事判决后,陈A和B集团公司均不服,分别向上海市人民检察院提出抗诉申请。上海市人民检察院认为双方的抗诉申请均符合法律规定,遂向法院提出抗诉。法院作出(2019)沪民抗2号民事裁定书,决定提审该案。2019年12月24日,法院就该案作出(2019)沪民再4号民事判决书,判决维持上海市第二中级人民法院(2017)沪02民终8899号民事判决。该民事判决书已于2019年12月27日分别送达陈A、B集团公司、新能源公司、母线桥架公司等各方当事人,依法已经发生法律效力。

(2019)沪民再4号民事判决书认为,B集团公司、母线桥架公司未对涉案工业用房建设项目进行评估,即由B集团公司取得原属于新能源公司的涉案工业用房建设项目,亦未与新能源公司进行结算,损害了新能源公司的利益。因此,B 集团公司、母线桥架公司应当根据《公司法》第二十条的规定,对由此给新能源公司造成的损失承担赔偿责任。

法院(2019)沪民再 4 号民事判决书发生法律效力后,B 集团公司、母线桥架公司未按生效裁判文书履行义务。陈 A 向上海市嘉定区人民法院申请强制执行[案号:(2020)沪 0114 执 646 号]。在执行过程中,法院向 B 集团公司、母线桥架公司发出执行通知书,责令其在限期内履行法律文书所确定的义务,并报告财产状况,但 B 集团公司、母线桥架公司仍未履行义务,也未向法院申报财产。

二审审理期间,法院向新能源公司释明,公司清算组应当严格依照《公司法》等相关法律规定开展清算工作。但截至 2020 年 4 月 2 日,新能源公司仍未全面清理公司债权、债务,未通知、公告债权人,也未开展其他清算工作。

二审审理期间,法院就有关诉讼风险向 B 集团公司、母线桥架公司进行了释明,询问其能否提出足以确保依法及时清算的有效措施,或者对此提供相应担保。B 集团公司、母线桥架公司均未能提出相应有效措施;同时表示,在陈 A 提供反担保的前提下,B 集团公司、母线桥架公司愿意提供担保,但担保金额不能超过 10 万元。

【裁判结果】

陈 A 在一、二审中申请强制清算,主要理由是认为新能源公司两名控股股东曾经滥用股东权利,实施了严重损害公司利益和其他股东利益的行为,现公司清算也主要是对两名控股股东进行债务追索。

因此,如果由两名控股股东主导对公司实行自行清算,将难以确保清算过程公平公正,存在严重损害公司利益和其他股东利益的现实可能,法院认为,综合考量本案相关事实,应当认定陈 A 主张的上述理由成立。

主要理由阐述如下:

1. B 集团公司、母线桥架公司与新能源公司清算事务存在直接和严重的利益冲突。公司清算是为了清理公司债权债务,并就公司资产清偿全部债务后的剩余部分在全体股东之间进行分配。因此,公司清算过程中应当客观、中立地认定公司债权债务,依法维护债权人和全体股东的合法权益。本案中,各方当事人一致确认,新能源公司现有资产主要是该公司对 B 集团公司、母线桥架公司享有的债权。同时,B 集团公司、母线桥架公司因投资、垫付款项等也对公司享有部分债权。因此,本案涉及的清算工作主要就是认定和追收 B 集团公司、母线桥架公司对新能源公司所负的债务。考虑到上述债务本身就是由于 B 集团公司、母线桥架公司滥用股东权利、严重损害公司利益所引发的损害赔偿,而 B 集团公司、母线桥架公司对于相关行为的违法性至今不予认可,且在人民法院生效裁判作出后仍拒绝履行相应债务等事实,可以认定 B 集团公司、母线桥架公司与新能源公司清算事务之间存在直接的、严重的利益冲突。在此条件下,如果由 B 集团公司、母线桥架公司主导对新能源公司实行自行清算,确实存在难以确保清算过程客观、中立的问题,具有损害债权人或者其他股东利益的风险。

2. B 集团公司、母线桥架公司具有曾经滥用股东权利,严重损害公司和其他股东利益的重大情节。如果说控股股东与清算事务之间存在利益冲突只是使自行清算具有损害债权人或者其他股东利益的可能性,那么,B 集团公司、母线桥架公司曾经滥用股东权利,严重损害公司和其他股东利益的事实,则使这种可能性具有了很强的现实性,加大了自行清算给债权人或者其他股东利益造成损失的现实风险。上述行为属于《公司法》第二十条规定的滥用股东权利、损害公司或者其他股东合法权益的情形,且涉及金额特别巨大,情节特别严重。在此情况下,作为公司小股东的陈 A 有合理理由认为,如果由 B 集团公司、母线桥架公司主导对新能源公司实行自行清算,极有可能发生最高人民法院《关于适用〈中华人民共和国公司法〉若干问题的规定(二)》(2020 修正)第七条第二款第二项、第三项规定的情形。法院(2019)沪民再 4 号民事判决书发生法律效力后,B 集团公司、母线桥架公司仍拒绝推进清算工作的事实,也印证了陈 A 此前的疑虑符合通常情理。

3. B 集团公司、母线桥架公司未能提出足以确保依法及时清算的有效措施,或者提供相应担保。根据《公司法》及其相关司法解释的规定,公司清算应以自行清算为原则,以强制清算为例外。新能源公司自行清算虽有严重损害债权人或者股东合法权益的现实可能性,但如果其控股股东能够提出足以确保依法及时清算的有效措施,或者对此提供相应担保,则人民法院仍有可能允许新能源公司自行清算,并在自行清算实际损害利害关系人合法权益时,依法支持相关主体的救济请求。二审审理期间,法院就相应事项向 B 集团公司、母线桥架公司进行了释明,但两家公司未能提出相应有效措施,也未提供有效担保。上述事实,使对新能源公司进行强制清算具有了现实必要性。

法院裁定如下：

1. 撤销上海市第三中级人民法院(2019)沪 03 清申 19 号民事裁定。

2. 指令上海市第三中级人民法院裁定受理陈 A 对 B 集团公司的强制清算申请。

【律师分析】

本案中问题焦点是被申请人在(2019)沪民再 4 号民事判决书发生法律效力后的拒绝推进清算工作行为以及申请人在一、二审中主张的被申请人滥用股东权利行为是否构成了最高人民法院《关于适用〈中华人民共和国公司法〉若干问题的规定(二)》(2020 修正)第七条第二款第二项规定的"故意拖延清算"和"损害债权人或者股东利益"。

针对第一点在(2019)沪民再 4 号民事判决书发生法律效力后的拒绝推进清算工作行为,由于该判决已然清除了公司自行清算的障碍,但新能源公司两名控股股东 B 集团公司、母线桥架公司怠于推进清算工作,发出执行通知书后,仍拒绝履行生效裁判文书确定的义务,也未按照法律规定向法院申报财产,已经构成《最高人民法院关于适用〈中华人民共和国公司法〉若干问题的规定(二)》(2020 修正)第七条第二款第二项规定的"故意拖延清算"。

此外在释明相关法律规定后,新能源公司清算组至今仍未依法通知和公告债权人,属于《最高人民法院关于适用〈中华人民共和国公司法〉若干问题的规定(二)》(2020 修正)第七条第二款第三项规定的"违法清算可能严重损害债权人或者股东利益"的情形。基于上述情况,以及目前没有债权人提起清算申请的事实,陈 A 申请对新能源公司进行强制清算,符合《最高人民法院关于适用〈中华人民共和国公司法〉若干问题的规定(二)》(2020 修正)第七条第二款第二项、第三项的规定,符合强制清算的要件。

在此之外,涉及强制清算的举证责任问题也值得注意。申请强制清算的举证证明遵循"谁主张,谁举证"的一般原则,分为申请资格证明和申请事由证明两个部分。申请人应当向法院提交被申请人已经发生解散事由以及申请人对被申请人享有债权或者股权的有关证据。公司解散后已经自行成立清算组进行清算,但债权人或者股东以其故意拖延清算,或者存在其他违法清算可能严重损害债权人或者股东利益为由,申请法院强制清算的,申请人还应当向法院提交公司故意拖延清算,或者存在其他违法清算行为可能严重损害其利益的相应证据材料。

同时,依据《最高人民法院关于审理公司强制清算案件工作座谈会纪要》第十四条的规定,申请人提供被申请人自行清算中故意拖延清算,或者存在其他违法清算可能严重损害债权人或者股东利益的相应证据材料后,被申请人未能举出相反证据的,法院对申请人提出的强制清算申请应予受理。债权人申请强制清算,被申请人的主要财产、账册、重要文件等灭失,或者被申请人人员下落不明,导致无法清算的,法院不得以此为由不予受理。因此,法院对强制清算申请人规定了一定程度的举证责任,作为启动程序的基础依据,但并未对申请人过于苛刻,重点旨在通过强制清算程序,达到完成清算、终止公司主体的实际目的。

【律师建议】

在公司自行清算无法继续的前提下,赋予债权人、股东、董事等主体向法院申请对公司强制清算的权利,有利于维护利害相关人的利益,也保障了市场秩序的良性运行。

满足法律规定的要件,结合案件事实,及时、有效地向法院提出强制清算的申请,是保持清算效率、实现利益均衡的有效途径。正如本案例中申请人作为股东之一,为了保障自身合法权益提出强制清算。

但就被申请人公司的角度而言,则需要更加认真严谨对待清算任务。公司应及时成立清算组,及时发布债权人公告,告知公司债权人及时申报债权。

就债权人公告而言,由于部分项目负责人生搬硬套模板或者没有专业知识指导,公告往往存在瑕疵由此带来法律风险。根据《最高人民法院关于适用〈中华人民共和国公司法〉若干问题的规定(二)》(2020 修正)第十一条规定,发布债权人公告,应当注意除需要将清算事宜书面通知全体已知债权人,还应当根据公司规模和营业地域范围在全国或者公司注册登记地省级有影响的报纸上进行公告,而不能仅根据行政审核人员的以往经验在其要求发布的媒介上公告,如果清算组未按照前述要求履行通知义务和公告义务,导致债权人未及时申报债权而未获清偿,极有可能需要承担后续的法律风险和损赔偿失。

同时,确保清算组人员的专业和责任意识也是确保清算顺利进行的重要一环。实务中,很多清算组成员或没有专业法律背景,或出于认为责任应由委派自己担任清算组成员的法人股东承担等各种原因,不能正确认识自身应负法律上的尽职审慎义务,因此产生了各种重形式、轻实质的问题。

【法律规定】

1.《公司法》(2018年修正)

第一百八十三条 公司因本法第一百八十一条第(一)项、第(二)项、第(四)项、第(五)项规定而解散的,应当在解散事由出现之日起十五日内成立清算组,开始清算。有限责任公司的清算组由股东组成,股份有限公司的清算组由董事或者股东大会确定的人员组成。……

2.《公司法》(2023年修订)

第二百三十二条 公司因本法第二百二十九条第一款第一项、第二项、第四项、第五项规定而解散的,应当清算。董事为公司清算义务人,应当在解散事由出现之日起十五日内组成清算组进行清算。

清算组由董事组成,但是公司章程另有规定或者股东会决议另选他人的除外。

清算义务人未及时履行清算义务,给公司或者债权人造成损失的,应当承担赔偿责任。

3.《最高人民法院关于适用〈中华人民共和国公司法〉若干问题的规定(二)》

第七条第二款 有下列情形之一,债权人、公司股东、董事或其他利害关系人申请人民法院指定清算组进行清算的,人民法院应予受理:

(一)公司解散逾期不成立清算组进行清算的;

(二)虽然成立清算组但故意拖延清算的;

(三)违法清算可能严重损害债权人或者股东利益的。

4.《最高人民法院关于审理公司强制清算案件工作座谈会纪要》

第十四条 申请人提供被申请人自行清算中故意拖延清算,或者存在其他违法清算可能严重损害债权人或者股东利益的相应证据材料后,被申请人未能举出相反证据的,人民法院对申请人提出的强制清算申请应予受理。……

四、简易注销制度

一般情况下,公司的解散需要经历复杂精细的解散清算步骤,对于规模较大且债权债务较为复杂的公司来说,法定的解散清算程序能更好地保障公司、股东以及债权人的利益,但对于同样需要解散清算的小公司来说,注销程序复杂、耗时较长,在一定程度上影响了市场的效率。

2017 年 3 月 1 日起,为了顺应市场的发展,我国全面实行简易注销登记改革。简易注销登记旨在让那些真正有退出需求、债务关系清晰的企业能够快捷便利地退出市场,以利于社会资源的重新整合。简易程序优化和方便了企业退出市场的途径,但为了防止企业恶意利用简易注销程序来逃避债务或者侵害他人和合法权益,法律设置了简易注销程序的适用条件,以及违反法律导致他人合法权益损害所承担的严重后果。

《公司法》(2023 年修订)第二百四十条规定,公司在存续期间未产生债务,或者已清偿全部债务的,经全体股东承诺,可以按照规定通过简易程序注销公司登记。

通过简易程序注销公司登记,应当通过国家企业信用信息公示系统予以公告,公告期限不少于二十日。公告期限届满后,未有异议的,公司可以在二十日内向公司登记机关申请注销公司登记。

公司通过简易程序注销公司登记,股东对本条第一款规定的内容承诺不实的,应当对注销登记前的债务承担连带责任。

相比 2018 年《公司法》,以上 2023 年《公司法》第二百四十条的规定为新增条款,规定了简易注销的要件、程序和责任,明确了"股东应当对注销登记前的债务承担连带责任",并将股东承担责任的情形限于"对本条第一款规定的内容承诺不实的",避免股东责任扩大。

该制度主要源于《关于全面推进简易注销登记改革的指导意见》《关于开展进一步完善企业简易注销登记改革试点工作的通知》《市场主体登记管理条例》,有利于提升市场主体的退出效率,降低退出成本,减少僵尸企业数量,提高社会资源利用效率。

(一)简易注销程序适用条件

1. 针对对象

简易注销适用的对象包括领取营业执照后未开展经营活动(未开业)、未发生债权债务或已将债权债务清算完结(无债权债务)的有限责任公司。《简易注销指导意见》明确八类企业[①]禁止适用企业简易注销程序。

2. 申请办理简易注销登记

企业在选择适用简易程序时，需要提交简易注销申请登记书、授权委托书、营业执照正副本三类书面材料。登记机关利用互联网技术，对企业基本情况进行检索检查，对申请材料不进行实质审查，而是进行形式审查。

3. 公告的形式以及时间要求

公司申请简易注销时，应当提交申请书和全体投资人承诺书，将承诺书及注销登记申请通过国家企业信用信息公示系统公示，无异议并经过公告期，才能够向登记机关申请简易注销。

（二）信用惩戒

对比一般注销程序，简易注销制度仅仅是简化了审查的程序，行政机关仅进行形式上的审查，推定企业符合条件申请市场退出依赖的是企业主体的诚信意识，如果企业恶意利用简易注销程序仅做形式审查逃避债务，除了会被撤销注销登记，还将面临信用惩戒措施，惩戒措施之一是纳入严重违法失信企业名单。

【案例 79】汽车 4S 店向汽贸公司采购车辆支付了 20 万元履约保证金，之后汽贸公司未经清算即进行简易注销，汽车 4S 店该如何维权？

【案例来源】成都信美达汽车销售有限公司、孔某涛合同纠纷案［山东省青岛市市北区人民法院（2021）鲁 0203 民初 2937 号民事判决书］

【基本案情】

成都信美达汽车销售有限公司（以下简称信美达汽车）向本院提出诉讼请求：

1. 依法判令被告返还原告预付履约保证金 20 万元，以及资金占用利息

---

① （1）涉及国家规定实施准入特别管理措施的外商投资企业；（2）被列入企业经营异常名录或严重违法失信企业名单的企业；（3）存在股权（投资权益）被冻结、出质或动产抵押等情形的企业；（4）有正在被立案调查或采取行政强制、司法协助、被予以行政处罚等情形的企业；（5）企业所属的非法人分支机构未办理注销登记的企业；（6）曾被终止简易注销程序的企业；（7）法律、行政法规或者国务院决定规定在注销登记前需经批准的企业；（8）不适用企业简易注销登记的其他情形。

（以本金20万元为基数，以年利率3.85%为利率计算标准，从2020年12月14日起计算至实际支付完毕之日止）。

2. 依法判令被告承担本案的诉讼费。

事实与理由：

原告和青岛鲁润车业发展有限公司（以下简称鲁润车业）（被告是该公司唯一股东和法定代表人）签订汽车买卖《合作协议》，协议约定原告从被告处采购汽车，按照约定，原告支付了20万元保证金后，被告在2019年9月25日给原告出具保证金收据。

被告及其公司没有按照合同约定提供可购买的车辆货源，同时在2020年3月12日鲁润车业向其登记机关申请了简易注销登记，该公司现在已经被注销。原告发现被告无法提供货源和已经注销的情况后，不断催促被告及其公司签约代表经理人孙某强，要求返还保证金，被告以各种理由拖延拒不返还。

孔某涛辩称：

1. 案涉《合作协议》合法有效，对双方具有法定约力。案涉《合作协议》系双方真实意思表示，未违反法律、行政法规的强制性规定，应属有效，双方应共同遵守。

2. 案涉履约保证金不应退还。案涉《合作协议》第二条约定，原告无法完成价值1000万元的车辆采购义务的，不予退还履约保证金。协议签订后，在原告未完成1000万车辆采购义务的情况下，原告单方中止行该协议，根据协议约定，此种情形不予退还履约保证金。另根据协议约定，履约保证金不计利息。

3. 原告违背诚实信用原则，造成的损失不应由被告承担。被告已将原告支付的案涉履约保证金用于采购协议约定的车辆，被告无违约行为，双方合作难以继续进行的原因系原告单方中止履行协议，造成的损失不应由被告承担，原告要求返还案涉履约保证金违反诚实信用原则，亦违反公平原则。

综上，请求依法驳回原告的诉讼请求。

法院查明：

原告与鲁润车业于2019年9月23日签订《合作协议》一份，约定原告长期从鲁润车业处采购汽车,双方约定每年交易金额1000万元以上,原告交给鲁润车业20万元作为履约保证金,鲁润车业给予原告优惠的采纳政策,价格方案为车辆成本价加15%的利润。履约保证金不计利息,将在原告完成价值1000万元的车辆采购义务之后全额退还,如原告无法履约,则鲁润车业将扣除原告的履约保证金,不予退还。如鲁润车业的问题造成无法履约,则全额退还保证金。双方另对其他事项进行了约定。

鲁润车业在上述《合作协议》上加盖公章,"法定代表人或授权代表"处有孙某强的签名。被告称孙某强系鲁润车业当时的经理,后又改称孙某强系鲁润车业普通员工。

原告于2019年9月25日向鲁润车业支付20万元履约保证金,鲁润车业出具了收据。

庭审中,被告提交了原告法定代表人之子白某顺(原告称白某顺为原告公司实际管理人)与孙某强的微信聊天记录。案涉《合作协议》的签署,一直都是白某顺与孙某强在沟通相关事宜。

鲁润车业于2020年3月注销,孔某涛系该公司法定代表人及唯一的股东。

【裁判结果】

法院认为:原告与鲁润车业签订的《合作协议》是双方真实意思表示,合法有效。原告根据该协议的约定,向鲁润车业支付了履约保证金20万元,此后因车源问题,原告要求退还保证金,鲁润车业的授权代表孙某强对此表示同意。关于孙某强是否有权代表鲁润车业同意退还保证金,根据《民法总则》的相关规定,执行法人或者非法人组织工作任务的人员,就其职权范围内的事项,以法人或者非法人组织的名义实施民事法律行为,对法人或者非法人组织发生效力。法人或者非法人组织对执行其工作任务的人员职权范围的限制,不得对抗善意相对人。案涉协议的签署,一直都是由原告方白某顺与孙某强进行沟通,相关事项均由孙某强代表鲁润车业作出决定,孙某强亦在协议中作为鲁润车业的授权代表签字,结合上述规定,法院认定孙某强同意退还保证金的行为,对鲁润车业产生效力。

鲁润车业系一人有限责任公司,孔某涛系唯一股东。该公司于2020年3月申请简易注销登记,孔某涛在《全体投资人承诺书》中承诺:"本公司申请注销登记前未发生债权债务/已将债权债务清算完结……清算工作已全面完结……本企业全体投资人对以上承诺的真实性负责,如果违法失信,则由全体投资人承担相应的法律后果和责任。”孔某涛未就鲁润车业注销前经过清算提交任何证据。根据相关规定,公司解散应当在依法清算完毕后,申请办理注销登记。公司未经清算即办理注销登记,导致公司无法进行清算,债权人主张有限责任公司的股东、股份有限公司的董事和控股股东,以及公司的实际控制人对公司债务承担清偿责任的,人民法院应依法予以支持。公司未经依法清算即办理注销登记,股东或者第三人在公司登记机关办理注销登记时承诺对公司债务承担责任,债权人主张其对公司债务承担相应民事责任的,人民法院应依法予以支持。

故孔某涛应对鲁润车业的债务承担清偿责任。

关于原告主张的资金占用利息问题,因双方并未对付款时间进行明确约定,故本案宜自原告起诉之日起计算利息。原告要求按照年利率 3.85% 为标准,计算至被告实际支付之日,不违反法律规定,法院予以支持。

综上,法院判决如下:

被告孔某涛于本判决生效之日起 10 日内返还原告信美达汽车保证金 20 万元及利息(利息以 20 万元为基数,自 2021 年 2 月 19 日起至实际付清之日止,按照年利率 3.85% 计算)。

【律师分析】

本案主要涉及汽车经销商交易的相对方公司在没有进行清算的前提下进行了简易注销,法院依法判决该公司股东对公司的债务承担清偿责任。

本案中,被告作为鲁润车业唯一股东,在鲁润车业未经过清算即申请简易注销登记时,并在《全体投资人承诺书》中承诺:“本公司申请注销登记前未发生债权债务/已将债权债务清算完结……清算工作已全面完结……本企业全体投资人对以上承诺的真实性负责,如果违法失信,则由全体投资人承担相应的法律后果和责任。”法院根据相关规定,判决被告对鲁润车业的债务承担清偿责任。

简易注销登记旨在让真正有退出需求、债务关系清晰的企业能够快捷便利地退出市场,以利于社会资源的重新整合。如果企业恶意利用简易注销程序来逃避债务或者侵害他人和合法权益,将会存在以风险:

1. 公司被撤销注销登记,并被列入严重违法失信企业名单,及依法实施联合惩戒并公示。

公司申请办理简易注销登记,如提交虚假材料或者采取其他欺诈手段隐瞒重要事实骗取简易注销登记,市场监管部门应当撤销该企业简易注销登记,同时将该企业列入严重违法失信企业名单并依法实施联合惩戒并公示。

2. 公司股东被诉及赔偿,直接对被注销公司的债务承担清偿责任。

根据《最高人民法院关于适用〈中华人民共和国民事诉讼法〉的解释》(2022修正)第六十四条规定,企业法人未依法清算即被注销的,以该企业法人的股东、发起人或者出资人为当事人。

《最高人民法院关于适用〈中华人民共和国公司法〉若干问题的规定(二)》(2020修正)第十八条第一款规定:"有限责任公司的股东、股份有限公司的董事和控股股东未在法定期限内成立清算组开始清算,导致公司财产贬值、流失、毁损或者灭失,债权人主张其在造成损失范围内对公司债务承担赔偿责任的,人民法院应依法予以支持。"

《最高人民法院关于适用〈中华人民共和国公司法〉若干问题的规定(二)》(2020修正)第十九条规定:"有限责任公司的股东、股份有限公司的董事和控股股东,以及公司的实际控制人在公司解散后,恶意处置公司财产给债权人造成损失,或者未经依法清算,以虚假的清算报告骗取公司登记机关办理法人注销登记,债权人主张其对公司债务承担相应赔偿责任的,人民法院应依法予以支持。"第二十条第一款规定:"公司解散应当在依法清算完毕后,申请办理注销登记。公司未经清算即办理注销登记,导致公司无法进行清算,债权人主张有限责任公司的股东、股份有限公司的董事和控股股东,以及公司的实际控制人对公司债务承担清偿责任的,人民法院应依法予以支持。"

根据以上规定,结合本案的事实,案涉企业未经清算即进行注销,其唯一股东并进行了相应承诺,且明知而为之,具有主观上的故意,法院根据相关事实和以上法律规定依法作出了判决。

【律师建议】

本案中涉及的简易注销,基于《全体投资人承诺书》的承诺,若公司未依法清算即简易注销,全体股东需承担相应责任。

因此,为尽可能减少或避免类似风险,从汽车经销商合规经营及法律风险防控的角度,我们建议如下:

1. 注销前应依法进行清算。

2. 依法通知和公告债权人，处理税收欠款、处理好劳动、合同纠纷等，并妥善保管已履行清算责任的有关证据，依法进行公示公告等。

3. 股东作为清算义务人在股东会决议、清算报告、债权债务已结清的承诺书上的签字均具有法律效力。因此，在公司进行清算时，股东应重视公司财务账册等重要文件的保管，依据公司的真实经营情况进行清算，出具真实的清算报告，强化合规意识，认识和预见到清算责任的风险及后果，审慎签署相关文书。

综上，股东在无法确定公司清算程序是否无瑕疵的情况下，我们建议慎用简易注销程序，在清算程序难以推进时，可以主动向法院提起强制清算程序来避免承担赔偿责任。

【法律规定】

1.《民法典》

第一百七十条　执行法人或者非法人组织工作任务的人员，就其职权范围内的事项，以法人或者非法人组织的名义实施的民事法律行为，对法人或者非法人组织发生效力。

法人或者非法人组织对执行其工作任务的人员职权范围的限制，不得对抗善意相对人。

第四百六十五条　依法成立的合同，受法律保护。

依法成立的合同，仅对当事人具有法律约束力，但是法律另有规定的除外。

2.《最高人民法院关于适用〈中华人民共和国公司法〉若干问题的规定(二)》

第二十条　公司解散应当在依法清算完毕后，申请办理注销登记。公司未经清算即办理注销登记，导致公司无法进行清算，债权人主张有限责任公司的股东、股份有限公司的董事和控股股东，以及公司的实际控制人对公司债务承担清偿责任的，人民法院应依法予以支持。

公司未经依法清算即办理注销登记，股东或者第三人在公司登记机关办理注销登记时承诺对公司债务承担责任，债权人主张其对公司债务承担相应民事责任的，人民法院应依法予以支持。

3.《公司法》(2018 年修正)

第一百八十三条　公司因本法第一百八十条第(一)项、第(二)项、第(四)项、第(五)项规定而解散的，应当在解散事由出现之日起十五日内成立清算组，开始清算。有限责任公司的清算组由股东组成,股份有限公司的清算组由董事或者股东大会确定的人员组成。逾期不成立清算组进行清算的,债权人可以申请人民法院指定有关人员组成清算组进行清算。人民法院应当受理该申请,并及时组织清算组进行清算。

第一百八十五条 清算组应当自成立之日起十日内通知债权人,并于六十日内在报纸上公告。债权人应当自接到通知书之日起三十日内,未接到通知书的自公告之日起四十五日内,向清算组申报其债权。

债权人申报债权,应当说明债权的有关事项,并提供证明材料。清算组应当对债权进行登记。

在申报债权期间,清算组不得对债权人进行清偿。

第一百八十九条 清算组成员应当忠于职守,依法履行清算义务。

清算组成员不得利用职权收受贿赂或者其他非法收入,不得侵占公司财产。

清算组成员因故意或者重大过失给公司或者债权人造成损失的,应当承担赔偿责任。

4.《公司法》(2023年修订)

第二百四十条 公司在存续期间未产生债务,或者已清偿全部债务的,经全体股东承诺,可以按照规定通过简易程序注销公司登记。

通过简易程序注销公司登记,应当通过国家企业信用信息公示系统予以公告,公告期限不少于二十日。公告期限届满后,未有异议的,公司可以在二十日内向公司登记机关申请注销公司登记。

公司通过简易程序注销公司登记,股东对本条第一款规定的内容承诺不实的,应当对注销登记前的债务承担连带责任。

第二十二章　外部监管与协作

第一节　工　　商

一、公司注册地与实际经营地

注册公司时，需要去工商局登记地址，一般情况下，公司以其主要办事机构所在地的地址进行登记注册。《民法典》第六十三条规定，法人以其主要办事机构所在地为住所。依法需要办理法人登记的，应当将主要办事机构所在地登记为住所。《公司法》(2018 年修正)第十条规定，公司以其主要办事机构所在地为住所。(注:《公司法》(2023 年修订)第八条规定一致)

在实践中，有些汽车企业的工商登记地址与实际办公地址不一致，原因可能多种多样，有的是搬迁后未及时变更工商登记，有的是为了享受登记地区的税收优惠政策等。

无论是何种情况，只要存在工商登记地址与实际办公地址不一致的情形，公司将可能面临以下的风险，例如行政处罚。

《市场主体登记管理条例》第四十六条规定:"市场主体未依照本条例办理变更登记的，由登记机关责令改正;拒不改正的，处 1 万元以上 10 万元以下的罚款;情节严重的，吊销营业执照。"

《市场主体登记管理条例实施细则》第七十三条规定:"市场主体未按规定办理备案的，由登记机关责令改正;拒不改正的，处 5 万元以下的罚款。

依法应当办理受益所有人信息备案的市场主体，未办理备案的，按照前款规定处理。"

根据以上规定，工商登记地址与实际办公地址不一致的，将面临着相应的行政处罚。

各地地方政府为了激发市场活力，采取了很多措施优化营商环境，如果企业存在注册地址和实际经营地址不一致的情况,建议企业与当地市场监督管理部门协调好,可以采取一照多址或分公司的方式,在当地政策允许的情况下,实现合规经营,避免不必要的法律风险。

二、分公司

分公司是指在业务、资金、人事等方面受总公司管辖而不具有法人资格的分支机构。分公司属于分支机构,在法律上、经济上没有独立性,仅仅是总公司的附属机构。分公司没有自己的名称、章程,没有自己的财产,并以总公司的资产对分公司的债务承担法律责任。

(一)分公司的设立

设立分公司,应当向公司登记机关申请登记,领取营业执照,公司应当自分公司登记之日起30日内,持分公司的营业执照到公司登记机关办理备案。

(二)分公司的诉讼地位

分公司虽然不具有法人资格,但具有相对独立性,其独立性体现在分公司可以单独作为原告起诉,但分公司作为被告时,往往需要追加总公司作为共同被告。

(三)债务承担

分公司由于不具备法人资格,且无独立的财产,所以总公司需要对分公司的债务承担清偿责任,即使总公司与分公司有内部约定,但总公司仍然不能免除还款义务。

(四)对外担保的效力

依照《公司法》的规定,公司对外提供担保,需要经过股东(大)会或者董事会决议,如果未经公司股东(大)会或者董事会决议提供对外担保,除非相对人善意,否则公司或者分公司需要承担责任。若相对人非善意,且债权人与担保人均有过错的,担保人承担的赔偿责任不应超过债务人不能清偿部分的1/2。

关于公司注册地址的合规性问题,现实中较好解决措施是利用好各地的"一照多址"和"一址多照"举措。

1."一照多址"是指公司在满足一定的条件下,申请在一个营业执照上载明多个经营地址。

但该举措在实践中,不同地区也略有不同。例如,根据《佛山市商事主体住所登记管理办法》规定，商事主体可以在住所以外增设经营场所，申请“一照多址”登记。“一照多址”登记管理工作应注意事项如下：

（1）商事主体增设经营场所的经营事项涉及许可经营项目（包括前置及后置审批）的，不适用“一照多址”，应申请设立分支机构；

（2）商事主体住所与增设经营场所不在同一登记机关管辖范围内的，不适用“一照多址”，应申请设立分支机构；

（3）增设经营场所的商事主体应当办理变更登记；

（4）适用住所信息申报制的，可通过住所信息申报申请“一照多址”；

（5）商事主体以“一照多址”方式增设经营场所的，原则上增设经营场所数量不得超过5个（含5个）；

（6）各类企业分支机构、外国（地区）企业在中国境内从事经营活动及个体工商户不适用“一照多址”。

商事主体住所与增设经营场所不在同一登记机关管辖范围内的，不适用“一照多址”，应申请设立分支机构。

2.“一址多照”则是指同一个经营地址为多个企业在营业执照上的经营场所。

例如，《上海市企业住所登记管理办法》规定，符合一定条件的，可以将同一地址的非居住用房登记为两个以上企业的住所。

什么情况下可以“一址多照”？根据《佛山市商事主体住所登记管理办法》第十七条等相关规定，符合下列情形之一，同一地址的非住宅用房可以申请登记为两个以上商事主体的住所：

（1）商事主体之间有投资关系，使用同一住所办公；

（2）股权投资企业及对其承担管理责任的股权投资管理企业。

申请人申请住所登记时，应对上述情况予以说明。

如何理解“一址多照”商事主体之间有投资关系？“商事主体之间有投资关系”是指直接投资关系，不包括共同股东或间接投资关系。如自然人甲和乙成立有限公司A，A公司登记的住所为非住宅用房，该A公司投资设立B公司，B公司可以使用A公司的住所作为其住所；A公司投资设立C公司，C公司也可以使用A公司的住所作为其住所。但是B公司投资设立D公司，D公司不能使用B公司的住所作为其住所，即D公司不能与A公司在同一住所。

三、展厅

展厅是指企业将汽车样品带离实体店去到不同的地方进行展示,使消费者可以参观了解。展厅的功能更多是在于展示和宣传,并不会涉及汽车销售和购买环节,有意向购车的顾客需要到公司购车、付款,这种临时性、短暂性进行宣传推广活动安排的展厅,一般无须办理注册登记。

但有的展厅除了进行汽车展示和提供咨询服务外,还和顾客进行价格谈判,在展厅进行交易,收取定金,虽然顾客是从公司提取汽车缴纳尾款,但展厅在事实上从事了汽车销售的工作,符合《市场主体登记管理条例》第二十三条"市场主体设立分支机构,应当向分支机构所在地的登记机关申请登记"的规定情形。

判断展厅是否属于分公司,是否应该办理注册登记,主要是根据《市场主体登记管理条例》第二十三条规定的从事经营活动的机构,只要是在公司住所以外设立的办事机构从事经营活动,性质上就属于商事活动,就应当按照法律规定办理注册登记。

【案例80】公司的注册地与实际经营地不一致,会面临怎样的行政处罚?

【案例来源】苏州A汽车服务有限公司行政处罚案[太仓市市场监督管理局太市监处字〔2020〕城131号行政处罚决定书]

【基本案情】

2020年9月2日,太仓市市监局执法人员对位于太仓市城厢镇南洋广场地下一层车库1号库子母车位的苏州A汽车服务有限公司进行现场检查,根据营业执照,名称为"苏州A汽车服务有限公司",成立日期为"2020年3月25日",住所为"太仓市城厢镇人民南路98号107室"。

根据租赁合同,甲方南洋(太仓)房地产置业发展有限公司将位于江苏省太仓市城厢镇人民南路98号南洋广场P1地下车库1号库子母车位出租给乙方迈卡(Mycar)|迈卡美车使用。

当事人未经变更登记，擅自改变登记事项的行为涉嫌违反《公司登记管理条例》第二十六条的规定，太仓市市监局执法人员当即制作现场笔录1份，并于当日报部门负责人批准立案。

执法人员对当事人委托代理人顾华权进行三次询问调查，了解原因、租赁合同履行、费用支付和整改等情况。

太仓市市监局于2020年9月25日向当事人送达责令改正通知书（太市监责改字〔2020〕第城054号），责令当事人于7日内改正违法行为。

当事人逾期仍未改正。

太仓市市监局于2020年12月16日依法向当事人送达了《太仓市市场监督管理局行政处罚告知书》（太市监处告字〔2020〕城104号），告知当事人本局拟作出行政处罚的事实、理由、依据、内容及其享有的陈述、申辩的权利。

当事人在法定期限内未向太仓市市监局提出陈述申辩。

【处罚结果】

当事人未经变更登记，擅自改变登记事项的行为违反了《公司登记管理条例》第二十六条的规定。

依据《公司登记管理条例》第六十八条第一款和《行政处罚法》第三十二条第一项的规定，处以1万元以上10万元以下的罚款。最终决定对当事人行政处罚如下：处罚款10,000元，上缴国库。

【律师分析】

在经营活动中实际经营地和注册地不一致的现象很多，可能由于公司搬迁扩张以及辖区规划合并，抑或出于成本和税收政策考虑。《市场主体登记管理条例》明确规定，市场主体只能登记一个住所或者主要经营场所，公司的住所应当在其公司登记机关辖区内。

本案中当事人不仅存在实际经营地和注册地不一致的违规现象，在变更后没有向原公司登记机关变更登记，经执法人员多次整改询问下逾期未改正，最终导致了罚款。

公司实际经营地和注册地不一致的现象比较普遍，不能忽视其中隐藏的法律风险。

1. 行政处罚风险

首先,登记机关即工商局会责令改正。拒不改正的,经工商行政管理部门查处,可能依据实际情况予以警告、限期办理变更登记、责令停业整顿、扣缴营业执照、没收非法所得或处以1万元至10万元的罚款。情节严重的甚至可能吊销营业执照。此外,公司会被录入异常经营名录,记录在企业诚信档案甚至会影响公司年检。

2. 法律诉讼风险

企业若涉及诉讼,一般由公司住所地法院管辖。在诉讼过程中,特别是作为被告,当公司的主要办事机构所在地、注册地或者登记地出现不一致,而公司的主要办事机构所在地不能确定的情况下,营业执照上载明的注册地址会被默认为有效送达地址,相应的法律文书也将送达该地址。一旦随意变更住所地址可能导致无法收到法律文书而失去出庭答辩机会,经由法庭缺席判决可能要承担败诉风险。另因异地原因,可能会增加诉讼成本。

3. 债务履行和债权实现的障碍

如《民法典》第五百一十一条规定,履行地点不明确的债务,给付货币的,在接收方的所在地履行,其他标的的,在履行义务一方的所在地履行。实际经营地和注册地不一致,可能导致公司债务履行困难,同时如通过起诉方式追索货款、实现债权也可能在管辖上受限,无法有效减少诉讼负累。

另外,若变更实际经营地与注册地不同,与他人签订的合同有可能无法接收,公司很可能因为收不到重要材料或者通知而丧失某些合同利益或者承担很大风险。

4. 商标注册风险

企业进行商标转让、授权时,商标局会对商标注册的信息和营业执照的地址、名字进行核对,若两份信息不一致,商标局会驳回申请,需要先进行变更申请才能进行商标转让、授权的手续。

注册商标如果连续3年没有使用或停止使用,任何人或者单位都享有申请撤销该注册商标的权利。若此时的申请撤销通知书是根据商标注册人提供的注册地址送达,则公司就有无法收到通知书的风险。举证期限届满,商标就会被撤销。

另外,商标的使用期限为10年,期满后仍需使用就需要办理续期,办理续期时也必须对商标信息与公司的注册地址等信息进行核对，发现公司的名称、地址已经发生变更的，则商标的相关信息也需要进行相应变更后再申请办理。

【律师建议】

1. 当公司住所与实际经营地不一致时，应及时变更工商登记，将公司注册地址变更为实际经营所在地，避免行政处罚和后续纷争；若被处罚且被移入企业经营异常名录的，在及时改正后与登记部门取得联系，尽早移除异常名录，以免对公司的正常经营产生不利影响。

2. 住所地和实际经营地无法实现一致时，可通过以下方式尽量避免风险：

(1)设立分公司，即在经营所在地设立分公司；

(2)在公司注册地设置文书、信函收发联络人，确保文书、信函能长期有效收发，并及时转发至公司经营所在地。

3. 若涉及税收优惠，分公司的流转税可以在经营地缴纳，也可以由总公司汇算清缴，所得税由总公司汇算清缴。

【法律规定】

1.《公司法》(2023 年修订)

第三十三条　依法设立的公司，由公司登记机关发给公司营业执照。公司营业执照签发日期为公司成立日期。

公司营业执照应当载明公司的名称、住所、注册资本、经营范围、法定代表人姓名等事项。

公司登记机关可以发给电子营业执照。电子营业执照与纸质营业执照具有同等法律效力。

2.《市场主体登记管理条例》

第十一条第一款　市场主体只能登记一个住所或者主要经营场所。

第二节　税　　务

一、汽车相关税种

汽车行业涉及的税务成本包括以下几个方面。

（一）车辆购置税

车辆购置税是指在中国境内购置汽车、有轨汽车、汽车挂车、排气量超过一百五十毫升的摩托车的单位和个人，需要为车辆缴纳购置税。

车辆购置税 = 车辆的计税价格 × 10%（10% 为车辆购置税的税率）

车辆的计税价格，按照《车辆购置税法》第六条的规定：

1. 纳税人购买自用应税车辆的计税价格，为纳税人实际支付给销售者的全部价款，不包括增值税税款；

2. 纳税人进口自用应税车辆的计税价格，为关税完税价格加上关税和消费税；

3. 纳税人自产自用应税车辆的计税价格，按照纳税人生产的同类应税车辆的销售价格确定，不包括增值税税款；

4. 纳税人以受赠、获奖或者其他方式取得自用应税车辆的计税价格，按照购置应税车辆时相关凭证载明的价格确定，不包括增值税税款。

（二）车辆增值税

增值税是指在中华人民共和国境内，销售货物、服务、无形资产、不动产，以及进口货物的单位和个人，需要缴纳增值税。必须是有偿转让货物、不动产的所有权，有偿提供服务，有偿转让无形资产的所有权或者使用权。

国产车增值税 = 销售税额 × 增值税率（13%）

进口车增值税 =（进口完税价格 + 关税 + 消费税）× 增值税率（13%）

（三）汽车消费税

在境内生产、委托加工和进口消费品的单位和个人，为消费税的纳税人，应当缴纳消费税。汽车消费税是价内税，是针对汽车厂家征收（见表 22-1）。

汽车消费税 = 购车总额（含增值税金额）/1.13 × 税率

表 22－1　《消费税税目税率表》中的小汽车消费税表格

小汽车	气缸容量	税率
乘用车	气缸容量(排气量,下同)在 1.0 升(含 1.0 升)以下的	1%
	气缸容量在 1.0 升以上至 1.5 升(含 1.5 升)的	3%
	气缸容量在 1.5 升以上至 2.0 升(含 2.0 升)的	5%
	气缸容量在 2.0 升以上至 2.5 升(含 2.5 升)的	9%
	气缸容量在 2.5 升以上至 3.0 升(含 3.0 升)的	12%
	气缸容量在 3.0 升以上至 4.0 升(含 4.0 升)的	25%
	气缸容量在 4.0 升以上的	40%
中轻型商用客车	—	5%

(四)进口关税

2018 年发布的国务院关税税则委员会《关于降低汽车整车及零部件进口关税的公告》,为进一步扩大改革开放,推动供给侧结构性改革,促进汽车产业转型升级,满足人民群众消费需求,自 2018 年 7 月 1 日起,降低汽车整车及零部件进口关税。将汽车整车税率为 25% 的 135 个税号和税率为 20% 的 4 个税号的税率降至 15%,将汽车零部件税率分别为 8%、10%、15%、20%、25% 的共 79 个税号的税率降至 6%。

(五)其他税

销售汽车还会涉及其他税种:

1. 城建税。城市维护建设税是以纳税人实际缴纳的产品税、增值税、营业税税额为计税依据,依法计征的一种税。应缴的城建附加税 =(实缴增值税 + 实缴营业税 + 实缴消费税)× 税率[税率:(1)纳税人所在地在市区的,税率为 7%;(2)纳税人所在地在县城、镇的,税率为 5%;(3)纳税人所在地不在市区、县城或镇的,税率为 1%]。

2. 教育附加税。这是对在城市和县城凡缴纳增值税、消费税的单位和个人,就实际缴纳的两种税税额征收的一种附加。应缴的教育费附加税 =(实缴增值税 + 实缴营业税 + 实缴消费税)× 3%(教育附加费以增值税、消费税、营业税同时缴纳,税率为 3%)。

3. 企业所得税。企业和经营单位的生产经营所得和其他所得征收的税种。

企业应纳所得税额＝当期应纳税所得额×适用税率（一般税率25%）。应纳税所得额＝收入总额－不征税收入－免税收入－各项扣除金额－弥补亏损。

4.印花税。印花税是对经济活动和经济交往中订立、领受具有法律效力的凭证的行为所征收的一种税。因采用在应税凭证上粘贴印花税票作为完税的标志而得名。印花税＝购销合同金额×购销合同税率。

5.城镇土地使用税。城镇土地使用税是指国家在城市、县城、建制镇、工矿区范围内，对使用土地的单位和个人，以其实际占用的土地面积为计税依据，按照规定的税额计算征收的一种税。应纳税额＝实际占用的土地面积×适用税额。

二、账务处理及相关风险

汽车经销商的主要核算业务大体分为整车销售、精品销售、配件销售、保险理赔、售后维修、保修保养费用等。涉及的税种包括增值税、车辆购置税、营业税、所得税及附加税金。汽车经销商要合理控制税务风险，防止违法行为，严格按照要求履行纳税义务。

相关的风险：

1.业务不申报未开票

汽车经销商的主要营收除了销售车辆外，还有车辆的维修、装饰美容等业务，但服务的顾客主要是公司和自然人两类，公司因为有报销的需要，会索要增值税发票，对已经开票的会如实记账，但自然人大多数并没有报销的需要，没有开票的收入容易遗漏记账，因此导致汽车经销商存在未开票收入。对于这部分收入，汽车经销商需要格外注意，避免未申报导致的纳税风险。

2.促销回馈

汽车经销商会通过促销回馈给消费者，在顾客购买车辆时赠送真皮座套、地毯、车模等礼品。礼物的促销回馈应该视同销售行为的收入，根据《增值税暂行条例实施细则》第四条第八款的规定，将自产、委托加工或者购进的货物无偿赠送其他单位或者个人，应视同销售货物进行税务处理，需要缴纳增值税。这种促销手段在汽车经销商中是非常常见的，但对于礼品的记账方式，很多汽车经销商都不视作销售。

3. 销售返点

主机厂为了增加汽车经销商的销售动力,设置销售返点,在一定期限内销售满一定金额,主机厂会通过货币或者实物进行返利。由于销售返点兑现的滞后性,加上不同车型存在消费税税率差异,后续有被税务机关质疑通过人为调整车型间返点销售额降低消费税税负的风险。

销售商接受销售返利的账务处理,一般有两种方式:

(1)主机厂开具红字发票,汽车经销商冲成本

实践中,厂家开具红字发票现实操作比较不便利,很多厂家在支付现金返利后未向经销商开具红字发票,而是通过互相开票的方式,经销商取得返利后按照规定税率开具增值税发票,但实际上双方并未提供任何服务,有虚开发票的风险。

(2)销售商开具销售服务发票,按服务收入入账

现实生活中,有商家为了蝇头小利,将返点款直接汇进个人账户,这种情况下相当于单独给个人的回扣,相当于商业贿赂。

【案例81】主机厂对4S店的销售返利,4S店是否能全部作为收入利润支配?

【案例来源】烟台A汽车销售服务有限公司行政处罚案[国家税务总局烟台市税务局第一稽查局烟台税稽一罚〔2022〕19号行政处罚决定书]

【基本案情】

主体名称	烟台A汽车销售服务有限公司
统一社会信用代码	9137060076095136XM
法定代表人	刘某华
企业类型	有限责任公司(自然人投资或控股的法人独资)
成立日期	2004-03-30
住所	山东省烟台市经济技术开发区北京南路2-9号
行政处罚决定书文号	烟台税稽一罚〔2022〕19号
处罚类别	罚款
处罚决定日期	2022-03-14

续表

处罚内容	根据《税收征收管理法》第六十三条第一款的相关规定，该单位的行为定性为偷税，处以罚款 2016.72 元
罚款金额(万元)	0.201672
违法行为类型	《税收征收管理法》第六十三条第一款
违法事实	烟台 A 汽车销售服务有限公司偷逃税款 4137.18 元，其行为涉嫌违反了《税收征收管理法》第六十三条第一款之规定，应予处罚
处罚依据	《税收征收管理法》第六十三条第一款
处罚机关	国家税务总局烟台市税务局第一稽查局
处罚机关统一社会信用代码	11370600MB2849323E
数据来源	国家税务总局烟台市税务局第一稽查局
数据来源单位统一社会信用代码	11370600MB2849323E

【处罚结果】

根据《税收征收管理法》第六十三条第一款的规定，该单位的行为定性为偷税，处以罚款 2016.72 元。

【律师分析】

汽车经销商税收风险遍布，在运营过程中小到赠品支出、厂家返利，大到保养维修、汽车美容、代办按揭和把购进的新车转为试驾车等业务，防范系统的税务风险，规范汽车经销商的经营模式需要从销售、增值服务、维修养护等环节入手。在实际运营中，汽车经销商常常会有以下几个风险点：未开票收入没申报、促销返利等销售方式没有记录、增值服务税务管理混乱、关联交易不合规等。其中，厂家返利的销售方式隐藏着很高的税务风险。

厂家返利是指汽车经销商以主机厂制定的全国统一销售价格出售，后续厂家依据销售规模或销售数量定额给予汽车经销商的奖励。返利名目繁多，一般包括实销奖、达标奖、促销费补助等，返回方式既有资金返利，也有实物返利。但是，不管是资金还是实物，按照法律规定，汽车经销商收到厂家返利后，必须按规定缴纳相应的营业税或增值税，而不能将其全部作为利润支配。

本案中类似的整车销售送礼物的方式十分常见，而且与成交的汽车价值密切相关，销售商没有将产生的成本纳入税务处理环节，直接将这部分费用计入业务成本，或者将礼品以“保险”的形式纳入可税前抵扣的费用范畴，这种处理方式违反了税收政策，带来了巨大税务的风险。

【律师建议】

1. 销售环节税务风险防范

预先筹划销售策略，将整车销售所包含的礼物列入销售合同中。例如，销售活动中所包含的真皮座椅或车膜等，需要在购销合同中体现赠品的数量和价格，为后续的税务处理工作提供参考依据。

2. 增值服务税务风险防范

汽车经销商在经营过程中，销售活动往往附带附加增值服务，包括保险、按揭等。对这类增值业务，汽车经销商要提前做好税务筹划工作，规避税务风险。对于一些规模较大、经济基础相对较好的汽车销售集团，建议在销售活动之外单独设置一家汽车代理服务公司，专门负责代理业务。在为客户提供代理服务的同时，汽车经销商也可以避免承担代理项目所产生的税费。

此外，由于汽车销售、代办服务、咨询服务等业务在增值税适用税率方面差异较大，建议汽车经销商对不同业务项目进行分别核算，结合不同的税率开具增值税专票，合法拓宽进项抵扣范围，从而达到控制企业税负的目的。

【法律规定】

《税收征收管理法》

第六十三条　纳税人伪造、变造、隐匿、擅自销毁帐簿、记帐凭证，或者在帐簿上多列支出或者不列、少列收入，或者经税务机关通知申报而拒不申报或者进行虚假的纳税申报，不缴或者少缴应纳税款的，是偷税。对纳税人偷税的，由税务机关追缴其不缴或者少缴的税款、滞纳金，并处不缴或者少缴的税款百分之五十以上五倍以下的罚款；构成犯罪的，依法追究刑事责任。

扣缴义务人采取前款所列手段，不缴或者少缴已扣、已收税款，由税务机关追缴其不缴或者少缴的税款、滞纳金，并处不缴或者少缴的税款百分之五十以上五倍以下的罚款；构成犯罪的，依法追究刑事责任。

第三节 环 保

一、废气、废水

汽车经销商售后维修服务中的污染物主要是钣喷业务产生的废气,需要经特殊吸附设施过滤处理达标后才能排放。因此,在门店工程建设阶段,如预计日后会开展钣喷等存在污染的业务,则需要制作环境影响报告并且取得生态环境部门的批复,并且严格按照批复结果,进行污染防治设施建设;在建设完成后实际交付生态环境部门进行验收,在未取得验收之前不得投入使用。

根据《排污许可管理条例》,针对汽车维修过程中废气、废水等污染物的产生量、排放量和对环境的影响程度,汽车经销商需要向所在地生态环境部门取得排污许可证。此外,针对汽车清洗、修理等活动,还应根据《城镇排水与污水处理条例》以及地方规定取得污水排入排水管网许可证(通常所称的"排水许可证"),例如,《上海市排水与污水处理条例》规定从事汽车清洗、汽车的修理活动,向城镇排水设施排放污水的企业事业单位、个体工商户,应当依法向水务部门申请领取污水排入排水管网许可证。

二、噪声

汽车经销商与汽车厂家对居民会产生较大的影响是噪声污染问题,汽车经销商的噪声污染属于社会生活噪声污染防治类别。

《噪声污染防治法》第六十二条规定:"使用空调器、冷却塔、水泵、油烟净化器、风机、发电机、变压器、锅炉、装卸设备等可能产生社会生活噪声污染的设备、设施的企业事业单位和其他经营管理者等,应当采取优化布局、集中排放等措施,防止、减轻噪声污染。"

《噪声污染防治法》第六十三条规定:"禁止在商业经营活动中使用高音广播喇叭或者采用其他持续反复发出高噪声的方法进行广告宣传。

对商业经营活动中产生的其他噪声,经营者应当采取有效措施,防止噪声污染。”

汽车经销商在日常经营过程中，如遭到周边居民或单位投诉，可能面临罚款或查封、扣押排放噪声的场所、设施设备等行政处罚或限制措施：

1. 罚款、责令停业：《噪声污染防治法》第八十一条规定：“违反本法规定，有下列行为之一，由地方人民政府指定的部门责令改正，处五千元以上五万元以下的罚款；拒不改正的，处五万元以上二十万元以下的罚款，并可以报经有批准权的人民政府批准，责令停业：

（一）超过噪声排放标准排放社会生活噪声的；

（二）在商业经营活动中使用高音广播喇叭或者采用其他持续反复发出高噪声的方法进行广告宣传的；

（三）未对商业经营活动中产生的其他噪声采取有效措施造成噪声污染的。”

2. 查封、扣押：《噪声污染防治法》第三十条规定：“排放噪声造成严重污染，被责令改正拒不改正的，生态环境主管部门或者其他负有噪声污染防治监督管理职责的部门，可以查封、扣押排放噪声的场所、设施、设备、工具和物品。”

三、环评

除废气、废水、噪声外，机动车维修环节中还会产生废机油、废润滑油、废油抹布、含油漆的废包装物、废活性炭、过滤棉等固体危险废物。根据《固体废物污染环境防治法》，产生危险废物的单位，应当按照国家有关规定制定危险废物管理计划，报单位所在地生态环境主管部门备案，并建立危险废物管理台账，如实记录有关信息，并通过国家危险废物信息管理系统向所在地生态环境主管部门申报危险废物的种类、产生量、流向、贮存、处置等有关资料。

在汽车售后维修环节，汽车经销商需要严格按照《机动车维修服务规范》（JT/T 816—2021），加强对汽车维修的日常环保管理：

1. 机动车维修服务产生的水污染排放应符合 GB 26877 的要求。

2. 机动车维修产生的挥发性有机物（VOCs）应集中收集并导入治理设施，实现达标排放。

3. 机动车维修服务中产生的危险废物储存应符合 GB 18597 的要求，制冷剂的储存和处理应符合 JT/T 774 的要求。

4. 经营者应在维修作业区设立废油、废液、废电解液、报废零部件的集中收集点，并粘贴标志标贴；应设立专门的报废电池储存场所，且其存储区域需设置隔离和控制设施。

5. 经营者应对维修产生的危险废物建立管理台账，并如实记录危险废物产生、转移情况。

6. 经营者应委托具有相应合法资质的机构定期回收处置危险废物。

【案例 82】4S 店污染物排放与排污许可证不相符，会面临怎样的处罚？

【案例来源】杭州 A 汽车部件制造有限公司涉嫌污染物排放口数量不符合排污许可证规定案［杭州市生态环境局杭环富罚〔2021〕第 2000160 号行政处罚决定书］

【基本案情】

2021 年 9 月 8 日，杭州市富阳区生态环境保护综合行政执法队执法人员对当事人进行检查时，发现当事人有涉嫌污染物排放口数量不符合排污许可证规定的行为，经太仓市市监局批准立案。

经调查：2020 年当事人进行污染整治提升后，规定生产废水纳管排放，但实际并不具备纳管条件，所以当事人自 2020 年上半年完成整治提升后，在清水池内设置水泵，将池内处理后的生产废水经水泵抽取的方式排放到厂区围墙外水沟内，进行直接排放。但在申领排污许可证时未将排放生产废水的排污口纳入申报，导致排污许可证中未载明生产废水排放口，仅载明有生活污水排放口，但实际有生产废水排放口且去向是直接排放，存在排污许可证核定的废水排放口与实际不符的情形。

2021 年 10 月 26 日太仓市市监局向当事人送达了《行政处罚事先告知书》（杭环富罚告〔2021〕第 160 号），告知当事人拟处罚款 99，200 元及其有申请听证及陈述、申辩的权利。当事人未提出听证申请及陈述、申辩意见。

【处罚结果】

罚款人民币99,200元。

【律师分析】

本案中,当事人污染物排放口数量不符合排污许可证规定的行为,违反了《排污许可管理条例》第十八条第二款“污染物排放口位置和数量、污染物排放方式和排放去向应当与排污许可证规定相符”之规定。

根据《排污许可管理条例》第三十六条第一项“违反本条例规定,排污单位有下列行为之一,由生态环境主管部门责令改正,处2万元以上20万元以下的罚款;拒不改正的,责令停产整治:(一)污染物排放口位置或者数量不符合排污许可证规定”之规定,公司面临被罚款整改的风险。

汽车经销商作为融合销售、零配件、售后服务和信息反馈的综合汽车中心,在后续维修服务中产生的污染物总量大,主要包括钣喷产生的废气、废水和其他固体废物。基于这些排放物的处理,需要门店制作环境影响报告并且取得生态环境部门的批复,并且严格按照批复结果,进行污染防治设施建设,而且在建设完成后实际交付生态环境部门进行验收,在未取得验收之前不得投入使用。对于特定的危险废物,需要根据特别的规定向主管部门备案并建立记录档案。

【律师建议】

汽车经销商对车辆进行保养和检修,作为门店营业收入一大来源,为了保证稳定合法开展经营活动,环境法律风险的预防和相关行政许可程序的审批需要格外注意。其中,排污许可证和应急预案是绝大多数汽车维修维护行业需要具备的文件。根据《固体废物污染环境防治法》第三十九条的规定,产生工业固体废物的单位应当取得排污许可证。而大多数开展汽车保养业务的汽修单位均会产生废润滑油、废滤芯等危险废物,因此也很难避开排污许可证的办理。

其中废水处理需求更加普遍,汽车维修部门需要按照《城镇污水排入排水管网许可管理办法》第六条的规定办理排水许可证,按照规定建设污水预处理设施,并定期检查、清理,确保排水设施正常运行。

至于废气处理,则要合理选择废气末端处理的设施,保证污染物浓度达标,遵守大气排放标准。在开展涂装等含VOCs等挥发物的工序时,应确保在密闭空间内进行。

【法律规定】

《排污许可管理条例》

第十八条　排污单位应当按照生态环境主管部门的规定建设规范化污染物排放口,并设置标志牌。

污染物排放口位置和数量、污染物排放方式和排放去向应当与排污许可证规定相符。

实施新建、改建、扩建项目和技术改造的排污单位,应当在建设污染防治设施的同时,建设规范化污染物排放口。

第三十六条　违反本条例规定,排污单位有下列行为之一的,由生态环境主管部门责令改正,处 2 万元以上 20 万元以下的罚款;拒不改正的,责令停产整治:

(一)污染物排放口位置或者数量不符合排污许可证规定;

……

第四节　基　　建

一、报建问题

工程建设项目报建是指工程建设项目由建设单位或其代理机构在工程项目可行性研究报告或其他立项文件被批准后,须向当地建设行政主管部门或其授权机构进行报建,交验工程项目立项的批准文件,包括银行出具的资信证明以及批准的建设用地等其他有关文件的行为。

土地是汽车经销商项目建设运营最重要的关注点之一。有的汽车经销商是通过土地出让或转让的方式获得土地再进行修建,有的汽车经销商通过承租现成的场地建筑之后再进行改建或装修。但无论采取哪种方式,都需要留意土地的使用性质。

根据《城市用地分类与规划建设用地标准》(住房和城乡建设部公告第 880 号)第 3.3 项城市建设用地分类,以汽车零售业、汽车维修为基础业务的项目用地应为商业服务业设施用地。在核对查验项目用地用途时,可以通过土地使用权证、建设用地规划许可证、不动产所有权证书等，确定土地性质是否属于符合条件的商业用地。

如果通过租赁的方式租下店面再进行装修，还需要确定土地上的建筑物是否满足规划要求，确定不动产的权属关系。通过与所有权人签署《租赁协议》使用经营场地的，应关注租赁保证金支付情况、过往租金缴纳情况、租赁物使用情况、租赁年限等。除上述书面审查与实地走访外，建议对于建筑规划应通过当地自然资源与规划局进行查询，对是否满足相关详细控制性规划，进行预审查。

二、违建强拆风险

违法建设是指违反了《城乡规划法》《土地管理法》等相关法律法规的规定，未经规划主管部门批准，擅自建设的建(构)筑物，主要类型有：

1. 在城市规划区内，未申请或申请未获得批准，并未取得建设用地规划许可证和建设工程规划许可证而建设的建(构)筑物；

2. 未按照建设工程规划许可证的规定建设的建(构)筑物；

3. 擅自改变了使用性质建成的建(构)筑物；

4. 临时建筑建设后超过有效期未拆除成为永久性建筑的建(构)筑物；

5. 通过伪造相关材料向主管部门骗取许可证而建成的建(构)筑物；

6. 擅自在建(构)筑物外立面开、堵门窗，改变建(构)筑物外立面的。

以汽车零售业、汽车维修为基础业务的项目用地应该为商业服务业设施用地，汽车经销商不能改变土地用途建设和使用。

正常的汽车经销商建设项目将经历立项，消防设计审核，环保批复，取得建设用地、规划、施工“三证”后进行建设，后续经消防、环保、规划等验收后，进行建筑整体的竣工验收备案，方可正式取得权属证书。因此，针对目标房屋，尤其在目标房屋为多个建筑的情况下，必须注意目标房屋是否均进行了权属登记并取得房产证书。

对于未取得房产权证的建筑，需重点关注该等建筑是否取得了前述的各项消防、环保、规划、建设的审批以及竣工验收备案等手续，尽可能避免出现目标房产因为未合法报批报建而成为可能面临违建强拆和罚款的风险。

【案例83】4S门店改变建设许可内容进行扩建，是否违规？

【案例来源】重庆A汽车销售服务有限公司行政处罚案[重庆市城市管理局渝城管违建罚〔2020〕317025号行政处罚决定书]

【基本案情】

主体名称	重庆A汽车销售服务有限公司
统一社会信用代码	91500000582825618Y
法定代表人	张某声
企业类型	有限责任公司(台港澳法人独资)
成立日期	2011-10-12
住所	重庆市大渡口区西城大道9号
行政处罚决定书文号	渝城管违建罚〔2020〕317025号
处罚类别	罚款
处罚决定日期	2020-11-27
处罚内容	对增建492.61平方米违法建设处建设工程造价10%的罚款,罚款金额为:492.61平方米×985.92元/平方米×10%=48,567.41元(大写:肆万捌仟伍佰陆拾柒元肆角壹分)
罚款金额(万元)	4.856741
违法行为类型	擅自改变建设工程规划许可证及附件、附图的许可内容进行建设
违法事实	重庆A汽车销售服务有限公司在大渡口区H02-5(部分)地块的重庆A汽车经销商,擅自改变建设工程规划许可证及附件、附图的许可内容进行建设,属于违法建设
处罚依据	《重庆市城乡规划条例》第八十三条第一款第一项
处罚机关	重庆市城市管理局
处罚机关统一社会信用代码	11500000MB1315207D
数据来源	重庆市城市管理综合行政执法总队
数据来源单位统一社会信用代码	12500000MB0564041Y

【处罚结果】

罚款 4.856741 万元。

【律师分析】

4S 门店或者汽车经销展厅的建立从土地选址到建筑装修工程量较大，需要遵照品牌厂家的设计规划，同时需要遵守当地城乡规划法律条例、环境污染防治规范、污染物排放标准等。所以 4S 门店选址需要综合以上因素考量，减少门店后续违建强拆或者检查不合格的情况。

本案中，当事人改变了报建许可中允许的许可范围，擅自变动建筑部分，构成了违法建设。

【律师建议】

新建汽车经销商在选定目标地址时，首先要确保土地的性质问题。汽车经销商在物色项目用地时，在签订租赁合同前，需仔细核查目标地块是否符合建店需求，尤其针对一些综合性地块。当土地上有两种或两种以上不同用途时，商业服务业设施用地性质的土地可能只占其中一定比例，可能掺杂其他性质用途的农村集体土地或者国有土地，这将对于后续项目经营使用场地过程中产生不同影响。

此外，汽车经销商选址时应提前了解意向选址片区的未来土地规划，是否在短期内涉及征收或者拆迁的可能，提前与土地规划部门进行沟通和了解，避免后期片区规划或用地变更带来的 4S 店项目运营风险。

【法律规定】

《重庆市城乡规划条例》

第八十三条　城乡规划主管部门对本条例第七十三条第一款第一项至第三项所列的违法建设，应当责令停止建设，并按照以下规定进行查处：

（一）尚可采取改正措施消除对规划实施影响的，责令限期改正。在限期内改正的，处建设工程造价百分之五罚款；对逾期未改正的，依法采取强制拆除等措施，处建设工程造价百分之十罚款。

（二）无法采取改正措施消除对规划实施影响的，责令限期拆除。在规定期限内拆除的，不予罚款；逾期未拆除的，依法强制拆除，处建设工程造价百分之十罚款；不能拆除的，没收实物或者违法收入，可以并处建设工程造价百分之十罚款。

违法建设轻微并及时自行纠正,没有造成危害后果的,不予行政处罚。

城乡规划主管部门对本条例第七十三条第一款第四项所列的违法建设,应当责令限期拆除,可以并处临时建设工程造价一倍以下罚款。

乡(镇)人民政府、街道办事处对本条例第七十三条第二款所列的违法建设,应当责令停止建设、限期改正;逾期不改正的,可以拆除。

当事人逾期未改正、拆除(回填)违法建设的,城乡规划主管部门或者乡(镇)人民政府、街道办事处依法提请区县(自治县)人民政府强制执行;当事人逾期未缴纳罚款、未上缴被处没收的违法收入的,可以每日按照罚款数额、没收数额的百分之三加处罚款。

第五节 道路运输

一、售后维修资质

2018 年 8 月以前,维修经营者需要申请道路运输经营许可证,按规定提供符合机动车维修经营条件的相关材料。许可机关在做出许可审批前,应对道路运输经营者进行实地核查,经实地核查符合法定条件的,出具《交通行政许可决定书》。

2018 年 8 月以后,机动车维修经营许可证由备案制代替许可制。机动车维修经营者办理程序为备案制,填写《机动车维修经营备案表》,并向备案机关提供符合机动车维修经营条件的相关材料,备案机关对材料完整性进行审查,对材料齐全且符合备案要求的应当予以备案,不进行事前实地核查。

备案制下,机动车维修经营仍有标准要求。根据《道路运输条例》第三十七条的规定,从事机动车维修经营的,应当具备下列条件:(1)有相应的机动车维修场地;(2)有必要的设备、设施和技术人员;(3)有健全的机动车维修管理制度;(4)有必要的环境保护措施。国务院交通运输主管部门根据前款规定的条件,制定机动车维修经营业务标准。因此,许可审批改为备案管理并未改变机动车维修经营的标准要求。

根据《机动车维修管理规定》的相关规定,汽车维修经营按照维修车型、服务能力和经营项目进行划分。维修经营者应参照《机动车维修管理规定》、《汽车维修业开业条件》(GB/T 16739.1—2014)和《摩托车维修业开业条件》(GB/T 18189—2008)等,自行确定备案的经营范围。

二、网约车资质

信息时代的发展带来了科技与现代的深度融合,在汽车行业中,除了购车与消费者息息相关外,还有用车,体现在生活中就是网约车。网约车的快速发展少不了源头的“滴滴打车”,随后便涌起了各类打车软件,如花小猪等。

开展网约车经营服务,需要具备一定的资质。《网络预约出租汽车经营服务管理暂行办法》第二十八条规定:“任何企业和个人不得向未取得合法资质的车辆、驾驶员提供信息对接开展网约车经营服务。不得以私人小客车合乘名义提供网约车经营服务。网约车车辆和驾驶员不得通过未取得经营许可的网络服务平台提供运营服务。”

初期的打车软件以独立为乘客提供网约车服务为主,独立承担全过程和全链条的服务,且网约车软件需要单独办理《网络预约出租汽车经营许可证》。

但随着网约车的发展,单独提供全过程的网约车平台已经不能满足消费者的需求,逐渐衍生出网约车聚合平台,聚合平台与网约车平台公司合作,面向乘客并匹配信息,在一个聚合平台上可以看到多个网约车平台同时接单,大大提升了约车效率。

但同时也衍生了另外一个问题,就是聚合平台是否需要单独办理《网络预约出租汽车经营许可证》?2023 年 4 月 26 日,交通运输部办公厅等五部门联合发布《关于切实做好网约车聚合平台规范管理有关工作的通知》指出,网约车聚合平台并无强制性要求其办理网络预约出租汽车经营许可证,但对聚合平台上的网约车平台有监管核验的责任,责任范围就包含核查网约车平台的网约车许可。

也就是说,聚合平台不能为没有网约车许可的网约车平台、车辆、司机提供链接顾客的服务。由于网约车聚合平台属于网约车服务的共同提供者,如果其平台上的网约车平台公司、车辆或司机无资质,相关部门可以依法对网约车聚合平台予以处罚。

【案例84】网约车载客,是否需要经营许可?

【案例来源】A(厦门)科技有限公司临沂分公司提供服务车辆未取得《网络预约出租汽车运输证》案[行政处罚决定书文号:371302202300039]

【基本案情】

案件名称	A(厦门)科技有限公司临沂分公司提供服务车辆未取得《网络预约出租汽车运输证》案
行政相对人名称	A(厦门)科技有限公司临沂分公司
行政相对人类别	单位
行政处罚决定书文号	371302202300039
当前状态	已结案
处罚决定日期	2023-05-31
违法事实	2023年2月9日9时55分,临沂市交通运输局执法人员在临沂市兰山区羲之路与陶然路交汇对魏某丽驾驶的鲁QD72618(渐变绿)进行了道路运输检查。执法人员高某宝15120017376、孙某栋15120017393向驾驶员魏某丽出示了《行政执法证》并进行了调查询问。经检查发现:该车使用性质为非营运,车内搭载2名乘客,乘客于2023年2月9日9时50分通过聚合平台网上约车,A(厦门)科技有限公司临沂分公司通过A聚合版软件将此单派给鲁QD72618(渐变绿)进行线下运输。驾驶员魏某丽当场无法出示《网络预约出租汽车运输证》,证据资料:现场笔录、询问笔录、录像资料
处罚依据	《网络预约出租汽车经营服务管理暂行办法》第三十五条第一项
处罚类别	罚款
处罚内容	罚款5000元
处罚机关	临沂市交通运输局

【处罚结果】

罚款5000元。

【律师分析】

本案中，相对人A(厦门)科技有限公司临沂分公司通过旗下的聚合平台软件为消费者提供载客服务。经查，从事载客收费的车辆并不能出示《网络预约出租汽车运输证》，也即该车并不属于具备合法资质的网约车或者出租车，甚至不具备营运属性。

因此，司机的载客行为属于未取得经营许可擅自从事网约车经营活动的行为。

【律师建议】

开展网约车平台服务，需要遵守《网络预约出租汽车经营服务管理暂行办法》相关规定。对此，我们作以下建议：

1. 对于车辆而言，需要符合7座及以下乘用车，安装具有行驶记录功能的车辆卫星定位装置、应急报警装置及车辆技术性能符合运营安全相关标准要求等。

2. 对于实际而言，从事网约车服务的驾驶员，应当取得相应准驾车型机动车驾驶证并具有3年以上驾驶经历，无交通肇事犯罪、危险驾驶犯罪记录等不良记录。

3. 对于网约车平台而言，网约车平台应在取得《网络预约出租汽车经营许可证》和司机取得《网络预约出租汽车驾驶员证》后，向企业注册地省级通信主管部门申请互联网信息服务备案后，方可开展相关业务。同时，作为网约车平台应当承担承运人责任，对平台提供的车辆和驾驶员资质负责，保证运营安全，保障乘客合法权益。

【法律规定】

《网络预约出租汽车经营服务管理暂行办法》

第十三条　服务所在地出租汽车行政主管部门依车辆所有人或者网约车平台公司申请，按第十二条规定的条件审核后，对符合条件并登记为预约出租客运的车辆，发放《网络预约出租汽车运输证》。城市人民政府对网约车发放《网络预约出租汽车运输证》另有规定的，从其规定。

第三十五条　网约车平台公司违反本规定，有下列行为之一的，由县级以上出租汽车行政主管部门和价格主管部门按照职责责令改正，对每次违法行为处以5000元以上10,000元以下罚款；情节严重的，处以10,000元以上30,000元以下罚款：

（一）提供服务车辆未取得《网络预约出租汽车运输证》，或者线上提供服务车辆与线下实际提供服务车辆不一致的；

（二）提供服务驾驶员未取得《网络预约出租汽车驾驶员证》，或者线上提供服务驾驶员与线下实际提供服务驾驶员不一致的；

……

第六节　汽车行业协会

一、汽车行业协会概述

中国汽车工业协会，简称中汽协会（CAAM），它是在中国境内从事汽车、摩托车、零部件及汽车相关行业生产经营活动的企事业单位和团体依法组成的全国性工业行业协会，是不受部门、地区和所有制形式限制的自律性、非营利性的社会团体，具有社会团体法人资格，接受民政部等国家有关部门的业务指导和监督管理，受国家法律保护，负有民事责任。

除了全国性中国汽车协会之外，在地方各省级、市级及区级，一般亦会根据各区域的汽车行业发展情况成立各省级、市级及区级汽车行业协会，如广东省汽车行业协会、广东省汽车流通协会、广州市汽车服务协会、佛山市汽车流通协会、佛山市汽车行业协会及佛山市南海区汽车行业协会等。

汽车行业协会具有提出政策建议、协助政府组织协调行业管理、提供行业服务、反映行业诉求、推进行业自律、规范行业行为、组织市场开拓、做好行业协调、沟通信息联络、开展咨询服务、行业交流、技能培训、维护会员合法权益等基本职能，是政府和企业之间联系沟通的重要桥梁。汽车行业协会通过将政府的决策信息反馈给企业，将企业的利益诉求和权利主张传递给政府，实现了不同利益群体的有效沟通，达到双方共赢的局面。

汽车行业协会为自律性组织，通过制定行业规则实现行业自律，如中国汽车工业协会发布的《中国汽车工业协会行业自律公约》及《中国汽车工业协会行业职业道德准则》等行业规则。行业规则是行业内部的自律秩序，在面对法律秩序缺位时行业规则充当规范作用，汽车行业规则的制定应该符合法律法规。

二、汽车行业协会自治性及反垄断风险

汽车行业协会具有自律性、自治性、组织协调性等特征。正由于其自治性，其在现实中的行动具有很强的隐秘性，因此也容易触碰法律的警戒线而不自知。

行业协会是《反垄断法》所处罚的对象之一，由于其自治性及组织协调职能，特别是涉及汽车整车销售或汽车配件价格方面，在行业性相关活动的组织协调过程中，其相关行为很容易触犯《反垄断法》而受到法律的规制。

《反垄断法》《禁止垄断协议规定》等均明确规定，行业协会组织本行业的经营者达成垄断协议的，由反垄断执法机构责令改正，可以处 300 万元以下的罚款；情节严重的，社会团体登记管理机关可以依法撤销登记，因此行业协会本身也应具备反垄断合规意识。

在强化反垄断的背景下，汽车行业经营者，包括整车厂、汽车零部件制造商、汽车经销商，均需要切实做好反垄断合规工作。反垄断合规的功能之一是在未来发生调查执法时，企业可以通过前期合规工作所积累的成果，在调查中争取免于处罚，或者从轻或减轻处罚的结果。

其中，汽车行业经营者在参与汽车行业协会组织的相关活动中，尤其加强反垄断合规意识，对任何涉及“价格”的协议或联盟保持高度审慎。

三、汽车行业协会协作

汽车行业协会的合作对于整个汽车行业的发展起着重要的作用。协会为企业提供了一个平台，促进了信息的共享和交流，推动了行业的技术进步和合作发展。不同的行业间的合作主要是基于商业考量，商业因素是不可控制的风险，同时，由于涉及不同的行业间协作，合作对象涉及不熟悉的领域，由于这些因素，行业协作也需要进行合规管理。

首先，基于资金往来的行为，要留意是否会触犯《反不正当竞争法》。

其次，我国《刑法》规定，为谋取不当利益，给予国家机关、国有公司、企业、事业单位、人民团体以财物的，或者在经济往来中，违反国家规定，给予各种名义的回扣、手续费的，可能构成对单位行贿罪。

【案例85】汽车行业协会组织16家车企联合承诺达成价格协定,是否违反《反垄断法》?

【案例来源】中国汽车工业协会于2023年7月6日组织16家汽车生产企业签署《汽车行业维护公平竞争市场秩序承诺书》①

【基本案情】

2023年7月6日,在中国汽车工业协会主办的2023中国汽车论坛上,16家车企联合签署《汽车行业维护公平竞争市场秩序承诺书》旨在避免价格战和恶性低价竞争。

16家车企包括中国一汽、北汽集团、江汽集团、东风汽车、广汽集团、吉利汽车、上汽集团、中国重汽、长城汽车、长安汽车、奇瑞汽车、比亚迪、蔚来、小鹏汽车、理想汽车以及特斯拉。据了解,这16家车企占据我国汽车市场90%以上销量。

根据该承诺书内容,16家车企将共同遵循以下承诺:

1. 坚持遵守行规行约,规范市场营销活动,维护公平竞争秩序,不以非正常价格扰乱市场公平竞争秩序;

2. 注重营销宣传方式方法,不夸大宣传、不虚假宣传,不为吸引眼球、增加获客而对消费者进行误导性宣传;

3. 发扬质量为先、品质为本的工匠精神,以高质量产品,高品质服务,满足人民对美好生活的需求;

4. 弘扬社会主义核心价值观念,积极履行社会责任,在稳增长强信心防风险等方面积极担当,勇挑重担,携手为国民经济增长作出重要贡献。

后因第一条中"非正常价格"引发社会对车企联合垄断价格的质疑,加上承诺书由中国汽车工业协会背书,加深了对违反《反垄断法》的疑虑。

后中国汽车工业协会认识到,承诺书中"不以非正常价格扰乱市场公平竞争秩序"涉及"价格"表述,表意不当,有违《反垄断法》精神,于是删除。

---

① 刘凯:《仅发布两天! 中汽协紧急删除这一条款》,载微信公众号"华夏时报",2023年7月8日,https://mp.weixin.qq.com/s/1sJES8iC0psumk7Q0mGUhw。

【律师分析】

此次联合发布承诺书的特定背景是国内车市多次因促销和去库存压力发起大规模的降价促销,至少 30 多家车企陆续降价,由此引发“价格战”。

据不完全统计,今年已有近 50 个汽车品牌、上百款车型通过官降、补贴等多种不同形式加入到价格战中,优惠幅度普遍在 3 万 ~9 万元,力度史无前例。此次卷出新高度的价格战,致使很多汽车厂商和汽车经销商“杀敌一千,自损八百”,价格战作为一剂“慢性毒药”,已危害到整个行业的发展。

价格战带来的后果是,除了少数营收大幅增长之外,多数车企的营收出现了增收不增利的现象,盈利水平压力持续增大。跟风的降价浪潮席卷各大车企,不仅损害了汽车经销商的自身利益,还对整个汽车市场的持续稳定发展带来不利因素。

此次联合承诺书的宗旨是抑制企业之间的不理性降价行为,缓解成本压力,推动技术创新发展,让汽车市场竞争回归理性,初衷是理想的,但是不得不承认,承诺书没有实现其预想的效果。因为仅有的几个条文中,最具实际意义的第一条最终被删,主要原因是涉嫌市场垄断,可能构成汽车业上的横向价格卡特尔。

《反垄断法》第十七条规定:“禁止具有竞争关系的经营者达成下列垄断协议:

(一)固定或者变更商品价格;

(二)限制商品的生产数量或者销售数量;

(三)分割销售市场或者原材料采购市场;

(四)限制购买新技术、新设备或者限制开发新技术、新产品;

(五)联合抵制交易;

(六)国务院反垄断执法机构认定的其他垄断协议。”

此次会上的车企占据汽车市场 90% 以上的份额,加上由中国汽车工业协会主导带头集体签署,对汽车定价作出了拒绝“非正常价格”的引导,限制各车企的降价行为,导致消费者难以享受到车企降价的购车优惠,直接影响了消费者的利益,涉嫌保护经营者利润,有滥用市场支配地位以不公平高价销售商品或者达成固定商品价格垄断协定,涉嫌背离《反垄断法》的立法精神和和核心价值。因为何谓“非正常价格”?是否会带来价格固定的垄断效果?消费者是否无法享受低价车?种种疑问都指向垄断的嫌疑。

对于中国汽车工业协会而言，作为汽车行业协会，则有组织本行业经营者从事垄断行为的嫌疑，涉嫌违背了《反垄断法》第二十一条的规定。于是，在承诺书签署两天之后，中国汽车工业协会紧急删除有争议的第一条，表明措辞表意不当。

针对此次 16 家车企联合签署承诺书的行为，我们认为，正如中国汽车工业协会后续所发声明所言的“有违《反垄断法》精神”，但不构成实质意义上的横向垄断。

因为在实质文书协议的文本上不能得出横向垄断协议“固定或变更商品价格”的情形，其原文表述“不以非正常价格扰乱市场公平竞争秩序”未明确体现固定或变更价格的内容，虽有“限制自主定价权”之嫌，仅凭这份承诺书，在没有实质性调查的前提下就认定构成横向垄断，未免过于草率。

因此，我们认为，此次 16 家车企联合签署承诺书不构成不正当竞争，相关行为并不构成实质性违反《反垄断法》的相关规定。

【律师建议】

结合以上案例，从汽车经销商和汽车行业协会组织合规角度出发，我们建议如下：

首先，车企坚持遵守行业规则和约定，规范市场营销活动，维护公平竞争秩序，不以非正常价格扰乱市场公平竞争秩序，加强合规经营，合理定价，避免达成任何价格联盟。

其次，注重营销宣传方式和方法，不夸大宣传、不虚假宣传、不以误导性宣传吸引眼球和获客。

最后，加强反垄断合规意识，对任何涉及“价格”的协议、协定（包括口头、书面、通知、备忘录、会议纪要等形式或方式）保持高度审慎。

对于汽车行业协会而言，尤其是作为该行业内最高组织，应回归到自身宗旨和职责，在制定行业标准，发布行业规范，完善汽车制造业管理和会员服务上出力，通过促进汽车产业技术革新和工艺改进，不断提高中国汽车制造业的质量和效率。

【法律规定】

《反垄断法》

第十六条　本法所称垄断协议，是指排除、限制竞争的协议、决定或者其他协同行为。

第十七条　禁止具有竞争关系的经营者达成下列垄断协议：

（一）固定或者变更商品价格；

（二）限制商品的生产数量或者销售数量；

（三）分割销售市场或者原材料采购市场；

（四）限制购买新技术、新设备或者限制开发新技术、新产品；

（五）联合抵制交易；

（六）国务院反垄断执法机构认定的其他垄断协议。

第十九条　经营者不得组织其他经营者达成垄断协议或者为其他经营者达成垄断协议提供实质性帮助。

第二十一条　行业协会不得组织本行业的经营者从事本章禁止的垄断行为。

第二十三章　汽车经销商合同及配套文件范本

第一节　合同协议类

23－1　新车销售合约

<table>
<tr><td colspan="9">一、基本信息栏</td></tr>
<tr><td rowspan="2">特约店信息
（卖方）</td><td>特约店
名称</td><td colspan="3">公司全称
（与工商登记一致）</td><td>联系电话</td><td></td><td>销售顾问</td><td></td></tr>
<tr><td>联系地址</td><td colspan="7"></td></tr>
<tr><td rowspan="3">购买方信息
（买方）</td><td>名称（个
人/公司）</td><td colspan="3"></td><td>联系电话</td><td></td><td>性别</td><td></td></tr>
<tr><td>证件号码</td><td colspan="3"></td><td>证件类别</td><td></td><td>户籍地</td><td></td></tr>
<tr><td>联系地址</td><td colspan="7"></td></tr>
<tr><td colspan="9">二、产品购买信息、合同金额及交付约定</td></tr>
<tr><td rowspan="2">购买车辆
信息</td><td>车型</td><td></td><td>车身颜色</td><td></td><td>内饰颜色</td><td></td><td>上牌地</td><td></td></tr>
<tr><td>车架号</td><td colspan="3"></td><td>发动机号
（电机号）</td><td colspan="3"></td></tr>
<tr><td>①车辆
价格</td><td>净车价□
包牌价□</td><td colspan="3">¥
大写：</td><td colspan="4">包含项目（仅供包牌价填写）：
□车辆购置税：¥
大写：　　　　（如实际车辆购置税金额少于此金额的，买方同意，对多出部分卖方不予退回）
□上牌代办服务费：¥　　　　大写：
□车船税：¥　　　　大写：
□其他（　　）：¥　　　　大写：</td></tr>
</table>

续表

<table>
<tr><td rowspan="5">②精品（用品）清单及价格</td><td>序号</td><td>精品（用品）名称</td><td>数量</td><td>金额</td><td>序号</td><td>精品（用品）名称</td><td>数量</td><td>金额</td></tr>
<tr><td>1</td><td></td><td></td><td></td><td>4</td><td></td><td></td><td></td></tr>
<tr><td>2</td><td></td><td></td><td></td><td>5</td><td></td><td></td><td></td></tr>
<tr><td>3</td><td></td><td></td><td></td><td>6</td><td></td><td></td><td></td></tr>
<tr><td>小计</td><td colspan="2">大写：</td><td>说明</td><td colspan="4">前述精品（用品）安装服务费</td></tr>
<tr><td rowspan="4">③保险业务</td><td rowspan="4">新车保险</td><td colspan="3">中保□　太平洋□
平安□　其他□
（请标明）：________</td><td rowspan="3">售后延保</td><td>□ ____ 年延保</td><td colspan="2" rowspan="3">备注：（另行签订延保协议）
自刷□
代刷□（请注明姓名：　　）</td></tr>
<tr><td colspan="3">基本六项□　第三者险保额________万元　交强险□________元</td><td>□ ____ 年延保</td></tr>
<tr><td colspan="3">保险费合计：¥
大写：</td><td>金额：¥</td></tr>
<tr><td colspan="3">保险代办服务费：¥
大写：</td><td colspan="2"></td><td colspan="2"></td></tr>
<tr><td>④代办咨询服务</td><td colspan="5">代办咨询服务费：¥
大写：</td><td>按揭机构：</td><td colspan="2"></td></tr>
<tr><td colspan="2">以上总成交金额（①+②+③+④）</td><td colspan="7">¥
大写（人民币）：　佰　拾　万　仟　佰　拾　元　角　分</td></tr>
<tr><td colspan="2" rowspan="2">付款方式</td><td colspan="7">□一次性付款：签订本合约当日，乙方付清购车全款¥　　　元；
□现金　□刷卡　□转账　□按揭</td></tr>
<tr><td colspan="7">□分期付款：签订本合约当日，乙方支付订金¥　　　元；
余额在提车前一次性付清；
□现金　□刷卡　□转账　□按揭</td></tr>
<tr><td colspan="2">销售备注栏</td><td colspan="7"></td></tr>
</table>

续表

<table>
<tr><td colspan="7">注:1. 买方确认,本合约约定的车辆与汽车精品(用品)的销售行为相互独立,其可能涉及的权利、义务及责任亦相互独立,互不关联。
2. 在签署本合约前,卖方已郑重提请买方仔细阅读并准确理解本合约的全部内容,特别是合约中使用加粗字体的条款,并就买方提出的所有疑问或问题给予了全面的、充分的且让买方满意的解释。合约的相关服务内容及关联费用系买方自主选择行为,买方先进行确认后签字。本合约一经签署,即视为买方认可、接受本合约的所有条款(包括背面的《销售服务条款》)。
3. 本合约内容除签署栏外其他内容必须机打,手写无效;本页背面附《销售服务条款》,与本页内容具有同等法律效力。
4. 本合约签署之后,之前双方就购车所作的任何口头、书面的协商、沟通、承诺、保证等内容(如有)均无效,一切以本合约约定的为准。</td></tr>
<tr><td colspan="7">三、双方签署栏</td></tr>
<tr><td rowspan="2">卖方(签名/盖章)</td><td>销售顾问</td><td>销售经理</td><td>总经理</td><td rowspan="2"></td><td rowspan="2">买方(签名/盖章)</td><td>本人已阅读本合约全部内容并完全理解同意(客户手写)</td></tr>
<tr><td></td><td></td><td></td><td></td></tr>
</table>

日期:20　　年　月　日

特约店财务收款纪录

<table>
<tr><td rowspan="4">收款签署纪录</td><td>年　月　日　□现金　□刷卡　□转账　□按揭
银行　□支票 No.:　¥　元　收款人:</td></tr>
<tr><td>年　月　日　□现金　□刷卡　□转账　□按揭
银行　□支票 No.:　¥　元　收款人:</td></tr>
<tr><td>年　月　日　□现金　□刷卡　□转账　□按揭
银行　□支票 No.:　¥　元　收款人:</td></tr>
<tr><td>收齐款项日期:　年　月　日
共收款项:¥　元　复核人:</td></tr>
</table>

注:《特约店财务收款纪录》此项内容仅为方便甲方财务内部管理使用。

销售服务条款

1. 付款

1.1　买方应在代办牌照手续前付清车款及上牌所需要全部费用;如不需代办牌照,应在交车前付清车款。所付金额(预付金额加余款)与实际发生费用差额在交车前结算。

1.2　如买方通过银行按揭等金融方式支付余款的,可自行或委托卖方协助办理。如买方委托卖方协助办理的,买方应积极、及时提供所需资料。如因买方自身信用等原因,导致按揭等无法通过审批,或买方变更支付方式的,买方应自卖方通知之日起7日内通过其他方式付清所有款项。

1.3　买方未按本合约的约定支付完毕全部款项的,每逾期一日须按照合同总金额的0.2%支付违约金。逾期付款超过7日的,卖方有权不予退还已收款项并有权解除本合约,且买方须按照本合约总金额的10%向卖方支付违约金。

1.4　卖方确认合约款项全部到账并且买方已完全履行合约的义务后,卖方方允许买方提车及办理相关文件的交收。

2. 交车

2.1　买方确认,本合约内所载的交车日期仅为预期的大约日期(如有),实际交车时间以卖方另行发出的通知(以书面、电话或短信等方式)为准。买方在《车辆交接表》签名确认即视为卖方已将车辆及相关商品交付买方。买方按本合约的约定支付完毕全部款项后,如自卖方通知提车之日起3日内买方不提车的,3日届满视为卖方已经完成车辆交付。自交付之日起,车辆毁损灭失的风险由买方承担,且如买方未及时提车的,卖方有权按照200元/日收取场地占用费。

2.2　买方确认,买方未按照本合约之约定付清全款的,卖方无义务为买方准备及交付车辆,卖方不会因此承担任何违约责任。如卖方已准备好车辆的,卖方有权随时将该车辆出售给任何第三人,以及因此可能造成卖方无法按照本合约交付车辆等情形的,均不得视为卖方违约,后果由买方承担。

2.3　交车地为卖方专营店,若买方要求卖方在专营店之外的其他地方交车给买方,一切交车风险均由买方独立承担。

2.4　买方确认,卖方为履行本合约所进行的对车辆试乘试驾等行为已在汽车交付前全部完成,并经买方确认完全符合交车标准约定。买方同意并确认,车辆实际签字交付后,如买方要求或允许卖方职员驾驶或操作汽车的行为,纯属于买方与卖方职员的私下个人行为,与卖方无关,卖方对该等人员在进行此等活动时可能引致或发生的任何事故概不负责。

3. 接纳

3.1 交车前,买方有权检查汽车,并在接收车辆时签署及交回新车接收文件。

3.2 买方一经在《车辆交接表》或其他交车文件上签字,即被视为此车已通过买方验收合格,买方已完全接纳此车且无任何异议。此后买方无权基于汽车不符合本合约的规定或以其他理由而拒收汽车。买方自交车之日起,除汽车生产厂商承诺的保养及维修售后服务政策,或依照国家法律法规规定的合理索偿外,买方无权向卖方提出任何主张或要求。买方于此同意并确认,其他条款或文件约定(包括但不限于补充协议、其他附件等)与本条款约定不一致的,按本条款约定执行。

3.3 买方于此确认,由于非卖方原因(包括但不限于车辆自身质量原因、该车辆自汽车生产厂商通过物流公司运输交付与卖方前所可能发生的调仪表公里数、车身划痕、补漆、事故维修等)导致的任何问题或纠纷,卖方非该等问题或纠纷的义务方或责任方,买方不得以卖方为责任主体向卖方索赔(但买方有充分证据证明由于卖方原因导致的除外)。如由于前述非卖方原因导致的任何问题或纠纷,买方需向相关方追责或索赔的,卖方给予积极的协助。

4. 上牌

4.1 卖方向买方出具的"机动车销售统一发票"中的客户名称原则上与本合约的买方提供的资料一致,如因买方提供资料有误导致出票错误而造成的一切后果,由买方自行承担。

4.2 如政府部门对车辆入户上牌有新的政策或其他特殊原因,导致车辆上牌时间迟延或不能上牌的,相应责任或后果由买方承担。

4.3 卖方不负责为买方选择牌号,亦不负责上牌指标的办理。如上牌所属地需先办上牌指标的,该指标由买方自行办理与提供,同时买方对上牌指标的真实性、合法性、有效性等方面负责。

4.4 如买方委托卖方代办上牌或加装精品(用品)等的,自车辆发票开具之日起,视为买方已将车辆交付与卖方进行该等事务的办理。买方于此同意并确认,自买方按照前述约定将车辆交给卖方之日起,如在代办上牌或加装精品(用品)等事务的过程中发生任何事故或问题,导致车辆损坏或产生相关责任的,应先由保险公司按照法律法规规定进行理赔,保险公司理赔范围之外的损失或责任,由相关责任方按照法律法规的规定承担;且买方确认,买方不会亦不得以此为由要求卖方退换车。

5. 买方确认

即使存在以下情形(如有),卖方交付的车辆视同为符合本合约约定的全新车辆,买方不得因此以交付的车辆为非新车,或以卖方存在隐瞒、欺诈或其他理由向卖方索赔。

5.1　为体现汽车用品、精品装车效果,该车辆曾经加装或取下过某些汽车用品、精品等(如有)。

5.2　为体现车辆装饰效果,该车辆曾经安装、取下过某些饰品、饰件等(如有)。

5.3　该车辆在新车到店时,卖方例行对车辆进行的各项常规检测(PDI 检测)等(如有)。

5.4　为展示车型,曾将该车辆摆放于展厅或其他公共场所(如有)。

5.5　可能发生在该车辆销售前的,但对该车辆的质量、性能等方面不产生实质性影响的其他任何行为(如有)。

买方确认,其在按照本合约约定接收车辆前,已结合上述情形对车辆进行了全面、细致的检查与验收,并确认该车辆符合本合约约定的新车标准,同意按照本合约的约定接纳此车而无任何异议。

6. 责任约定

6.1　买卖双方均应严格按照本合约约定执行,任何一方违约的,均应按照法律规定向守约方承担违约责任。

6.2　如买方违反本合约任何约定的,卖方有权没收买方已支付的全部款项作为违约金,不足以弥补卖方损失的,买方另行赔偿。如卖方违反本合约约定给买方造成损失的,买方有权要求卖方赔偿。

6.3　买方因违约或侵权给卖方造成损失的,其赔偿范围包括但不限于因此产生的交通费、食宿费、通讯费、律师费、鉴定费、调查取证费、诉讼仲裁费、保全费、执行费等。

7. 法律适用与管辖法院

本合约适用中华人民共和国法律及其解释，本合约引起的所有争议均受卖方所在地人民法院管辖。

8. 通知与送达

8.1 任何按本合约发出的通知须以书面形式发出。而买方于此同意并确认，卖方可根据本合约买方提供的联系人、联系方式通过电话、短信、微信或邮件等方式发出通知，一经发出即视为送达。通知以书面形式发出的，任何一方可根据本合约中所示的地址，或买方以任何形式提供的买方其他地址寄送。

8.2 通知书通过专人递送的，自收件方在送达文件上盖章或签字签收后视为送达；通过中国邮政全球特快专递服务递送的，自投递之日起经过2日视为送达。

9. 其他

9.1 买方确认，在签订本合约前，卖方已以适当的方式向买方明示销售车辆、配件及其他相关产品的价格、各项服务收费标准、产品质量保证、保修服务、“三包”信息、售后服务的技术、质量和服务规范及其他服务政策或信息等，并就买方的问题或疑问向买方作了充分、清晰的解释与说明，买方对此表示清楚、理解且无异议。

9.2 在签订本合约时买方确认，卖方有权转让本合约下的任何权利和义务，买方对此无异议。

9.3 本合约须经卖方营业（销售）经理或（副）总经理核准及签署，并加盖卖方印章方为有效，其他约定与此约定不一致的，以此约定为准。

9.4 买方确认，卖方之正式收据是卖方唯一认可之收款凭据，对于一式三联或一式多联收据内容，须经卖方书面确认方为有效；如一式三联或一式多联收据内容未经卖方书面确认，或各联内容不一致的，卖方有权不予认可，买方对此同意且无任何异议。

9.5 买方确认，其他条款或文件约定（包括但不限于补充协议、其他附件等，如有）与本合约约定不一致的，按本合约约定执行。

9.6 本合约一式三份，自双方签章之日起生效，买方执一份，卖方执两份。

10. 双方声明

10.1 本合约是买卖双方在平等、自愿、合法的基础上经友好协商而签订，不存在任何胁迫、重大误解或乘人之危等情形，合约全部内容均为双方的真实意思表示，对双方均有法律约束力。

10.2　买方已阅读、理解及完全同意本合约之全部内容，并特别注意了合约本页的所有条款。应买方要求，卖方已就本合约的所有条款作出了充分的且让买方满意的解释与说明，买方表示完全理解与接受，并愿意购买本合约项下的车辆，以及承诺履行相关义务。

23-2　精品(用品)加装单

日期：20　　年　月　日　　　　　　　　加装编号：

客户名称：			车牌号码：		
电　话：			车　型：		
地　址：			底盘号：		
			引擎号：		
加装类型	1.随车销售□　2.展厅零售□　3.网点□　4.其他(　　)				
加装精品(用品)明细					
序号	精品名称	数量	序号	精品名称	数量
1			8		
2			9		
3			10		
4			11		
5			12		
6			13		
7			14		
备注：					
安装后车况情况：□良好　□有破损			完工日期：		
销售顾问：　销售经理：			安装班组：　质检员：　主管：		
共收款项：¥　元			财务签字：		
客户验收：					

第一联财务联，第二联售后联

注：可作为《新车销售合约》附件。

23－3 《新车销售合约》签署提示

1. 通过签署并交付本《新车销售合约》，您（姓名：________；身份证号码：____________________）明确同意：

1.1 ____________汽车销售服务有限公司为销售车辆、提供售后服务、救援服务、开展用户体验、跟进回访、市场调研、分析等相关品牌及市场活动收集并使用您的用户与车辆数据（以下简称用户与车辆数据）。

1.2 ____________汽车销售服务有限公司向汽车生产厂家及其关联公司（以下简称汽车厂家关联公司），提供您的全部或部分用户与车辆数据，您的用户与车辆数据将被汽车厂家关联公司用于与销售车辆、提供售后服务、救援服务、开展用户体验、跟进回访、市场调研、分析等相关品牌及市场活动等有之相关目的和用途。

1.3 汽车厂家关联公司为实现上述目的和用途而向其授权的任何第三方供应商，包括但不限于车辆销售商、售后服务商、呼叫中心、其他与汽车销售、售后、品牌体验、用户服务等有关的其他服务提供商等（合称信息接收方）提供您的用户与车辆数据。

1.4 ____________汽车销售服务有限公司、汽车厂家关联公司和信息接收方有权为第1.1条和第1.2条所述之目的和用途向您的固定电话、移动电话、微信或电子邮箱发送有关的商业性电子信息。

2. ____________汽车销售服务有限公司将对您所提供的用户与车辆数据进行严格的管理及保护，我们将使用相应的技术，尽可能防止您的用户与车辆数据丢失、被盗用或遭篡改。

3. 在以下情况下，即使未取得您的明确同意，____________汽车销售服务有限公司、汽车厂家关联公司以及信息接收方也可以收集并使用您的用户与车辆数据，并且我们对此不承担任何责任。

3.1 向您指定的紧急联系人透露您的用户与车辆数据。

3.2 为免除您在生命、身体或财产方面之紧急危险或为了保护您生命、身体或财产的安全。

3.3 为防止他人权益之重大损害。

3.4　为增进公共利益，并无害于您的重大利益。

3.5　根据法律、法规或行政、司法机构的命令而披露您的部分或全部用户与车辆数据。

4. ____________汽车销售服务有限公司依照本说明收集、使用用户与车辆数据的，视为遵守本说明之条款。因____________汽车销售服务有限公司之外的自然人、法人或其他机构恶意损害您有关用户与车辆数据的权利的，____________________汽车销售服务有限公司不承担责任。

本人已阅读并清晰了解、接受、认可上述条款。

确认签名：

日期：20　　年　月　日

23－4　新车上牌委托合同

（适用于新车委托上牌）

甲方：广州市××汽车销售服务有限公司
住所：广东省××市××区××路××号
法定代表人：×××
联系电话：×××－××××××××

乙方：佛山市××汽车服务有限公司
住所：广东省××市××区××路××号
法定代表人：×××
联系电话：××××－××××××××

甲乙双方根据《民法典》等相关规定，就甲方委托乙方代办甲方名下（客户）汽车上牌事宜协商一致，达成以下合同条款，以资共同遵守。

1. 委托事项

甲方授权乙方代为办理下列事项：

1.1　根据甲方提供的客户资料信息，联系客户。

1.2　根据甲方提供的客户信息代为办理上牌所需的一切手续，包括但不限于有效的当地居住证、购置税等。

1.3 提交委托成果,包括但不限于提供办结的客户上牌证件,以及其他因上牌所需要办理的事项。

2. 乙方的服务承诺

2.1 自乙方收到甲方寄来的资料起,按照本合同约定期限完成商品车上牌业务(客户指定其他上牌时间或因春节等重大节日而导致上牌量猛增除外)。

2.2 乙方收到甲方邮寄出来的合格证发票等资料后,应于当日或次日联系甲方客户,沟通上牌时间以及告知办牌流程和办理业务所需时间。

2.3 商品车上牌过程中,乙方要以客户为中心,把解决客户的需求、提供优质服务定为首要任务。乙方在办牌过程中接受甲方及其客户监督,听取甲方意见及建议,有不足之处应及时改正。

2.4 乙方务必将甲方交接的合格证发票等资料妥善保管。

3. 代办费约定

3.1 上牌服务费金额为:广东省内________元/台(人民币大写:________元整)

广东省外________元/台(人民币大写:________元整)

备注:上牌服务费为一价全包,不收取抵押费等费用。此价格含牌证费、查验费、车辆拓印费、抵押费(如有)。此价不含甲方的客户开车到车管所产生的油费、路费,办业务期间的停车费、餐费由乙方自理。如需邮寄车牌,则乙方自理邮寄费(________元);如需邮寄行驶证,则乙方自理邮寄费(________元)。

3.2 以上为外地身份证(相对拟上牌地区而言)上牌费用,办结期限均自甲方向乙方提供客户资料之日起算。以上费用包含所有办理有关法定手续所需费用及政府部门规定的各项收费。

3.3 甲乙双方一致同意上牌服务费按月结的形式支付。每月底,乙方向甲方发送该阶段上牌服务费账单,甲方将在结合乙方提供资料及客户反馈后确定账单是否无误,确认无误后,通知乙方提供足额的增值税专用发票,甲方在收到发票后向乙方支付上月的上牌服务费用。

3.4 将甲方的合作风险降到最低,乙方同意全额垫付甲方车辆的购置税。服务完成后,乙方提供代办车辆的购置税发票给甲方,甲方收到购置税发票并确认后及时向乙方支付该车辆的购置税费用。

4. 乙方上牌服务流程

4.1　甲方工作人员提前准备车辆的发票,合格证(如需抵押的,准备抵押资料),安排邮寄资料到乙方公司,并提供客户联系方式。

4.2　乙方收到资料后直接联系客户,和客户落实上牌时间,发送上牌点的定位,沟通上牌需要的时间和流程,对有网上编号需求的客户进行网上选号的指引。上述时间及流程安排,乙方须同步向甲方报备。

4.3　上牌前一天通过微信提醒客户上牌时间、所需资料,如客户未回复,须及时电话联系,确保客户知悉次日安排。

4.4　上牌当天乙方工作人员提前到达车管所,等待客户到达,现场指引客户排队查验车辆,全程陪同客户受理、选号,全程提供优质服务,耐心解答客户问题。

4.5　乙方应于上牌流程结束后2日内向甲方报备上牌情况,并在上牌完成后及时通知甲方,并向甲方发送客户已上牌的相关照片、文件等记录。

4.6　保持和客户的联系,以便日后更好解答客户的疑问。

5. 合同期限

5.1　本合同有效期自20____年____月____日起至20____年____月____日止。合同期限届满后,双方可重新协商签订合同。

6. 违约责任

6.1　乙方应对甲方提供的客户信息保密,该信息仅用于办牌,不得作他用,否则因此产生的责任由乙方承担,给甲方造成损失的,应负赔偿责任。

6.2　乙方收到甲方交付的上牌资料之后,未按照本合同约定期限完成上牌业务的(客户指定其他上牌时间或因春节等重大节日而导致上牌量猛增除外),每迟延一日,按照人民币100元/日向甲方支付违约金。乙方在收到甲方邮寄资料后未在当日或次日内联系甲方客户的,每迟延一日,按照人民币100元/日向甲方支付违约金。如因乙方原因导致代办上牌证照的服务中途终止的,应承担甲方的损失。

6.3　乙方在办理上牌手续过程中驾驶拟上牌证车辆的,产生的一切法律后果由乙方自行承担。乙方遗失甲方交接的合格证发票等重要材料的,乙方承担甲方及甲方客户的所有损失,包括但不限于补办费用,延期上牌的损失等。如因乙方怠慢上牌手续，或其他任何原因造成甲方客户向甲方索赔或给甲方造成其他任何损失的，甲方有权向乙方追索。

6.4 乙方在上牌过程中，如存在办事拖延、态度恶劣、工作懈怠等影响甲方客户上牌或造成客户投诉的行为的，甲方有权解除本合同，并有权要求乙方向甲方支付10,000元违约金。

6.5 乙方因违约或侵权给甲方造成损失的，其赔偿范围包括但不限于因此产生的交通费、食宿费、通讯费、律师费、鉴定费、调查取证费、诉讼仲裁费、保全费、执行费等。

7. 其他

7.1 本合同未尽事宜，甲乙双方应友好协商解决；双方协商不成的，可向甲方所在地人民法院起诉。

7.2 本合同中涉及约定的资料邮寄、各类通知、合同等文件以及就合同履行过程可能发生纠纷而导致诉讼（仲裁）时相关文件和法律文书送达时的送达地址以本合同首页明确的地址为准，并以收件方签收成功视为送达。

7.3 本合同一式两份，甲乙双方各执一份，具有同等法律效力，自双方签名盖章后生效。

（以下无正文）

甲方：广州市××汽车销售服务有限公司

代表签名：________

签署日期：20　　年　月　日

乙方：佛山市××汽车服务有限公司

代表签名：

签署日期：20　　年　月　日

23－5　车辆销售合同

（适用于车辆批发）

本合同由以下双方签署，下列信息为双方联系方式，如有变动须及时书面通知对方：

甲方（销售方）：广东××汽车销售服务有限公司 地址： 电话：　　　　传真： 联系人： 邮箱：	乙方（买受方）：××有限公司 地址： 电话：　　　　传真： 联系人： 邮箱：

甲乙双方确认，通过上述联系方式来往的邮件、传真等与本合同具有同等效力。

鉴于，甲方是指定的ABC品牌汽车经销商，经甲乙双方充分协商，就乙方向甲方购买车辆之有关事宜签订本合同。

1. 采购车辆

1.1　车型及价格。

序号	车型	颜色	厂家指导价（元/台）	采购单价（元/台）	数量（台）	总价（人民币元）
1	××，具体车型以实际交付为准	待定，以实际交付为准	不同车型不同价格，具体以厂家公布为准	具体由甲方视交车时的市场行情及优惠政策，根据厂家指导价进行确定	××	××
交车地点：广东省××市××区××路××号（ABC品牌4S店）						

1.2　甲方保证其所交付的车辆是正厂原产的全新产品；保证其所交付的车辆不是返修车、库存车，且应为零公里车（因办理手续、提车、发运至目的地而进行的必要移动除外）。

1.3　甲方保证其所交付的车辆的汽车排放标准符合车辆上牌所规定的汽车排放标准。

1.4　签订本合同后，甲方负责与生产厂家协商调配，逐步分批交付。但如由于厂家原因或其他非甲方原因导致迟延交车或不能交车的，不属于甲方违约，乙方对此表示理解与认可。

1.5 每台车的实际采购价格（净车价），在每一批车到店后，由甲方根据每批车辆到店时的市场行情及优惠政策，在厂家指导价基础上确定，具体以甲方书面通知的为准。

1.6 在签订本合同时，乙方须按照3000元/台车向甲方缴纳购车订金。该订金在最后一批车辆交付时，直接抵扣车款；如有结余的，甲方将结余部分无息退回乙方。

2. 交货及其他服务

2.1 交货地点：广东省××市××区××路××号（ABC品牌4S店）。

2.2 交货方式：分批交付。每批交货的时间、数量、具体车型及每台车辆的实际采购价格，以每次甲方的实际书面通知为准。

2.3 交付期限：原则上自签订本合同之日起1年内分批交付完毕，具体以甲方书面通知为准。

2.4 甲方只负责将本合同约定的车辆（裸车）交付给乙方，车辆的保险、购置税及上牌等一切手续及费用，由乙方自行办理与承担。

2.5 每批车辆交付前，乙方需付清每批车辆全款，甲方确认收到全款后将车辆交付给乙方，乙方付清全款时车辆所有权转移至乙方。甲方交付车辆至乙方前，车辆毁损灭失的风险由甲方承担；甲方交付车辆至乙方后，车辆毁损灭失的风险由乙方承担。

2.6 若乙方逾期不付款或违反本合约其他约定，或导致甲方蒙受任何损失或损害的，甲方有权没收任何乙方已支付的款项作为违约金，不足以弥补甲方损失的，乙方需另行承担。

2.7 乙方（乙方指定代表，姓名：________；身份证号码：________________________；联系电话：____________；电子邮箱：____________。乙方指定代表基于本合同事项签署的相关文件，乙方认可其内容及效力，相应法律效果由乙方承受。下同）在车辆交接时应当场验收，并签署验车交接单。乙方对车辆外观、基本使用功能、质量、随车资料及备件、工具等应进行谨慎、合理、认真地检查确认。

在签订本合同时，乙方应向甲方出具授权委托书，授权乙方指定代表拥有上述权限，且应附上乙方指定代表签名的身份证复印件。

乙方如需重新指定代表的，应在更换前3日内书面通知甲方并同时出具授权委托书及指定代表身份证复印件给甲方。若因乙方不及时通知导致相关责任产生的则由乙方自己承担。

2.8　交车前，乙方应检查汽车，乙方接收车辆时须签署及交回新车接收证明予甲方。

2.9　乙方一经在《车辆交接表》或其他交车文件上签字，即视为此车辆已通过乙方验收合格，乙方已完全接纳此车。此后乙方无权基于汽车不符合本合同的约定或以其他理由拒收汽车。乙方自车辆交付之日起，除依照车辆制造商制定的售后服务政策，或依照国家法律法规规定的合理索偿外，乙方不得向甲方提出其他主张或要求。

2.10　根据国家法律法规规定享受三包服务的对象仅适用于车辆制造商提供给甲方的车辆本身，本合约项下销售的精品/用品等不在三包责任范围内（如有）。

2.11　乙方确认，如乙方未按照本合同之约定付款的，甲方无义务为乙方准备及交付车辆，甲方不会因此承担违约责任。如甲方已准备好车辆的，甲方有权随时将该车辆出售给任何第三人，因此可能造成甲方无法按照本合同交付车辆等情形的，不视为甲方违约。

3. 付款方式及结算方式

3.1　付款方式：

<table>
<tr><th>付款日期</th><th>款项名称</th><th>每台金额（元）</th><th>数量（台）</th><th>合计金额（元）</th></tr>
<tr><td>签订本合同时</td><td>订金</td><td>待定</td><td>待定</td><td>待定</td></tr>
<tr><td>每批车提车前</td><td>每批车余款</td><td>待定</td><td>待定</td><td>待定</td></tr>
<tr><td colspan="5">1. 每批车的订金按照每批车的数量直接抵扣车款。
2. 每批车的余款，乙方自接到甲方通知之日起10日内支付完毕。甲方通知乙方付款及提车的通知方式包括但不限于电话、短信、微信、邮件、书面等（最好通过书面或者邮件形式）。
3. 乙方在支付每批车余款时，需同时向甲方报备该批次每辆车的完整客户资料，以便甲方及时将相关资料信息上传汽车厂家。</td></tr>
</table>

3.2 双方确认结算方式:汇款。甲方确认汇款信息如下,如有变动甲方须及时书面通知乙方。

收款人名称	广东××汽车销售服务有限公司
收款人账号	×××
收款人开户行名称	×××

3.3 甲方依据成交价格开具《机动车销售统一发票》,发票中购货单位(人)与乙方单位名称一致,乙方另有指定的除外。乙方另有指定的,应在支付款项时书面通知甲方。

3.4 乙方或其关联企业均可履行本合同项下的付款义务,任意一方向甲方支付本合同款项的,即视为乙方已履行其相应付款义务。

4.质量要求

4.1 甲方向乙方出售的汽车,其质量必须符合国家颁布的汽车质量标准和汽车行业标准。甲方出售的车辆应当与随车提供的产品说明书或车辆使用书的质量状况相一致。

4.2 甲方向乙方出售的汽车,必须是在国家有关部门公布、备案的汽车产品目录上备案的汽车或合法的进口汽车。

4.3 甲方向乙方出售的车辆必须具备以下书面文件(如有):

(1)汽车销售发票;(2)车辆合格证(国产车)或者海关进口证明、商品检验单(进口车);(3)保修卡或保修手册;(4)中文说明书;(5)随车工具及附件清单。

5.售后服务

5.1 车辆售后服务及保修参照生产厂商关于车辆的说明书、保养手册及国家三包政策执行。

5.2 售后服务电话:×××。

5.3 乙方使用车辆前应仔细阅读车辆说明书、用户使用手册或保修手册等相关资料。在保修期内车辆由于乙方或第三方的人为破坏、使用或保养不当、装潢或改装不当,或到生产厂商认定范围以外的修理点进行修理造成的质量问题,甲方不承担责任。

6.违约责任

6.1 任何一方违反本合同约定,违反保证、承诺条款或不履行协作配合义务,致使对方不能实现合同目的的,均须承担违约责任。

6.2　甲方不按本合同的约定交付车辆,或交付车辆质量不符合本合同条件的,乙方有依法要求降低价款、无偿修理、换车或继续履行本合同的权利。

6.3　乙方因违约或侵权给甲方造成损失的,其赔偿范围包括但不限于因此产生的交通费、食宿费、通讯费、律师费、鉴定费、调查取证费、诉讼仲裁费、保全费、执行费等。

7. 其他

7.1　若发生纠纷,双方应协商解决;协商不成的,任何一方均有权向甲方所在地人民法院起诉。

7.2　本合同附件及补充协议为本合同不可分割的组成部分,与本合同具有同等法律效力。

7.3　本合同自甲乙双方签章之日起生效。

7.4　本合同一式两份,甲乙双方各执一份。

（以下无正文）

甲方(盖章):广东××汽车销售服务有限公司
授权代表:
日期:20　　年　月　日

乙方(盖章):××有限公司
授权代表:
日期:20　　年　月　日

23-6　车辆退换协议

（适用于已上牌新车退换）

甲方:广东××汽车销售服务有限公司
住址:广东省××市××区××路××号
法定代表人:×××
联系电话:×××-××××××××

乙方：________（身份证号码：____________________）
地址：广东省××市××区××路××号
联系方式：×××－×××××××××

20××年××月××日，乙方在甲方处购买一台ABC品牌轿车（车架号：________，以下简称原车）。在原车刚上完牌后不久，车辆仪表台冒烟起火，经与ABC汽车厂家协商，同意由甲方为乙方更换一台同等配置的新车（车架号：________，以下简称新车），原车将由乙方名下过户至甲方名下。但由于原车已返汽车厂家进行解析、维修处理，维修好的原车交付给甲方的时间待定，办理原车过户手续的时间亦待定。

基于此，为明确双方权利、义务及相关事项，甲乙双方经协商一致，达成以下协议：

1. 甲方协助乙方办理新车的上牌手续。签署本协议之前，乙方已对新车进行了全面验收，并确认该辆新车符合双方约定的全部交车标准与要求。

2. 乙方同意，在原车过户至甲方名下之前，新车的所有权仍属于甲方，乙方仅拥有新车的使用权。

3. 乙方应根据甲方的通知与要求，积极协助甲方办理原车的过户、交通事故处理（如有）、违章处理（如有）等手续。如由于乙方怠慢等原因导致甲方损失的，乙方愿意承担赔偿责任，且甲方有权随时要求乙方归还新车。

4. 对于原车，自甲方根据销售约定向乙方交付之日起，至乙方将原车交付给汽车厂家进行解析维修处理之日止（即自20　年　月　日起至20　年　月　日止），此期间原车发生的任何交通事故、违章或其他相关问题（如有），所产生的义务与责任，由乙方负责与承担。如甲方因此遭受其他任何第三方追责或索赔的，甲方有权向乙方追偿，追偿的费用包括但不限于甲方遭受的损失、律师费、诉讼费、差旅费、执行费等。

5. 未尽事宜，或因履行本协议发生的任何争议，双方协商解决。协商不成的，双方均有权向甲方所在地人民法院起诉。

6. 本协议一式两份，双方各执一份，自双方签字盖章之日起生效。

（以下无正文）

甲方(盖章):广东××汽车销售服务有限公司
代表签字:
签订日期:20　　年　月　日

乙方(签字/指模):________
身份证号码:
签署日期:20　　年　月　日

23-7　汽车活动执行合同

(适用于答谢会等活动策划)

编号:

甲方(委托方):广东××汽车销售服务有限公司
住址:广东省××市××区××路××号
法定代表人:×××
联系电话:×××-×××××××××
联系传真:×××-×××××××××

乙方(受托方):××广告有限公司
住址:广东省××市××区××路××号
法定代表人:×××
联系电话:×××-×××××××××
联系传真:×××-×××××××××

经甲乙双方友好协商,就甲方将____________活动委托乙方进行策划、执行事宜,双方经友好协商,达成如下一致协议。

1. 委托事项

甲方委托乙方对____________活动进行策划、物料采购安装、活动执行等事宜(详见本合同附件),具体事项为:

1.1　策划。乙方应对本次活动进行策划,并向甲方提交策划方案,同时提交相关物料及活动清单。

1.2 物料采购。乙方提供的策划方案及物料清单经甲方书面认可后,乙方负责相关物料及设施的采购。

1.3 活动执行。物料及相关设施采购完毕后,乙方应在甲方指定的时间内进行现场摆放、安装、布置,并按合同约定进行相关活动安排等,最终完成本次任务。

1.4 其他为实现合同目的的事项:____________________。

2. 委托事项要求

2.1 乙方策划方案应符合甲方要求,并经甲方书面确认。

2.2 乙方采购的物料、活动及(或节目)清单应经过甲方书面确认。甲方提出建议的,乙方应根据甲方意见进行更改。

2.3 乙方依据清单进行采购的物料应是全新的,未使用过的、无污染的安全产品,符合国家相关标准、甲方要求和合同目的,否则,甲方有权拒绝乙方采购的物料进场安装、使用。

2.4 时间要求:

2.4.1 乙方应在________日前向甲方提交策划方案,同时提交相关物料及活动清单。

2.4.2 乙方应在________日前完成全部受托事项,并经甲方书面确认合格。

2.5 甲乙双方应指派专门的人负责本次活动的沟通交流。

甲方联系人:____________;联系方式:____________________。

乙方联系人:____________;联系方式:____________________。

3. 合同价款及支付方式

3.1 本合同总价款共计人民币____________元(大写:________________________),具体说明见本合同附件《____________活动报价明细表》。该价款为包干价,包括乙方完成全部委托事项所需的策划费、物料采购费用、运输费、安装费、表演人员费用、人工费、安装费、利润、税金等全部费用(如有)。除甲方对合同附件清单中项目做出书面调整与确认而导致合同总价款相应增加外,该合同价款不因其他因素而调整。

3.2 付款方式:本合同约定的内容全部执行完毕,且经甲方确认乙方无任何违约行为，并经甲方确认收到乙方开具的与合同总金额等额的合法有效发票后，一次性支付完毕合同价款。

3.3　乙方指定收款账号如下：

(1)开户名称：________________________；

(2)账　　号：________________________；

(3)开户银行：________________________。

4. 双方的权利和义务

4.1　甲方的权利和义务：

4.1.1　甲方有权根据本合同所约定的内容及标准享受乙方提供的服务。

4.1.2　甲方有权根据本合同所约定的内容及标准，在不影响乙方工作的前提下检查乙方提供的服务质量，如乙方提供的服务质量不符合本合同的约定，甲方有权要求乙方在指定时间内做出补充或修正。

4.1.3　甲方必须依据本合同规定，按时足额向乙方支付服务款项。

4.1.4　合同执行过程中，甲方如需变更项目计划，经甲方书面确认，变更额外产生的费用由甲方承担。

4.2　乙方的权利和义务：

4.2.1　乙方必须按合同约定的服务内容及标准向甲方提供相关服务，对于不符合合同约定的物料、演出、表演等，甲方有权扣减该部分费用。

4.2.2　乙方有权要求甲方按时足额支付项目费用。

4.2.3　乙方应负责本次活动安全、顺利完成，负责保障自身工作人员、表演人员的人身、财产安全，对因乙方(含乙方表演人员等，如有)原因造成甲方的财产损失或人员伤亡，或因乙方及乙方人员原因造成的一切人身伤亡及财产损失均由乙方承担。如甲方因此遭受他方的侵权指控时，乙方应当承担甲方为应诉而支付的一切费用；甲方因此而承担侵权或违约赔偿责任的，有权向乙方追偿。

4.2.4　未经甲方书面许可，不得向任何第三方披露甲方有关资料及信息，资料使用后乙方应立即归还甲方。

4.2.5　如在活动期间出现紧急情况，乙方有义务协助甲方进行有关事宜的协调工作。

5. 违约责任

5.1　乙方应按合同约定时间完成各阶段受托事项。如有延迟，或乙方有其他任何违约行为的,甲方有权单方解除合同,有权要求乙方退回全部已收款项,并有权要求乙方按照合同总价的20%向甲方支付违约金。但甲方书面同意延迟或因甲方原因导致延迟的除外。

5.2 如甲方逾期付款,并经乙方书面催告后在合理期限内仍未支付的,每延迟一日,甲方须按照应付金额的万分之五向乙方支付违约金。

5.3 乙方因违约或侵权给甲方造成损失的,其赔偿范围包括但不限于因此产生的交通费、食宿费、通讯费、律师费、鉴定费、调查取证费、诉讼仲裁费、保全费、执行费等。

6. 知识产权

在本合同执行过程中而产生的广告作品著作权归甲方所有,即由甲方委托乙方设计制作的广告作品著作权(包括且不限于背景板、幕布等)归甲方所有。

7. 保密

7.1 双方为执行本协议提供给对方的任何技术产品或资料,除提供方明确说明其为公知信息的外,均构成提供方的商业秘密。

7.2 双方同意不得使第三人接触或向第三人揭露上述商业秘密,也不得为本合同之外的任何其他目的利用该商业秘密。双方承诺,本保密义务延及其员工,任何一方员工违法本保密义务的,该方同样应承担全部法律责任。

8. 免责声明

出现下列情况导致本合同不能履行的,乙方不承担任何责任:由于不可抗力(包括瘟疫、地震、台风、洪水、火灾、战争、罢工、政府禁令以及双方均不可预见、不能控制的事情或情况)导致本协议不能履行的。

9. 争议解决

9.1 执行本合同过程中发生争议,应友好协商解决;协商不成的,任何一方可到佛山市南海区人民法院提起诉讼。

9.2 不存在争议部分条款,双方仍需继续执行。

10. 其他

10.1 双方任何通知、文件应以书面形式,并向本合同首页载明地址通过专人或邮递送达,于对方签收或寄出之日起3个工作日(无论对方签收与否)即视为送达。通过传真送达的,传送成功的,即视为送达。

10.2 本合同一式两份,双方各执一份,具有同等法律效力,自双方签字盖章之日起生效。

10.3　未尽事宜,双方应另行协商。

(以下无正文)

合同附件:

1.《＿＿＿＿＿＿活动报价明细表》。

【合同条款说明】

对于以上合同内容,乙方已认真阅读该合同所有条款,对于免除或限制甲方责任等有不明之处之条款,已向甲方提出要求,并由甲方予以充分清晰地解释与说明。本合同经双方签字盖章后,视为双方清楚、理解并同意合同的所有条款内容,双方均需严格遵守与执行。

甲方盖章:广东××汽车销售服务有限公司　乙方盖章:××广告有限公司

代表人:　代表人:

签署日期:20　年　月　日　签署日期:20　年　月　日

23-8　汽车展会合作合同

(适用于日常小型短期外展)

No.:×××

甲方:广东××汽车销售服务有限公司

住址:广东省××市××区××路××号

法定代表人:×××

联系电话:×××-××××××××

联系传真:×××-××××××××

乙方:广州××展会服务有限公司

住址:广东省××市××区××路××号

法定代表人:×××

联系电话:×××-××××××××

联系传真:×××-××××××××

甲乙双方经友好协商，本着互惠互利的原则，在平等自愿的基础上，就由乙方举办的__××× __车展合作事宜，达成以下协议。

1. 展会时间

1.1 展览时间：_20___年___月___日至_20___年___月___日。

1.2 布展时间：_20___年___月___日20:00时。

1.3 撤展时间：_20___年___月___日20:00之后。

2. 展会及款项

2.1 甲方此次展览中使用车位共_______个，费用总计_______元，大写：________________整。

2.2 付款期：乙方向甲方出具对应金额的发票，甲方收到发票_______个工作日内支付完毕。

2.3 支付方式：转账。

2.4 乙方公司账户信息如下：

开户名	开户银行	开户账号
广州××信息技术有限公司	工商银行广州××支行	×××

3. 甲方责任

3.1 展会现场的车位及相关物品的摆放听从乙方统一安排，甲方按照乙方指定时间安排车辆进场、退场。

3.2 甲方在展会开始前必须提供参展车型，展会期间需要更换车型务必提前通知乙方。

3.3 按合同之约定时间参展，不得擅自变更、缺席；如甲方有临时变动不能依时参展的，须提前通知乙方，开展时间另行协商确定。

3.4 甲方须向乙方提交现场摆设效果图和活动方案，并按双方签字盖章确认的效果图和活动方案执行。

3.5 甲方负责其参展车辆的安全维护工作，乙方配合。展览期间如参展车辆出现意外损伤，责任由甲方承担。

3.6 展会按合同约定进行，甲方擅自缺席的，甲方仍需按合同之约定付款。

3.7 甲方不得开展任何其他与车展无关的活动及业务。

4. 乙方责任

4.1 乙方单方负责本次车展的组织、策划、推广等相关事宜，甲方可给予有条件的支持与协助。

4.2　乙方须依时在该场地举办本合同签订的活动项目(如遇天气或其他不可抗力等因素,可由甲乙双方共同协商延期)。

4.3　按照国家生态环境部规定,甲方于活动期间严禁使用高音喇叭或音量过大、严重干扰周围居民生活环境的音响器材,严格按照本合同"具体执行时间"内的"静音时间"执行静音,否则,乙方有权根据实际情况对甲方进行监管。

4.4　乙方负责组织专业观众参展,与甲方相冲突的单位不得组织(如同一汽车品牌)。

4.5　乙方负责维护展会期间场馆配套设施不受损坏。乙方应确保甲方在租赁期内正常使用场地,并负责提供良好的照明、清洁、安保、监控、秩序维护、咨询等服务。若因乙方或乙方工作人员的过错,导致甲方展示的车辆或其他财产毁损、遗失或遭受其他损害的,由乙方承担赔偿责任;如甲方因此遭受他方的侵权指控时,乙方应当承担甲方为应诉而支付的一切费用;甲方因此而承担侵权或违约赔偿责任的,有权向乙方追偿。

4.6　乙方未按照本合同约定及时、全面提供参展展位的,应退还甲方已支付款项,并按照本合同约定的参展费用总金额的30%向乙方支付违约金。不足以弥补甲方损失的,乙方还需另行赔偿。

4.7　乙方因违约或侵权给甲方造成损失的,其赔偿范围包括但不限于因此产生的交通费、食宿费、通讯费、律师费、鉴定费、调查取证费、诉讼仲裁费、保全费、执行费等。

5. 如因不可抗力因素影响(政府政策改变或天灾等),导致此次活动不能如期进行,双方参照以下方法解决

5.1　如因天气等原因展会不能按约定日期进行的,可由甲乙双方共同协商延期,此合同依然有效。

5.2　因不可抗力因素影响,乙方不能如期向甲方提供活动场地而致使活动不能如期进行,乙方须退还甲方交纳的一切款项。

5.3　本合同未经双方同意,不得单方擅自终止合同,甲乙双方对以上合同内容均没有异议的情况下共同签署。

5.4　本合同一式两份,甲方执一份,乙方执一份,自合同签章之日起生效。

(以下无正文)

甲方(盖章):广东××汽车销售服务有限公司
经办人:
联系电话:
签订日期:20　　年　月　日

乙方(盖章):广州××展会服务有限公司
经办人:
联系电话:
签订日期:20　　年　月　日

23-9　20××第××届(×季)××国际汽车展览会参展合同

(适用于大型会展)

甲方:广东××展览服务有限公司
住址:广东省××市××区××路××号
法定代表人:×××
联系电话:×××-××××××××
联系传真:×××-××××××××

乙方:广东××汽车销售服务有限公司
住址:广东省××市××区××路××号
法定代表人:×××
联系电话:×××-××××××××
联系传真:×××-××××××××

鉴于甲方确认乙方提出的关于参加 20××第××届(×季)××国际汽车展览会 (以下简称展会)的参展申请有效,甲乙双方经平等协商,达成以下合同条款。

1. 展会情况

1.1　展会地点:××市××区国际会议展览中心。

1.2　举办时间:20××年××月××日—××月××日。

2. 参展概况

2.1　参展费用:

项目	展位号	规格/数量	单价	折后单价	金额	备注
展位费	A5	××平方米	××元/平方米	××元/平方米	××元	
其他广告	赠送×个1/4版+1个1/8版广州日报佛山版硬广;展会现场外墙广告位×个					
合计	人民币:×××元　大写人民币:×××元整					

展位平面图详见附件。

2.2　乙方应将本合同第2.1条所述之所有参展费用以下列第__一__种方式汇入甲方指定账户或直接到甲方财务部交纳,在乙方付款前,甲方应向乙方出具与参展费用等额的正式发票。

2.2.1　一次性,于本合同签订后5个工作日内收到甲方开具的等额发票后乙方各店分别一次性付清(开具增值税专用发票)。

2.2.2　分期付款,甲方指定账户。

(1)开户行:中国工商银行广州市××支行;

(2)开户行地址:××市××区××路××号;

(3)账号:×××××××××;

(4)账户名:广东××展览服务有限公司。

2.3　如乙方不能按本合同第2.2条约定的支付时间缴纳参展费用,甲方保留没收展位并另行安排的权利,且乙方已交纳的定金概不退还。

3. 甲方权利义务

3.1　甲方应向乙方提供《参展商手册》。

3.2　甲方为乙方提供以下服务:展位预订、展会现场管理、推荐展会指定服务商(包括:展会指定承建商、承运商等)。

3.3　甲方可根据业务的实际情况,决定展位的具体编排。

3.4　参展期间,维护展会现场秩序,保障乙方人身财产安全。

4. 乙方权利义务

4.1　乙方应遵守《参展商手册》的规定,按展会规定的展品范围及要求选择产品参展,不得展示和销售展品范围以外的产品、假冒伪劣产品或侵权产品。

4.2 乙方应按《参展商手册》进行布/撤展、消防、用水、用电等工作，并提供相关责任保证书，不得提前撤展。若乙方超时布/撤展或违反其他相关规定，由此产生的加班费及一切后果由乙方自行承担。因乙方的过错导致财产损害或人身伤亡的，由乙方承担相应的损害赔偿责任。

4.3 经甲方同意，乙方可将本合同所约定的权利义务全部/部分向第三方转让。

4.4 乙方按甲方的要求向甲方或甲方指定服务商移交以下资料：特装展位施工图纸、材料清单、电路图。

4.5 乙方应向甲方或甲方指定服务商交纳电费、电箱租赁费（如有）。

4.6 乙方应负责自有财产及其工作人员的安全，为其配备必要的安全措施或购买保险，因非可归咎于甲方的原因而发生人身伤亡或财产损失事件的，甲方不承担责任。

5. 保密条款

甲乙双方应对本合同完全保密，除非因对本合同有管辖权的任何政府机关根据有关的法规或规定而有所要求，否则未经另一方事先书面同意，任何一方不得把与本合同及有关资料向与本合同履行无关的第三方披露。本合同保密期为签订本合同之日起至本合同终止后两年。

6. 违约条款

6.1 若乙方违反本合同第4.1条的规定，甲方有权撤下相关展品或立即关闭乙方展台并拒绝其继续参展。

6.2 若乙方在展会开幕前24小时仍未报到，又未进行书面合理说明的，甲方有权取消乙方参展资格，并有另行安排其展位的权利。

6.3 甲方应按照本合同约定提供展位及管理等服务，如非因乙方原因造成乙方不能如约、正常、有效使用展位、场地等的，甲方应向乙方退还已付全部款项，并按照合同总金额的30%向乙方支付违约金。不足以弥补乙方损失的，甲方还需另行赔偿。赔偿范围包括但不限于律师费、诉讼费、公证费、执行费等合理费用。

7. 免责条款

在合同履行期间，由于地震、台风、水灾、火灾、战争、瘟疫等不可预见、不可克服、不可避免的事故（罢工除外）使难以继续履行合同，或继续执行该合同将使履行成本过高，从而直接影响合同的履行，或不能完全履行，或继续履行会违背合同的目的,遭遇方应立即将事故情况通知合同相对方,并应在事后7日内向合同相对方书面说明事故的详细情况并提供合同不能履行,或者不能完全履行,或者需要延期履行的有效证明文件。按照事故对履行合同影响的程度,由双方协商决定解除合同,或部分履行合同,或延期履行合同,双方均不承担因此产生的违约责任。

8. 争端解决条款

若在履行本合同过程中发生了争议,双方应友好协商解决。如协商开始之日起15日内不能解决,应按下列第__一__种方式解决。

8.1　提交__广州__仲裁委员会仲裁。

8.2　由乙方所在地人民法院管辖。

9. 合同期限、合同效力及其他

9.1　本合同自甲乙双方签字盖章之日起生效,至本合同条款全部履行完毕为止,但双方另有规定的除外。本合同修改、补充、变更必须经双方协商一致,并签署书面协议。

9.2　本合同的订立、效力、解释、履行和争议的解决,均适用中华人民共和国法律。经合同双方协商,可另行作出补充规定,补充规定与本合同具有同等法律效力。

9.3　本合同一式__五__份,甲方执__一__份,乙方四家各执__一__份,均具有同等效力。

9.4　本合同生效后,不得因合同任何一方的承办人或法定代表人的变更而失效和/或解除。

为昭信守,双方兹签署本合同,并于签署之日起生效。

(以下无正文)

甲方(盖章):广东××展览服务有限公司

代表签字:

签订日期:20　　年　月　日

乙方(签章):广东××汽车销售服务有限公司

代表签字:

签订日期:20　　年　月　日

23－10 汽车外展服务合同

（适用于汽车外展外聘辅助人员）

甲方（委托方）：广东××汽车销售服务有限公司
住址：广东省××市××区××路××号
法定代表人：×××
联系电话：×××－×××××××××
联系传真：×××－×××××××××

乙方（受托方）：广东××广告有限公司
住址：广东省××市××区××路××号
法定代表人：×××
联系电话：×××－×××××××××
联系传真：×××－×××××××××

甲乙方根据《民法典》等相关法律法规规定及遵循平等、自愿、诚实、守信的原则，就甲方委托乙方具体执行“20××广府文化节广汽传祺活动”的广州活动签订此协议。

1. 委托业务内容概述

1.1 就20____年____月____日在广州北京路开展形式为“广府文化节”的主题活动（以下简称活动）聘请两名舞蹈演员/派单人员/礼仪人员一事特委托乙方负责。

2. 双方的权利和义务

2.1 活动期间，甲方有权监督乙方的项目执行状况并提出合理的要求。

2.2 甲方在活动结束且收到乙方开具的等额合法有效发票后向乙方支付项目总额人民币××元整（￥××）（含税）作为本次活动费用。

2.3 乙方应对其提供的舞蹈演员/派单人员/礼仪人员加强服务意识及安全意识教育，保证提供及时、有效、高质量的服务。在合同履行期间，由于乙方或乙方聘请人员的原因导致其自身或其他任何第三方人身损害或财产损失等后果的,由乙方承担相应责任。如甲方任何一委托人因此遭受他方的侵权指控时,乙方应当承担委托方为应诉而支付的一切费用;甲方任何一委托人因此而承担侵权或违约赔偿责任的,有权向乙方追偿。

3. 变更和终止

3.1　本协议经双方书面同意,可以予以修改、补充和调整。

3.2　活动相关追加费用经双方书面同意,可以予以追加及调整。

3.3　任何一方不履行义务,并在另一方书面通知5个工作日内仍不改正,守约方有权解除本协议,守约方有权要求违约方赔偿其由此遭受的实际损失。

4. 违约责任

4.1　如因乙方原因造成不能够按照甲方规定的进度安排完成项目的执行,甲方有权根据实际情况拒绝支付相关费用,且乙方应该按实际损失情况或合同总金额的10%向甲方承担违约金。

4.2　如因甲方未能在约定时间内向乙方提供本次活动所需的相关协助,而导致项目的延误,甚至是不能执行,由甲方承担相应责任。

4.3　如果甲方迟延付款,经乙方书面催告后在合理期限内仍未支付的,每逾期一日,甲方须向乙方支付延迟支付合同款项金额的万分之一作为补偿金。

4.4　乙方因违约或侵权给甲方造成损失的,其赔偿范围包括但不限于因此产生的交通费、食宿费、通讯费、律师费、鉴定费、调查取证费、诉讼仲裁费、保全费、执行费等。

5. 争议解决

5.1　在双方就本协议项下条款的解释和履行发生争议时,双方应以善意通过协商解决该争议。

5.2　如协商不成,双方均有权将有关争议提交甲方所在地人民法院进行裁决。

5.3　本协议的订立、效力、执行和解释及争议的解决均应适用中国法律。

6. 其他规定

6.1　本协议正本一式四份,甲方各方各执一份,乙方执一份,具有同等法律效力。

6.2　双方可以书面协议方式对本协议做出修改和补充。经过双方签署的修改协议和补充协议是本协议的组成部分,具有与本协议同等的法律效力。

6.3 如果本协议中的任何条款因违反法律或政府规定或因其他原因而完全或部分无效或不具有执行力，则该条款被视为删除。但该条款的删除不影响本协议其他条款的法律效力。

6.4 本协议的任何一方未能及时行使本协议项下的权利不应被视为放弃该权利，也不影响该方在将来行使该权利。

6.5 本协议附件为本协议重要组成部分，与本协议具有同等法律效力。

6.6 本协议未尽事宜由双方另行协商解决。

（以下无正文）

甲方（盖章）：广东××汽车销售服务有限公司
授权代表人签字：
签订日期：20　　年　月　日

乙方（盖章）：广东××广告有限公司
授权代表人签字：
签订日期：20　　年　月　日

23－11　汽车展位搭建施工合同

（适用于汽车外展展位搭建）

合同编号：

甲方：广东××汽车销售服务有限公司
住址：广东省××市××区××路××号
法定代表人：×××
联系电话：×××－×××××××××
联系传真：×××－×××××××××

乙方：广东××展位服务有限公司
住址：广东省××市××区××路××号
法定代表人：×××

联系电话：×××－×××××××××

联系传真：×××－×××××××××

根据《民法典》及其他相关法律法规，甲乙双方就ABC汽车展位搭建施工工程（以下简称工程），在平等、自愿、公平和诚实信用的基础上，经协商一致，达成以下协议。

1. 工程概况

1.1　工程名称：×××。

1.2　工程地点：广东省××市××区××路××号。

项目名称：×××		文件编码				
分项名称：×××		计价面积				
项次	工程项目	单位	数量	综合单价	金额（元）	备注
一	结构					
1－1						
	小计					
二	辅材部分					
2－1						
	小计					
三	人工费部分					
3－1	安装人工费					
	小计					
四	汇总					
4－1	工程直接费合计	一＋二＋三				
五	分项工程造价	未税总价		人民币：×××元		
		税点（×%）		人民币：×××元		
		含税总价		人民币：×××元		
		人民币大写		人民币：××元整		

2. 工程范围及内容(请详细列明)

3. 工程承包方式

3.1 工程实行由乙方以总承包方式施工,即以包工、包料、包工期、包质量、包安全、包验收的方式承包(详见附件施工图、工程量清单/工程预算书),未经甲方书面同意,不得再进行转分包。

3.2 在本合同签订前与甲方确认施工图图纸,并提交工程量清单/工程预算书(包含材料名称、品牌、规格型号、生产厂家、价格、数量、总价等信息)供甲方确认,作为本合同的附件之一。

3.3 本工程为总打包价,乙方应考虑市场价格变动、施工环境影响的相关费用及细节工程错漏项的增补等情况。在乙方所报的工程预算书中,即使有漏项未报或错报,也不能增加任何费用,由乙方自行承担。合同外任何工程项目变更必须以甲方书面同意为准,乙方不得擅自变更施工内容,且乙方不得再增加工程金额。如须增加工程必须甲乙双方法人同意并且签字确认后才有效。

4. 工程价款及付款方式

工程含税总造价为人民币××××元(大写:×××元整)。该总造价包含本合同所提及的一切与本工程相关且应由甲方承担的任何费用。付款方式为按工程进度分期付款。

4.1 在本协议签订后乙方向甲方提出工程付款书面申请,待甲方代表现场确认并经甲方书面确认后甲方支付乙方工程总价款的××%,金额为人民币×××元(大写:×××元整)。(备注:将进场的材料合格证明、人员身份证明及甲方代表签认的书面证明作为请款的附件。)

4.2 于20××年××月××日前本合同约定的工程全部完成后并经双方验收合格,乙方向甲方提出工程款书面申请,待甲方代表现场确认并经甲方书面确认后甲方支付乙方工程总价款的××%作为第二笔工程款,金额为人民币××元(大写:××元整)。

4.3 剩余总工程款的×%,金额为人民币××元(大写:××元整)作为质保金。质保期内本合同约定的所有工程无任何质量问题及乙方无其他任何违约行为的,质保期满后支付给乙方,否则该笔质保金甲方有权用以垫付因乙方质量问题或违约产生的相关费用,不足部分由乙方另外承担。

4.4 乙方应当自甲方支付第二笔工程款前向甲方开具金额与总工程款等

额的合法有效发票，否则甲方有权拒绝履行本合同任何义务，并有权追究乙方的违约责任。

5. 工期

5.1　总工期为自20××年××月××日至20××年××月××日，总(日历)工期(天数)为××天，包含了合同工程所有项目完成与验收并交付使用所需的时间。

5.2　除不可抗力外，因非甲方原因造成工期延误的，每延误一日，乙方须按照500元/日向甲方支付违约金(该违约金将直接抵扣本工程合同价款，下同)，但不免除其他相应的合同责任。因此总工期延误超过3日的，甲方有权即时解除工程合同并追究乙方因此给甲方造成的一切损失。

5.3　如果甲方基于第5.2条原因解除合同，甲方可采取必要的补救措施(包括但不限于有权委托任何第三方进行重做、整改及其他补救措施)，但其所有风险和费用将由乙方承担，甲方根据本合同规定对乙方行使的其他权利不受影响。

6. 施工人员、工程质量和补充条款

6.1　乙方应当根据工程项目的客观需要，依法派驻具备相应的资格证和上岗证的施工管理人员进行施工。因乙方施工人员不具备相应技能、资格证或上岗证而导致发生施工事故的，乙方应当承担由此而产生的一切责任，对甲方造成损失的，甲方有权向乙方追偿。

6.2　乙方保证合同项下所使用原材料(产品)均为全新的、未使用过的，是最新或目前的型号，并完全符合合同规定的质量、规格和性能的要求。乙方应保证所提供的产品/材料等经正确施工、正常使用和保养在其使用寿命期内具有满意的性能。乙方应对由于设计、工艺或材料的缺陷而发生的任何不足或故障负责。

6.3　工程质量必须符合合同约定的标准与要求，包括但不限于以下要求与标准。

6.3.1　施工原材料进场及验收要求(包括赠送部分，如有)。

在施工原材料进场前，乙方对产品的质量、规格、性能、数量和重量等进行详细而全面检验，并交与甲方出厂检验合格证和交货检验记录，但不能作为有关质量、规格、性能、数量或重量的最终检验。

6.3.2　工程质量要求与验收标准(包括赠送部分，如有)。

隐蔽工程和中间工程的验收，乙方应提前3日通知甲方，甲方验收后方可进行下阶段工程；非因甲方原因导致隐蔽工程或中间工程未进行验收的，甲方有权要求拆除重做并要求乙方承担5000元/次违约金。

工程竣工后，乙方应书面通知甲方及相关验收部门进行验收。验收结果不符合要求或验收不合格的工程部分，乙方应立即安排返工（包括但不限于重做、整改等），因返工延误工期的按本协议第5条规定处理。

6.3.3 如合同没有提及适用标准或技术规范说明不明确，则应符合现行国家标准、行业标准或地方标准。

6.4 工程质量保证期为×年（国家法律法规规定或双方约定工程质保期超过×年的，按照国家规定或双方约定执行），质保期自所有工程验收合格并出具书面验收报告之日起算。

7. 安全文明施工与管理

7.1 乙方须严格执行有关安全操作管理规范。乙方应当按照与施工人员的劳动合同依时支付工资，并依法为施工人员购买工伤保险，不得因此而影响施工。由于乙方违反本条约定造成甲方损失的，乙方应当承担赔偿责任，以及按照本合同的约定向甲方支付违约金。

7.2 若施工期间发生安全事故或其他内部纠纷，乙方需立即通知甲方并报告相关部门处理，一切责任和损失由乙方负责。乙方保证施工安全和工程交付后甲方的使用安全。因乙方使用的机械、设备或者原材料不合格导致甲方的财产损失或人员伤亡，或因乙方及乙方雇佣人员原因造成的一切人身伤亡及财产损失均由乙方承担。如甲方因此遭受他方的侵权指控时，乙方应当承担甲方为应诉而支付的一切费用；甲方因此而承担侵权或违约赔偿责任的，有权向乙方追偿。

8. 甲方的权利和义务

8.1 除不可抗力的情况外，甲方需按合同的约定向乙方支付工程款。

8.2 甲方向乙方提供施工场地，保证施工场地的水、电等基本设施的供应，但施工产生的水、电费用均由乙方自行承担。

8.3 乙方不履行合同约定的义务或者履行义务不符合约定（包括施工过程、竣工后及质保期内发生质量问题），甲方有权随时向乙方发出整改通知［通知形式包括但不限于电话、短信、邮件、传真及快递等（第12.2条乙方指定的收件人作为联系人之一）］，乙方应在收到甲方通知后2日内整改完毕，费用由乙方全部承担。乙方整改不及时或仍达不到约定标准或要求的,甲方有权解除本合同,并有权委托任何第三方重做或整改,产生的所有费用由乙方承担。

9. 乙方的权利和义务

9.1　设计图纸由乙方提供(如需),乙方保证设计的安全性并严格按图纸的要求施工。

9.2　乙方必须听从甲方的指挥,不得偷工减料,需按约定保质保量地完成施工任务。如果现场有使用甲方没有认可或质量达不到要求的原材料,一经发现,处以5000元/次的违约金,并将不合格材料予以清场,如果此类情况发生两次以上(含两次),甲方有权解除合同,并追究乙方由此造成的一切责任及损失。

9.3　乙方要做到文明施工,保证场地清洁,尽量减少噪声。乙方需自行负责施工工人的管理(如安全、工资、伙食等),施工工人与乙方的任何纠纷,与甲方均无任何关系。

9.4　乙方不得擅自停工(除不可抗力的情况外)或消极怠工,以及采取吵闹、威胁等任何手段影响工程进度或甲方的正常经营。否则,甲方有权责令乙方退场,并有权另行委托任何第三方继续施工,产生的费用全部由乙方承担,且甲方有权要求乙方按照工程总造价的20%支付违约金。

10. 违约责任

10.1　若乙方的工程达不到约定要求或质量合格标准,或有其他任何不履行或不完全履行本合同的违约行为的,乙方需按合同工程总价款的20%向甲方支付违约金,给甲方造成损失的,乙方还需承担赔偿责任。

10.2　甲方不按合同约定的时间和付款方式向乙方支付工程款,经乙方书面催告后在合理期限内仍未支付的,每逾期一日,甲方需按应付的该笔款项的0.01%向乙方支付违约金。

10.3　如果发现乙方与任何个人或单位相互串通勾结,损害甲方利益,根据问题的严重程度,甲方有权采取口头警告、书面通知整改、处以5000元/次违约金、扭送公安机关等措施进行处理。

11. 适用法律和争议解决

凡因合同引起的任何争议,双方协商解决。若协商不成,任何一方均可向甲方所在地人民法院起诉。

12. 送达

12.1　甲乙双方向对方发出的函件,可通过以下方式发送,并在相应条件成

就时视为送达:

(1)通过专人递送的,自收件方在送达回执上盖章或由其授权收件人签收后视为送达;

(2)通过中国邮政全球特快专递服务递送的,自投递之日起经过2日视为送达。

12.2 甲乙双方分别授权以下人员作为收件人,当函件按照首页书明的地址递送至下列收件人后,视为送达(如收件人发生变更,该方应第一时间书面通知对方,否则自行承担相应后果):

(1)甲方收件人:__________,手机号码:________________,签名样式:________。

(2)乙方收件人:__________,手机号码:________________,签名样式:________。

12.3 对于本合同在执行中涉及需要乙方确认的文件,乙方于此同意,乙方的现场相关人员或上述乙方联络人的签字确认视同乙方的签章确认,对乙方具有法律约束力。

13. 附则

13.1 本合同未尽事宜,由双方另行协商,并另行签订补充协议,具有同等效力。

13.2 本合同一式四份,甲方执三份,乙方执一份,均具备同等法律效力,自双方签章之日起生效。

(以下无正文)

甲方(盖章):广东××汽车销售服务有限公司

授权代表人签字:

签订日期:20　　年　月　日

乙方(盖章):广东××展位服务有限公司

授权代表人签字:

签订日期:20　　年　月　日

23－12　汽车户外广告发布合同

（适用于电子媒介发布）

甲方：广东××汽车销售服务有限公司
住址：广东省××市××区××路××号
法定代表人：×××
联系电话：×××－××××××××

乙方：××广告有限公司
住址：广东省××市××区××路××号
法定代表人：×××
联系电话：×××－××××××××

甲乙双方根据《广告法》及有关规定，经甲乙双方平等友好协商，现就甲方委托乙方在____________发布户外广告事宜签订本合同，以资共同遵守。

1. 发布日期

甲方委托乙方于20____年____月____日至20____年____月____日发布。

2. 广告发布基本情况

2.1　发布媒介：____________________。

2.2　发布内容：____________________。

2.3　发布要求：____________________（包括________秒短片，每天滚动播出________次等）。

3. 结算方式

3.1　费用金额：合同费用总金额为人民币________元（大写：人民币____________）。

3.2　付款方式

3.2.1　乙方播出完成后，必须出具相应的监播证明。

3.2.2　本合同约定的广告制作、发布内容全部履行完毕，甲方收到由乙方开具的甲方所在地税务局认可的发票后,以转账的方式付清广告款项。

4.甲乙双方权利与义务

4.1　甲方义务与权利

4.1.1　广告采用甲方样带(样稿)的,甲方保证在广告中所使用的他人名义、肖像已事先取得他人同意,如因此产生纠纷由甲方承担。但由于乙方原因造成的责任由乙方承担。

4.1.2　在广告发布期间,甲方根据实际需要更改广告内容的,可提前3个工作日向乙方提供广告样带。

4.1.3　如甲方在合同有效期间须终止广告发布,应提前2日通知乙方。乙方在收到甲方通知后2日内,须书面确认回复。

4.1.4　甲方须按约定如期支付广告费用。

4.1.5　甲方对广告发布期间有监督和提出意见的权利。

4.1.6　甲方对乙方策划的方案有提出建议的权利。

4.2　乙方义务与权利

4.2.1　乙方有权审查广告内容、广告表现形式及有关证明文件,不符合法律法规的广告内容、广告表现形式及有关证明文件,乙方有权要求甲方作出修改或补充相关证明文件,在甲方作出修改或补充相关证明文件前,乙方有权拒绝发布广告。但甲方有权根据乙方对广告内容及表现形式的审查情况追究乙方责任。

4.2.2　广告采用甲方样带的,乙方有对甲方的样带提出专业意见及协助修改的义务。

4.2.3　广告采用甲方样带的,未经甲方同意,乙方不得擅自改动甲方广告样带。如因改动造成甲方损失,乙方应赔偿甲方相应损失。

4.2.4　乙方不得擅自改动广告内容、时段、时长,否则,甲方将不承担改动部分的广告费用。

4.2.5　广告样带及最终播出的广告片版权归甲方所有。未经甲方书面允许,乙方不得用于本合同之外的用途、许可他人使用、转让他人使用。否则乙方应支付本合同总额20%的违约金,并承担由此产生的一切法律责任。

4.2.6　乙方应按合同要求播出广告,若由于乙方或媒体原因导致不能如约播出的,则乙方须提前1日以书面形式通知甲方,否则,甲方将有权按照漏播处理;因临时调整导致播出次数减少的,乙方需向甲方出示有关证明,并在不能正常播出广告之日的次日起3个播出日以内予以补播,或将欠播款项退还甲方。

4.2.7　因乙方延误办理广告内容报批与审批手续,致使甲方广告不能如期播放的,乙方须承担违约责任并向甲方造成的损失承担赔偿责任。

4.2.8　乙方在广告广播过程中侵犯他人知识产权或引致其他纠纷的,由乙方负责。乙方需在甲方付款前向甲方提供播出证明。乙方确保广告在双方确认的媒体、限期中播出,并确保提供的播放证明真实有效,不得存在任何虚假,否则甲方有权要求乙方退还已收费用,并按照合同总金额的50%向甲方支付违约金。

4.2.9　乙方负责广告内容报批与审批手续的办理,甲方将协助乙方提供报批与审批所需资料。

4.2.10　乙方因未能按照合同样带或甲方要求播出广告的,导致甲方形象受损的,乙方须承担违约责任并向甲方承担赔偿责任。

4.2.11　乙方保证对广告牌有合法的发布权,因此产生的法律纠纷一律由乙方负责,甲方概不负责。如因此给甲方造成形象受损或经济损失的,乙方须负赔偿责任。

4.2.12　若由于乙方原因出现错播漏播问题:如出现错播(指在1个播出日内,广告播错时段)情况,漏播(指在1个播出日内,播出次数不足的),由乙方按照错一补二,漏一补二的方式,在错播、漏播的次日起,3个播出日以内予以补播,错播后未如期补播的,按漏播处理;如在合同日期内出现多次首播漏播情况,漏播天数超过3个播出日(包含3日),则除了按照合同由甲方指定日期补播外,乙方还要支付甲方合同总金额的20%作为违约金。若乙方不予补播,则乙方除了支付合同总金额20%的违约金外,另须退还漏播部分金额。

4.2.13　乙方应确保广告灯光、声音等不影响周围住户,若出现扰民投诉,由乙方负责处理。因任何原因造成广告牌禁播,乙方应退还甲方已支付未播出的费用,若因此给甲方造成声誉损失或其他损失的,乙方还应承担损失赔偿责任。

4.2.14　乙方负责该户外广告所产生的一切风险,如广告牌脱落等意外事件,所产生的一切责任由乙方承担,与甲方无关。如因前述原因导致甲方的财产损失或人员伤亡,或因乙方及乙方雇佣人员原因造成的一切人身伤亡及财产损失均由乙方承担。如甲方因此遭受他方的侵权指控时,乙方应当承担甲方为应诉而支付的一切费用;甲方因此而承担侵权或违约赔偿责任的,有权向乙方追偿。

5. 保密条款

甲乙双方对本次合同的内容及形式负保密责任。乙方对在合作过程中获知的甲方商业秘密负保密责任,非经甲方书面同意不得向外泄露,致甲方损失的,乙方承担相应的损失赔偿责任。

6. 违约责任

6.1　任一方不履行合同义务或者履行义务不符合合同约定的,均视为违约。守约方有权追究其应当承担的法律与经济责任,并有权选择解除合同或者要求对方继续履行合同。

6.2　如遇不可抗力原因(不可抗力包括政府原因、自然灾害或其他非乙方可以预见和控制的意外导致乙方的广告临时调整或停播)影响正常播出,由乙方向甲方出具书面解释说明,乙方不承担相关违约责任,已播出的广告按实际播出次数收费,乙方应退还甲方已支付未播出的广告费用。

6.3　若遇市政建设或行政管理需要,政府有关部门依法要求撤除户外广告的,甲乙双方均不负违约责任,但乙方应向甲方退还已支付未播出的广告费用。

6.4　乙方因违约或侵权给甲方造成损失的,其赔偿范围包括但不限于因此产生的交通费、食宿费、通讯费、律师费、鉴定费、调查取证费、诉讼仲裁费、保全费、执行费等。

7. 争议解决

7.1　本合同在执行过程中发生的争议,双方可协商解决。

7.2　协商不成的,双方均可向甲方所在地人民法院提起诉讼。

8. 其他约定事项

8.1　合同未尽事宜由双方协商解决。

8.2　本合同一式两份,双方各执一份,具有同等法律效力,自双方签字盖章之日起生效。

8.3　广告发布情况及时间表作为合同的附件,附件作为本合同的重要组成部分,与本合同具有同等法律效力。附件:______________________________。

(以下无正文)

【合同条款说明】

对于以上合同内容,乙方已认真阅读该合同所有条款,对于免除或限制甲方责任等有不明之处之条款,已向甲方提出要求,并由甲方予以充分清晰的解释与说明。本合同经双方签字盖章后,视为双方清楚、理解并同意合同的所有条款内容,双方均需严格遵守与执行。

甲方(盖章):广东××汽车销售服务有限公司　　乙方(盖章):××广告有限公司

代表签字:　　代表签字:

签订时间:20　年　月　日

23-13　户外汽车广告制作安装合同

(适用于广告牌制作安装)

合同编号:×××

甲方:广东××汽车销售服务有限公司
住址:广东省××市××区××路××号
法定代表人:×××
联系电话:×××-×××××××××
联系传真:×××-×××××××××

乙方:广州市××广告有限公司
住址:广东省××市××区××路××号
法定代表人:×××
联系电话:×××-×××××××××
联系传真:×××-×××××××××

根据《民法典》《广告法》及有关行政管理规定,甲乙双方经友好协商,本着实事求是的合作精神,就甲方委托乙方承办下列广告业务签订本合同,共同遵守。

1.项目:广州市户外广告制作及发布。

2. 发布规格、数量及地点：详见合同附表。

3. 发布单价、内容：

C5、C6 位置：×××元/年（见附件一）。

发布内容：ABC 汽车广告宣传。

4. 发布期限：共12 个月，从 20××年××月××日起至 20××年××月××日止（以具体上画日期为准）。

5. 制作：户外灯布＋安装（乙方包喷画及安装）。

6. 验收标准：安装上画后，乙方提供广告照片电子文件一套，甲方按确认稿进行验收。如上画 3 日内不进行验收，则视广告为验收通过，按正常发布处理。

7. 合同总金额：××元整（小写：××元）；该价格已含电费、保养维修费、发布费，含喷画及安装费，含税费。发布期间换画制作费为××元/次。

8. 付款方式：转账或同城支票

开户行：××银行广州海珠××支行；

户　名：广州市××广告有限公司；

账　号：××××。

8.1　在本合同签订后甲方向乙方支付首期 50% 费用，即人民币××元整（小写：××元）。

8.2　余款人民币××元整（小写：××元），甲方于安装完毕，经双方验收合格书面确认，且收到乙方开具的与合同总金额等额的合法有效发票后支付给乙方。

9. 保修期：广告牌保修维修期为 12 个月，自完成制作上画，并经双方验收合格书面确认之日起计。

10. 双方责任

10.1　甲方责任

10.1.1　在本合同签订之日起 3 日内，甲方负责提供广告发布所需证明文件（营业执照副本复印件、涉及人像的肖像权委托书、效果图及相关产品与文字证明资料）。

10.1.2　在本合同规定的起始发布日 10 日前，甲方负责提供正式的设计稿 MO 给乙方制作画面，并及时在乙方提交的广告画面小样上签字确认。

10.1.3　如因甲方原因延误上画发布的，乙方不承担违约责任。

10.1.4　甲方必须按本合同第7条、第8条的规定进行付款。

10.1.5　甲方保证所提供的广告画面内容符合国家法律法规及行政管理有关规定,如因广告画面内容涉及知识产权或其他侵权或与法律法规相抵触等问题而导致的一切法律责任,由甲方承担。

10.2　乙方责任

10.2.1　乙方须按有关规定办妥广告发布所需手续(包括但不限于工商行政部门审批手续),并承担有关的一切责任及费用。

10.2.2　乙方应在收到甲方提供的广告画面设计电子文件及广告发布有关资料之日起3日内完成广告小样。

10.2.3　乙方有权审查广告内容和表现形式,如有违反法律法规或政府有关部门的规定内容的,乙方有权要求甲方修改,甲方作出修改前,乙方有权拒绝发布。

10.2.4　在广告发布期内,因受自然灾害、法律法规、市政建设(含墙体改动)、意外事故或政府部门规定的影响,需暂时停止发布该广告,乙方应在5日内通知甲方停止发布和恢复发布的日期,并作出相应的发布调整。如停止发布的时间超过30日或该位置不能继续发布广告的,或者墙体拆除的,乙方可提供其他位置给甲方继续发布,如乙方无法提供甲方认可的位置继续广告发布,广告款按实际发布期限计算,乙方无须向对方作任何赔偿。

10.2.5　因广告牌破损而影响画面效果或使画面受损,乙方须在2日内更换修复,修复费用由乙方支付。

10.2.6　广告发布3日内,乙方向甲方提供该广告发布的照片。

11.安全文明施工与管理

11.1　乙方保证广告制作、安装施工安全和工程交付后甲方的使用安全。因乙方使用的机械、设备或者原材料不合格导致甲方的财产损失或人员伤亡,或因乙方及乙方雇佣人员原因造成的一切人身伤亡及财产损失均由乙方承担。如甲方因此遭受他方的侵权指控时,乙方应当承担甲方为应诉而支付的一切费用;甲方因此而承担侵权或违约赔偿责任的,有权向乙方追偿。

11.2　乙方不得偷工减料,需按约定保质保量地完成广告的制作、安装等工作。广告制作、安装工程质量或原材料达不到合格验收要求,乙方应当按照甲方的意见重做,由此产生的一切费用和损失由乙方自行承担。如果现场有使用甲方没有认可或质量达不到要求的原材料，一经发现，处以 10,000 元/次的违约金，并将不合格材料予以清场，如果此类情况发生两次以上（含两次），甲方有权解除合同，并追究乙方由此造成的一切责任及损失。

11.3　乙方在施工过程中不得损害甲方财产或其他第三方的财产，否则由乙方承担全部损失。

11.4　乙方应保证广告的制作、安装及使用展示过程的安全性，并负责日常检测、维护及保养，若因乙方的设计、制作或安装等问题导致甲方或其他第三方的人身或财产损失，由乙方承担全责。乙方对整体广告工程进行日常检测、维护及保养，包括但不限于以下措施。

11.4.1　大风季节和雨季前，应检查避雷设施，保证正常安全使用。大风季节应对广告的牢固度、风化、老化程度进行检修和加固。

11.4.2　广告安装验收后，应每月进行一次检测，并向甲方提供检测书面报告。

11.4.3　质保期内，按甲方要求提供检测、维护、保养服务。

11.5　乙方不履行合同约定的义务或者履行义务不符合约定（包括施工过程、验收后及质保期内发生质量问题），甲方有权随时向乙方发出整改通知［通知形式包括但不限于电话、短信、邮件、传真及快递等（第 12 条乙方指定的收件人作为联系人之一）］，乙方应在收到甲方通知后 2 日内整改完毕，费用由乙方全部承担。乙方整改不及时或仍达不到约定标准或要求的，甲方有权解除本合同，并有权委托任何第三方重做或整改，产生的所有费用由乙方承担。

12. 送达

甲乙双方向对方发出的函件，可通过以下方式发送，并在相应条件成就时视为送达。

12.1　通过专人递送的，自收件方在送达回执上盖章或由其授权收件人签收后视为送达。

12.2　通过中国邮政全球特快专递服务递送的，自投递之日起经过 2 日视为送达。

甲乙双方分别授权首页书明的人员作为收件人，当函件按照首页书明的地址递送至收件人后，视为送达（如收件人发生变更，该方应第一时间书面通知对方，否则自行承担相应后果）。

对于本合同在执行中涉及需要乙方确认的文件,乙方于此同意,乙方的现场相关人员或上述乙方联络人的签字确认视同乙方的签章确认,对乙方具有法律约束力。

13. 违约责任

13.1　除不可抗力(战争、天灾、政府行为等)外,甲乙双方应严格遵守本合同的条款,否则,违约方须承担违约责任。无法定或合同约定的理由而单方终止合同的,视为违约,违约方应另向对方支付合同金额的20%作为违约金。

13.2　每逾期1日,甲方应额外向乙方支付应付款项的1‰作为逾期发布滞纳金;逾期超过10日,乙方有权暂停发布,暂停发布时间按甲方正常发布计算费用,不予顺延,逾期超过10日,乙方可单方面解除合同,甲方应按实际发布天数付广告费及相应的逾期滞纳金。

13.3　如因乙方责任延期发布广告,每逾期1日,乙方应按当期应付款项的1‰向甲方支付逾期发布滞纳金;逾期超过10日,甲方可单方面解除合同,广告费应按实际发布天数收取,乙方除支付逾期滞纳金外,还应退还多收的广告费。

13.4　在任何一方依照本合同第11.2条、第11.3条规定单方面解除合同的情况下,违约方还需向守约方支付相当于合同总金额20%的违约金。

13.5　乙方因违约或侵权给甲方造成损失的,其赔偿范围包括但不限于因此产生的交通费、食宿费、通讯费、律师费、鉴定费、调查取证费、诉讼仲裁费、保全费、执行费等。

14. 其他事宜

14.1　在同等条件下,甲方对该广告位置拥有优先续约权,但须在合同期满日30日前书面通知乙方。逾期则取消其优先权。甲方依约行使该优先权后,在合同期满时如甲方未续约的,则乙方有权不为甲方保留该广告位置。

14.2　甲方确认样稿后,如在乙方制作画面过程中或制作完毕后要求更改画面,则所需费用(电脑喷绘制作成本及安装费)由甲方负责。因甲方原因延期上画的,发布期仍按本合同第4条规定计算,不予顺延,双方另有协定除外。

14.3　本合同包含合同双方所有意向,并取代双方在此之前所达成的一切书面或口头协议;任何对本合同内容的修改须经双方共同签署书面确认文件。如有未尽事宜,经双方友好协商,另签补充协议。

14.4　任何一方有责任对本合同及其他方获得的有关经营、管理及财务等信息及资料保守秘密。非经其他方事先书面同意,任何一方不得以任何方式透露保密资料,但已经向社会公开,或根据有关法律、法规、政府机构、法律程序、有关顾问及有关监管机构(包括国内外之证券交易所、证监会等机构)的要求需要或履行本合同需要而披露的,不受本条之限制。本条款在本合同终止后继续有效。

14.5 双方在执行本合同中发生纠纷,若协商不成时,任何一方可向甲方所在地人民法院提起诉讼。

14.6 本合同自双方签字盖章之日起生效。

14.7 本合同一式两份,双方各执一份,均具有同等法律效力。

(以下无正文)

甲方:广东××汽车销售服务有限公司
代表:
日期: 年 月 日

乙方:广州市××广告有限公司
代表:
日期: 年 月 日

附件一:

1. 尺寸表

广告栏位	尺寸(m)		平方数(m^2)	级别	备注
	宽	高			
C5、C6	24	3.5	84	A++	有射灯

2. 现场位置图

23－14　停车场道闸媒体广告发布合同

（适用于停车场、小区电梯等场景）

甲方：广东××汽车销售服务有限公司
住址：广东省××市××区××路××号
法定代表人：×××
联系电话：×××－×××××××××
联系传真：×××－×××××××××

乙方：广州市××广告有限公司
住址：广东省××市××区××路××号
法定代表人：×××
联系电话：×××－×××××××××
联系传真：×××－×××××××××

甲乙双方根据《民法典》《广告法》及相关法律法规规定，在平等、自愿、协商一致的基础上就甲方委托乙方发布广告事宜签订本合同，双方共同遵守。

1. 广告发布媒体

停车场（详见附件一）进出口档杆平面媒体；广告发布内容：【传祺】（品牌/产品）。

1.1　广告发布时间、地点、媒体发布费用。

刊例价（/杆/月）	制作费单价（/杆/次）	折扣	折后价（/杆/月）包制作
¥3000.00	¥300.00	70%	¥2200.00

甲方于2023年7月至2023年12月共投放8杆，共计人民币×××元（大写：××元整）。具体投放数量安排以双方书面确认（含电子邮件）为准。甲方要于投放日期前10个日历日，与乙方确认所要使用的媒体位与租赁期。

2. 支付方式

2.1　甲方于合同签订后支付×××元（大写：×××元整）给乙方；合同约

定的广告全部发布完毕,并且甲方收到乙方出具的整体广告发布情况报告确认后一次性支付完毕余款。

2.2 甲方应按照上述要求将款项汇入乙方账号。

开户名:广东××广告有限公司;

开户行:农行广州中山四路支行;

账　号:××××××××。

2.3 乙方应在甲方支付完毕款项前向甲方开具相应的增值税专用发票。

3. 甲方的权利和义务

3.1 甲方应提前向乙方提供广告画面制作所需电子文件。如甲方委托乙方代为设计的,乙方在收到甲方提供的设计素材后______个工作日内完成设计并提供给甲方确认。

3.2 甲方应保证其提供的广告内容的真实性和合法性,且该广告内容不存在违反任何法律法规或侵犯任何第三方的合法权益(包括但不限于知识产权)的情形。

3.3 甲方应按本合同第3条之约定,按期足额支付广告发布费用。

3.4 若甲方对广告发布有异议,应在收到验收报告后及时通知乙方,10个工作日内无异议的,视为验收合格。

3.5 合同约定的广告发布期限届满后,甲方在同等条件下享有优先续约权。

4. 乙方的权利和义务

4.1 乙方应按合同约定的时间、地点及数量完成广告发布,考虑到客观不可控制因素存在,允许乙方在确保双方所约定的发布数量的前提下,享有10%的场地变更权,但乙方行使变更权前应书面告知甲方。

4.2 乙方应在收到甲方首期费用后10个工作日内完成正式上刊工作;若因甲方延期付款导致正式上刊时间晚于双方约定时间,乙方不承担任何延期的违约责任。

4.3 乙方在合同约定的上刊后5个工作日内向甲方提供正式验收报告;验收报告以乙方规定的格式为准。

4.4 乙方负责广告画面的上画和维护,如发生故障、损害等情形,乙方应及时书面通知甲方并在3日内修复。超过该期限仍未能修复的,乙方将根据未修复的数量对甲方进行发布数量及发布期限(未满一个月的按一个月计算,如实际发生故障、损害等情形超过一个月的,按实际期限计算)上的补偿。

5. 知识产权及保密

5.1　除订立与履行本合同项下义务之需要外,未经对方事先同意,任何一方不得擅自使用、复制或许可第三方擅自使用、复制对方提供的商标、标志、商业信息、广告设计资料、技术及其他资料。

5.2　双方对本合同及附件内容以及在履行本合同中所知晓的有关对方的任何商业资料及信息均应当严格保密,不得在未获得对方书面认可的情况下将此类资料或信息直接或间接透露给任何第三方知悉。

6. 违约责任

6.1　合同签订后,如因乙方原因导致未按约定给甲方发布广告的,乙方应根据违约广告位数量双倍发布广告补偿甲方。

6.2　合同签订后,甲方未按本合同第3条向乙方支付首次付款金额或者未按第4.1条及时提供广告画面等文件资料致使乙方已不可能按期发布广告,应赔偿给乙方造成的损失。所有赔偿金额总计不超过约定的合同总金额。

6.3　合同签订后,甲方逾期支付合同款项的,乙方可要求甲方按每日千分之五的比例就逾期支付金额支付滞纳金。

7. 不可抗力

7.1　因不可抗力导致合同终止的,广告发布费用由双方按广告发布实际时间结算,日发布费按合同约定的相应广告发布费用除以合同约定的发布天数计算。

7.2　本合同约定的不可抗力包括地震、洪水、雷击等自然灾害,以及法律法规、地方性规章的改变或政府及有关政府部门的行为。

8. 法律适用与争议解决

8.1　本合同的订立、履行、解释及争议的解决均适用中华人民共和国法律。

8.2　甲乙双方如因合同订立、履行或解释发生任何争议应协商解决。若协商不成,任何一方均可向甲方所在地人民法院提起诉讼。

8.3　本合同经双方签字盖章生效,一式两份,甲乙双方各执一份,具有同等法律效力。

(以下无正文)

附件一:停车场道闸媒体广告发布合同中的广告发布地点(范例)

区域	小区名称	地址	楼盘性质	栏杆数量	传祺选杆(月)
天河区	××大厦	珠江新城	高档住宅、写字楼	1	7、8
天河区	××广场	岗顶	高档住宅	1	11、12
天河区	××力居	东圃大马路天力街	高档住宅	1	8、9
天河区	××花园	粤垦路	高档住宅	1	9、10

甲方(盖章):广东××汽车销售服务有限公司
授权代表人签字:
签订日期:20　　年　月　日

乙方(盖章):广州市××广告有限公司
授权代表人签字:
签订日期:20　　年　月　日

23-15　汽车维修合同

托修方(甲方):____
住所地:____
联系人:________电话:____________传真:____________手机:__________

承修方(乙方):____
住所地:____
电话:____________________传真:________________________

根据《民法典》《消费者权益保护法》《道路运输条例》《广东省道路运输条例》《机动车维修管理规定》等法律法规规章,甲乙双方在平等、公平、自愿、诚信的基础上,经双方协商就汽车维修事宜达成协议如下。

1. 汽车交接

1.1　交车日期:□合同签订日　　□________年____月____日

1.2　送修方式：□开进　□拖进　□装进　□事故

1.3　取车地点：

2. 汽车基本信息

汽车所有人	车牌号码	车辆类型	车身颜色	发动机号（电机号）码	VIN 代码/车架号	注册登记日期	里程表示值

3. 维修类别与项目

3.1　乙方应对承修车辆进行维修前诊断检验，提出相应的维修方案，确定维修类别。

3.2　乙方预定的维修项目、内容，预计的维修费用，甲方应认可。

3.3　维修过程中确需追加作业项目和费用的，应征得甲方认可。

3.4　实际维修项目和费用以维修结算清单为准。

4. 维修配件与材料

4.1　乙方提供的维修配件材料，应符合国家规定，标示配件性质并明码标价，供甲方选择。

4.2　经甲方选择认可的维修配件材料，乙方应提供维修材料清单，明确材料名称、规格、型号、产地、类别、数量、提供方式、单价、金额、购买日期。

4.3　换下配件处理方式：

□甲方自行处理

□委托乙方处理

□属污染环境或系危险废物的，乙方按有关规定统一处理

5. 维修竣工检验及检验质量标准

5.1　检验质量标准：

□国家标准　□行业标准　□地方标准　□制造厂维修要求

检验方式为________________________________。

检验合格，甲方按本合同约定结清费用后接收车辆。

5.2　维修竣工质量检验合格后，向甲方签发统一样式的《机动车维修竣工出厂合格证》。车辆进行二级维护、总成修理、整车修理的，乙方应建立维修

档案。

6. 维修费用及结算方式

6.1 收费标准：

□按向所在地县级以上道路运输管理机构备案并公布的工时单价标准执行

□双方约定

工时单价：________元/工时。

6.2 维修费用计算按照以下方式计算：

维修费用 = 工时费(工时单价 × 工时定额) + 配件与材料费 + 外加工费

6.3 预算费用为________元,实际费用以出具的维修结算清单为准。

6.4 结算方式：

□现金结算　　□转账　　□支票结算　　□其他方式

7. 汽车交付

汽车维修竣工预计交付日期为________年____月____日前,因不可抗力原因导致延期除外。汽车维修竣工后,乙方应通知甲方提取车辆,甲方在接到通知后____日到________验收车辆,结清费用(双方另有约定的除外),提取车辆。

8. 维修质量保证期

维修质量保证期为________公里或________日,自竣工出厂之日起算。质量保证期从维修竣工并交付给甲方之日起计算,保证期以行驶里程或日期指标先达到者为准。因维修质量问题返修的,保证期从返修后甲方验收的当日重新算起。

本合同约定的质量保证期不得低于有关法规、规章规定的汽车维修竣工出厂质量保证期。

9. 合同变更及解除

9.1 在车辆维修过程中,双方可对本合同内容进行变更。变更内容经双方同意,变更事项双方约定按照以下方式确认：

□书面　　□短信　　□传真　　□电话　　□其他________

9.2 变更的内容与本合同具有同等法律效力,与本合同内容相冲突的,以变更后内容为准。

9.3 双方可协商解除合同。非因本合同约定或法定事由,任何一方不得擅自解除合同。

10. 违约责任

10.1　甲方未按约定支付维修费用的，按未付金额同期银行贷款利率的两倍支付违约金。

10.2　甲方超过____日迟延提取车辆的，给乙方造成的损失由甲方承担，损失计算标准为________元/日 × 迟延天数。

10.3　乙方迟延交车的，向甲方支付迟延履行违约金________元/日。

10.4　违约责任法律法规有规定的，按照其规定执行。

11. 争议及纠纷处理

本合同履行过程中产生争议、纠纷的，由甲乙双方协商解决；协商不成的，双方同意按以下方式解决本合同争议：

□向县级以上道路运输管理机构申请调解

□向______________仲裁委员会申请仲裁

□向有管辖权的人民法院起诉

12. 其他

12.1　本合同经双方签字盖章后生效。合同一式两份，双方各执一份。

12.2　进厂维修委托书（检验单）、维修结算清单、竣工出厂合格证经甲方签字确认，作为本合同附件，与本合同具有同等法律效力。

12.3　甲方或乙方委托代理人签订合同或甲方委托接车的，应出具授权委托书。委托人为单位的，须加盖公章；委托人为自然人的，须本人亲笔签名，并附身份证明。

请在签字前充分了解有关事宜，认真填写表格内容，仔细阅读并认可背书合同条款。	
托修方（签章）： 法定代表人： 委托代理人（签字）： 联系方式： 地址： 签约日期：　　年　月　日	承修方（签章）： 法定代表人： 委托代理人（签字）： 联系方式： 地址： 签约日期：　　年　月　日

双方权利义务

1. 甲方权利义务

1.1 甲方在约定的时间内向乙方交付维修车辆、自行取走车内可移动贵重物品及相关证件。

甲方与车辆所有人不一致的,向乙方提供营业执照复印件或身份证复印件。

1.2 甲方有权确定维修项目,涉及安全行驶的除外。

1.3 甲方送修车辆为事故车的,向乙方提供事故责任认定书或事故调解协议等有效证明;甲方要求改变车身颜色、更换发动机、车身和车架的,应按照《道路交通安全法实施条例》等规定办理相关手续。

1.4 甲方根据乙方维修工作的需要积极履行协助义务。

1.5 甲方按照合同约定验收、结清维修费用并接车,因甲方迟延验收车辆或迟延接车,车辆非因乙方原因毁损灭失的,损失由甲方自行承担。

1.6 车辆维修出厂后,经鉴定机构认定,确属乙方本合同项下维修项目的质量未达到国家标准、行业标准、地方标准或制造厂维修要求,或使用假冒伪劣的零配件、燃润料,造成甲方或第三人车辆损害、人身损害及相关损失的,乙方应赔偿。

1.7 对乙方未签发《机动车维修竣工出厂合格证》、未出具规定的结算凭证等单据的,甲方有权拒绝支付维修费用。

2. 乙方权利义务

2.1 按照国家标准、地方标准、行业标准、制造厂维修要求实施汽车维修作业,保证维修质量。有权拒绝甲方不按照规定办理相关手续改变车身颜色、更换发动机、车身和车架的要求。

2.2 对甲方车辆进行进厂检验、过程检验和竣工检验。

2.3 乙方在竣工交付车辆前,对该车辆负有保管责任。除维修检验试车外,乙方不得因其他任何原因使用该车辆。若有违反的,乙方承担油料等直接损耗;造成车辆损坏或其他人身及财产损害的,应承担相应的赔偿责任。

2.4 双方约定的维修配件材料应符合国家规定的质量标准,如使用修复配件或旧配件的,经甲方书面同意,该配件应达到相关产品的质量标准。

2.5　乙方将车辆交由第三方维修，经甲方书面同意。未经甲方同意，乙方将车辆交由第三方维修的，甲方有权解除合同。第三方造成甲方车辆损害的，乙方应承担相应赔偿责任。

2.6　若甲方无正当理由未在规定的时间内付清维修费用的，乙方对车辆享有留置权。

2.7　在质量保证期和承诺的质量保证期内，因维修质量原因造成汽车无法正常使用，且乙方在 3 日内不能或者无法提供非维修原因而造成汽车无法使用的相关证据的，乙方及时无偿返修，不得故意拖延或者无理拒绝。

在质量保证期内，汽车因同一故障或维修项目经两次修理仍不能正常使用的，乙方负责联系其他机动车维修经营者，并承担相应修理费用。

23－16　代用车辆使用协议

（适用于维修短期客户代步用车）

合同号 Contract No. 000001

承租方（甲方）：________（身份证号码/统一社会信用代码：____________）

地址：

联系人：

联系方式：

出租方（乙方）：广东××汽车销售服务有限公司

住址：广东省××市××区××路××号

法定代表人：×××

联系电话：×××－×××××××××

联系传真：×××－×××××××××

根据《民法典》及相关法律规定，为明确双方的权利和义务，经双方协商一致，签订代用车使用协议，约定下列条款，共同遵守。

1. 租赁物信息数量、租赁期限、租金及支付方式、其他费用

1.1 租赁物信息数量

<table>
<tr><td>序号</td><td>品牌/车型</td><td>车牌号</td><td>车架号</td><td>发动机号
（电机号）</td><td>使用期限</td><td>租金
（元/日）</td><td>租金小计</td></tr>
<tr><td>1</td><td></td><td></td><td></td><td></td><td>天</td><td>元/天</td><td></td></tr>
<tr><td colspan="8">开始时间：　年　月　日　时　　预计结束时间：　年　月　日　时</td></tr>
<tr><td colspan="8">里程表显示数/燃油存量：________公里/________ L 汽油型号：________</td></tr>
<tr><td colspan="2">合计</td><td colspan="2">¥　　元</td><td colspan="4">大写人民币　　元整</td></tr>
</table>

1.1.1 代用车辆的取车和还车手续，以双方签署《验车单》等相关文件为准。

1.1.2 乙方确认已向甲方披露并告知关于车辆及其使用性能的全部信息，甲方已了解车辆的各方面状况。

1.1.3 租赁期间，甲方为车辆的驾驶员。该驾驶员必须持有中华人民共和国公安交通管理部门签发的有效机动车驾驶证，该驾驶员以外人员无权驾驶代用车辆，否则造成的一切后果由甲方负责。

1.1.4 签订协议时，双方确认燃油存量，租期结束返还车辆，甲方需负责恢复等量燃油存量，如燃油存量未达成等量，按市场价计算燃油添加量。

1.2 租金及支付方式

甲方应预先支付，租金支付日期为：合同签订当天把费用汇至乙方账户。

乙方收款账号具体信息如下：

1.2.1 账户名称：________________________________；

1.2.2 账户：________________________________；

1.2.3 开户行：________________________________。

1.3 其他费用

1.3.1 履约保证金支付，大写：__________元整（小写：________元）。

1.3.2 履约保证金于本合同签署之日支付。在租期届满结算无误后且甲方无任何违约行为的前提下，履约保证金将自动转为违章押金。该违章押金用于冲抵违章罚款和因甲方原因造成的车损费用，剩余部分于还车后30日内退还。若甲方违反合同任一条款，乙方有权不退还履约保证金。

1.3.3　如甲方需增加其他服务的,可双方另行约定,详见《租车单》。

1.4　在修车辆质押

1.4.1　为履行本协议甲方就租用车辆所承担的义务,甲方特此同意将在修车辆:[车辆信息:车牌号:____________;发动机号(电机号):____________]在签订本协议之日起质押给乙方,作为乙方在本协议项下债权的担保。质押期限自代用车辆交付给甲方使用至代用车辆在车况完好的条件下归还给乙方且甲方结清对乙方的应付款(如有)时止。

1.4.2　在质押期限内,乙方对在修车辆进行维修的权利和义务不受影响。

1.4.3　如果甲方未能依据本协议的约定按时归还车辆或履行其他义务,乙方有权在质押车辆修复完毕的情况下继续占有质押车辆并依据相关法律规定行使质权。

1.5　车辆归还与结算

1.5.1　甲方应按规定的还车时间和地点交还车辆、证照及附带设备等,并保持车辆清洁。

1.5.2　由乙方工作人员依《验车单》内容验收,如有损坏或丢失应照价赔偿。

1.5.3　甲方将车辆交付乙方时,应在《验车单》中签字以确认归还车辆的时间、车辆状态等信息,如归还车辆时双方对归还车辆的状态有异议,应在《验车单》中将异议列明,由双方签字,如一方拒绝签字的,拒绝一方应承担由此产生的不利后果。

2. 双方权利义务

2.1　甲方应保证提供给乙方的资料真实有效[如身份证、驾驶证、营业执照(企业租赁需提供)、组织机构代码证(企业租赁需提供)等],否则因此产生的责任(包括但不限于导致合同无效等)均由甲方承担。

2.2　乙方保证租赁物产权清晰、基本保险及证件齐全、车容整洁、车辆运行状况良好。

2.3　甲方须按时支付租金,如甲方未按时支付租金,每延付一日,甲方应按应付租金的1%向乙方支付滞纳金。超过3日(含第三日)未付租金,乙方有权单方面解除合同,取回租赁车辆,滞纳金仍按日计。

2.4　租赁期间,在甲方正常支付租金且无任何违约行为的情况下,车辆使用权属于甲方。

2.5　租赁期间,例行保养、自然损耗的维修由乙方负责。但因甲方操作不当或保管不善导致车辆损耗的维修由甲方负责(须到乙方指定的品牌4S店维修)。

2.6　租赁期间甲方作为车辆的保管人,应妥善保管车辆,甲方应承担租赁车辆灭失或毁损等风险。

2.7　甲方须于违章发生之日起30日内自行将违章处理完毕,恢复租赁车辆无违法违章状态。甲方确认:合同期内,甲方系车辆的管理人,租赁车辆产生的所有违章,均视为甲方的违法行为,由甲方自行处理。否则甲方应承担乙方由此受到的全部损失,且乙方有权没收甲方所交于乙方的履约保证金作为违约金。

2.8　如租赁车辆需要进行年检的,甲方须在收到乙方发出的租赁车辆年检通知(电话、短信、函件等方式)之日起3日内(非第2.7条约定的30日)将无违法状态的租赁车辆送至乙方处办理年检事宜,否则乙方可自行解除合同,收回车辆并追究甲方的违约责任,且甲方需承担由此给乙方造成的损失(包括但不限于乙方无法办理车辆年检、过户、购车等业务)。如本条款与第2.7条约定不一致的,按本条款执行。

2.9　租赁期间产生的燃油费/充电费,过路、桥费,停车费等费用由甲方自行负责。

2.10　甲方应定时检测车辆,发现有安全隐患,应立即通知乙方处理。若遇紧急情况,甲方在通知乙方并经乙方同意后,可先行排除隐患,费用由乙方承担(须提供正规票据)。若因甲方怠于通知乙方处理造成车辆故障,由此造成的损失由甲方负责。且乙方有权没收甲方所交于乙方的履约保证金作为违约金。

2.11　租赁期间,若因发生交通事故或甲方保管不当车辆失窃、受损等原因造成车辆停驶等情形,在车辆维修等期间,甲方仍应按时支付合同规定的租金,且应赔偿本车的加速折旧费,折旧金额按修理费发票金额或保险评估全价的30%计算。

2.12　租赁期间,若发生事故或保管不当、受损等原因造成车辆贬值/损耗,乙方有权保留追究责任。

2.13　租赁期间,乙方不得无故提前收回车辆。

2.14　甲方不得利用车辆进行违法活动,不得利用车辆从事其他营业性客货运输,不能转包、抵押、投资、赠与,否则乙方有权随时收回车辆,并赔偿乙方因此所造成的损失,且乙方有权没收甲方所交于乙方的履约保证金作为违约金。

2.15　甲方应维护车辆的机件设备和特征标志,不得擅自拆除或涂改车辆零部件、设备和特征标志,不得私配车辆钥匙。

2.16　甲方应合理、合法、合规使用租赁车辆,不得用于违法犯罪、非法营运,不得将租赁车辆注册、绑定、使用于滴滴等网约车平台。否则,视为甲方违约,甲方应于违法行为或违约行为发生之日起 3 日内自行处理违法事宜将车辆恢复至可正常使用的无违法或违约状态,且因此产生的不利后果由甲方承担。如甲方怠于处理的,乙方可自行对接相关方将车辆取回,甲方应无条件配合,并承担由此产生的一切费用。且乙方有权没收甲方所交于乙方的履约保证金作为违约金。

3. 保险

3.1　乙方为出租车辆购买车辆交强险等保险,甲方清楚车辆的保险购买情况(包括购买的险种、保额等),且对此无任何异议。甲方保证不会因车辆保险的购买险种、保额等问题而提出任何免除或减轻其按照法律法规或合同约定的其应承担的法律责任。

3.2　租赁车辆因任何事故导致任何人员伤亡或财产损失的,甲方认可并接受;属于保险理赔范围的,则由保险公司赔付(具体金额由保险公司核定,甲方对此无异议),不足部分由甲方自行承担,乙方不负任何超出保险公司赔付金额之外的法律责任。

3.3　发生任何交通事故或车辆刮擦、遗失、被盗等事故,甲方须立即通知乙方和交警,甲方应在出险现场向保险公司报案并通知乙方,甲方应先行垫付费用(包括但不限于维修费、医疗费等);因甲方未及时采取上述措施或操作不当而导致保险公司拒赔及损失扩大等责任由甲方承担。甲方应协助乙方向保险公司办理索赔事宜,保险理赔金归乙方,不足部分由甲方承担。

3.4　如甲方车辆出现故障或异常,甲方应立即通知乙方,并到乙方指定地点修理。甲方不得擅自拆卸、更换原车设备及零件。

4. 违约责任

4.1　甲方逾期支付租金,或违反本合同其他任何约定的,乙方有权立即回收车辆,且乙方有权没收甲方所交于乙方的履约保证金作为违约金,并有权要求甲方一次性付清剩余租金及相关费用(如有)及逾期支付租金滞纳金。

4.2 甲方另需支付乙方因处理相关事务而花费的所有费用(包括但不限于差旅费、诉讼费、律师费、保全费、公告费、执行费等)。

4.3 如甲方违约时,甲方须自行清理租赁车辆内的私人物品,以免因车上物品引发纠纷。若甲方怠于清理遗留在租赁车辆内的物品,视为甲方放弃物品所有权利,乙方有权自行处理,不利后果由甲方自行承担。

4.4 乙方应按照约定向甲方交付车辆,否则应按照法律规定承担违约责任。

5. 其他约定

若因国家政策原因导致本合同无法继续履行,本合同自行终止。

6. 合同生效及履行

6.1 本合同一式四份,自双方签字盖章后生效。

6.2 甲方执两份,乙方执两份,具有同等法律效力。

7. 合同争议解决方式

如发生不能协商解决的问题,双方可向乙方当地法院提起诉讼。

8. 送达地址确认

8.1 本协议首页书明的地址即甲方确认的文件、资料等之送达地址,甲方于此确认上述地址须是确定可收到信件的地址,乙方向该地址所寄所有材料无论送达状态如何,均视为送达成功。

8.2 如发生与合同相关的法律纠纷,上述地址及户籍地址,将作为诉讼期间法律文书的送达地址,如因甲方提供的送达地址不准确,或者地址变更后未及时履行告知义务,或者甲方拒绝签收,导致法院送达的法律文书(包括但不限于裁判文书、传票、执行文书等)未能被实际签收的,则邮寄送达以邮件回执上注明的退回之日视为送达之日;邮件寄出后,除甲方本人签收外,该地址其余人员签收亦视为送达。

(以下无正文)

甲方(签章): 乙方(签章):广东××汽车销售服务有限公司

法人代表或委托人:________ 法人代表或委托人:________

本人签字/指模(甲方为自然人客户)：________
联系电话：
传真：
时间：20　　年　月　日

连带担保人声明：
本人自愿就本协议约定的甲方所有的义务或责任承担连带担保责任。
连带担保人姓名：________(身份证号码：____________)
连带担保人(签字/指模)：________
联系地址：____________________
联系电话：____________________
时　　间：20　　年　月　日

23－17　汽车拖运救援服务协议

(适用于新车/事故车运输/救援)

合同编号：

甲方：广东××汽车销售服务有限公司
住址：广东省××市××区××路××号
法定代表人：×××
联系电话：×××－×××××××××
联系传真：×××－×××××××××

乙方：广东××救援服务有限公司
住址：广东省××市××区××路××号
法定代表人：×××
联系电话：×××－×××××××××
联系传真：×××－×××××××××

根据《民法典》等有关法律、法规，甲乙双方本着公平、公正和互惠的原则，经友好协商现达成一致，于20 ____年____月____日在甲方所在地签订本协议，甲乙双方共同遵守。

1. 服务内容、方式及要求

1.1 服务内容

甲方委托乙方为甲方提供以下服务：

1.1.1 提供24小时全天候拖车、吊车救援服务。

1.1.2 提供24小时全天候路边快修服务（如更换备胎、电瓶泵电、困境救援等）。

1.2 服务方式

1.2.1 甲方向乙方救援中心拨打电话，提出服务要求，需提供以下信息：（1）联系人、车辆类型及联系电话；（2）故障地址；（3）拖车终点；（4）服务细节等信息。

1.2.2 乙方受理后，第一时间派车，并将现场救援人员的联系方式及服务监督专线以短信方式下发给甲方派工人员并全程跟踪甲方客户服务。

1.2.3 乙方完成服务并经甲方负责人确认后，由甲方根据合同规定的支付方式向乙方支付费用。

1.3 服务要求

1.3.1 乙方车辆必须证照保险齐全、功能正常、外观整洁。

1.3.2 乙方提供24小时服务电话×××××××××××乙方提供24小时监督电话×××××××××××。

1.3.3 在无法联系乙方工作人员且无特殊原因导致拖车作业无法正常进行，甲方有权追究乙方责任。

1.3.4 乙方为甲方提供服务的范围仅限中华人民共和国境内。

1.3.5 乙方在收到甲方救援电话后，必须在5分钟内调度好车辆并且已出发。

1.3.6 甲方客户车辆在广东省××市××区或在以甲方所在地为中心的15公里范围内为乙方承诺区域，乙方车辆必须在30～45分钟内到现场，不可抗力原因除外（如自然灾害）。

1.3.7 乙方救援人员面对甲方客户时必须专业、诚信、有礼貌，保证优质的服务态度，如出现客户投诉乙方工作人员，情节严重，一经查实，甲方保留追究责任的权利并解除合同。

2. 付款方式

2.1　次月 10 日前乙方凭甲方工作人员的签名工单进行对账,乙方在 15 日前开具发票给甲方,甲方在收到乙方发票后转账至乙方的指定账户。

2.2　收款信息

2.2.1　开户行:平安银行××路支行。

2.2.2　银行户名:广东××救援服务有限公司。

2.2.3　银行账户:××××××××。

2.2.4　财务联系人:×××。

2.2.5　联系电话:×××-××××××××。

3. 双方责任和义务

3.1　甲方责任和义务

3.1.1　甲方按合同规定的方式向乙方提出服务需求。

3.1.2　甲方在双方约定好服务事项后,如因自身原因可能导致服务暂停或终止,需及时通知乙方。

3.1.3　甲方须按照合同规定的协议价格和结算方式向乙方支付相关服务费用。

3.2　乙方责任和义务

3.2.1　乙方应在约定的时间内,将甲方被拖车辆拖运至指定地点。在双方已达成服务事项时,若乙方因自身原因使拖车服务无法进行,乙方应及时告知甲方,乙方车辆已经全部安装全球卫星定位系统(GPS),全程对车辆进行监控。

3.2.2　乙方按照合同规定的协议价格和结算方式向甲方收取服务费用,除特殊约定外,不得以任何理由和方式向甲方收取任何额外费用。

3.2.3　乙方工作人员必须按照甲方要求,规范礼貌用语,保持良好的服务态度。乙方拖车到甲方指定地点后,甲乙双方或车主应对车辆外观作检查,至达成共识确认后,乙方方可离开。

3.2.4　双方应在被拖车辆现场对该车辆外观情况进行检查,对受损的部位及程度向车主及时反映,并做好相应的记录和交接手续。在乙方和车主无人跟车情况下,要提醒甲方渠道客户将贵重物品随身携带。因乙方原因造成任何人身、财产损害或损失的,乙方应负赔偿责任。

3.2.5　乙方因违约或侵权给甲方造成损失的,其赔偿范围包括但不限于因此产生的交通费、食宿费、通信费、律师费、鉴定费、调查取证费、诉讼仲裁费等。

4. 其他约定

4.1　甲乙双方的地址、电话、联系人等有变化时应及时告知对方。

4.2　因乙方自身原因导致的车辆未能按期到达指定地点,或在拖车过程中造成车辆刮碰、损伤及其他意外损坏,由此带来的甲方经济损失由乙方承担或赔偿,赔偿额度可参照保险公司的规定及相关标准执行。

5. 违约责任

双方共同遵循合同中的各项条款内容,一方违约应赔偿给对方造成的一切经济损失。

6. 争议解决办法

在本合同履行过程中发生争议时,双方应当友好协商解决;协商不成时双方均可将争议问题提交甲方所在地人民法院解决。

7. 合同有效期

协议期限自20 ____年____月____日起至20 ____年____月____日止。本合同有效期内,如一方欲提前终止本合同,应当提前60日通知另一方。

8. 其他

本协议自双方签字之日起生效,本协议一式两份(盖章签字传真件有效),具有同等法律效力。在本协议中的未尽事宜,双方可随时协商增补。

(以下无正文)

甲方(盖章):广东××汽车销售服务有限公司

代表签字:

签订日期:20　　年　月　日

乙方(签章):广东××救援服务有限公司

代表签字:

签订日期:20　　年　月　日

23－18　二手车收购协议

（适用于4S店收购）

甲方（原车主）：________________________

证件号码：____________________________

联系地址：____________________________

联系电话：____________________________

乙方（4S店）：广东××汽车销售服务有限公司

住址：广东省××市××区××路××号

法定代表人：×××

联系电话：×××－×××××××××

联系传真：×××－×××××××××

根据《民法典》《二手车流通管理办法》等有关法律法规，甲乙双方经合法、友好协商一致，就下列车辆转让事宜达成以下条款。

1. 甲方以人民币（大写）________________________元整（￥________）将下列汽车转让给乙方。其车款抵扣新车品牌：________，车架号码：____________________的部分车款。

2. 汽车资料内容如下：

车牌号码		车主姓名	
发动机号（电机号）码		车架号码	
厂牌型号		登记日期	

3. 甲方在签订本协议之日将汽车交付给乙方，并将该车的相关证件交付给乙方。该车相关证件有：

<table>
<tr><td>交强险</td><td>□有(至　　年　月) □无</td><td>车船税</td><td>□有(至　　年　月) □无</td></tr>
<tr><td>年检情况</td><td>□有(至　　年　月) □无</td><td>年票</td><td>□有(至　　年　月) □无</td></tr>
<tr><td rowspan="2">车辆证件</td><td rowspan="2">□行驶证　　□登记证书
□商业保险　□号牌齐全
□购置税证明　□购置税发票</td><td>车辆使用性质</td><td>□非营运　□营运
□其他</td></tr>
<tr><td>保留原号牌</td><td>□是　　□否</td></tr>
<tr><td>随车资料</td><td colspan="3">□使用说明书　□保修手册　□车匙____套　□随车工具　□其他:</td></tr>
</table>

3.1　在车辆移交前,甲方有义务向乙方说明本协议所涉及之车辆的真实状况和记录,包括但不限于:车辆实际里程数,曾经发生的交通碰撞事故(涉水事故等,如有),积欠的交通违章罚款、车辆年检注册费用和罚金等。甲方对该车辆在移交手续完成以前发生的交通责任事故和事故纠纷、交通违章罚款、积欠的所有费用和罚金等,承担全部责任并应付清一切费用。

3.2　甲方应向乙方提供该车辆的一切真实、有效、合法的手续、票据和证件,并对车辆来历及所有手续、票据和证件的真实性与合法性负责。事后如发现甲方提供的该车辆的手续、票据和证件系虚假、伪造证件,或车辆来历不明,或存在其他违反约定的情形,乙方有权要求甲方退还购车款并按照合同总金额的30%向乙方支付违约金,同时给乙方造成的所有损失及产生相关的法律责任均由甲方承担。

3.3　甲方声明,其为本协议所涉及之车辆的唯一合法拥有者。甲方保证此车辆交付乙方前无任何经济纠纷,无未处理的交通违章及法律纠纷,无抵押质押,非盗抢、非抵债、非分期付款、非出租淘汰等情形车辆,无被法院查封及其他被限制权利,或存在其他任何瑕疵的情况。

3.4　甲方保证,其在本协议上所作之声明和提供的车辆有关信息均属实。若因甲方提供不真实的车辆信息及文件,导致乙方不能按时完成车辆的过户、转籍或引发第三方索赔,或存在其他违反约定的情形的,甲方将承担由此发生的一切经济损失及法律责任。

3.5　甲方因违约或侵权给乙方造成损失的,其赔偿范围包括但不限于因此产生的交通费、食宿费、通讯费、律师费、鉴定费、调查取证费、诉讼仲裁费、保全费、执行费等。

4.乙方按下列期限支付款项。

4.1　以上款项，实际操作不需要进行支付，由乙方直接用于抵冲甲方的部分新车款。

4.2　当车管所向乙方出具过户回执，以及甲方向乙方交付该车辆的其他所有资料后，视为该车辆的车款已经抵冲甲方在乙方处（或乙方指定的汽车4S经销商处）购买的新车相应部分款项。

5. 甲方自本协议签订之日起无条件在5日内协助乙方或乙方所指定人办理该车过户手续，若是因为甲方原因（含客观和主观原因）导致该汽车不能过户给乙方或乙方所指定人，甲方需无条件将乙方支付的各项款项及乙方为车辆的翻新和维修费用一次性全部退还给乙方，否则乙方有权留置该车辆，并有权通过拍卖、变卖等方式抵偿，不足部分由甲方另行赔偿。

6. 该车交付给乙方之前产生的一切法律、经济责任和违章由甲方承担，交车后产生的责任由乙方承担。

7. 如双方发生争议，由买方所在地人民法院管辖。

8. 本协议一式两份，甲乙双方各执一份，双方签字或盖章后即生效。

9. 交车时间：20____年____月____日____时____分。公里数：________。

10. 备注：____。

（以下无正文）

甲方（盖章）：__________　　乙方（盖章）：__________

委托人：______________　　委托人：______________

签订日期：20____年____月____日　　签定日期：20____年____月____日

23－19　二手车销售协议

（适用于4S店二手车出售）

合同编号：____________

甲方（卖方）：广东××汽车销售服务有限公司

住址：广东省××市××区××路××号

法定代表人：×××

联系电话：×××－×××××××××

联系传真：×××－×××××××××

乙方（买方）：广东××有限公司

住址：广东省××市××区××路××号

法定代表人：×××

联系电话：×××－×××××××××

联系传真：×××－×××××××××

身份证号码（个人）：________________________

根据《民法典》《二手车流通管理办法》等有关法律法规规定，甲乙双方经合法、友好协商一致，就下列车辆转让事宜达成以下条款。

1. 车辆基本信息

车牌号码：________________车辆颜色：________________

车类型号：________________燃　　料：________________

发动机号（电机号）：__________注册时间：______年____月____日

车架号码：________________发证日期：______年____月____日

2. 车辆具备下列证件及备件：如有打"√"，若不齐或缺失的打"×"。

交强险	□有（至　　年　月）□无	车船税	□有（至　　年　月）□无
年检情况	□有（至　　年　月）□无	年票	□有（至　　年　月）□无
凭证证明	□行驶证　□登记证书 □商业保险　□号牌齐全 □购置税证明　□购置税发票	车辆使用性质	□非营运　□营运 □其他
		保留原号牌	□是　□否

3. 对于上述车辆的具体信息、使用来源、使用情况及状态、车辆质量及权利状况等情况、资料或证件，乙方已经多次认真仔细核对与确认，同意按照该车辆即时状态受让该车辆，并同意承担对该车辆受让后产生的任何问题及责任。对于车辆情况或信息不明白或不清楚之处，或免除、限制甲方责任等有不明之条款，已向甲方提出要求，并由甲方予以充分、清晰地解释与说明，乙方已全面、准确、清晰地了解、理解、接受与认可关于该车辆的任何信息、情况、状况

或状态。

4. 成交价格：人民币（大写）________元整（________元）。过户费由乙方承担。

5. 本合同签订当日，乙方向甲方一次性支付购车款人民币（大写）________________元整（________元）后办理提车手续，且缴纳过户押金人民币（大写）________________元整（________元）。车辆过完户后，甲方将过户押金（扣除过户等相关费用后，如有）退回给乙方。

6. 甲方按约定提供过户所需资料，协助乙方办理过户手续。

7. 违约责任

7.1　本合同签订后，乙方应按照约定向甲方支付购车款，如逾期不支付的，每逾期一日，需按照应付款项的百分之一向甲方支付滞纳金。不足以弥补甲方损失的，应另行赔偿。

7.2　甲方在收到乙方购车款项后，及时协助乙方办理过户手续，因甲方原因导致车辆不能顺利过户，乙方有权要求甲方将其已收车款如数退还。

7.3　乙方因违约或侵权给甲方造成损失的，其赔偿范围包括但不限于因此产生的交通费、食宿费、通讯费、律师费、鉴定费、调查取证费、诉讼仲裁费、保全费、执行费等。

8. 提车时间：20____年____月____日____时____分。乙方提车之后，该车出现的事故、违章、违规等均由乙方承担全部责任。

9. 本合同一式三份，乙方两份，甲方一份，买卖双方代表签字盖章后生效。

10. 如双方发生争议，双方友好协商解决；协商不成的，由甲方所在地人民法院管辖。

11. 本合同经双方签字盖章后，视为双方清楚、理解并同意合同的所有条款内容，双方均需严格遵守与执行。

（以下无正文）

甲方（盖章）：广东××汽车销售服务有限公司

代表签字：

签订日期：20　　年　月　日

乙方(签章):广东××有限公司
代表签字:
签订日期:20　　年　月　日

23-20　汽车二级网点合作协议

编号:

甲方:广东××汽车销售服务有限公司
住址:广东省××市××区××路××号
法定代表人:×××
联系电话:×××-××××××××

乙方:广东××有限公司
住址:广东省××市××区××路××号
法定代表人:×××
联系电话:×××-××××××××

为进一步开拓市场,提高市场占有率,甲乙双方经友好协商,就乙方代销甲方车辆事宜达成以下协议。

1. 乙方代销甲方的 ABC 品牌汽车,并遵守甲方的有关管理规定,向甲方交纳一定数额的风险保证金。

2. 乙方的郑重声明

乙方是经政府相关职能部门批准、依法成立的企业法人,具有履行本合同义务所必须的能力。乙方对以上声明内容的真实性承担法律责任。

3. 乙方的郑重承诺与保证

3.1　本协议期内乙方任何行为所产生的一切后果由乙方自行承担,与甲方无关。

3.2　如果由于国家的法律、法规、政策等因素或由于乙方违规、违法经营导致的损失,由乙方自行承担一切责任。

4. 乙方向甲方交纳每台代销车辆(周转车)净车价30%的保证金,乙方应于本协议生效后当天将保证金款项汇入甲方指定账户。

4.1　本协议正常终止或解除后,乙方应向甲方付清在本协议期内为甲方销售的车辆台数的所有车款、费用。未销售的车辆在确保车况良好并退还给甲方后,甲方将保证金按协议的有关约定无息退还给乙方。

4.2　如果乙方有违约行为需要支付违约金的,甲方有权按照约定从保证金中直接扣除相应的款项作为违约金。因违约金扣减导致保证金减少的,乙方须于3日内补足保证金。

5. 甲方向乙方提供＿×＿台车作为代销车辆(每种车型仅能提供一台,以实际提供的车辆为准,车辆的所有权属甲方),乙方需向甲方交付以每台代销车辆(周转车)净车价30%的保证金,保证金到达甲方账户后甲方向乙方提供代销车辆(周转车)。双方在调动车辆的时候,乙方必须提供盖有公司公章的介绍信或委托书及收车单等文件。

6. 甲方的代销车辆到达乙方的场地后要尽快销售,按＿＿＿＿日周转期为限,未能实现销售的,乙方必须无条件与甲方更换车辆,并承担调车费用。逾期未送回车辆,甲方有权要求乙方按照双方确认的结算价买断超期车辆,并自收到甲方通知之日起5日内向甲方支付全车款。

7. 代销车辆及随车工具一同转给乙方,合格证原件保留在甲方处。乙方向甲方付清全款及甲方开具发票之前,代销车辆的所有权属甲方。乙方实现代销车辆的销售后按双方约定的结算价向甲方付款,全款到甲方账户后,甲方提供该车的合格证原件给乙方并给乙方开具发票。甲乙双方的结算方式为银行转账或刷卡。

8. 销售指标及销售区域

8.1　乙方必须全力销售甲方授权销售车辆,甲方每月应制定相应激励政策以提高乙方销售的积极性。

8.2　乙方销售区域由双方结合不同的汽车品牌等相关实际情况另行协商确定。

9. 结算方式

9.1　乙方与甲方结算采用下列方式:

9.1.1　乙方在车辆销售后当天内与甲方办理结算。实际结算价按每月上旬双方书面协商的结算价格执行。

9.1.2　乙方向甲方领取车辆合格证前全额交付车款。

9.1.3　甲方与乙方签订车辆买卖合同且甲方收到全款后,甲方把车辆合格证及购车发票交给乙方。

9.2　乙方必须按时结算,逾期结付车款,则按逾期未付金额每日5%的比例向甲方支付违约金。

9.3　乙方不得截留甲方的货款,否则按违约处理,并赔偿甲方损失。

10. 车辆销售有以下两种操作方式,甲乙双方确认选择第________种方式。

10.1　开增值税发票

10.1.1　乙方售车给终端客户时,客户直接向乙方支付购车款,乙方与客户签订车辆买卖合同及向客户开具终端零售发票,并在乙方场地内由乙方直接向客户交付车辆。

10.1.2　乙方在车辆销售后3日内与甲方办理结算付款,甲方与乙方签订车辆买卖合同,甲方向乙方出具增值税发票甲方将合格证给乙方。

10.2　开终端发票

10.2.1　乙方售车给终端客户时,客户直接向乙方支付购车款,乙方与客户签订车辆买卖合同,乙方签署代付证明,乙方向甲方支付购车款后,甲方向客户开具终端零售发票,甲方将合格证给乙方。

11. 甲方的权利和义务

11.1　甲方在收到乙方的保证金后,按照协议约定交付车辆给乙方。

11.2　甲方有权对已交付给乙方代销的车辆安全、销售状况等进行监督,有权随时对车辆进行转移或收回。甲方有权随时对停放在乙方的周转车辆进行调拨(包括但不限于转移、更换、收回,下同)。

11.3　甲方若收到厂家销售政策变动的情况,应及时通知乙方。

11.4　甲方有权对乙方的经营进行监督、核查、考核,对于执行不力的,甲方有权终止本协议。

11.5　由于市场变化或厂家要求、客观因素出现等因素甲方可随时终止与乙方的合作,乙方应无条件给予配合。

12. 乙方的权利和义务

12.1　乙方应将甲方提供的代销车辆停放在经甲方同意的固定车场,并负责车辆的安全。不得将代销车辆或车辆合格证用于任何抵押或担保,乙方不得擅自驾驶周转车离开乙方展厅或车场外出，不得将代销车辆作为交通工具使用，每发现一次，甲方将视情况对乙方处以人民币5000元至10,000元的违约金，在保证金中扣除，如造成车辆毁损还需向甲方赔偿经济损失。如造成交通事故或人员财产损失，由乙方承担一切经济责任及法律责任。凡乙方出过交通事故的车辆（有保险及交通事故记录的车辆），乙方应无条件买断。

12.2　乙方需妥善保管甲方提供的代销车辆，甲方将车辆转交乙方后，不论任何原因致使该车辆灭失、毁损等，乙方均应赔偿甲方全部损失。

12.3　对甲方提供的代销车辆，仅限于在乙方展厅内零售。未经甲方书面同意，乙方不得将代销车辆转由其他单位代销售、"转批发"或赊销，不得将车辆跨区销售，不得将车辆、合格证作抵押、质押或任何担保等融资行为。否则甲方有权终止与乙方的合作、收回代销车辆、没收乙方保证金，由此造成的一切损失及不利后果由乙方自行承担，乙方的上述行为如造成甲方损失，乙方需承担甲方的全部损失。

12.4　对甲方提出的车辆调拨要求，乙方应无条件给予配合。乙方要保证停放的代销车辆的车况良好；在车辆调拨过程中所产生的费用及车辆损伤，均由调车方负责。

12.5　乙方在销售甲方车辆期间，同等价钱应优先找甲方拿现车，若发现同等价钱找第三方同品牌拿车则视为违约，并且乙方在经营地点不能摆放非甲方提供的同品牌车辆，否则视为违约，甲方有权终止与乙方的合作。

12.6　乙方应对代销车辆销售创造良好的环境，并遵守甲方相关销售政策、维护甲方及其产品的良好形象。

12.7　乙方应服从甲方的各项管理规定，配合甲方的各种监督行为，遵守甲方相关销售政策，维护甲方市场信誉。

12.8　乙方在销售车辆时，代销车辆必须以先入场先销售的原则出库销售。

12.9　若乙方有特殊要求车型或有订做车辆时，必须以书面形式向甲方提出。具体的操作以及交付款方式，由甲乙双方以书面的形式另行约定。

12.10　乙方每销售一台车必须于当天将销售合同传真一份给甲方，不传真销售合同或传真虚假销售合同的，甲方有权对乙方处1000元/台车的违约金，在保证金中扣除，乙方并自行承担由此引起的一切经济责任和法律责任。

12.11　乙方应遵守甲方的各项管理规定，特别要做好客户档案的管理工作,每卖一台车必须按甲方的要求3日内及时反馈客户档案给甲方,若乙方当月已结算的车辆的客户档案不能完整提供给甲方,甲方有权按每份客户档案处乙方2000元违约金的管理规定执行,该违约金在乙方的保证金中予以扣除。

12.12 如果乙方与购车客户发生纠纷,由乙方自行解决并承担一切责任,甲方只提供厂家政策咨询服务及厂家政策允许范围内的协助。

12.13 乙方必须自行到甲方的车场或甲方指定的营业地点提车、调车、换车。乙方向甲方提车、调车、换车时,必须带盖有单位公章的公函、委托书前来甲方车场或甲方指定的营业地点办理手续。从甲方将车辆交付给乙方之时起,不管乙方是否已离开甲方的车场或甲方指定的营业地点,车辆如发生任何意外事故及车辆的保管、损坏责任和灭失风险均由乙方自行承担。

12.14 甲乙双方应遵循互惠互利的原则共同维护好当地市场的价格平衡,乙方销售的单台价格、利润不允许低于每月双方协定的价格、利润。

13. 乙方实现代销车辆的销售后,甲方按乙方的保证金数额向乙方补足相应的代销车辆数额,如果当时缺乏相应的车型,甲方有权以同品牌其他车型代替。

14. 代销车辆的提车、调拨的地点在甲方车场或甲方指定的营业地点,由乙方负责运输。在车辆提车、调拨过程中所产生的费用、交通意外及车辆、人员、财产的损害和损失,均由乙方自行负责。

15. 乙方要保证停放的代销车辆的车况良好,并保证车辆送回甲方指定地点时车况完好,若交接过程中甲方发现乙方送回的车辆存在问题,所发生的费用由乙方承担,该费用在乙方的保证金中予以扣除。在销售过程中,乙方要首先销售甲方给乙方提供的代销车辆,避免代销车辆摆放时间过长,造成积压生锈。

16. 乙方承诺在本协议的期限内竭尽全力为甲方销售甲方品牌车辆,如果本协议的期限到期时,乙方如未完成该销售指标数量,按以下约定执行。

16.1 本协议的期限到期时,如甲方书面同意乙方无须全款买断未完成销售指标部分的车辆,甲方同意在乙方确保代销车辆完好无损情况下,合同终止后3日内将退还代销车辆给甲方,并在3日内向甲方结清相关应付款项和相关费用(否则逾期按未付金额每日5%的比例向甲方支付违约金),做好客户资料交接。甲方在7日内将乙方保证金退还给乙方。

16.2 如果代销车辆有损坏或损伤,则不能退还,乙方应全款买断。

17. 乙方承诺在本协议的期限内仅销售甲方所拥有品牌并提供的车辆,如协议期内发现乙方以甲方车辆做展示，却销售非甲方提供的甲方品牌车辆，一经发现，甲方可单方面终止协议，乙方承担违约责任，并向甲方支付违约金10万元。

18. 保密条款

18.1　甲乙双方应履行保密义务，未经对方书面同意，任何一方不得向任何第三方泄露本协议的内容。

18.2　甲乙双方确认：本协议内容及在整个协议履行过程中涉及的双方业务及双方任何文件、表单、电子邮件、手机短讯、QQ 聊天记录、录音、视频、影像或其他任何信息，均属于商业秘密，任何一方都不得向第三方泄露，否则泄密方应向另一方赔偿一切损失及自行承担一切不利后果。

19. 合同的解除与违约责任

19.1　乙方出现下列情况之一，甲方有权单方终止本协议，并有权要求乙方支付__10万__元违约金。

19.1.1　一年出现三次逾期付款，逾期结算货款达__7__日。

19.1.2　逾期结算货款达到__20万__元时。

19.1.3　乙方经营受到司法机关处罚或者责令停业、查封、破产、注销及吊销营业执照等。

19.1.4　严重侵犯甲方利益和名誉，甲方认为无法继续合作时。

19.1.5　违反本协议其他任何一项约定时。

19.2　由于政府、市场或厂家干扰、客观因素出现变化等甲方可随时终止与乙方的合作，乙方应无条件给予配合。

19.3　本协议如提前解除或终止，甲乙双方按以下约定执行。

19.3.1　乙方必须自双方终止合作之日起3日内向甲方交清所有的应付款及相关费用，否则逾期按未付金额每日0.5%的比例向甲方支付违约金。

19.3.2　在保证车辆完好无损情况下退还代销车辆，做好客户资料交接。如果代销车辆有损坏或损伤，则不能退还，乙方应全款买断，操作方式按第6条约定执行。

19.4　双方必须信守本协议的各项权利和义务，若有违反，则视为违约，应按本协议前述条款承担相关责任。

20. 协议期限

20.1　本协议期限为________年，即从20____年____月____日起到

20 ____年____月____日止。

20.2 期满双方愿意继续合作的,应重新签订协议。

21.争议解决方式

21.1 未尽事宜,双方协商解决。

21.2 若不能协商解决,由甲方所在地人民法院管辖。

22.送达

22.1 本合同所列示之乙方的地址为甲方联系乙方的唯一法定通讯地址,甲方任何文件如果一经寄往乙方该地址满2日,均视为已有效送达乙方。

22.2 乙方地址如发生变化,须在3日内通知甲方,否则,由此引起的一切不利后果,由乙方自行承担。

23.合同生效

23.1 本协议自甲乙双方签字盖章之日起生效。

23.2 本协议一式两份,双方各执一份,具有同等的法律效力。

(以下无正文)

【条款说明】

1.对于以上协议内容,乙方已认真阅读该协议所有条款,对于免除或限制甲方责任等有不明之处之条款,已向甲方提出要求,并由甲方予以充分清晰地解释与说明。

2.本协议经双方签字盖章后,视为双方清楚、理解并同意本协议的所有条款内容,并承诺严格遵守与执行。

甲方:广东××汽车销售服务有限公司	乙方:广东××有限公司
代表签名:______________	代表签名:______________
办公电话:××××-__________	办公电话:______________
手机:__________________	手机:__________________

签约日期:20 ____年____月____日

23－21　汽车融资租赁(直租)合同

(适用于汽车融资租赁直租业务)

本汽车融资租赁合同由下述各方于20××年×月×日在＿＿＿＿＿＿共同签署。

＊特别提示＊

尊敬的客户：

为了维护您(乙方)的自身权益，请在签署本合同前仔细阅读本合同条款以及本合同之附件，特别是加粗加下划线条款，以充分知悉、了解本合同下汽车租赁业务规则及合同各方的权利、义务和责任。在签署本合同前，甲方已郑重提请您(乙方)仔细阅读并准确理解本合同的全部内容，并就您(乙方)提出的所有疑问或问题给予了全面的、充分的且让您(乙方)满意的解释。一旦您(乙方)在本合同上签署即视为对本合同全部条款已充分理解并完全接受。

甲方(出租方)：广东××汽车销售服务有限公司
住址：广东省××市××区××路××号
法定代表人：×××
联系电话：×××－×××××××××
联系传真：×××－×××××××××

乙方(承租方)：广东××有限公司
住址：广东省××市××区××路××号
法定代表人：×××
联系电话：×××－×××××××××
联系传真：×××－×××××××××

担保人：
身份证号码：

住址：
联系电话：

鉴于：

1. 甲方系一家依据中华人民共和国法律合法成立、有效存续的有限责任公司，主要从事汽车租赁业务。

2. 乙方系一家依据中华人民共和国法律合法成立、有效存续的组织/具备完全民事权利能力及民事行为能力的自然人，拟向甲方通过租赁的方式取得汽车（下称租赁车辆）的租赁使用权及租赁期满后的所有权。

（以上两方单独称一方，合称双方）

现甲乙双方及担保人本着平等、自愿、诚实守信原则，就车辆租赁事项及担保事项达成以下合同内容。

1. 租赁车辆的确定及购买

1.1 乙方根据自己的需要选定租赁车辆的品牌、车型、数量、颜色、排量等并填写签署《租赁申请书》（详见附件）。如在本合同履行过程中乙方的基本信息存在变更的，乙方应及时向甲方提交变更申请及相关材料。

1.2 甲方根据乙方的选择和要求向供应商采购租赁车辆。

2. 租赁期及费用

2.1 本合同项下租赁车辆的租赁期具体详见附件，自起租日起算，其中起租日系指乙方按本合同第4.2条的约定收领租赁车辆之日。

2.2 车辆本金是指购买车辆所应支付的相应款项。

2.3 拖车费用是指基于乙方的需求所发生的甲方调配租赁车辆或者因乙方原因发生的售后收车等费用。

2.4 本合同项下自收领日起租期满6个月后，经乙方申请并经甲方同意后可提前结清终止本合同。乙方租期履行未满6个月的不得申请提前结清。无论任何原因，乙方提前结清并终止本合同的，应一次性向甲方支付全部应付款项，包括按车辆租金余额本金5%计算的提前还款手续费、未付租金余额本金、滞纳金及依本合同产生的全部其他费用（如有）。乙方提前付清前述费用后，租赁车辆的所有权归乙方所有。

3. 保证金

3.1 乙方应于本合同签署之日起3日内，向甲方支付租赁项目保证金，用作乙方对本合同的履约担保，保证金具体数额详见附件《租赁申请书》，该保证金不计利息。

3.2　乙方违反本合同任何条款时，甲方有权从保证金中抵扣乙方应支付给甲方的违约金或其他款项。本条中，其他款项包括但不限于甲方损失、各项费用等款项。

3.3　如在租赁期内，甲方基于本合同的规定扣除保证金，致使保证金的金额减少，乙方需在收到甲方通知后的3个工作日内，补足保证金全额。

3.4　租赁期结束后，在乙方支付全部租金、留购价款及其他相关费用后，剩余部分保证金由甲方退还给乙方。

4. 租赁车辆的交付、收领

4.1　租赁车辆由供应商向乙方交付，乙方委托甲方代为收领。

4.2　甲方于本合同签订之日起30个工作日内将代为收领的租赁车辆交至乙方。

4.3　各方确认____________为乙方从甲方处收领租赁车辆（下称乙方收领）的地点，乙方应亲自收领，且不得以任何理由拒收。乙方应在收领当日签署《签收单》并交给甲方。

4.4　租赁车辆之相关风险自甲方代领后转移至乙方。自本合同生效之日起，买卖合同中约定甲方享有的索赔权自动转移给乙方。

4.5　除买卖合同中支付租赁车辆货款条款外所发生的其他争议以及索赔、仲裁等由乙方自行处理，费用自负。

4.6　自租赁车辆由乙方收领后，除本合同另有约定外，乙方不得以任何理由拒不缴纳本合同约定的租金。

4.7　基于乙方的需求所发生的甲方调配租赁物或者因乙方原因发生的售后收车等费用，由乙方承担。

4.8　在租赁车辆验收交接时，双方同意共同封存一把租赁车辆钥匙并交由甲方保管，甲方有权根据合同约定随时动用/使用钥匙进行租赁车辆回收等。

5. 租赁车辆的所有权

5.1　在租赁期内，租赁车辆的所有权，包括（现在或以后附属于租赁车辆的）任何零部件、替换件、更新件、附件和辅助件的所有权均属于甲方，甲方将以自己的名义办理机动车行驶证。未经甲方同意，乙方在租赁期内不得将租赁车辆进行销售、抵债、转让、投资或其他任何侵犯租赁车辆所有权的行为,也不得以抵押、质押等任何形式对租赁车辆设置任何权利负担,不得将租赁车辆进行转租。乙方不得以任何形式明示或暗示其对租赁车辆具有所有权和处分权。

5.2　在租赁期内,未经甲方书面同意,乙方不得加拆任何零部件,不得改变租赁车辆的外观、性能、品质等,不得允许第三方使用。甲方有权在租赁车辆上标注所有权标志,甲方有权定期或随时检查租赁车辆的使用和完好情况,乙方应提供一切方便。

5.3　在租赁期内,甲方有权在租赁车辆上加装 GPS 定位装置并追踪租赁车辆的位置,乙方不得以拆除、破坏等行为致使 GPS 定位装置无法正常运作,或指使、许可、默认他人从事该等行为。如租赁期内 GPS 系统超过 5 日未正常运行且经甲方提醒后,乙方仍不配合检修的,则甲方有权强制拖回车辆对该 GPS 系统进行检修,费用与损失由乙方承担。

5.4　乙方与任何第三人的契约等均不改变甲方对租赁车辆的所有权。

5.5　租赁期满后,乙方在全额支付本合同项下的租金、违约金(如有)和其他一切费用后,租赁车辆的所有权归乙方所有,乙方自行办理租赁车辆过户手续并承担相关费用。甲方提供必需的协助,租赁车辆的机动车牌照归甲方所有,不随前述租赁车辆所有权转让一并转让。

6. 租赁车辆的使用、日常维修、保养及费用承担

6.1　乙方应妥善保管,使用租赁汽车。

6.2　除本合同另有约定外,乙方应在甲方指定的维修地点按照汽车厂家使用、保养、维修相关文件进行维护和保养,所发生的一切费用均由乙方负担。

6.3　乙方正常操作更换租赁车辆的零部件时,必须使用原制造厂出的同规格、同型号的零部件并书面通知甲方;若乙方采用代用件,必须事先征得甲方的书面同意。

7. 租赁车辆的违章、保险、毁损、侵权及事故处理

7.1　乙方应当自行承担租赁车辆在租期内所引起的责任,包括但不限于交通违章、违法肇事、交通事故以及租赁车辆上人员安全及财产损失等,若因此给甲方造成损失的,应当全额赔偿。

7.2　乙方承担租赁车辆在租期内被任何第三方扣押的责任,车辆被扣押期间,租金照常计算。若租期届满车辆仍未归还,则按照本协议第 10.2.1 条约定的超时结算租金方式处理。

7.3　租赁期间,租赁汽车所涉及的保险必须由甲方代乙方办理,具体险种以实际缴纳的为准,最终保险费用全部由乙方承担。乙方应保证在租赁期间内保险不中断,甲方先行代理缴纳或续保后乙方在保险生效日前将上述费用汇入甲方指定账户,否则甲方有权收车并追究其相关责任。若因乙方未能投保在租赁期间发生事故,相关赔偿责任全部由乙方承担,甲方不承担任何责任。租赁车辆依本合同过户至乙方后保险费由乙方自行承担。

7.4　乙方应负责在租赁期限内向保险公司投保以下险种,被保险人及保险受益人为甲方:A. 机动车交通事故强制责任保险;B. 机动车损失险;C. 第三者责任保险(赔偿限额为100万元);D. 全车盗抢险;E. 涉水险;F. 以上险种的不计免赔;G. 指定专修特约条款。

7.5　租赁期间,因乙方原因引起的商业险赔款、交通违法等因素会造成第二年商业保险费率浮动。第二年商业险保费变化由乙方自行承担,具体以保险公司实际保单为准(具体请参考附件:北京地区商业险出险记录调整系数表)。

7.6　乙方承担在租赁期内发生的租赁汽车损毁和灭失、对第三人侵权及乘驾人员人身安全等风险。

7.7　在租赁期内,如发生事故,乙方应采取合理保护、施救措施,并立即通知甲方和保险公司,同时应立即向公安交通管理部门报告,乙方应收集有关资料和证明,会同甲方向保险公司办理赔偿,如因乙方延误时间造成损失,由乙方承担赔偿责任。不论何种情况,乙方均需依本合同按期交纳租金。

7.8　如该等事故造成车损且属于保险事故,依保险理赔程序处理;如该等事故不属于保险事故或保险公司拒赔时,相关责任由乙方承担,甲方可选择下列方式之一,由乙方负责处理并承担其一切费用。

7.8.1　将租赁汽车复原或修理至完全能正常使用的状态;乙方应使用与租赁汽车相同型号、性能的部件或配件。

7.8.2　如租赁车辆灭失、报废不可修复时,由乙方向甲方承担赔偿责任,赔偿金额等同于本合同项下全部租金再扣除乙方已支付的租金后的金额。

7.9　如该等事故导致对第三人承担侵权责任的,由乙方承担全部侵权责任,甲方不承担责任。如属保险事故,按保险理赔程序处理;如不属保险事故或保险公司拒赔时,由乙方负责处理并承担因侵权产生的全部费用。如该等费用需由甲方以其名义支付,在甲方支付后,乙方应向甲方进行足额赔偿。

7.10　如该等事故造成乙方、乙方所雇佣的人员、乙方所许可使用的人员等人员伤、残、死亡的,相关责任由乙方承担,甲方不承担任何责任。如属保险事故,按保险理赔程序处理;如不属保险事故或保险公司拒赔时,由乙方负责处理并承担因此产生的全部费用。

7.11　保险赔偿金的使用

7.11.1　车损:保险赔偿金由甲方领取。如租赁汽车可修复,在乙方修复汽车后由乙方凭修理费凭证领取;如汽车报废,保险赔偿金归甲方,如保险赔偿金不能足额覆盖甲方全部损失的,甲方仍可向乙方追索直至获足额赔偿。

7.11.2　侵权责任:依保险理赔程序处理。

7.11.3　乘驾人员人身事故:依保险理赔程序处理。

7.12　事故加速折旧押金的赔偿,由乙方承担责任的情况下,需承担定损金额(定损金额在3000元以上,含3000元)30%加速折旧押金。超出保险范围引起的其他赔偿责任均由乙方承担。如乙方已按照本合同的约定适当履行了全部义务,则退还加速折旧押金。

7.13　如乙方中途退车,租期内,租赁车辆每年的行驶里程均不得超过4万公里,且前述行驶里程不能跨年累计。超出部分,乙方须按1.2元/公里的标准向甲方支付超里程租金。乙方中途退车,之前交纳的各项费用不予退还。

7.14　在租期内,乙方使用车辆出现违章情形时,限乙方自违章事实发生之日起一个月内处理完毕,如一个月内未处理,甲方可代为处理,代理费用由乙方承担,代理费200元/次,因乙方罚款累计达到5000元或扣除12分,甲方有权收车并解除合同,因乙方违章涉及罚款及各种费用全部由乙方承担,如乙方不及时配合处理违章罚款等情形,若乙方发生交通事故等出险获得的保险理赔款优先用于处理上述违章罚款事宜。

7.15　针对包含第二、三年保险的产品,如乙方在次年出险总额过高且超过第一年保险总额时,超出部分由乙方自行承担。

7.16　在租期内,乙方应积极配合甲方按时年检车辆,费用由乙方自行承担,若乙方不配合导致逾期支付或不支付年检费用时,甲方可代为支付,代理费200元/次,且甲方有权收车并解除合同。

7.17　租赁期间内,车辆全车被盗窃、抢劫、抢夺,经盗抢事故发生地县级以上公安刑侦部门立案证实且满60日未查明下落的，甲方按照盗抢事故发生时车辆的实际价值（月折旧率1%，从交车日起按月计算，不满一个月不计算）扣除盗抢事故发生时合同盗抢结清费用的剩余金额对乙方进行补偿。

7.18 乙方在接受租赁之日起，应向甲方交纳3000元作为租赁期内的违章保证金，此保证金对于乙方在租赁期内的违章行为作为制约作用，在租赁期内由于乙方原因所产生的违章，乙方拒绝交纳违章款项的，甲方可以使用乙方交纳的违章保证金用作处理违章所产生的款项，并保留追究乙方违约的权利。租赁期内乙方由于自身原因导致违章保证金减少的，应当在收到通知后3个工作日内向甲方补足违章保证金的金额。

7.19 保险赔偿责任范围以外的所有损失与责任，概由乙方承担，甲方不承担因乙方使用租赁车辆所引发的连带责任以及本合同约定的保险赔偿范围之外的任何责任。如乙方存在擅自将租赁车辆交由无驾照者使用、准驾不符、肇事逃逸、酒后驾驶、吸毒驾驶等违法行为，致发生意外事故而无法向保险公司索赔的，由乙方承担全部责任并赔偿损失。

8. 乙方的确认条款

8.1 乙方同意并确认：

8.1.1 租赁车辆系乙方根据其掌握的知识、经验等自主选定并要求甲方购买，未依赖甲方的专业技能。乙方对于租赁车辆的供应商、品牌、型号、性能、质量、品质技术等已充分了解，并对自己的决定和选定负责，甲方对此不承担任何责任。

8.1.2 如因供应商原因导致交付的租赁车辆型号、规格、数量和技术性能等与本合同及买卖合同存在不符、瑕疵、质量问题等情形的甲方不承担责任，由乙方与供应商协商解决，甲方提供必要之协助，乙方不得因上述原因拒绝受领。在租赁期间如租赁车辆发生质量问题的，由乙方与供应商或生产商协商解决，甲方不承担任何责任，乙方不得以上述原因拒不交纳租金。如因国家政策、法律法规、不可抗力、延迟运输等不属于甲方责任而造成租赁车辆延迟交货或不能交货时，甲方不承担责任，乙方不得因上述原因拒绝受领。

8.2 乙方确认并承诺：在租赁期间，乙方为租赁车辆的使用人，租赁车辆的所有权归甲方所有。乙方在使用租赁车辆时将遵守国家有关法律、法规及规范性文件的规定，不会将租赁车辆用于营运及非法用途。未经甲方书面同意，乙方在租赁期内不会将租赁车辆进行销售、抵债、转让、投资或其他任何侵犯租赁车辆所有权的行为,不会以抵押、质押等任何形式对租赁车辆设置任何权利负担,也不会将租赁车辆进行转租,不会利用租赁车辆充当教练车、参加汽车竞赛、做测试试验、从事装载运输易燃易爆易腐蚀品等危险行为。如乙方违反本条承诺给甲方造成损失的,乙方将承担违约责任并进行足额赔偿。

9. 合同成立、生效、变更、解除、权利转让与终止

9.1 如无担保人的,本合同自双方签署之日成立生效;如有担保人的,本合同自三方签署之日成立生效。

9.2 除本合同另有约定外,未经各方协商一致,一方不得单方变更或解除本合同。

9.3 合同生效期间,未经甲方书面同意,乙方不得将本合同项下的全部或部分权利转让给第三方。

9.4 本合同自各方权利义务履行完毕之日终止。

9.5 乙方依本合同约定提前付清全部租金及其他费用后,本合同提前终止。

9.6 如因租赁车辆毁损灭失等原因导致本合同目的无法实现或本合同继续履行没有意义的,自各方依本合同约定履行各自义务后,本合同提前终止。

9.7 合同一旦签署,原则上不允许更改还款日期,双方另有约定的除外。

10. 违约责任

10.1 自本合同生效之日至乙方收领之日,如乙方明确表示或者以自己的行为表明不再继续履行合同的,甲方可扣除一个月的租金作为违约金并解除合同,租赁车辆不再交付;甲方也可要求乙方继续履行本合同。

10.2 自租赁车辆由乙方收领后,如乙方逾期交纳本合同约定的租金,甲方可选择以下方式中的一项或几项向乙方主张权利,乙方不得有异议。

10.2.1 乙方每逾期一日,甲方可按剩余全部未付租金的万分之五收取滞纳金。此外,如逾期未超过 30 日的,甲方可再按剩余全部未付租金的 5% 加收逾期违约金;如逾期超过 30 日的,甲方可按剩余全部未付租金的 10% 加收逾期违约金,直至本合同解除之日止。

10.2.2 如乙方连续两次逾期未交纳租金,或者连续逾期 3 日以上且经甲方催告后仍不支付的,甲方有权随时收回租赁车辆,同时仍按第 10.2.1 条约定计收滞纳金及逾期违约金，直至本合同解除之日止。

10.2.3　若乙方发生违约，甲方有权随时单方提前解除合同，同时收取解约违约金。若本合同解除时，自收领日起租期履行未满一年的，乙方应按剩余未付全部租金的15%向甲方支付解约违约金，租期履行已满一年的，乙方应按剩余全部未付租金的20%向甲方支付解约违约金。

10.2.4　乙方未按本合同约定按时足额支付租金的，任何一期还款逾期，乙方须就该逾期立即向甲方支付催收工本费人民币200元，用于补偿甲方进行催收时发生的催收费用。

10.3　乙方有下列情形的，甲方有权单方解除合同并自行收回租赁车辆，并要求乙方即时付清除租金外的一切合同规定之应付款项，且甲方已经收取的首付款、租车预付和/或已付租金不予退还。在此情况下，甲方有权自行处理租赁车辆，乙方无权对租赁车辆提出任何权利主张。乙方同意，为处置租赁汽车，甲方有权进入任何租赁车辆可能所处的场所并予以取回，乙方必须给予相应的配合。

10.3.1　乙方利用租赁车辆从事违反法律和国家政策的活动。

10.3.2　乙方提供虚假证件、信息的（包括但不限于无效的联系方式。如乙方变更联系方式后未按照本合同约定通知甲方的视同乙方提供无效联系方式）。

10.3.3　乙方将租赁车辆转借、转租、出售、抵押、倒卖或者从事营利性营运的。

10.3.4　乙方利用租赁车辆充当教练车、参加汽车竞赛、做测试试验、装载易燃易爆易腐蚀品或法律法规规定的违禁品的。

10.3.5　乙方利用租赁车辆从事不符合其功能的运输活动。

10.3.6　乙方在租赁期限内私自改装或拆卸GPS系统，GPS断电、失联或长时间停放到二手车市场、交管所等甲方认定的风险区域。

10.3.7　乙方对租赁车辆进行改装（包括但不限于增加设备或拆卸原车设备及零件）。

10.3.8　乙方在租赁期内突然增加对外负债，或有对第三方的逾期违约行为，有可能影响本合同项下乙方归还租金的情况。

10.3.9　其他有损租赁车辆的行为。

10.3.10　乙方发生一切具有重大风险的事宜，有可能导致甲方受到损失。

10.4 合同终止后，如乙方未按时结算租金，甲方有权按月另行收取牌照租赁费用（牌照租赁费用参考当地标准）。

10.5 租赁期内，如乙方明确表示不再履行本合同的，除本协议另有约定外，按本协议第10.2.3条的约定处理。

10.6 如本协议所约定的违约金无法覆盖守约方所遭受的损失的，违约方还应进行足额赔偿。

10.7 若乙方在租赁期内，在任何情况下、以任何形式退还租赁车辆或被甲方取回租赁车辆，乙方已支付的全部金额均不予退还。甲方仍有权向乙方追偿未被清偿的权益。

10.8 本合同约定的违约金具有补偿性与惩罚性双重性质。

10.9 甲方有权向乙方追索因执行或保护本合同项下甲方权利而产生的合理费用，包括但不限于诉讼费/仲裁费、律师费用、鉴定费用、材料费用、调查费用、差旅费用等。

11. 担保

11.1 为保证甲方的权益，担保人同意为甲方在本合同下对乙方享有的债权提供连带责任担保。

11.2 被担保的主债权：本合同项下乙方应当向甲方支付的全部租金、各类违约金、赔偿金、甲方为实现债权而发生的一切费用（包括但不限于诉讼费、仲裁费、保全费、公告费、评估费、鉴定费、差旅费、电讯费、律师费等）；本合同被确认无效、被撤销或者解除的情况下乙方应承担的上述费用；乙方在本合同项下的所有其他应付费用。

11.3 担保期间：两年，自任意一笔被担保债务的到期日起算。

12. 争议解决

12.1 本合同的订立、效力、解释、履行和争议的解决均适用中华人民共和国法律。因本合同所产生的以及因履行本合同而产生的任何争议，双方均应本着友好协商的原则加以解决。协商解决未果，任何一方同意向甲方所在地人民法院提请诉讼。

12.2 在争议及诉讼期间，本合同的相关条款应继续履行。

13. 本合同的附件及补充协议

13.1 本合同附件是本合同不可分割的组成部分，与本合同正文具有同等法律效力。本合同是合同各方有关本合同事宜的完整的合同,并且替代以前全部有关本合同事宜的各方之间的口头或书面的协议、合同、谅解和通信。

13.2　在各方达成一致的基础上,若签署本合同的补充协议,则本合同的补充协议为本合同不可分割的一部分,与本合同具有同等法律效力。本合同各方当事人应同时履行补充协议约定的条款。

14. 附则

14.1　本合同中的任何条款不论任何原因被宣告违法、无效或不具有可执行性,其他条款的效力不受任何影响,除非其将根本影响本合同签署的基础。如发生上述事项,本合同双方应就有关事宜进行友好协商,以对本合同进行必要的修改和补充。合同的任何修改或补充需经本合同双方同意并签署书面文件予以确认。

14.2　本合同正本一式三份,每方各执一份。每份正本均具有同等法律效力。

15. 共同声明

15.1　本合同是各方在平等、自愿、合法的基础上经友好协商而签订,不存在任何胁迫、重大误解或乘人之危等情形,合同全部内容均为各方的真实意思表示,对各方均有法律约束力。

15.2　乙方已阅读、理解及完全同意本合同之全部内容,并特别注意了加粗字体的所有条款。应乙方要求,甲方已就本合同的所有条款作出了充分的且让乙方满意的解释与说明,乙方表示完全理解与接受,并愿意租赁本合同项下的车辆,以及承诺履行相关义务。

(以下无正文,为签署页)

甲方(盖章):广东××汽车销售服务有限公司
授权代表(签字):____________________

乙方(签字/盖章):广东××有限公司
授权代表(签字):____________________

担保人(签字/盖章):

授权代表(签字):____________________

签署日期:20　　年　月　日

【补充说明】

针对限牌城市购买新能源汽车能够享受地方补贴,此补贴由甲方购车时先行垫付,乙方应在租赁期内按照地方政府关于新能源车辆地方补贴政策指引,符合条件方享受地方补贴,如不达地方补贴的相关标准,甲方有权向乙方收回地方补贴,并且保留追究乙方的法律责任。

附件:

租赁申请书

____________________:

根据本申请人的需求并经本申请人自主选择,现特向贵公司提出租赁申请,具体如下:

1. 申请人基本情况

名称	
住所	
联系电话	
邮政编码	
证件号码	

2. 租赁车辆情况

生产厂家	
品牌型号	
排量	
变速箱	
车型	
颜色	
座位数	
车辆指导价	
数量	

3. 费用明细

<table>
<tr><td>保证金</td><td>大写：　　　　　　　　　　；
小写：　　　　　　　　　　元</td></tr>
<tr><td>首付款
(首付款不计入租金)</td><td>大写：　　　　　　　　　　；
小写：　　　　　　　　　　元</td></tr>
<tr><td>尾款</td><td>大写：　　　　　　　　　　；
小写：　　　　　　　　　　元</td></tr>
<tr><td>租期</td><td>　　　　期</td></tr>
<tr><td>预付租金</td><td>预付前　　　　期的租金。共计：　　　　　　　　元</td></tr>
<tr><td>出租方支付：(请勾选)
□购置税
□商业险　　年
□交强险　　年
□车船税　　年
□上牌费
□其他费用(多退少补)</td><td>承租方支付：(请勾选)
□购置税
□商业险　　年
□交强险　　年
□车船税　　年
□上牌费
□违章保证金
□其他费用(多退少补)</td></tr>
<tr><td colspan="2">市场活动：本合同参加活动，市场推广费元，抵　□月租　□首付款　(请勾选)
其他说明</td></tr>
</table>

续表

期数	车辆本金	利息	费用合计

续表

期数	车辆本金	利息	费用合计

4. 汇款账号

户名	
开户银行	
账号	

5. 赔款记录是影响商业险保费的重要因素，下表为北京地区商业险出险记录调整系数表(仅供参考)。

赔款记录	系数
连续 5 年没有发生赔款	0.40
连续 4 年没有发生赔款	0.50
连续 3 年没有发生赔款	0.60
连续 2 年没有发生赔款	0.70
上年没有发生赔款	0.85
上年发生 1 次赔款	1.00
上年发生 2 次赔款	1.25
上年发生 3 次赔款	1.50
上年发生 4 次赔款	1.75
上年发生 5 次赔款	2.00
上年发生 6 次赔款	2.15
上年发生 7 次赔款	2.30

续表

赔款记录	系数
上年发生 8 次赔款	2.45
上年发生 9 次赔款	2.60
上年发生 10 次赔款	2.75
上年发生 10 次以上赔款	3.00

本申请人声明：

1. 以上资料真实、准确，不存在错误和重大遗漏。

2. 租赁车辆的购置系根据本申请人的需要独立选定，所有与租赁车辆有关的选择问题、质量问题、索赔问题等相关问题均由本申请人承担解决。

3. 为提高购置效率，租赁车辆的供应商也可由贵公司确定，本申请人予以认可并视作由本人选择，将不会以此为由提出任何异议或拒绝收货。

申请人：________

年 月 日

23－22 汽车融资租赁合同

（适用于汽车售后回租业务）

甲方（出租方）：广东××汽车销售服务有限公司

住址：广东省××市××区××路××号

法定代表人：×××

联系电话：×××－××××××××

联系传真：×××－××××××××

乙方（承租方）：广东××有限公司

住址：广东省××市××区××路××号

法定代表人：×××

联系电话：×××－××××××××

联系传真：×××－××××××××

鉴于：

1.甲方系一家依据中华人民共和国法律合法成立、有效存续的有限责任公司，主要从事汽车租赁业务。本合同所称“甲方”是“买方”。

2.乙方是一家从事×××等相关业务的公司，为合法存续的经营主体，有权签署本合同。本合同所称“乙方”是“卖方”。

3.乙方为融通资金用于生产经营，将其拥有的、权属明晰无争议、未设置抵押权或其他权利的品牌汽车（具体详见附件二《租赁物（汽车）交接表》，以下均统称车辆）出售给甲方，同时向甲方以融资租赁形式回租车辆使用。甲方同意向乙方购买车辆，并将上述车辆回租给乙方使用。

根据《民法典》及有关法律法规规定，现甲乙双方经友好协商，一致同意按以下条款签订本合同。合同一经签订，双方须共同遵守，任何一方均应全面、诚信地履行本合同。

第一部分　总　　则

1.合同原则

1.1　甲方提供的汽车融资租赁服务应符合本合同的约定。

1.2　乙方应按本合同及其附件的约定向甲方支付租金等所有款项并全面履行合同义务。

2.定义

2.1　合同：指本合同及其附件。

2.2　汽车融资租赁：本合同特指售后回租形式的汽车融资租赁，即承租人（卖方）将其自主向汽车生产商/经销商购买并合法取得所有权的车辆销售给具有融资租赁资质的出租人（买方），由出租人向承租人出租该特定车辆，承租人向出租人承租使用该特定车辆；承租人需按照本合同履行相应的义务，交纳一定比率的首付租金或保证金，每月支付约定的租金，即可使用租赁汽车；租赁期满后，承租人可按照合同约定留购租赁汽车从出租人处取得其所有权。

2.3　租赁车辆：根据本合同约定由承租人向出租人出售并由出租人向承租人出租的汽车，也即本合同约定的租赁物（具体详见附件二《租赁物（汽车）交接表》。

第二部分 商务条款

1. 售后回租租赁车辆的购买、价格、工作地点

1.1 售后回租租赁车辆具体名称、规格型号、车辆原价、购置时间、生产厂家(详见附件二《租赁物(汽车)交接表》),车辆上牌地点:____________。

1.2 甲方向乙方购买车辆的价格见《租赁物买卖合同》。

2. 车辆货款支付

2.1 甲乙双方签订的《租赁物买卖合同》中买卖标的物的货款支付条件(所有条件须同时具备)

2.1.1 为实现本合同之目的,本合同项下所有当事人已签署完毕与本合同相关的所有法律文件。

2.1.2 乙方已经按照甲方的要求提供了令甲方满意的担保或保证。

2.1.3 甲方收到乙方按本合同约定应支付的保证金、保险费及其他应付款项。

2.1.4 甲方收到本合同项下需乙方签字盖章生效的各附件。

2.1.5 甲方收到本合同项下车辆发票、合格证等所有权证明文件。

2.1.6 商务条款或补充协议中约定的其他条款。

2.2 货款支付进度

2.2.1 甲方在第2.1条罗列的付款条件全部满足后以银行转账的方式向乙方支付全部货款的90%,余款10%在车辆办理抵押后5日内支付。

2.2.2 若甲方没有收到合同及附件以及出现其他上述款项即货款支付条件未成就的情形的,甲方有权顺延支付货款,且不承担任何责任。

2.2.3 乙方承诺收到甲方货款之用途:仅用于生产经营,不得挪作借贷等其他用途,不得用于进行违法活动。

租赁期限	年共 期,自 年 月 日起至 年 月 日止
起租日	起租日为第一笔货款支付日或合同签订之日,时间先达者为准
起息日	起租日即起息日
融资租赁本金	人民币 万元整
每期租金	人民币(大写) (¥ 元)

续表

保证金	人民币(大写)　　　　　　　　　　(￥　　　　元)
租金总额	人民币(大写)　　　　　　　　　　(￥　　　　元),见附件一《租金支付明细表》
租金支付账号	乙方应按照合同要求,在租金支付日期将租金以　　　方式支付至本合同第 4 条指定的甲方账户
租金支付日	自起租日起,每月支付一次,即第一期租金应在自起租日开始 1 个月后所对应的日期支付,以后各期按此顺推。本合同首期租金支付日期为　　年　月　日,具体详见附件一《租金支付明细表》
逾期违约金	逾期支付租金 1 个月以内(含)的,每超过 1 日按逾期金额的 1‰计算逾期违约金;逾期支付租金 1 个月以上的,每超过 1 日按逾期金额的 3‰计算逾期违约金
租赁期满车辆的处理(留购价)	租赁期满时,甲乙双方按本合同第 14 条的约定处理车辆,乙方向甲方支付 1 元人民币(大写:壹元整)作为车辆所有权转让价款,该转让价款与最后一期租金一并支付
备注	允许提前还款,提前还款应至少提前 30 日书面通知,提前还款除了归还剩余本金、逾期违约金等应付款项外,乙方还需按剩余租金总额的 3% 向甲方支付补偿金

2.3　其他商务条款

3. 车辆的保险

保险类别	交强险、车辆损失险、第三者责任保险(保额不低于 200 万元)、机动车上人员责任保险、盗抢险、基本险不计免赔、附加险不计免赔、营运险
保险期限	保险期限≥租赁期限
车辆价值	人民币(大写)　　　　　　　　　　(￥　　　　元)
保险费用	人民币(大写)　　　　　　　　　　(￥　　　　元),以保险公司出具的保险单原件标明的保险费用为准
保险投保人	
保险第一受益人	广东××汽车销售服务有限公司

续表

保费支付方式和支付时间	1. 若合同签订时,乙方已为回租的车辆购买保险的,应当将保险第一受益人变更为甲方,同时将变更后的保单正本原件等投保材料交由甲方保管。另外,乙方应保证保险价值不低于甲方向其购买车辆时实际支付的价款。 2. 鉴于本合同项下车辆的保险投保方式系一年一投的特点,若合同签订时,乙方已为回租车辆购买保险但保险期限未覆盖租赁期限的,则乙方应当按照本合同约定的保险费率一次性向甲方支付保险费,在该保险期限届满时由甲方代为续保
备注	实际保险费以保险公司保费发票为准,保单第一受益人为广东××汽车销售服务有限公司

4. 双方地址及银行账号

甲方	地址: 邮编: 开户银行: 账号: 账户用途:
乙方	地址: 邮编: 开户银行: 账号: 账户用途:

任何一方地址及本合同第4条开户行的变更,应在变更后7日内书面通知对方。否则,由此引起的一切责任和后果由怠于通知的一方承担。

第三部分 一般条款

1. 租赁物

1.1 租赁物是指本合同附件二《租赁物(汽车)交接表》中载明的相关车辆(以下简称车辆)。通过甲乙双方签订本合同,在租赁期内,该车辆的所有权归甲方,待租赁期满且乙方结清本合同项下的所有款项后,甲方将所有权转移给乙方。

1.2 车辆的购买

1.2.1 乙方不能以原有的车辆买卖相关合同或本合同项下的任何争议或

理由对抗甲方,拒绝履行本合同项下的义务。

1.2.2　乙方须向甲方提供原始采购发票的原件、入账凭证以及其他甲方认为有必要的文件。

1.2.3　购买价格:车辆的购买价格详见本合同商业条款第1条的约定。

1.2.4　甲方向乙方支付租赁物购买货款或第一笔货款时,甲方即取得车辆的完整的所有权。乙方在收到甲方货款后1个工作日内向甲方出具《租赁物所有权转移证明》(附件三)。

1.2.5　乙方应根据约定的上述用途,使用甲方所支付的货款并负担因本合同车辆买卖而发生的税款及一切费用。

1.3　车辆的交货和验收

1.3.1　因本合同属于融资租赁售后回租业务合同,甲方从乙方购进本合同约定的车辆是为了回租给乙方使用,乙方在本合同签订时已实际占用、使用租赁物车辆,故车辆无须履行直接交付手续。本合同与双方签订的《租赁物买卖合同》一经签署生效,即视作甲乙双方已相互履行了车辆的交付义务。乙方在本合同生效当日内即向甲方出具附件四《租赁物接收证明及确认书》,予以确认甲方将车辆在完整状态下向乙方交付完毕。

1.3.2　车辆在本合同有效期内发生的任何质量问题,或因此引起的与第三者的经济纠纷均由乙方负责,并且不得因此免除乙方按期、足额支付租金的义务。

2. 租金

2.1　甲方购买乙方的车辆并回租给乙方使用,乙方须按附件一《租金支付明细表》支付租金给甲方。

2.2　租金总额由租赁成本与租赁利息构成;租赁成本指甲方从乙方购买车辆所支付的购买价格,租赁利息指还租期限内的利息。

2.3　本合同项下的租金计算方式、租赁期限、租金支付日等详见附件一《租金支付明细表》。双方同意在乙方依约支付履约保证金前,甲方有权无限期延迟履行本合同义务。

履约保证金可用以冲抵最后到期的等额租金,不作为乙方垫付逾期租金使用。

若乙方在支付上述保证金后至租赁期满前提出提前解除或撤销主合同,或者因乙方的违约行为(包括但不限于乙方未按约支付租金等)而被甲方解除本合同的,乙方所支付上述保证金甲方均不予退还。若乙方在租赁期限内正常履约,并不是因合同违约而被解除本合同的,甲方在收取主合同约定的提前终止补偿金的同时,不再没收该部分履约保证金。

2.4 在租赁期内,因国家增减相关税项、改变税率必须变更租金时,甲方以书面方式通知乙方该变更原因及调整的租金金额,从国家宣布调整的次月开始执行新的租金,乙方须承认该变更并予以支付,且不得以该理由退租。

2.5 租金支付的优先权:乙方保证应付租金的支付优先于乙方任何其他款项支出。

2.6 应付租金日:乙方应付租金的日期以附件一《租金支付明细表》确定的日期为准。乙方应对租金的按时到账,做好充分的准备工作。乙方应在实际支付当日将付款凭证以邮件或传真等形式发送给甲方备查。如遇该应付租金日为非营业日(营业日为银行营业日),则提前至上一个营业日。如果乙方未按时足额向甲方支付租金或未按本合同约定支付其他款项,应交逾期违约金。逾期违约金按本合同第三部分一般条款第10条的约定执行。

2.7 租金支付通知:自起租日起,甲方将在应付租金日前7个工作日以包括但不限于通知书、电话、传真、短信或邮件方式提醒乙方按时支付租金,但无论该通知甲方是否发出、乙方是否收到,均不免除乙方按时、足额支付租金的义务,不能成为乙方逾期支付租金的理由。

2.8 履约费用:乙方履行债务所发生的一切费用由乙方自行承担。

2.9 本合同及任何附件项下乙方向甲方支付的所有租金及其他款项必须是无条件的、绝对的,乙方不得以任何借口延迟支付、少付或拒付租金,且不得与任何甲方的债务进行抵销或对甲方进行反索。

2.10 乙方负责将甲方书面通知文件的复印件转交保证人。如因乙方原因而使保证人未收到相关通知的,不影响甲方向保证人主张权利。

2.11 如乙方出现延迟支付租金或其他款项时,其后乙方付给甲方的款项,甲方按以下顺序依次扣收。

2.11.1 逾期违约金。

2.11.2 除租金外其他应付款项。

2.11.3 到期未付租赁利息。

2.11.4　到期未付租赁本金。

2.12　在融资租赁款项未全部清偿前,乙方同意汽车生产商/经销商就汽车产品质量等的退赔款项直接支付至本合同第二部分商务条款第4条约定的甲方指定的甲方银行收款账户,优先用于清偿乙方未归还的融资租赁款项租金及利息。

3. 租赁物的保险

3.1　总则:车辆保险由甲方统一投保,保险费由乙方支付。保险价值应不少于甲方向乙方购买车辆的价格,并使之在本合同终止之日前持续有效。甲方代为办理保险时乙方未按时支付保费的情形下,甲方均可从乙方支付的保证金或任何费用中先行扣除该笔费用,不足部分乙方应在收到甲方书面通知后3个工作日内补足。

3.2　投保具体条款详见本合同商业条款第3条的约定。

3.3　索赔

3.3.1　车辆一经交付乙方,则与之相关的一切毁损灭失的风险均由乙方自行承担。

3.3.2　在租赁期间发生保险事故,乙方应在24小时内通知甲方和保险公司,并向甲方提供检验报告和有关资料,会同甲方向保险公司索赔。

3.3.3　保险赔偿金由甲方领取,相关事宜作以下约定:

(1)如车辆修复后,甲方领取的保险赔偿金优先用于支付租金。

(2)如车辆无法修复或实际修复已无意义的,乙方应立即支付所有到期和未到期租金及其他应付款项,该保险赔偿金优先用于冲抵支付给甲方的相关款项。如保险赔偿金不足以抵补上述款项,乙方有义务向甲方补足差额,直到甲方利益得到全部实现为止。

3.3.4　如因乙方怠于保险索赔而导致理赔未成,乙方应当承担全部损失(包括但不限于修理费、应收及尚未回收的应收租金及其他应收款项等),不得损害甲方的权利。

3.3.5　租赁车辆在保险理赔期间,并不影响乙方继续按期履行支付租金义务,乙方须继续按本合同的约定支付租金。若乙方未按期履行租金支付义务,则甲方有权将收取的保险赔偿金冲抵所有到期未付租金及其他应付款项。

3.4 其他约定

租赁期满后,在乙方尚未履行完毕本合同下的所有债务前,乙方应继续为车辆投保,若乙方未及时投保造成损失的,乙方应承担在此期间发生保险责任事故的经济损失。

4.租赁物的所有权、使用权及权利转移

4.1 所有权:在乙方履行完毕合同全部义务之前,甲方对租赁物车辆拥有完全的所有权,享有以下权利。

4.1.1 未办理车辆变更登记的所有权转移手续并不表明车辆的所有权未转移至甲方,乙方不得以车辆未办理变更登记为由抗辩与主张车辆的所有权。非因甲方原因,任何第三人以车辆未登记备案为由抗辩与主张车辆所有权的,均由乙方无条件负责处理与赔偿。

4.1.2 乙方根据《租赁物买卖合同》及本合同的约定办理各项手续,包括签署租赁汽车提取验收文件、办理租赁汽车抵押登记手续,以及投保本合同约定的各项租赁汽车保险,登记证与保单托管于甲方或甲方指定的第三方处,待融资租赁期满乙方履行完合同义务解除租赁汽车抵押登记时归还乙方。

4.1.3 若为便于乙方运营、使用等原因,甲方可选择同意本合同项下租赁物车辆继续登记在乙方名下,不予办理车辆相关的变更登记手续。乙方并不因此获得登记车辆的所有权,甲方仍是登记车辆的唯一所有权人。若本合同签订前,乙方已办理车辆登记手续的,乙方应当至机动车管辖地的车辆管理所进一步补充备案登记,在《机动车行驶证》《机动车登记证书》《车辆购置税完税证明》"备注栏/登记栏"处备注车辆所有权实际系作为融资租赁出租方/买方的甲方所有。同时,将备案登记后的《机动车登记证书》《车辆购置税完税证明》等证书原件交由甲方保管。乙方自行承担车辆登记、备案的相关税、费。非因甲方原因,因登记备案事宜导致车辆涉及违法的,由乙方无条件负责处理与赔偿。

4.1.4 甲方有权将标有租赁物归甲方所有的标识、文字等粘贴、喷涂于租赁物的显著位置上,以辅助表明对租赁物的所有权,乙方应予以配合,协助甲方粘贴、喷涂前述标识、文字等,并不得擅自予以移动、摘除或涂改,否则乙方构成违约。

4.1.5 甲方有权选择将本合同在《商务部融资租赁登记公示系统》《中国人民银行征信中心》予以登记公示。

4.1.6　甲方或甲方委托的代理人有权随时用在车辆上安装监控装备(包括但不限于GPS系统)或现场检查的办法对车辆进行监管,乙方应予以配合;若甲方认为有必要在车辆上安装监控装备对车辆进行监管,则安装监控设备所产生的费用由乙方承担。如租期内监控车辆超过3日未正常运行且经甲方提醒后,乙方仍不配合检修的,则甲方有权采取强制性措施拖回车辆对该监控装备进行检修并要求乙方按照本合同第三部分一般条款第10条的约定承担违约责任。

4.1.7　乙方任何行为、协议包括乙方的关闭、停产、转产、兼并或破产等,均不改变甲方对车辆的所有权。若乙方破产,该车辆不属于乙方的破产财产。

4.1.8　乙方不得出售、转让设备,不得将车辆对外投资,不得在车辆上设置任何抵押权或担保权益(为实现本合同目的,抵押给甲方的除外),或采取其他任何侵害甲方所有权的行为,不得转租车辆或者允许他人使用,但乙方若为有资质的经营性租赁企业,乙方可以从事国家主管机关批准的经营性租赁业务。

4.1.9　应甲方要求,乙方同意在有关公证处办理车辆相关公证事项时,公证费由乙方承担。

4.1.10　因乙方承担民事责任或受行政处罚致使租赁物被查封、扣押、执行、抵债等影响甲方对租赁物的所有权、处分权的,乙方必须于此类情形产生之日2个自然日内以书面形式通知甲方,并应采取相应措施避免该等事件对甲方的权益提出任何权利主张和/或损害,否则乙方赔偿甲方全部损失,或乙方向甲方付清全部租金及本合同项下所有应付款项。

4.2　使用权

4.2.1　在租赁期内,车辆的使用权、收益权属于乙方。

4.2.2　乙方应在本合同约定的设置场所正确地使用车辆,对车辆进行良好的保管、保养、定期维修和检查,使其处于良好、正常的操作营运状态;乙方应根据租赁汽车的制造厂商的要求对租赁汽车进行保养和维修,使租赁汽车保持正常状态和发挥正常效能。乙方应承担租赁汽车维修保养的全部费用。乙方对租赁汽车的常规保养里程不得高于生产厂商规定的保养公里数。

4.2.3　未经甲方书面同意,乙方不得擅自加拆任何零部件或改变车辆的放置场所和使用环境。经甲方书面同意后在车辆上添加、更换零部件或对车辆升级、更新,而甲方须通过处置车辆实现对乙方的债权时,乙方无权就添加物或更新物主张任何权利。对车辆维修、保养的效果归于甲方。

4.2.4 甲方有权在其认为适当的时候,检查租赁的使用、保养状况,乙方应提供有关报告和资料,并为甲方的检查提供方便。

4.2.5 乙方需要更换车辆的零部件时,必须使用原生产厂出的同规格、同型号的零部件并书面通知甲方。若乙方采用代用件,必须征得甲方的书面同意,甲方应在2个工作日内给予答复。

4.2.6 乙方的包括但不限于上述内容的一切行为均不得损坏或改变车辆原来的用途和功能。

4.2.7 因车辆在运输、安装、设置、保管、使用中所发生的一切费用、税款(包括但不限于车船税、年检费用、通行费等国家和地方政府规定的其他各类税费)等均由乙方承担;因车辆使用致使第三者的人身或财产遭受损害时,由乙方承担由此产生的责任。

4.2.8 本合同项下乙方的一切义务具有连续性,对其义务承受人具有完全的约束力。

5. 租赁物的损毁、丢失、灭失

5.1 租赁期内(包括续租期间)车辆毁损、丢失和灭失的风险由乙方承担。

5.2 在车辆发生毁损、丢失或灭失时,乙方应立即采取措施防止损失扩大,并通知甲方,甲方可在下列方式中选择一种方式,由乙方负责处理并承担一切费用。

5.2.1 将车辆复原或修理至完全能正常使用的状态。

5.2.2 更换与车辆同等型号、性能的部件或配件,使其能正常使用。

在前述两项情形下,乙方继续租用车辆,支付租金的义务不变。

5.2.3 车辆毁损后无法修理或修理已无实际意义,或者灭失、丢失时,乙方按本合同第三部分一般条款第8条的约定,并在甲方要求的时间内向甲方支付终止金。

5.2.4 权利转让。乙方将约定的提前终止金支付给甲方以后,甲方将对与车辆有关的所有权利(包括所有权)转让给乙方,本合同终止。

6. 陈述与保证

6.1 甲方的陈述与保证

6.1.1 甲方具有签订和履行《售后回租合同》的权利能力和行为能力。

6.1.2 车辆从乙方购得并取得所有权后将租回给乙方使用。

6.1.3　甲方对车辆的任何状况，包括适用性、是否存在质量瑕疵、是否能为乙方取得盈利等，不作任何陈述和保证。

6.2　乙方的陈述和保证

6.2.1　车辆向甲方售出后将租回使用。

6.2.2　车辆出售给甲方前，乙方拥有车辆完整的所有权，包括占有、使用、收益和处分权。不存在抵押、质押、留置、出让、出租、赠与等影响甲方权益的情形，没有任何第三方对其享有任何追索的权利，且乙方承诺：在本合同项下所有义务履行完毕之前，不对该车辆的部分或整体进行任何出售、转让、出租、赠与、承包、对外提供担保、设定抵押、质押、留置等担保物权或其他权利限制性负担。

6.2.3　乙方保证出售前的车辆完好无损，不存在任何质量瑕疵。

6.2.4　乙方保证有权利出售车辆，所要缴纳的税、费已经缴纳完毕，若因该车辆的转让需要补交相关的税、费，乙方同意均由乙方承担。

6.2.5　本合同项下的车辆买卖是可履行的，已经办理了相关审批手续，且不存在任何法律障碍。如本合同非因甲方原因被认定为无效、应撤销或被解除时，乙方应返还甲方支付的全部货款，并根据资金占用时间按本合同项下的租赁利率标准赔偿甲方，以弥补甲方的损失。

6.2.6　在本合同存续期间，甲方可以随时通过企业信用信息基础数据库和银行信贷登记咨询系统或其他有必要的征信系统查询乙方的信用信息。若乙方为网约车平台客户，乙方应提供相关授权文件或查询所需的账户及账号密码，保障甲方可以随时在网约车平台查询乙方的车辆运营信息。

6.2.7　乙方如欲转让或转租其在本合同项下的权利和义务，必须事先征得甲方的书面同意。

6.2.8　乙方股权结构发生变化或履行个人无限责任担保的夫妻发生财产分割等重要事件，乙方应在上述事项发生后3个工作日内将变更情况以书面形式通知甲方。

6.2.9　保证其所出具的所有财务报表符合中华人民共和国有关法律法规，报表真实、客观地体现乙方的财务状况，乙方所提供的所有文件、资料和签名盖章均真实、有效、完整、准确且无任何隐瞒。

7. 融资租赁担保

7.1　双方约定采取以下方式进行融资租赁担保。

7.1.1 第三方保证。在甲方要求时,乙方应向甲方提供第三方保证。保证人同意提供保证并在保证合同上签字后,即承诺:

(1)无条件和不可撤销地就本合同项下乙方的全部债务向甲方承担保证责任。全部债务包括但不限于本合同项下乙方向甲方融资租赁须支付的租金及各项费用的本金及利息(含逾期利息)、违约赔偿和甲方为实现其权利所发生的全部费用。

(2)本保证为连带保证责任。保证人的保证责任在融资租赁期限届满之后的两年后终止。本保证不因乙方的任何变化或本合同的任何情况(包括合同的修订)而受到影响。为此该保证人应签署《不可撤销担保书》作为本合同附件。

(3)若保证人发生可能影响到保证人偿付能力的重大变化(包括但不限于失业等导致收入骤降、大额债务纠纷、发生重大疾病或意外事故等),保证人应在变化之日起 7 日内书面通知甲方。如果甲方有合理理由相信保证人发生前述变化,甲方有权要求保证人说明情况并提供相应材料,并且甲方有权要求乙方提供适当的额外担保,乙方有义务提供该类额外担保。

7.1.2 其他担保方式。甲方授权乙方将所有租赁车辆自租赁物交接之日起 10 日内办理完毕抵押登记,抵押权人为甲方,车辆抵押登记证书存放于甲方或甲方指定的第三方,待付清甲方租赁费及本合同项下所有应付款项(该应付款项包括但不限于本金、利息、违约金及相关损失)后解除抵押并归还登记证书给乙方。如乙方未按本合同及附件约定要求办理抵押登记,每逾期一日,甲方有权向乙方按该批车辆融资总额的 1‰收取违约金,和/或甲方单方面宣布合同提前终止收回租赁物并要求乙方承担本合同第三部分一般条款第 10 条约定的违约责任。

7.2 额外担保

在融资租赁期内,若甲方认为乙方的还款能力出现严重下降,或保证人的保证能力严重降低,或乙方发生意外情况或变动导致融资租赁的支付安全性受到严重影响,则甲方有权要求乙方提供适当的额外担保,乙方有义务提供该类额外担保。

8. 提前终止条款

8.1 如乙方提前终止租赁关系,需提前一个月向甲方发出书面协商通知,甲方书面同意后,方可以支付终止金的方式提前终止租赁关系。经甲方同意后,该通知即不可撤销并对乙方产生约束力。

8.2　该终止金含：

8.2.1　乙方未支付的到期租金及逾期违约金。

8.2.2　乙方未支付的剩余未到期的融资本金。

8.2.3　因提前偿还租金而应支付给甲方的补偿金，该补偿金为剩余未到期租金总额的3%。

8.3　甲方在收到上述约定的终止金后，将车辆所有权转移给乙方，则本合同履行完毕。

8.4　乙方有下列情形之一的，甲方有权要求乙方在规定的期限内提供经甲方认可的其他担保措施或追加保证金，乙方未能在规定的期限内提供担保或追加保证金的，甲方可以提前终止本合同，乙方应在收到甲方书面通知后5个工作日内付清全部应付款，包括但不限于到期未付租金、逾期付款违约金、未到期全部租金，提前终止合同补偿金，以及其他应付款。

8.4.1　经营状况严重恶化，连续亏损两年以上，可能影响租金支付的。

8.4.2　转移财产、抽逃资金，以逃避债务。

8.4.3　丧失商业信誉。

8.4.4　因违法违规行为被行政机关查处。

8.4.5　违反本合同作出的保证和承诺。

8.4.6　在其他金融机构有到期债务未能偿还。

8.4.7　乙方或者乙方主要股东股权结构等发生变化，影响到乙方履行能力的。

8.4.8　法定代表人夫妻关系发生变化或夫妻财产分割，影响到乙方履行能力的。

8.4.9　企业或企业的法定代表人卷入重大的刑事案件、经济纠纷或发生其他法律纠纷。

8.4.10　因乙方原因，致使保险未如期办理或中断，车辆因不可归责于双方当事人的事由而发生毁损、灭失的。

8.4.11　乙方擅自将该车辆的部分或整体进行任何出售、转让、出租、赠与、承包、对外提供担保、设定抵押、质押、留置等担保物权或其他权利限制性负担；或者乙方隐瞒了其在将该车辆出售给甲方之前就已存在出售、转让、出租、赠与、承包、对外提供担保、设定抵押、质押、留置等担保物权或其他权利限制性负担的情形的。

8.4.12 有丧失或者可能丧失履行债务能力的其他情形。

9. 租赁期满后的租赁物处理

乙方向甲方付清全部租金和其他应付款项后，甲方可向乙方出具书面《租赁物所有权转移证明》，车辆的所有权由甲方转移至乙方。但无论该证明是否出具，在乙方履行完毕合同项下的全部义务后，车辆所有权即归乙方。

10. 违约责任

10.1 在发生下列情况之一时，视为乙方违约。

10.1.1 乙方超过租金支付日期3日仍未向甲方支付租金。

10.1.2 乙方未按本合同的约定按时足额支付给甲方保证金、保险费及其他应付款项。

10.1.3 乙方未根据本合同约定提供相关财务信息、担保或担保人信息或提供虚假财务信息或错误的担保和担保人信息的。

10.1.4 乙方未经甲方书面允许擅自出售、转移、抵押、质押、出租该车辆或乙方隐瞒其在本合同签订之前已将该车辆出售、转移、抵押、质押、出租或乙方将租赁汽车用于合同约定的使用范围以外或违法经营或涉嫌犯罪的。

10.1.5 乙方未经甲方书面同意，以非正常或违反公平原则转移或以其他违法违规方式处理其业务或乙方的财产或权利的全部或任何实质部分被没收、扣押、征用、查封、强制执行或被剥夺，足以影响乙方履行本合同能力，且乙方不能根据甲方要求提供其他足够担保的。

10.1.6 乙方在租赁期间，未按照车辆的正常要求进行保养、维护，或者故意使车辆严重超负荷运转，导致车辆非正常贬值。

10.1.7 乙方连续一个季度不履行本合同第三部分一般条款第13条约定的信息披露义务的，或乙方隐瞒真实情况，提供虚假陈述或材料的。

10.1.8 未按照合同约定办理保险、安全监控设备的安装、车辆抵押、保证等担保的。

10.1.9 对甲方在租赁期内开展的租赁汽车检查、风险监管工作进行干预、阻挠或不予配合的。

10.1.10 向甲方借用租赁汽车的相关权证（包括但不限于发票、合格证、机动车登记证等）逾期未归还，经过甲方书面催告仍不归还的。

10.1.11　还款资金来源不合法或被收缴的。

10.1.12　未履行本合同第三部分一般条款第6条约定的陈述与保证义务或其他义务条款，且自其发生之日起3日内没有得到补救或纠正的或虽已补救或纠正但对甲方权益仍有重大风险的。

10.1.13　发生任何乙方涉及重大诉讼/仲裁/刑事程序，或财产被采取强制措施或乙方可能被宣告进行破产还债程序等可能影响乙方本合同项下支付能力或导致甲方权益有重大风险的。

10.1.14　乙方未履行本合同约定的其他义务或违反本合同承诺的。

10.2　乙方出现上述违约情形之一种或数种或全部情形时，甲方有权采取下列全部或部分措施以弥补损失。

10.2.1　加速到期。甲方可向乙方发出催款通知，要求乙方在甲方规定的期限内支付拖欠款项和相应利息，乙方应在甲方规定的期限内及时付清。如到期仍未支付，甲方有权不退还租赁保证金。除前述约定外，甲方同时可要求乙方支付全部剩余租金及一切应付款项。

10.2.2　要求乙方或保证人立即付清所欠租金、逾期违约金及其他费用。乙方逾期支付租金一个月以内（含）的，每超过一日按逾期金额的千分之一计算逾期违约金；逾期支付租金一个月以上的，每超过一日按逾期金额的千分之三计算逾期违约金。

10.2.3　要求乙方或保证人按本合同第三部分一般条款第8条的约定支付提前终止金，并终止本合同。

10.2.4　甲方有权要求乙方额外支付一笔保证金或将其已向甲方支付的保证金作为赔偿金予以冲抵。

10.2.5　解除本合同及相关合同，由甲方收回和处分车辆，并要求乙方赔偿甲方所遭受的损失。当甲方处置车辆时，乙方应无条件自费按甲方的要求将车辆在完好状态下运至甲方指定场所，包括但不限于拆除的障碍物，提供搬运、拆卸工具，疏通搬运道路和搬运环境，否则乙方应承担甲方取回车辆的全部费用。甲方依前述规定收回车辆时，甲方有权单方委托有资质的机构对租赁物件届时的价值进行评估，而后按该评估价进行处分或作价折抵；处分所得价款或评估价折抵后仍不足以支付乙方全部未付租金及其他费用的，乙方应另行赔偿甲方该损失。

10.2.6 乙方出现违约时,或在本合同其他条款有规定时,甲方有权为偿还本合同项下债务之目的控制和处置车辆,乙方有义务配合,并将车辆(包括相关备件、车辆合格证、车辆购置税等税费缴纳证明、全套钥匙以及相关物品材料)交付给甲方。若乙方拒绝配合或若情况需要,甲方可以使用任何其他合法方式控制车辆。甲方控制车辆发生的费用包括但不限于拖车费用、人员费用、保管费用,由乙方承担。甲方控制车辆后,有权为偿还本合同项下债务之目的以任何合法的方式处置车辆,甲方控制租赁车辆后,并不表明甲方放弃了其他救济权利或要求乙方承担违约责任的权利。

10.2.7 要求乙方支付甲方实现债权所发生的费用,包括但不限于诉讼费、保全费、执行费、评估费、律师费及其他合理费用。

10.2.8 要求乙方补充提供其他担保方式。

10.3 本合同生效后,甲方就该回租车辆办理抵押,而因乙方未尽协助义务或者因该车辆自身原因无法办理抵押登记手续的,甲方有权按照本合同第7条的约定向乙方收取损失赔偿金。乙方应在收到甲方发出的通知后3个工作日内,向甲方支付所有相关费用。

10.4 若乙方未能按照本合同的约定足额、按时还款,甲方有权进行催收。催收期间甲方有权收取下列催收费用(逾期未按合同约定办理安全监控车辆安装、车辆保险、抵押的,甲方有权根据情况进行催办,因催办发生的费用按照下述标准向乙方收取)。

10.4.1 收款/催办手续费:若在每期约定时间,甲方无法通过约定的途径或其他方式收到足额还款或乙方未按合同约定办理安全监控车辆的安装、车辆保险、抵押时,甲方派人进行催收/催办并有权收取该费用,每事项每次逾期收取人民币200元收款/催办手续费。

10.4.2 提示付款/催办函件费:若甲方将向乙方发送催收/催办事项的信函,甲方有权收取每函人民币100元的函件费。

10.4.3 律师函费:甲方委托律师向乙方发送律师函的,每次收取违约金人民币1000元。

10.4.4 登门催收/催办费:若甲方派人上门向乙方催收未付款或催办监控车辆安装、车辆保险、抵押的,每派人一次,甲方有权收取登门催收/催办费人民币1000元;涉及甲方或甲方委托的第三方人员出差的,还应收取差旅费用(据实结算)。

10.4.5　车辆处置费:若乙方无力偿还所欠融资,而以该车辆冲抵未还融资时,甲方有权收取乙方的车辆处置费人民币 5000 元。此时车辆的价值以合法、有权的评估机构出具的评估价值为准;若车辆处置涉及异地迁移的,支付的费用还应增加异地迁移的合理费用。

为避免疑义,上述第 10.4.1 条至第 10.4.5 条既可单独适用,亦可叠加适用;甲方可视情况自行判断采取何种催收/催办措施。

10.5　甲方行使该车辆的所有权不得损害乙方的合法利益,租赁期间,在乙方无违约的情况下如果由于甲方的责任而影响乙方对该车辆的使用权,甲方应赔偿乙方相应损失。

10.6　甲方在采取前述措施时,并不免除本合同约定的乙方所应承担的其他义务。

11. 不可抗力事件约定

11.1　由于地震、海啸、政变、战争等不可抗力事件发生,直接影响本合同的履行或者不能按约定的条件履行时,遇不可抗力的任何一方,应及时通知对方,以减轻可能给对方造成的损失,在不可抗力发生 5 个工作日内提供事件详情及本合同不能正常履行的理由的书面说明或相关证明,并在不可抗力事件消除后 3 个工作日内提供书面说明。

11.2　不可抗力事件的发生不得免除乙方履行本合同项下义务。

12. 权利的累加性

甲方在本合同项下的权利是累加的,并不影响和排除甲方根据法律和其他合同对乙方所可以享有的任何权利。除非甲方书面表示,甲方对其任何权利的不行使、部分行使和/或延期行使,均不构成对该权利的放弃或部分放弃,也不影响和妨碍甲方对该权利的继续行使或对其任何其他权利的行使。

13. 信息披露

13.1　租赁期间内,乙方应在每季度终了后 15 日内向甲方提供上一季度的资产负债表、损益表、现金流量表等财务报表及附表,每年度终了后向甲方提供审计报告,提交的时间应在取得审计报告后 5 个工作日内,若乙方年度内多次对财务报表进行审计,则任何一次审计报告均应向甲方提供。甲方有权随时向乙方了解其经营状况,乙方有义务给予积极配合。乙方保证向甲方提供的会计报表等资料是充分的、真实的,不存在任何对甲方财务状况产生实质不利影响的或有事项,包括但不限于担保、诉讼。如乙方不能提供上述文件,乙方应向甲方出具正式说明函。

13.2 乙方保证,向甲方提供的反映乙方营业状况、债务清偿能力等与本合同有关的所有文件资料真实完整、不存在虚假或误导性陈述的情形;乙方保证,对甲方采取的风险监控措施予以理解并积极配合。

14. 争议的解决

14.1 友好协商:有关本合同的一切争议,甲、乙双方及乙方保证人应首先通过友好协商解决。

14.2 诉讼:友好协商不能解决时,任何一方当事人可向甲方所在地人民法院起诉。

14.3 除外事项:在解决争议期间,本合同条款继续有效。

15. 合同的修改、补充和变更

15.1 对本合同的修改、补充或变更,必须以书面形式经双方的法定代表人或其授权代表签字并盖章后方能生效。与本合同相关的补充协议为本合同不可分割的一部分,与本合同具有同等效力;补充协议的内容由乙方负责通知保证人。

15.2 本合同如与《租赁物买卖合同》《融资租赁申请表》《保证合同》的约定存在不一致的,则以本合同的条款为准;与补充协议存在不一致的,以补充协议的条款为准。

16. 合同生效

本合同在同时具备下列条件时方正式生效。

16.1 本合同经双方法定代表人或授权代表签字,并加盖公章或合同专用章。

16.2 甲方收到乙方提交的租赁物权属证明、租赁物合格证、原始发票、租赁物确认书。

16.3 甲方收到乙方支付的保证金、保险费及其他应付款。

17. 其他条款

17.1 本合同由双方法定代表人或其授权代表签署,并加盖公章或合同专用章。合同的所有条款均是双方的真实意思表示,对双方均具有法律约束力。

17.2　在本合同中约定的通知，采用当面递交、传真、电子邮件方式的，通知发出当日为送达日期。

17.3　采用邮寄方式的，则以邮件签收之日为送达日期，邮寄方应于寄出当日通知对方邮寄情况，并说明通知的内容；被通知方正式签收的日期不得超过该邮件实际到达通知方所在地日期的 3 日，超过 3 日的，视为送达。本合同有效期内，一方姓名、地址、联系电话等发生变化而未书面通知对方时，通知方按本合同所载资料向接受方发送的所有文书，视同送达。

17.4　如本合同任何一方提出公证要求，本合同应在国家规定的公证机关进行公证。公证费用由债务人承担。

17.5　双方确认本合同为具有给付货币或物品内容的债权文书。本合同经________公证处公证后具有强制执行效力。如承租人不履行或不适当履行本合同项下债务的，出租人应向________公证处申请出具执行证书；承租人则放弃抗辩权，自愿接受有管辖权的人民法院的强制执行。本条款优先于本合同的其他争议解决方式。

17.6　根据《最高人民法院关于以法院专递方式邮寄送达民事诉讼文书的若干规定》，保证人和债权人确认：任何需要（起诉直至纠纷解决执行完毕为止）送达各方的人民法院的诉讼文书和其他文书均以本合同首页载明的地址为各自的送达地址，如因提供的送达地址不确切或送达地址变更后未及时书面告知对方而使人民法院的诉讼文书或其他文书未被实际接收的，诉讼文书和其他文书退回之日视为送达之日。

17.7　本合同一式四份，甲方执三份、乙方执一份，具有同等法律效力。

18. 附件

本合同附件及其他规定的附带条款，为本合同不可分割的一部分，与本合同具有同等法律效力。本合同的附件包括：

附件一：《租金支付明细表》

附件二：《租赁物（汽车）交接表》

附件三：《租赁物所有权转移证明》

附件四：《租赁物接收证明及确认书》

附件五：《车辆抵押合同》

附件六：《不可撤销担保书》

19. 注意事项

正式签署本合同前,甲乙双方已经仔细阅读了上述所有条款及附件,对合同中关于免除或限制责任及其他需要特别注意的条款,拟定方采取了合理的方式提请其注意并对该条款进行了充分说明,非拟定方对该条款已经充分的理解。在充分理解了所有条款和附件的含义的基础上,甲乙双方对所有条款表示认可。

第四部分 补 充 条 款

本补充协议一经签订即是主合同不可分割的一部分,与主合同具有同等效力。合同商务条款和一般条款与本补充协议的条款存在不一致之处,以本补充条款为准。

(以下无正文)

甲方(出租方):广东××汽车销售服务有限公司
代表签字:
签订日期:20　　年　月　日

乙方(承租方):广东××有限公司
代表签字:
签订日期:20　　年　月　日

23－23 汽车租赁合同

(适用于普通直租业务)

甲方(出租方):广东××汽车销售服务有限公司
住址:广东省××市××区××路××号
法定代表人:×××
联系电话:×××－×××××××××
联系传真:×××－×××××××××

乙方(承租方):________________________

证件号码：________________________________

联系地址：________________________________

联系电话：________________________________

1. 总则

1.1　甲乙双方为明确汽车租赁活动中的权利义务和责任，在平等自愿诚实信用的基础上，依据《民法典》及相关法律法规，一致同意签订本合同并共同遵守。

1.2　合同履行期间，甲乙双方必须遵守国家法律法规和有关规定，自觉服从相关管理部门的监督管理，履行合同约定的权利和义务。

2. 合同形式、标的、期限及租金

2.1　本合同为汽车租赁合同，系由乙方向甲方提供承租车辆所需的资信证明，交纳一定的风险保证金；甲方向乙方有偿提供相关证照齐全有效的车辆。

2.2　乙方因生产生活需要，向甲方租赁______________型号（手挡/自挡）的租赁车一辆。该车发动机号（电机号）为________，车牌号为________，车身颜色________。本车规定使用（汽油/柴油/纯电）________号以上。具体车辆状况和随车设施详见《租赁车辆验车交接单》。

2.3　租赁车辆驾驶人员应持有效的中华人民共和国驾驶证，且准驾车类别与租赁车辆相符。

2.4　合同期限：自________年____月____日____时至________年____月____日____时止，合同有效期为____个月。租赁期以日（24 小时为一日）为计量单位，时间不足 7 日（含 7 日）的按半月计算，超过 7 日的按一个月计算。租赁计算的起止时间以《租赁车辆验车交接单》为准。租赁期满前一个月双方协商续租事宜，如双方无异议，此合同有效期自动延长____个月。

2.5　租金

2.5.1　甲乙双方应在价格主管部门确定的范围内，协商确定月租金为人民币￥____________元（含税/不含税）。支付方式为________。乙方逾期支付租金的，每逾期一日，需按照应付租金的 1% 向甲方支付滞纳金。

2.5.2　乙方在租赁期内，使用租赁车辆时，每________不得超过________公里，超出部分甲方按每公里￥________元收取费用。

2.5.3 乙方向甲方交纳的风险保证金为¥________元,支付方式为________,付该风险保证金仅作为乙方在租赁期间内不损害甲方利益的保证,其返还方式为:在租赁期满之时,甲方未发现乙方损害甲方利益的行为,不计利息返还¥________元。违章曝光押金为¥________元,违章曝光押金于租赁期满后15日内,甲方未发现乙方因交通违章曝光的;或乙方因交通违章曝光的,在合同期满后15日内自行办理违章罚款扣分事宜后,不计利息全额返还。

2.6 租金和相关费用结算的基本币种为人民币。如结算时使用其他币种的。统一按中华人民共和国当日的挂牌汇率换算为人民币结算。

3. 车辆交接

3.1 车辆交接须在甲方指定的营业地点和营业时间内进行,双方另有约定的除外。

3.2 车辆租赁时,甲方应保证车辆状况良好和随车设施完好,并将租赁车辆的性能操作方法和注意事项告知乙方,乙方应认真了解掌握租赁车辆的性能操作方法和主要事项,并有保持车辆状况良好和随车设施完好的责任。在车辆交接时,甲乙双方应认真检查车辆状况及随车证件,如实填写《租赁车辆验车交接单》,交接完毕后签字确认。

4. 违章曝光、交通事故及保险

4.1 由于乙方原因致租赁车辆被公安交通等管理部门暂扣给予违章曝光和扣押证件罚款等处罚的,乙方应承担相应的责任并赔偿因此给甲方造成的全部损失。租赁车辆交通违章曝光后甲方应主动通知乙方,协同乙方处理车辆交通违章事宜,费用由乙方承担。

4.2 租赁期间车辆发生交通事故,证照遗失等,乙方应于24小时内通知甲方,并承担由此甲方所造成的全部损失。乙方应赔偿甲方向保险公司索赔不足部分的损失。甲方得知事故发生后,应及时向有关保险公司报案,积极协助乙方减轻事故所造成的损失,甲方因此发生的费用由乙方承担。

4.3 甲方办理租赁车辆的交强险、车损险、第三者责任险等,具体险种与保额由甲方决定。乙方如需甲方投保租赁车辆相关的其他险种,应承担该险种的费用,甲方负责办理出险后向保险公司索赔的相关手续。

4.4 在租赁期间,由于乙方责任(不管乙方的责任比例大小,下同)租赁车辆发生碰撞等交通事故:

4.4.1　由于事故或其他意外导致的理赔行为，需负担车辆实际损失1500元(含)以内(购买不计免赔险后除外)、保险公司拒赔/免赔的部分及由此产生的第二年保费上浮的部分(本年度保费的10%)。

4.4.2　加速车辆折旧的，乙方应赔偿甲方按照事故损失金额和车辆维修金额总数的20%作为承担车辆加速折旧费用(仅适用于事故损失金额和车辆维修金额的总数大于5000元时)。

4.4.3　由于承租方(酒驾、醉驾、毒驾)等危险方式驾驶造成的第三方和甲方的全部损失，全部由承租方承担。

4.5　租赁期间发生车辆被盗或其他形式的灭失，乙方必须在24小时内通知甲方。乙方应承担车辆灭失而给甲方造成的全部损失及保险公司拒赔/免赔的部分。

5. 权利和义务

5.1　甲方的权利和义务

5.1.1　按合同约定收取租金和相关费用。

5.1.2　存在下列情况时有权收回租赁车辆，并由乙方赔偿甲方因此所受到的损失：

(1)乙方利用租赁车辆从事违法犯罪活动。

(2)乙方拖欠应付给甲方的租金和相关费用。

(3)乙方擅自赠与、转让、转租、质押租赁车辆以及其他有损甲方利益的行为。

(4)乙方利用租赁车辆从事其他有损公共利益或他人利益的活动。

5.1.3　在不影响乙方正常使用的情况下，甲方有权了解租赁承包车辆的状况及使用情况。

5.1.4　按合同约定的期限、地点，向乙方提供设备齐全、技术状况良好、随车证照齐全有效的租赁车辆。

5.1.5　定期对租赁车辆进行检查维修和保养。

5.1.6　及时答复乙方提出车辆使用维护方面的技术性等问题。

5.1.7　负责对租赁车辆在佛山市范围内非人为因素导致的故障进行救济。

5.1.8　协助乙方处理发生在租赁期间的交通事故和其他事故，负责出险车辆的索赔事宜，乙方应赔偿甲方向保险公司索赔不足部分。

5.1.9 负责向保险公司为租赁车辆进行必要的投保。

5.1.10 负责车辆的正常保养和年检。费用由甲方支付。双方另有约定的除外。

5.2 乙方的权利和义务

5.2.1 租赁期间享有租赁车辆的使用权。

5.2.2 办理租赁手续应按要求向甲方提供真实、合法、有效的资信证明。

5.2.3 乙方名称、地址、联系电话等发生变更的,应及时书面通知甲方,未及时通知的承担由此造成的法律后果。

5.2.4 租赁期间内租赁车辆发生各类机械故障或车辆损坏事故的,须到甲方指定的修理厂进行维修,不得擅自维修或到非甲方指定的修理厂维修。由于任意一方责任造成的机件故障、损坏的,修理费由任意一方承担。

5.2.5 妥善保管车辆的证件牌照等,定期检查机油、刹车、防冻液、轮胎气压、灯光等,定期检查车辆设施,若发现问题,应及时通知甲方。

5.2.6 租赁车辆如需添加油品,必须使用该车辆生产厂家允许使用的油品。

5.2.7 未经甲方许可不得擅自拆卸租赁车辆上的设备仪器和零件,乙方必须保留租赁车辆的甲方特征标志,不得擅自摘除、涂改和破坏。

5.2.8 乙方不得擅自赠与、转让、转租、抵押、质押租赁车辆以及有其他有损甲方利益的行为。

5.2.9 不得使用租赁车辆进行以下活动:用作教练车,参加竞赛,做抗震、抗压等测试以及其他有破坏性的驾驶或实验,不得利用租赁车辆进行营利性质的客货运输,不得超载人和物,不得运送易燃、易爆、易腐蚀物品,不准酒后驾车,不准违反国家有关运输管理规定。

5.2.10 不准将租赁车辆进行违法活动,不准利用租赁车辆从事其他有损公共利益或他人利益的活动。

5.2.11 乙方不得以任何理由拖欠应付给甲方的租金和相关费用超过72小时。

5.2.12 车辆发生紧急故障或异常时,应立即停车并及时与甲方取得联系。

5.2.13 在不影响乙方正常使用的情况下配合甲方维护保养。

5.2.14 乙方还车时应保持车况良好、车容整洁。经检验有刮擦碰撞等情况的，应按修理行业收费标准赔偿损失，并承担甲方在维修期间的租金损失。

6. 违约责任

6.1　任何一方均应严格遵守合同约定，诚实地履行合同。

6.2　甲方违反第5.1.5、5.1.6、5.1.9、5.1.10条规定的，经乙方提示后仍未履行义务的，甲方承担相应的责任并向乙方赔偿由此造成的直接经济损失。

6.3　乙方违反合同第5.2.2、5.2.4、5.2.7、5.2.8、5.2.9、5.2.10、5.2.11条或本合同其他约定的，甲方有权随时单方面解除合同，由乙方承担相应责任并向甲方赔偿由此受到的经济损失以及支付合同期内的剩余所有租金，已收取的全部款项不予退回并不承担因收车对乙方产生的所有损失。乙方因违约或侵权给甲方造成损失的，其赔偿范围包括但不限于因此产生的交通费、食宿费、通讯费、律师费、鉴定费、调查取证费、诉讼仲裁费、保全费、执行费等。

6.4　甲方或者乙方单方面提前终止合同，致使合同不能全部履行的，应向对方支付￥________元作为违约金。

7. 合同变更、解除合同、纠纷的解决

7.1　在本合同的履行过程中，经双方协商一致，可以变更和解除本合同。

7.2　因履行本合同产生纠纷时甲乙双方应友好协商，协商不成的，任何一方可向甲方人民法院提起诉讼。

7.3　本合同经各方当事人签字盖章后生效，本合同一式两份，甲乙双方各执一份。

7.4　附加条款：

（以下无正文）

甲方：	乙方：
代表人：	代表人：
电话：	电话：
签订日期：________年____月____日	签订日期：________年____月____日

附件:《租赁车辆验车交接单》

所属部门			车辆型号			车牌号码		
项目	发车时	还车时	项目	发车时	还车时	项目	发车时	还车时
车轮 前			存油量			安全带		
后						遮阳板(2块)		
风挡玻璃			喇叭			天窗开关		
雨刷器			车灯开关			座椅(外观调节)		
反光镜			雨刷器开关			内饰		
门外拉手			手刹			脚垫		
车窗玻璃			刹车			随车税标		
天窗			空调			导航		
车灯			音响					
千斤顶			点烟器			车钥匙		
工具包			烟灰缸			行驶证		
故障警示器			储物盒			封车标		
备胎			车窗升降			随车手册(含目录重所有随车文件)		
灭火器			室内灯					
仪表盘			转向灯					
方向盘			车内后视镜					

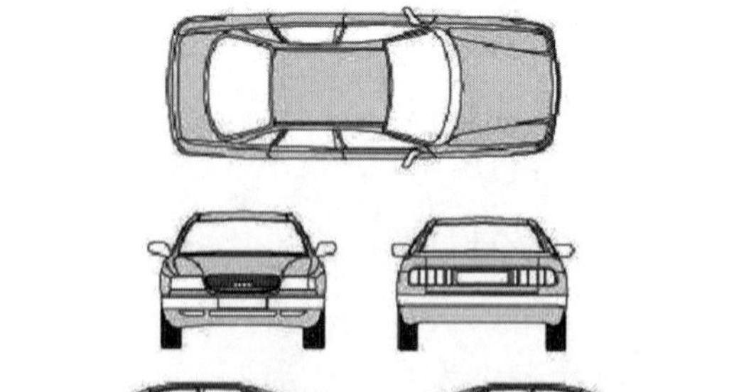

备注:

续表

<table>
<tr><td colspan="8">图例：　√：正常完好齐全　N：缺少　一：划痕　×：裂痕　○：凹陷
●：脱落　☆：其他</td></tr>
<tr><td>说明</td><td colspan="7"></td></tr>
<tr><td>发车公里数</td><td></td><td>发车时间</td><td></td><td>还车公里数</td><td></td><td>还车时间</td><td></td></tr>
<tr><td colspan="4">双方对上述发车情况确认无疑。

服务代表签字：　客户代表签字：
日期：　日期：</td><td colspan="4">双方对上述发车情况确认无疑。

服务代表签字：　客户代表签字：
日期：　日期：</td></tr>
</table>

23－24　车辆抵押合同

[适用于汽车融资租赁(回租)业务]

合同编号：

甲方(抵押权人)：广东××汽车销售服务有限公司

地址：________________________________

乙方(抵押人)：________(身份证号码：________________)

地址：________________________________

乙方愿意以其所有的车辆就甲、乙双方于________年____月____日签订的《汽车融租租赁(回租)合同》向甲方提供抵押担保。甲、乙双方现就该担保事宜，经平等、友好协商，自愿达成如下条款，共同遵照执行。

1. 抵押物

车辆品牌：________________；车架号：________________

发动机号(电机号)：____________________；车牌：____________

2. 抵押物的清点、登记

2.1　本合同签署前，甲、乙双方共同清点核查抵押车辆。抵押期间，该抵押车辆的机动车登记证书正本、机动车销售统一发票正本、车辆购置税收据正本、车辆备用钥匙等交由甲方保管。

2.2 本合同签订后3日内,乙方负责到有关车辆管理机关办理抵押车辆登记手续,甲方对此予以协助,由此产生的费用全部由乙方承担。在办妥抵押登记手续,且甲方收到完成抵押登记的证件材料之前,抵押车辆应由甲方控制与保管。

3. 抵押担保的范围与期间

3.1 上述《汽车融资租赁(回租)合同》中约定的乙方支付的全部租金、滞纳金、违约金及其因此支付的其他费用和损失等(如有)。

3.2 甲方为实现本合同项下的抵押权而产生的费用,包括但不限于诉讼费(或仲裁费)、保全费、评估费、拍卖费、执行费、律师代理费、调查取证费等(如有)。

3.3 抵押担保期间:乙方抵押担保责任期间为自本合同生效之日起至《汽车融资租赁(回租)合同》项下每笔债权的到期日另加3年。

4. 乙方的义务

4.1 抵押期间,未经甲方书面同意,乙方不得以出售、出租、赠与等方式转让或以其他方式处分抵押车辆,也不得对抵押车辆增、拆、改、修。否则,甲方保留向乙方追索的权利。

4.2 抵押车辆在抵押期间可继续由乙方使用、保管,并负责保养和保修及年审,其一切费用开支由乙方承担。乙方必须保证抵押物的安全、完整,要合理使用抵押物,以确保抵押车辆价值不致非正常减少,并接受甲方的监督、检查。

4.3 抵押车辆毁损的,乙方应在5日内将抵押车辆恢复原状,未能恢复原状的,乙方应提供经甲方认可的其他等价财产作为新的抵押物或提供其他担保。

4.4 抵押期间,未经甲方书面同意,乙方不得擅自赠与、出租、转让、再抵押或以其他任何方式处分抵押车辆,并不得实施降低抵押车辆价值的任何行为。

4.5 抵押车辆价值减少时,乙方应在30日内向甲方提供与减少的价值相当的担保。

4.6 乙方保证对抵押车辆享有所有权。

4.7 抵押期间,经甲方书面同意,乙方转让抵押车辆所得的价款优先向甲方提前清偿所担保的债权。

4.8 乙方不得隐瞒抵押车辆存在共有、争议、被查封、被扣押或已被设定抵押的任何情况。

5. 违约责任

5.1 乙方违反本合同第4.5条约定的，其行为无效，甲方可要求其按抵押车辆之抵押价值总额的10%支付违约金。

5.2 乙方违反本合同第4.6条约定的，因保管不善致使抵押车辆毁损的，甲方可要求其恢复原状或重新提供甲方认可的新的抵押物，并可要求其按抵押价值总额的10%支付违约金。

5.3 乙方违反本合同约定的其他义务与责任的，其应按抵押价值总额的10%向甲方支付违约金，并赔偿由此给甲方造成的一切损失。

6. 抵押权的实现

如果乙方违反《汽车融资租赁(回租)合同》或本合同，甲方有权依法行使其在本合同项下的抵押权，包括可随时随地以任何方式控制和处置车辆的权利等，乙方对此无任何异议，因此给乙方造成的任何损失与甲方无关。甲方可自行决定以抵押物折价或以拍卖、变卖该抵押物所得的价款优先受偿，乙方对此无任何异议(包括处理方式、款项金额等)。抵押物折价或拍卖、变卖后所得的价款仍不足以清偿的，甲方有权就不足部分向乙方继续追偿。

7. 义务和责任的连续性

本合同项下乙方所有义务和责任不因其财力、地位等状况的改变，或与其他单位签订的任何协议、文件或合同而免除；也不因乙方发生合并、分立等情形或变更法定代表人、承办人等情形而免除。若本合同项下各方当事人发生合并、分立、变更等情形的，由变更后的当事人承担或分别承担本合同所列义务和责任。

8. 通知

8.1 甲方对乙方的任何通知只要按照下列乙方地址或传真发送，发送日即视为送达乙方日期。

地址：____________________；电话号码：________________

邮编：____________________；传真：____________________

8.2 乙方上述地址或传真变更的，应于变更之日起3日内书面通知甲方。

8.3 若乙方提供地址、传真不准确或其变更后未依约通知甲方，致使甲方无法发送传真或发送信件被退回的，则甲方发送通知之日仍视为送达乙方日期。

9. 争议解决方式

甲、乙双方在执行本合同中产生争议，应协商解决。协商不成的，由甲方所在地法院管辖。

10. 其他

10.1　本合同由甲、乙双方法定代表人或其授权代理人签字盖章后生效。

10.2　本合同一式三份,甲、乙双方各执一份,抵押登记机关一份。

10.3　本合同附件与本合同具有同等法律效力。

10.4　不论主合同或甲方因主合同与他人(包括但不限于乙方)签订的其他协议有效与否,本合同仍然有效。

(以下无正文)

甲方(盖章):广东××汽车销售服务有限公司　乙方(签字/指模):______

经办代表:____________　身份证号码:____________

签署日期:20　　年　月　日

23-25　平台与租赁公司网约车服务合作协议

协议编号:

甲方:

联系地址:

联系人:

联系方式:

乙方:

联系地址:

联系人:

联系方式:

甲乙双方在平等协商的基础上,本着互惠互利的原则,根据中华人民共和国法律及其他相关规定,经过友好协商达成如下合作协议。在签订本协议时,甲乙双方对协议的所有条款均无异议,并对各自有关权利、义务和责任条款的法律含义有准确无误的理解。

本协议一式两份，甲乙双方各执一份，具有同等法律效力。本协议经双方盖章后生效，并且取代双方之前任何口头承诺和书面信函。

1. 合作期限

本协议自____年__月__日起至____年__月__日止。

2. 合作方式

2.1　合作业务范围：网约车业务

乙方将符合相关资质条件（以合作地区网约车经营管理细则为准）的车辆和驾驶员接入甲方的"伙力专车"平台（以下简称平台），在合作地区运营网约车服务。

2.2　合作地区：______________________________

3. 甲方权利与义务

3.1　甲方为依法成立并具有合法资质运营网络预约出租汽车平台的企业，在本协议有效期内，甲方保证平台符合行业主管部门关于网约车经营许可的相关要求。

3.2　甲方负责平台及移动端应用程序的全部技术研发、升级维护等工作，确保平台及移动端应用程序的安全性、稳定性、信息的准确性，为乙方通过平台工作的正常运营提供保障。如因甲方平台的不稳定、错误、缺陷和因平台的电子通信问题造成的电子通信传达失败或延时所导致的订单未执行，给乙方造成损失的，甲方应补偿由此给乙方造成的不高于订单预计金额的全部经济损失。若相关情形是由网络通讯服务商造成的，甲方对此应予免责。乙方不得修改、变更、反向工程、反编译或反汇编甲方平台及移动端应用程序。

3.3　甲方本着公开、统一、平等的原则及时通过平台接收、确认网约车订单信息，并保证向乙方驾驶员提供真实、完整、准确、及时的订单信息。为保证客户体验，提升运营效率，甲方承诺平台采取"自愿抢单智能分配"模式，将订单通过后台算法展示给合适的司机，由司机进行自愿抢单，后台根据智能算法分配最优司机。甲方应在客户发出订单后又临时变更、取消等导致订单异常的情况下，及时通知到乙方驾驶员。甲方承担因未能及时通知到乙方驾驶员而引发的不高于订单预计金额的合理损失。

3.4　甲方应提供清单和技术标准，乙方自行采购和安装终端设备。甲方需提供技术支持。如因乙方采购设备质量问题造成损失，乙方需自行承担责任，确保甲方不受损失。

3.5 甲方应在协议签署后为乙方开放“供应商管理系统”,乙方通过该后台上传司机及车辆信息、接收平台通知、查看运营数据等。

3.6 甲方有权对乙方车辆和驾驶员是否符合平台运营标准及服务要求进行监督。包括邀请第三方对驾驶员服务流程、服务规范、服务质量进行检查。如有乙方对整改及处罚有异议,可提起申诉,双方重新商议。乙方如对驾驶员的违规行为不作为,将构成本协议的重大违约。

3.7 若乙方违反当地网约车经营管理细则对车辆及驾驶员运营服务的相关规定,导致甲方受到行政处罚,甲方有权向乙方追偿经济损失。

3.8 甲方应对平台客户的投诉进行调查核实,如涉及乙方驾驶员,甲方应及时将投诉核实结果通过后台同步给乙方,乙方应协助甲方处理。如乙方驾驶员违反相关规定,甲方有权对乙方及其驾驶员进行处罚。

3.9 甲方应设立驾驶员业务咨询和联系电话,负责解答乙方及乙方驾驶员在运营过程中的问题,及时解决双方日常工作中有关平台规则及服务信息等相关问题。

3.10 若乙方实际承运中出现意外事故或其他意外情况,如发生第三者车辆损失及第三者人身意外伤害,乘客、驾驶员意外伤害,运营车辆损失等,乙方应第一时间上报甲方分公司并配合处理,不得拖延。如发生严重交通事故(三级以上或人伤、人亡事故)需在事故发生1小时内上报当地分公司,上报材料与分公司上报事故相同(包含事故第一时间报备表、事故照片及事故台账)。如甲方承担承运人责任或行政部门对甲方进行行政处罚,甲方有权向乙方追偿经济损失。

4. 乙方权利和义务

4.1 乙方必须提供交通运输主管部门许可的相关运营资质文件,并确保在合作地区(第2.2条)运营网约车服务的车辆和驾驶员符合合作地区的网约车经营管理细则。

4.2 乙方保证其接入平台的网约车车辆状况良好、性能安全可靠,运营手续合法、完整、真实、有效。此外,乙方已获得合作地区当地交通运输管理部门颁发的《网络预约出租汽车运输证》。

4.3 乙方提供的网约车驾驶员必须已取得合作地区当地交通运输管理部

门颁发的《网络预约出租汽车驾驶员证》。

4.4　乙方必须承担因违反上述第 4.2、4.3 条引发的全部责任和损失。如果甲方因此先行垫付、被司法机关判决承担承运人责任或受到主管部门行政处罚，所产生的一切费用由乙方承担，乙方保证甲方不会因此遭受任何经济损失。

4.5　乙方应该不断地向甲方平台增加符合当地网约车服务标准的驾驶员和车辆，并配合甲方实地查验驾驶员和车辆是否符合各项要求。同时，乙方必须持续更新驾驶员和车辆信息，维护驾驶员和车辆信息的真实性和准确性。乙方不得涂改、伪造或提供虚假的驾驶员和车辆信息，保证线上提供服务的驾驶员和车辆与线下实际提供服务的驾驶员和车辆一致。如果乙方违反本条款导致甲方受到主管部门行政处罚，所产生的一切费用由乙方承担，乙方保证甲方不会因此遭受任何经济损失。

4.6　乙方必须保证后台提供给甲方的对接人姓名、联系电话、邮箱、地址等信息的真实性和时效性。乙方必须确保甲方或驾驶员可以通过上述信息联系到乙方。如果上述信息发生变更或失效，乙方应及时通过后台自主进行修改。因乙方未及时修改导致的法律后果，由乙方自行承担。

4.7　本协议自第 1 条合作期限中的生效之日起 90 日内，乙方未经甲方同意，不得擅自终止本协议。

4.8　乙方应遵守当地网络预约出租汽车经营服务相关规定，招募驾驶员并与其签订劳动合同或协议及安全责任书，明确双方的权利和义务及安全责任。乙方应负责处理所有劳动争议和由此引发的法律责任。甲方与乙方驾驶员之间不存在任何劳动、劳务或雇佣关系，乙方驾驶员仅与甲方平台签署《服务合作协议》。如果乙方与驾驶员之间的争议导致甲方利益受损，乙方有责任协调处理并赔偿甲方的损失。

4.9　乙方应负责培训、教育和管理乙方驾驶员。乙方应及时组织驾驶员研究当地网络预约出租汽车经营服务相关规定、驾驶员《服务合作协议》和《服务手册》，并要求驾驶员按照规定的服务流程和服务规范向平台客户提供服务，以保证服务质量和运营安全。乙方应保留纸质版培训台账和培训记录。甲方有权检查历史培训记录，并要求乙方清退无培训记录的驾驶员。《服务合作协议》和《服务手册》应根据市场需求和国家政策的要求进行更新。甲方应在版本更新后 5 个工作日内向乙方提供更新后的《服务手册》。《服务合作协议》应在司机端展示，由驾驶员自行阅读确认。乙方应在收到更新内容后的5日内告知驾驶员，并按照不断优化的服务标准和要求管理乙方车辆和驾驶员。如果由于乙方未及时告知而产生任何争议或纠纷，甲方概不负责。由此给甲方造成的损失，甲方有权要求乙方承担赔偿责任。

4.10 乙方应定期检查和保养上线运营车辆，并保留纸质台账，以确保车辆安全正常运营。如果由于车辆检查监督不到位或保养不当引发损失，乙方应承担责任。

4.11 乙方应确保乙方驾驶员遵守交通法规，保障承运行程的运营安全以及乘客的合法权益，承担承运人责任。乙方应自行处理和承担交通事故引发的全部责任和损失。如果甲方因此先行垫付、被司法机关判决承担承运人责任或受到主管部门行政处罚，乙方应承担所有费用，保证甲方不会因此遭受任何经济损失。

4.12 如果乙方接入甲方平台的驾驶员违反本协议约定，在其他网络预约出租汽车平台承接约车订单，因违反道路交通运输相关的法律法规造成交通事故和人身财产损害，甲方核实确认后，无论事故发生时段该司机是否处于甲方网约车订单服务时段，乙方应承担所有费用和全部责任，甲方应予免责。由此给甲方造成的任何经济损失，甲方有权向乙方追偿。

4.13 乙方需确保其驾驶员遵守甲方发送的订单要求，提供符合要求的合规车辆和驾驶员。如果因客户原因、突发情况或不可抗力等因素导致必须更改服务，乙方应立即通知甲方客服，并按照甲方规范和流程进行事后处理。

4.14 如果乙方发现订单存在错误信息，应立即向甲方反映并要求甲方立即修正。同时，乙方要求甲方承担因此而引发的不高于订单预计金额的合理损失。

4.15 乙方承诺其接入平台运营的车辆已按照当地网络预约出租汽车经营服务相关规定安装了终端设备和打印设备，并保证前述设备在营运时正常有效。车辆应以运营客车类保险费率投保交强险、第三者责任险（不低于100万元）、乘客意外伤害险等相关保险，并使之持续有效。如果因乙方原因给甲方造成损失，责任由乙方承担。

4.16 未经甲方书面同意，乙方不得转让本协议的全部或部分权利与义务。如果因乙方及其工作人员或乙方的网约车合作伙伴原因（包括但不限于单方违约、服务质量不合格、车辆问题等)导致乙方驾驶员权益、财产损失的,乙方应妥善安抚驾驶员并妥善解决问题。乙方应保证甲方不因此受到名誉、财产等损失。如果甲方因此遭受任何损失或追责,乙方应代替甲方先行赔付,并承担全部赔偿责任。

4.17　在履行本协议期间,乙方在使用甲方授权的企业名称、商标、商号、品牌、域名和网站时,应单独为甲方在本协议中约定的内容服务,不得夹带其他业务内容或经营目的。如果乙方在其自身宣传材料、名片、市场宣传、网站建设以及其他任何方面使用甲方授权的名称、域名和网站,必须事先书面向甲方提出申请,并获得甲方的书面许可后方可使用。乙方不得对甲方的企业名称、商标、品牌等进行涂抹或修改。如果乙方违反上述规定,甲方有权书面通知乙方立即改正。如果乙方在15日内仍未改正,甲方可终止协议,并由乙方承担由此产生的一切法律责任,并赔偿因此造成的实际直接损失。

4.18　乙方及其职员承诺在履行本协议期间及在本协议期满后无任何扰乱社会公共治安的言论、行为。乙方不得对甲方所拥有的商标、企业名称、域名等进行贬低或者其他任何损害,也不得对甲方互联网网页或者网站进行任何贬低、抄袭、歪曲、破坏或其他损害。

5. 履约保证金

5.1　为保证甲乙双方合作向用户提供更高质量的用车服务,乙方同意向甲方支付履约保证金。

乙方应在每个结算周期结束后的5个工作日内向甲方指定账户支付网约车业务费用,甲方应在收到乙方支付后的5个工作日内将乙方应得的款项结算给乙方。如乙方未按期支付网约车业务费用的,甲方有权收取每日1%的违约金,如乙方在本协议生效后30日内仍未支付的,甲方有权单方终止本协议,并关闭乙方后台账号,且不承担任何责任。

5.2　乙方同意,甲方有权在结算时对乙方的网约车业务费用进行核对,如发现有误,甲方有权对乙方进行调整。乙方应在收到调整通知后的5个工作日内补齐差额,如未能按期补齐的,甲方有权收取每日1%的违约金。

5.3　乙方同意,甲方有权在结算时从乙方的网约车业务费用中扣除因乙方违反本协议约定而产生的违约金、损害赔偿金、代垫款以及实现或维护甲方合法权利发生的律师费用、公证费用、执行费用、差旅费等费用和经合同双方确定的其他应支付的所有费用。

5.4 乙方应保证其提供的车辆信息真实有效,如因乙方提供虚假信息导致甲方受到行政处罚或其他损失的,乙方应承担相应的责任并赔偿甲方因此所受到的损失。

5.5 甲乙双方应保持良好的合作关系,如出现争议,应协商解决;如协商不成,可向有关部门申请仲裁或诉讼解决。

5.5 甲方将根据乙方的实际运营及履约情况,按月计算乙方的网约车业务管理服务费。结算后7个工作日内,甲方将通过后台向乙方提供上个结算周期的对账单。

5.6 乙方应在收到甲方对账单后,及时在后台确认账单内容。确认无误后,乙方需将账单页打印,加盖公章或财务章,并一并邮寄给甲方。甲方在核查对账单及无误后,将在签收后的30个工作日内向乙方支付上月的管理服务费。如果乙方对对账单的内容和金额有任何异议,应在后台提交异议并说明异议原因。甲方在收到乙方反馈后,应对异议内容进行调查核实,异议金额将在次月账单中进行调整。如果乙方未能在后台确认账单内容,甲方不承担逾期付款的责任。

5.7 在本月结算金额中,如果有争议金额,可以暂不支付,但已确定一致的金额必须支付。如果连续两个月都无法对争议金额达成一致,双方可以聘请第三方审计机构进行核算,以第三方认定数额为准。第三方审计所需费用由双方共同承担。

5.8 乙方承运的订单,由甲方统一向乘客提供。

5.9 乙方应按照对账单中的金额向甲方开具等额服务费增值税普通发票。如果未能开具合格的或未邮寄盖章对账单,甲方不承担逾期付款的责任。

6. 甲方信息

企业名称:________________________;

企业税号:________________________;

地　　址:________________________;

开户银行:________________________;

银行账号:________________________。

6.1 双方一致同意,甲方向乙方支付管理服务费时,乙方应按照第6.5.2

条及第6.5.3条中的信息向甲方开具。如果遇到税务部门税率调整，甲方将就事宜另行通知。

6.2　甲方邮寄地址以后台中展示地址为准。

乙方收款账户信息如下：

户　　名：______________________________；

账　　号：______________________________；

开 户 行：______________________________；

公司地址：______________________________。

7. 保密条款

7.1　双方承诺并保证其有义务不向第三方透露保密信息。该保密信息指由一方向对方透露的，与双方合作有关的任何书面形式或其他形式的信息，包括但不限于订单信息、用户资料、派单逻辑、驾驶员车辆信息、后台操作手册、返佣政策、车辆租赁价格、财务情况和其他递交时约定为保密信息的资料（以下通称保密信息）。

7.2　对于本协议中描述的保密信息，双方及其代理人、代表应当：

7.2.1　以不低于保护自己保密信息的程度（至少以合理程度）予以保密。

7.2.2　要求获知保密信息的人员对保密信息予以保密。

7.2.3　在必要情况下，根据双方书面商定的方式使用保密信息。

7.3　双方同意，以下情况不会构成保密责任：公众可以通过合法途径获得的信息；从第三方获得的信息，并且没有违反任何保密责任；根据法律或有管辖权的政府部门要求透露的信息或者根据法律程序要求透露的信息。

7.4　即使协议终止，本保密条款仍然有效。

8. 违约责任

8.1　如果本协议的任何保证、承诺或约定/法定义务被一方违反，那么这一方就构成了违约。违约方应赔偿非违约方因此遭受的一切直接损失，包括但不限于诉讼费、仲裁费、律师费、公证费以及非违约方为索赔而支出的合理调查费用。损失应在违约方收到非违约方要求支付的书面通知后7日内支付至非违约方所指定的银行账户。如果乙方违约，甲方有权从合作商管理费及履约保证金中扣除。

8.2　如果乙方的司机迟到、违约、发生交通事故或其他事件（不可抗力情形除外)给甲方或客户造成了经济、声誉损失或人身伤害,乙方应承担全部赔偿责任。

8.3 司机的考核与租赁公司的后续合作相关。如果乙方长期不管理监督司机平台,造成司机过多的违约状况(不可抗力情形除外)发生,甲方有权无条件解除合作协议。

8.4 如果乙方的司机出现以下情况,甲方有权要求其承担违约责任。如果乙方拒付违约金,甲方有权从乙方未结款项中扣除相关金额。如果未结款项不足以扣除,甲方有权要求乙方补足差额部分。

8.4.1 途中甩客或者故意绕道行驶。

8.4.2 未经乘客同意搭载其他乘客。

8.4.3 违规收费。

8.4.4 不按照规定携带道路运输证、从业资格证。

8.4.5 接受网络预约出租汽车服务平台预约后未与乘客商定,不履行约定。

8.4.6 不按照规定使用文明用语,车容车貌不符合要求。

8.4.7 其他违反国家相关运营服务标准的行为。

8.5 如果乙方和乙方的司机违反本协议约定或违反安全驾驶行为,乙方应自行处理并承担全部责任,与甲方无关。同时,甲方有权通知乙方解除协议,并要求乙方承担给甲方造成的全部损失。

8.6 如果甲方提供的代订订单信息错误,导致乙方提供的服务发生严重错误或意外,甲方应按订单金额的100%向乙方支付赔偿金。如果乙方的损失超过约定的赔偿金,甲方还应赔偿乙方差额部分的损失。

8.7 如果乙方违反本协议约定,甲方有权暂时或永久关闭乙方后台。

9.不可抗力免责责任

本协议中的"不可抗力"是指无法合理控制、不可预见或即使预见也无法避免的事件,这些事件可能会妨碍、影响或延误任何一方根据本协议履行其全部或部分义务。这些事件包括但不限于自然灾害、战争、政策变化、黑客攻击或电信机构服务中断等。如果一方遭受不可抗力事件,可以暂行中止履行本协议项下的义务,直至不可抗力事件的影响消除为止。在此期间,该方无须承担违约责任,但应尽最大努力解决该事件,减少损失的扩大。

10. 协议终止

根据本协议,如果出现以下情形,甲方可以向乙方发送终止协议后立即终止本协议,且不承担违约责任:乙方不具备合法经营的资质或停业、解散;乙方未按约定期限支付应付款项,且经甲方催缴后仍未缴纳;双方协商终止本协议;乙方严重违反本协议约定。如果乙方对甲方调整后的《服务标准》不能接受,乙方可以在方案发布后的10个工作日内书面向甲方提出申请终止本协议,且不承担违约责任。如果因政策调整、行业限制、业务调整等原因需要终止合作,任一方需提前30日书面提出申请终止本协议,本协议自终止协议中写明的终止日期为止。如果乙方未经甲方同意,擅自终止本协议,须向甲方支付违约金。本协议终止后,甲方有权立即关闭乙方后台账号,并对乙方后台中的业务信息及驾驶员车辆信息进行保留和转移,甲方不再有义务向乙方提供任何信息。本协议终止后,乙方应立即停止使用甲方授权的品牌、商标、LOGO等任何与平台相关的信息。甲方保留行使本协议约定的权利追究乙方的责任。

11. 争议解决

本协议中的争议应该由双方友好协商解决,无法协商解决的,双方一致同意将争议提交北京市朝阳区人民法院诉讼解决。本协议的订立、效力、执行和解释及争议的解决均应适用中华人民共和国法律。

12. 权利放弃

除非得到双方盖章的书面同意,否则任何一方不得对本协议任何条款进行修改、修订或放弃。任何一方未能按照本协议约定行使权利或者采取补救措施或延误履行,视为该方放弃行使该权利。各方均为独立的立约人,不得将一方员工、雇员、劳务派遣人员等视为另一方的雇员、代理、合伙人或代表,同时没有权利代表另一方行使任何权利,也没有义务代表另一方承担任何责任。

12.1　可分割性:如果本协议中的任何条款违法,该条款将被修改和解释,以在法律允许的最大限度内,双方协商实现原条款的目标。同时,本协议的其余条款将继续保留其全部效力。

12.2　本协议未涉及的事项,双方应协商签订补充协议。该协议必须以双方盖章的形式确认有效。补充协议可以视为对本协议的补充或变更,与本协议具有同等法律效力。如果补充协议内容与本协议冲突,则以补充协议内容为准。

12.3　甲乙双方、其雇员,以及双方聘请的专业机构及其雇员不得泄露本协议内容以及在合作过程中知悉的对方商业秘密。双方还需承担保密义务,保护另一方的商业秘密及所提供的资料。除因履行职责而确需了解相关资料的员工、专业顾问外,不得向任何人或实体披露。但根据有关法律法规或监管部门要求披露的情况除外。如果任何一方违反本条约定,应赔偿另一方因此遭受的损失。本协议终止或无效,并不影响本保密条款的效力。

12.4 按本协议要求发出的通知,应以专人递送、挂号信函、传真或电子邮件等任何一种方式发送至该方。如果发给公司,应发送至公司的法定地址。如果收件地址或人员发生变更,应及时通知对方。如果由专人递送,递送当日为送达日。如果以挂号信函方式送达,则以邮资已付的挂号信寄出后第五日为送达日。如果以传真方式送达,则以被通知一方确认收到当日为送达日。如果发送电子邮件,则该电子邮件进入对方指定电子系统的时间视为送达时间。

12.5 在洽谈及合作过程中,如果乙方认为甲方工作人员涉嫌贪污、受贿、出卖或泄露商业秘密、以权谋私等违规行为,可通过监督投诉邮箱进行投诉并举证。监督投诉邮箱:××××。

12.6 协议期届满后,经双方书面同意,签署及盖章后,本协议可以续订。续订后的协议期限及条款以有关书面协议为准。

12.7 本协议一式两份,甲乙双方各执一份,以昭信守。

甲方:
法定代表人/授权代表:
签订时间:

乙方:(公章)
法定代表人/授权代表:
签订时间:

23－26　废物(液)处理处置服务合同

(适用于固体废物回收处理)

签订时间:20　　年　月　日

合同编号:

甲方:广东××汽车销售服务有限公司
地址:广东省××市××区××路××号
统一社会信用代码:××××
联系人:×××
联系电话:××××－×××××××××
电子邮箱:××××××××@qq.com

乙方:广东××环保科技有限公司
地址:广东省××市××区××路××号
统一社会信用代码:××××
联系人:×××
联系电话:××××－×××××××××
电子邮箱:××××××××@qq.com

根据《环境保护法》以及相关环境保护法律、法规规定,甲方在生产过程中形成的废物(液)(HW09废乳化液,××吨/年),不得随意排放、弃置或者转移,应当依法集中处理。乙方作为一家具有处理废物(液)资质的合法企业,甲方同意由乙方处理其全部废物(液),甲乙双方现就上述废物(液)处理处置事宜,根据《民法典》及相关法律法规,经友好协商,自愿达成以下条款,以兹共同遵照执行。

1. 甲方合同义务

1.1　甲方应将本合同约定下生产过程中所形成的废物(液)连同包装物交予乙方处理。乙方向甲方提供预约式废物(液)处理处置服务,甲方应在每次有废物(液)处理需要前,提前7日通过书面形式通知乙方具体的收运时间、地点及收运废物(液)的具体数量和包装方式等,乙方应在收到甲方书面通知后3日内告知甲方具体的处理处置服务方案。

1.2　甲方应将各类废物(液)分类存储,做好标记,不可混入其他杂物,以便乙方处理及保障操作安全。对袋装、桶装的废物(液)应按照废物(液)包装、标识及贮存技术规范要求贴上标签。

1.3　甲方应将待处理的废物(液)集中摆放,并为乙方上门收运提供必要的条件,包括进场道路、作业场地、装车所需的装载机械(叉车等),以便乙方装运。

1.4　甲方承诺并保证提供给乙方的废物(液)不出现下列异常情况。

1.4.1　废物(液)中存在未列入本合同附件的品种[特别是含有易爆物质、放射性物质、多氯联苯以及氰化物等剧毒物质的废物(液)]。

1.4.2　标识不规范或者错误;包装破损或者密封不严。

1.4.3　两类及以上废物(液)人为混合装入同一容器内,或者将危险废物(液)与非危险废物(液)混合装入同一容器。

1.4.4　废物(液)中存在未如实告知乙方的危险化学成分。

1.4.5　违反废物(液)运输包装的国家标准、地方标准、行业标准及通用技术条件的其他异常情况。

如出现以上任一情形的,乙方有权拒绝接收且无须承担任何责任及费用。

1.5　甲方应按照本合同约定方式、时间,准时、足额向乙方支付费用。

1.6　甲方需按照法律法规相关规定合法办理环保备案手续。合同签订生效后30个工作日内,甲方需在广东省固体废物管理信息平台完成危险废物管理计划备案并通过审核,如甲方未能及时完成该备案手续导致合同期内废物未能进行合法转移的,由此产生的责任由甲方自行承担。

2. 乙方合同义务

2.1　在合同有效期内,乙方应具备处理废物(液)所需的资质、条件和设施,并保证所持有许可证、营业执照等相关证件合法有效。

2.2　乙方自备运输车辆和装卸人员,按双方商议的计划到甲方处收取废物(液)。乙方在接到甲方收运通知后,若无法接受甲方预约按计划处理废物(液)的,应及时告知甲方,甲方有权选择其他替代方法处理废物(液)。乙方某次或某一段时间无法为甲方提供处理处置服务的,不影响本合同的效力。甲乙双方应对甲方移交的废物(液)按照本合同的约定进行检查、核对,确认无误后双方签字交接。

2.3 乙方收运车辆以及司机与装卸员工,应当在甲方厂区内文明作业,作业完毕后将其作业范围清理干净,并遵守甲方的相关环境以及安全管理规定。

2.4 乙方负责对废物(液)进行运输、存储或处理,乙方保证按国家及地方相关环保法律法规对废物(液)进行处置,对于由于乙方的处置方式违反法律法规规定或造成任何损害的,所有责任由乙方负责。

3. 废物(液)的计重

废物(液)的计重应按第3.1条进行。

3.1 在甲方厂区内或者附近过磅称重,由甲方提供计重工具或者支付计重的相关费用。

3.2 用乙方地磅免费称重。

3.3 若废物(液)不宜采用地磅称重,则按照________方式计重。

4. 废物(液)种类、数量以及收费凭证及转接责任

4.1 甲乙双方交接待处理废物(液)时,必须认真填写《危险废物转移联单》的各项内容,该联单作为合同双方核对废物(液)种类、数量以及收费的凭证。

4.2 若发生意外或者事故,甲方将待处理废物(液)交乙方签收之前,责任由甲方自行承担;甲方将待处理废物(液)交乙方签收之后,责任由乙方自行承担。

5. 费用结算和价格更新

5.1 费用结算

根据本合同附件《废物(液)处理处置报价单》中约定的方式进行结算。

5.2 结算账户

5.2.1 乙方收款单位名称:广东××环保科技有限公司。

5.2.2 乙方收款开户银行名称:中国农业银行股份有限公司××××支行。

5.2.3 乙方收款银行账号:×××××××××。

甲方将合同款项付至上述指定结算账户进行支付后方可确定甲方履行了本合同付款义务,否则视为甲方未履行付款义务,甲方应承担由此造成的一切损失。

5.3 价格更新

本合同附件《废物(液)处理处置报价单》中列明的收费标准应根据市场行情及时更新。在合同有效期内,若市场行情发生较大变化时,经双方协商一致后进行调整,双方应重新签订补充协议确定调整后的收费标准。

6. 不可抗力

在合同有效期内,因发生不可抗力事件(是指合同订立时不能预见、不能避免并不能克服的客观情况,包括自然灾害,如台风、地震、洪水、冰雹;政府行为,如征收、征用;社会异常事件,如罢工、骚乱等)导致本合同不能履行时,受到不可抗力影响的一方应在不可抗力事件发生之后3日内,向对方书面通知不能履行或者需要延期履行、部分履行的理由,并提供有关证明。在取得相关证明之后,主张受到不可抗力影响的一方可以不履行或者延期履行、部分履行本合同,并免予承担违约责任。

7. 法律适用及争议解决

7.1 本合同的订立、效力、解释、履行和争议的解决均适用中华人民共和国法律。

7.2 就本合同履行发生的任何争议,甲乙双方先应友好协商解决;协商不成时,任何一方可向甲方所在地人民法院起诉。

8. 保密条款

合同双方对在废物(液)处理过程中所知悉的技术秘密及商业秘密有义务进行保密,非因法律法规另有规定、监管部门另有要求或履行本合同项需要,任何一方不得向第三方泄露。如有违反,违约方应承担相应的违约责任。

9. 廉洁条款

合同任一方在本合同履行过程中不得以任何名义向对方的有关工作人员或其亲属赠送钱财、物品或输送利益;如有违反,一经发现,守约方可单方终止本合同且违约方须按合同总金额的20%向守约方支付违约金,违约金不足以弥补由此给守约方造成的损失的,违约方应予补足。

10. 违约责任

10.1 合同任一方违反本合同的约定,守约方有权要求违约方停止并纠正违约行为,经守约方提出纠正后在10日内仍未予以改正的,守约方有权单方解除本合同,造成守约方经济及其他方面损失的,违约方应予以全面、足额、及时、有效的赔偿。

10.2　合同任一方无正当理由撤销或者解除合同，造成合同对方损失的，违约方应赔偿守约方由此造成的所有损失。

10.3　甲方所交付的废物（液）不符合本合同规定［不包括第1.4条的异常废物（液）的情况］的，乙方有权拒绝接收且不承担任何责任及费用。乙方同意接收的，由乙方就不符合本合同规定的废物（液）重新提出报价单交与甲方，经双方商议同意签字确认后再由乙方负责处理；如协商不成，乙方不负责处理，并不承担由此产生的任何责任及费用。

10.4　若甲方故意隐瞒乙方收运人员或者将属于第1.4条的异常废物（液）装车，由此造成乙方运输、处理废物（液）时出现困难、发生事故或损失的，乙方有权要求甲方赔偿由此造成的所有损失［包括分析检测费、处理工艺研究费、废物（液）处理费、事故处理费等］并承担相应法律责任，乙方有权根据《环境保护法》以及其他环境保护法律、法规规定上报环境保护行政主管部门，追究甲方和甲方相关人员的法律责任。

10.5　合同双方中一方逾期支付处理费、运输费或收购费，经对方书面催告后在15日内仍未支付的，每逾期一日按应付总额（不涉及付款金额或付款金额不明确的，按附件一报价单约定的服务费金额计算）的5‰支付滞纳金给合同另一方，并承担因此而给对方造成的全部损失；逾期达15日的，守约方还有权单方解除本合同且无须承担任何责任。

10.6　若乙方未能在合同期内完成收运或者拒不上门收运的，乙方在合同到期前退回全部合同款项给甲方。

11. 合同其他事宜

11.1　本合同有效期从2019年12月1日起至2020年12月31日止。

11.2　本合同未尽事宜，由双方协商解决或另行签订书面补充协议，补充协议与本合同具有同等法律效力，补充协议与本合同约定不一致的，以补充协议的约定为准。

11.3　甲乙双方就本合同发生纠纷时（包括纠纷进入诉讼或仲裁程序后的各阶段）相关文件或法律文书的送达地址和法律后果作如下约定：

甲方确认其有效的送达地址为：广东××汽车销售服务有限公司。收件人为：×××。联系电话为：××××－×××××××××。

乙方确认其有效的送达地址为：广东××环保技术有限公司。收件人为：×××。联系电话为：××××－×××××××××。

双方确认：一方提供的送达地址不准确或送达地址变更后未及时通知对方导致相关文件或法律文书未能被实际接收的，或一方拒绝接收相关文件或法律文书的，若是邮寄送达，则以邮件退回之日视为送达之日；若是直接送达，则以送达人在送达回证上记明情况之日视为送达之日。

11.4　本合同一式四份，甲方执一份，乙方执两份，另一份交生态环境主管部门备案。

11.5　本合同经甲乙双方加盖各自公章或业务专用章之日起正式生效。

11.6　本合同附件《废物（液）处理处置报价单》《废物（液）清单》，为本合同有效组成部分，与本合同具同等法律效力。本合同附件与本合同约定不一致的，以附件约定为准。

（以下无正文）

甲方：广东××汽车销售服务有限公司	乙方：广东××环保科技有限公司
收运联系人：×××	业务联系人：×××
业务联系人：×××	收运联系人：×××
联系电话：××××－××××××××	联系电话：××××－××××××××
传　　真：××××－××××××××	传　　真：××××－××××××××

附件一：

废物（液）处理处置报价单

第（　　）号

根据甲方提供的废物（液）种类，经综合考虑处理工艺技术成本，现乙方报价如下：

序号	名称	废物编号	规格	年预计量	单位	包装方式	处理方式	单价	单位	付款方
1	废乳化液	HW09	COD≤100000mg/L	×××	吨	1000L桶装	无害化处理	×××	元/吨	甲方

1. 结算方式

甲乙双方根据交接甲方待处理废物(液)时填写的《危险废物转移联单》的数量及本报价单的单价进行核算并制定对账单,废物(液)经双方(上月)对账核对无误后,乙方开具发票并提供给甲方,甲方应在收到乙方开具的发票后30日内向乙方以银行汇款转账形式支付上月的各项费用,并将银行转账回单传真给乙方。以上价格为含税价,乙方应依法向甲方开具13%的增值税专用发票。

2. 运输条款

以上价格不包含运输费,如需乙方运输,甲方需提前7日通知乙方,乙方按2000元/车次(7~10米厢车)另行收取运输费用。

3. 价格条款

当废乳化液的COD>100000mg/L,COD每增加10000mg/L,则处理单价在3500元/吨的基础上增加200元/吨,不足10000mg/L,按10000mg/L计算。

4. 检测标准

每次收运时,甲方需配合乙方工作人员现场取样,样品分3份,甲乙双方各1份,另一份封存做公样。收运后7个工作日内乙方向甲方提供检测结果,双方确认;若甲方对乙方提供的检测结果存在异议,双方则以公样检测结果为标准。

5. 请将各废物分开存放,如有桶装废液请贴上标签做好标识,并按照《废物处理处置服务合同》约定做好分类及标志等。

6. 此报价单包含供需双方商业机密,仅限于内部存档,勿需向外提供。

7. 此报价单为甲乙双方于20　　年　月　日签署的《废物处理处置服务合同》(合同编号:__________)的附件。本报价单与《废物处理处置服务合同》约定不一致的,以本报价单约定为准。本报价单未涉及事宜,遵照双方签署的《废物处理处置服务合同》执行。

广东××汽车销售服务有限公司　　　　广东××环保科技有限公司

20　　年　月　日

附件二:

废物(液)清单

经协议,双方确定废物种类及数量如下:

废物编号	废物名称	质量标准	包装标准	回收单价
900－214－08	废机油	不含渣，含水＜3％	200L 桶装	120 元/桶

为免疑义，乙方向甲方提供的系预约式废物（液）处理处置服务，上述废物（液）处理处置年预计量为本合同签署时甲乙双方根据签署时的情况暂预计的处理量，实际处理量以乙方接受甲方预约并为甲方处理完成数量为准。但若甲方在本合同签署后出现实际处理量远低于预计处理量的情况，甲方应及时以书面形式通知乙方，乙方有权将原提供给甲方的废物（液）处理指标进行适当调整。

广东××汽车销售服务有限公司　　　　广东××环保科技有限公司

第二节　表格表单类

23－27　新车交车确认表

<table>
<tr><td colspan="4">车型：　　　　　　　车架号：　　　　　　　发动机号（电机号）：
预约首保时间：20　　年　月　日</td></tr>
<tr><td rowspan="12">点交资料</td><td rowspan="4">车辆相关资料</td><td>□1 用户手册</td><td>□5 车钥匙及遥控器、备用钥匙</td></tr>
<tr><td>□2 保修手册</td><td>□6 密码条</td></tr>
<tr><td>□3 用户使用便捷手册</td><td>□7 其他</td></tr>
<tr><td>□4 汽车销售发票</td><td></td></tr>
<tr><td rowspan="4">保险相关资料</td><td>□1 保险单正本</td><td>□4 交强险标志</td></tr>
<tr><td>□2 车险条款</td><td>□5 车险服务指南</td></tr>
<tr><td>□3 保单发票</td><td>□6 保险卡</td></tr>
<tr><td colspan="2">□7 其他</td></tr>
<tr><td rowspan="3">代办上牌相关资料</td><td>□1 行驶证</td><td>□4 车辆购置缴税发票</td></tr>
<tr><td>□2 车辆登记证</td><td>□5 临时牌照/正式牌照</td></tr>
<tr><td>□3 车辆购置附加税本</td><td>□6 相关收费单据</td></tr>
<tr><td>其他资料</td><td colspan="2">□7 其他</td></tr>
</table>

续表

<table>
<tr><td rowspan="15">车辆确认</td><td>PDI 检查单</td><td colspan="2">□出示 PDI 检查单</td></tr>
<tr><td rowspan="4">车辆外部</td><td>□1 检查车身油漆</td><td>□5 检查车身及玻璃有无划痕、污渍</td></tr>
<tr><td>□2 检查大灯、前后灯及功能灯</td><td>□6 检查轮胎、车轮有无划痕、污渍</td></tr>
<tr><td>□3 确认车辆外观完好无损</td><td>□7 检查雨刷器是否正常工作</td></tr>
<tr><td>□4 检查观后镜有无划痕、污渍</td><td>□8 其他</td></tr>
<tr><td rowspan="6">车辆内部</td><td>□1 清扫车辆</td><td>□7 确认门窗锁开关是否正常工作</td></tr>
<tr><td>□2 安置车厢内踏垫</td><td>□8 检查内饰颜色、划痕、污渍</td></tr>
<tr><td>□3 确认座椅外观及性能及安全带动作功能</td><td>□9 确认电动装置能否正常工作</td></tr>
<tr><td>□4 确认音响、空调系统</td><td>□10 随车工具(含点烟器)、备胎</td></tr>
<tr><td>□5 确认车辆防盗系统</td><td>□11 确认 DVD 语言电子导航系统的运行状况</td></tr>
<tr><td>□6 确认室内灯、阅读灯、门灯、仪表指示灯</td><td>□12 其他</td></tr>
<tr><td>加装精品</td><td colspan="2">□精品附件已按要求加装</td></tr>
<tr><td rowspan="2">当日说明事项</td><td colspan="3">□1 销售顾问关于车辆保险、车辆金融、车辆年检等重要事项的讲解</td></tr>
<tr><td colspan="3">□2 销售顾问讲解车辆保修政策、养护学堂、车辆使用方法　□3 其他</td></tr>
<tr><td colspan="4">特别提醒：
1. 本《新车交接确认表》上交接的项目并不代表所有车型的交接项目均包含以上所有项目,请客户结合各自具体车型与对接销售人员逐项核对确认。
2. 客户一经在本《新车交接确认表》上签字,即被视为此车已通过客户本人验收合格,客户本人已完全接纳此车且无任何异议,且销售方已按照法律法规及合同等规定或约定完成了所有随车应交付的手册、资料、文件、票据、凭证或工具、精品、物品等。此后客户无权基于汽车不符合销售合约等约定或以其他理由而拒收汽车。客户自交车之日起,除汽车生产厂商承诺的保养及维修售后服务政策,或依照国家法律法规规定的合法权益外,客户无权向销售方提出任何主张或要求。</td></tr>
<tr><td colspan="4">销售经理签字：　　　　　　销售顾问签字：　　　　　　客户签字：
20　　年　月　日　　　　20　　年　月　日　　　　20　　年　月　日</td></tr>
</table>

23－28 检测单 A:乘用车新车到经销商处后检查表

（参考文本）

车型		颜色		出厂日期		到货日期	
车架号			发动机号(电机号)			里程显示	

按下列步骤对各项目进行检查,如车辆存在故障或不良情况,请将详细信息记录在表格背面,然后按正常流程进行维修索赔。

第一部分:内/外部环车目检		
□检查漆面、电镀件、车内/外装饰是否有缺损	□检查内部与外观是否有缺陷	
□检查随车物品、工具、备胎、千斤顶、使用手册、质量保证书、合格证钥匙是否备齐		
第二部分:发动机舱内目检		
□发动机盖锁扣及支架	□蓄电池状况	□发动机配线的连接
□散热器冷却液的液位	□风挡清洗液的液位	□制动液的液位
□制动管线的连接	□驱动桥—电源连接	□动力转向液的液位
□传动皮带张力	□发动机油位	□离合器液的液位
第三部分:底盘部分		
□制动系统软管	□燃油系统软管	□手动变速器油位
□传动轴防尘罩状况	□动力转向系统线路	□齿条—齿轮护罩情况
□全部转向系统紧固件	□怠速时排气系统状况	□轮胎状况/气压(包括备胎)
□拧紧轮胎螺母	□减震器状况	
第四部分:车内操作与控制		
□离合器踏板高度与自由行程	□制动踏板高度与自由行程	□油门踏板
□驻车制动的高度与行程	□方向盘角度调节/自锁功能	□座椅/安全带的调节
□遮光板	□保险丝	□儿童锁
□门锁/车窗	□眼镜盒/天窗	□车内/外等的操作
□车内音响设备的操作与状况	□风挡清洗器和雨刮器的操作	
□倒车镜/后视镜的调节	□仪表显示及点烟器	□时钟与空调

续表

第五部分:路试		
□发动机噪音 □驻车制动器操作 □变速器换挡装置操作 □喇叭操作 □转向操作(方向盘转到中心位置) □自动变速器液位(热态检查)	□仪表板报警灯、ABS/气囊报警灯 □加速器踏板操作 □加热器与通风装置操作	□制动踏板的操作 □离合器踏板空转与操作 □后窗玻璃除雾器 □异常噪声与震动 □发动机性能 □怠速/排放

检验员签字	入库管理专员签字	服务经理签字

23－29　检测单B:乘用车新车存储管理检查表

(参考文本)

车架号		入库日期		车型	
管理员		出库日期		批准	

蓄电池记录								交车时电瓶状态
周期	日期	电压		周期	日期	电压		(此处粘贴电瓶检测单)
		充电前	充电后			充电前	充电后	
1个月				1个月				
2个月				2个月				
3个月				3个月				
4个月				4个月				
5个月				5个月				备注:
6个月				6个月				

刹车盘状态	入库时刹车盘状态		交车时刹车盘状态
1. 车辆入库时是否套上塑料膜?		(此处粘贴刹车盘照片)	(此处粘贴刹车盘照片)
2. 是否进行除锈处理?			
3. 是否更换刹车盘?			

发动机 & 空调启动记录							
3 个月		6 个月		9 个月		12 个月	
备注:							

轮胎检查记录(1 次/月,180 度旋转)			
标准:交车时统一调整胎压,具体标准参考轮胎压力标识			
入库胎压		交车时胎压	

机油检查(发动机机油、变速器机油、转向助力油、刹车油)											
3 个月	检查		6 个月	更换		9 个月	检查		12 个月	更换	

批量维修活动实施记录					
日期		项目		更换配件	

注:1. 车辆在库时,按照供应商对新车存储管理规定和标准进行检查,空格部分主要填写日期和检测数据。
2. 该卡片随车辆入库,置于车内前方挡下方;车辆出库时,管理员核实表格信息无误后签字确认,与车辆交付资料共同作为档案。

23－30　检测单C:乘用车新车PDI检查表

(参考文本)

车型		颜色		入库日期		出库日期	

车架号	发动机号(电机号)	里程显示

请严格按照流程对以下各项目进行检查。

第一部分:外部	
□清洗车辆,检查是否有漏水部位	□检查门、后备箱(行李箱)盖和油门的状况
□备用胎气压/状况	□千斤顶、车轮螺母扳手
□标志与装饰	□所有车外灯的操作
□车身表面的形状和仪表板的标准	□检查漆涂层有无擦痕和瑕疵
□风挡清洗器和雨雪刷的操作	
上述项目是否存在问题:□无　　□有,为:	

第二部分:内部		
□座椅和座椅安全带的操作	□安装并检查保险丝的状况	□门锁和窗户的操作
□车内灯的操作	□各个开关的操作	□电动反光镜的操作
□外表和内部装修的调整	□方向盘位置调整的操作	□儿童锁的操作
上述项目是否存在问题:□无　　□有,为:		

第三部分:发动机舱		
□蓄电池状况	□发动机配线的连接	□发动机箱软管的连接
□散热器冷却液的液位	□风挡清洗液的液位	□制动液的液位
□制动管线的连接	□驱动桥—电源连接 *	□动力转向液的液位
□驱动皮带张力	□发动机油位	□离合器的液位 *
□(机油)润滑油	□发动机噪音	
上述项目是否存在问题:□无　　□有,为:		

续表

第四部分:底盘		
□制动系统软管和线路	□燃油系统软管和线路	□手动变速器油位 *
□传动轴防尘罩状况	□动力转向系统线路	□齿条—齿轮护罩情况
□全部转向系统紧固件		□排气系统状况
□轮胎状况/气压(左前____,右前____,左后____,右后____)		
□拧紧轮胎螺母		□减震器状况
上述项目是否存在问题:□无　□有,为:		
第五部分:路试		
□仪表板报警灯、ABS/气囊报警灯、仪表和点烟器的操作 *		□制动踏板自由行程与操作
□停车制动器操作	□加速器踏板操作	□离合器踏板操作 *
□自动变速器操作 *	□空调操作	□加热器与通风装置操作
□后窗玻璃除雾器	□音响系统操作	□喇叭操作
□时钟操作 *	□异常噪音与震动	□变速器换挡装置操作
□转向操作(方向盘转到中心位置)	□发动机性能	
□座椅安全带操作/锁定/调节器	□自动变速器液位(热态检查) *	
上述项目是否存在问题:□无　□有,为:		
第六部分:最后的准备		
□轮罩和装饰圈	□铭牌、标签和护套	
□消费者的信息资源,使用手册,质量保证书,轮胎厂商的保修单		
上述项目是否存在问题:□无　□有,为:		

注:* 如有配备。

本表一式两份,经销商与消费者各执一份。

消费者签字:

交车人	交车日

23－31　汽车 4S 店售后接车单

来店时间：　年　月　日　时　分　　　　交车时间：　年　月　日　时　分

客户姓名		车牌号		车型		车辆颜色	
客户电话		行驶里程		车架号			

维修项目							
Km 常规保养□　一般维修□　事故车□　洗车□　其他□							
维修项目	配件	工时	合计	维修项目	配件	工时	合计
1.				5.			
2.				6.			
3.				7.			
4.				8.			
合计				合计			
故障描述及诊断结果							

保养项目		旧件	环车检查
机油		带走□　不带走□	外观检查(有损坏处○出) 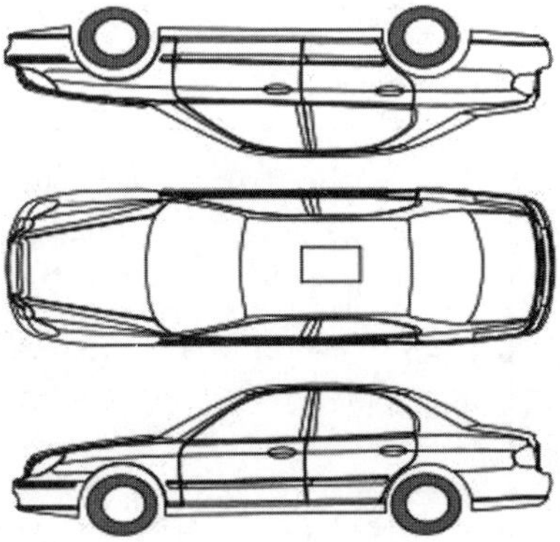
机滤		油量显示(用→标记) 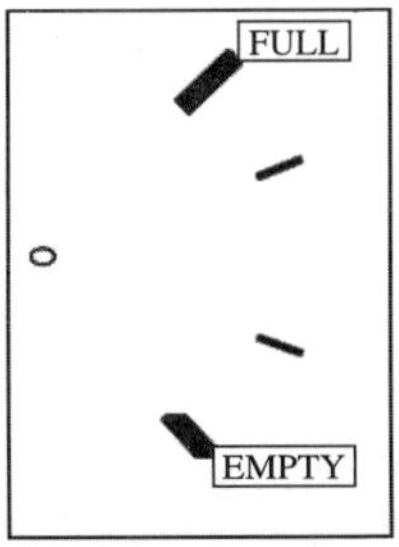	
空滤			
汽虑			
空调滤			
火花塞			
变速箱油			
转向油			
防冻液			
刹车油			
全车皮带			
润滑清洗			
进气燃油			

续表

<table>
<tr><td>空调杀菌</td><td></td><td>灯光检测</td><td></td><td>轮胎检测</td><td></td><td>刹车检测</td><td></td><td>底盘检测</td><td></td></tr>
<tr><td colspan="4">接车人签字：</td><td colspan="6">客户签字：</td></tr>
</table>

注意：

1. 本人(客户)确认，此单据中预计费用是预估费用，实际费用以结算单中最终费用为准。

2. 将车辆交给贵司检修时，已提示将车内贵重物品自行收起并妥善保管。如有遗失，贵司无须负责。

3. 车辆维修完毕，本人于此同意贵司的任何外出试车行为。如果在试车过程出现意外情况造成车辆财产损失和人员伤亡的，本人(客户)同意按照相关法律法规规定进行处理。属于保险理赔范围的，由保险公司进行理赔，超出保险理赔的部分，由相关责任方依法承担。无论任何原因造成的车辆受损，本人(客户)均不得向贵司主张车辆因事故可能造成的任何贬值损失等；但如果是由于第三方原因造成车辆贬值损失的，贵司可视情况提供必要的协助。外出路试期间产生的燃油费、路桥费用等，均由本人(客户)承担，贵司不需作任何补偿。

公司地址：______________________________

24 小时服务及预约电话：400 × × × × ×

23－32　租车单

（适用于维修短期客户代步用车）

合同号(Rental Agreement No.)：

<table>
<tr><td colspan="2">租车人信息</td><td colspan="7">预授/预付信息</td></tr>
<tr><td>承租方</td><td>结算方式</td><td>个人预付
个人后付
个人先付</td><td>企业预存
企业月结</td><td>预授权
类型</td><td>预授权
企业担保
芝麻信用</td><td>押金</td><td>预授权</td><td>成功
非成功</td></tr>
<tr><td rowspan="2">取车人</td><td rowspan="2">移动电话</td><td>已预授</td><td>元</td><td>个人
已预付</td><td colspan="2">元</td><td>个人
已先付</td><td>元</td></tr>
<tr><td colspan="7">价目标准</td></tr>
</table>

续表

<table>
<tr><td>客户类别</td><td>证件类型</td><td>租车预授权/履约保证金额（必选）</td><td colspan="2">元</td><td>违章预授权（必选）</td><td colspan="2">元</td><td colspan="3">元</td></tr>
<tr><td>证件号码</td><td>驾驶证号码</td><td colspan="9">无忧服务费</td></tr>
<tr><td>紧急联系人</td><td>紧急联系电话</td><td colspan="9">加油服务费</td></tr>
<tr><td>担保人</td><td>移动电话</td><td colspan="9"></td></tr>
<tr><td rowspan="2">证件类型</td><td rowspan="2">证件号码</td><td colspan="9"></td></tr>
<tr><td colspan="9">预计费用</td></tr>
<tr><td colspan="2">取车信息</td><td colspan="9">车辆租赁费&门店服务费</td></tr>
<tr><td rowspan="3">取车日期</td><td rowspan="3">还车日期</td><td></td><td>星期一</td><td>星期二</td><td>星期三</td><td>星期四</td><td>星期五</td><td>星期六</td><td>星期日</td><td rowspan="6">小计：¥</td></tr>
<tr><td>第一周</td><td></td><td></td><td></td><td></td><td></td><td></td><td></td></tr>
<tr><td></td><td></td><td></td><td></td><td></td><td></td><td></td><td></td></tr>
<tr><td rowspan="3">租期 天</td><td rowspan="3">服务类型 | 预付普通周工作日套餐门店还车</td><td></td><td>星期一</td><td>星期二</td><td>星期三</td><td>星期四</td><td>星期五</td><td>星期六</td><td>星期日</td></tr>
<tr><td>第二周</td><td></td><td></td><td></td><td></td><td></td><td></td><td></td></tr>
<tr><td></td><td></td><td></td><td></td><td></td><td></td><td></td><td></td></tr>
<tr><td>取车方式 | 门店取车</td><td>还车方式 | 门店还车</td><td colspan="9"></td></tr>
<tr><td colspan="2">取车城市/地点</td><td colspan="9"></td></tr>
<tr><td colspan="2">还车城市/地点</td><td colspan="2">服务项目</td><td>单价</td><td>数量</td><td colspan="2">服务项目</td><td>单价</td><td colspan="2">数量</td></tr>
<tr><td>车辆型号</td><td>车牌号码</td><td colspan="2">无忧服务</td><td>¥</td><td></td><td colspan="2"></td><td></td><td></td><td>小计：¥</td></tr>
</table>

续表

<table>
<tr><td colspan="2" rowspan="2">额定油箱容量L</td><td rowspan="2">燃油类型</td><td>92#汽油</td><td colspan="2" rowspan="2"></td></tr>
<tr><td>95#汽油</td></tr>
<tr><td rowspan="2">其他可选服务</td><td rowspan="2">不计免赔服务</td><td rowspan="2">里程限制</td><td rowspan="2">公里/次</td><td colspan="2">折扣</td></tr>
<tr><td colspan="2">预计总金额¥</td></tr>
<tr><td colspan="6">特别条款：
1. 请仔细阅读以下条款并签字确认：
如车辆不慎出险，请立即报案报保险以及致电客服热线，工作人员将指导您处理。联系电话：____________
租期内产生的交通违章由客户承担全部责任并负责处理违章的善后事宜，客户应在交通违章发生之日起25日内消除违章并自行保存相关单据原件。如客户逾期未消除违章的，应承担200元/日的违约金，逾期30日（含30日）以上的，违约金累计不超过6000元。
2. 客户及连带担保责任方已阅读并知悉本租车单内容及《代用车辆使用协议》全部条款（含担保条款），同意按此执行。
客户签字：</td></tr>
<tr><td colspan="5">出租方____________</td><td>承租方____________</td></tr>
<tr><td colspan="5">门店/服务代表签章__________</td><td>担保方（连带担保责任）签名__________</td></tr>
</table>

23－33　汽车融资租赁申请表

表格填写说明：以下表格内所有空项请全部填写完整，带“＊”为必填项目，信息齐全将有利于加快审批进度。如有信息遗漏，将面临退表重填，影响审批，请知晓。

您的个人资料:(地址填写请具体到门牌号)					
姓名*		证件类型*:□身份证　□军官证 □港澳台居民来往内地通行证		证件号码*:	
性别*	□男 □女	出生日期*		驾驶证 档案编号*	
婚姻状况*	□未婚　□已婚 □离异　□其他	子女状况*: 个	教育 程度	□本科以上　□本科 □专科　□高中/中专/技校 □高中以下	
微信号 或 QQ 号*		购车目的*	□自用 □商务 □其他	实际 驾驶人*	□本人 □配偶 □其他
房产状况*	□无房 □有房无贷款 □有贷款房产(月还:　元人民币,年限:　年)			车产情况*	□有车 □按揭购车 □无车
现居住情况*	□自有房产　□租房(每月租金　　元)　□亲属住房　□公司宿舍 □公房租赁　□其他				
现居住地址*	省　　市　　区			小区名称	
邮政编码		在此城市 生活时长*	年	家庭固定 电话*	区号:　　电话: 户主与本人关系:
手机号码*		手机运营商*:□移动　□联通 □电信　□其他		服务密码*	
户籍地址*	□同现住址　□同身份证地址 □如不同请注明:　省　　市　　区				
您的职业资料:*					
现职公司 全称*				部门*	
职位*	□公务员/事业单位　□国有企业雇员　□外资企业雇员　□合资企业雇员 □民营/私营企业雇员　□自雇人士　□自由职业者　□其他				
公司地址*	省　　市　　区				
公司类型*	□机关事业　□国有企业　□外贸　□合资　□民营　□个体　□其他				

续表

<table>
<tr><td colspan="2">公司固定电话*</td><td colspan="2">区号：　　　电话：
分机：</td><td colspan="2">进入现职公司时间*</td><td colspan="2">年　　月</td></tr>
<tr><td colspan="8">您的收支情况：*</td></tr>
<tr><td colspan="2">工薪发放方式：
□现金
□银行卡
□现金+银行卡</td><td colspan="2">每月发薪日期：
日</td><td colspan="2">税后月均收入：
元</td><td colspan="2">个人年度总收入：
万元</td></tr>
<tr><td colspan="8">联系人信息：　　　　联系人微信号：*</td></tr>
<tr><td colspan="6">亲属联系人*（仅限于父母、配偶、子女、兄弟姐妹，若已婚请务必填写配偶）</td><td colspan="2">家人是否知晓*：□是　□否</td></tr>
<tr><td>姓名</td><td></td><td>关系</td><td>□父母　□配偶
□子女　□兄弟姐妹</td><td>联系电话</td><td></td><td colspan="2">此人作为紧急联系人*：
□是　□否</td></tr>
<tr><td colspan="2">工作单位名称及地址</td><td colspan="6"></td></tr>
<tr><td>姓名</td><td></td><td>关系</td><td>□父母　□配偶
□子女　□兄弟姐妹</td><td>联系电话</td><td></td><td colspan="2">此人作为紧急联系人*：
□是　□否</td></tr>
<tr><td colspan="2">工作单位名称及地址</td><td colspan="6"></td></tr>
<tr><td colspan="8">其他联系人*（请填写现职公司同事及常联系朋友）</td></tr>
<tr><td>姓名</td><td></td><td>关系</td><td></td><td>联系电话</td><td></td><td>单位名称或所在地</td><td></td></tr>
<tr><td>姓名</td><td></td><td>关系</td><td></td><td>联系电话</td><td></td><td>单位名称或所在地</td><td></td></tr>
<tr><td colspan="8">当前信贷款情况：</td></tr>
<tr><td>信用卡信息</td><td colspan="3">本人持有　　　家银行的信用卡</td><td colspan="2">持有信用卡最高额度：
万元人民币</td><td>电子邮箱：</td><td></td></tr>
<tr><td>贷款公司</td><td></td><td>贷款金额</td><td></td><td>年限</td><td></td><td>月还金额</td><td></td></tr>
<tr><td>贷款公司</td><td></td><td>贷款金额</td><td></td><td>年限</td><td></td><td>月还金额</td><td></td></tr>
</table>

续表

<table>
<tr><td colspan="6">融资租赁车辆信息</td></tr>
<tr><td>车辆品牌 *</td><td></td><td>车辆型号(颜色) *</td><td></td><td>车辆指导价 *</td><td></td></tr>
<tr><td>购置税 *</td><td></td><td>保险 *</td><td></td><td>车辆提车总价 *</td><td></td></tr>
<tr><td colspan="2">申请租赁期限 *</td><td colspan="4">□36 期　　□48 期</td></tr>
<tr><td colspan="6">备注:本人已仔细阅读填写本文件,本人同意此申请表及所附文件均为广东 × ×汽车销售服务有限公司用作融资租赁风险审批并保留存档。</td></tr>
<tr><td colspan="2">申请人签名: *</td><td></td><td>申请日期 *</td><td colspan="2"></td></tr>
<tr><td colspan="6">申请资料清单 * :□身份证　□驾驶证　□结婚证　□征信授权委托书
□近三个月通话清单　□近两周内人行征信报告　□半年常用银行流水
增信资料:□房产证明　□存款证明　□近一年社保证明　□工作单位证明</td></tr>
<tr><td>所属经销门店</td><td></td><td>客户经理</td><td></td><td>经办业务</td><td></td></tr>
</table>

23 – 34　租赁物(汽车)交接单

(适用于汽车融资租赁)

车牌号:　　　　　　　　　　车型/颜色:

车架号码:　　　　　　　　　发动机号(电机号):

<table>
<tr><td colspan="6">合同编号:</td></tr>
<tr><td>项目名称</td><td>确认栏</td><td>项目名称</td><td>确认栏</td><td>项目名称</td><td>确认栏</td></tr>
<tr><td>行驶证</td><td></td><td>车钥匙</td><td></td><td>备胎</td><td></td></tr>
<tr><td>保险卡</td><td></td><td>交强险标贴</td><td></td><td>千斤顶</td><td></td></tr>
<tr><td>前后牌照</td><td></td><td>年检证</td><td></td><td>灭火器</td><td></td></tr>
<tr><td>保养手册</td><td></td><td>绿标</td><td></td><td>工具包</td><td></td></tr>
<tr><td>三角架</td><td></td><td>商业险</td><td></td><td></td><td></td></tr>
</table>

续表

<table>
<tr><td>车辆外观检测图</td><td></td></tr>
<tr><td colspan="2">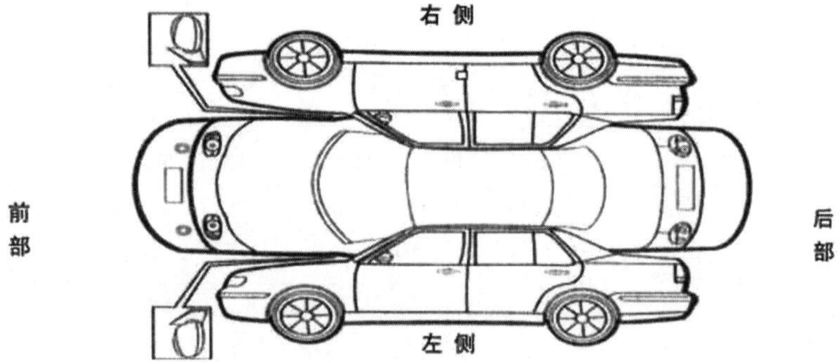
</td></tr>
<tr><td colspan="2">备注：</td></tr>
<tr><td colspan="2">交车公里数：　　交车时间：</td></tr>
<tr><td colspan="2">风控部：　　财务部：</td></tr>
<tr><td>经理签名：</td><td>车务签名：</td></tr>
<tr><td colspan="2">上述情况已知悉,无异议(最好客户自己手写)。
客户签字：</td></tr>
</table>

23－35　租金支付表

(适用于汽车融资租赁)

汽车融资租赁合同(编号：　　　　　　　　　　)项下租金支付表：

期数	支付日期	租金金额	期数	支付日期	租金金额
1					
2					
3					
4					
5					

续表

期数	支付日期	租金金额	期数	支付日期	租金金额
6					
7					
8					
9					
10					
11					
12					
13					
14					
15					
16					
17					
18					
19					
20					
21					
22					
23					
24					
25					

注:本合同一式两份,自合同双方签章后生效。出租人持有一份,承租人持有一份。

承租方确认:上述租金表内容已细看,无异议(该内容需承租方自己手写)。

出租方:广东××汽车销售服务有限公司　　　　承租方(签字):

(盖章)

签署日期:　　年　月　日

23－36 出租车辆交接单

（适用于经营性汽车租赁）

车牌号：　　　　　　　　　　车型/颜色：

车架号码：　　　　　　　　　发动机号（电机号）：

合同编号：					
项目名称	确认栏	项目名称	确认栏	项目名称	确认栏
行驶证		车钥匙		备胎	
保险卡		交强险标贴		千斤顶	
前后牌照		年检证		灭火器	
保养手册		绿标		工具包	
三角架		商业险			
车辆外观检测图					

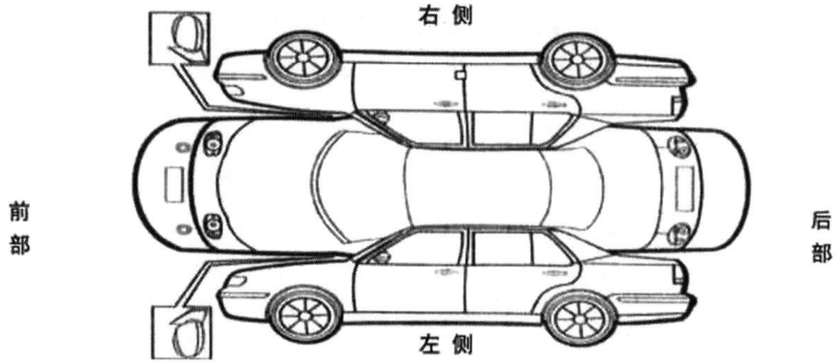

备注：	
交车公里数：	交车时间：
风控部：	财务部：
经理签名：	车务签名：
上述情况已知悉，无异议（最好客户自己手写）。 客户签字：	

第三节　声明函件类

23－37　客户确认函

（适用于客户收款告知）

尊敬的客户：

您好！广东××汽车销售服务有限公司（以下简称我司）旨在为您提供优质的服务，我司为维护广大客户合法权益，避免不必要的损失发生，我司特对款项收取等相关事宜提醒如下：

1. 您与我司签订的车辆买卖等任何合同、协议或其他文件，您必须签字盖章，并提供营业执照/身份证复印件，以及注明您的电话号码，以备我司核对。如任意一方无盖章（签字＋指纹）的合同，我司有权不予认可，造成的损失我司一概不予负责。

2. 您的所有消费的任何费用，一律只由我司指定财务人员通过我司对公账户（或对公收款二维码等）对公收取，并由我司财务开具相关收据或发票。未经过我司财务窗口确认的收费服务项目，我司概不予负责，我司并无委托他人代收任何费用。

3. 我司严禁任何客户将任何应由我司收取的款项转入我司任何员工的个人银行卡、支付宝、微信等账户，若转入我司规定以外账户的款项，我司一律不予承认。

同时，为了您的合法权益不受影响，我司严禁任何个人以我司名义或者在职员工以业务（职务）身份名义私下为您办理任何业务。

以上事项，请您悉知。

若有疑问，请拨打咨询电话：____________________

以上内容，本人已经阅读，并知晓。

客户本人手写：____

客户签名/指模：__________

客户身份证号码：

联系电话：

销售(部门)经理/主管签名：

日期：20 年 月 日

23－38 代付车款证明函

兹有：×××××××有限公司（个人姓名：×××，身份证号码：__________）代以下单位（个人）（详见代付信息列表）向广东××汽车销售服务有限公司支付车款：人民币×××元整（小写：¥×××元）。

特此证明。

注：由此引起的经济纠纷由付款人全部承担，与收款人无关。

付款人：

（单位签章）

年 月 日

代付信息列表：

编号	客户姓名/名称	统一社会信用代码/身份证号码	车辆品牌型号	车架号	发动机号(电机号)
1					
2					

23－39　提车声明

（适用于客户提车时签署）

致：广东××汽车销售服务有限公司

本人×××（身份证号码：____________________）于20××年××月××日在贵司购买ABC品牌车辆一台，车架号为：×××，发动机号（电机号）为：×××。

本人确认于20××年××月××日提车，提车后的所有后果，包括不可抗力的风险、后果，均由本人自己承担。

对于上述车辆的具体信息、使用来源、使用情况及状态、车辆质量及权利状况等情况、资料或证件，本人已经仔细核对与确认，同意按照该车辆即时状态受让该车辆，并同意承担对该车辆受让后产生的任何问题及责任。本人确认该车辆的一切手续、票据、证件等齐全、真实、有效、合法，车况良好，符合《新车销售合约》及国家法律法规规定的新车标准。

对于车辆情况或信息不清楚之处，已向贵司提出要求，并由贵司予以充分、清晰地解释与说明，本人已全面、准确、清晰地了解、理解、接受与认可关于该车辆的任何信息、情况、状况或状态。

自贵司将车辆交付本人之日起，车辆所发生的一切问题、纠纷、事故等产生的一切损失或责任，均与贵司无任何关系，全部由本人承担。

上述车辆具体交付时间：20××年××月××日××时××分。

声明人：×××

签字/指模：________

20××年××月××日

23－40　车款催收函

致：广州市××有限公司[×××（身份证号码：____________________）]

贵司（阁下）于20××年××月××日向我司购买____________汽车×台，

双方签订了一份《新车销售合约》,约定车款总价为人民币×××元(大写:人民币×××元整)。

截至20××年××月××日,贵公司尚有车款×××元(大写:人民币×××元整)未向我司支付。根据我司与贵司(阁下)签订的《新车销售合约》相关约定,贵司(阁下)应当在20××年××月××日之前付清上述款项。但经我公司多次催告,贵司(阁下)至今仍未支付此笔款项。

于此,再次函告,特请贵司(阁下)于收到本函之日起3日内一次性向我公司付清上述款项,我司收款账户信息如下:

1. 账户名称:广东××汽车销售服务有限公司

2. 开户行:工行广州东圃支行

3. 银行账号:××××××××

请贵司(阁下)于付清全部款项之日起5日内安排提车,并办理后续车辆手续(包括但不限于上牌等)。

我司保留一切维护我司合法权益的权利。

特此函告。

广东××汽车销售服务有限公司

20××年××月××日

附:我司联系人

×××(销售部经理),联系方式:×××××××××××

23-41 付款提车催告函

致:女士/先生

您于20××年××月××日与我司签订了一份《新车销售合约》,约定您向我司订购××车辆一台,车型:××,车辆排放标准:××,购车总价为××元(大写:人民币××元整)。您于签约当日向我司支付购车订金××元(大写:人民币××元整）。

您所订购的车辆于20××年××月××日已到店，但截至我司发本通知之日，我司曾多次与您联系，通知您来我司办理付款及提车相关手续，但您至今仍未来我司办理相关手续，您的迟延付款及迟延提车行为已构成严重违约。

为保证合同及时、有效履行，保障双方的合法权益，现我司以书面形式再次通知您，请您自收到本通知之日起7日内向我司一次性付清购车余款，并在付清全部款项后办理提车手续。

若您在上述期限内仍未付清余款及提车的，我司将按照法律法规规定及合同相关约定作出相应处理，因此所造成的所有责任与后果，由您全部承担（包括因政策原因于20××年××月××日之后，国六B排放标准车辆不能上牌等）。

以上，特此通知。

顺祝商祺！

广东××汽车销售服务有限公司

20　年　月　日

我司联系人：×××/×××××××××××

23－42　温馨提示

（适用于按揭客户服务费扣付）

尊敬的客户：

感谢您申请办理××银行汽车专项分期业务，为确保您的合法权益，请您认真阅读以下内容：

我行基于为您办理××银行汽车专项分期业务及汽车经销商基于为您提供车贷业务咨询、协助办理汽车抵押等，而收取的手续费与专项服务费合计为分期本金的×%。在您按时足额偿还的情况下，我行不收取任何其他费用（详见《客户缴费授权和承诺书》）。

现受您的申请，我行将给予相应的信用卡授信额度（金额与授权划款金额一致）为您进行透支垫付上述费用，并为您办理该笔透支的分期，减轻您的资金压力。

您一经签署《客户缴费授权和承诺书》，视同您已知悉上述情况，同意我行照此办理并按时偿还我行信贷资金。

本人已知悉上述情况并同意××银行按本人委托事项办理。

客户签名/指模：

身份证号码：

日期:20　年　月　日

23-43　客户缴费授权和承诺书

（适用于按揭客户服务费扣付）

××银行××分行：

汽车专项分期缴费个人客户________在此作出如下授权和承诺。

1.缴费个人客户(身份证件类型为____________________,身份证件号码为____________________)自愿且不可撤销地委托并授权××银行××分行凭本授权和承诺书,按照下述第2条规定的划款要求和指定金额,从本人在××银行开立的缴费账户划款,而无需在划款前再次征求本人意见。

2.缴费个人客户授权内容如下：

2.1　缴费账户户名:____________________

2.2　缴费账户账号:____________________

2.3　授权划款金额:____________________

3.本人(缴费个人)同意上述服务费由××银行××分行给予相应的授信额度(金额与授权划款金额一致)进行透支垫付,并由本人分期偿还,分期期数与本人签署的《××银行××分行购车专项分期的协议》的约定保持一致。本人同意本委托书关于上述透支及分期业务的未尽事宜按本人签署的《××银行××分行购车专项分期的协议》及××银行信用卡章程约定执行。本人承诺按约定按时足额偿还分期款项(包括但不限于分期本金及手续费)。

4.本授权和承诺书经本人签字后生效。

缴费个人客户签名(指模)：

日期:20　年　月　日

23－44　旧车置换新车声明

（适用于旧车置换新车）

兹声明：

本人________（身份证号码：____________________）拥有ABC品牌汽车一辆（以下简称旧车），具体信息如下：

品牌		车型	
车架号		发动机号（电机号）	

经与广东××汽车销售服务有限公司（以下简称××公司）对旧车评估，双方同意旧车的价值为￥____________（大写：人民币____________________元整）。

现本人拟在××公司新购一辆汽车（以下简称新车），新车信息如下：

品牌		车型	
车架号		发动机号（电机号）	
总车价			

本人指定新车登记车主姓名为____________（身份证号码：________________________）。

现本人拟用旧车置换新车，旧车自20××年××月××日起已交付给××公司，旧车的所有权、使用权、收益权等全部权利自交付之日起归××公司享有，本人承诺积极配合××公司办理旧车的过户手续。如因任何原因导致旧车于20××年××月××日前过不了户的，本人同意自××公司通知之日起5日内缴清应付新车款。

通过以上旧车置换，本人尚需向××公司支付新车款￥____________（大写：人民币____________________元整）（注：该部分车款已于20××年××月××日付清）。

以上，特此声明。

声明人(签字/指模):____________

20　　年　　月　　日

第四节　委托书及其他

23－45　ABC 汽车试乘试驾安全承诺函

特别提醒:

为保证试驾过程中所有人员和车辆的安全,请您认真阅读本承诺书并签字,签字后即被视为您认可并同意遵守本承诺书中的所有条款,并承担相应的法律责任。

尊敬的顾客:

您好!为让您能亲身体验 ABC 品牌车型的舒适安全及整车操控性能和优异配置,特将有关事宜告知如下:

1. 您需持有真实、合法、有效的机动车辆驾驶证,且您身体健康无重大疾病,适合进行试乘试驾,并能够安全行驶,文明试车。无驾驶执照(包括未携带)或驾龄不足一年者只可参与试乘,不能参与试驾。

2. 试乘试驾车辆在交付您试乘试驾时完好无损,没有任何质量瑕疵,并适合进行试乘试驾活动。试乘试驾前,我司已向您对车辆性能、操作进行了详尽说明,您明确表示对此已熟悉;试乘试驾前,我司已向您对试驾路线、路况、路段及应注意安全事项等情况作充分的说明与提醒,您明确表示已明确、清晰。

3. 您需保证在试车过程中遵守相关的法律、法规,正确操作试驾车辆;上车后试乘试驾前,请系好安全带,试乘人员是儿童时一定要有成年人陪伴。在开放式道路试车(短途、自由试车)过程中,请严格遵守交通法规;遇到限速标志,请按照规定车速行驶。

4. 您需依照车主手册使用,并多加爱护,小心驾驶和操作,如果因包括使用其他种类汽油在内不当操作影响或损害试驾车辆性能,您应负责向我司赔偿由此产生的损害及损失。

5. 未经我司书面同意，不得擅自将该车借给他人使用。否则我司有权立即停止试驾活动并收回试驾车辆，我司有权要求您赔偿由此产生的所有损害及损失。

6. 如遇包括但不限于以下情况，您应承担全部责任，并负责向相关第三方赔偿所有损失。

6.1　因您违反本承诺书或因其他非我司原因给本人或他人造成人身伤害或其他损失；或因此给试驾所用车辆造成损害；或因此给公路及活动相关场地和设施造成损害。

6.2　事故发生后，未在第一时间通知我司，造成保险公司拒绝立案理赔的损失；但无论保险公司是否最终能理赔，您均需对由此造成的一切损害承担第一赔偿责任。

6.3　如您发生交通违章，所产生的费用，由您自行处理。

试乘试驾车型登记表：

试驾车型		试驾地点		驾驶证号	
试驾车号		试驾时间		电话/手机	

以上内容我已仔细阅读过，且同意严格遵守，并愿意承担一切责任！

试乘试驾人员签名(加指模)：____________

身份证号码：____________________

日期：20　年　月　日

23-46　ABC汽车品牌客户参加自驾(骑行)活动

免责声明

本人姓名：____________(身份证号码：________________________)被给予机会，参加目前定于20××年××月××日至20××年××月××日在____________举办的自驾(骑行)活动(下称本次活动)的全部或部分活动。本次活动的举办由ABC汽车(品牌)广东授权经销商举办。

本声明中的“本次活动”一词，包括在活动期间开展的所有活动以及本人所参加的相关活动，或以任何方式参加的活动(乘车、集体乘车)和任何其他项目。

就参加本次活动,本人于此特作声明如下:

1. 本人完全理解并承认,本次活动涉及驾驶、乘坐或近距离接触各种汽车(摩托车,如有)[包括市售汽车(摩托车,如有)、定制汽车(摩托车,如有)、赛用汽车(摩托车,如有)、样车、三轮汽车(摩托车,如有)和/或边三轮汽车(摩托车,如有),不论汽车(摩托车,如有)的所有者是谁,也不论其用途,每辆汽车(摩托车,如有)在本声明内均称为汽车(摩托车,如有)],并身处公共和非公共区域内,理解并承认这些活动具有危险性,且理解并承认驾驶或乘坐汽车(摩托车,如有),或参加本次活动,尽管本人没有过错,却可能发生严重伤残或死亡事故。

2. 本人认可,天气条件、道路条件与本次活动相关的其他因素都可能发生变化,与本次活动相关的风险,无论可预见或不可预见,包括但不限于:

2.1 户外活动及旅游风险。

2.2 被下落物体(如岩石和冰块)击中的风险。

2.3 由蛇、虫、野兽等导致的人身伤害或财产损坏风险。

2.4 由第三方导致的人身伤害或财产损坏风险。

2.5 与雷雨、冰雹、水灾等自然灾害相关的风险。

2.6 与高温和低温相关的风险。

2.7 与本人自身身体条件相关的风险。

2.8 与汽车(摩托车,如有)和本人自身的汽车(摩托车,如有)装备损坏或遗失相关的风险。

3. 本人进一步认可,无论本人有无过错,这些风险都可能导致本人的人身伤害或财产损失。本人陈述并保证,有关本人在本次活动期间驾驶汽车(摩托车,如有),本人具备的保险在适用的中华人民共和国法律下充分并且有效,且本人应遵守有关道路交通安全的法规,安全驾驶汽车(摩托车,如有)。本人所驾驶的汽车(摩托车,如有)拥有合法正规手续。本人具有足够的有关汽车(摩托车,如有)的经验和知识,以致本人理解驾乘汽车(摩托车,如有)与本次活动相关的风险和危险性。

4. 本人同意,在本次活动中,本人驾驶汽车(摩托车,如有)时将完全遵守有关汽车(摩托车,如有)驾驶的适用的国家和地方法规,并应对由于本人违反或不遵守适用法规所致的任何人身伤害和财产损失负全部责任。

5. 本人承认,参加本次活动的一部分或与其相关的活动都会有人身伤害的风险，包括严重伤害甚至死亡。尽管本人知悉这些风险，但本人仍自愿选择参加本次活动，且本人明确同意，因本人参加本次活动或本次活动的部分或与其相关的活动所可能遭受的任何事故或人身伤害的全部风险，包括永久残疾、瘫痪、和死亡，均由本人承担。

6. 此外，代表本人自己并代表本人的继承人、个人代表、接替者和受让人（合称为继承人和受让人），由于得以参加本次活动的机会为对价，并由于其他良好和有价值的约因（本人谨在此处对得到此机会及其充分的价值表示认可），本人谨此就源于或因本次活动、本人参加本次活动的任何部分或与其相关的任何活动、或本次活动或其任何部分的赞助、计划或开展所导致的，本人或本人的任何继承人和受让人可能针对以下各方的现有或以后可能有的任何及所有索赔、要求、权利和诉由，不论其性质如何（下称索赔），予以免除并豁免其责任：广东××汽车（摩托车，如有）销售服务有限公司（ABC 广东）及其关联方以及每个关联方各位代表人员、董事、员工和代理人（统称为被免责方）。

7. 本人理解并认可，本声明涵盖因本人参加本次活动的任何部分或与其相关的活动，或因对本次活动（或其任何部分）的主办、计划或开展，本人或本人的继承人和受让人针对（或可能针对）被免责方的任何及所有索赔的免除（这些索赔包括但不限于由于任何被免责方的过失或由于任何被免责方对任何明示或暗示的保证的任何违约），不论该等索赔是否目前存在或以后才发生、已知或未知、已清偿或未曾清偿、已预见或未预见、是否因实施法律而产生。在对前述内容不予限制的前提下，本人谨此就本人或本人的继承人和受让人由于本次活动的开展条件、指示、规则或程序，或因场地、道路或汽车（摩托车，如有）维护方面的过失，或因救护工作方面的过失，在目前或此后可能针对被免责方的任何及所有索赔，予以免除并免责。本人确认，本人有权或有机会就本声明的条款进行协商，本人确认已充分协商与理解，且确认谨此放弃其他任何该等权利。本人理解，经选择自愿在下方签署，本人放弃了本人的重要法律权利（如有）。

8. 本人承认并理解，经签署本声明，本人（代表本人自己并代表本人的继承人和受让人）同意，由于或因本次活动、本人参加本次活动的任何部分或与其有关的活动，或本次活动（或其任何部分）的主办、计划或开展所导致的本人的任何伤害、损害或死亡，不起诉任何被免责方，不对任何被免责方以任何方式、任何理由主张任何权利。

9. 本声明书范围内若有在任何现行有效法律法规规定范围内不可执行的部分，本部分声明将自动地仅就该范围得到限制，该限制仅以令本声明在该现行有效法律法规规定范围内可执行所必需之程度为准，本声明任何其他部分仍然有效。

10. 若本人为自驾（骑行）人员，本人承诺持有中华人民共和国合法汽车（摩托车，如有）驾照并且该证件在有效期内，同时本人承诺自己驾驶的汽车（摩托车，如有）拥有正规合法手续并经过合格有效年检并在有效期内。

本人证明，本人已阅读本声明并完全理解本声明内容，本人不依赖于任何被免责方的任何声明或陈述，本人已被给予机会和充分时间，阅读本声明并就其提出问题，并得到了全面的、充分的且让本人满意的解释。本人于此再次确认，本人认可、接受本声明的所有条款内容，且为本人的真实意思表示，不存在任何重大误解、显失公平、乘人之危、受胁迫欺诈等情形。

（以下无正文）

姓名（请用楷书写清楚）：
身份证号码：
签名/指模：
日期：20　　年　月　日

23－47　20××年第×届“××”××大赛赛前说明

1. 赛道简况：位于×××汽车公园，全长××公里。
2. 本次比赛赛道总长：约××公里，如下图所示路线：

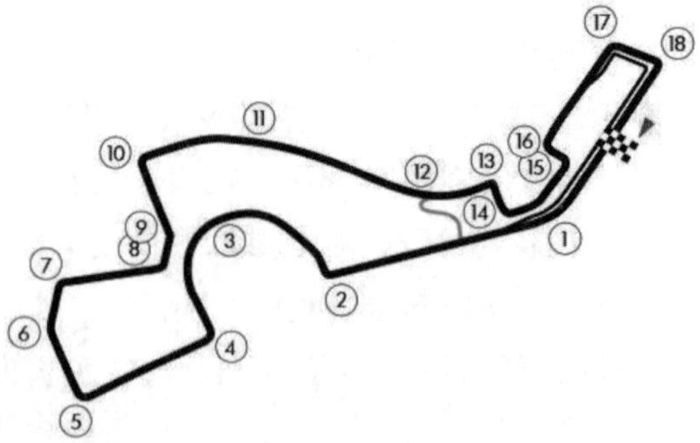

3. 比赛规则：

3.1　预赛须使用自己的车辆进行比赛，参加比赛的车辆须保留所有出厂标准配置，包括轮胎、备胎、座椅、空调、内装饰、随车工具，如有改装属于不可复原的，须不低于原厂规格。

3.2　参赛者如在赛前对车辆进行动力系统改装或减轻车身标准配重，将取消比赛资格。

3.3　为使所得数据真实有效，参赛者应尽量保证所驾驶参赛车辆为原厂配置装置，内（包括后备箱）无杂物，但应保证备胎、千斤顶等出厂标准配置的完备。

3.4　参赛者如未参加驾驶安全培训和赛道培训，则取消比赛资格，所获比赛分值取消，驾驶过程如遇突发情况请自行承担。

3.5　若因参赛者个人原因无法参加或完成比赛，将取消其参赛资格。

3.6　未按比赛规定路线和时间行驶，则取消比赛成绩。

3.7　参赛者需提供个人身份证，统一购买当日个人意外伤害保险，如未提供无法购买保险，则取消参赛资格。

3.8　每组比赛时间为 30 分钟，在限定时间内行走 × ×赛道（ × ×公里），行驶不低于 6 圈方能计算成绩，超时或低于圈数无效。

3.9　× ×最佳者可获得现场排名，每组现场排名前 3 位可出线，进入决赛。

3.10　本次活动分预赛和决赛，预赛根据参赛人数报名，分组参赛。

3.11　比赛期间通知采用 × ×电脑进行 × ×裁决。

3.12　每组比赛最多 15 台车同时进行，最少 10 台车同时进行，少于该数量则取消参赛。

3.13　车上配备对讲机，随时与教练对话。

3.14　所有参赛人员均需在赛前签订免责协议，按协议内容执行，如若违规，自己承担责任。

本人对以上关于本次 × ×大赛赛前说明内容已全部阅读、理解并认可，本人承诺严格遵守以上全部规定，同意无条件按照本次大赛场地方与组织方的具体要求执行，并同意承担由此可能产生的一切后果。

承诺人（签字/指模）：

20　　年　月　日

附:《免责声明》

免责声明函

本人____________(身份证号码:_____________________)就参加本次××大赛活动(即20××年第×届“××”××大赛)可能涉及的人身、财产安全、责任等方面事项,特作出声明如下:

1. 本人确认自身的身体状况已足够应付本次活动的所有要求,本人确认对在参与本次活动中自身的所有身体状况变化负有完全责任。不得因此向场地方和组织方提出任何法律和经济赔偿责任要求。

2. 本人知悉汽车活动具有危险性,并在赛前对比赛规则、比赛场地、比赛条件、比赛要求等方面进行了全面的了解、熟悉及适应,在签署出具本声明之前,场地方和组织方已郑重提请本人仔细阅读并准确理解涉及本次大赛的比赛规则、比赛场地、比赛条件、比赛要求等全部内容,并就本人提出的涉及本次比赛规则、场地环境等所有疑问或问题,给予了全面的、充分的且让本人满意的解释与说明。本人明确清楚,场地方和组织方只提供场地的使用和活动组织,本人须对个人的人身、车辆、物品的安全负有全部责任,不得因此向场地方和组织方提出任何法律和经济赔偿责任要求。

3. 本人接受并无条件服从场地方管理人员基于保证安全使用前提下的安排和调整措施,不得因此向场地方和组织方提出任何法律和经济赔偿责任要求。

4. 本人如在活动中违反安全规定、危险驾驶或其他任何由于本人原因,而有损坏场地方、组织方或其他任何第三方的设施、物料,或对场地方、组织方或其他任何第三方人员造成人身伤害,不管起因、目的如何,都必须承担法律和经济赔偿责任。

5. 本人确认,以上声明为我本人的真实意愿,不存在任何胁迫、重大误解或乘人之危等情形,全部为我本人的真实意思表示。

声明人(签字/指模):____________

20　　年　月　日

23－48　撤销投诉承诺书函

（适用于车主投诉）

致:广东××汽车销售服务有限公司

本人(姓名:＿＿＿＿＿＿,身份证号码:＿＿＿＿＿＿＿＿＿＿)就与贵方相关的20××年××月××日至20××年××月××日 ABC 车展事宜,作出承诺如下:

1. 就本人与贵方相关的20××年××月××日至20××年××月××日鼎级车展事宜,本人不再向工商等行政部门投诉贵方(包括广东××汽车销售服务有限公司及其旗下所有子公司、分公司或其他关联公司等,以下简称相关方)。

2. 鉴于本人就20××年××月××日至20××年××月××日ABC车展活动向贵方提出的合理化建议,本人同意贵方向本人支付人民币＿＿＿＿＿＿元(大写＿＿＿＿＿＿＿＿＿＿元整)作为对本人合理化建议的奖励金。

3. 本人签署本承诺书后,当日向工商部门撤销对贵方(及相关方,如有)的投诉,贵方于本人撤销投诉当日向本人一次性付清以上第2条约定的款项。

4. 除以上第2条约定的款项之外,本人不得再向贵方及相关方主张任何权利,不得再以任何形式、任何理由向贵方及相关方主张其他任何费用或承担任何责任(包括不得向政府等任何第三方投诉),并承诺对此保守秘密,不得对外宣扬。

5. 如本人领取贵方的上述款项后,又以任何理由主张任何费用或责任要求,或泄密,或违反本承诺书其他任何内容的,本人应当退还贵方已支付的全部款项,并承担因违约而给贵方(及相关方,如有)造成的全部损失,同时应按以上第2条约定款项的100%向贵方支付违约金。

6. 本人于此确认,本承诺书为本人真实意思表示,不存在任何胁迫、显失公平、重大误解的情形,本人清楚、理解违反本承诺书所可能承担的法律后果。

7. 本承诺书自本人签字之日起发生法律效力。

承诺人(签字/指模):＿＿＿＿＿＿

20××年××月××日

附:本人身份证复印件

23－49 关于退税重新办理上牌的声明

致:广东××汽车销售服务有限公司

本人××(身份证号码:____________________)于20××年××月××日在贵司购买车辆一台,车辆厂牌型号为:×××,发动机号(电机号)为:×××,车架号码为:×××。

在车辆上牌过程中,因车管所不予受理上牌,现本人要求贵司出具一份证明(见附件),以协助本人办理购置税的退税手续,并重新办理完税及上牌手续等。

本人于此承诺:

1. 证明仅系贵司为协助本人办理购置税的退税手续,重新办理完税及上牌手续出具的文件,他用无效。该证明不得作为退车依据,亦不得作为双方其他任何权利义务的处理依据。

2. 本人与贵司的权利义务以双方签订的购车合同为依据,双方应严格按照合同约定的条款执行。

3. 贵司为协助本人办理购置税的退税手续,重新办理完税及上牌手续等所涉及的相关费用均由本人承担,包括但不限于因退税后重新开票所产生的费用(如有)等。

特此声明!

×××(签字/指模):

20　　年　月　日

附:

退车证明

(适用于退税重新办理上牌)

兹有客户×××(身份证号码:____________________)于20××年××月××日,在我公司购买车辆一台,车辆厂牌型号为:×××,发动机号(电机号)为:×××,车架号码为:×××。该车辆现因车管所不予受理上牌,经双方协商决定将此车收回重新处理。

特此证明！

广东××汽车销售服务有限公司

年　月　日

客户确认：

以上证明内容确认事实，详见本人签署的《退车退税声明》。

×××（签字/指模）：

20　　年　月　日

23－50　退车退税声明

（适用于退税重新办理上牌）

致：广东××汽车销售服务有限公司

本人/本单位____________（身份证号码/营业执照号码：____________）购买车辆一台，车辆型号为：____________，发动机号（电机号）为：____________，车架号码为：____________。

鉴于实际情况，原计划于____________地区上牌的手续无法办理，现本人/本单位提出改为在其他地区上牌。现本人/本单位要求贵司出具一份《退车证明》（见附件），以协助本人/本单位办理购置税的退税手续，并重新办理完税及上牌手续等。

本人/本单位于此承诺：

1.《退车证明》仅系贵司为协助本人/本单位办理购置税的退税手续文件，他用无效。该证明不得作为退车依据，亦不得作为双方其他任何权利义务的处理依据。

2.本人/本单位与贵司的权利义务以双方签订的购车合同为依据，双方应严格按照合同约定的条款执行。

3.贵司为协助本人/本单位办理购置税的退税手续，重新办理完税及上牌手续等所涉及的相关费用均由本人承担，包括但不限于因退税后重新开票所产生的费用（如有）等。

特此声明！

（签字/指模或盖印章）：

20　年　月　日

23－51　二手车过户声明

（适用于二手车原车主）

鉴于＿＿＿＿＿＿汽车销售服务有限公司（以下简称公司）二手车业务需要，本人（姓名）＿＿＿＿＿＿（身份证号码：＿＿＿＿＿＿＿＿＿＿＿）同意公司将一台＿＿＿＿＿＿品牌汽车［发动机号（电机号）为：＿＿＿＿＿＿；车架号为：＿＿＿＿＿＿］过户至本人名下，本人积极配合相关过户手续。

为了避免权属纠纷，本人特作以下说明：

1. 公司为上述车辆的实际所有人与使用者，本人对该车辆不享有任何权利（包括但不限使用、管理、处分该车辆的权利）。

2. 如该车辆因再过户等事宜需本人协助的，本人给予积极配合。

3. 对于因使用、管理、处分该车辆等行为引起的任何纠纷或责任，与本人无关，除非是由可归结于本人的原因造成。

特此声明！

声明人：＿＿＿＿＿＿

20　年　月　日

23－52　声　　明

（适用于二手车已付款未过户提车车主）

本人＿＿＿＿＿＿（身份证号码：＿＿＿＿＿＿＿＿＿＿＿）在××4S店（广东××汽车销售服务有限公司）购买一辆××二手车，车牌：＿＿＿＿＿＿，车架号：＿＿＿＿＿＿，发动机号（电机号）码：＿＿＿＿＿＿，该车辆本人已向××4S店付完全款，但尚未办理过户手续。

现本人由于急需用车，本人要求先把车开走使用，特此声明如下：

1. 本人持有真实、合法、有效的机动车辆驾驶证，且本人身体健康无重大疾病,适合驾驶车辆,并能够安全行驶,文明驾车。且本人不存在喝酒、醉酒、吸毒等不适宜驾驶车辆的任何情形,亦不会将车交给有前述任一情形的人员驾驶。

2. 上述车辆在××4S 店交付本人时完好无损,不存在任何质量瑕疵或安全隐患。车辆交付前,××4S 店已向本人对车辆性能、操作进行了详尽说明,以及对驾驶应注意安全事项等情况作充分的告知与提醒,本人明确表示对此已熟悉、明确、清晰。且本人承诺将做好车辆日常的检查与维护,确保车辆车况驾驶安全。

3. 自××4S 店将上述车辆交付本人之时起(自20××年××月××日××时××分起),上述车辆如发生违规违章、车辆毁损灭失、交通事故等问题,一切责任由本人承担,与××4S 店无任何关系。如因此导致××4S 店遭到任何人的追责、索赔等情形的,本人须赔偿××4S 店的全部损失。

特此声明!

声明人(签字/指模):____________

日期:20　年　月　日　时　分

附:本人身份证、驾驶证复印件

23－53　维修试车声明

(适用于维修车辆试车)

致:广东××汽车销售服务有限公司

本人____________(身份证号码:____________________)拥有的车辆(车牌号:____________;车架号为:__________________)于20××年××月××日到贵司进行检修,检修期间需进行外出路试。

于此,本人作以下声明:

1. 基于本次检修保养需要检验检修效果,贵司可能需要驾车上路试车,本人于此同意贵司的任何外出试车行为。

2. 如果在试车过程出现意外情况造成车辆财产损失和人员伤亡的,本人同意按照相关法律法规规定进行处理。属于保险理赔范围内的,由保险公司进行理赔,超出保险理赔的部分,由相关责任方依法承担。无论任何原因造成的车辆受损,本人均不得向贵司主张车辆因事故可能造成的任何贬值损失等;但如果是由于第三方原因造成车辆贬值损失的,贵司可视情况提供必要的协助。

3. 外出路试期间产生的燃油费、路桥费用等,均由本人承担,贵司不需作任何补偿。

用户确认(签名/指模):____________

日期:20　年　月　日

23-54　汽车无牌上路声明书

(适用于车辆未上牌车主要求开车上路)

致:××汽车销售服务有限公司(以下简称汽车经销商)

本人____________(身份证号码:____________________)于20　年　月　日向汽车经销商购买汽车一辆,车辆信息如下:

序号	项目	详情
1	车辆品牌	
2	车辆型号	
3	发动机号(电机号)	
4	车架号	

对以上车辆,本人作声明如下:

1. 汽车经销商已事先明确向本人告知,新车没上车牌前或其他车辆不符合上路规定的情况下,车辆上路行驶属于违法行为,本人对此已明确知悉,并清楚车辆违法上路可能会导致的法律后果及本人可能会承担的法律责任。

2. 如本人或本人允许的任何第三方在车辆不符合上路行驶规定的情况下开车上路的,发生任何损失和法律责任,由本人负责,与汽车经销商无关。

特此声明!

声明人(客户签名/指模):____________

日期:20　年　月　日

23－55 租金催收函

（适用于融资租赁租金催收）

致：×××先生（身份证号码：__________________）

你于20××年××月××日通过我司以融资租赁方式购车，融资额为×××元（大写：人民币×××元整），每月应付租金金额为×××元（大写：人民币×××元整）。

截至20××年××月，你共支付了×期租金，但自20××年××月××日至20××年××月××日的租金，经我司多次催要，你至今仍未支付。

鉴于以上事实，特向你具函催告：

请你于收到本函之日起3日内，按照合同的约定，一次性支付完毕自20××年××月××日至20××年××月××日的应付租金及违约金（滞纳金）合计　　　　元（大写：人民币×××元整），否则我司将按融资租赁合同相关约定，诉诸法律途径予以解决，由此引起的一切损失和后果由你承担。

特此函告！

广东××汽车销售服务有限公司

20××年××月××日

23－56 不可撤销担保书

（适用于汽车融资租赁担保）

致：广东××汽车销售服务有限公司

鉴于贵司和广州市××有限公司（或自然人：×××，身份证号码：__________________）（以下简称融资租赁申请人）就车辆融资租赁事宜签订了汽车融资租赁业务合作协议、汽车融资租赁合同及相关补充协议（如有）（以下统称《协议》），在融资租赁期间经营融资租赁车辆业务等。

经融资租赁申请人要求，本保证人作为融资租赁申请人的法定代表人/股东或其他关联方，同意出具本担保书，自愿为融资租赁申请人经营融资租赁车辆业务项目中承租人所欠贵司的租金等所有债务承担连带保证责任。具体担保事项如下。

1.本担保书为不可撤销担保书

1.1 在协议期间内,贵司可按照约定向融资租赁申请人提供汽车,具体车型、方式、内容等由贵司与融资租赁申请人协商确定。

1.2 本保证人确认贵司和融资租赁申请人及承租人(包括车辆的最终承租人等,如有,下同)就融租租赁项下各项具体事项所签署的具体文件构成《协议》的不可分割组成部分,共同对涉及具体业务的权利义务安排等予以约定。

2.保证范围

2.1 本保证人提供保证担保的范围为贵司根据《协议》在协议期间向融资租赁申请人提供的车辆涉及的租金及相关费用之和,以及违约金和实现债权的其他相关费用(如有)。包括但不限于:

2.1.1 根据《协议》约定的所有承租人应付的所有租金、税费、滞纳金、违约金、赔偿金、处分租赁车辆的全部费用及其他应付款项。

2.1.2 贵司向所有承租人追讨债务而发生的一切费用(包括但不限于诉讼费用、保全费用、执行费用、律师费、调查费用、评估费用、鉴定费用、保管费用、差旅费用、公告费、送达费等)。

3.保证方式

本保证人确认对第2条规定的保证范围内全部承租人的所有债务承担经济上、法律上的连带保证责任。如承租人未按《协议》约定及时清偿所欠贵司各项款项及相关费用,或者《协议》所规定的其他任何一项违约事件发生时,贵司有权直接向本保证人追索,而无须先行向承租人追索或提起诉讼。

贵司发出的索偿通知书是终结性的,本保证人对此绝无异议。本保证人同意在收到贵司书面索偿通知后的5日内,如数偿还承租人在《协议》项下的全部债务,而无须贵司出具任何证明及其他文件,本保证人接受贵司索偿要求的款项金额为准确数据。

贵司有权采取认为适当的方式,包括但不限于传真、邮寄、专人送达、在公众媒体上公告等方式对本担保人进行催收。

4.保证责任期间

本保证人的保证责任期间为自本担保书生效之日起至《协议》项下每笔债权的到期日另加三年。

5. 担保书的独立性

本担保书是独立、持续有效、不可撤销和无条件的，不受《协议》的影响，不受被担保人与任何单位/个人签订的任何协议、文件的影响，也不因被担保人欺诈、重组、停业、解散、清算、破产、合并（兼并）、分立、改制、营业期限届满等任何变化而变化，不受贵司给予被担保人任何时间上的宽限和延期或贵司延缓行使依据有关协议追讨被担保人所欠款项的权利而受任何影响。

在同时另有抵/质押担保或其他保证人的情况下，贵司有权选择分别、先后或同时向各抵/质押人、保证人（含本保证人）主张担保权利；贵司放弃、变更或解除抵/质押担保，或变更、解除其他保证人保证责任，或延迟向任意抵/质押人/其他保证人主张权利，均不影响本保证人在本保证书项下的担保责任，本保证人依然有义务按本保证书的内容对被担保人所欠贵司的全部债务承担连带保证责任。

6. 本保证人特别声明和保证

6.1　本保证人是依法成立的，具有保证人资格的法人，或具有保证人资格的其他组织，或本保证人为具有完全民事行为能力的自然人，愿意用本保证人所有或依法有权处分的资产作担保，保证履行本担保书规定的义务。

6.2　本保证人出具本担保书已获得充分授权或经上级部门/董事会等有权机构批准。

6.3　出具本担保书是本保证人的真实意思表示，不存在任何欺诈或胁迫的因素。

6.4　本保证人的工商登记事项、组织结构、股权结构、经营方式或财务状况发生任何变化或发生债务重组、重大关联交易等事项，均不影响本担保书对本保证人的法律约束力，如发生上述变化可能影响本保证人履行本担保书的能力时，本保证人有义务立即通知贵司。

7. 不视为弃权

在本担保书有效期间，贵司对被担保人和本保证人的任何违约或延误行为施以任何宽容、宽限或延缓执行《协议》和本担保书内贵司应享有的权益或权利，均不能损害、影响或限制贵司依有关法律规定和本担保书作为债权人应享有的一切权益和权利，也不能视为贵司放弃对现有或将来违约行为采取行动的权利。

8. 术语

本担保书所使用术语,除另有明确说明外,均具有与《协议》规定相同的含义。

9. 通知

贵司(方)与《协议》有关的通知、要求或其他文件等应以书面形式(包括但不限于信件、传真、电子邮件、手机短信或微信等形式)发送。

本保证人联系地址:________________

电子邮箱:________________;传真号:________________

联系人手机号码:________________;微信号:________________

(本保证人为单位时留存单位邮箱/微信号,为个人时留存个人邮箱/微信号)

10. 争议及纠纷解决方式

本担保书适用中华人民共和国法律,因本担保书所产生的争议及纠纷,保证人同意采取《协议》所约定的纠纷解决方式解决。

11. 本担保书的生效

11.1 本保证人为法人或其他组织时,本担保书于本保证人法定代表人/主要负责人或其授权代理人签字/盖章并加盖本保证人公章/合同专用章之日起生效。

11.2 本保证人为自然人时,本担保书于本保证人签字之日起生效。

12. 附则

本担保书一式__三__份,贵司、融资租赁申请人、保证人各执一份,具同等法律效力。

特别提示:

本担保书的所有条款已由贵司向本担保人作出相应的说明,本担保人确认对本担保书条款的理解与贵行完全一致。同时,贵司已提请本担保人特别注意有关免除或限制贵行责任、贵司单方拥有某些权利、增加本担保人责任或限制本担保人权利的条款,并对其作全面、准确的理解。

(以下无正文)

保证人(签字/指模):____________

身份证号码:____________________

及(或)

保证人(单位盖章):____________有限公司

法定代表人(签字):____________

附:《股东会决议》

签署日期:20　年　月　日

第五节　授权书及其他

23-57　授权委托书

(提车—个人)

致:广东××汽车销售服务有限公司

本人____________(身份证号码:____________________)特此授权委托____________先生/女士(身份证号码:____________________)作为本人的代理人,代理本人到贵司办理购车、提车等相关手续(包括但不限于选车、付款、提车、接收发票、车钥匙、合格证、车辆一致性证书、保险单、三包手册、保修手册、说明书等随车文件或物品,如有),具体车型为____________,颜色____________,车架号为____________,发动机号(电机号)为____________。

代理人全权代表本人对本次购车行为作出任何决定或行动,并代表本人在相关文件(包括合同、协议、车辆交接单等)上签字。

代理人根据上述委托所作出的任何决定、行动及签署的任何文件,视同为本人的亲自行为,对本人具有法律约束力。因此产生的任何纠纷或问题,均与贵司无关。

以上,特此委托。

代理人(签字/指模):____________

委托人(签字/指模):____________

日期:20　　年　月　日

附：

1. 委托人身份证复印件(签字)

2. 代理人身份证复印件(签字)

23－58 授权委托书

(提车—单位)

致：广东××汽车销售服务有限公司

本公司____________特此授权委托____________先生/女士(身份证号码：____________________)作为本单位的代理人，代理本单位到贵司办理购车、提车等相关手续(包括但不限于选车、付款、提车、接收发票、车钥匙、合格证、车辆一致性证书、保险单、三包手册、保修手册、说明书等随车文件或物品，如有)，具体车型为____________，颜色____________，车架号为____________，发动机号(电机号)为____________。

代理人全权代表本单位对本次购车行为作出任何决定或行动，并代表本单位在相关文件(包括合同、协议、车辆交接单等)上签字。

代理人根据上述委托所作出的任何决定、行动及签署的任何文件，视同为本单位的亲自行为，对本单位具有法律约束力。因此产生的任何纠纷或问题，均与贵司无关。

以上，特此委托。

代理人(签字/指模)：

委托人(公章)：

法定代表人(签章)：

日期：20　　年　月　日

附：

委托人营业执照(加盖公章)

代理人身份证复印件(签字)

23－59　机动车业务委托书

［机动车上牌(过户)业务］

广州市公安局交通警察支队车辆管理所：

兹授权委托____________(身份证号码：____________________)办理机动车(号牌号码为____________/车辆识别代号为____________)的登记(□注册/□转移)及选号等(□其他____________)相关业务。

受托人在委托事项内签署有关文件，保证提供的凭证真实有效，代表委托人的真实意愿，并愿意承担相应的法律责任。

委托人签字(或盖章)：　　　　受托人签字(或盖章)：

年　月　日　　　　年　月　日

联系电话：　　　　联系电话：

23－60　汽车维修委托书

<table>
<tr><td>服务站名称</td><td colspan="2"></td><td>车辆进站时间</td><td colspan="2">20　年　月　日　时</td><td>服务顾问</td><td></td></tr>
<tr><td rowspan="2">客户信息</td><td colspan="2">□车主　□送修人</td><td colspan="3">地址</td><td colspan="2">联系电话</td></tr>
<tr><td colspan="2"></td><td colspan="3"></td><td colspan="2"></td></tr>
<tr><td rowspan="2">车辆信息</td><td>车牌号</td><td>车型</td><td colspan="2">VIN</td><td colspan="2">发动机号(电机号)</td><td>里程数</td></tr>
<tr><td></td><td></td><td colspan="2"></td><td colspan="2"></td><td></td></tr>
</table>

续表

<table>
<tr><td rowspan="2">作业信息</td><td colspan="2">维修开始时间</td><td colspan="2">预计交车时间</td><td colspan="2">付款方式</td><td colspan="2">非索赔旧件是否带走</td></tr>
<tr><td colspan="2">年 月
日 时</td><td colspan="2">年 月
日 时</td><td colspan="2">□现金 □信用卡
□其他</td><td colspan="2">是□ 否□</td></tr>
<tr><td rowspan="8">互动检查</td><td colspan="3">是否有贵重物品</td><td rowspan="2">油箱油量</td><td colspan="4">□空 □ <1/4</td></tr>
<tr><td colspan="3">是□ 否□</td><td colspan="4">□半箱 □ <3/4 □满箱</td></tr>
<tr><td rowspan="5">车身状况漆面检查，损伤部位下图标注</td><td colspan="2" rowspan="5">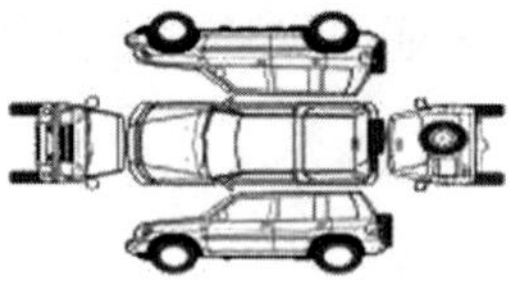</td><td>检查结果</td><td colspan="4"></td></tr>
<tr><td>车身检查</td><td colspan="4"></td></tr>
<tr><td>车内检查</td><td colspan="4"></td></tr>
<tr><td>发动机仓</td><td colspan="4"></td></tr>
<tr><td>底盘检查</td><td colspan="4"></td></tr>
<tr><td colspan="3">客户须知
1. 客户提供的信息真实有效。
2. 维修完成时间以通知客户接车时间为准。
3. 客户应在接到通知 2 小时内接车。
4. 客户违反“客户须知”产生的风险和损失需客户承担</td><td colspan="5">客户故障描述：</td></tr>
<tr><td colspan="9">外出救援：是□ 否□ 救援里程(往返)： (公里)
救援到达时间： 年 月 日 时</td></tr>
<tr><td colspan="9">客户确认：本人已阅知并理解上述内容。 客户签字：</td></tr>
<tr><td rowspan="7">维修项目</td><td>维修项目</td><td>备件</td><td>是否索赔</td><td>材料费</td><td>工时费</td><td>小计</td><td>维修人</td><td>检查人</td></tr>
<tr><td></td><td></td><td>是 否</td><td></td><td></td><td></td><td></td><td></td></tr>
<tr><td></td><td></td><td>是 否</td><td></td><td></td><td></td><td></td><td></td></tr>
<tr><td></td><td></td><td>是 否</td><td></td><td></td><td></td><td></td><td></td></tr>
<tr><td></td><td></td><td>是 否</td><td></td><td></td><td></td><td></td><td></td></tr>
<tr><td></td><td></td><td>是 否</td><td></td><td></td><td></td><td></td><td></td></tr>
<tr><td colspan="2">预估费用：××元</td><td>费用小计</td><td></td><td></td><td></td><td></td><td></td></tr>
<tr><td colspan="9">客户确认以上维修项目及费用：</td></tr>
</table>

续表

<table>
<tr><td rowspan="5">新增维修项目</td><td>维修项目</td><td>备件</td><td>是否索赔</td><td>材料费</td><td>工时费</td><td>小计</td><td>维修人</td><td>检查人</td></tr>
<tr><td></td><td></td><td>是 否</td><td></td><td></td><td></td><td></td><td></td></tr>
<tr><td></td><td></td><td>是 否</td><td></td><td></td><td></td><td></td><td></td></tr>
<tr><td colspan="2">预估新增维修时间：</td><td>费用小计</td><td></td><td></td><td></td><td></td><td></td></tr>
<tr><td colspan="2">预估新增维修费用：</td><td colspan="6"></td></tr>
<tr><td colspan="9">客户确认以上维修项目及费用：</td></tr>
<tr><td>索赔费用</td><td></td><td>自费费用</td><td></td><td>维修
总费用</td><td></td><td colspan="3">交通补偿费用(元)：</td></tr>
<tr><td colspan="2">质检员签字(盖章)：</td><td>通知用户
接车方式</td><td>现场
短信
电话</td><td>通知用户
接车时间</td><td>年 月
日 时</td><td>实际交
车时间</td><td colspan="2">年 月
日 时</td></tr>
<tr><td>客户评价</td><td>□满意</td><td>□不满意</td><td colspan="6">不满意原因：□服务接待 □服务环境 □维修质量
□维修时间 □备件保供 □维修收费 □产品质量</td></tr>
<tr><td colspan="9">本人确认以上内容与本人委托需求一致并已提车。 客户签字：</td></tr>
</table>

附录:《汽车销售行业合规管理专项法律服务产品》

盈科 ESG 与企业合规领域法律服务产品手册
汽车销售行业合规管理
专项法律服务产品

团队成员:陈吕文、张靖、何思凡、蒋莹

北京市盈科(佛山)律师事务所

诚信　卓越　合作　责任

2023 年 9 月

目　录

一、产品概述

(一)产品背景

随着市场的不断发展、国家监管政策的趋严、消费者维权意识的提升,汽车销售合规问题、汽车售后合规问题、汽车市场活动及推广合规问题、员工舞弊问题、反垄断问题以及劳资纠纷等问题日益成为汽车经销商发展中急需解决的问题。为了汽车销售企业获得更优质、更稳健、更长远的发展,我们研发此产品来帮助企业应对行业间的重要合规风险。

企业进行合规管理的必要性和价值在于:

1. 企业合规管理体系是商业趋利性与法律边界的调和,是在法律框架内追求商业利益的辩证统一;

2. 完备有效的合规管理体系,可以使企业得到法律的优待、客户的认可及市场的青睐;

3. 完备有效的合规管理体系,可以降低、屏蔽或消除合作商带来的各种风险;

4. 完备有效的合规管理体系,可以切割企业与员工之间的责任,避免或降低由于员工本人行为导致需要公司承担责任的可能;

5. 完备有效的合规管理体系,可以捋顺、清理历史遗留问题或风险;

6. 完备有效的合规管理体系,可以豁免企业可能承担的行政刑事责任。

本产品内容涵盖汽车销售合规、汽车售后合规、汽车市场活动合规、汽车销售三大水平合规、汽车租赁(融资租赁)合规、汽车广告宣传推广合规、厂家规约合规、企业内反舞弊、劳资关系合规、公司治理合规、政府监管合规等方面。我们已分别为汽车用品公司及佛山、广州多家4S店提供法律专项服务,定制法律解决方案,针对不同类型的问题,提供包括但不限于企业劳动合规审查、专项稽查、民事刑事应对措施等服务,成功帮助企业解决问题,并避免后续合规风险的发生。

(二)服务内容

1. 汽车销售合规

《消费者权益保护法》、《汽车销售管理办法》以及《家用汽车产品修理更换退货责任规定》对汽车消费者权益保护提出了更多的保障措施,经销商主动维护客户权益并未成为行业的共识,很多经销商,在内部管理中对此方面仍有欠缺,尤其是消费者与经销商对于汽车销售环节在汽车质量问题、汽车销售欺诈(如销售人员价格承诺、价格欺诈行为)问题上仍存在较大的利益博弈。

除了汽车销售环节的客户关系处理之外,还有其他售后及相关服务的车主关系处理。

为此,我们将重点关注以下问题的合规:

(1)销售、售后合同签订及履行合规;

(2)质量问题处理应对合规;

(3)车主投诉时媒体曝光的应对;

(4)汽车试驾前要审核驾驶资质并留存资质证明文件,并且签署相应的免责说明文件;

(5)合同签订格式条款的,应请律师完善格式条款内容,并且向顾客说明条款内容,对另行补充或者手写内容需审慎填写;

(6)完善汽车交付前的检验操作流程,并形成书面文件(可作为员工考核文件,也可在发生争议时作为证据使用,明确责任人员等);

(7)发生纠纷后应积极面对,按照法律法规规定合理合法迅速处理,防止损失进一步扩大。

2. 汽车售后合规

在汽车售后或从事机动车维修经营业务,经营者主要存在以下问题:

(1)未按规定进行备案或不符合国家标准《汽车维修业开业条件》(GBT 16739)以及超范围经营;

(2)机动车维修经营者承修已报废的机动车、拼装机动车或者擅自改装机动车的(包含但不限于:未经批准擅自改装注册车辆车身颜色、悬架、排气系统以及响管、货车车厢栏板、弹簧板、悬浮轴、可伸缩结构、外廓尺寸等);

(3)机动车维修经营者使用假冒伪劣配件维修机动车以及签发虚假机动车维修竣工出厂合格证;

(4)机动车维修经营者未按规定公布收费项目、工时定额和工时单价等损害消费者权益;

(5)机动车维修经营者未按规定处理经营过程中产生的废气、废水、废机油、废轮胎、废铅蓄电池等废弃物;

(6)机动车维修经营者未按规定执行机动车维修质量保证期制度或未按照

有关技术规范进行维修作业；

(7)机动车维修经营者未按规定建立机动车维修档案并实行档案电子化管理。

为此，我们将重点关注以下问题的合规：

(1)售后维修备案专项审查；

(2)汽车售后维修管理制度；

(3)建立完善售后合同及相关文件，包括售后服务合同(维修合同)、后接车单、汽车维修委托书、售后结算单、维修试车确认函、代用车辆使用协议、汽车救援服务协议、汽车延保合同等；

(4)废气、废水、噪音及危废处理问题等；

(5)其他售后及相关服务的车主关系处理的预案与风险应对。

3. 汽车市场活动合规

汽车经销商通过展厅或外展活动进行营销、促销，涉及活动执行、展会合作、展位租赁、展位搭建、展台设计布置、展车摆放、展会宣传推广等内容。

在此模块中，我们将重点关注以下问题的合规：

(1)汽车活动策划执行；

(2)汽车展会合作；

(3)汽车展位搭建及安全；

(4)汽车户外广告合作；

(5)汽车广告制作安装；

(6)车主活动风险与安全；

(7)车辆定制改装等。

4. 汽车按揭、保险及上牌合规

汽车经销商的衍生业务包括汽车按揭、汽车保险、汽车上牌等服务。

汽车按揭服务涉及的金融服务费、汽车保险捆绑销售、保险返佣及汽车上牌合规与风险等问题，都已成为重点关注的对象。

在此模块中，我们将重点关注以下问题的合规：

(1)金融服务特定资质以及对外宣传的方式；

(2)金融业务开展中的商业贿赂问题；

(3)金融服务费的收取；

(4)联合客户伪造或提供虚假贷款按揭材料问题;

(5)汽车保险捆绑销售、反商业贿赂、保险返佣问题;

(6)汽车上牌风险及防范;

(7)基于汽车金融风险预估不足导致的贷款连带责任问题。

5. 汽车租赁(融资租赁)及网约车

汽车经销商在经营汽车销售、汽车售后等主营业务的同时,兼营汽车经营性租赁、汽车融资租赁等业务,并通过与汽车厂家及其他第三方合作(包括网约车平台、汽车租赁公司等)开展网约车业务。

在此模块中,我们将重点关注以下问题的合规:

(1)经营性汽车租赁;

(2)汽车融资租赁(直租);

(3)汽车融资租赁(回租);

(4)汽车融资租赁意向确认;

(5)汽车融资租赁申请程序;

(6)租赁物(汽车)交接及后续动态监管;

(7)租金支付与催收;

(8)车辆抵押;

(9)不可撤销担保;

(10)从汽车租赁公司角度关注网约车平台、网约车租赁公司、聚合平台及司机等相关主体的法律关系与风险防范。

6. 合规宣传推广

作为汽车经营者,包括汽车生产商、汽车经销商等,在日常生产经营过程中,为了实现盈利目的,都需要以不同的方式对自己的产品或服务作广告宣传。伴随着整个社会维权意识的增强,字体侵权、图片侵权、肖像侵权、文案侵权等侵权现象越来越成为汽车宣传领域不可忽视的问题。

作为消费者,我们平时在今日头条、微信朋友圈等网络媒体平台,也经常看到诸如含有“零首付购车”“不花一分钱就能把车开走”“综合续航 1080 公里”等宣传广告,这些广告的形式、内容是否违法,是否存在虚假宣传、夸大宣传?在日常的对外广告宣传活动中,有关汽车经营者因发布诸如此类的广告行为遭到高额罚款的案例屡见不鲜。

随着宣传新媒体的兴起,如官方网站、微博、微信、App、抖音,甚至朋友圈等媒介上的商品介绍、企业介绍,微信公众号上的推文,网络宣传软文,以及发送给客户的广告类短信,均属于广告,亦非法外之地。发布虚假广告,发布违反基本准则、一般准则或者禁止发布的广告,贬低他人商品或服务的广告,未经同意或者请求向他人发送广告,违法利用互联网发布广告等广告违法行为,将可能面临被要求承担民事责任、遭受行政处罚,将很大程度上影响企业的声誉。除此之外,违法广告构成犯罪的,还可能面临被刑事处罚的风险。

在此模块中,我们将重点关注以下问题的合规:

(1)商标使用合规;

(2)知识产权使用合规;

(3)广告宣传文案形式内容合规。

7. 厂家规约合规

由于汽车经销商往往是代理销售一个或多个品牌汽车,而经销商的展业行为从某种程度上就代表了某个汽车品牌的形象,汽车品牌方出于维护品牌、维系市场的考虑,会对汽车经销商提出一些要求和规定。鉴于此,作为经销商,则应当充分了解品牌方的要求以及原理,并且可对相关的规约作出合理的应对。

在此模块中,我们将重点关注以下问题的合规:

(1)与汽车厂家签订汽车经销协议的最大利益争取;

(2)在汽车厂家背书下的合规经营;

(3)涉及汽车经销商产生与消费者(客户)的纠纷,善于借助厂家进行三方博弈,通过证据的收集与固定确定最终责任方。

8. 反垄断及反不正当竞争合规

近年来,我国反垄断执法机构相继查处一系列汽车业垄断案件,被查处的车企不仅在经济、声誉、信用等多方面遭受巨大损失,也反映出车企自身在反垄断合规方面存在诸多不足。2020 年 9 月 11 日国务院反垄断委员会正式发布《经营者反垄断合规指南》对反垄断行为进行了规制。

在此模块中,我们将重点关注以下问题的合规:

(1)规制价格垄断行为。重点关注同城经销商间的价格垄断行为(包括二级网点价格协议等)。

(2)规制纵向垄断行为。重点关注汽车售后市场的竞争情况及售后配件、售后维修工时、转售价格等具体问题。

(3)商业秘密的保护与汽车经销商之间的不正当竞争行为。

9. 企业内反舞弊

汽车销售行业员工舞弊问题较为突出,如4S店整车销售、售后维修、财务、采购、市场等环节都可能发生舞弊事件,形式多种多样,包括侵占公司资产、诈骗客户资金、虚假做账、偷税漏税、采购舞弊、贩卖客户信息、私刻伪造公司印章等情况。

员工舞弊行为一般涉及的罪名为:职务侵占罪、挪用资金罪、非国家工作人员受贿罪、对非国家工作人员行贿罪等。《2021年度中国企业员工舞弊犯罪司法裁判大数据报告》显示,2021年,全国舞弊案件查处2245例、涉案人员2459名、总案值达到48亿元、平均案值228万元。其中,职务侵占罪的案件数量最多,共计1517件;挪用资金罪的涉及金额最高,达到28.06亿元。2459名涉案人员的平均年龄为37.86岁,其中31岁至40岁的中青年人数最多,占比将近50%;涉案人员的平均入职年限为3年10个月,入职年限4年以内的涉案人员占比高达66.67%。

上述舞弊案件的背后,企业均存在法律意识薄弱、制度不健全、监督不到位、执行不彻底等企业管理问题。

在此模块中,我们将重点关注以下问题的合规:

(1)提前识别和防控舞弊风险;

(2)建立企业内反舞弊的合规机制和制度;

(3)重视公司内部反舞弊的培训和宣传;

(4)建立舞弊事件发生后的证据固定、事件调查与案件处置机制。

10. 劳资关系合规

汽车经销商(尤其是经销商集团)具有门店众多、管理层级较多、用工模式较为多元(通常涉及售前、售中、售后等几个环节)、薪资结构较为复杂等特点,劳资纠纷发生风险较高。

在此模块中,我们将重点关注:

(1)员工招聘;

(2)员工录用;

(3)劳动合同签订、履行、变更、解除;

(4)薪酬制度；

(5)福利制度；

(6)企业规章制度的制定、实施；

(7)员工管理过程相关配套辅助文件。

11. 公司治理合规

汽车经销商通常都是以公司化管理的形式进行经营，公司经营必然会涉及公司治理的问题，如股东结构问题、股东会决议规则、董事的选聘以及董事会的决议规则问题等。在汽车经销行业发展过程中，不乏存在部分主体股东出资不实、抽逃出资，股东之间纠纷不断，合资企业股东的权利争夺的问题，如何构建一个稳定且富有激励性的股权结构，也应成为经销商投资者必须要去关注的一个话题。

在此模块中，我们将重点关注以下问题的合规：

(1)公司章程拟定；

(2)公司注册资本认缴金额；

(3)公司股东数量及相互关系的选择与确认；

(4)股权架构设计与股权激励；

(5)公司控制权与决策权；

(6)股权代持(隐名股东)；

(7)董监高任免；

(8)董监高勤勉尽职义务；

(9)股权转让；

(10)股东间纠纷导致公司陷入僵局应对；

(11)公司印章管理及风险应对；

(12)公司解散清算。

12. 政府监管合规

汽车销售企业要知悉当地的政策，既包括奖励、鼓励政策，也包括惩罚和禁止性政策，更谨防经营过程中的违法违规行为被监管机构处罚，以及强化与当地汽车行业协会的互助、协作与融合。

在此模块中，我们将重点关注以下问题的合规：

(1)违章建筑强拆问题；

(2)涉及虚假宣传、违规宣传的汽车广告宣传问题;

(3)汽车维修环节涉及的废水、废气排放及噪音扰民等环保问题;

(4)虚开发票及通过员工个人账户收取车款涉及的偷税漏税等问题;

(5)对突发重大汽车维权事件预案、应对及公关处理;

(6)特殊员工、特殊劳动争议处理;

(7)融资租赁及网约车监管问题;

(8)汽车行业协会关系协作与融合。

二、目标客户

产品主要服务汽车经销商集团、4S 店、汽贸公司等客户,服务范围以服务佛山华南汽车城、佛山国际车城等大型专业汽车市场为基点,面向珠三角,辐射华南地区,并联动全国汽车法律服务市场。

三、目标场景

通过汽车经销商企业合规业务,进一步扩大盈科在企业合规方向的又一优势及特色领域,最大化覆盖汽车经销商经营过程中的各类风险点,确保风险前置处理,以发挥企业法律风险的事先预防功能,实现汽车经销企业风险防患于未然的目的。

四、服务项目

产品服务项目包括三大板块:一是合规专项法律服务项目;二是合规顾问法律服务项目;三是合规培训法律服务项目。

(一)合规专项法律服务项目

1. 合规系统体检服务

合规体检法律服务是律师针对汽车经销商业务全流程所开展的风险审查、评估工作。通过对经销商的企业登记、股权架构、公司治理、重大合同、财务状况、规章制度、业务流程等资料和信息进行逐项梳理、分析,以及对相关人员访谈、走访相关部门及向相关方调取相关信息材料,全面分析、评估汽车经销商在经营管理过程中存在的各种问题和风险,并结合汽车经销商的实际情况,最终给出风险控制建议措施,修改、完善各项制度及相关配套法律文件。

合规体检包括以下内容:主体资格、股东及股权架构、历史沿革、业务形态、财务状况、合同管理、关联交易及同业竞争、主要资产、资金存放使用、重大债权债务、三会、董监高、税务、消防、环保、安全生产、海关进出口、产品质量、劳动人事、知识产权、诉讼仲裁、行政处罚、公司制度、公司决策流程等。

工具:《合规调查问卷》《合规体检方案》《合规体检清单》。

交付:《合规系统体检报告》《合规体检底稿》《常用合同制度文本体系及配套文件》。

2. 合规专题调查服务

针对汽车经销商内部发生的严重失职、营私舞弊、危机公关应对或合同专题服务等问题或事项,律师接受委托就该专项问题或专题事项进行系统调查、梳理、分析及评估,出具专题调查报告,并提出解决方案和措施,最终通过司法手段或非司法手段进行处理,进一步规范公司经营管理行为,最大限度降低或避免公司损失,并结合专题内容的实际情况,在全公司进行教育和警示,以儆效尤。

工具:《合规专题调查方案》《合规专题调查清单》。

交付:《合规专题调查报告》《合规专项制度及配套文件》。

3. 合规制度体系搭建

合规制度体系搭建服务是基于目前企业大合规环境下,结合汽车行业实际情况及汽车经销商内控合规管理需求开展的一项法律上的管理支持服务,通过全面建立、完善企业内控而形成可落地、可考核的操作指引,从制度层面实现对企业的全局控制。

合规管理体系建设具体实施步骤:

(1)调研企业合规管理内外部环境;

(2)制定合规管理体系实施方案;

(3)梳理、分析业务流程;

(4)设计合规管理组织架构;

(5)进行合规风险评估;

(6)专项合规计划;

(7)梳理合规制度、制定合规手册;

(8)建立各项合规管理运行机制;

(9)制定合规管理绩效制度—合规考核;

(10)合规管理体系有效性评价。

工具:《合规体系调查问卷》《合规风险提示清单》《合规体系建设方案》。

交付:《企业合规管理手册》《企业合规操作指引》《企业合规体系考核与

评价》。

(二)合规顾问法律服务项目

经销商面临的法律风险是多层面、多领域的,除了专项的合规体系建立和专项合规问题的调查与处理之外,还需对汽车经销商日常经营管理过程涉及的各个环节各个问题进行协同同步跟进处理,及时提供合规顾问法律服务。针对每家汽车经销商不同的实际情况,由我们律师团队组成合规顾问团提供个性化的合规顾问服务。

合规顾问法律服务模块包括三方面内容。

1.日常法律事务模块

(1)合同审查:合同起草、审查与修改;合同范本的制作;合同管理流程梳理等。

(2)人力资源:员工招聘与解聘法律咨询;劳动制度与员工手册审查;劳动纠纷与仲裁咨询等。

(3)规章制度:公司规章制度梳理与审查;公司管理行为合规咨询;公司治理方案设计与咨询等。

(4)知识产权:商标专利版权注册检索咨询;品牌保护方案审查与咨询;知识产权侵权的咨询等。

(5)融资事项:企业股权融资、债权融资、融资合作等事项的前期法律咨询。

2.合规建设咨询模块

(1)合规咨询:企业合规管理体系诊断分析;风控措施咨询;合规组织架构搭建咨询。

(2)涉税合规:企业重大交易、并购、融资、重组等涉税事务的前期咨询。

(3)并购合规:企业股权收购、资产收购、合并与分立等事项的前期法律咨询。

(4)刑事合规:企业及企业高管涉嫌刑事犯罪的前期咨询。

3.纠纷解决咨询模块

(1)诉讼仲裁:企业涉及的诉讼或仲裁的前期咨询。

(2)法律公关:企业遭受危机或其他紧急情况下的前期法律咨询。

工具:《汽车经销商合规顾问方案》。

交付:《汽车经销商日常合同模板及配套文件》《汽车经销商半年度合规顾

问报告》《汽车经销商全年度合规顾问报告》。

(三)合规培训法律服务项目

汽车经销商的合规建设,首先要求股东、管理层要有法律意识、合规意识,要懂合规,并在企业的经营管理中自上而下践行合规,同时在企业内部自上而下向全体员工落实贯彻系统性的合规认知以及合规实践,并在建立、完善企业内部合规体系和实践的基础上,向供应商及相关合作、交易等关联方明确、传递自身的合规规范与要求,牢牢筑起企业内部体系及企业内外部之间的合规风险体系绝缘墙。

基于以上,我们所面向经销商开展系统的法律培训服务,目前已经形成了包括汽车销售合规专题、汽车三包法解读专题、汽车广告合规专题、汽车市场活动合规专题、退一赔三案例解析专题、印章管理合规专题、汽车售后合规专题、汽车租赁(融资租赁)合规专题、反垄断合规专题、客户投诉与维权应对专题、人事合规专题等一系列精品课程。

培训课程体系:

序号	培训主题	课程名称	对应群体
1	全员普法	汽车经销商员工基本法律知识普法	全体员工
2	汽车销售	汽车销售环节法律风险及防范	经理、销售、售后
3	三包解读	新汽车三包法解读与案例解析	经理、销售、售后
4	汽车广告	汽车广告法律风险及防范	经理、销售、售后
5	市场活动	汽车展销法律风险及防范	经理、销售、售后
6	退一赔三	汽车退一赔三案例解析专题	经理、销售、售后
7	印章合规	公司印章常见法律风险及防范	全体员工
8	售后合规	汽车售后常见法律风险及防范	经理、销售、售后
9	汽车租赁	汽车租赁常见法律风险及防范	经理、销售、售后
10	反垄断	汽车行业反垄断及案例解析	股东、管理层
11	客户维权	客户维权常见问题及应对	经理、销售、售后
12	反舞弊	员工舞弊常见问题及应对	股东、管理层
13	媒体公关	汽车经销商媒体危机及应对	股东、管理层
14	企业合规	汽车经销商合规经营体系打造	股东、管理层

续表

序号	培训主题	课程名称	对应群体
15	信息合规	客户信息保护及风险防范	股东、管理层
16	人事合规	汽车经销商人力资源风险及应对	管理层
17	政府监管	政府监管常见问题及应对	股东、管理层
18	新能源车	新能源车法规政策解读	股东、管理层

五、服务流程

序号	服务流程/内容	工作成果
1	合规体检及合规方案制定	
1.1	企业合规尽职调查(风险识别)	合规尽职调查清单
1.2	合规方案建议	合规尽职调查报告、策略建议
2	项目启动	
2.1	合规动员会	合规动员会议程及讲义
2.2	合规组织架构搭建	合规组织架构
3	合规方案制定及实施	
3.1	合规体系搭建	
	项目名称	配套措施与文件
3.1.1	汽车销售合规	订车与交车制度及销售合同、二手车销售合同、试乘试驾协议、试驾车管理制度、精品安装服务单、旧车置换新车声明、车辆退还协议、提车声明、代付款证明、客户收付款确认函、催款函、提车通知(函)、新车交接(交付)表、PDI 管理制度、PDI 检查表、投诉管理制度等
3.1.2	汽车售后合规	售后维修备案专项审查意见、售后接车单、售后服务合同(维修合同)及表单、汽车维修委托书、售后结算单、维修试车确认函、代用车辆使用协议、汽车救援服务协议、危废处理协议、汽车延保合同、汽车售后维修管理制度等
3.1.3	汽车市场活动合规	汽车活动策划执行合同、汽车展会合作合同、汽车展位搭建合同、汽车户外广告合同、汽车广告制作安装合同、车主活动免责声明、车辆定制改装合同等

续表

3.1.4	汽车销售三大水平业务合规	按揭金融、保险及上牌服务单、委托上牌协议、客户缴费授权和承诺书、购车按揭服务费确认书、汽车上牌(过户)委托书、汽车无牌上路声明书、退车退税声明书、汽车保险合作协议、购车分期付款合作协议等
3.1.5	汽车租赁(融资租赁)及网约车	汽车租赁合同、汽车融资租赁合同(直租)、汽车融资租赁合同(回租)、汽车融资租赁申请表、汽车融资租赁意向书、租赁物(汽车)交接单、租金支付表、租金催收函、车辆抵押合同、不可撤销担保书等,以及从汽车租赁公司角度关注网约车平台、网约车租赁公司、聚合平台及司机等相关主体的法律关系与风险防范意见书
3.1.6	广告宣传合规	宣传合规手册
3.1.7	厂家规约合规	汽车经销意向书、汽车经销协议、汽车买卖合同、汽车配件经销意向书、二级网点合作协议等
3.1.8	反垄断及反不正当竞争合规	反垄断及反不正当竞争合规手册
3.1.9	企业内反舞弊合规	进行专项核查并出具法律意见
3.1.10	劳资关系合规	招聘、入职、在职与离职过程制度及合同
3.1.11	公司治理合规	公司章程、发起人协议、股东会议事规则、董事会议事规则等文件
3.1.12	政府监管合规	针对基建(国土规划建设)、售后维修(生态环境局)、广告(市场监督局)、偷税漏税(税务局)等进行专项核查并出具法律意见
3.2	培训	区分对象、分层次进行培训
4	合规体系有效性考核与评估	实施跟踪后的有效性评估报告
5	日常服务及跟踪	售后辅导及跟踪服务(为期一年)

六、服务条件及边界

针对汽车经销商企业的痛点需求,为其一对一定制企业合规治理方案,重点围绕汽车销售合规、汽车售后合规、汽车市场活动合规、汽车销售三大水平合规、汽车租赁(融资租赁)、汽车广告宣传推广、厂家规约合规、企业内反舞弊、劳资关系合规、公司治理合规、政府监管合规等方面提供全面的合规法律服务,从识别企业风险、制定合规方案、搭建合规体系、培训合规应用、跟踪合规落地等全流程的法律服务,协助汽车经销商建立健全一套完善的行业性合规风险防范体系,以期降低汽车经销商实际经营过程中可能面临的法律风险,为企业的健康稳健发展保驾护航。

七、产品优势

(一)人员配置更雄厚

我们针对汽车经销行业组建了专业的 Y-auto 法律服务团队,由服务头部经销商集团十余年的资深律师领衔,专注于汽车经销行业法律服务,5 ~ 7 人的律师服务团队,可以根据不同的服务项目、具体专项、服务需求配备最合适的专业律师及团队成员。

(二)专业服务能力更强

Y-auto 法律服务团队熟悉汽车整车生产、汽车配件制造、汽车品牌授权、汽车经销服务、汽车金融服务(厂家金融/银行金融)、汽车保险服务、汽车售后服务、汽车融资租赁、汽车商务合作、汽车商业运营、网约车运营、二手车市场、汽车报废回收等汽车行业的特点、流程、模式以及风险,处理过多起涉及汽车领域的仲裁诉讼、对外投资、商务合作、股权并购等,能以扎实的专业能力和丰富的行业法律服务经验为汽车经销商提供高效、专业的法律服务。

(三)服务方案更全面

本法律服务建立在对头部汽车经销商的服务经验,以及多年与多汽车品牌、多层级高管无数次对接、访谈的基础上,是针对汽车经销商业务的全板块而梳理的全流程风险控制措施,最大化覆盖汽车经销商经营过程中的各类风险点,确保风险前置处理,以发挥企业法律风险的事先预防功能,实现汽车经销企业风险防患于未然的目的。

(四)配套制度更完善

Y-auto 法律服务团队为提供标准化文本清单,一键导入,配套完善的跟踪、评估制度及动态监测,就汽车经销商的合规专项服务、合规顾问服务以及培训服务都制定了详细的业务流程,确保每一项动作均可落地执行,为合规专项服务效果提供保障。

(五)项目落地更接地气

Y-auto 法律服务团队目前与合作客户就合规顾问法律服务、合规培训法律服务已有落地项目，客户反馈较好，不仅及时制止了损失进一步扩大，而且通过法律途径向相关责任方进行了索赔，并通过专项合规性审查、修订和调整相关管理制度及流程，避免后续类似风险或问题再次发生。

八、成功案例

案例一：佛山 FH 汽车 4S 店员工营私舞弊(私刻印章)专项法律服务

【基本案情】

佛山 FH 汽车 4S 店员工营私舞弊(私刻印章)法律专项服务。FH 汽车 4S 店称员工 D 通过私刻公司公章、财务章，冒用公司的名义，通过虚构事实，诱导客户向其指定的私人银行账户进行付款，并向公司隐瞒相关事实，向公司作虚假陈述及提供虚假资料等，造成客户多次到店维权。

【服务效果】

律师团队介入后，对此进行了分析，并提出了关于媒体公关应对措施、诉讼应对措施，以及向员工 D 进行刑事控告、民事索赔以及解除劳动合同的方案，妥善解决了以上事宜。

案例二：广东 BT 汽车用品公司员工职场骚扰/名誉侵权专项法律服务

【基本案情】

广东 BT 汽车用品公司(以下简称 BT 公司)为车辆配件生产和销售企业，在经营管理过程中，某部门管理者利用职务便利对其女下属进行职场骚扰，BT 公司通过降职、降薪惩罚了涉事员工，但涉事员工在自媒体上发布不当言论损害公司名誉。

【服务效果】

律师团队介入后，协助处理合规风险事项，通过发送律师函等方式制止了损害的继续发生。同时通过对人力资源的合规性审查，修订和调整人力资源管理制度(包括但不限于员工手册，员工奖惩措施，入职、在职到离职的所有制度及配套性文件等)，避免后续合规风险的发生。

案例三：广州 KD 汽车 4S 店高管违规低价批发车辆专项法律服务

【基本案情】

广州 KD 汽车 4S 店总经理违反公司规定，在没有提前得到公司上层批准的前提下，玩忽职守，同意或默许 4S 店销售人员通过低于公司规定的最低价格向广州本地以外的多个客户批量销售新车，造成公司新车销售亏损，多项汽车水平业务流失(如汽车按揭服务、汽车保险服务、汽车上牌服务等),给公司造成了重大损失。

【服务效果】

律师团队介入后,联合审计机构组成专项稽查小组,协助4S店调查,及时制止了损失进一步发生,并通过法律途径向相关责任人员进行索赔。同时通过专项合规性审查,修订和调整销售、财务管理制度及流程(包括但不限于新车销售价格权限、新车销售审批制度与流程、新车销售付款收款开票制度与流程、新车提车放车制度与流程等),避免后续类似风险或问题再次发生。

案例四:佛山YDH汽车4S店、上海HX汽车配件公司、佛山ZH汽车配件公司劳资合规法律专项服务

【基本案情】

因佛山YDH汽车4S店未按照法定程序推行绩效考核制度,经过劳动仲裁判定佛山YDH汽车4S店未依法履行民主程序,单方决定变更执行修改后的绩效工资规则,程序违法,不发生法律效力,对劳动者不具有约束力。

上海HX汽车配件公司、佛山ZH汽车配件公司基于之前公司规章制度程序不合法、内容不完善,导致公司出现多次劳资纠纷,甚至出现员工群体罢工事件,但公司对此束手无策,造成生产经营停摆及其他不良影响。

【服务效果】

律师团队介入后,对佛山YDH汽车4S店、上海HX汽车配件公司、佛山ZH汽车配件公司深入了解、分析和诊断之后,对人力资源管理制度进行全面、系统的梳理、修订及完善,并指导通过职工大会的民主表决程序,并按照法定程序进行了公示和宣讲,在之后的企业经营管理过程中由被动转主动,避免后续合规风险的发生,保证了公司健康有序的经营管理秩序。

案例五:佛山KD汽车4S店员工虚报费用法律专项服务

【基本案情】

佛山KD汽车4S店汽车上牌员利用为客户上牌职务之便利,在外出为客户办理汽车上牌的过程中,通过巧立名目或虚报金额等方式,向4S店多次虚报上牌费用,且金额较大,给公司造成了较大损失,同时在客户中造成了严重不良影响。

【服务效果】

律师团队介入后,联合审计机构组成专项稽查小组,及时制止了损失进一步发生,并通过法律途径向相关责任人员进行索赔。同时通过专项合规性审查,修订和调整新车上牌制度及流程、上牌费用核销制度及流程等,并加强4S店稽查审计部门与车管所之间的信息联动与互通,对汽车上牌的政策、收费项目、收费金额等信息实时共享,避免了后续类似风险或问题再次发生。

案例六:某汽车实业集团反垄断合规法律专项(经营者集中申报)

【基本案情】

某汽车实业集团(中方)拟与T(日方)合资在广东佛山成立一家汽车零部件生产企业,基于合作双方在全国及全球的市场份额及经济体量等情况,加上2012年之后国家对反垄断审查日趋严格,如被认定违反反垄断法律法规,将面临着巨额罚款。谨慎起见,合资双方在正式合资成立合资公司之前,进行经营者集中申报法律专项工作。

【服务效果】

律师团队介入后,经过前期材料准备及提交,经反垄断局初步审查,认为不需要再做进一步实质审查,某汽车实业集团(中方)与T(日方)顺利在佛山成立合资公司并展开合作。

李　华

盈科律师事务所创始合伙人、盈科全国业务指导委员会主任。

李华律师作为盈科全国业务指导委员会主任，负责盈科体系内的专业化建设，带领盈科律师，构建出完整的专业化法律服务体系，包括研究院、专业委员会及综合性法律中心，推动盈科律师专业化的法律服务，以适应法律服务市场不断细分的需要。在此基础上，通过集成各专业委员会纵深化的法律服务能力为客户提供综合性的法律服务。

曾荣获全国律师行业优秀党员律师、北京市优秀律师、朝阳区优秀律师、朝阳区首届优秀女律师、朝阳区优秀党员的荣誉称号，钱伯斯《大中华区指南2023》TMT：数据保护&隐私领域上榜律师。

陈吕文

盈科佛山律师，中共党员，从事法律工作16年，本科毕业于广东商学院（现广东财经大学）法学专业，后在中山大学研究生院和中国政法大学研究生院研修，具有企业法律顾问执业资格、高级企业合规师资格等专业资质，同时担任广东省律师协会企业法律顾问专业委员会委员、佛山市党政机关外聘法律顾问人才库成员、佛山市“八五”普法以案释法专家库成员、佛山市南海区“八五”普法讲师团讲师、佛山市律师协会证券人才库成员、佛山市涉外律师人才库涉外律师领军人才、盈科资深涉外法律服务人才库成员及承德仲裁委员会仲裁员等。

陈吕文律师多年深耕汽车和能源领域，专注合同风险管理防范、投融资及并购重组、法律尽调、企业合规、人事劳资风险防范、企业招投标、行政刑事控诉及重大民商事争议解决，曾在《法制与社会》等刊物发表多篇专业文章。

张　靖

盈科佛山律师，从事法律工作13年，中国政法大学法学硕士，具有企业法律顾问、经济师、基金管理从业资格、高级企业合规师等专业资质，现为盈科佛山资本市场法律事务部执行主任，入选佛山市涉外律师人才库涉外律师新锐人才、佛山市律师协会证券人才库成员等。

张靖律师深耕汽车领域、能源领域，专注投融资及并购重组、股权设计及股权激励、企业合规管理、合同风险管理、合同纠纷处理，及其他重大民商事争议解决，参与制作的法律服务产品《非上市公司股权激励及绩效设计》曾获盈科首届（2019）法律服务产品大赛“十佳法律服务产品”。